***ACCESO GRATIS** a la Lectura en la Nube*

Para visualizar el libro electrónico en la nube de lectura envíe junto a su nombre y apellidos una fotografía del código de barras situado en la contraportada del libro y otra del ticket de compra a la dirección:

ebooktirant@tirant.com

En un máximo de 72 horas laborables le enviaremos el código de acceso con sus instrucciones.

ALERTADORES, CORRUPCIÓN Y CUMPLIMIENTO NORMATIVO

Procedimiento de selección de originales, ver página web:
www.tirant.net/index.php/editorial/procedimiento-de-seleccion-de-originales

ALERTADORES, CORRUPCIÓN Y CUMPLIMIENTO NORMATIVO

Editores
Nicolás RODRÍGUEZ-GARCÍA
Ana E. CARRILLO DEL TESO

Coordinadores
Marina OLIVEIRA TEIXEIRA DOS SANTOS
Miguel ÁLVAREZ HERNÁNDEZ

tirant lo blanch
Valencia, 2025

Esta monografía ha sido realizada desde el «Centro de Investigación para la Gobernanza Global» de la Universidad de Salamanca y su «Observatorio Iberoamericano de Justicia Penal», ejecutando uno de los paquetes de trabajo del Proyecto PID2022-138775NB-I00, financiado por MICIU/AEI/10.13039/501100011033/ y por FEDER, UE «Cumplimiento normativo y protección penal de la Administración Pública».

Colección:
"Corrupción, crimen organizado y delincuencia económica"

Dirigida por:
NICOLÁS RODRÍGUEZ-GARCÍA
Catedrático de Derecho Procesal - Universidad de Salamanca

EDITA: TIRANT LO BLANCH
C/ Artes Gráficas, 14 - 46010 - Valencia
TELFS.: 96/361 00 48 - 50
FAX: 96/369 41 51
Email:tlb@tirant.com
www.tirant.com
Librería virtual: www.tirant.es
DEPÓSITO LEGAL: V-2149-2025
ISBN: 979-13-7010-316-3
MAQUETA: Tink Factoría de Color

Índice

LA PROTECCIÓN DE LOS ALERTADORES A LA LUZ DE LA LEY 2/2023, DE 21 DE FEBRERO: CONTENIDO Y LIMITACIONES DE UNA REGULACIÓN IMPERFECTA

Ana María Vicario Pérez

LA COLABORACIÓN CON LA JUSTICIA EN LA LEY 2/2023, DE 20 DE FEBRERO: INFORMANTES-COLABORADORES Y LA JUSTICIA PREMIAL DESDE LA PERSPECTIVA PENAL

Marina Oliveira Teixeira dos Santos

EL INFORMANTE DE CORRUPCIÓN EN EL SECTOR PÚBLICO: UN ANÁLISIS ECONÓMICO Y JURÍDICO

Juan Ignacio Leo-Castela

WHISTLEBLOWING: UNA REVISIÓN SISTEMÁTICA DE LA LITERATURA SOBRE LA DENUNCIA DE IRREGULARIDADES EN EL SECTOR EMPRESARIAL DE LA UNIÓN EUROPEA

Blanca Bouzas-Ortega
Javier Sierra Pierna

PARTE II: CORRUPCIÓN

PROTECCIÓN DE INTERESES FINANCIEROS EN LAS INSTITUCIONES DE LA UNIÓN EUROPEA: DENUNCIA E INVESTIGACIÓN

Anna Fiodorova

EL REQUERIMIENTO PARA JUSTIFICAR EL ORIGEN DE LOS BIENES EN EL DELITO DE ENRIQUECIMIENTO ILÍCITO

María Quintas Pérez

ALGUNOS PARALELISMOS POLÍTICO CRIMINALES ENTRE LA PROTECCIÓN DE DENUNCIANTES Y RECUPERACIÓN DE ACTIVOS

Miguel Álvarez Hernández

PARTE III: CUMPLIMIENTO NORMATIVO

CANAL DE DENUNCIAS, MEDIDAS DE AUTOLIMPIEZA Y *COMPLIANCE* DE COMPETENCIA

José Ignacio Sánchez-Macías

INVESTIGACIONES CORPORATIVAS Y DERECHOS FUNDAMENTALES

María Graciela Pahul Robredo

LOS PROGRAMAS DE *COMPLIANCE* Y LOS CANALES INTERNOS DE DENUNCIA DESDE UNA PERSPECTIVA RESTAURATIVA: ANÁLISIS DE LA EXPERIENCIA PORTUGUESA

Selena Tierno Barrios

PARTE IV: ENFOQUES DE DERECHO COMPARADO

LA PROTECCIÓN DEL WHISTLEBLOWER EN ITALIA TRAS EL DECRETO LEGISLATIVO N. 24 DE 10 DE MARZO DE 2023

Ana E. Carrillo del Teso

EL RÉGIMEN GENERAL PORTUGUÉS DE PROTECCIÓN DE LOS DENUNCIANTES DE IRREGULARIDADES EN PORTUGAL: ALGUNAS DIFERENCIAS CON LA DIRECTIVA (UE) 2019/1937

Pedro Miguel Freitas

LOS DENUNCIANTES EN EL SISTEMA PENAL PORTUGÚES: MARCO LEGAL Y RETOS EN SU PROTECCIÓN

Nicolás Rodríguez-García

LA PROTECCIÓN DEL DENUNCIANTE EN CHILE: REVISIÓN CRÍTICA A SU MARCO JURÍDICO

Andrea Monserrat Olguín Rocco

MODELO FORMATIVO ANTICORRUPCIÓN: REFLEXIONES DE UNA PROPUESTA DE TRANSPARENCIA PARA LA SOCIEDAD CIVIL EN CHILE

Paulina N. Olivares-Moreno

PRÓLOGO

La corrupción es un término multifacético y complejo que se configura como una materia jurídico-penal y abarca un conjunto de delitos tipificados en el Código Penal, tales como el cohecho, la malversación, la prevaricación... No obstante, su alcance trasciende estos límites, ya que por un lado sus características y definiciones varían según las experiencias y tradiciones de cada país, y, por otro, sus consecuencias tienen una significativa relevancia multidisciplinar.

La elevada percepción de la corrupción en el sector público es un fenómeno que socava la confianza ciudadana, provocando desafección y descrédito institucional. Este problema distorsiona los procesos públicos, induciendo a un cuestionamiento constante de la acción pública, lo que debilita el desarrollo económico y social.

Cuando los escándalos son frecuentes y las autoridades no responden de manera efectiva, los ciudadanos pueden comenzar a ver la corrupción como algo inevitable y con ello pasa a ser un medio más de acceso a bienes o servicios públicos limitados, lo que, a su vez, debilita la barrera moral autoimpuesta, incluso entre aquellos que inicialmente más la rechazaban. Por ello, la reducción del estigma personal que conlleva la precepción de la corrupción acarrea su tolerancia y perpetuación.

Ante estas percepciones, las demandas ciudadanas exigiendo una respuesta rápida y eficaz del sistema se han intensificado en los últimos tiempos. Especialmente en casos de alto impacto social o en aquellos que revelan comportamientos estructurales u organizados.

En contraste, se observa una perspectiva crítica a los principales responsables de las respuestas directas a esas demandas. Aunque se reconoce la relevancia de la labor del poder judicial en un Estado de Derecho, su funcionamiento es percibido como anticuado y complejo, caracterizado por formalismos obsoletos y plazos que no se corresponden con las necesidades de la era digital. Además, se señala que el sistema está influenciado por intereses externos y recibe orientación indirecta del poder ejecutivo.

Por otro lado, las demandas sociales, frecuentemente confundidas con las de los "grupos de presión", a menudo llevan a al poder político a responder con reformas del Código Penal más simbólicas que efectivas o con una sobrerregulación que entorpece una gestión eficiente y crea "aristocracias jurídicas" que controlan ciertos sectores a su conveniencia.

Para afrontar los ineficaces resultados del enfoque directo, es esencial adoptar también medidas indirectas en la lucha contra la corrupción. Es necesario implementar estrategias que busquen conseguir compromiso político y apoyo público para modificar estructuras y generar nuevos vínculos entre los ciudadanos y el Estado, con el objetivo de cambiar percepciones y generar confianza.

Este enfoque se ha materializado en programas diseñados para prevenir y combatir la corrupción, elaborados y supervisados mediante políticas influenciadas por regulaciones europeas e internacionales. En tiempos recientes, se ha promovido el buen gobierno y la integridad para fortalecer el poder estatal y asegurar la confianza ciudadana. Asimismo, se han promulgado leyes destinadas a garantizar la transparencia de las instituciones y las empresas, asegurar una adecuada rendición de cuentas y limitar la discrecionalidad en la toma de decisiones.

Es fundamental que los ciudadanos comprendan que la transparencia y la rendición de cuentas de las Administraciones, la independencia y eficiencia del sistema judicial, así como la calidad regulatoria de las instituciones públicas, no sean meros conceptos formales. Igualmente, es importante que los medios de comunicación y las plataformas digitales asuman su responsabilidad en la difusión de información veraz y equilibrada, obviando encuadres interesados sobre las noticias relacionadas con la corrupción.

Indudablemente, la educación cívica y el pensamiento crítico son herramientas poderosas para resistir la tentación de generalizar, para exigir transparencia y responsabilidad a las instituciones e incluso para impulsar acciones directas. En este sentido la protección de los alertadores es esencial para revelar prácticas corruptas y fomentar un entorno de cumplimiento normativo.

Esta obra evidencia precisamente la importancia de los alertadores, los desafíos que enfrentan y las estrategias para fomentar un entorno de integridad y responsabilidad. Igualmente, muestra que existen muchas expectativas con la implantación de los canales de información con la extensión que les otorga la Ley 2/2023, de 20 de febrero, *reguladora de la protección de las personas que informen sobre infracciones normativas y de lucha contra la corrupción*. Se espera que contribuya a cambiar la manera desfavorable en que se percibe a los informantes y a fomentar la participación ciudadana a través de las alertas, y que, al menos por su componente disuasorio, tengan efecto en la prevención de la corrupción.

No obstante, la eficacia de estas estrategias dependerá de los medios empleados y de la confianza depositada en las autoridades responsables de llevarla a cabo.

Se me da la oportunidad de escribir un prólogo a esta interesante obra "Alertadores, Corrupción y Cumplimiento Normativo", en el que se dan enfoques claros, críticos e imparciales sobre las diferentes vías de búsqueda de la integridad.

Los autores abordan la corrupción, la importancia de los alertadores, los desafíos que enfrentan y las estrategias para fomentar un entorno de cumplimiento normativo efectivo. Probablemente con tal finalidad, el libro está estructurado en cuatro partes: la primera se dedica a los alertadores, la segunda aborda la corrupción, la tercera el cumplimiento normativo, y, como colofón, se finaliza exponiendo diversos enfoques de derecho comparado, que pueden mostrar a los poderes públicos qué caminos son los adecuados.

A pesar de las asimetrías existentes y los desafíos significativos, como la creación de todas las autoridades competentes y la promoción de una cultura de denuncia que necesita ser fortalecida entre la ciudadanía, se considera que la evolución normativa está progresando hacia una mejora en la protección del informante y la lucha contra la corrupción. Con esta idea se plasman ideas para realizar los retoques necesarios.

En la "Parte I: Alertadores", FERNÁNDEZ AJENJO realiza un análisis del primer año de implementación de Ley 2/2023, de 20 de febrero, enumerando los importantes desafíos pendientes. Concluye que, para el debido seguimiento de las metas establecidas en ella, se hace necesario la elaboración de un plan estadístico para la evaluación continua de su impacto y efectividad.

Por su parte, CERINA explora la eficacia del *whistleblowing* en la lucha contra la corrupción, analizando el contenido jurídico de las obligaciones de protección a los denunciantes y sus implicaciones legales y sociales. Manifiesta que no es riguroso plantear un discurso sobre la lucha contra la corrupción que pivote sobre el fomento de la confianza del denunciante en el proceso y en el receptor de la denuncia, sin abordar otros temas de base, muy controvertidos y que, por conocidos, afectan a la percepción de la opinión pública. Por último, reflexiona sobre el encaje de la nueva disciplina con la obligatoriedad de la denuncia de hechos delictivos prevista por la LECrim.

Por otro lado, VICARIO examina el contenido y las limitaciones de la Ley 2/2023, incluyendo su ámbito de aplicación y las medidas de protección ofrecidas a los informantes. Advierte que el margen de discrecionalidad que la Directiva *Whistleblowing* brinda a los Estados miembros en cuestiones tales como la aportación de la información recibida al proceso penal, la presentación de denuncias anónimas o la posible comisión por el alertador de un delito de revelación de secretos, han facultado al legislador español a la inclusión de ciertos preceptos que pueden resultar contrarios a la finalidad última de la norma.

OLIVEIRA realiza un análisis de la figura del informante-colaborador y expone las posibilidades de la justicia premial y de los programas de clemencia para los informantes que colaboran con la justicia, destacando los incentivos para denunciar y colaborar en la investigación de infracciones. Considera que la Ley 2/2023 presenta importantes lagunas en cuanto a los mecanismos de recompensa y la coordinación entre los ámbitos administrativo y penal. A su juicio, la falta de un sistema de incentivos claro podría limitar la efectividad de la ley y la disposición de los informantes a colaborar con las autoridades.

A su vez, LEO-CASTELA analiza las variables que influyen en la decisión de informar de los empleados públicos, incluyendo los costos personales percibidos, el apoyo institucional y la protección ofrecida por la entidad pública. Mantiene que la implementación de la nueva ley presenta desafíos, económicos y de ejecución, entre los que destaca la variabilidad del desarrollo normativo entre diferentes Comunidades Autónomas, lo que puede llevar a diferentes niveles de protección para los informantes.

BOUZAS-ORTEGA y SIERRA, exponen como la literatura científica ha abordado la temática de la denuncia de irregularidades y la corrupción en organizaciones y empresas, realizando un análisis bibliométrico seguido de una revisión sistemática de la literatura.

El análisis revela que existen importantes lagunas en la aplicación de la normativa de protección a los denunciantes. Así mantienen que hay un claro incumplimiento legal relacionado con la mala aplicación del artículo 10 del Convenio Europeo de Derechos Humanos y el artículo 33 de la Convención de las Naciones Unidas contra la Corrupción.

Concluyen que la cultura organizativa y los valores éticos son fundamentales para el éxito de los sistemas de denuncia y que, para construir un entorno efectivo para la denuncia de irregularidades, se requiere un marco legal robusto y una atención psicológica adecuada para los denunciantes.

Abre FIODOROVA la "Parte II: Corrupción", con un análisis de las infracciones administrativas, disciplinarias y penales en las instituciones de la UE, enfocándose en las denuncias de infracciones contra sus intereses financieros, como el fraude y la corrupción. Detalla las entidades con competencias en investigación y las consecuencias de la reciente creación del Órgano interinstitucional de normas éticas. Compara la normativa interna de la UE, el "Estatuto de los Funcionarios", con la Directiva 2019/1937/UE y destaca la necesidad de adaptar el primero a la filosofía del segundo, para superar las diferencias sustanciales en la protección de los denunciantes.

Por su parte QUINTAS reflexiona sobre las significativas lagunas del delito de enriquecimiento ilícito, que dificultan su aplicación práctica, así como la falta de claridad en la definición de los sujetos que pueden ser requeridos y la naturaleza de la conducta típica. A su juicio, tal situación puede llevar a vulneraciones de derechos fundamentales. Como consecuencia de todo ello, reclama realizar un profundo análisis del problema para garantizar la efectividad y la justicia del sistema penal.

ÁLVAREZ aborda la conexión entre la protección de los denunciantes y la recuperación de activos en la lucha contra la corrupción. Afirma que ambas áreas son claves para fortalecer la transparencia y rendir cuentas en los sectores público y privado. Enfatiza la necesidad de un enfoque que integre ambas áreas, promoviendo una cultura de transparencia, y la correcta aplicación de las normativas. Por último, propone superar la fragmentación y el punitivismo en la regulación para avanzar eficazmente en la lucha contra la corrupción.

Abre la "Parte III: Cumplimiento Normativo", SÁNCHEZ-MACÍAS que aborda el concepto de *compliance*, su evolución en la esfera penal, su aplicación en el ámbito de la competencia, así como la importancia de establecer sistemas de gestión que garanticen el cumplimiento normativo en las organizaciones.

Considera que la implementación de un sistema de gestión de *compliance* eficaz, no solo ayuda a las empresas a cumplir con la normativa y fomentar un entorno empresarial ético y responsable, sino que también contribuye a que puedan construir una reputación sólida.

PAHUL analiza las investigaciones corporativas y su relación con los derechos fundamentales, resaltando las específicas obligaciones de las personas jurídicas. A su juicio, la pieza clave sobre la que se sostiene la protección de los informantes, de los investigados y en sentido extenso, la defensa y custodia frente a las infracciones, es el responsable del sistema, lo que revela tanto la trascendencia de esta figura como la vulnerabilidad del espectro de protección a los informantes al albergar en un único elemento la solidez y fragilidad del medio.

Por su parte TIERNO analiza los canales internos de denuncia y la mediación penal como elementos clave en los programas de *compliance* y la justicia restaurativa. Destaca la falta de regulación específica sobre la mediación penal en España y la compara con la legislación portuguesa, que a su juicio podría servir como modelo. Sugiere que la justicia restaurativa podría inspirar futuras reformas en España para mejorar la implementación de los canales internos de denuncia y fomentar una cultura organizacional basada en el cumplimiento de la legalidad.

CARRILLO abre la "Parte IV: Enfoques de Derecho comparado", realizando un breve recorrido por las diferentes etapas de la regulación del *whistleblowing* en Italia, para posteriormente analizar el D.lgs. 24/2023, incidiendo en las mejoras que conlleva y las que quedan por hacer, atendiendo especialmente a las directrices de la Autorità Nazionale Anticorruzione y a los informes de Transparencia Internacional. Por último, analiza aspectos relevantes del *whistleblower* en el proceso penal italiano: los límites a su actuación y su posible responsabilidad penal, así como el uso de la denuncia o declaración anónima para fundamentar decisiones judiciales.

FREITAS analiza el régimen jurídico portugués de protección de los denunciantes de irregularidades, comparándolo con la Directiva (UE) 2019/1937. Considera que en algunos aspectos importantes presenta discrepancias con la Directiva y que aún hay áreas que necesitan mejoras para cumplir plenamente con sus objetivos.

RODRÍGUEZ-GARCÍA aborda el tema de los denunciantes igualmente dentro del sistema penal portugués, analizando el marco legal que los protege y los retos que enfrentan. Expone que la Ley 93/2021 establece un régimen general de protección para los denunciantes, buscando cerrar las lagunas legales existentes y proporcionar un marco más sólido para la denuncia de infracciones. A pesar de los avances legislativos, señala que la implementación efectiva también enfrenta desafíos significativos. No obstante, muestra una opinión muy favorable de como se ha conducido Portugal al trasponer la Directiva y sus valores, con el Mecanismo Nacional Anticorrupción tratando de concienciar y responsabilizar a la sociedad civil portuguesa frente a los casos de corrupción pasados y presentes.

Por su parte OLGUÍN reflexiona sobre la protección de los denunciantes de corrupción en Chile. Expone la evolución normativa que culminó con la promulgación de la Ley N.º 21.592 en agosto de 2023, que establece un estatuto de protección para los denunciantes.

A su juicio, esta norma representa un avance significativo en la protección de los denunciantes, estableciendo un marco integral que aborda aspectos previamente ignorados. Sin embargo, como se reflexiona en el libro para las diferentes regulaciones comparadas, mantiene que al final su éxito también dependerá de la implementación adecuada y de la creación de un entorno que apoye y valore las denuncias de corrupción, garantizando así una mayor transparencia y rendición de cuentas en la Administración Pública.

Por último, OLIVARES-MORENO reflexiona sobre una propuesta de transparencia para involucrar a la sociedad civil en Chile en la lucha contra la corrupción.

Con este objetivo, presenta un Modelo de Formación Anticorrupción implementado en un programa piloto entre 2020 y 2021 por el

Consejo para la Transparencia de Chile, que busca capacitar a los actores de la sociedad civil en temas anticorrupción y fomentar la transparencia dentro de sus organizaciones, así como la rendición de cuentas hacia el público.

El modelo demuestra que es posible integrar la formación anticorrupción en la sociedad civil, adaptando los contenidos a sus realidades y fomentando una cultura de transparencia y rendición de cuentas. Concluye que la participación activa de los ciudadanos es fundamental para combatir la corrupción y fortalecer la democracia en Chile.

Cierro la presente exposición dando las gracias a los editores por la primicia, ser el primero en enriquecerme con la presente obra, y a los autores por la claridad de sus diferentes exposiciones, enfoques y críticas interdisciplinares, que me sirven de aprendizaje para mejorar la comprensión de diferentes caras de la integridad: "Alertadores, Corrupción y Cumplimiento Normativo".

En Valladolid, a veintitrés de abril de dos mil veinticinco.

Luis Gracia Romero

Titular de la Autoridad Independiente
en Materia de Corrupción de Castilla y León

PARTE I: ALERTADORES

ANÁLISIS DEL PRIMER AÑO DE IMPLEMENTACIÓN DE LA LEY DE PROTECCIÓN DEL INFORMANTE

José Antonio Fernández Ajenjo[1]

Investigador

Centro de Investigación para la Gobernanza Global

Universidad de Salamanca

I. ¿PARA QUÉ SE APRUEBA LA LEY DE PROTECCIÓN DEL INFORMANTE?

La aprobación de la Ley 2/2023, de 20 de febrero, reguladora de la protección de las personas que informen sobre infracciones normativas y de lucha contra la corrupción (en adelante Ley 2/2023) no es una mera formalidad derivada del mandato de la Directiva (UE) 2019/1937 del Parlamento Europeo y del Consejo, de 23 de octubre de 2019, relativa a la protección de las personas que informen sobre infracciones del Derecho de la Unión (en adelante Directiva 2019/1937). Su auténtica razón de ser, al igual que en toda norma jurídica, es regular un conjunto de relaciones sociales que no se encontraban debidamente amparadas por el ordenamiento jurídico, bien porque hasta el momento sus conflictos se resolvían extramuros de la ley o bien porque la regulación actual no resultaba suficiente o adecuada.

Afortunadamente, la Ley 2/2023 define de forma clara la motivación teleológica, declarando expresamente una doble finalidad en su artículo 1:

---

1 Doctor en Derecho por el "Programa de Doctorado en Estado de Derecho y Gobernanza Global" de la Universidad de Salamanca. Investigador del "GIR-USAL Justicia, sistema penal y criminología". Este trabajo se ha desarrollado en el marco del Proyecto de Investigación "Cumplimiento normativo y protección penal de la Administración Pública" (PID2022-138775NB-I00) del Ministerio de Ciencia e Innovación del Gobierno de España.

(a) La *finalidad de protección del denunciante*: "otorgar una protección adecuada frente a las represalias que puedan sufrir las personas físicas que informen sobre alguna de las acciones u omisiones a que se refiere el artículo 2, a través de los procedimientos previstos en la misma".

(b) La *finalidad de fomento de la denuncia y la integridad*: "el fortalecimiento de la cultura de la información, de las infraestructuras de integridad de las organizaciones y el fomento de la cultura de la información o comunicación como mecanismo para prevenir y detectar amenazas al interés público".

Además de esta doble finalidad directa, la norma define un objetivo teleológico de más largo alcance, que se plasma en su propio título, como es la lucha contra la corrupción, en tanto que es opinión generalizada que los programas de denuncia y de protección de los *whistleblowers* son un elemento clave en esta materia[2]. A modo de ejemplo, el trabajo de la OCDE[3] acerca de la protección de los *whistleblowers*, realizado a instancias de la Declaración de Líderes del G20 de la Cumbre de Cannes de 2011, que destacaba: "Por lo tanto, la protección de los denunciantes del sector público y privado contra las represalias por denunciar de buena fe supuestos actos de corrupción y otras irregularidades es parte integral de los esfuerzos para combatir la corrupción, promover la integridad y responsabilidad del sector público y apoyar un entorno empresarial limpio".

La propia Convención de Naciones Unidas contra la Corrupción de 2003 (en adelante CNUCC) ha vinculado los sistemas de denuncias públicas tanto como medio para que los funcionarios puedan comunicar los actos de corrupción de los que tengan conocimiento (artículo 8.4 CNUCC) como instrumento para facilitar a los ciuda-

---

2 A pesar de esta acogida expresa del fin de lucha contra la corrupción en el título de la propia norma, únicamente hay un artículo expresamente dedicado a la misma como es la disposición adicional quinta Ley 2/2023, dedicada a la estrategia contra la corrupción. Como señala JIMÉNEZ FRANCO (2023: 339): "De hecho, en la Exposición de Motivos, punto III, se dispone que 'la generalización de un Sistema interno de informaciones facilitará la erradicación de cualquier sospecha de nepotismo, clientelismo, derroche de fondos públicos, financiación irregular u otras prácticas corruptas', pero luego no lo afronta en el articulado".

3 OCDE (2014).

danos el acceso a los órganos de lucha contra la corrupción (artículo 13.2 CNUCC). En definitiva, se promueve "una pedagogía y un cambio cultural que provoque en la sociedad una indignación mayor frente a los delitos de corrupción, pues, de esta forma, aquellos denunciantes no solo serán vistos como los 'guardianes de la norma', sino muy probablemente hará efecto contagio en comportamientos cívicos de denuncia a las irregularidades que somos testigos con los bienes públicos"[4].

Por lo tanto, la Ley 2/2023 no puede constituir un mero hito en el cumplimiento de nuestras obligaciones con la Unión Europea —como ha reflexionado JIMÉNEZ FRANCO[5], en este caso en cumplimiento tardío del mandato de transposición de la Directiva 2019/1937—, ni una norma sin más efectos reales que acumularse en los anaqueles virtuales de legislación y de engrosar las estructuras corporativas públicas y privadas. Como ha reflexionado oportunamente NEVADO-BATALLA MORENO acerca del daño social que pueden causar las normas jurídicas meramente testimoniales: "Una formalidad cumplida a través del boletín o diario oficial correspondiente en el que se publican normas cuya finalidad no es tanto la que se presume por su contenido como la de construir una especie de escenario jurídico. Como diría Nieto (2008, p. 10), este teatral escenario ayuda a ocultar la realidad creando un mundo virtual (oficial) completamente distinto al real[6]".

A continuación, se realizará un análisis de la implementación normativa y fáctica de la Ley 2/2023 durante su primer año de vigencia[7], teniendo como primera referencia las prescripciones previas de la Directiva 2019/1937, con la finalidad última de establecer elementos de referencia para valorar tanto su aportación a lucha contra la corrupción como a las funciones de protección del denunciante y promoción de la cultura de la información sobre actividades ilícitas. También con esta razón de ser, se agrega una propuesta razonable de plan estadístico e indicadores que faciliten el seguimiento de los resultados prácticos obtenidos a partir de la promulgación de la nueva norma.

---

4 FERNÁNDEZ GONZÁLEZ (2019: 180-181).

5 JIMÉNEZ FRANCO (2022).

6 NEVADO-BATALLA MORENO (2023: 82).

7 A estos efectos, debe tenerse en cuenta que el presente trabajo se ha desarrollado a finales del primer semestre de 2024.

II. NIVEL DE IMPLEMENTACIÓN EN EL PRIMER PERIODO DE VIGENCIA DE LA LEY DE PROTECCIÓN DEL INFORMANTE

La aprobación de Ley 2/2023 con 431 días de retraso con respecto al plazo del 17 de diciembre de 2021 previsto en la Directiva 2019/1937 no implica el cumplimiento total de las obligaciones de transposición[8]. De hecho, la propia Ley /2023 no comenzaría su vigencia hasta el 13 de marzo de 2023, lo que ha extendido el tiempo de demora sobre el plazo comunitario hasta, al menos, los 452 días.

El respeto al principio de la fecha de transposición[9] implica el deber de la puesta en vigor de todas "las disposiciones legales, reglamentarias y administrativas necesarias para dar cumplimiento a lo establecido en la presente Directiva" (artículo 26 Directiva 2019/1937). Por lo tanto, a fecha 17 de diciembre de 2021 deberían encontrarse en funcionamiento medidas[10] como:

(a) Las autoridades competentes para la gestión de las denuncias externas y la protección del denunciante (en adelante, Autoridades competentes externas), si bien se concedió a las Comunidades Autónomas un plazo hasta el 13 de diciembre de 2023 y al propio Estado hasta el 13 de marzo de 2024, que en ambos casos sobrepasaban los concedidos por la norma comunitaria.

(b) Los sistemas internos de información de las entidades públicas y privadas, si bien el plazo se extendió legalmente hasta el 13 de junio de 2023, y para las entidades privadas de entre 249 y 50 trabajadores

---

8 JIMÉNEZ FRANCO (2011 y 2023).

9 PARAJO CALVO (2022).

10 Asumimos como propia la reflexión de JIMÉNEZ FRANCO (2023: 345) sobre los diversos periodos de carencia establecidos por la Ley 2/2023: "Los plazos citados de la Ley 2/2023 deberían estar invertidos: tres meses para el Gobierno para crear la AIPI y un año para implantar los Sistemas internos de información. La explicación es fácil, pues si la AIPI es la clave de bóveda de toda la arquitectura institucional de protección de informantes, su implementación por el Gobierno debería haberse impuesto en un plazo más corto como el de tres meses, máxime cuando desde hace tiempo se está elaborando el Sistema de Integridad de la AGE (SIAGE) y una Estrategia Nacional Antifraude (ENA). Además, le permitiría asumir el liderazgo en la creación de los Sistemas Internos de Información, que deben aprobarse en tres meses"

y los municipios de menos de 10.000 habitantes hasta el 1 de diciembre de 2023. No obstante, en estos dos últimos casos no vulneraban los límites temporales de la norma comunitaria.

(c) Además, al margen de las obligaciones comunitarias, se estableció la necesidad de aprobar una estrategia contra la corrupción, con la fecha límite del 13 de septiembre de 2024.

La configuración institucional de las Autoridades competentes externas ha establecido un desdoble funcional y territorial. A nivel funcional, se han desgajado las atribuciones relativas a los canales externos en materia de competencia en favor de la Comisión Nacional de los Mercados y la Competencia y las autoridades autonómicas correspondientes, cumplimentándose plenamente su regulación mediante la modificación de la Ley 15/2007, de 3 de julio, de Defensa de la Competencia (disposición final tercera Ley 2/2023). A nivel territorial, se ha previsto la constitución de la Autoridad Independiente de Protección del Informante, A.A.I. (en adelante AIPI) con competencias únicamente en el ámbito estatal[11], reconociéndose a las Comunidades Autónomas la competencia para designar a sus respectivas autoridades externas competentes (artículo 24 Ley 2/2023).

Como prontamente advirtió JIMÉNEZ ASENSIO[12], la formulación jurídica de esta desconcentración territorial ha causado una fuerte asimetría institucional hasta el momento. En primer lugar, el legislador reglamentario estatal no ha cumplido con el mandato de aprobar los estatutos de la AIPI antes del 30 de marzo de 2024, por lo que los mecanismos de denuncia externa y protección de los correspondientes denunciantes no se encuentran cubiertos en este nivel territorial. Por su parte, la respuesta de los legisladores de las Comunidades Autónomas ha sido muy dispar, como se puede observar a

11 En opinión de JIMÉNEZ FRANCO (2023: 391): "La creación de la 'Autoridad Independiente de Protección del Informante, A.A.I.' debe recibirse como una agradable noticia por cuanto supone la imperativa transposición de la Directiva 1937/2019 y dar cumplimiento a diversos compromisos internacionales. Es de recibo aplaudir su aparición en el panorama nacional, pues siempre estaremos mejor que estábamos, y supone un impulso para el necesario cambio cultural hacia una concepción positiva del informante y su protección, del que será el máximo responsable, por lo que su tarea será ardua y difícil, que requerirá de paciencia, dados sus resultados a medio o largo plazo".

12 JIMÉNEZ ASENSIO (2023a).

continuación, destacándose que en su mayor parte no han cumplido con este mandato legal:

(a) La Oficina Antifraude de Cataluña (OAC)[13] y la Autoridad Gallega de Protección de la Persona Informante[14] han recibido un mandato legislativo pleno para ejercer las funciones propias de Autoridad competente externa en su territorio.

(b) El Consejo Regional de Transparencia y Buen Gobierno de Castilla-La Mancha ha asumido plenamente las funciones que la Ley 2/2023 atribuye en su artículo 43 a la Autoridad Independiente de Protección del Informante, A.A.I.[15].

---

13 Disposición adicional séptima Ley 3/2023, de 16 de marzo, de medidas fiscales, financieras, administrativas y del sector público para el 2023. "La protecció de les persones denunciants ha format part de les atribucions de l'Oficina Antifrau des del seu origen: segons les normes d'actuació i règim interior de l'Oficina (2009), s'ha ofert protecció a persones denunciants, dins de les possibilitats d'actuació que el marc legal regulador d'aquesta Oficina confereix. Abans aquestes possibilitats eren relativament reduïdes, atesa la manca d'atribució clara de potestats concretes en aquest àmbit per cap norma amb rang de llei. / La Directiva (UE) 2019/1937 del Parlament Europeu i del Consell, de 23 d'octubre de 2019, relativa a la protecció de les persones que informen sobre infraccions del Dret de la Unió (Directiva 2019/1937) va establir, a partir de la seva entrada en vigor, el 16/12/2019, un marc normatiu molt més ampli i general en l'àmbit que ens ocupa, partint de les premisses conceptuals que acabem d'esmentar. / La Directiva 2019/1937 ha estat transposada en el nostre ordenament jurídic per la Llei 2/2023, de 20 de febrer, reguladora de la protecció de les persones que informen sobre infraccions normatives i de lluita contra la corrupció (Llei 2/2023), que va entrar en vigor el 13 de març de 2023. / A Catalunya, la disposició addicional 7a.1 de la Llei 3/2023, de 16 de març, de mesures fiscals, financeres, administratives i del sector públic (Llei 3/2023), ha assignat a l'Oficina Antifrau totes les funcions que la Llei 2/2023 atribueix a les institucions o als òrgans competents de les comunitats autònomes, fins que no es desplegui una normativa catalana pròpia en aquest àmbit" (OAC, 2024: 11).

14 Artículo 54 de la Ley 10/2023, de 28 de diciembre, de medidas fiscales y administrativas, que añade el artículo 51 sexies a la Ley 1/2016, de 18 de enero, de transparencia y buen gobierno, si bien la disposición adicional cuarta retrasa el comienzo de sus funciones a los diez meses de la entrada en vigor de la ley, es decir, el 10 de octubre de 2024.

15 Disposición final primera dos de la Ley 4/2024, de 19 de julio, de Integridad Pública de Castilla-La Mancha.

(c) La Agencia Valenciana Antifraude (AVAF)[16], la Oficina Andaluza contra el Fraude y la Corrupción (OAAF)[17] y la Oficina Antifraude de Navarra (OANA)[18] han entendido que su mandato legislativo les permitía asumir las funciones de Autoridades competentes externas en sus respectivos territorios. No obstante, todas ellas han expresado que esta asignación únicamente podía aplicarse en relación con el sector público, encontrándose pendiente de adaptación normativa la atribución de estas funciones en relación con el sector privado.

---

16 La Guía AVAF (2023a: 23 y 26) ha puesto de manifiesto que "Así, a los efectos de prácticas contrarias a la integridad, fraude y corrupción (incluyendo todo tipo de irregularidades para proteger toda clase de fondos públicos) podrá designarse como tal, al amparo de la Ley 1/2022, de Transparencia y Buen Gobierno de la Comunitat Valenciana, el buzón externo de denuncias de la Agencia Valenciana Antifraude [...]. En suma, tal y como hemos visto, en el ámbito de la Comunidad Valenciana, adicionalmente (pero no en sustitución del canal de la A.A.I.), podrá utilizarse el buzón externo de denuncias de la Agencia Valenciana Antifraude y, en todo caso, se utilizará para comunicar irregularidades contrarias a la integridad pública o potencialmente constitutivas de fraude o corrupción de ámbito autonómico (incluyendo todo tipo de irregularidades para proteger toda clase de fondos públicos)". Por su parte, la Memoria de 2023 explica que "No es menester recordar que la Directiva primero, y ahora la Ley 2/2023, vienen a consagrar, a nivel de España y de todos los países de la UE una obligación que en la Comunitat Valenciana se estableció por ley propia en 2016 para proteger de represalias a las personas que denuncian, informan o alertan de corrupción, fraude o malas prácticas en el seno de nuestras administraciones públicas y entidades vinculadas, sostenidas o receptoras de fondos públicos" [AVAFa (2024:10)].

17 La Resolución de 20 de marzo de 2023, de la Oficina Andaluza contra el Fraude y la Corrupción, por la que se crea y se ordena la puesta en funcionamiento del canal externo de información (CANAL DE DENUNCIAS) establece como ámbito de aplicación el sector público andaluz autonómico y local y las entidades del sector privado con relaciones económicas, profesionales o financieras con los mismos.

18 A estos efectos, "[e]l buzón o canal de denuncias de la Oficina de Buenas Prácticas y Anticorrupción de la Comunidad Foral de Navarra se configura como un canal de denuncia externa independiente y autónomo para la recepción y el tratamiento de la información o denuncias recibidas, de conformidad con lo establecido en el artículo 10 y siguientes de la Directiva (UE) 2019/1937, de 23 de octubre, relativa a la protección de las personas que informen sobre infracciones del Derecho de la Unión" (artículo 51.2 del Decreto Foral 14/2023, de 1 de marzo, por el que se aprueba el Reglamento de organización y funcionamiento de la Oficina de Buenas Prácticas y Anticorrupción de la Comunidad Foral de Navarra.

(d) La Autoridad Independiente en materia de corrupción de Castilla y León adscrita al Consejo de Cuentas, de nueva creación[19], ha asumido únicamente las competencias de canal externo y protección del de informante relativas al sector público.

(e) La Autoridad Vasca de Transparencia-Gardena asumirá las plenas competencias como Autoridad competente externa, si finalmente se aprueba el texto legislativo que está tramitando el Parlamento Vasco desde el 5 de febrero de 2024[20].

(f) La Oficina de Prevención y Lucha contra la Corrupción en las Illes Balears ha sido suprimida por la disposición adicional primera de la Ley 2/2024, de 11 de abril, de creación del Registro de Transparencia y Control del Patrimonio y de las Actividades de los Cargos Públicos de las Illes Balears, sin que en dicha norma se haya designado ninguna Autoridad competente externa que cubra este vacío legal[21].

(g) El resto de las Comunidades Autónomas hasta el momento no han procedido a la designación de las respectivas autoridades competentes externas.

La configuración de los Sistemas internos de información de las entidades públicas y privadas hasta el 13 de marzo de 2023 ha sido un reto sumamente exigente, pues en el plazo de 3 meses desde la aprobación de la Ley se ha debido preceder corporativamente a configurar y poner en funcionamiento los cuatro pilares exigidos por el artículo 5 Ley 2/2023: la política o estrategia que enuncie los principios generales, el canal interno de información, la designación del Responsable del sistema y el procedimiento de gestión de las informaciones. La responsabilidad última de la implementación de estos Sistemas co-

---

19 Disposición adicional segunda de la Ley 4/2024, de 9 de mayo, de medidas tributarias, financieras y administrativas de Castilla y León.

20 *Vid.* *https://www.euskadi.eus/gobierno-vasco/-/noticia/2024/el-proyecto-ley-transparencia-apuntala-amplio-recorrido-euskadi-materia-buen-gobierno/.*

21 *Vid. https://www.oaib.es/.* Han sido numerosas las voces críticas contrarias a la supresión de la Oficina de Prevención y Lucha contra la Corrupción en las Illes Balears, sirva como ejemplo, que hacemos nuestro, el comunicado de la Fundación Hay Derecho *[https://www.hayderecho.com/portfolio-item/hay-derecho-alerta-del-riesgo-de-suprimir-la-oficina-antifraude-de-baleares/]*. Además, es justo valorar la importante labor desarrollada durante estos años por su personal en la siempre difícil tarea de evaluar críticamente el quehacer gubernativo, habiendo creado valiosos instrumentos en materia de integridad y ética pública.

rresponde al órgano de gobierno y administración de la entidad, por lo que en entidades de naturaleza mercantil cabe entender que corresponde a los consejos de administración y en las administraciones públicas estatales y autonómicas a los titulares de los consejos de ministros[22] y de gobierno. En las Memorias de 2023 publicadas por las agencias antifraude autonómicas se ha aportado la siguiente información acerca de la recepción de la notificación de la comunicación del Responsable del sistema establecida en el artículo 8.3 Ley 2/2023[23]:

---

22 En la Administración General del Estado han asumido esta función, en la práctica, diferentes órganos de los departamentos ministeriales, si bien estimo que será más correcto jurídicamente que esta responsabilidad hubiese correspondido al Consejo de Ministros, siguiendo el ejemplo de las Comunidades Autónomas que han residenciado la misma en los consejos de gobierno, dado que la dirección de la Administración Pública estatal corresponde al mismo por mandato del artículo 97 de la Constitución, el artículo 1.1 de la Ley 50/1997, de 27 de noviembre, del Gobierno y el artículo 3.3 de la Ley 40/2015, de 1 de octubre, de Régimen Jurídico del Sector Público.

23 La asunción directa por el órgano de gobierno o administración de la responsabilidad de instaurar los sistemas internos de información, previa consulta con los representantes legales de los trabajadores, es sumamente importante, pues, como ha advertido JIMÉNEZ ASENSIO (2023b), "tendrá así, por tanto, la condición de responsable a efectos de la aplicación, en su caso, de algunas conductas infractoras y de sus consiguientes sanciones [...], pues el incumplimiento de la obligación de disponer de un SIINF se tipifica como infracción muy grave". En la Memoria de 2023 de la AVAF (2024a: 181) se señala que "Desde la Agencia se han trasladado numerosos requerimientos y anuncios de sanción a los sujetos incluidos en su ámbito de aplicación, a fin de compeler al debido cumplimiento de la Ley 11/2016, de 28 de noviembre, de la Generalitat, y ahora también de las novedosas obligaciones impuestas por la Ley 2/2023, de 20 de febrero. Es voluntad de esta Agencia que la apertura de procedimientos sancionadores sea la última instancia, al haberse obtenido buenos resultados de cumplimiento por parte de los receptores de los citados requerimientos, que demuestran, en general, no su voluntad infractora, sino más bien desconocimiento de la ley o retraso en su cumplimiento". Por su parte, la OAAF (2024b) destaca que "La Ley 2/2023 establece un exigente régimen sancionador para las empresas que no dispongan de buzón interno de denuncias, no obstante, es la Autoridad Independiente de Protección del Informante (A.A.I) a nivel nacional (que ya debería estar creada) la que tiene atribuida las potestades sancionadoras en esta materia. En cualquier caso, desde la Oficina Andaluza Antifraude se viene reclamando la necesidad establecer mecanismos de coordinación con el Estado al objeto de clarificar las competencias y atribuciones de las oficinas autonómicas en el marco de dicha Ley estatal".

(a) La OAC catalana ha recibido un total de 1.514 comunicaciones del nombramiento de Responsables del sistema, de las que 1.368 corresponden al sector privado y 146 al sector público[24].

(b) La AVAF valenciana ha recibido 304 notificaciones del nombramiento de Responsables del sistema, de los que 154 corresponden a entidades del sector privado y 150 al sector público[25].

(c) La OAAF andaluza ha recibido 427 solicitudes de inscripción en el registro de personas responsables del sistema interno de información[26].

En el ámbito de las Administraciones Generales de las Comunidades Autónomas, los Sistemas interno de información se han constituido con carácter general, analizando la situación de las 10 Comunidades Autónomas con mayor población, a través de acuerdos o decretos de los consejos de gobierno. En la tabla adjunta se detallan las principales características de la aprobación de los citados sistemas internos de información (S.E.O.U.).

---

24 La OAC informaba que "Les dades d'inscripció al registre són minses (1.514 inscripcions, amb la distribució entre públic i privat que mostra el gràfic) en relació a l'univers obligat. Per aquest motiu, l'Oficina Antifrau endegarà un seguit d'accions de difusió per fer efectiva la implantació dels canals interns i el registre dels seus responsables" (OAC, 2024: 21).

25 A 15 de diciembre de 2023, la AVAF advertía que "Hasta la fecha solo 134 organismos han cumplido con este trámite de comunicación a la Agencia de los responsables de los sistemas internos de información, un trámite que se puede realizar a través de la sede electrónica de la Agencia". En la Memoria de 2023, como se ha señalado, esta cifra ascendía a 304 que correspondían, "Con respecto a los responsables del sector público: el 36% pertenece a ayuntamientos de menos de 10.000 habitantes (55); el 25% a ayuntamientos de más de 10.000 habitantes (38); el 8% a organismos autónomos y empresas mercantiles municipales (13); el 7% a colegios profesionales y el resto son de universidades, entidades estatutarias, mancomunidades, diputaciones provinciales, etc." (AVAF, 2024b: 5).

26 A este respecto, la OAAF (2024b) informaba el 19 de marzo de 2024 que "la OAAF ha recibido algo más de 700 comunicaciones de inscripción en el registro de personas responsables del sistema interno de información. Una cifra muy baja atendiendo a las entidades que tienen obligación de hacerlo, ya sólo el número de pymes andaluzas que deberían haber cumplido a final del pasado año con la preceptiva comunicación a la Oficina asciende a 5.000".

Tabla 1. Sistemas Internos de Información de las 10 Comunidades Autónomas con mayor población

CCAA	Resolución	Fecha	Autoridad decisora	Responsable del Sistema
Andalucía	No consta	No consta	No consta	Secretaría General para la Administración Pública
Canarias	Acuerdo	22/06/2023	Consejo de Gobierno	Dirección General de Modernización y Calidad de los Servicios
Castilla La Mancha	No consta	No consta	No consta	Oficina de Transparencia y Participación
Castilla y León	Decreto-ley	11/05/2023	Consejo de Gobierno	Inspección General de Servicios
Cataluña	Acuerdo	25//04/2023	Consejo de Gobierno	Unitat competent en matèria de bon govern
Galicia	Resolución	18/01/2022	DG de Evaluación y Reforma Administrativa	Dirección General de Evaluación y Reforma Administrativa
Madrid	Decreto	20/07/2022	Consejo de Gobierno	DG relativa a transparencia y buen gobierno
Murcia	Acuerdo	18/05/2024	Consejo de Gobierno	Inspección General de Servicios.
País Vasco	Decreto	13/06/2023	Consejo de Gobierno	Oficina de la persona Responsable del Sistema
Valencia	Acuerdo	12/05/2023	Consejo de Gobierno	Comisión de Coordinación de los órganos y unidades sectoriales de control interno e inspección

Fuente: elaboración propia, a partir de la consulta de los sitios web de las CCAA el 29 de mayo de 2024

El examen de los 10 municipios con mayor número de habitantes no es tan alentador[27], pues únicamente la mitad de ellos (Ayuntamientos de Madrid, Barcelona, Sevilla, Zaragoza y Málaga) han cumplido con el establecimiento de los sistemas internos de información[28]. Eso sí, en todos estos casos se ha atendido el mandato legal y se han creado estos sistemas a través de acuerdos o decretos de la alcaldía o la junta de gobierno[29]. El nombramiento de los responsables del sistema sigue una pauta muy diversa, destacando el caso del Ayuntamiento de Madrid que ha designado para esta tarea al Director de la Oficina Municipal contra el Fraude y la Corrupción. En la tabla adjunta se puede observar un resumen de la forma de aprobación de los sistemas internos de información por parte de estos municipios conforme se desprende de la consulta de los correspondientes sitios web (S.E.O.U.).

Tabla 2. Sistemas Internos de Información de los 10 municipios con mayor población

Municipio	Resolución	Fecha	Autoridad decisora	Responsable del Sistema
Madrid	Acuerdo	25/05/2023	Junta de Gobierno	Dirección de la Oficina Municipal contra el Fraude y la Corrupción
Barcelona	Acuerdo	06/10/2016	Comisión de Gobierno	Dirección de Servicios de Análisis

27 Como referencia del nivel de cumplimiento inicial de los ayuntamientos españoles, la AVAF señaló el 15 de diciembre de 2023 que sólo se habían recibido la comunicación de los responsables de los sistemas internos de información por parte de 31 de los 102 ayuntamientos de más de 10.000 habitantes y 60 de 440 de las inferiores a dicha población. *Vid. https://www.antifraucv.es/solo-134-administraciones-publicas-han-presentado-en-el-registro-de-la-agencia-valenciana-antifraude-a-los-responsables-de-su-sistema-interno-de-informacion/.*

28 Los Ayuntamientos de Valencia, Palma de Mallorca y Las Palmas de Gran Canaria disponen en los sitios web corporativos de un canal de denuncias, pero no consta la aprobación formal del sistema interno de información. Por su parte, no ha sido posible localizar en los respectivos sitios web información alguna sobre esta materia en los Ayuntamientos de Murcia y Alicante.

29 El artículo 211.a) LRBRL atribuye al Alcalde el gobierno y la administración municipal, el artículo 34.1.ª) atribuye estas funciones al Presidente de la Diputación provincial LRBRL y el artículo 126.1.a) LRBRL las funciones ejecutivas y administrativas a la Junta de Gobierno Local.

Valencia	No consta	No consta	No consta	No consta
Sevilla	Acuerdo	24/05/2023	Junta de Gobierno	Dirección General de Recursos Humanos
Zaragoza	Decreto	10/11/2023	Alcaldía	Responsable del sistema interno de información
Málaga	Acuerdo	24/11/2023	Junta de Gobierno	No consta
Murcia	No consta	No consta	No consta	No consta
Palma	No consta	No consta	No consta	No consta
Las Palmas de GC	No consta	No consta	No consta	No consta
Alicante/ Alacant	No consta	No consta	No consta	No consta

Fuente: elaboración propia, a partir de la consulta de los sitios web de los municipios el 30 de mayo de 2024

A nivel del Gobierno estatal se ha optado por una concepción descentralizada, constituyendo un Sistema interno de información en cada Departamento ministerial. Del análisis de 10 ministerios, seleccionados siguiendo el orden general de precedencias del Estado[30], se deduce que todos estos ofrecen la posibilidad de acceso al canal interno de información, con excepción del Ministerio de Vivienda y Agenda Urbana. Desde el punto de vista formal, en su mayor parte han creado los sistemas internos de información mediante la aprobación de resoluciones de la Subsecretaria, pero no se ha acreditado esta constancia en el caso de los ministerios de Defensa e Interior. Por otra parte, tampoco se ha podido constatar la designación de la persona responsable del sistema del Ministerio de Industria y Turismo.

30 *Vid.* el artículo 15.1 del Real Decreto 2099/1983, de 4 de agosto, por el que se aprueba el Ordenamiento General de Precedencias en el Estado.

Tabla 3. Sistemas Internos de Información de los 10 Ministerios, seleccionados por orden de prelación protocolaria

Ministerios	Resolución	Fecha	Autoridad decisora	Responsable del Sistema
Asuntos Exteriores, Unión Europea y Cooperación	Resolución	24/01/2024	Subsecretaría	Persona designada de la Inspección General de Servicios
Presidencia, Justicia y Relaciones con las Cortes	Resolución	31/05/2023	Subsecretaría	SG Información Administrativa e Inspección General de Servicios
Defensa	No consta	No consta	No consta, pero si hay canal interno	Coronel Auditor
Interior	No consta	No consta	No consta, pero si hay canal interno	Comité de Gestión del Plan de Medidas Antifraude
Transportes y Movilidad Sostenible	Resolución	15/06/2023	Subsecretaría	Personal A1 de SG Inspección de los Servicios y Atención al Ciudadano
Educación, Formación Profesional y Deporte	Resolución	08/06/2023	Subsecretaría	SG de la Inspección General de Servicios
Industria y Turismo	Resolución	13/06/2023	Subsecretaría	No consta
Agricultura, Pesca y Alimentación	Resolución	29/06/2023	Subsecretaría	Inspección General de Servicios
Política Territorial y Memoria Democrática	Resolución	12/06/2023	Subsecretaría	SG de Recursos Humanos e Inspección de Servicios
Vivienda y Agenda Urbana	No consta	No consta	No consta	No consta

Fuente: elaboración propia, a partir de la consulta de los sitios web de los Ministerios el 31 de mayo de 2024

Desde el punto de vista del sector privado, el análisis de las 10 primeras empresas del IBEX ha permitido comprobar que todas ellas han constituido el Sistema interno de información, con los instrumentos previstos en la Ley 2/2023 y que a esta información se puede acceder desde la página inicial del sitio web, como solicita el artículo 25 Ley 2/2023. Con carácter general, el medio de comunicación facilitado directamente en la página web es el formulario *on line*, si bien 8 entidades facilitan también el acceso por correo postal, 3 por correo electrónico, 3 la vía telefónica o 2 la reunión presencial[31].

Finalmente, la encuesta realizada por EQS Group[32] mostraba que el 85% de las compañías que pudieran verse afectadas por la Directiva 2019/1937 habían establecido canales internos de denuncias, alcanzando el 97% en las compañías de más de 5.000 trabajadores y limitándose al 56% entre las compañías de menos de 50 trabajadores. Desde el punto de vista de la nacionalidad, las compañías francesas alcanzaron el máximo nivel de cumplimiento con el 95% y las españolas se situaron en un 79%. Por su parte, la mayor parte de estas empresas (el 70,44%), han abierto este canal a todos sus *stakeholders*. Estos Sistemas internos de información en el 73% de los casos permiten la denuncia a través de una plataforma digital, el 70% mediante correo electrónico y el 56% por entrevista personal. En la tabla adjunta pueden observarse los principales medios de comunicación para la presentación de denuncias internas.

31 Esta información se ha obtenido con la consulta de los sitios web del IBEX el 10 de diciembre de 2023 y se ha tenido en cuenta exclusivamente la información directamente accesible en el sitio web de la entidad y no la información que pueda figurar detallada en los protocolos del sistema de información aprobados

32 Encuesta realizada entre empresas de Alemania, Francia, Italia y España entre marzo y abril de 2023 (EQS Group, 2023).

Tabla 4. Modalidades de canal interno más populares en Alemania, Italia, Francia y España

País	Sistema Digital de Denuncias	Correo Electrónico	Teléfono	Correo postal	Contacto personal
Alemania	78%	79%	67%	sd	sd
Italia	64%	78%	sd	48%	sd
Francia	68%	sd	36%	sd	54%
España	74%	69%	sd	sd	41%

Fuente: elaboración propia, a partir de EQS (2023)

Finalmente, la "Estrategia contra la corrupción"[33] deberá ser elaborada por el Gobierno, en colaboración con las Comunidades Autónomas, con fecha límite del 13 de septiembre de 2024. En el momento de la redacción de estas líneas, el Servicio Nacional de Coordinación Antifraude (SNCA) está desarrollando esta labor, conforme establece el apartado 2.a) de la disposición adicional vigésima quinta de la Ley 38/2003, de 17 de noviembre, General de Subvenciones, "con la asistencia técnica de la Organización para la Cooperación y Desarrollo Económico (OCDE) y la financiación de la Comisión a través de la Dirección General de Apoyo a las Reformas Estructurales (DG REFORM)" (SNCA)[34].

III. PLAN ESTADÍSTICO Y PROPUESTA DE INDICADORES DE SEGUIMIENTO DE LAS INFORMACIONES Y PROTECCIONES DERIVADAS DE LA LEY DE PROTECCIÓN DEL INFORMANTE

La consolidación de una cultura de integridad precisa de una política basada en objetivos que se traduzcan en indicadores de referencia

33 Como ha propuesto en diversas ocasiones JIMÉNEZ FRANCO (2023), esta estrategia debería formar parte de un Pacto de Estado de integridad y de lucha contra la corrupción que contara con la participación de los poderes públicos, partidos políticos, sindicatos, organizaciones empresariales, organizaciones no gubernamentales, ciudadanos y medios de comunicación.

34 SERVICIO NACIONAL DE COORDINACIÓN ANTIFRAUDE (2023: 69).

medibles y comparables para conocer si se está avanzando o, por el contrario, las medidas adoptadas no están siendo eficaces. Como paso previo para garantizar la calidad, rigurosidad y comparabilidad de los datos es necesario establecer un plan estadístico riguroso que, de forma continuada, recopile los datos de la gestión de las informaciones recibidas en los canales internos y externos, la protección de los informantes y que se complemente con encuestas periódicas que midan el clima ético de las entidades y las sociedades[35].

Para una debida recopilación, tratamiento y publicación de estos datos es conveniente atenerse a una serie de reglas que garanticen la fiabilidad y objetividad de la información obtenida. Si se adoptan como referencia los principios del Código de Buenas Prácticas de las Estadísticas Europeas de 2017 (en adelante, CBPEE), pueden establecerse como reglas especialmente significativas las siguientes:

(a) El cumplimiento normativo, con las exigencias estadísticas establecidas por la legislación comunitaria ý estatal[36]. El artículo 27.2 Directiva 2019/1937 exige a los Estados miembros la remisión anual a la Comisión de la siguiente información: número de denuncias re-

---

35 En el mismo sentido, "[d]esde la Oficina Andaluza Antifraude hemos presentado a la Red de Oficinas y Agencias Antifraude una propuesta de estructura de categorización de datos provenientes de denuncias al objeto de alcanzar un acuerdo común para su clasificación con motivo de la celebración de la XIV reunión de dicha red los pasados días 23 y 24 de mayo [de 2024] en Madrid. / Desde Andalucía apostamos por la utilización y explotación de datos abiertos, interoperables, homogéneos, comparables, y federados a estructuras superiores de reutilización como elementos centrales en la planificación de las actuaciones de las entidades y autoridades competentes en la lucha contra el fraude. / Esta homogeneización tiene como fin ofrecer una mejor información a la ciudadanía y los medios de comunicación, una mayor capacidad de medición y evaluación de las actuaciones de las autoridades antifraude, la capacidad de comparabilidad entre distintas entidades, su uso prospectivo para la detección y prevención del fraude y la corrupción, y una apuesta decidida por el dato abierto como mecanismo de transparencia y de información pública" *[https://www.linkedin.com/posts/oficina-andaluza-contra-el-fraude-y-la-corrupci%C3%B3n_datosabiertos-transparencia-informaciaejnpaeqblica-activity-7200729973114994688-GkGS?utm_source=share&utm_medium=member_desktop]*.

36 *Vid.* la Ley 12/1989, de 9 de mayo, de la Función Estadística Pública y el Reglamento 223/2009 del Parlamento Europeo y del Consejo, de 11 de marzo de 2009, relativo a la estadística europea y con los estándares de calidad y principios recogidos en el Código de Buenas Prácticas de las estadísticas europeas.

cibidas por las autoridades competentes, número de investigaciones y actuaciones judiciales iniciadas como consecuencia y su resultado y la estimación del perjuicio económico y los importes recuperados, si se pueden estimar. La disposición adicional tercera Ley 2/2023 atribuye el cumplimiento de este mandato a la AIPI, A.A.I., y además obliga a esta entidad, en relación con su actividad, a dar cuenta del número y naturaleza de las comunicaciones presentadas, el objeto y el resultado de la investigación, las sugerencias y recomendaciones formuladas y el número de procedimientos abiertos.

(b) El compromiso de calidad del dato, que, conforme al principio 4 CBPEE, permite su confiabilidad, para lo que será necesario que el desarrollo de los sistemas informáticos reduzca las posibilidades de errores humanos y que se realice una posterior verificación de la exactitud de la información registrada.

(c) La confidencialidad estadística y protección de datos, que asegure "la privacidad de los informantes, la confidencialidad de la información que proporcionan, su uso exclusivo con fines estadísticos y la seguridad de los datos están totalmente garantizados" (principio 5 CBPEE). A estos efectos, deberá tenerse en cuenta el conjunto de prescripciones sobre la confidencialidad de los informantes y los afectados previstos en la Ley 2/2023 y, en especial, las previstas en el título VI "Protección de datos personales".

(d) La solidez metodológica para asegurar estadísticas de calidad, lo que precisa, entre otros requisitos, garantizar que "se aplican de manera consistente conceptos, definiciones, clasificaciones y otros estándares" y su evaluación periódica (principio 7 CBPEE). De esta forma, se podrán realizar sólidas comparaciones temporales y, si se comparten estos criterios por varias organizaciones, también interinstitucionales.

(e) La carga no excesiva para los encuestados, promoviendo la transmisión de datos por medios electrónicos y el acceso a fuentes públicas (principio 9 CBPEE). A efectos del establecimiento de las estadísticas vinculadas por la Ley 2/2023 es conveniente partir de los datos obtenidos de los sistemas de gestión de las informaciones de la autoridad competente externa, recurriéndose a estadísticas y datos procedentes de otras fuentes únicamente en la medida que sean especialmente relevantes.

(f) La relevancia estratégica, pues los datos estadísticos se sujetan al principio de pertinencia para satisfacer las necesidades de los destinatarios de la información (principio 11 CBPEE). Por lo tanto, los indicadores y datos compilados deben responder a los objetivos más significativos que pretende atender la legislación de protección del denunciante que, como se ha señalado anteriormente, son primariamente el fomento de la cultura de la información y proteger la indemnidad de los informantes y, de forma finalista, la lucha contra la corrupción. De esta forma, se evitaría el indeseado efecto de la "infoxicación" por exceso de información.

(g) La oportunidad y previsibilidad del calendario de la puesta a disposición pública de los datos estadísticos obtenidos, conforme al principio 13 CBPEE. Con lo que se facilita, como indica el Banco de España[37] "conocer qué estadística, en qué fecha y qué periodos de la misma se publican", garantizando el empleo imparcial de la información obtenida.

(h) La comparabilidad o *benchmarking* entre los datos obtenidos por las diferentes entidades, pues las estadísticas deben facilitar la coherencia y comparabilidad de los datos (principio 14 CBPEE), para lo cual deben definirse con precisión los diferentes parámetros, mantenerse estables un periodo razonable de tiempo y conciliarse con diferentes fuentes.

(i) La accesibilidad y claridad de los datos, pues, conforme a los estándares del gobierno abierto, "se presentan de forma clara y comprensible, se difunden de forma adecuada y conveniente, su disponibilidad y acceso tienen carácter imparcial y van acompañadas de metadatos y orientación de apoyo" (principio 15 CBPEE). Por lo tanto, además de las memorias anuales de rendición de cuentas, deben elaborarse publicaciones que faciliten el conocimiento de los ciudadanos sobre los resultados obtenidos por la aplicación de la Ley 2/2023, así como poner a disposición los correspondientes microdatos.

La propuesta de indicadores de seguimiento de la aplicación de la Ley 2/2023 expuesta a continuación trata de plasmar cuantitativa y cualitativamente en qué medida los canales internos y externos están

---

37 *Vid. https://www.bde.es/webbe/es/estadisticas/calendario/calendario-difusion-estadisticas.html#.*

contribuyendo a luchar contra la corrupción y a crear una cultura de la información y el incremento de la protección del informante. Por lo tanto, los indicadores y datos se estructuran en tres grandes bloques (lucha contra la corrupción, cultura de la información y protección del informante), resaltando para cada uno de ellos los indicadores clave de referencia y detallando la información secundaria que se debe desglosar, a partir del examen de la experiencia de las cuatro agencias antifraude autonómicas que estuvieron plenamente operativas en el ejercicio 2023. No obstante, debe advertirse previamente que esta propuesta no tiene vocación de exhaustividad y, por esta razón, no se han incluido indicadores de naturaleza transversal como el ámbito material o territorial de los asuntos comunicados o el género o la edad de los denunciantes que, como se observan en las citadas memorias de las agencias autonómicas, también son importantes variables para tener en cuenta.

Figura 1. Modelo de plan estadístico de los indicadores de seguimiento de la Ley de Protección del informante

Lucha contra la corrupción	Índice de Percepción Corrupción Índice Europeo de Calidad del Gobierno	Control de la corrupción (WGI) BM Pronóstico Riesgo de Corrupción ERCAS Indicador de Integridad Pública ERCAS Índice de Transparencia ERCAS Eurobarómetros ordinarios y especiales UE Otros informes y encuestas
Cultura de la información / denuncia	Tasa de Recepción de Denuncias Tasa de Resolución de Investigaciones Tasa de Retorno Económico Tasa de Impacto de Recomendaciones	Denuncias Investigaciones Informes Seguimiento
Protección del informante	Tasa de Riesgo de Represalia Tasa de Confianza del Informante Tasa de Denunciados Públicos/Privados Tasa de Responsables Sistemas Internos de Información Tasa de Protección del Informante	Estatutos de protección Informantes Denunciados Responsables SII Medidas protección corrección/sanción

Fuente: elaboración propia, a partir de las memorias de la OLAF y de las agencias antifraude CCAA

La literatura internacional recoge numerosas fuentes que valoran el estado de la lucha de la corrupción de los diferentes países, por lo que permite la comparación internacional. El indicador clave en esta materia es el "Índice de Percepción de la Corrupción" (IPC)[38] elaborado anualmente por Transparencia Internacional, que en 2023 coloca a España en el puesto 36 del ranquin, con una valoración de 60 sobre 100[39]. Un segundo indicador clave para las entidades de ámbito autonómico es el "Índice Europeo de Calidad del Gobierno" (EQI)[40], que en su informe de 2024[41] ha colocado a Cantabria como la región

---

38 "Desde su creación en 1995, el Índice de Percepción de la Corrupción se ha convertido en el principal indicador mundial de corrupción en el sector público. El índice asigna una puntuación a 180 países y territorios de todo el mundo según las percepciones sobre el nivel de corrupción que existe en el sector público, a partir de datos de 13 fuentes externas que incluyen al Banco Mundial, el Foro Económico Mundial, empresas privadas de consultoría y evaluación de riesgos, grupos de especialistas y otras fuentes. Las puntuaciones reflejan las perspectivas expresadas por especialistas y actores del ámbito empresarial, pero no del público en general" *[https://www.transparency.org/es/press/cpi2023-corruption-perceptions-index-weakening-justice-systems-leave-corruption-unchecked]*.

39 "La puntuación de España (60/100) en el Índice de Percepción de la Corrupción (IPC) 2023 publicado por Transparency International, se ha mantenido igual que el año pasado (IPC 2022). Sin embargo, no es motivo ni de satisfacción ni de tranquilidad, ya que España baja un puesto en su posición en el ranking mundial (36/180) y cuatro con respecto al IPC 2020 (32/180) [...]. / El estancamiento de este año, unido al descenso de los dos años anteriores, pone de manifiesto las dificultades en la que aún se encuentran las políticas públicas en España para mejorar la prevención y lucha contra la corrupción. Sin duda, se puede afirmar que la corrupción continúa siendo un problema grave que debe poner en alerta a la ciudadanía y a los poderes públicos. Es preciso recordar que entre 2012 y 2018, la calificación de España cayó siete puntos. En el año 2019 experimentó una mejora, que pudo mantener en el 2020, pero que ha descendido hasta la puntuación obtenida en el IPC 2022 y en el IPC 2023. En este sentido, España no logra remontar a la puntuación que tenía hace ocho años, si bien la diferencia es mucho menor: seguimos con cinco puntos menos de los que logró en 2012, cuando su puntuación fue de 65/100".

40 Este índice valora la desviación estándar, considerando "0" la media de la UE, y estando los valores negativos por debajo de esta media y los valores positivos por encima; y "se centra tanto en las percepciones y experiencias de la corrupción en el sector público como en el grado en que los ciudadanos creen que los diversos servicios del sector público están asignados de manera imparcial y son de buena calidad en la UE" *[https://www.gu.se/en/quality-government/qog-data/data-downloads/european-quality-of-government-index]*.

41 CHARRON, LAPUENTE & BAUHR (2024).

española más valorada (0.625 por encima de la media UE) y a Castilla y León en el rango inferior (-1.242 por debajo de la media UE). Como indicadores secundarios del estado de la lucha contra la corrupción en España pueden citarse los siguientes:

(a) El indicador "Control de la corrupción"[42] de los *Worldwide Governance Indicators* (WGI) editados por el Banco Mundial, que otorga a España una valoración del 75% en 2022.

(b) El indicador de "Pronóstico de riesgo de corrupción" (CRF)[43] elaborado por *European Research Centre for Anti-Corruption and State-Building* (ERCAS), que estima la tendencia española como "estacionaria", con un "Indicador de Integridad Pública" (IPI)[44] de 7,72/12 y de un "Índice de Transparencia" (Índice T)[45] de 18/20.

(c) Los Eurobarómetros Especiales sobre "Actitudes de los europeos frente a la corrupción en la UE" elaborados por la Unión Europea, que en su última publicación de 2023[46] reflejaba que el 52% de los ciudadanos españoles consideraban que la corrupción se había incrementado en los últimos 12 meses, si bien ninguna persona respondía haber tenido que pagar sobornos para poder usar los servicios públicos.

---

42 "El control de la corrupción refleja las percepciones sobre el grado en que el poder público se ejerce para obtener beneficios privados, incluidas las formas de corrupción tanto pequeñas como grandes, así como la "captura" del Estado por parte de las élites y los intereses privados" *[https://www.worldbank.org/content/dam/sites/govindicators/doc/cc.pdf]*.

43 "El Pronóstico de Riesgo de Corrupción se basa en una nueva generación de indicadores objetivos de corrupción. Permite pronosticar tendencias a nivel de país [...]. El pronóstico se basa en 10 años de datos sobre el control de la corrupción, incluidos cinco componentes del IPI: transparencia administrativa, transparencia presupuestaria, independencia judicial, libertad de prensa y ciudadanía electrónica. Estas tendencias están moderadas por los acontecimientos políticos más recientes" *[https://corruptionrisk.org/]*.

44 *Vid. https://corruptionrisk.org/country/?country=ESP*.

45 "El índice T es una evaluación única de la transparencia gubernamental basada en la cantidad de información pública que los gobiernos ofrecen a sus ciudadanos. La puntuación del T-Index abarca aspectos de transparencia tanto de facto (disponibilidad real de datos en línea) como de iure (firma de tratados e implementación de leyes). Este índice puede utilizarse como una referencia importante para los analistas de riesgos empresariales, así como una herramienta para los actores cívicos y defensores de la transparencia en todo el mundo" *[https://corruptionrisk.org/]*.

46 *Vid. https://europa.eu/eurobarometer/surveys/detail/2968*.

(d) Finalmente, cabe agregar los resultados de las encuestas y estudios realizados por investigadores e instituciones españolas e internacionales como, por ejemplo, el l informe de investigación sobre "Percepciones comparadas de la corrupción en España y Portugal", elaborado a petición de la Agencia Valenciana Antifraude[47]. Asimismo, es recomendable que las autoridades competentes externas realicen sus propias encuestas y evaluaciones dentro de su población de referencia.

Acerca de la evolución de la cultura de la información, debería tenerse en cuenta no sólo los datos sobre la tramitación de las denuncias, sino también los resultados obtenidos, pues es una opinión recurrente en las encuestas nacionales e internacionales la declaración ciudadana de que comunicar a las autoridades la presunta comisión de irregularidades no tiene consecuencias. Así, en el Eurobarómetro Especial 534 de 2023, el 30% de los españoles encuestados declararon que no informan de casos de corrupción, pues "Denunciarlo sería inútil porque los responsables no serán castigados"[48].

En este apartado, la primera estadística requerida por la normativa corresponde a las "Denuncias". Como referencia de su evolución e indicador clave se ha diseñado la "Tasa de Recepción de Denuncias", que compararía las denuncias recibidas en los dos últimos ejercicios y que, por ejemplo, ha supuesto un incremento del 49% en 2023 según la Memoria de la OAC[49]. Posteriormente se detallan el estado de situación de la tramitación de la denuncia y el resultado de sus verificaciones. Además, se finaliza con el dato del plazo del trámite de admisión y verificación. En la tabla adjunta se agrega una propuesta de indicadores de denuncias recibidas por las autoridades competentes externas.

---

47 Entre los principales resultados del informe destaca que "Es en la política y en los negocios donde las personas encuestadas consideran que la corrupción es más frecuente. Por término medio, españoles y portugueses piensan que alrededor del 50% de los empresarios y entre el 60-70% de los políticos son corruptos. Cuando se pregunta por los funcionarios la apreciación de que son corruptos baja al 40%, lo que lo sitúa al mismo nivel que el resto de la ciudadanía" *[https://www.antifraucv.es/la-agencia-valenciana-antifraude-presenta-el-primer-estudio-que-compara-la-percepcion-de-la-corrupcion-en-espana-y-portugal/]*.

48 *Vid. https://europa.eu/eurobarometer/surveys/detail/2968.*

49 OAC (2024).

Tabla 5. Propuesta de Indicadores de Denuncias a las autoridades competentes externas

Indicadores de Denuncias	OAC 2023	OAC 2022	Diferencia
Tasa de Recepción de Denuncias	49%	29%	+20%
Denuncias recibidas	827	554	+273
Denuncias verificadas	779	497	+282
Denuncias inadmitidas	296	179	+117
Denuncias archivadas	171	144	+27
Denuncias archivadas con comunicación de irregularidades	156	94	+61
Denuncias admitidas	86	77	+9
Denuncias remitidas a autoridad competente	68	2	+66
Denuncias interrumpidas remitidas a Fiscalía	2	0	+2
Denuncias pendientes iniciales	6	0	+6
Denuncias pendientes finales	54	57	-3
Plazo de trámite de verificación	s.d.	s.d.	s.d.

Fuente: elaboración propia, a partir de las Memorias de la OAC de 2022 y 2023

En segundo lugar, se detallarán las “Investigaciones”, señalando su estado de situación y el plazo medio de duración del procedimiento de investigación[50]. Como indicador clave se propone la “Tasa de Resolución de Investigaciones”, que se calculará mediante el cociente porcentual entre las investigaciones en tramitación al inicio y al final del ejercicio. El índice del 100% implica un equilibrio entre investigaciones abiertas y cerradas en el ejercicio y los índices superiores una reducción de las investigaciones pendientes y los inferiores un incremento[51]. En la

50 Para el cálculo del plazo medio de tramitación de los procedimientos de investigación es conveniente tener en cuenta el intervalo entre la fecha de presentación de la denuncia y la fecha de la resolución o informe de cierre a la persona investigada.

51 En la misma línea, la Memoria de la OAC (2024) calcula la “Tasa de congestión” para destacar el avance de la gestión de los procedimientos de investigación, en este caso centrándose en cómo se incrementa o se reduce el número de expe-

tabla adjunta se presenta una propuesta de indicadores de investigaciones realizadas por las autoridades competentes externas.

Tabla 6. Propuesta de Indicadores de Investigaciones de las autoridades competentes externas

Indicadores de Investigaciones	OAC 2023	OAC 2022	Diferencia
Tasa de Resolución de Investigaciones	115%	113%	96%
Investigaciones abiertas	67	72	-5
Investigaciones interrumpidas	7	2	+5
Investigaciones cerradas	77	81	-4
Investigaciones en tramitación iniciales	293	304	-11
Investigaciones en tramitación finales	276	293	-17
Plazo del procedimiento de investigación	s.d	s.d.	s.d.

Fuente: elaboración propia, a partir de las Memorias de la OAC de 2022 y 2023

En tercer lugar, se dará cuenta de los "Informes" o resoluciones emitidas en el ejercicio cerrando los procedimientos de investigación, con detalle de sus resultados. Como indicador de referencia se ha adoptado la "Tasa de Retorno Económico", conforme a la metodología utilizada por la AVAF[52] que, conforme indica, permite obtener

dientes pendientes a final del ejercicio, calculando el cociente porcentual entre el número total de investigaciones en curso y las resultas en el periodo.

52 "El importe total recuperable correspondiente al ejercicio 2023 asciende a 5.145.193,88, por lo que teniendo en consideración las obligaciones reconocidas netas (ORN), extraídas de la estimación de la liquidación del presupuesto de la AVAF del ejercicio 2023 (una vez descontadas las ORN en concepto de devolución de los remanentes no empleados de transferencias recibidas), que ascienden a 3.818.569,66 €, se obtiene un ratio de retorno económico estimado anual sobre importe recuperable del 134,74%. Es decir, en términos puramente economicistas por cada euro destinado del erario público al funcionamiento de la Agencia, de la labor investigadora en 2023, se deben recuperar un euro con treinta y cinco céntimos. A estos datos objetivos desde el punto de vitas económico hay que añadir todos los resultados intangibles de las investigaciones no cuantificables, como la mejora de la tramitación de expedientes administrativos, la emisión de instrucciones internas, la planificación de la contratación y la propia gestión, la anulación de nombramientos contrarios a derechos de empleados públicos… que sin duda mejoran la gobernanza pública, y redundan en la eficacia y eficiencia del sector público" (AVAF 2023b: 309).

una visión objetiva y cuantificables del valor de la actuación de estas entidades[53]. En la tabla adjunta se detallan las magnitudes que se han tenido en cuenta en este apartado, siguiendo los datos proporcionados en las Memorias de la AVAF.

Tabla 7. Propuesta de Indicadores de Informes de las autoridades competentes externas

Indicadores de Informes	AVAF 2023	AVAF 2022	Diferencia
Tasa de Retorno Económico	135%	176%	-42%
Importe total recuperable	5.145.193,00 €	5.629.689,30 €	-484.496,30 €
Coste real de la AVAF	3.818.569,00 €	3.193.853,18 €	624.715,82 €
Informes emitidos en el ejercicio	65	77	-12
Informes con recomendaciones	46	68	-22
Informes con comunicación a Autoridad competente	6	1	+5
Informes con comunicación Fiscalía u órgano judicial	4	1	+3
Informes con comunicación al Tribunal de Cuentas	2	0	+2
Informes con archivo	7	7	+0

Fuente: elaboración propia, a partir de las Memorias de la OAC de 2022 y 2023

Finalmente, la fase de "Seguimiento" del resultado de los informes será el último ítem vinculado a la cultura de la información y, como ha definido la OAAF[54], recogerá las actuaciones de las personas o autoridades en relación con las recomendaciones emitidas tras la resolución finalizadora. En este aspecto, es conveniente seguir el modelo de seguimiento desarrollado por la OLAF en sus informes anuales, que

53 Por su parte, la OLAF ha establecido como indicadores claves los parámetros de "Importe de fondos recuperables" e "Importe de fondos evitados de gastar indebidamente", pues "en el ámbito de los gastos, la OLAF puede recomendar (a las entidades afectadas) que recuperen los fondos de la UE ya gastados o que se abstengan de gastarlos en el futuro. Esta última categoría se denomina 'cantidades que se recomienda evitar que se gasten indebidamente'" (OLAF 2022: 46).

54 OAAF (2024a).

en los últimos ejercicios se ha renovado conforme a las prescripciones del "Estrategia de lucha contra el fraude de la Comisión: intensificación de las medidas para proteger el presupuesto de la UE" de 2019[55] para reforzar el seguimiento de las recomendaciones derivadas de los informes[56]. En sus trabajos, la OLAF estructura las recomendaciones, conforme a su naturaleza jurídica, en financieras, administrativas, disciplinarias y judiciales[57]. Como indicador clave se ha obtenido la "Tasa de Impacto de Recomendaciones", determinado por el cociente porcentual de las recomendaciones cumplidas entre el conjunto de recomendaciones cuyo seguimiento se ha seguido en el ejercicio[58]. A partir de esta clasificación, y siguiendo fundamentalmente el detalle de la información aportada en los informes anuales de la OLAF de 2022 y 2023[59], se han calculado las siguientes tasas de impacto específicas de cada tipo de recomendaciones:

---

55 OLAF (2019).

56 "En 2021, en respuesta a la iniciativa de la Comisión de reforzar el seguimiento de las recomendaciones de la OLAF, esta llevó a cabo dos ejercicios de evaluación. En cooperación con la Dirección General de Presupuestos de la Comisión, la OLAF examinó el seguimiento de unas 1.700 recomendaciones financieras emitidas entre 2012 y 2020 y unas 200 recomendaciones administrativas emitidas entre 2016 y 2020" (OLAF 2022: 45).

57 "Las recomendaciones financieras invitan a las autoridades competentes de la UE o de los Estados miembros a recuperar los importes gastados indebidamente (o, en materia aduanera, no recaudados debidamente) del presupuesto de la UE como resultado de fraudes o irregularidades. Las recomendaciones judiciales invitan a las autoridades judiciales de un Estado miembro a iniciar un proceso penal. Las recomendaciones disciplinarias tienen por objeto sancionar las irregularidades cometidas por el personal de la UE o los miembros de los órganos de la UE. Las recomendaciones administrativas tienen por objeto poner en marcha medidas administrativas distintas de la recuperación financiera o de las medidas disciplinarias, o que vayan más allá de ellas. Con estas recomendaciones, se puede sugerir una acción administrativa específica (por ejemplo, excluir a una entidad de la futura financiación de la UE o realizar una auditoría o una verificación administrativa) o se puede abordar una debilidad sistémica, con el fin de prevenir futuros fraudes o irregularidades (por ejemplo, formulando una recomendación para mejorar los procedimientos financieros)" (OLAF 2022: 45).

58 De forma convencional, las recomendaciones cumplidas parcialmente se computarán con un valor de 0,5, a efectos de cálculo, siguiéndose este mismo criterio en la determinación del valor del resto de las tasas de recomendaciones.

59 *Vid. https://anti-fraud.ec.europa.eu/about-us/reports/annual-olaf-reports_en.*

(a) La "Tasa de Impacto de Recomendaciones Financieras", que tendrá en cuenta las recomendaciones cuyo seguimiento se haya declarado cerrado en el ejercicio y que será el cociente porcentual entre las recomendaciones con cumplimiento y la suma del total de recomendaciones cerradas en el ejercicio.

(b) La "Tasa de Impacto de Recomendaciones Administrativas", que tendrá en cuenta las recomendaciones cuyo seguimiento se haya declarado cerrado en el ejercicio y se obtendrá calculando el cociente porcentual de la suma de las recomendaciones cumplidas total o parcialmente y la suma del total de recomendaciones cerradas en el ejercicio.

(c) La "Tasa de Impacto de Recomendaciones Disciplinarias", que tendrá en cuenta las recomendaciones cuyo seguimiento se haya declarado cerrado en el ejercicio y se obtendrá calculando el cociente porcentual de las acciones disciplinarias de estimación de acusación y la suma de las acciones disciplinarias adoptadas.

(d) La "Tasa de Impacto de Recomendaciones Judiciales", que tendrá en cuenta las recomendaciones cuyo seguimiento se haya declarado cerrado en el ejercicio y se obtendrá calculando el cociente porcentual las acciones judiciales de estimación de acusación y la suma de las acciones judiciales adoptadas.

Tabla 8. Propuesta de Indicadores de Seguimiento de las autoridades competentes externas

Indicadores de Seguimiento	OLAF 2022	OLAF 2021	Diferencia
Tasa de Impacto de Recomendaciones	sd	sd	sd
Recomendaciones con cumplimiento	sd	sd	sd
Recomendaciones con cumplimiento parcial	sd	sd	sd
Recomendaciones con incumplimiento	sd	sd	sd
Tasa de Impacto de Recomendaciones Financieras	sd	sd	sd
Recomendaciones financieras del ejercicio	sd	sd	sd
Recomendaciones financieras pendientes iniciales	sd	sd	sd
Recomendaciones financieras con cumplimiento	sd	sd	sd

Recomendaciones financieras con cumplimiento parcial	sd	sd	sd
Recomendaciones financieras con incumplimiento	sd	sd	sd
Recomendaciones financieras pendientes finales	sd	sd	sd
Tasa de Impacto de Recomendaciones Administrativas*	70%	sd	sd
Recomendaciones administrativas del ejercicio	61	18	+43
Recomendaciones pendientes iniciales*	95	sd	sd
Recomendaciones administrativas cumplidas*	78	sd	sd
Recomendaciones administrativas cumplidas parciales*	15	sd	sd
Recomendaciones administrativas incumplidas*	22	sd	sd
Recomendaciones pendientes finales	sd	sd	sd
Tasa de Impacto de Recomendaciones Disciplinarias*	70%	79%	-8%
Recomendaciones disciplinarias del ejercicio	17	18	-1
Acciones pendientes de adoptar*	28	33	-5
Acciones de estimación de la acusación*	54	66	-12
Acciones de desestimación de la acusación*	23	18	+5
Tasa de Impacto de Recomendaciones Judiciales*	34%	35%	-0,01
Recomendaciones judiciales del ejercicio	44	44	0
Acciones pendientes de adoptar*	170	183	-13
Acciones de estimación de la acusación*	34	49	-15
Acciones de desestimación de la acusación*	66	92	-26

Fuente: elaboración propia, a partir de las Memorias de la OLAF de 2021 y 2022. *Estos datos no hacen referencia al ejercicio, sino que son el total acumulado del registro histórico de la OLAF, generalmente desde 2017 o 2018.

Desde la perspectiva del impacto sobre la protección de los informantes, la estadística fundamental se debe obtener a partir de los estatutos de protección dictados por las autoridades competentes externas, pues los informantes reconocidos son sujetos que fundadamente temen ser objeto de represalias. Además, es conveniente recopilar una serie de datos estadísticos relativos a los informantes, los denunciados, los responsables de los sistemas y las sanciones impuestas, en la medida en que pueden facilitar información sobre la confianza que facilita la identificación de los denunciantes, la naturaleza de las personas afectadas, la implicación corporativa en esta materia o la necesidad de las autoridades competentes de recurrir a las medidas de naturaleza correctiva o represiva.

El indicador clave que se determinará para los "Estatutos de Protección" de los informantes concedidos por las autoridades competentes externas será la "Tasa de Riesgo de Represalias", que calculará el cociente porcentual entre los estatutos concedidos en el ejercicio y las denuncias recibidas, pues el mismo es identificativo del riesgo que han sentido fundadamente los denunciantes. En la tabla adjunta se detallan los datos relativos a la gestión de los estatutos de protección de los informantes por parte de las autoridades competentes externas.

Tabla 9. Propuesta de Indicadores de Estatutos de protección del informante de las autoridades competentes externas

Indicadores de Estatutos de protección del informante	OAC 2023	OAC 2022	Diferencia
Tasa de Riesgo de Represalia	2,66%	0,36%	2,30%
Estatutos de protección solicitados	28	4	+24
Estatutos de protección incoados	23	2	+21
Estatutos de protección concedidos	22	2	+20
Estatutos de protección no concedidos	13	0	+13
Estatutos de protección no admitidas	1	0	+1
Estatutos de protección pendientes iniciales	sd	sd	sd
Estatutos de protección pendientes finales	sd	sd	sd
Plazo tramitación protección	sd	sd	sd

Personas protegidas iniciales	sd	8	sd
Personas protegidas finales	sd	8	sd
Plazo duración protección	sd	sd	sd

Fuente: elaboración propia, a partir de las Memorias de la OAC de 2022 y 2023.

En relación con los "Informantes", el indicador clave en este aspecto se denominará "Tasa de Confianza del Informante", calculándose por el cociente porcentual entre los informantes no anónimos y la suma total de los informantes del ejercicio, pues un alto porcentaje de personas que no recurren al anonimato implica una mayor confianza en las instituciones receptoras. En la tabla adjunta se desgrana la estadística de la naturaleza jurídica de los informantes que se han comunicado con la OAIB en los ejercicios 2022 y 2023[60], donde se puede observar un fuerte incremento en la confianza de quienes presentan las comunicaciones tras la aprobación de la Ley 2/2023, pues casi el 50% de las denuncias no son anónimas, cuando en el ejercicio solo el 28% de las presentadas aportaban la identificación.

Tabla 10. Propuesta de Indicadores de los Informantes, por naturaleza, a las autoridades competentes externas

Indicadores de los Informantes	OAIB 2023	OAIB 2022	Diferencia
Tasa de Confianza del Informante	49%	28%	21%
Anónimo	68	89	-21
Servidores públicos	7	5	+2
Particulares	39	21	+18
Asociaciones privadas	15	0	+15
Grupos políticos	2	3	-1
Sindicatos	0	0	+0
Entidades ciudadanas/Asociaciones vecinales	0	2	-2
Empresa	0	2	-2
Trabajador	0	2	-2

60 OAIB (2023) y OAIB (2024).

Iniciativa propia	0	0	+0
No identificado	2	0	+2
Total	133	124	+9

Fuente: elaboración propia, a partir de las Memorias de la OAIB de 2022 y 2023.

La descripción de los "Denunciados" debe presentarse en dos grandes bloques: personas del sector público y personas del sector privado. El indicador clave será la "Tasa de Denunciados Públicos/Privados", en el que los valores superiores al 100% supondrán un mayor número de denuncias sobre las entidades públicas y si es inferior a 100% una mayor incidencia en las entidades privadas. El detalle por la naturaleza jurídica de las entidades denunciadas que se presenta en la tabla adjunta, realizado siguiendo los datos de las memorias de la OAC de 2022 y 2023[61], agrupa a todos los entes privados en un solo grupo, pero tras la aprobación de la Ley 2/2023, que ha extendido el ámbito de estas autoridades, debería procederse a una mayor desagregación.

Tabla 11. Propuesta de Indicadores de los Denunciados por naturaleza a las autoridades competentes externas

Indicadores de los Denunciados	OAC 2023	OAC 2022	Diferencia
Tasa de Denunciados Públicos/Privados	117%	196%	-79%
Administración municipal	294	258	+36
Administración Comunidad	198	99	+99
Universidades	16	20	-4
Consejos comarcales	9	12	-3
Diputaciones	6	3	+3
Fundaciones	0	1	-1
Otras administraciones	43	21	+22
Partidos políticos	0	0	+0
Entidades privadas	261	140	+121
Total	566	414	+152

Fuente: elaboración propia, a partir de las Memorias de la OAC de 2022 y 2023.

---

61 OAC (2023) y OAC (2024).

La obligación de designar a los "Responsables de los Sistemas internos de información", que se encuentran dotados de independencia en el ejercicio de sus funciones, es un elemento importante para aportar confianza a los posibles informantes de que sus comunicaciones serán tratadas a nivel interno por personas con la suficiente preparación profesional y autoridad dentro de la organización. Por lo tanto, la evolución de la "Tasa de Responsables del Sistema", que indicará el nivel de cumplimiento de esta obligación legal, permitirá conocer el nivel de conciencia del sector público y privado en esta materia, y su cálculo resultará del cociente porcentual entre el número de entidades públicas o privadas que han presentado las correspondientes notificaciones y el número de corporaciones que se estima que debían de haber cumplido con esta obligación[62]. Este deber de designación ha surgido con la Ley 2/2023, por lo que las memorias de las agencias antifraude autonómicas han recogido, en esta fase tan temprana de aplicación de la Ley, de manera muy poco desagregada esta información. Por lo tanto, en la tabla adjunta se propone un desglose basado en la naturaleza jurídica y las dimensiones de las diferentes entidades, basado parcialmente en la información aportada por la AVAF[63].

Tabla 12. Propuesta de Indicadores de Responsables de los Sistemas Internos de Información notificados a las autoridades competentes externas

Indicadores de Responsables del Sistema	AVAF 2023	AVAF 2022	Diferencias
Tasa de Responsables de Sistema	sd	sd	sd
Responsables de Sistema estimados	sd	sd	sd
Responsables de Sistema notificados	304	0	-304
Responsables de Sistema sector público	150	0	-150
Sector público autonómico	sd	sd	sd
Diputaciones provinciales	sd	sd	sd

---

62 La cuantificación de las entidades públicas y privadas obligadas por la Ley 2/2023 no es fácil de determinar con exactitud, pero si puede realizarse un cálculo aproximado a partir de diversas fuentes que, a nivel de grandes números, permita conocer el nivel de cumplimiento global de la obligación de designación de los Responsables de los Sistemas internos de información.

63 AVAF (2023b).

Municipios hasta 10.000 habitantes	38	0	-38
Municipios de menos de 10.000 habitantes	55	0	-55
Universidades públicas	sd	sd	sd
Otras entidades públicas	sd	sd	sd
Responsables de Sistema sector privado	154	0	-154
Empresas de más de 250 trabajadores	sd	sd	sd
Empresas entre 50 y 250 trabajadores	sd	sd	sd
Empresas de menos 50 trabajadores	sd	sd	sd
Fundaciones y asociaciones privadas	sd	sd	sd

Fuente: elaboración propia, a partir de la Memoria de la AVAF de 2023.

Finalmente, la efectividad de la "Protección" del informante requiere, no solo el reconocimiento y apoyo de la autoridad competente externa, sino la adopción de medidas de protección frente a los posibles intentos de represalias de las personas afectadas. En primera instancia, estas autoridades competentes adoptan medidas de protección de naturaleza correctiva para revertir la posible acción perjudicial para los intereses del informante[64]. Si los requerimientos no son efectivos, se podrá ejercer, como última ratio, la potestad disciplinaria prevista en la Ley 2/2023 y en diversas normas autonómicas.

El indicador clave en relación con la Protección del informante sería la "Tasa de Protección del Informante", que calcularía el cociente porcentual de cumplimiento de las medidas correctoras requeridas a las personas afectadas. A nivel de detalle, además de la información de las medidas de corrección requeridas y cumplidas, sería conveniente aportar información sobre las sanciones firmes en vía administrativa impuestas en el ejercicio, siguiendo parcialmente el ejemplo propuesto por la OAAF[65].

---

64 La enumeración de la OAAF (2024b: 28-29) sobre las represalias más comunes incluye: "Apertura de expedientes disciplinarios / Degradación o denegación de ascensos y modificaciones sustanciales de las condiciones de trabajo / Daños, incluidos los de carácter reputacional, o pérdidas económicas, coacciones, intimidaciones, acoso u ostracismo / Denegación o anulación de licencias, permisos o formación / Discriminación, o trato desfavorable o injusto".

65 El artículo 65.3 Ley 2/2023 establece que "Las sanciones por infracciones muy graves de cuantía igual o superior a 600.001 euros impuestas a entidades jurí-

Tabla 13. Propuesta de Indicadores de Medidas de protección correctivas y sancionadoras adoptadas por las autoridades competentes externas

Indicadores de Medidas de protección	OAAF 2023	OAAF 2022	Diferencia
Tasa de Protección del Informante	sd	sd	sd
Medidas de protección adoptadas*	3	sd	sd
Medidas de protección cumplidas	sd	sd	sd
Medidas de protección no cumplidas	sd	sd	sd
Sanciones firmes en vía administrativa	0	0	0
Sanciones por muy graves por represalias	0	0	0
Sanciones por otras infracciones muy graves	0	0	0
Sanciones por infracciones graves	0	0	0
Sanciones por infracciones leves	0	0	0

Fuente: elaboración propia, a partir de la Memoria de la OAAF de 2022 y 2023. * Este dato acumula las medidas adoptadas en 2022 y 2023.

IV. CONCLUSIONES

La aprobación de una ley especialmente dedicada a la protección del informante y la lucha contra la corrupción es símbolo fehaciente de que el ordenamiento jurídico no está respondiendo suficientemente a estos problemas. Los indicadores internacionales vinculados con la corrupción y la integridad así parecen demostrarlo, pues España se sigue manteniendo en una situación estacionaria que no alcanza los buenos estatutos de los países con democracias de mayor calidad. De la misma forma, la cultura de la denuncia ante los casos que dañan los intereses generales tampoco ha recibido buena acogida entre la ciuda-

dicas podrán ser publicadas en el 'Boletín Oficial del Estado', tras la firmeza de la resolución en vía administrativa. La publicación deberá contener, al menos, información sobre el tipo y naturaleza de la infracción y, en su caso, la identidad de las personas responsables de las mismas de acuerdo con la normativa en materia de protección de datos".

danía, que, como demuestran los diferentes eurobarómetros elaborados por la Unión Europea, siguen temiendo las represalias derivadas de dar este paso[66].

Tanto la Directiva 2019/1937 como la Ley 2/2023 tratan de corregir este déficit, buscando tres efectos. De forma directa, el incremento de la cultura de la información y la protección del informante, y, más indirectamente mejorar la lucha contra la corrupción. La transposición tardía de la norma comunitaria en nuestro país, de la que aún quedan por adoptar medidas importantes en la fecha de redacción de este trabajo, como la creación de la autoridad competente externa estatal y buena parte de las autonómicas, no aporta grandes razones para el optimismo del logro de estos importantes objetivos.

Para el debido seguimiento de la consecuencia de las metas de la Ley 2/2023 se hace necesario la elaboración de un plan estadístico, cuya base deben ser las previsiones que en esta materia realizan tanto la norma comunitaria como la nacional y que tenga en cuenta las mejores prácticas recomendadas por la Unión Europea. El objetivo de este seguimiento es verificar la evolución de los indicadores claves sobre el estado de la corrupción (Índice de Percepción de la Corrupción e Índice Europeo de Calidad de Gobierno) y la cultura de la información (Tasa de Recepción de Denuncias, Tasa de Resolución de Investigaciones, Tasa de Retorno Económico y Tasa de Impacto de Recomendaciones) y la protección del informante (Tasa de Riesgo de Represalia, Tasa de Confianza del Informante, Tasa de Denunciados Públicos/Privados, Tasa de Responsables del Sistema y Tasa de Protección del Informante). Dada la novedad de la Ley 2/2023, el estudio realizado se ha centrado en la propuesta de modelos de indicadores, pues se carece de suficiente información temporal y detallada para evaluar su evolución.

---

66 El Eurobarómetro Especial 534 "Actitudes de los europeos frente a la corrupción en la UE en 2023" elaborado por la Comisión europea" muestra que el 27% de los españoles considera que "no hay protección para los que denuncian la corrupción" *[https://europa.eu/eurobarometer/surveys/detail/2968]*.

V. BIBLIOGRAFÍA

AGENCIA VALENCIANA ANTIFRAUDE (2023a): *Guía AVAF: Ley 2/2023: Principales obligaciones y recursos de la AVAF*. Documento aprobado por resolución del director de la AVAF en fecha 27 de marzo de 2023 *[http://www.antifraucv.es]*.

AGENCIA VALENCIANA ANTIFRAUDE (2023b): *Sólo 134 administraciones públicas han presentado en el Registro de la Agencia Valenciana Antifraude a los Responsables de su Sistema Interno de Información*. Nota de prensa de 15 de diciembre de 2023 *[https://www.antifraucv.es/solo-134-administraciones-publicas-han-presentado-en-el-registro-de-la-agencia-valenciana-antifraude-a-los-responsables-de-su-sistema-interno-de-informacion/]*.

AGENCIA VALENCIANA ANTIFRAUDE (2024a): *Memoria de actividad 2023. Resumen ejecutivo [https://www.antifraucv.es/wp-content/uploads/2024/03/MEMORIA_AVAF_2023_CAS.pdf]*.

AGENCIA VALENCIANA ANTIFRAUDE (2024b): Memoria de actividad 2023 *[https://www.antifraucv.es/wp-content/uploads/2024/03/Resumen_ejecutivo_Memoria_AVAF_2023.pdf]*.

CHARRON, N., LAPUENTE, V. & M. BAUHR (2024): "The Geography of Quality of Government in Europe. Subnational variations in the 2024 European Quality of Government Index and Comparisons with Previous Rounds". *QoG Working Paper Series* 2024:2. Department of Political Science, University of Gothenburg.

EQS Group (2023): *Whistleblowing Survey. Examining the State of Europe's Whistleblowing Landscape [https://www.integrityline.com/expertise/white-paper/2023-whistleblowing-survey/]*.

FERNÁNDEZ GONZÁLEZ, M. C. (2019): "El *whistleblower* en España: un análisis criminológico en la eficacia de proteger o premiar al alertador". En CAPDEFERRO VILLAGRASA, O. (dir.): *Compliance urbanístico: fundamentos teóricos, estudio de casos y desarrollo de herramientas anticorrupción*: Pamplona: Aranzadi.

JIMÉNEZ ASENSIO, R. (2023a): "La Ley 2/2023, de 'protección del informante': primeras impresiones". *Blog la Mirada Institucional [https://rafaeljimenezasensio.com/2023/02/21/la-ley-2-2023-de-proteccion-del-informante-primeras-impresiones/]*.

JIMÉNEZ ASENSIO, R. (2023b): "Doce líneas fuerza sobre los sistemas internos de información". *Blog la Mirada Institucional [https://rafaeljimenezasensio.com/2023/02/26/doce-lineas-fuerza-sobre-los-sistemas-internos-de-informacion/]*.

JIMÉNEZ FRANCO, E. (2011): "Administración Pública y corrupción: iniciativas legislativas de *lege ferenda* para una nueva cultura de integridad". En: SÁNCHEZ BLANCO, A. (coord.): *El Nuevo Derecho Administrativo*. Salamanca: Ratio Legis.

JIMÉNEZ FRANCO, E. (2022): "Prospectiva administrativa y la futura Ley de protección de los informantes". En: SÁNCHEZ SÁNCHEZ, Z. (dir.): *Regu-*

lación con prospectiva de futuro y de consenso: gobernanza anticipatoria y prospectiva administrativa. Pamplona: Thomson Reuters Aranzadi.

JIMÉNEZ FRANCO, E. (2023): "La nueva autoridad independiente de protección del informante". En: PÉREZ MONGUIÓ, J. M. & S. FERNÁNDEZ RAMOS (coords.): *El nuevo sistema de protección del informante: Estudio sistemático de la Ley 2/2023, de 20 de febrero, reguladora de la protección de las personas que informen sobre infracciones normativas y de lucha contra la corrupción*. Madrid: La Ley.

NEVADO-BATALLA MORENO, P. T. (2023): "Análisis y reevaluación de la integridad en el desempeño del servidor público local". *Documentación Administrativa*, 11.

OCDE (2014): *G20 Anti-Corruption Action Plan Protection of Whistleblowers: Study on Whistleblower Protection Frameworks, Compendium of Best Practices and Guiding Principles for Legislation [https://web-archive.oecd.org/2020-06-23/90801-48972967.pdf]*.

OFICINA ANDALUZA ANTIFRAUDE (2024a). Memoria anual 2022-2023 *[https://antifraudeandalucia.es/?wpdmdl=3904]*.

OFICINA ANDALUZA ANTIFRAUDE (2024b): *La OAAF rinde cuentas ante el Parlamento de Andalucía con la presentación de su memoria anual*. Nota de prensa de 19 de marzo de 2024 *[https://antifraudeandalucia.es/oaaf-presenta-memoria-anual-parlamento/]*.

OFICINA ANTIFRAUDE DE CATALUÑA (2023): *Memoria 2022 [https://www.antifrau.cat/sites/default/files/Documents/Quefem/memoria-oficina-antifrau-catalunya-2022.pdf]*.

OFICINA ANTIFRAUDE DE CATALUÑA (2024): *Memoria 2023 [https://www.antifrau.cat/sites/default/files/Documents/Quefem/memoria-oficina-antifrau-catalunya-2023.pdf]*.

OFICINA DE PREVENCIÓN Y LUCHA CONTRA LA CORRUPCÓN DE LAS ILLES BALEARS (2023): *Memoria de 2022 [https://www.oaib.es/wp-content/uploads/2024/04/Memoria-OAIB-2023-ca.pdf]*.

OFICINA DE PREVENCIÓN Y LUCHA CONTRA LA CORRUPCÓN DE LAS ILLES BALEARS (2024): *Memoria de 2023 [https://www.oaib.es/wp-content/uploads/2023/03/Memoria-OAIB-2022-es.pdf]*.

OFICINA EUROPEA DE LUCHA ANTIFRAUDE (2019). *Commission Anti-Fraud Strategy: enhanced action to protect the EU budget [https://anti-fraud.ec.europa.eu/system/files/2021-09/2019_commission_anti_fraud_strategy_en.pdf]*.

OFICINA EUROPEA DE LUCHA ANTIFRAUDE (2022): *Informe Anual OLAF 2021 [https://anti-fraud.ec.europa.eu/document/download/8d92a187-fae8-449f-8600-e84af9b2dabf_en?filename=olaf-report-2021_en.pdf]*.

OFICINA EUROPEA DE LUCHA ANTIFRAUDE (2023). *Informe Anual OLAF 2022 [https://ec.europa.eu/olaf-report/2022/index_en.html]* y *[https://anti-fraud.ec.europa.eu/document/download/f15610c4-8601-4ac5-9d3e-f921c2c9395c_en?filename=or-2022-short_en_0.pdf]*.

PARAJÓ CALVO, M. (2022): "Análisis del proyecto de ley reguladora de la protección de las personas que informen sobre infracciones normativas y de lucha contra la corrupción". *Documentación Administrativa*, 9.

SERVICIO NACIONAL DE COORDINACIÓN ANTIFRAUDE (2022): *Guía para la aplicación de medidas antifraude en la ejecución del Plan de Recuperación, Transformación y Resiliencia de 24 de febrero de 2022 [https://www.igae.pap.hacienda.gob.es/sitios/igae/es-ES/snca/Documents/20220224%20Gu%C3%ADa%20Medidas%20Antifraude.pdf]*.

WHISTLEBLOWING: ¿LA "SOLUCIÓN FINAL" AL PROBLEMA DE LA CORRUPCIÓN?

Giorgio Dario María Cerina[1]
Profesor Contratado Doctor
Área de Derecho Penal
Universidad de Extremadura

I. LA REVOLUCIÓN ANTICORRUPCIÓN HA LLEGADO

"*So be it!*". Por fin, en España también, contamos con una "moderna" regulación del "*whistleblowing*"[2]. Y, según parece, lo notaremos. Y mucho.

Proteger a los informantes, dice nuestro legislador, implica ni más ni menos que "atajar *con rapidez* a cualquier indicio de infracción penal o administrativa grave o muy grave contra el interés general" (cursiva mía) y facilita "la erradicación de cualquier sospecha de nepotismo, clientelismo, derroche de fondos públicos, financiación irre-

---

1 Doctor en Derecho por el "Programa de Doctorado en Estado de Derecho y Gobernanza Global" de la Universidad de Salamanca. Investigador del "Centro de Investigación para la Gobernanza Global" y del "GIR-USAL Justicia, sistema penal y criminología". Este trabajo se ha desarrollado en el marco del Proyecto de Investigación "Cumplimiento normativo y protección penal de la Administración Pública" (PID2022-138775NB-I00) del Ministerio de Ciencia e Innovación del Gobierno de España.

2 Sobre el problema definitorio, entre muchas otras, me parece muy plástica la reflexión de KENNY (2019). Véase también ELLINSTON (1982) y NEAR & MICELI (1985) quienes definen al *whistleblower* como 1. El miembro de una organización a la que se imputa un comportamiento ilícito (incluyendo quien ha dejado la organización antes de alertar acerca del mismo); 2. Que no tiene poder suficiente para prevenir o parar el acto ilícito. Los mismos autores hablan de *whistleblowing* como del hecho realizado por miembros de una organización (en la actualidad o en el pasado) de desvelar prácticas ilegales, inmorales o ilegítimas bajo el control de sus empleadores, a personas u organizaciones que puedan condicionar dichas prácticas.

gular u otras prácticas corruptas". Además, hay que hacerlo de forma generalizada, para dotar a "todas las instituciones, organismos y otras personificaciones que ejercen funciones públicas" de un "sistema eficaz para detectar las prácticas irregulares" y "no facilitar resquicios que puedan dañar gravemente el interés general"[3].

La endémica necesidad de acaparar titulares ha llevado al legislador español a presentar la "novedad" legislativa inducida por la UE no solo con un rimbombante despliegue de palabras con el que el preámbulo ha introducido al prodigioso medicamento que finalmente se suministra a la ciudadanía, sino también con una descripción altisonante de la enfermedad que con ello pretende curar. Y, para ello, el título de la directiva "inspiradora" debió parecer "soso", ya que solo se refería a la protección de quienes denuncian "infracciones del Derecho". Los expertos en comunicación, que probablemente necesitaban algo más "sexy", han preferido recurrir a un comodín que viene muy bien en estos casos: la corrupción. Así, la transposición de la Directiva 2019/1937 del Parlamento europeo y del Consejo, de 23 de octubre de 2019 "relativa a la protección de las personas que informen sobre infracciones del Derecho de la Unión" (en adelante, Directiva *Whistleblowing*) se lleva a cabo mediante la Ley 2/2023, de 20 de febrero, "reguladora de la protección de las personas que informen sobre infracciones normativas y *...de lucha contra la corrupción*" (cursivas mías).

Poco importa si, en la directiva, la palabra "corrupción" aparece solo en los "considerando" donde se dice que proteger a los denunciantes es necesario "no solamente para prevenir y detectar el fraude y la corrupción"[4], sino para muchas más cosas igualmente "malas"

---

3 Se trata de expresiones literalmente transcritas del Preámbulo de la Ley 2/2023.

4 Así, literalmente, el considerando n.º 6. La palabra "corrupción" aparece luego en el "considerando" 15 en el que, de forma parecida, se reitera que "la protección de los intereses financieros de la UE" está relacionada no solo con la lucha contra el fraude y la corrupción. El "considerando" 23 que también menciona la palabra "corrupción" lo hace para recordar que la Directiva se entiende sin perjuicio de lo que dispone el Estatuto de los funcionarios de la UE y régimen aplicable a los otros agentes de la UE (Reglamento CEE, Euratom, CECA, 259/68, del Consejo y sucesivas modificaciones) y que, por lo tanto, existe una corrupción de la que los funcionarios de la UE conocen en el contexto de su relación laboral con las instituciones, órganos u organismos de la UE que no interesa a la Directi-

o incluso peores[5]. De hecho, la propia directiva aclara que los mecanismos de protección del denunciante que contempla representan un estándar general que no sirve, entre otras cosas, para la denuncia de infracciones cometidas por funcionarios públicos europeos en el marco de su relación laboral con las Instituciones de la UE[6] (ni siquiera, por lo tanto, en materia de corrupción)[7].

---

va. Intrascendente es el "considerando" 64 que simplemente deja a discreción de los Estados miembros la posibilidad de encargar al "organismo de lucha contra la corrupción" el actuar como autoridad competente para recibir la información sobe infracciones que entran en el ámbito de aplicación de la Directiva.

5 Como, por ejemplo, "el desvío de armas de fuego, sus piezas, componentes y municiones, así como de productos relacionados con la defensa (...) el fraude documental, la alteración del mercado y la adquisición fraudulenta de armas de fuego...", la prevención de "la fabricación ilícita de explosivos caseros" ("considerando" 8). También las "infracciones de las normas (...) en materia de seguridad nuclear, protección frente a las radiaciones y gestión responsable y segura del combustible que se consume y de los residuos radiactivos".

6 Como ya hemos visto, el "considerando" 23 excluye de la aplicación de la Directiva al "fraude o la corrupción, que son perjudiciales para los intereses de la Unión (...)" toda vez que constituyen "un incumplimiento grave de las obligaciones de los funcionarios y otros agentes de la UE". En esos casos, dice el legislador europeo, la Directiva solo se aplica "cuando los funcionarios y otros agentes de la Unión informen sobre infracciones que sucedan en un contexto laboral *al margen de su relación laboral* con las instituciones, órganos u organismos de la Unión". En caso contrario (es decir, cuando la infracción se produce en el marco de la relación laboral que liga al funcionario a la Unión), se aplican las normas del "Estatuto de los funcionarios de la UE y régimen aplicable de los otros agentes de la UE" (Reglamento (CEE, Euratom, CECA), n.º 269, del Consejo, DO L 56, de 4 de marzo de 1968 y sucesivas modificaciones).

7 El artículo 22 *bis* del Estatuto dispone que "Cuando, en el desempeño o con ocasión del ejercicio de sus funciones el funcionario tenga conocimiento de hechos que lleven a presumir que existe una posible actividad ilegal, en particular fraude o corrupción, perjudicial para los intereses de la Unión, o que una conducta relacionada con el ejercicio de tareas profesionales puede constituir un incumplimiento grave de las obligaciones de los funcionarios de la Unión, informará de inmediato a su superior jerárquico o Director General, o, si lo juzga oportuno, al Secretario General, o las personas de rango equivalente, o directamente a la Oficina Europea de Lucha contra el Fraude (OLAF). La información contemplada en el párrafo primero se comunicará por escrito. El presente apartado será aplicable igualmente en caso de incumplimiento grave de una obligación similar por parte de un miembro de alguna institución o de cualquier otra persona que esté al servicio de una institución o que preste servicios por cuenta de la misma. Todo funcionario que reciba la información contemplada en el apartado 1 comunicará de inmediato a la OLAF los indicios de que disponga y que permitan

Y tampoco es que el legislador español haya ido mucho más allá en eso de la lucha contra la corrupción. Aparte del rótulo y del preámbulo, la Ley 2/2023 habla de corrupción solo en una quimérica "disposición adicional quinta" que concede al Gobierno un plazo máximo de dieciocho meses para evaluar los objetivos (supuestamente[8]) establecidos en la ley y advierte que dicha evaluación tendrá que conformar (en todo o en parte) una "Estrategia contra la corrupción"[9] de la que lo único que se dice es que será, por lo menos en parte, una evaluación de sí misma[10].

---

presumir que se ha cometido alguna de las irregularidades a que se refiere el apartado. Ningún funcionario podrá verse perjudicado en forma alguna por la institución por haber comunicado la información a que se refieren los apartados 1 y 2, siempre que haya actuado de manera razonable y de buena fe".

8 A mi modo de ver, hubiera sido clave haber construido objetivos e indicadores de tal forma que los mismos resultaran efectivamente evaluables.

9 El proyecto de ley no incluía nada del estilo y la cuestión de la lucha contra la corrupción se quedaba en el título y en el preámbulo. Sin embargo, el Grupo Parlamentario Ciudadanos propuso una enmienda de adicción (n.º 39, Boletín Oficial de las Cortes Generales, Congreso de los diputados, 28 de noviembre de 2022) cuyo texto daba al Gobierno un plazo de seis meses para la aprobación de una Estrategia Nacional contra la Corrupción que no solo tendría que incluir "una evaluación del cumplimiento de los objetivos establecidos en la presente ley", sino también "una batería de medidas de choque sobre aquellas deficiencias que puedan detectarse y una previsión para reforzar la independencia y protección de los funcionarios públicos, con especial atención a los funcionarios públicos de habilitación nacional". En la justificación de la enmienda, se hacía hincapié en el necesario compromiso del Gobierno de elaborar una estrategia "que guíe a los órganos de supervisión en la prevención y la lucha contra la corrupción, en particular, en lo que respecta a promover la integridad, la rendición de cuentas, la transparencia y la debida gestión de los asuntos y los bienes públicos". En el texto de la Ponencia (*BOCG*, Congreso de los Diputados, 21 de diciembre de 2022), la idea se recibía e incorporaba a una disposición adicional quinta cuyo texto, sin embargo, había sufrido cierto maquillaje: el plazo pasaba de 6 a 18 meses y la "batería de medidas de choque" desaparecía. En el Senado, el Grupo Parlamentario Esquerra Republicana-Euskal Herria Bildu propuso un texto asumido por la Ponencia (*BOCG*, Senado, 6 de febrero de 2023, p. 47) que incluye la mención expresa de la necesaria "colaboración con las Comunidades Autónomas" para aprobar la Estrategia contra la corrupción cuyo contenido mínimo se limita a la evaluación y a la eventual corrección de "deficiencias" en la protección del denunciante... Casi como si ese tema agotara la lucha contra la corrupción.

10 Basta con ojear el punto 64 de la Guía Legislativa de la Convención de las Naciones Unidas contra la Corrupción *[https://www.unodc.org/documents/treaties/*

Y entendámonos: es evidente que uno de los ámbitos en el que se echan más en falta "denuncias" es el de los delitos "sin víctimas", como la corrupción. Así que está claro que la predisposición de incentivos para "informantes" puede venir bien *también* en la lucha contra la corrupción. Pero no deja de despertar cierta suspicacia que una ley sobre medidas dirigidas a favorecer que se informe sobre comportamientos ilícitos haga una referencia específica a la "lucha contra la corrupción" en su título y luego no dedique ni una sola palabra a las especificidades que plantea la denuncia de (o en supuestos de) corrupción.

De hecho, el texto europeo que la ley apunta a transponer parece tener como finalidad colocarse más allá de las especificidades de sectores concretos (como el financiero, de la seguridad de los productos o del transporte aéreo)[11] o de ámbitos transversales específicos (como la lucha contra la corrupción, el fraude o el blanqueo...). Como se ha observado[12], se trataba de diseñar un *estándar mínimo y genérico* de protección de personas que alertan sobre infracciones, susceptible de ser adoptado en un amplio número de sectores[13] y ámbitos en los que el legislador comunitario tiene competencia, siempre que no cuenten con normativas específicas que superen dicho estándar[14] y/o que presenten especificidades que desaconsejen su adopción.

UNCAC/Publications/LegislativeGuide/UNCAC_Legislative_Guide_S.pdf] para reparar en que la propia ley debería ser una parte de una Estrategia y la evaluación del impacto de la ley una parte de la evaluación de la Estrategia. Conviene insistir en que suena por lo menos peligroso insinuar que una Estrategia contra la corrupción puede agotarse en la protección del denunciante.

11 Véanse, los "Considerandos" 7, 8 y 9.

12 DE LA PUEBLA PINILLA (2023).

13 Aquellos en los que "la introducción de protección de los denunciantes resulta justificada y necesaria en función de los elementos de prueba de que se dispone actualmente", dice el "considerando" 106 de la Directiva *whistleblowing* que deja abierta la posibilidad de una extensión futura de los mismos. Los ámbitos de aplicación se desglosan por materia en el artículo 2.1 a) de la Directiva que, a su vez, remite a los actos de la Unión enumerados en el anexo. Véanse, por ejemplo, los "considerandos" 9 (seguridad en el transporte por vía navegable, carretera y ferrocarril), 10 (medioambiente), 11 (seguridad nuclear), 12 (seguridad de los alimentos, los piensos y la sanidad, la protección y el bienestar de los animales), 13 (salud pública y protección de los consumidores), 14 (protección de datos de carácter personal).

14 Como advierte el "considerando" 20, la Directiva solo se aplica en "los ámbitos no regulados por actos sectoriales específicos". Véase también el "considerado"

Al contrario de lo que su título sugiere, la Ley 2/2023 no solo sigue la estela de la directiva, sino que su espectro material de aplicación es incluso más amplio[15], ya que no se limita a (ni se ocupa de) unos sectores y ámbitos concretos (como podría ser, por ejemplo, el de la lucha contra la corrupción), sino que pretende asegurar protección a quien denuncie cualquier delito o infracción administrativa (grave o muy grave). No se trata, por tanto, de una norma que se ocupa específicamente de (anti)corrupción.

La sospecha es entonces que el enriquecimiento del título de la directiva con la referencia a la lucha contra la corrupción que aparece en el Boletín Oficial del Estado se ha hecho de cara a la galería. Pero, aun así, suscita preguntas: si el legislador estaba convencido de que la transposición de la directiva iba de "atajar *urgentemente*" a la corrupción, ¿por qué lo hizo tan tarde y solo tras haber sido amenazado con sanciones? Y, para incorporar medidas de protección del denunciante en materia de corrupción, ¿había que esperar a la Directiva de 2019? ¿No existían con anterioridad modelos en los que inspirarse? Y, por último, ¿carecía el ordenamiento jurídico español de todo tipo de norma al respecto? Y, si es que no, ¿cómo encaja la nueva disciplina en la anteriormente vigente?

II. LA OBLIGACIÓN DE PROTEGER AL DENUNCIANTE DE CASOS CORRUPCIÓN. *QUID NOVUM SUB SOLE?*

En el marco jurídico supra e internacional anticorrupción, la preocupación por el fomento de las denuncias mediante la protección de denunciantes no es nueva. De hecho, el Reino de España contrajo la obligación de ocuparse de la cuestión hace más de una década.

---

17 del que parece desprenderse que ello es así siempre que las disciplinas sectoriales sean acordes al estándar mínimo dibujado por la Directiva en materia de canales de denuncia interna y externa, obligaciones de las autoridades competentes, formas de protección específicas contra las represalias.

15 Nótese que, a lo largo de la primera reunión del grupo de la Comisión experta sobre la Directiva (en adelante CED) de 6 de febrero de 2020, se animaba a los Estados miembros a "extender el ámbito de aplicación de la Directiva a otras áreas, de tal manera que se asegurara un marco comprensivo y coherente a nivel nacional" (el acta, en este momento, es accesible en la url *https://ec.europa.eu/transparency/expert-groups-register/core/api/front/document/40950/download*).

1. *Las obligaciones procedentes del Consejo de Europa*

En el marco del Consejo de Europa, dejando a un lado el *soft law*[16], el Convenio de Derecho Civil contra la Corrupción de 1999, ratificado por España en el año 2009[17], en su artículo 9, se ocupaba de la "Protección de los empleados" y decía que *Cada Estado parte establecerá en su derecho interno medidas de protección adecuadas contra toda sanción injustificada a los empleados que tengan motivos fundados de sospecha de corrupción y que denuncien de buena fe sus sospechas a las personas o autoridades responsables.*

De acuerdo con el *Explanatory Report*[18], la protección tenía que acordarse a aquellas personas que denunciaran "*in good faith on the bases of reasonable ground*"[19] y la misma podría consistir, por ejemplo, en una indemnización pagada por el empleador que hubiera acusado injustamente al denunciante, o que le hubiera despedido o trasladado o, de cualquier otra manera, hubiera impuesto limitaciones a su carrera profesional. La cuestión central, recuerda el Informe Explicativo, es que ninguna sanción contra un empleado motivada en una denuncia de un acto de corrupción puede considerarse justificada, entre otras cosas, porque denunciar no implica quebrantar el deber de confidencialidad empleado-empleador. El punto 71 del Informe concluye que *la protección apropiada que las partes deben adoptar debería incentivar a los empleados a denunciar sus sospechas a la persona responsable o a la autoridad. De hecho, en muchos casos, las personas*

---

16 Sin ánimo de exhaustividad, pueden mencionarse la Recomendación R(97)13 sobre protección de testigos y las Conclusiones y Recomendaciones de la segunda Conferencia de servicios especializados en la lucha contra la corrupción que se celebró en Tallín en el mes de octubre del año 1997 que dejaban claro que "un sistema apropiado de protección de testigos y de otras personas que cooperan con las autoridades judiciales debería ser introducido, y debería incluir no solo un marco legal adecuado, sino además los recursos financieros necesarios para alcanzar su fin (...) se deberían adoptar disposiciones para garantizar la inmunidad o una adecuada reducción de la pena para las personas acusadas de delitos de corrupción que contribuyen a la investigación, descubrimiento o prevención del delito".

17 El Instrumento de ratificación se publicó en el *Boletín Oficial del Estado* sólo el 31 de marzo de 2010.

18 *https://rm.coe.int/16800cce45.*

19 Nótese que, a diferencia de la Directiva *Whistleblowing* y la ley que la transpone, aquí, aparte del "*reasonable grounds to believe*" (como dice la Directiva), se requiere también "*good faith*".

que tienen información sobre acciones de corrupción no las denuncian sobre todo por el miedo a posibles consecuencias negativas.

Por lo que respecta al Convenio de Derecho Penal contra la Corrupción del año 1999 que el Reino de España ratificó en 2010[20], el artículo 22 se ocupaba de la "protección de los colaboradores de la justicia y de los testigos" y disponía que *cada parte adoptará las medidas legislativas o de otra índole que sean necesarias para garantizar una protección efectiva y apropiada: a) a las personas que proporcionan información relativa a los delitos tipificados de conformidad con los artículos 2 a 14 o que colaboren de otro modo con las autoridades encargadas de la investigación o de la persecución.*

El Informe Explicativo del Convenio aclaraba que, para efecto de la implementación de la norma en cuestión, el *whistleblower* es un "testigo" y una protección "efectiva y apropiada" puede implicar desde la no revelación de la identidad durante el proceso penal, hasta la asignación de escoltas, cambio de identidad, trabajo, domicilio, etc. "según sea necesario"[21].

Obsérvese que, en ambos casos —Convenio penal y civil—, se trata de disposiciones dictadas en el ámbito específico de la lucha contra la corrupción que *obligan* a los países miembros y a cuya implementación, por lo tanto, el Reino de España se había libremente *obligado* más de una década antes de la aprobación de la Ley 2/2023.

Tanto es así que, ya en el año 2019, en el marco de la quinta ronda de evaluación, el Greco había observado importantes deficiencias en la disciplina española en materia de *whistleblowing*, sugiriendo una urgente revisión que se plasmara en la adopción de un enfoque holístico y efectivo que por supuesto abarcase también a las fuerzas y cuerpos de seguridad del Estado[22].

---

20 El instrumento de ratificación se publicó en el *Boletín Oficial del Estado* el día 28 de julio del mismo año.

21 Nótese que la Directiva no se ocupa de la protección de denunciantes contra posibles "daños físicos u otras formas de daño fuera del contexto laboral" (así el acta de la primera reunión del CED del mes de febrero de 2020). En cambio, es justamente este el supuesto considerado por el artículo 464 del Código penal y, tendencialmente, por la LO 19/1994, de 23 de diciembre, de protección de testigos y peritos en causas criminales.

22 El informe puede consultarse en *https://rm.coe.int/fifth-evaluation-round-preventing-corruption-and-promoting-integrity-i/168098c691*.

2. *La OCDE y la lucha contra la corrupción de agentes públicos extranjeros en las transacciones comerciales internacionales*

2.1. La protección del denunciante en las Recomendaciones en materia de lucha contra la corrupción en las transacciones comerciales internacionales

Ya en su versión de 1997, las Recomendaciones sobre el Combate a la Corrupción en las Transacciones Comerciales Internacionales dejaban claro que *Member countries should encourage companies to provide channels for communication by, and protection for, persons not willing to violate professional standards or ethics under instructions or pressure from hierarchical superiors*[23].

En el año 2009, a la Recomendación XXI rubricada "*Reporting Foreign Bribery*" se refería a:

(a) canales fácilmente accesibles para la denuncia de sospechas de corrupción (transnacional) a la autoridad de *law enforcement*;

(b) medidas para facilitar a los funcionarios públicos la denuncia de actos sospechosos de corrupción (transnacional) detectados en el curso de su trabajo, directa o indirectamente, a través de un mecanismo interno, a las autoridades de *law enforcement*; y

(c) medidas para proteger frente a acciones discriminatorias o disciplinarias a los empleados del sector público y privado que denuncian en buena fe y con motivos razonables a las autoridades competentes actos sospechosos de corrupción (transnacional).

Las enmiendas propuestas en el año 2010[24] incluían la adopción por parte de las entidades del sector privado de medidas efectivas para asegurar denuncias internas y, donde posible, confidenciales, y protección para directivos, empleados y, donde apropiado, socios comerciales que no estuvieran dispuestos a violar los estándares éticos o profesionales bajo las instrucciones o presiones de un superior jerárquico o que qui-

---

23 Recomendación V, punto iv). Las Recomendaciones, en este momento, pueden consultarse en el enlace *https://legalinstruments.oecd.org/en/instruments/OECD-LEGAL-0290*.

24 Que pueden consultarse en *https://one.oecd.org/document/C(2010)19/en/pdf*.

sieran denunciar violaciones de la ley, de estándares profesionales o éticos que se producen dentro de la entidad, de buena fe y con motivos razonables[25]. Asimismo, se recomendaba a las entidades poner en marcha acciones apropiadas para contestar a dichas denuncias[26].

El texto actualmente vigente[27] es fruto de una ulterior modificación del mes de noviembre del año 2021, es decir, ya posterior a la Directiva *Whistleblowing* e incluye una Recomendación (XXI) sobre denuncias y otra (XXII) sobre protección del denunciante. Como es lógico, el contenido se acerca mucho a la directiva y a la Ley 2/2023, con algunas pequeñas variantes. En cuando al fomento de denuncias[28], puede llamarse la atención sobre la referencia a medidas que *estimulen* una "proactive detection" de la corrupción por parte de los funcionarios públicos.

En el apartado específicamente dedicado a su protección, se hace hincapié en el "rol esencial" de los denunciantes en la detección de casos de corrupción (transnacional) y se insiste en la necesidad de protegerles contra represalias toda vez que se trate de personas que trabajen en el sector público o privado y que denuncien por motivos razonables actos sospechosos de corrupción (transnacional) en un contexto laboral. Aquí también, aparte de una serie de recomendacio-

---

25 Punto A) 11 ii).

26 Punto A) 11 iii).

27 Las Recomendaciones del Consejo para un combate más eficaz de la Corrupción de los funcionarios públicos extranjeros en las transacciones comerciales internacionales cuyo texto íntegro puede consultarse en *https://legalinstruments.oecd.org/en/instruments/OECD-LEGAL-0378*.

28 Que incluye recomendaciones relacionadas con el establecimiento y difusión de políticas y procedimientos que permitan a las personas físicas la denuncia de sospechas, de forma confidencial y, "ahí donde se estime apropiado", anónima; la puesta en funcionamiento de canales diferenciados de fácil acceso para las denuncias de sospechas que no solo deben existir, sino también publicitarse (tanto los canales como la importancia de reportar dichas sospechas); medidas apropiadas que permitan a los funcionarios públicos denunciar o llamar la atención de las autoridades competentes sobre delitos de corrupción detectados en el curso de su trabajo. Revisión periódica de la eficacia de la política relacionada con la denuncia, los procedimientos y los canales; despertar la atención a través de cursos de formación u otras medidas sobre la corrupción y sobre el papel que puede tener la obligación de denunciar de los funcionarios públicos en la prevención y detección de la misma.

nes muy parecidas a las contenidas en la Directiva *Whistleblowing*[29], puede quizás destacarse:

(1) La sugerente idea de que el "marco legal de protección de las personas que denuncian" sea implementado por parte de *"sufficiently-resourced and well-trained competent authorities"* que sean también quienes reciban, investiguen y procesen las eventuales quejas relacionadas con represalias.

(2) Una definición amplia de represalia, no limitada a situaciones laborales, sino que incluya también acciones que resulten perjudiciales desde el punto de vista de la reputación, profesional, financiero, social, psicológico e incluso físico.

(3) La referencia a medidas apropiadas para compensar directa e indirectamente a quienes sufran las consecuencias de las represalias, incluyendo compensación económica a otorgarse en vía cautelar.

(4) La invitación a introducir incentivos para denunciantes.

---

29 Como las que aluden a: garantizar protección al mayor número posible de personas denunciantes en contexto laborales, incluyendo a los extrabajadores, a personas que tienen información relacionada con actos de corrupción en avanzados estados de proceso de selección o contratación, y que pueden sufrir represalias, por ejemplo, siendo incluidas en una lista legra o recibiendo referencias laborales negativas; considerar extender la protección a terceras personas conectadas con las personas que denuncian que puedan sufrir represalias en un contexto laboral. Asegurar medidas apropiadas para proporcionar confidencialidad de la identidad de la persona denunciante y del contenido de la denuncia, de forma consistente con la legislación nacional y en particular, sobre investigaciones y procesos judiciales. Considerar la posibilidad de permitir denuncias anónimas y garantizar protección necesaria contra eventuales represalias a aquellas personas que en un segundo momento se identifican. Asegurar medidas adecuadas para prohibir o invalidar cualquier disposición contractual diseñada para afectar la protección dispuesta para el denunciante. Proporcionar sanciones proporcionadas y disuasorias para las represalias. En Derecho administrativo o laboral, invertir la carga de la prueba toda vez que se alega represalia. Asegurar que los denunciantes no son sometidos a procedimientos disciplinarios o penales motivados en la realización de la denuncia. Generar atención y formar sobre el diseño y la implementación del marco jurídico e institucional necesario para proteger a los denunciantes y los instrumentos disponibles. Revisar periódicamente la efectividad de las medidas legales e institucionales y hacer públicos los resultados. En materia de protección de la intimidad y de los datos personales, asegurar que la legislación que impide la transmisión de información económica o comercial no impide las denuncias ni la protección de los denunciantes.

2.2. Recomendaciones sobre la gestión del riesgo de Corrupción de 2016

Siempre en el marco de la OCDE, en las Recomendaciones del Consejo para los Actores de Cooperación para el Desarrollo sobre la Gestión del Riesgo de Corrupción de 2016[30], se hablaba ya de *"whistle-blowing mechanism"* y, en los 10 puntos de la Recomendación 7, se mencionaban conceptos cercanos al lenguaje de la directiva y de la Ley 2/2023, tales como la necesidad de: *(i) "good faith"*[31] y *"reasonable ground"* sobre el que tiene que basarse la sospecha a denunciarse; *(ii)* asegurar un amplio acceso a los mecanismos seguros de denuncia; *(iii)* comunicar claramente cómo se puede hacer una denuncia confidencial; *(iv)* proteger a los *whistleblowers*; *(v)* dar seguimiento a las denuncias; y *(vi)* comunicar clara y frecuentemente sobre los procesos de denuncia y sus resultados en materia de corrupción para construir confianza y reducir la percepción de opacidad alrededor de las denuncias y las investigaciones relacionadas con la corrupción.

Claro que, siempre en el punto 7, también hay recomendaciones específicamente pensadas para el caso de la corrupción que se refieren a la oportunidad de proporcionar:

(a) instrucciones claras acerca de cómo reconocer los síntomas de la corrupción y acerca de los pasos concretos que hay que dar en el caso en el que se detecte un supuesto de corrupción (transaccional); y

---

30 Que, en este momento, puede consultarse en *https://legalinstruments.oecd.org/en/instruments/OECD-LEGAL-0431#mainText*. El informe acerca de la implementación de estas Recomendaciones, en este momento, se halla también disponible en *https://one.oecd.org/document/C(2022)175/en/pdf*, interesando ahora, en particular, los puntos 63 y ss.

31 La Directiva no subordina la protección a la "buena fe" aunque la mantiene explícitamente para el denunciante que proporcione "inaccurate information on breaches by honest mistake" (en la traducción española, "por error cometido de buena fe") que se contrapone a la "malicious and frivolous or abusive reports" que "deliberately and knowingly" contenga "wrong or misleading information" (en el texto español, "denuncias malintencionadas, frívolas o abusivas" de quienes "comuniquen deliberada y conscientemente información incorrecta o engañosa"). A tenor de lo dispuesto por el considerando 32, "los denunciantes deben tener motivos razonables para creer, a la luz de las circunstancias y de la información de que dispongan en el momento de la denuncia, que los hechos que denuncian son ciertos". Véase, sobre esta cuestión, VILLEGAS GARCÍA (2022).

(b) Alternativas a la normal cadena de mando como, por ejemplo, asesores independientes, defensores del pueblo e incluso acceso a las autoridades de *law enforcement.*

2.3. *Peer review* de la implementación de las Recomendaciones

Ya en el año 2006, el "*Report on the application of the convention on combating bribery of foreign public officials in international business transactions and the 1997 recomendation on combating bribery in international business transactions*"[32] recomendaba a España facilitar la denuncia de sospechas de corrupción y establecer mecanismos de protección para los *whistleblowers* de buena fe. El mensaje se repitió en el informe del año 2012[33], en el que[34] se advertía de que la falta de denuncias de casos de corrupción (transnacional) en España podía deberse a la inexistencia de canales adecuados y a la ausencia de medidas de protección de los *whistleblowers* y se recomendaba que, aparte de compensar esas faltas, se crearan y publicitaran adecuadamente "medios claros mediante los cuales esas denuncias puedan hacerse a las autoridades de *law enforcement*". En el año 2015[35], se reiteraba la preocupación por la ausencia de una protección adecuada de los *whistleblowers,* tanto en el sector público como en el privado. En el informe del año 2022[36], frente a las alegaciones de España de que existían canales y marcos sectoriales de protección en materia de blanqueo de capitales, competencia y regulación laboral, los evaluadores responden que "no hay canales a través de los cuales pueden

---

32 A cuyo texto, en este momento, se puede acceder mediante la url *https://www.oecd.org/spain/36392481.pdf.*

33 Que, en este momento, puede consultarse en la url *https://www.oecd.org/daf/anti-bribery/Spainphase3reportEN.pdf.*

34 Obsérvese la rapidez con la que el informe desecha los argumentos de España que había esgrimido el art. 14 del Estatuto Básico del Empleado Público (cuyos derechos ahí consagrados efectivamente, no parecen recoger la protección frente a represalia para quien ha denunciado un delito), la Ley Orgánica 19/1994, de 23 de diciembre, de protección a testigos y peritos en causas criminales (que solo atañe a testigos y expertos en causas criminales).

35 El *follow-up report* puede consultarse en este momento en la url *https://www.oecd.org/daf/anti-bribery/Spain-Phase-3-Written-Follow-Up-Report-EN.pdf.*

36 Que, en este momento, puede consultarse en la url *https://www.oecd.org/daf/anti-bribery/spain-phase-4-report.pdf.*

reportarse sospechas de actos de corrupción transnacional" y que España "sigue sin tener un marco protector frente acciones discriminatorias o disciplinarias a empleados públicos y privados que denuncian por motivos razonables".

Este último informe representó también la ocasión para que los evaluadores comentaran el anteproyecto de ley que luego desembocaría en la Ley 2/2023: el punto 50 señalaba críticamente que la norma proyectada no exime al *whistleblower* de su posible responsabilidad criminal.

3. *La Convención de las Naciones Unidas contra la Corrupción*

El Convenio de Mérida, ratificado por España en 2006[37], en su artículo 33, dispone que "[c]ada Estado Parte considerará la posibilidad de incorporar en su ordenamiento jurídico interno medidas apropiadas para proporcionar protección contra todo trato injustificado a las personas que denuncian ante las autoridades competentes, de buena fe y con motivos razonables, cualesquiera hechos relacionados con delitos tipificados con arreglo a la presente Convención".

Asimismo, el artículo 8.4 del tratado obliga a los Estados Partes a considerar "la posibilidad de establecer medidas y sistemas para facilitar que los funcionarios públicos denuncien todo acto de corrupción a las autoridades competentes cuando tengan conocimiento de ellos en el ejercicio de sus funciones".

En el informe acerca de la aplicación de la convención por el Reino de España del año 2013[38], se advertía que "el hecho de que no exista regulación específica para la protección de denunciantes en el derecho laboral y administrativo representa una preocupación" y se recomendaba el "aseguramiento de normas" para tal efecto.

---

37 El instrumento de ratificación se publicó en el *Boletín Oficial del Estado* de 19 de julio de 2006 al que, en este momento, se puede acceder a través del enlace *https://www.boe.es/buscar/doc.php?id=BOE-A-2006-13012*.

38 Cuyo texto puede consultarse en *https://www.unodc.org/documents/treaties/UNCAC/CountryVisitFinalReports/2013_06_28_Spain_Final_Country_Report.pdf*.

III. ¿POR QUÉ HAY QUE PROTEGER AL DENUNCIANTE?

Simplifiquemos la cuestión. Y empecemos por decir que el problema parece tener que ver con la "cifra negra": hay comportamientos prohibidos extremadamente dañinos que no se castigan simplemente porque no se descubren. Y la cuestión no es baladí, ya que no se trata solo de sancionar a los culpables, sino también de prevenir futuros ilícitos: es evidente que, entre otras razones, una norma que prohíbe hacer algo será tanto más obedecida cuanto mayor sea la expectativa de que, quien la quebranta, será descubierto y sancionado. Lo que explica por qué respetamos el límite de velocidad cuando nos avisan de que hay un radar que nos espera.

Así que todo parece pivotar alrededor de la necesidad de que se descubran más ilícitos en un estado temprano de su ejecución y que, en clave preventiva, aumente la probabilidad de que quien los ha cometido sea sancionado.

Naturalmente, el Estado cuenta con medios personales y materiales cuya finalidad es precisamente detectar comportamientos ilícitos (p. ej. nuestro radar de tráfico). Pero, una parte importante de los que realmente terminan persiguiéndose se descubre porque los "destapa" alguien cuyo trabajo no es ni atrapar ni investigar a infractores[39]. Normalmente, se trata de la víctima o de una persona perjudicada por la conducta ilícita que, por lo tanto, tiene cierto interés en su persecución.

Empero, sobre todo cuando se trata de *White-Collar Crimes*[40], no siempre hay una persona física ofendida o un perjudicado concreto (corrupción); a menudo, el *harm* se reparte en entre un colectivo amplio y, *a priori,* difícilmente acotable (p. ej. consumidores) o incluso entre la ciudadanía entera (p. ej. delito tributario). El resultado es que

---

39 BACHMAIER WINTER (2019). Véase también el *Report* relativo al *occupational fraud* del año 2022 de la *Association of Certified Fraud Examiners*, que cifra en el 42% el número de casos que se descubren por avisos de los que más del 50% procede de empleados (en este momento, el texto completo del informe puede descargarse desde el enlace *https://legacy.acfe.com/report-to-the-nations/2022/*).

40 SUTHERLAND (1983), CLINARD & MEIER (2011) y GREEN (2006).

la porción individual del "daño" es ausente, tan lejana y/o irrelevante que apenas parece existir un interés individual en denunciarlo[41]. Y no es que no haya un perjuicio: cuando el delito se descubre, el resultado dañino *acumulado*, a veces, ha asumido proporciones enormes[42].

Además, sobre todo cuando todavía no hay un daño enormemente visible, el ilícito que se produce en organizaciones más o menos complejas (como empresas o administraciones públicas)[43] es particularmente difícil de descubrir. Y no solo porque faltan denuncias[44] o por su complejidad inherente al frecuente carácter transnacional[45]: entre otras cosas, la responsabilidad se diluye entre directivos, accionistas, empleados[46] y, entre los responsables y los que podrían descubrirlos, suele hallarse una considerable asimetría informativa. Como se ha observado de forma especialmente eficaz, "nos cuesta detectar el delito de empresa; nos cuesta detectar al responsable individual del delito de empresa; nos cuesta aportar pruebas fehacientes de su delito"[47].

Ahora bien, en este ámbito especialmente "oscuro" de los *corporate* y *occupational crimes*, es probable que existan personas insertadas o relacionadas con la estructura de la organización que tengan a su alcance información útil para destapar el ilícito y a sus autores o que, por lo menos, tengan mayor facilidad para conseguirla que los emisa-

---

41 Para los desincentivos a la denuncia desde el punto de vista de la empresa, véase, por ejemplo, GÓMEZ MARTÍN (2013).

42 BAJO FERNÁNDEZ & BACIGALUPO SAGGESE (2010) y CLINARD & MEIER (2011).

43 Podríamos decir, asume las características de un *corporate crime* [CLINARD & QUINNEY (1967), FRIEDRICHS (2022), CLINARD & MEIER (2011)]. Nótese que la definición "clásica" de *White-Collar Crime* insiste sobre el delito "committed by workers in the course of their commercial activities" o "in the context of a legitimate occupation" [CLINARD & MEIER (2011: 172)] y resulta, de alguna manera, especular a la de *whistleblower*.

44 LASCURAÍN (2020), GÓMEZ MARTÍN (2013) y NIETO MARTÍN (2013).

45 NIETO MARTÍN (2013).

46 GREEN (2006). Especialmente plástico el ejemplo del autor (p. 26) que invita al lector a pensar en el empleado de Arthur Andersen que recibió una orden de destruir documentos que procedía de una "complex corporate hierarchy". Ciertamente, interesante también el ejemplo planteado por ELLINGSTON (1982: 169).

47 LASCURAÍN (2020).

rios del Estado cuyo trabajo es descubrir e investigar hechos ilícitos[48]. De hecho, cuando se habla de *corporate crimes*, se suele añadir que lo normal es que salgan a la luz gracias a la aportación de alguien que "during the course of doing a day-to-day job, observes some wrongdoing and then goes out of the way to raise awareness of it and stop it"[49]. Pues bien, a esa persona se le ha llamado *whistleblower*[50] y uno de los principales hitos relacionado con la persecución y sanción del delito empresarial ha sido fomentar su proliferación.

Así esbozados los contornos del problema, de forma muy esquemática, podría decirse que, en una perspectiva *on the books*, existen por lo menos dos formas de aproximarse a la cuestión de las "alertas" relativas a comportamientos ilícitos[51].

1. *El denunciante es quien hace lo correcto*

De acuerdo con una opción deontológica, suena plausible que el reportar a las autoridades competentes para su persecución un comportamiento ilícito perjudicial para la colectividad sea algo éticamente exigible[52] al conjunto de la ciudadanía. Y el argumento podría resultar especialmente convincente en el ámbito penal, ya que, como se sabe, todo delito, por definición, produce un menoscabo a un bien jurídico *esencial para la convivencia en sociedad*[53]. En este marco, no parece peregrino *obligar a todo ciudadano a* colaborar en la preserva-

---

48 En palabras de la Directiva *Whistleblowing*, se trata de "personas que (...) en virtud de sus actividades laborales, con independencia de su naturaleza y de si son retribuidas, disponen de un acceso privilegiado a información sobre infracciones que redundaría en interés de los ciudadanos denunciar..." ("considerando" 37).

49 KENNY (2019: 6).

50 *Vid.*, entre muchos, CLINARD & MEIER (2011: 190) y RAGUÉS I VALLÈS (2013: 20 y ss.)

51 Véase, *mutatis mutandis,* VILLORIA MENDIETA (2021). La clasificación que aquí se propone es, de alguna forma, transversal a la que analiza el autor.

52 Véase BOUVILLE (2008), quien defiende que una aproximación ética al *whistleblowing* pasa por reconocer su obligatoriedad.

53 Como se ha observado, el delito es algo que se considera "moralmente reprobable, mientras que la condena a la restitución por daño causado comportamiento normalmente una cierta desaprobación del hecho, pero no el desprecio moral del autor" [HABERMAS (2005: 275)].

ción de las condiciones esenciales para la vida en sociedad, entre otras cosas, denunciando *a la autoridad que representa a la sociedad* los comportamientos delictivos que conoce. De la misma manera, parece lógico que, si existe un comando en este sentido, se acompañe con sanciones que tengan cierta probabilidad de ser aplicadas[54] a quien incumple.

Naturalmente, podría discutirse acerca de la libertad de cualquier ciudadano de solidarizarse con el infractor (o, de todas formas, no con la sociedad), así como del incómodo "ambiente policial"[55] que generaría un contexto en el que *homo homini denuntians*. Pero, dejando ahora a un lado esas objeciones[56], en primer lugar, habrá que ser conscientes de que el obligado a denunciar se las tendrá que ver con los costes informales relacionados con su denuncia[57], entre los que se

---

54 Cuestión distinta es que el cumplimiento de dicha obligación deba exigirse con la misma intensidad a la ciudadanía entera, sin distinguir al ciudadano de a pie de aquel que tiene encomendadas funciones relacionadas con la persecución de delitos [SÁNCHEZ-OSTIZ (1996)].

55 LASCURAÍN (2020) y RAGUÉS I VALLÈS (2013).

56 Sin ánimo de entrar ahora en el debate, convendría tener en cuenta las consecuencias de la obligación de colaborar activamente con la Administración de justicia denunciando delitos tanto de las personas físicas como de las personas jurídicas. Y entonces, si el argumento para descartar un deber generalizado (y cuyo incumplimiento se sanciona) de denunciar se apoya en la necesidad de evitar un estado "policial" permanente, mal puede admitirse que, en un sistema basado en la protección del *whistleblowing*, la persona jurídica a la que el alertador informe de la comisión de una infracción *prima facie*, delictiva, tenga la *obligación* de remitirla "al Ministerio Fiscal con carácter inmediato". Sobre la compatibilidad del principio de acuerdo con el cual *nemo tenetur se detegere* con la obligación de informar al Ministerio Fiscal de la ley 2/2023, véase PASCUAL SUAÑA (2022). Para nuestros efectos, piénsese en lo poco plausible que resulta que una ley que nacería, entre otras cosas, del fastidio que provoca al estado liberal un sistema en el que denunciar delitos es una obligación (para las personas físicas)... ¡Obligue a denunciar delitos (a las personas jurídicas)! Si el problema es el agobio que genera un ambiente policial fruto del deber de denunciar que tiene como destinatarios a las personas física, un mundo en el que ese deber se impone a las personas jurídicas resultaría entonces... asfixiante. De la misma manera, repárese en que el sistema post-*whistleblowing* a la española que se presenta a veces como el sucesor del diseñado por la LECrim pivota sobre denuncias no solo confidenciales sino también anónimas, lo que, desde luego, parece todo menos un alivio al ahogo pseudo-policial que implicarían los artículos 259 y ss. LECrim para la ciudadanía.

57 PATERNOSTER & SIMPSON (1996).

suele mencionar el peligro de verse tildado de "espión"[58], "soplón" o parecidos, lo que, en algunos contextos, parece especialmente serio[59].

Cuestión distinta es que se consiga transmitir que lo que está en el Código penal es *solo* lo que protege a las condiciones *esenciales para* la convivencia frente a los ataques más graves y que, por lo tanto, denunciar a quien las quebranta no es sino un servicio *esencial* para la sociedad[60]. Claro que la obra de sensibilización sería más sencilla si eso fuera efectivamente así, es decir, si el Código penal fuera un conjunto limitado de normas racionalmente aceptable[61] y no un medio gratuito que sirve de desahogo para el populismo de un legislador que recurre al mismo con cada vez menos escrúpulos y cuidado.

2. *El "informante" como trabajador de una* public or private corporation *que denuncia si le conviene*

En un contexto *white-collar,* abordar desde un punto de vista ético-moral la cuestión de la denuncia es más complejo.

Y el problema no parece tener que ver con la libertad de no denunciar del ciudadano que no desea vivir en un contexto cuasi-policial, o con el remordimiento o el reproche de la sociedad al "soplón": la sensación es que, cuando se trata de los crímenes de "los de arriba", la solidaridad con el infractor y las crisis de conciencia son menos plausibles y, en nuestros días, quien denuncia las fechorías de los de "guante blanco" suele suscitar ovaciones y aplausos del pueblo llano que va sin guantes[62].

---

58 Para ELLINSTON (1982) existe una clara diferencia entre "espía" (alguien que trabaja para alguien, pero debe su fidelidad a otro a quien transmite la información) y *whistleblower* (quien debe su lealtad a sus compañeros de trabajo y sus superiores, pero, en calidad de ciudadano, también al resto de la sociedad).

59 Entre muchos, véase KENNY (2019); y RAGUÉS I VALLÉS (2013).

60 O, como diría VILLORIA MENDIETA (2021), algo útil para el propio individuo que piensa en la utilidad de la regla.

61 En el sentido de HABERMAS (2005).

62 Se ha hablado de la *"familiar narrative of the whistle-blower as a good and heroic individual who does the right thing and speaks up to challenge a clear wrong"* [KENNY (2019: 8)]. Véase también BROWINING, SORNES & SVENKERUD (2021).

Cuestión distinta es la que atañe al reproche de algunos comportamientos que se presentan como moralmente ambiguos[63] o incluso "normales" en el contexto en el que se mueve el "denunciante"[64] que no necesariamente comparte el marco axiológico del ajeno al ambiente *corporate*[65]. Y entonces, como diremos en seguida, tampoco hay que pasar por alto los riesgos para el denunciante que proceden del propio mundo empresarial.

Pero el punto clave es que, una vez metidos en el contexto corporativo, nos hallamos en el reino de la *rational choice* en el que las cuestiones morales o éticas dejan espacio al análisis basado en los costes y beneficios percibidos[66]. Como se ha observado, se trata de un mundo en el que se pone el acento sobre *"short-term rewards, prioritizing profits at the expense of ethic"* y en el que *"perceiving rules as things to be gamed, obeyed only when they had to be"*[67].

Entonces, si se quiere librar la batalla en este terreno, lo más sensato parece ser no limitarse a un enfoque exclusivamente deontológico y considerar una mucho más plausible aproximación estratégica[68]. Y, en una óptica coste-beneficios, la opción de sancionar a quienes no denuncian, por sí sola, ya no parece tan eficaz. Veamos por qué, simplificando un poco las cosas.

---

63 GREEN (2006). Casi parafraseando al autor, podríamos preguntarnos qué diferencia hay entre el político que ofrece un maletín lleno de dinero a otro político a cambio de su voto y aquel que, a cambio del mismo voto, le ofrece un Ministerio. Aunque la respuesta a la pregunta no me parece ni mucho menos fácil, a la vista está que, mientras que el primer comportamiento es claramente intolerable socialmente, el segundo se escucha todos los días en el telediario.

64 Véase NEAR & MICELI (1985: 3) quienes observan que el *whistleblowing* tiene viso de producirse solo ahí donde por lo menos algún segmento de la organización considera la actividad ilegítima. Los mismos autores (1985: 6) recuerdan que las esperanzas de éxito del *whistleblower* dependen, entre otras cosas, del hecho de que lo que denuncia no sea "tolerado" o incluso "fomentado". Véase también BROWINING, SORNES & SVENKERUD (2021: 20) quienes recuerdan que, en la narrativa común que rodea al *whistleblowing*, el héroe se mueve en un "surreal and secret world" que se halla "away from the world of common day".

65 SUTHERLAND (1983).

66 PATERNOSTER & SIMPSON (1996); LILLY, CULLEN & BALL (2019); véanse también CORNISH & CLARK (2016: 50).

67 KENNY (2019: 11).

68 En el sentido de HABERMAS (2005).

Si, en el ámbito *corporate*, la *choice* es *rational*, para conseguir denuncias, necesitaríamos que el futuro posible denunciante, como *homo oeconomicus*, perciba que los incentivos (en este caso, las sanciones a quien no denuncia) y la probabilidad de que los mismos se hagan efectivos (es decir, de que la sanción efectivamente se aplique) superen a los costes que ha de soportar, ponderados por la probabilidad de que éstos se materialicen[69].

A la hora de evaluar esos últimos[70], en el mundo *corporate*, la peculiaridad es el peligro para el *insider* de verse represaliado (despedido, penalizado, estigmatizado...) en su trabajo o incluso de que, por culpa de su alerta, la fuente de su sustento (y a lo mejor no solo el suyo) deje de existir o, de todas formas, peligre y/o se vea perjudicada[71]. De la misma manera, quien desee seguir desempeñándose en el mundo de los negocios, antes de tocar el silbato, deberá reflexionar sobre el impacto que tendrá su pasado como *whistleblower* en sus compañeros de trabajo toda vez que su rol futuro precise de *confianza*[72].

Si nos desplazamos al lado de la ecuación que concierne a los incentivos (negativos, es decir, la sanciones para quien no denuncia), tanto su entidad como su capacidad intimidatoria tienen límites evidentes:

(1) La cuantía de la sanción se ve inexorablemente limitada por el principio de proporcionalidad: por ejemplo, no parece aceptable castigar a quien no denuncia más que quien comete el ilícito no denunciado. Así que, de entrada, hay que descartar la posibilidad de

---

69 Más ampliamente, véase PATERNOSTER & SIMPSON (1996) cuyo modelo parece aquí sustancialmente aplicable.

70 Las hipótesis formuladas por CHANG, WILDING & CHUL SHIN (2017) resultan ser sugerentes ejemplos de posibles "costes" a tener en cuenta.

71 Pero, con mayor amplitud, véase, una vez más, PATERNOSTER & SIMPSON (1996) y ELLINSTON (1982:168) quien nos sitúa ante el "dilemma of the whistleblower" que se hallaría en el conflicto "in loyalty to one's employer (past or present) and to the public who has been or will (probably) be harmed" (*Ibidem*, 169).

72 Como dice SVENKERUD (2021: 10), el trabajador que toca el silbato se convierte en "a person you cannot trust, someone invisible, ready to backstab you in any moment". Y véase también ELLINSTON (1982: 169) quien llama la atención sobre la pregunta clave que tendrá que hacerse el *whistleblower*: "Should I go public before or after I change the job?". Y a la hora de contestar, señala el autor, también deberá tener presente la posibilidad de ser "blacklisted" (*Ibidem*, 172).

convencer a denunciar al partícipe en un hecho delictivo: la amenaza de sanción por no denunciarlo, por sí sola, nunca será motivo suficiente para hacerlo[73].

(2) Por lo que respecta a la probabilidad de aplicación de la sanción, habría que preguntarse hasta qué punto puede resultar realmente amenazante un sistema que, puesto que (es decir, *a la vez que*) no es capaz de detectar a los ilícitos, promete sancionar a quienes no los denuncian[74].

Así las cosas, el ordenamiento jurídico que toma consciencia de la importancia de contar con *denunciantes-desde-dentro,* sobre todo en el ámbito en el que más cortos parecen quedarse sus medios de detección y persecución de ilícitos (es decir, el espacio *white-collar* y *corporate,* tanto público como privado), termina asumiendo la insuficiencia de una aproximación basada (exclusivamente) en la obligación de denunciar y en la sanción a quien la incumple.

Y entonces se van abriendo camino ideas más pragmáticas y la mirada se dirige hacia ordenamientos jurídicos que tradicionalmente se han movido con mayor soltura en ese terreno "estratégico". Y, en efecto, al otro extremo se halla la idea del *law enforcement* como una especie competición que el Estado asume poder ganar solo si los incentivos que promete al *insider* superan los costes asociados a la denuncia, casi dando por sentada la inutilidad de cualquier discurso sobre la pretensión del derecho establecido a verse aplicado porque legítimo. La legalidad solo parece plausible si la aplicación de la norma conviene al individuo, que ahora interesa no en cuanto garante de la convivencia, sino pieza cuyos intereses se alinean, aunque sea solo por un momento, con el *law enforcement.* Dicho de otra manera, no un fin, sino un medio.

A mitad de camino, parecen colocarse la Directiva *Whistleblowing* y la ley que la transpone que, por un lado, abordan la cuestión del

---

73 GARRIDO JUNCAL (2019).

74 Pero nótese que también podría cuestionarse hasta qué punto la imagen de debilidad del sistema que admite necesitar denunciantes es funcional para fomentar la confianza de los futuros *whistleblowers* en la promesa de protección que el propio sistema les garantiza frente a los poderosos. En el trasfondo, naturalmente, el debate que suscita un sistema que, falto de recursos para perseguir a delincuentes, decide destinar recursos para perseguir (o proteger) a denunciantes.

fomento de las denuncias desde el punto de vista de la reducción de los costes para el *whistleblower* que, para conseguir protección, no precisa de buena fe sin solo de "*reasonable ground*"; pero, por otro, limitan la protección a la represalia y la clemencia a lo administrativo, y nada dicen respecto de incentivos económicos al denunciante ni sobre el principio de obligatoriedad de la acción penal. Cómo encaje ese nuevo enfoque con la aproximación a la denuncia del ordenamiento jurídico español anterior, lo veremos brevemente a continuación.

IV. DE LA TEORÍA A LA PRÁCTICA. LA SOLUCIÓN ESPAÑOLA: ¿*WHISTLEBLOWER*, DENUNCIANTE O INFORMANTE?

La idea es tan foránea... que la propia traducción del término resulta problemática. Así, donde el texto en inglés de la directiva habla de "*whistleblowers*", la versión oficial en español de la norma europea utiliza "denunciante"[75]. La Ley 2/2023 que la transpone prefiere hablar de "informante"[76]. Y no se trata de un problema solo lingüístico[77], sino que atañe directamente al meollo de la cuestión, es decir, ¿a quién se debe proteger? ¿Por qué? Y ¿cómo?

---

75 El art. 4 "Ámbito de aplicación personal" habla inequívocamente de "denunciantes" aunque, en el art. 2 ("Ámbito de aplicación material"), se habla de "personas que informen sobre (...) infracciones del Derecho de la Unión". Nótese que la traducción oficial al español de la Convención de las Naciones Unidas contra la Corrupción utiliza la palabra "denunciantes" para traducir el inglés "reporting persons".

76 El propio preámbulo de la ley reconoce expresamente que, mientras que "en la Directiva 2019/1937 (...) se emplea el término 'denunciantes', en esta ley se ha optado por la denominación 'informante'". Aunque la elección terminológica tiene seguramente una importancia limitada, quizás no sobre recordar que la función de la exposición de motivos o preámbulo de una ley no es resumir o parafrasear el texto de la norma, sino, entre otras cosas, explicar las razones y los fines que han guiado al legislador. Así las cosas, no hubiera sobrado que el legislador explicara *por qué* ha considerado más conveniente hablar de informantes.

77 En este sentido, se ha hecho justamente hincapié en que sustituir denunciante con alertador o informador implica perder por el camino la referencia a la ilicitud de lo informado [RAGUÉS I VALLÈS (2013)].

1. *Apuntes sobre la denuncia en la España pre-*whistleblowing*: referencias a la Ley de Enjuiciamiento Criminal y a la Ley Reguladora del Procedimiento Administrativo Común de las Administraciones Públicas*

1.1. El uso coloquial de la palabra

En el castellano pre-*whistleblowing*, la palabra "denuncia" es de uso frecuente. Interrogado el DRAE acerca del verbo "denunciar", visto que se trata aquí de "denuncias" de "infracciones", parece plausible restringir las posibles respuestas a:

(1) "Participar o declarar *oficialmente* el estado ilegal, irregular o inconveniente de algo";

(2) "Dar *a la autoridad judicial* o *administrativa* parte o noticia de una actuación ilícita o de un suceso irregular";

(3) Delatar, es decir, "revelar *a la autoridad un delito*, designando al autor para que sea castigado, y sin ser parte obligada del juicio el denunciador, sino por su voluntad" (cursivas mías).

Las tres alternativas son agnósticas en cuanto al autor, pero exigen que, para poderse llamar "denuncia", la comunicación de un comportamiento ilícito sea "oficial", es decir, se dirija a una "autoridad" y reúna determinadas características.

1.2. La opción del legislador: el objeto, el destinatario y las formalidades (relacionadas con el anonimato) de la denuncia. Breves apuntes

No muy distinto parece el entendimiento del término "denuncia" que se desprende de los artículos 259 y siguientes de la Ley de Enjuiciamiento Criminal[78] (en adelante LECrim), y del art. 62 de la Ley

---

[78] La Sala 2ª del Tribunal Supremo ha definido al denunciante como aquella persona que "cumpliendo la obligación (que para los perjudicados por el delito, es también derecho, especialmente si de delitos semipúblicos se trata) que impone a todos los que presenciasen la comisión de un delito el art. 259 (...), y en especial a los que por profesión u oficio tuvieran noticia de la existencia de un delito público (...) de participar a la autoridad judicial o policial más próxima la '*notitia criminis*', dando conocimiento de los hechos..." (STS 679/1993, de 16 de febrero).

39/2015, de 1 de octubre, del Procedimiento Administrativo Común de las Administraciones Públicas (en adelante LPACAP):

(1) ambas leyes se refieren a un acto que puede realizar *cualquier persona*;

(2) con carácter general, el objeto de la denuncia es cualquier comportamiento contrario a una norma. La LECrim alude evidentemente a *delitos públicos*, mientras que, según el entendimiento de la doctrina, en la LPACAP, se trata de un "hecho susceptible de ser constitutivo de infracción" administrativa[79], con independencia de la gravedad de la misma; y

(3) respecto del destinatario de la denuncia, la LECrim señala a funcionarios públicos o personas al servicio de la Administración que, en nombre de la colectividad, tienen asignada la función de perseguir el delito y/o de castigar al delincuente. De la misma manera, según la LPACAP, la denuncia se dirige a la Administración[80].

---

79 BAUZÁ MARTORELL (2015). A pesar de que el tenor literal de la norma es claramente más amplio, ya que se refiere a un cualquier "hecho que pudiera justificar la iniciación de oficio de un procedimiento administrativo". Parece curioso y digno de ser anotado el hecho de que la Ley 39/2015 se haya apartado de la terminología que empleaba el Real Decreto 1398/1993, de 4 de agosto, por el que se aprueba el Reglamento del Procedimiento para el Ejercicio de la Potestad sancionadora que, en su art. 11.1 d) que definía como "denuncia" al "acto por el que cualquier persona, en cumplimiento o no de una obligación legal, pone en conocimiento de un órgano administrativo la existencia de un determinado hecho que pudiera constituir infracción administrativa". No obstante, tanto la doctrina como el propio legislador parecen leer el art. 62.1 como si dijera lo mismo que el art. 11.1 d): de hecho, el propio preámbulo de la Ley 2/2023 dice textualmente: "Conviene destacar que la Ley 39/2015, de 1 de octubre, del Procedimiento Administrativo Común de las Administraciones Públicas (LPAC), aplicable con carácter básico a todos los procedimientos administrativos, establece que toda comunicación de hechos que puedan constituir una infracción ha de ser considerada como una denuncia (artículo 62.1 LPAC)". En sentido contrario, por muy peregrino que pueda parecer, podría observarse que el artículo 61.2 LPACAP considera por separado el supuesto en el que los hechos denunciados "pudieran constituir una infracción administrativa", por lo que, *a contrario*, podría entenderse que también es posible denunciar "hechos" que puedan no constituir una infracción administrativa.

80 De la misma manera, el art. 25.2 del Real Decreto 261/2008, de 22 de febrero, por el que se aprueba el Reglamento de Defensa de la Competencia aclara que la denuncia ha de dirigirse "a la Dirección de Competencia de la Comisión Nacional de los Mercados y de la Competencia" (en adelante, DCCNMC).

Finalmente, sin ánimo de entrar ahora en un debate demasiado amplio, también es conveniente recordar que, respecto de la identidad del denunciante:

(1) La LECrim dispone que la denuncia verbal o escrita (tanto presencial como telemática) debe estar firmada por el denunciante[81], insistiendo la norma acerca de la necesidad de que el medio utilizado permita identificar la persona (física y/o jurídica) que formula la denuncia[82].

(2) Según el artículo 62.2 LPACAP, "las denuncias deberán expresar la identidad de la persona o personas que las presentan"[83].

---

81 Modalidad introducida a través de la reciente modificación del art. 266 LECrim llevada a cabo por medio del art. 101.5 del Real Decreto-ley 6/2023, de 19 de diciembre, por el que se aprueban medidas urgentes para la ejecución del Plan de Recuperación, Transformación y Resiliencia en materia de servicio público de justicia, función pública, régimen local y mecenazgo (*BOE* n.º 303, de 20/12/2023). De acuerdo con el texto anterior, la denuncia debía "estar firmada por el denunciador". Por lo que respecta a la denuncia realizada verbalmente, de acuerdo con el artículo 267 LECrim, debe extenderse "acta por la autoridad o funcionario que la recibiere (...) firmándola ambos [tanto el funcionario como el autor de la denuncia] a continuación".

82 En verdad, tanto antes como después de la reforma de 2024, para la denuncia presencial, se deja abierta la posibilidad de que el firmante sea otra persona toda vez que el denunciante no pudiere firmar Empero, por si lo anterior dejara alguna duda respecto de la necesidad de identificación del denunciante, de acuerdo con lo dispuesto por el artículo 268, "El Juez, Tribunal, autoridad o funcionario que recibieren una denuncia verbal o escrita harán constar la cédula personal o por otros medios que reputen suficientes, la identidad de la persona del denunciador". Sobre el tratamiento de la denuncia anónima, puede ahora remitirse a FERNÁNDEZ AJENJO (2023: 297).

83 Por poner un ejemplo específico, el art. 25.2 del Reglamento de Defensa de la Competencia dispone que la denuncia incluye "nombre o razón social, domicilio, teléfono y número de fax del/de los denunciantes". También existen ejemplos en el ordenamiento jurídico español en los que se aceptan denuncias anónimas: véase, por ejemplo, el art. 26 bis de la Ley 10/2010, de 28 de abril, de prevención del blanqueo de capitales y de financiación del terrorismo. Sobre la cuestión, se remite a FERNÁNDEZ AJENJO (2023: 296 y ss. y 304) y a GARRIDO JUNCAL (2013: 143).

1.3. La obligatoriedad de la denuncia en la LECrim y sus consecuencias

Simplificando mucho, podríamos empezar por anotar que, en España, *de lege lata*, denunciar un delito[84] es un deber y no una facultad ni un favor que el ciudadano hace a las autoridades con las que, sopesados los incentivos y los costes, decide o no colaborar[85]:

(1) Dice el artículo 264 LECrim que quien "tuviere conocimiento de la perpetración de algún delito de los que deben perseguirse de oficio, *deberá* denunciarlo al Ministerio Fiscal, al Tribunal competente o al Juez de instrucción o municipal o funcionario de policía" (cursiva mía).

---

84 Por lo que respecta al ámbito más estrictamente administrativo, también existen supuestos en los que la denuncia de comportamientos no delictivos irregulares parece configurarse como una obligación. Sin ánimo de exhaustividad, el artículo 4 de la Ley Orgánica 4/2010, de 20 de mayo, del Régimen disciplinario del Cuerpo Nacional de Policía dispone que "los miembros del Cuerpo Nacional de Policía tendrán la obligación de comunicar por escrito a su superior jerárquico los hechos de los que tengan conocimiento que consideren constitutivos de faltas graves y muy graves, salvo cuando dicho superior sea el presunto infractor; en tal caso, la comunicación se efectuará al superior inmediato de este último". Lo propio hace también la Ley Orgánica 12/2007, de 22 de octubre, del régimen disciplinario de la Guardia Civil que, en su artículo 40, dispone que "todo componente de la Guardia Civil que observe hechos que pudieran constituir faltas imputables a miembros del mismo, superior o inferior empleo, deberá formular parte a la Autoridad o mando que tenga competencia para conocer de la presunta falta observada, informando seguidamente de ello a su superior inmediato, salvo que éste sea el presunto infractor".

85 Más allá de la LECrim y de la LPACAP, se ha notado que existe una tendencia a reforzar esta obligación en determinados ámbitos delictivos especialmente sensibles, siendo el caso de las recientes LO 8/2021, de 4 de junio, de protección integral a la infancia y la adolescencia frente a la violencia, y 10/2022, de 6 de septiembre, de garantía integral de la libertad sexual [VILLEGAS GARCÍA (2022)]. De la misma manera, entre los principales antecedentes de canales de denuncias, se han mencionado [ECHEVERRIA BERECIARTUA (2019)] el art. 79 (10) de la Ley 24/1988, de 28 de julio, del Mercado de Valores que introdujo en el año 1998, el Código Unificado de Buena Conducta, el 19 de mayo de 2006, por la Comisión Nacional de Mercado de Valores, la Ley Orgánica 3/2007, de 22 de marzo, para la igualdad efectiva de mujeres y hombres, cuyo art. 48.1, en referencia a los planes de igualdad que las empresas podían desarrollar, establece que "las empresas deberán promover condiciones de trabajo que eviten el acoso sexual y el acoso por razón de sexo y arbitrar procedimientos específicos para su prevención y para dar cauce a las denuncias o reclamaciones que puedan formular quienes hayan sido objeto del mismo".

(2) A tenor de lo dispuesto por el artículo 259 LECrim, quien "*presenciare* la perpetración de cualquier delito público" (cursiva mía), tiene la obligación de "ponerlo inmediatamente en conocimiento del Juez de instrucción, de paz, comarcal o municipal o funcionario fiscal más próximo al sitio en el que se hallare".

(3) De acuerdo con el artículo 262 LECrim, quien tuviere noticia de algún delito público "por razón de sus cargos, profesiones u oficios", está obligado "a denunciarlo inmediatamente al Ministerio fiscal, al Tribunal competente, al Juez de Instrucción y, en su defecto, al municipal o al funcionario de policía más próximo al sitio si se tratare de un delito flagrante".

Naturalmente, que haya un deber de denunciar es una cosa; que su incumplimiento se sancione y con qué intensidad, es otra[86]. Según algunos autores, eso tiene que ver con el propio fundamento de la obligación de denunciar en un Estado liberal[87], cuya exigencia varía según:

(1) El sujeto obligado. Un ciudadano de a pie parece hallarse en una posición distinta de la que ocupa un sujeto calificado por haber adquirido voluntariamente frente a la colectividad un deber de perseguir delitos[88].

(1) La forma en la que el sujeto conoce de la existencia de un delito. Y aquí parece que el "presenciar"[89] el acontecimiento convierte la obligación en más acuciante.

---

86 RAGUÉS I VALLÈS (2013).

87 SÁNCHEZ-OSTIZ GUTIÉRREZ (1996).

88 Véase SÁNCHEZ-OSTIZ GUTIÉRREZ (1996), quien afirma que "[d]e otro modo, se harían recaer sobre el particular cargas y exigencias a las que el Estado liberal hace tiempo que decidió sustraerle" (1066). Recuerda el autor que "La solidaridad intersubjetiva no llega a tener, en el actual modelo de Estado, el suficiente contenido para hacer exigible a todos la prestación de una conducta de denuncia de los delitos cometidos por otros sujetos. Lo cual lleva a no darle contenido penal estricto, sino mantenerla más allá del Derecho penal, en la Ley de enjuiciamiento criminal. Entra en el ámbito penal, en cambio, cuando se tutela y exige la prestación de conductas que derivan de una función pública que hace competente a un sujeto para actuar" (1069).

89 Y el verbo "presenciar" no parece tener hoy en día el mismo alcance que tenía en el año 1882.

Y ciertamente, esta forma de enfocar el problema explica, por lo menos en parte, la aproximación del legislador[90]. De hecho, la obligación genérica del artículo 264 LECrim no conlleva sanción alguna. De acuerdo con lo dispuesto en el artículo 259 LECrim, quien no denuncia un delito cuya perpetración *presencia* se expone a una multa "de 25 a 250 pesetas" (al cambio, ni 2 euros) de cuya aplicación no hay rastro en los repertorios jurisprudenciales.

El artículo 262 LECrim, por su parte, señala que la omisión del deber de denuncia de un delito de cuya perpetración se tiene noticia *por razón de cargo, profesión u oficio* ha de tener consecuencias desde el punto de vista disciplinario y que, en el caso de que quien hubiera omitido la denuncia "fuere empleado público", su omisión "se pondrá en conocimiento de su superior inmediato para los efectos a que hubiere lugar en el orden administrativo". Cuestión distinta es que el ordenamiento administrativo haya establecido con claridad y con carácter general qué consecuencias disciplinarias tiene la omisión de denunciar un delito (i. e. si faltar a ese deber representa una falta leve, grave o muy grave)[91]. De la misma manera, respecto de la probabilidad de sanción, la sensación (refrendada por los escasos datos que he podido recopilar[92]) es que los casos en los que se ha hecho efectiva la

---

90 Ciertamente, por lo menos *de lege ferenda*, habría también que tener presente la idea de la obligación de denunciar como deber cívico de colaboración con la Administración de Justicia.

91 Anota GARRIDO JUNCAL (2019: 133) que "ni la normativa disciplinaria de empleo público contiene referencia específica al empleado público como denunciante".

92 Preguntada al respecto, la Junta de Andalucía, por medio de resolución de la Directora General de Recursos Humanos y Función Pública de 26 de octubre de 2023, me ha informado de que "consultado [¡*sic*!] los datos obrantes en el Registro General de Personal no consta la inscripción relativa a que se haya impuesto en los últimos quince años a ninguna persona empleada pública de la Administración de la Junta de Andalucía una sanción disciplinaria por la falta consistente en el incumplimiento de la obligación de denunciar la comisión de un delito público establecida en el artículo 262 de la Ley de Enjuiciamiento Criminal". Se ha consultado también a la Administración General del Estado (Ministerio competente en materia de función pública), al Ministerio del Interior (respecto de la Guardia Civil y la Policía Nacional) y la Comunidad Valenciana. A fecha de hoy, solo la Junta de Andalucía y el Ministerio de Interior (respecto de la Guardia Civil) han contestado a la petición por escrito.

amenaza disciplinaria, si no son cero, poco falta. Queda por dilucidar si eso es así por falta de medios, de voluntad[93] o de ambos.

Sea como fuere, anotada la general inanidad de la amenaza de sanción administrativa y disciplinaria, en España, existen supuestos en los que la efectividad de la obligación de denunciar se garantiza utilizando el Derecho penal. Sin embargo, como es de esperar, se trata de unos casos muy concretos[94], normalmente marcados por la pertenencia del obligado a un determinado "cuerpo social" en virtud de la cual adquiere una competencia "en la reestabilización jurídica de la situación"[95] y/o por la gravedad del delito no denunciado.

Así, el artículo 407 CP solo se ocupa de la autoridad o funcionario público que abandona[96] su puesto de trabajo[97] con el propósito de impedir o no perseguir delitos o no ejecutar las penas correspondientes.

El artículo 408 CP sanciona a los funcionarios públicos que no promueven la persecución de delitos habiendo tenido noticias de su perpetración o de sus responsables, *faltando a la obligación* de su cargo. Y ciertamente, el artículo 262 LECrim configura una obliga-

---

93 Desde luego apunta en esta dirección el hecho de que, por Resolución del 3 de noviembre de 2023 del General de División Jefe del Gabinete Técnico, el Ministerio del Interior me ha informado de que no es posible extraer del sistema informático de la Guardia Civil un registro de los expedientes disciplinarios incoados por la omisión de denuncia de actuaciones delictivas (ex art. 262 LECrim) o de faltas imputables a un miembro del Cuerpo (art. 40 de la Ley 12/2007, de 22 de octubre, del régimen disciplinario de la Guardia Civil).

94 En doctrina, se ha observado, (SÁNCHEZ-OSTIZ GUTIÉRREZ, 1996, 1062 y 1065-1066) que, para la población en general, no existe un "deber penal de actuar en un preciso sentido en favor de la Administración tras la comisión de un delito llevado a cabo por otro: y, aunque exista un deber constitucional (art. 118) de colaborar en el curso del proceso, este lo es cuando se requiere". Naturalmente, *de lege lata*, la afirmación puede compartirse solo si se plantea como conclusión, es decir, tras el examen de las disposiciones penales que, *prima facie*, pueden guardar relación con la sanción penal de la omisión del deber de denunciar consagrado en los artículos 259 y ss. LECrim. Cuestión distinta es que, de *lege ferenda*, una eventual sanción penal de la omisión de denuncia parezca o no deseable.

95 SÁNCHEZ-OSTIZ GUTIÉRREZ (1996: 1062 y 1065).

96 El abandono puede ser expreso ("dimisión" que, debiendo ser aceptada, no lo ha sido) o tácito (inasistencia). Véase QUERALT JIMÉNEZ (2015).

97 Véase QUERALT JIMÉNEZ (2015), CARDENAL MONTRAVETA & ROGÉ SOUCH (2023).

ción de denuncia para todos los empleados[98] públicos, de tal manera que, *prima facie*, podría parecer que el comportamiento de quien la quebrantara dolosamente sea subsumible en el tipo penal abstracto[99]. Empero, tanto la doctrina mayoritaria[100] como la jurisprudencia han considerado que "el delito no consiste en rigor en no dar noticia (...) sino en dejar de perseguir el delito", es decir, "omitir la investigación necesaria o, realizada ésta, impedir que se extraigan las consecuencias procedentes"[101] de tal manera que solo pueden cometerlo aquellos funcionarios que tienen una obligación no ya de denunciar, sino de *perseguir*. La conclusión parece ser que la obligación de denunciar es exigible penalmente solo si implica omisión de perseguir y, por lo tanto, solo a algunos de los sujetos que la LECrim configura como receptores de la denuncia. No, desde luego, a todos los empleados públicos.

Todavía más limitado el alcance del artículo 450.2 que tipifica el hecho de quien, teniendo noticia de su próxima o actual comisión, pudiendo hacerlo, no acude a la autoridad o a sus agentes para que impidan un delito que afecte a las personas en su vida, integridad o salud, libertad y libertad sexual. Se trata aquí no tanto de denunciar un determinado tipo de delitos, sino de "impedir" su comisión, lo que, según algunos, justifica la sanción penal del que no cumple[102].

Para opciones de más amplio respiro, aparte del encubrimiento, quedaría la prevaricación del artículo 404 CP que sanciona al funcionario público que, a sabiendas de su injusticia, dicta una resolución arbitraria en asunto administrativo. Y, siguiendo a algunas recientes tendencias interpretativas, podría decirse que el funcionario que arbitrariamente (de forma manifiesta y grosera) incumple el derecho vigente (que, por supuesto, incluye a la LECrim), comete un delito de prevaricación. Naturalmente, el escollo estriba en equiparar "dictar una resolución" con no actuar en cumplimiento de una obligación legal (procedente del art. 262 LECrim). Y lo cierto es que, aunque la jurisprudencia parezca opinar de forma distinta[103], de acuerdo con la interpretación preferible, no se puede *dictar una resolución* sin hacer algo[104]. En suma, para po-

---

102 RAGUÉS I VALLÈS (2013).

103 Se cita comúnmente el Acuerdo del Pleno no jurisdiccional del Tribunal Supremo de 30 de junio de 1997.

104 Por lo menos, fuera de los casos de silencio positivo. Véase CASAS HERVILLA (2020).

der decir que el funcionario que no denuncia un delito público comete prevaricación, habría que argumentar que "no denunciar un delito a la autoridad competente" puede subsumirse en "dictar *una resolución en asunto administrativo*" lo que francamente no parece sencillo[105].

1.4. La obligatoriedad de la denuncia en la persona jurídica

Que las personas jurídicas de Derecho privado tengan un canal interno que permita la comunicación de posibles infracciones, no es cuestión desconocida en la España pre-Directiva *Whistleblowing*[106].

En su apartado 5, el artículo 31 bis del Código penal describe los requisitos de los "modelos de organización y gestión" que pueden eximir de responsabilidad penal a la persona jurídica. Entre ellos, no está el establecimiento de un canal de denuncias, pero sí "la *obligación* de informar de posibles riesgos e incumplimiento al organismo encargado de vigilar el funcionamiento y observancia del modelo de gestión" (cursiva mía). Además, el modelo tiene que incluir "un sistema disciplinario que sancione adecuadamente" las infracciones del mismo, incluido el incumplimiento de la obligación de "informar".

Guste más o menos, el sistema parece encajar bien con el dibujado por la LECrim (recuérdese, en particular, el artículo 262): si quieren beneficiarse de la posible eximente o atenuante penal, las entidades españolas deben "implantar un sistema de denuncia obligatoria, al menos de infracciones de carácter penal"[107], con sanciones para quien no denuncia.

V. LA "DENUNCIA" EN LA DIRECTIVA *WHISTLEBLOWING* Y EN LA LEY 2/2023

La Directiva *Whistleblowing* adopta un planteamiento claramente distinto. El denunciante que tiene derecho a ser protegido es aquí una

105 ORTS BERENGUER (2022); MORILLAS CUEVA (2016); HAVA GARCÍA (2013). En la jurisprudencia, véase la STS 371/2016, de 3 de mayo, en particular el FJ III.

106 LASCURAÍN (2020) y ECHEVERRIA BERECIARTUA (2019).

107 BACHMAIER WINTER (2019) y VILLEGAS GARCÍA (2022).

persona física que decide comunicar o revelar públicamente información sobre "infracciones"[108], siempre que la misma haya sido obtenida en un "contexto laboral"[109]. O, lo que es lo mismo, simplificando un poco, solo merecen incentivos y protección aquellas personas físicas que *(a)* trabajan o han trabajado en el sector público o privado; *(b)* han "obtenido información sobre infracciones en un contexto laboral"[110]; *(c)* "informan" no sobre cualquier comportamiento contrario a una norma sino solo sobre los que constituyen infracciones en determinados ámbitos del Derecho de la Unión[111] o que afectan "a los intereses financieros de la Unión" o al "mercado interior".

La Ley 2/2023, va desordenadamente un poco más allá:

(1) Aparte de un copia-pega del texto de la Directiva (art. 2.1 a), 1.º, 2.º y 3.º)[112], el artículo 2 añade que al legislador español le inte-

---

108 Lo que, a tenor del art. 5.1. 1) ii), incluye aquellas acciones que, sin ser ilícitas, "desvirtúen el objeto o la finalidad de las normas...".

109 Lo que, a tenor del art. 5 9), abarca "las actividades de trabajo presentes o pasadas en el sector público o privado a través de las cuales, con independencia de la naturaleza de dichas actividades, las personas pueden obtener información sobre infracciones y en el que estas personas podrían sufrir represalias si comunicasen dicha información". Reténgase que la Directiva también otorga protección a facilitadores, terceros relacionados con el denunciante y entidades propiedad del denunciante, para las que trabaje o con las que mantenga cualquier otro tipo de relación en un contexto laboral.

110 Ciertamente, también se añaden los "accionistas" y "personas pertenecientes al órgano de administración, dirección o supervisión de una empresa, incluidos los miembros no ejecutivos" (art. 4.1. c), así como los voluntarios, becarios y los trabajadores en prácticas que perciben o no una remuneración (art. 4.2) así como a "cualquier persona que trabaje bajo la supervisión y la dirección de contratistas, subcontratistas y proveedores" (4.1. d).

111 El art. 2 de la Directiva menciona explícitamente la "contratación pública", los "servicios, productos y mercados financieros, y prevención del blanqueo de capitales y la financiación del terrorismo", la "seguridad de los productos y conformidad", la "seguridad del transporte", la "protección del medio ambiente", la "protección frente a las radiaciones y seguridad nuclear", la "seguridad de los alimentos y los piensos, sanidad animal y bienestar de los animales", la "salud pública", la "protección de los consumidores", la "protección de la privacidad y de los datos personales, y seguridad de las redes y los sistemas de información".

112 El copia-pega se sugirió a los Estados miembros a lo largo de la primera reunión de la CED que se celebró en el mes de febrero de 2020 (acta accesible en este momento, en la url *https://ec.europa.eu/transparency/expert-groups-register/core/api/front/document/40950/download*).

resan las denuncias relacionadas con todas las "acciones u omisiones que puedan ser constitutivas de infracción penal o administrativa[113]", es decir, no solo las relacionadas con el Derecho de la UE, con los intereses financieros de la UE o con el mercado interior[114]. Ahora, mientras que los delitos interesan todos (incluyendo sorpresivamente a los semipúblicos, semiprivados y privados), las infracciones administrativas que, si se informa sobre ellas, dan acceso a los incentivos contenidos en la ley son *(a)* todas (incluidas las leves) cuando se trata de Derecho UE, intereses financieros de la UE o mercado interior; *(b)*

---

113 Recuérdese que el art. 5 de la Directiva *Whistleblowing* requiere que los Estados Miembros extiendan la protección a quienes denuncien acciones u omisiones que, sin ser ilícitas, "desvirtúen el objeto o la finalidad de las normas establecidas en los actos y ámbitos de actuación de la UE". Como aclara la CED en su primera reunión de 2020, la palabra "infracción" ha de entenderse comprensiva de "actos ilegales y de prácticas abusivas".

114 DE LA PUEBLA PINILLA (2023).

fuera de esos ámbitos (y de algunos otros[115]), solo las infracciones graves o muy graves[116], con la consiguiente complejidad resultante[117].

---

115 Otro ámbito excluido de la aplicación de la norma es el que concierne a la Defensa de la Competencia en el que rige una disciplina *ad hoc*. Así, en virtud de la disposición final tercera de la Ley 2/2023, la información que una persona física (curiosamente no una persona jurídica) remita al canal externo de comunicaciones de la Dirección de Competencia que verse "sobre cualesquiera acciones u omisiones que puedan constituir infracciones de" la LDC (lo que sorprendentemente incluye también a las leves) no tiene la consideración de "denuncia" para efectos de la propia ley y, por lo tanto, no sirve para acceder al programa de clemencia regulado por los artículos 65 y 66 LDC aunque sí es suficiente para acceder a las medidas de apoyo y protección previstas en la Ley 2/2023 que (art. 40) incluye un programa propio de clemencia. Sin embargo, el tenor literal del artículo. 40.4 de la Ley 2/2023 excluye que el informante anónimo de infracciones contra la competencia pueda beneficiarse del programa de clemencia genérico de la Ley 2/2023. Así las cosas, puesto que lo dispuesto por el art. 40 de la Ley 2/2023 debe entenderse como parte del diseño incentivador de denuncias, puede retenerse que hay por lo menos un ámbito del ordenamiento jurídico español en cuyo marco, para acceder al paquete de incentivos completo, el informante debe convertirse en denunciante, con todo lo que ello implica, sobre todo en términos de renuncia al anonimato y del destinatario de su queja.

116 Pleonástica parece la aclaración posterior, de acuerdo con la cual, "en todo caso", deben considerarse infracciones penales o administrativas graves o muy graves aquellas "infracciones penales o administrativas graves o muy graves [¡sic!] que impliquen un quebranto [sic!] económico para la Hacienda Pública y [¡sic!] para la Seguridad Social". Sustancialmente de acuerdo, FERNÁNDEZ RAMOS (2023).

117 Por poner un ejemplo, cabría preguntarse si encontrará amparo quien informe a la Administración acerca de "la entrega de residuos domésticos o comerciales no peligrosos contraviniendo lo establecido en las ordenanzas de las entidades locales". A tenor de lo dispuesto por el artículo 108.4 de la Ley 7/2022, de 8 de abril, de residuos y suelos contaminados para una economía circular, se trata de una infracción de carácter leve, lo que, de acuerdo con el art. 2.1. b) de la Ley 2/2023, excluiría que informar sobre la misma dé acceso a los canales internos y/o externos y, sobre todo, a las medidas de protección y/o clemencia. No obstante, la Directiva 2008/98/CE sobre los residuos aparece expresamente citada en el anexo de la Directiva *whistleblowing*, lo que sugiere que se trata de un sector del Derecho UE en cuyo marco el legislador nacional protector de *whistleblowers* no puede distinguir entre infracciones leves, graves o muy graves. Otra posibilidad, en el ejemplo propuesto, sería identificar la normativa local vulnerada en el caso concreto y distinguir según se entienda que la misma se ha dictado para transponer la Directiva 2008/98/CE (y sucesivas modificaciones) o no. Empero no hay quien no vea lo laboriosa que resulta la propia acotación del ámbito de aplicación de la protección del denunciante y como eso colisiona con la intención

(2) El artículo 3, por su parte, señala que la norma se aplicará a los "informantes que trabajen (...) y que hayan obtenido información sobre infracciones en un contexto laboral o profesional" y que las medidas de protección se aplicarán no solo a todo un abanico de personas físicas relacionadas con el informante, sino también a las personas jurídicas que mantengan con él cualquier tipo de relación "en un contexto laboral o en las que ostente una participación significativa".

A la hora de acotar los posibles destinatarios de la denuncia, como hemos visto, el ordenamiento español pre-*whistleblowing* (LECrim y LPACAP) asume que la misma es tal si se dirige a la autoridad competente para su investigación y/o persecución. En cambio[118], la Ley 2/2023 incentiva y protege solo[119] a quien se dirige *(a)* a la propia entidad en la que trabaja el denunciante o el denunciado (canales internos); y *(b)* a una autoridad pública "independiente" que no tiene

declarada de generar un clima de seguridad y confianza especialmente proclive a los "informantes". Sobre las dificultades que entraña la delimitación del ámbito material de aplicación de la Ley 2/2023, véase FERNÁNDEZ RAMOS (2023) quien habla de una "innegable complejidad" que "podría reducir la seguridad jurídica de los denunciantes potenciales y, en consecuencia, disuadirles de informar sobre infracciones...". Y véase también BACHMAIER WINTER (2019).

118 Véase por ejemplo DE LA PUEBLA PINILLA (2023).

119 Se han ocupado de la cuestión el Tribunal Superior de Justicia de Valencia (STSJ Valencia, 574/2021,) primero, y el Tribunal Supremo (STS 1065/2023) después. Y han concluido que ningún precepto de la Directiva *whistleblowing* obliga al Reino de España a entender que una autoridad independiente competente para proteger a "informantes" ha de tener algún tipo de potestad para proteger también a quien (cumpliendo con la LECrim vigente), "denuncia" un delito público a la autoridad competente para perseguirlo. Y tampoco, me parece, hay nada que sugiera lo contrario en la Ley 2/2023, de tal manera que, según parece, el legislador solo protege a quien no denuncia un delito como, según la LECrim, todo ciudadano debería hacer. Claro que habría que tener en cuenta el "considerando" 62 de la Directiva *Whistleblowing* que dice explícitamente que "La presente Directiva también debe conceder protección en los casos en que el Derecho de la Unión o nacional exija a los denunciantes que se dirijan a las autoridades nacionales competentes, por ejemplo, en el marco de sus deberes y responsabilidades laborales o porque la infracción constituye un delito". Así las cosas, teniendo presente el silencio del legislador, por un lado, y el criterio del Tribunal Supremo, por otro, podría sugerirse que la protección a acordarse al denunciante sea, como mínimo, la establecida por la directiva y garantizada por la propia autoridad judicial.

como cometido sancionar al infractor denunciado[120], sino que, aparte de proteger al denunciante, sustancialmente se limita a transmitir al órgano competente para la investigación y, en su caso, sanción de los infractores, toda denuncia verosímil (arts. 18. d), 19 y 20 de la Ley 2/2023 y art. 4 del Real Decreto 1101/2024, de 29 de octubre, por el que se aprueba el Estatuto de la Autoridad Independiente de Protección del Informante, A.A.I.[121]. En determinados supuestos[122], al público en general[123].

Por último, frente a la necesidad de que, de acuerdo con la LECrim (y la LPAPAC), quien denuncia a la autoridad competente tenga que identificarse, entre los incentivos más evidentes previstos por la directiva y la Ley 2/2023, se halla la posibilidad de que el "informante" sea protegido, en primer lugar, garantizando el tratamiento confidencial de su identidad. De la misma manera, con la clara finalidad de aumentar la cantidad de alertas, el legislador español ha optado por la posibilidad de que las mismas den acceso a la protección, aunque sean

---

120 FERNÁNDEZ AJENJO (2023).

121 La Directiva *Whistleblowing* deja a los Estados miembros elegir si las autoridades que reciben las denuncias han de tener competencia para "ocuparse de las infracciones denunciadas, a través de la apertura de una investigación interna, de una investigación, del enjuiciamiento, de una acción de recuperación fondos u otras medidas correctoras adecuadas" o si "dichas autoridades deben tener las competencias necesarias para remitir la denuncia a otra autoridad que deba investigar la infracción denunciada, y garantizar que haya un seguimiento adecuado por parte de dicha autoridad". España parece haber elegido esta segunda opción, aunque es lícito avanzar más de una duda acerca de cómo podrá la Autoridad Independiente de Protección del Informante "garantizar" que, por ejemplo, el Ministerio Fiscal dé "un seguimiento adecuado" a la denuncia remitida.

122 1. Antes haya utilizado uno de los canales anteriores o 2. "Tenga motivos razonables para pensar que, o bien la infracción puede constituir un peligro inminente o manifiesto para el interés público (...) o exista un riesgo de daños irreversibles (...) o bien, en caso de comunicación a través de canal externo de información, exista riesgo de represalias o 3. Haya pocas probabilidades de que se dé un tratamiento efectivo a la información debido a las circunstancias particulares del caso, tales como la ocultación o destrucción de pruebas o 4. que esté implicada en la infracción".

123 Por ejemplo, a través de "plataformas web o de redes sociales, o a medios de comunicación, cargos electos, organizaciones de la sociedad civil, sindicatos u organizaciones profesionales y empresariales" (así, literalmente, el "considerando" 45 de la Directiva *whistleblowing*).

anónimas, es decir, incluso a costa de la posibilidad de identificar a eventuales calumniadores[124].

VI. LA CONVIVENCIA DE DOS MODELOS: APORÍAS E INCONGRUENCIAS

1. *Resumiendo las diferencias*

	LECrim /LPACAP	**Ley 2/2023**
¿Quién es el denunciante?	Cualquier persona que denuncia	El trabajador[125]
¿Qué puede ser objeto de una denuncia?	Cualquier delito público/ cualquier infracción administrativa	1. delitos o infracciones administrativas graves o muy graves que se hayan conocido en un contexto laboral o profesional[126] 4. Infracciones del Derecho de la UE, que atañen a los intereses financieros UE o al mercado interior.
¿Puede la denuncia ser anónima o confidencial?	No	Sí
¿Cómo se fomenta la denuncia?	En la LECrim, con incentivos negativos (sanciones). En la LPACAP con incentivos positivos pero solo en el caso del programa de clemencia.	Con incentivos positivos (protección, facilidad de denuncia, anonimato, confidencialidad…) y también programa de clemencia.

El paso desde el denunciante al informante no parece solo una cuestión lingüística. Detrás parece hallarse una diversa aproximación a la denuncia, información, alerta. Mientras que, tradicionalmente, el ordenamiento jurídico español parece haber optado por una perspectiva "moral" (i.e. *todos deben* denunciar aquellos hechos que perjudican a la convivencia en sociedad y la denuncia se *debe* dirigir a

125 Que, como hemos visto, no solo se entiende de forma amplia.
126 También en sentido amplio.

alguien tercero e imparcial quien, a su vez, *deberá* actuar estando legitimado para ello), la Directiva *Whistleblowing* y la Ley 2/2023 se centran, podríamos decir, en aquel contexto *corporate* en el que priman esquemas más pragmáticos. Ahí la obligación "moral" de denunciar parece dejar paso a una denuncia no necesariamente obligada sino incentivada por "canales internos y externos", "confidencialidad" o "anonimato", "protección" y lenidad (clemencia). Dejada en un segundo plano la obligación moral de denunciar, se abre la puerta al *whistleblower* que, (solo) en tanto no obligado moralmente, puede convertirse en el héroe que encarna a David contra Goliat[127].

Y eso que proteger al denunciante no sería cosa incompatible con el enfoque deontológico *pre-whistleblowing* que pivota sobre la obligatoriedad de la denuncia: a fin de cuentas, el informante también se mueve por motivos éticos[128]. Y tanto es así que el preámbulo de la Ley 2/2023 se esfuerza en argumentar que los incentivos no contradicen, sino que completan el modelo basado en la obligación de denunciar[129].

---

127 BOUVILLE (2008).

128 CEVA & BOCCHIOLA (2019).

129 "El deber de comunicar conductas ilícitas de las que tenga conocimiento", dice el legislador, *se complementa* con "un sistema que permita canalizar las informaciones" y con la garantía de anonimato. Quienes redactaron la Ley 2/2023 hicieron constar en el preámbulo que "Solo habrá una adecuada protección del denominado '*whistleblower*' si, en primer lugar, existe no solo el deber de comunicar conductas ilícitas de las que tenga conocimiento, sino además un sistema que permita canalizar las informaciones, lo que implica la implementación, por parte de las entidades públicas y privadas, de canales que permitan al que entra en contacto con la organización revelar la información de que dispone y que pueda constituir un ilícito susceptible de afectar al interés general. Ese canal interno de información al que hemos hecho referencia en párrafos anteriores debe garantizar, si queremos que salgan a la luz los comportamientos reprobables, la confidencialidad del informante, en todo caso, siendo aconsejable prever, además, el anonimato del mismo. No hay mejor forma de proteger al que informa que garantizando su anonimato". Y de hecho, el "considerando" 62 de la Directiva aclara explícitamente que el ámbito de aplicación de la misma debe extenderse a "los casos en que el Derecho de la Unión o nacional exija a los denunciantes que se dirijan a las autoridades nacionales competentes, por ejemplo, en el marco de sus deberes y responsabilidades laborales o porque la infracción constituye un delito".

Empero, a mi modo de ver, las elecciones concretas del legislador post-whistleblowing son difíciles de conciliar con el enfoque universal de su predecesor cuya atención no se fijaba tanto en la persona del denunciante sino en el tipo de hecho que merecía ser denunciado.

2. *Los denunciantes que no interesan al nuevo modelo*

Si la clave para vencer finalmente a la ilegalidad está en los canales de denuncia, en el anonimato/confidencialidad y en la protección que se dispensa a los informantes... ¿Por qué todo eso no se ofrece a cualquier persona que decide informar acerca de cualquier tipo de infracción perseguible de oficio?[130]

Dejemos a un lado errores probablemente técnicos[131] y centrémonos en la elección del legislador (tanto español como europeo) que ha cons-

---

130 *Mutatis mutandis*, la objeción es compartida también por FERNÁNDEZ AJENJO (2023). Véanse también GARRIDO JUNCAL (2019) y BACHMAIER WINTER (2019).

131 Piénsese en la falta de mención de los perceptores de subvenciones al lado de los "contratistas, subcontratistas y proveedores" así como en la aparente ausencia de protección para *aspirantes* contratistas (o aspirantes beneficiarios de subvenciones). De acuerdo con lo dispuesto por el art. 3.1. d), la Ley 2/2023 se aplica a "cualquier persona que trabaje para o bajo la supervisión y la dirección de contratistas, subcontratistas o proveedores". Luego parecen deberse excluir las personas que trabajen para o bajo la supervisión y la dirección del beneficiario de subvenciones; de otra opinión parece FERNÁNDEZ AJENJO (2023: 63). Así las cosas, el empleado de la entidad adjudicataria del contrato podrá utilizar el canal interno de la Administración para señalar irregularidades detectadas en la ejecución del contrato mismo, pero parece que no podrá hacerlo ni el trabajador de la entidad beneficiaria de una subvención ni el trabajador de un aspirante contratista (o beneficiario de subvención) que, por ejemplo, sabe que el motivo por el que se ha visto preterido en la licitación es el soborno abonado por otro pujante. De la misma manera, puede pensarse en el inexplicable hecho de que la Ley 2/2023 no distinga y, por lo tanto, otorgue protección a la persona que informa acerca de delitos públicos, semipúblicos, semiprivados y privados... con independencia de que los mismos puedan llegar a perseguirse. O también en el "olvido" del legislador que, a lo largo de la tramitación legislativa, ha modificado el texto inicial y ha finalmente dejado sin posibilidad de acudir a canal de denuncia externo alguno a los ciudadanos de aquellas Comunidades Autónomas cuyos gobiernos no hayan suscrito el relativo convenio con la Autoridad Independiente nacional y que no cuenten con una autoridad autonómica. Véase FERNÁNDEZ AJENJO (2023: 247-248) y JIMÉNEZ ASENSIO (2023).

cientemente limitado el ámbito de aplicación de la norma. Como hemos visto, que la infracción o el delito se haya conocido en un "contexto laboral" es *conditio sine qua non* para que se activen los incentivos al "trabajador" que informa. ¿Y si quien conoce una infracción delictiva es una persona que no trabaja? ¿No necesita acaso protección? Y ¿no le vendría bien a él/ella también la posibilidad de informar de forma anónima o confidencial? Y, sobre todo en determinados ámbitos (como la lucha contra la corrupción), su denuncia ¿no es acaso igualmente valiosa?

La Directiva ("considerando" 36) trata de explicar la restricción de su ámbito de aplicación de esta manera: "Las personas necesitan protección jurídica específica cuando obtienen la información que comunican con motivo de sus actividades laborales y, por tanto, corren el riesgo de represalias laborales, por ejemplo, por incumplir la obligación de confidencialidad o de lealtad. La razón subyacente para prestarles protección es su *posición de vulnerabilidad económica* frente a la persona de la que dependen de facto a efectos laborales. Cuando no existe tal desequilibrio de poder relacionado con el trabajo, por ejemplo, en el caso de demandantes ordinarios o testigos, no es necesaria la protección frente a represalias (cursiva mía)".

Ahora, que la relación laboral de subordinación genere ciertos desincentivos a denunciar puede ser cierto. Y eso naturalmente justifica que, en ese marco, haya mecanismos específicos que los compensen[132].

Pero la directiva y la ley que la transpone no se aplican solo a situaciones en las que existe "una posición de vulnerabilidad económica frente a la persona de la que" el denunciante depende a nivel laboral: piénsese en el supuesto de los "accionista y personas pertenecientes al órgano de administración, dirección o supervisión de una empresa" o, aunque pueda ser discutible, en el caso en el que la relación laboral está ya finalizada. Y, en este mismo sentido, no me parece claro que la Ley 2/2023 (art. 3.4, letra c) excluya de su espectro de aplicación al llamado *"reverse whistleblowing"*[133] en cuyo ámbito es la propia persona jurídica que (por ejemplo, a través de su CEO) "informa" acerca de las infracciones de directivos o incluso subordinados, a cambio, por ejemplo, del acceso a programas de clemencia.

---

132 GARCÍA MORENO (2020).

133 LAUFER (2006).

Lo que no se comprende entonces es por qué se da por descontado que quien decide denunciar la comisión de un delito del que ha tenido noticia *fuera* del ámbito laboral no puede hallarse en una situación de vulnerabilidad frente a eventuales represalias y merecer igual o más protección del trabajador público o privado que informa de infracciones acontecidas en el marco de la empresa o administración en la que trabaja. Veamos un par de ejemplos relacionados con la lucha contra la corrupción.

EJEMPLO 1. El Señor A se encuentra sin trabajo y decide solicitar una subvención a la Administración. En el proceso de trámite, presencia la entrega a un funcionario público de un soborno dirigido a alterar el procedimiento administrativo inherente a la ayuda que él mismo necesita para su sustento. A tenor de lo dispuesto por la Ley 2/2023, el Señor A ni tendrá acceso a canales de denuncia (ni externos ni por supuesto internos a la Administración) ni a informar de forma confidencial o anónima ni a inversión alguna de la carga de la prueba. Si decide cumplir con el deber que le impone el artículo 259 LECrim y evitar así la (improbable) multa de 25 pesetas, se expondrá a las posibles represalias de la Administración que, por ejemplo, será especialmente precisa a la hora de comprobar el cumplimiento de los requisitos formales de sus solicitudes de subvención, no solo pasadas sino también futuras.

EJEMPLO 2. Un profesor plantea a un alumno aprobar a cambio de dinero. Si quien denuncia el hecho es el alumno mismo o un compañero del alumno o incluso el padre del alumno, la Ley 2/2023 no se aplicará[134]. Si, en cambio, el denunciante fuera otro docente, habrá canal interno, canal externo, denuncia anónima y protección. Así que lo de proteger a la parte más débil...

3. *Protección del denunciante y lucha contra la corrupción*

El lector ya habrá reparado en que los dos casos del apartado anterior no han merecido la atención del legislador que, más que en

[134] Fuera de los casos de "violencia, discriminación, o acoso", parece dudoso que la Ley 3/2022 de 24 de febrero, de convivencia universitaria, haya de encontrar aplicación. Además, nótese que el artículo 4.4, letra c) solo habla de confidencialidad de la denuncia y no de anonimato.

luchar contra la corrupción, parece haberse dedicado a la traducción al español del *whistleblowing*. Y, de hecho, si se pretendía enfocar la cuestión de la protección del denunciante desde el punto de vista de su eficacia en la lucha contra la corrupción, quizás habrían podido tenerse en cuenta un par de cosas más.

Antes de apuntarlas brevemente, sin ánimo de meternos ahora en debates definitorios, aclaremos que, cuando hablamos de corrupción, hacemos referencia a un comportamiento *delictivo* que identificamos con el soborno[135]. Y no hace falta insistir en la centralidad del *secreto* como elemento que caracteriza a la vicisitud[136]: lo normal es que conozca de la existencia del soborno solo quien participa, de alguna manera, de su práctica[137].

Ahora, en el marco comparado[138], el Código penal español se distingue por adoptar una postura especialmente amplia frente al castigo del soborno: el espectro de comportamientos abstractamente subsumibles en el delito de cohecho se ha ido expandiendo y el Código penal ha ido fagocitando toda zona gris. Reforma tras reforma, la pena se aplica a cada vez más interacciones público-privadas y con cada vez mayor contundencia. No solo se castiga de forma ejemplar a quien recibe el soborno y a quien lo abona, a quien lo acepta y a quien lo promete, sino también a quien tan solo lo plantea y, recientemente, según parece (art. 445 CP), a quien plantea plantearlo, directa o indirectamente. No hace falta que se soborne a cambio de algo o para recompensar algo, sino que es suficiente ofrecer algo a un funcionario público en consideración a su función y es delito también el intento de traficar con influencias. Además de extremadamente extensa, la red penal antisoborno tendida en España tiene mallas muy estrechas que atrapan a cualquier intermediario o aspirante a traficante de influencias o corrupto.

Ahora, el legislador que procede de esa manera (que, por lo menos *on the books*, apunta hacia la *zero tolerance* penal), ha de saber que está mandando un mensaje claro a quienes se plantean destapar el

---

135 CERINA (2020a).

136 Entre muchos véase SANDHOLTZ & GRAY (2003); y BROOKS (2016).

137 DAVIGO (2017).

138 Para el caso italiano, véase, por ejemplo, CERINA (2022).

pastel sin ser completamente ajenos a la vicisitud (es decir, la mayoría de los posibles denunciantes): ¡que se callen! Veamos un par de ejemplos.

EJEMPLO 3. El señor C ha accedido a pagar un soborno a un funcionario público porque se ha sentido intimidado o porque sabía de antemano que la única manera de que su empresa funcionara, era esa. En otros lugares, podría acudir al juzgado como víctima de concusión ofreciendo su colaboración[139]. En España, sabe que será inexorablemente imputado por cohecho[140], de tal manera que será mucho más sabio recomendarle guardar un silencio sepulcral.

De la misma manera, si nuestro señor C, arrepentido, está considerando destapar toda la trama, antes de mirar el programa de clemencia que ofrece la Ley 2/2023, tendrá que centrarse en el angosto camino[141] que le marca el artículo 426 del Código penal que exime de sanción al "particular que habiendo accedido ocasionalmente a la solicitud de dádiva u otra retribución realizada por autoridad o funcionario público, denunciare el hecho a la autoridad que tenga en deber de proceder a su averiguación antes de la apertura del procedimiento, siempre que no hayan transcurrido más de dos meses desde la fecha de los hechos".

Y es de sobra sabido que se trata de una norma diseñada para no aplicarse: vigente desde 1995, al neto de la poco incisiva reforma del año 2010, su presencia ha sido sustancialmente decorativa. Y, aunque la doctrina haya señalado las razones de la práctica irrelevancia del precepto[142], según parece, el asunto no ha interesado al legislador, ni siquiera cuando se ha ocupado del incentivo a las denuncias presentándolo como el mejor remedio para erradicar a la corrupción.

---

139 CERINA, (2022).

140 OLAIZOLA NOGALES (1995). Y se librará de la sanción en el muy improbable supuesto en que se aprecie miedo insuperable o estado de necesidad exculpante.

141 Véase VILLEGAS GARCÍA (2022), quien observa que, incluso más allá de la corrupción, falta una "regulación eficaz" para "aquellos supuestos en los que el denunciante ha participado en la actividad criminal y su denuncia es la que permite el inicio de la investigación y el castigo de los culpables". Añade la autora que "la aplicación, para estos supuestos, de la atenuante analógica de colaboración con la justicia, no obstante los esfuerzos al respecto realizados también por la Jurisprudencia, es de nuevo, insuficiente".

142 *Vid.* CERINA (2020b) y la bibliografía ahí citada.

4. *La compleja convivencia de dos modelos distintos: una tensión no resuelta*

A mi modo de ver, la situación es muy comprensible y sintomática de un conflicto mucho más profundo y generalizado. El hecho de prever una causa de no punibilidad para el corrupto arrepentido y luego limitar su ámbito de operatividad de forma tan exigente que la misma termina siendo inaplicable es solo un síntoma más de una tensión no resuelta entre planteamientos utilitaristas, por un lado, y éticos o morales, por otro[143]. Y esa tensión es la misma que subyace al ofrecimiento de clemencias administrativas a denunciantes de corrupción que se verán

---

143 Naturalmente, las aporías en las que desemboca ese conflicto no terminan aquí. Para limitarnos ahora a poner un ejemplo más, piénsese en los programas de clemencia previstos por la legislación española pre-*whistleblowing*. Si se comparan con la *leniency* que la Ley 2/2023 ofrece al *whistleblower*, puede que la conclusión no sea la que se esperaría el lector ansioso de encontrar novedades en la norma más reciente que resuelvan el problema del delito aumentando los incentivos a denunciar. Piénsese, por ejemplo, en la diferencia entre el "denunciante" del que habla la cláusula de clemencia del art. 62.4 de la Ley 39/2015 y el "informante" de la Ley 2/2023 toda vez que alerten sobre infracciones administrativas en las que ellos mismos han participado junto con otros infractores. Si la "denuncia" cumple con los requisitos del art. 62 LPACAP (es decir, se dirige a un órgano administrativo, expresa la identidad de la persona o personas que la presentan...), a tenor de lo dispuesto por el apartado 4 de la norma, "cuando el denunciante haya participado en la comisión de una infracción" que suponga un perjuicio en el patrimonio de las Administraciones públicas (BAUZÁ, 2015), con independencia de la gravedad de la misma, "el órgano competente para resolver el procedimiento *deberá* eximir al denunciante del pago de la multa que le correspondería u otro tipo de sanción de carácter no pecuniario", siempre que existan otros infractores, haya sido "el primero en aportar elementos de prueba que permitan iniciar el procedimiento y comprobar la infracción"; "en el momento de aportarse" dichos medios de prueba, "no se disponga de elementos suficientes para ordenar la misma" o "se repare el perjuicio causado", el denunciante no haya destruido elementos de prueba relacionados con el objeto de denuncia", y haya cesado en la participación de la infracción
En el caso de que nuestro "*whistleblower*" haya participado en la comisión de una infracción administrativa grave o muy grave de la que ha informado, el órgano que, a tenor de la Ley 2/2023 es competente para resolver el procedimiento, *no deberá*, sino que *podrá* eximirle del cumplimiento de la sanción administrativa solo si, aparte de reparar el daño causado, haber cesado en la participación de la infracción, haber facilitado información "veraz y relevante, medios de prueba o datos significativos" y no haber destruido medios de prueba, ha cooperado plena, continua y diligentemente a lo largo de todo el procedimiento de investi-

severamente sancionados penalmente; y solo esta tensión explica un sistema que, por un lado, mantiene la obligación de denuncia a una autoridad y, por otro, protege al denunciante solo si se dirige a otra.

4.1. La protección del *whistleblowing* y el principio de obligatoriedad de la acción penal (y la correlativa obligación de informar de la comisión de un delito al Ministerio Fiscal)

La sensación es que, en España, cuesta asumir de forma generalizada que la colaboración con el sistema sancionador puede ser una válida retribución que el delincuente sirve al Estado a cambio de impunidad[144], descuentos (de sanción) o protección. Fuera de algunos casos puntuales que se van abriendo camino sobre todo cuando se trata de personas jurídicas[145], el *do ut des* entre delincuente y Estado

---

gación (cosa que la LPACAP no exige), no ha ocultado medios de prueba, ni ha revelado a terceros, ni directa ni indirectamente su contenido.

Más llamativa todavía es la diferencia que existe entre la disciplina general y la de protección del informante en el supuesto en el que la sanción no desaparece, sino que se atenúa. De acuerdo con el art. 62.4 II, "el órgano competente para resolver *deberá* reducir" la sanción "cuando no cumpliéndose alguna de las condiciones anteriores, el denunciante facilite elementos de prueba que aporten un valor añadido significativo respecto de aquellos de los que se disponga" y siempre que no haya destruido elementos de prueba y siempre que haya cesado de la participación en la infracción.

Nuestro *whistleblower* que informa sobre infracciones graves o muy graves y que no cumple en su totalidad los requisitos necesarios para que se le pueda eximir de la sanción, queda a la merced de la autoridad competente que no *tiene que* sino que, puede atenuar la sanción, "previa valoración del grado de contribución a la resolución del expediente" y "siempre que el informante o autor de la revelación no haya sido sancionado anteriormente por hechos de la misma naturaleza que dieron origen al inicio del procedimiento (¡sic!).

Naturalmente, no se quiere aquí discutir cuál es la mejor aproximación al problema del arrepentimiento activo. Baste ahora llamar la atención acerca del hecho de que la disciplina general anterior a la Directiva y a su transposición parece más beneficiosa para el denunciante arrepentido.

144 Véase, por ejemplo, la probablemente defectuosa transposición de la parte de la Directiva *whistleblowing* que obligaría a perdonar eventuales delitos cometidos a la hora de revelar la información LASCURAÍN (2023).

145 Piénsese en los programas de clemencia en materia de competencia que han sido introducidos en los artículos 262.3 y 288 bis del Código penal. Véase MARTÍNEZ-BUJÁN PÉREZ (2023).

sigue encajando mal con una cultura construida sobre el principio de legalidad y de igualdad declinados como obligatoriedad de la acción penal y se acerca más al *soborno* que a la lucha contra el mismo[146].

Pensemos en las opciones que tiene un funcionario público que presencia el pago de un soborno a un compañero. Al amparo de la Ley 2/2023, podrá:

(1) Elegir "informar" de forma confidencial utilizando los canales internos o externos. Pero, si procede *sólo* de esta manera, *(i)* a tenor de lo establecido por el artículo 262 LECrim, quien reciba la denuncia tendrá que poner en conocimiento del superior inmediato del "informante" su incumplimiento de la obligación de *denunciar* el hecho a *la autoridad competente para su persecución*. Así que, de forma un tanto perversa, la información relativa a la identidad del informante llegará a su superior inmediato y perderá entonces toda su utilidad el haber acudido a un canal de denuncias. Siempre que, claro está, el receptor de la información que (por lo menos frente al *whistleblower*) debería actuar como garante de la legalidad, no se salte la ley (de enjuiciamiento criminal). *(ii)* Tratándose de un hecho delictivo, de acuerdo con lo dispuesto por la propia Ley 2/2023 (arts. 9.2 j) y 18.2 d), el receptor de la "información" (con independencia de que se haya remitido por el canal externo o interno) tendrá que ponerlo en conocimiento (también) del Ministerio Fiscal[147] quien, a su vez, ten-

---

146 Puede remitirse al interesante suceso que originó la sentencia *United States v. Singleton*, *certiorari* denied, 526 U.S. 1024 (1999). En doctrina, véase GREEN (2005). En la doctrina española resuelve de manera muy clara el conflicto VILLEGAS GARCÍA (2022) quien apuesta sin ambages por un cálculo utilitarista que incluya la inmunidad para el delincuente-denunciante.

147 Como se ha observado [ECHEVERRIA BERECIARTUA (2019)], "el objetivo principal de" los canales de denuncias "es el de servir para detectar riesgos o irregularidades conforme al sistema de prevención penal desplegado en la organización, de forma que, una vez realizada la detección, a través de un proceso de aprendizaje o mejora continua, corregir y solucionar los errores que la organización comete en el ámbito preventivo. Sin embargo, este objetivo principal deviene en secundario cuando, el tratamiento de la información suponga una auténtica denuncia de un delito, en ese caso, los responsables del canal deben ponerlo en conocimiento de las autoridades competentes para que investiguen el delito, si no quieren verse inmiscuidos en un proceso penal en calidad de encubridores del delito". Y se añade que "la denuncia de un delito coloca al sistema organizativo en un plano absoluto diferente. En ese supuesto no se trata

drá "la obligación de ejercitar (...) todas las acciones que" considere "procedentes" (art. 105 LECrim), ya que "tiene por misión promover la acción de la justicia en defensa de la legalidad" (art. 124.1 CE). Y una de las cosas que tendrá que proponerse a lo largo de la investigación, será averiguar la identidad del informante para imputarle o, en su caso, considerarle como testigo[148]. Y, visto lo dispuesto por el art. 2.2 Ley 2/2023, parece más que discutible que la confidencialidad del canal de denuncias pueda sobrevivir a la petición del Juez de Instrucción[149]. Pero entonces, en lugar que "informar", ¿por qué no "denunciar" directamente a la autoridad competente?

(2) Elegir "informar" de forma anónima. Pero aquí también el receptor de la información tendrá que informar al Ministerio Fiscal (¿y/o a la policía y/o al juez?) de que se ha denunciado un hecho de-

---

de un mecanismo de mejora del sistema o de un incumplimiento de un código de conducta, sino de una auténtica denuncia penal al que debe darse el curso que el ordenamiento jurídico ha previsto. En ese sentido, necesariamente se tiene que iniciar una colaboración con las autoridades competentes en el marco del proceso penal que presenta auténticas dificultades porque no existe una regulación procesal adecuada para encaminar esta colaboración".

148 Como se ha observado, "en algún momento procesal deberá darse al acusado la posibilidad de defenderse adecuadamente, lo que tendrá como consecuencia la pérdida de todo valor de la denuncia anónima si no existen otros medios probatorios y la imposibilidad de garantizar una confidencialidad absoluta" [RAGUÉS I VALLÈS (2013: 67)]. Véanse también las consideraciones de NIETO MARTÍN (2013) y de ECHEVERRIA BERECIARTUA (2019) quien anota que "las posibilidades se reducen a que sea un testigo o, si ha participado en los hechos, un imputado o investigado en el marco penal. En ambos casos, su identidad no podría ser mantenida en el anonimato".

149 En este sentido apunta claramente el art. 26.1 II de la Ley 2/2023. Véase, sobre la cuestión, PASCUAL SUAÑA (2022). Como curiosidad, puede observarse que el anteproyecto de reforma de la Ley de Enjuiciamiento Criminal del mes de noviembre del año 2020, en su artículo 528.6 proponía que "Cuando la noticia de la comisión de un delito cometido en el seno de una entidad del sector público o privado la hubiese dado un funcionario o empleado a través de un procedimiento de denuncia interna, la comunicación del hecho delictivo a las autoridades podrá realizarla el responsable del canal de denuncia sin revelar la identidad del alertador, salvo que fuese especialmente requerido para hacerlo". Sin embargo, de acuerdo con el artículo 4.2. del RD 1101/2024, la Autoridad Independiente "deberá aportar a" la autoridad judicial y/o al Ministerio Fiscal "toda la información y apoyo necesario", sin que se aclare si la misma ha de incluir, en su caso, la identidad del informante (en el caso de que éste último haya optado por la confidencialidad y no por el anonimato).

lictivo, lo que conllevará el intento del sistema penal de averiguar la identidad del denunciante, ya que, de dos una: o está implicado o será un útil testigo. Así las cosas, el denunciante que ha informado porque ha confiado en la posibilidad de permanecer anónimo, *(i)* si no está implicado en el soborno, deberá cuidarse de suministrar información que pueda facilitar en exceso la tarea de identificarle, ya que, una vez llamado a testificar, perderá el anonimato y la confidencialidad que la Ley 2/2023 otorga sin perjuicio de "las normas relativas al proceso penal, incluyendo las diligencias previas". *(ii)* Si está implicado en el hecho delictivo (cosa que, cuando de sobornos se trata, parece lo más probable), se enfrentará a un dilema todavía más acuciante. Ante la ausencia de un programa de clemencia penal para el funcionario público-informante que participa en el delito de cohecho[150], cuanta más información proporcione, más ayuda dará al Ministerio Fiscal y al Juez de Instrucción que, una vez informados por el receptor de la denuncia, tendrán la obligación de ir a por el denunciante anónimo[151].

Como colofón, nótese el absurdo de un ordenamiento jurídico que proporciona medios para ocultar una identidad que luego deberá tratar de averiguar.

VII. APUNTES FINALES

En España, el debate sobre el fomento de las denuncias de supuestos de corrupción no es ni nuevo ni ocioso y las respuestas a las preguntas que suscita no se extraen automáticamente ni del Derecho comparado ni del intermediario europeo (la Directiva *Whistleblowing*).

Los *inputs* procedentes de otros países deberían tomarse *cum grano salis,* sobre todo cuando provienen de sistemas que pivotan sobre principios distintos de los que rigen en nuestro contexto de *civil law* en cuyo marco seguimos hablando de legalidad, de obligatoriedad de la acción penal y nos sigue chirriando (aunque cada vez menos) la idea de una Justicia negociada *off limits,* totalmente abierta a criterios pragmáticamente utilitaristas. Así que habría que tener cuidado. Si la

---

150 Como ya hemos visto, el art. 426 solo se aplica al particular.

151 Véanse también las consideraciones de GARCÍA MORENO (2020: 79).

"importación" no se lleva a cabo con suficiente precaución, se corre el riesgo de que la "armonización" del ordenamiento nacional a los estándares supra e internacionales termine introduciendo cacofonías a nivel interno, lo que, naturalmente, implicará, en el mejor de los casos, una merma en la eficacia no solo de la medida que se "importa".

Lo que sí es ocioso es discutir la decisión de importar. España forma parte de la Unión Europea, así que, a tenor de lo dispuesto por el artículo 26 de la Directiva *Whistleblowing*, "a más tardar el 17 de diciembre de 2021", aquí también tendrían que haber entrado en vigor aquellas "disposiciones legales, reglamentarias y administrativas necesarias para (...) el establecimiento de normas comunes que proporcionen un elevado nivel de protección de las personas que informen sobre infracciones del Derecho de la Unión"[152].

Ahora, como es sabido, la directiva obliga a un resultado mínimo y deja al Estado miembro la libertad de ir más allá del mismo.

Y ciertamente, nada impedía al Reino de España profundizar en mecanismos que incentivaran las denuncias específicamente pensados para casos de corrupción, incluso adelantándose a la iniciativa comunitaria, inspirándose en la copiosa normativa internacional sobre la materia, voluntaria y quizás apresuradamente ratificada pero no siempre prontamente implementada. Eso, naturalmente, no ha acontecido: ocupaciones evidentemente más acuciantes han entretenido a nuestro legislador que ha llegado a la meta de la protección del *whistleblower* con cierto retraso (concretamente, un año y tres meses más allá del plazo marcado) y solo después de una amenaza de sanción.

Ahora, así procediendo, la tarea implementadora se ha ido poniendo cuesta arriba[153].

---

152 Salvo para los canales de denuncia interna de las entidades del sector privado con entre 50 a 249 trabajadores que, a tenor el artículo 26.2, tendrían que contar con el soporte legal, reglamentario y administrativo "a más tardar el 17 de diciembre de 2023".

153 Nótese que, en el acta de la primera reunión del CED del año 2020 *[https://ec.europa.eu/transparency/expert-groups-register/core/api/front/document/40950/download]*, se lee que "un Estado miembro que tiene una aproximación descentralizada ha señalado ciertas desventajas, como el hecho de que un gran número de autoridades necesitan poner en marcha canales de denuncias que cumplan con los requisitos marcados por la Directiva y que su experiencia

A nivel supra e internacional, habría habido que tener en cuenta un sinfín de recomendaciones, sugerencias, normas convencionales de cumplimiento facultativo, semiobligatorio y obligatorio que han dibujado la meta de forma no siempre clara y, a veces, incluso contradictoria. Después de haberse "apuntado" a todos los compromisos internacionales posibles, el legislador nacional se ha visto ante la necesidad de actuar conciliando las prisas con la complejidad no solo internacional y europea, sino también nacional (normativa anterior) y autonómica[154].

---

no es igual puesto que no todos reciben muchas denuncias; que no parece obvio para el potencial denunciante a qué autoridad deberían denunciar...".

154 Véase, por lo que respecta a la Comunidad Autónoma de Castilla y León, la Ley 2/2016, de 11 de octubre, *por la que se regulan las actuaciones para dar curso a las informaciones que reciba la Administración Autonómica sobre hechos relacionados con delitos contra la Administración Pública y se establecen las garantías de los informantes* (*BOCYL* n.º 224, de 21 de noviembre de 2016), hoy derogada por el Decreto Ley 3/2023, de 11 de mayo, *por el que se regula el Sistema Interno de Información de la Administración de la Comunidad Autónoma de Castilla y León* (*BOCYL* n.º 91, de 15 de mayo de 2023, 16-22); la Ley 11/2016, de 28 de noviembre, *de la Agencia de Prevención y Lucha contra el Fraude y la Corrupción de la Comunidad Valenciana* (*BOE* n.º 306, de 20 de diciembre de 2016, 88764-88779, en su artículo 14, regula el "Estatuto de la persona denunciante"; la Ley 16/2016, de 9 de diciembre, *de creación de la Oficina de Prevención y Lucha contra la Corrupción en las Islas Balearse* (*BOIB* n.º 157, de 15 de diciembre de 2016 y *BOE* n.º 8 de 10 de enero de 2017) y conforme a la cual el 12 de febrero de 2021, se ha aprobado un "Protocolo de actuación para la protección y la salvaguarda de los derechos de las personas denunciantes o alertadores en Baleares"; la Ley 5/2017, de 1 de junio, *de Integridad y Ética públicas de la Comunidad Autónoma de Aragón* (*BOA* n.º 114, de 16 de junio de 2017 y *BOE* n.º 216, de 8 de septiembre de 2017) y que, en sus artículos 45 y ss. contiene un "Estatuto del denunciante"; la Ley 8/2018, de 14 de septiembre, *de Transparencia, Buen Gobierno y Grupos de Interés de la Comunidad Autónoma del Principado de Asturias* (*BOE* n.º 253 de 19 de octubre de 2018, 101566-101601), cuyo título IV se dedica a las "Denuncias" y contiene un artículo 60 rubricado "Estatuto del denunciante"; la Ley Foral 7/2018, de 17 de mayo, *de creación de la Oficina de Buenas Prácticas y Anticorrupción de la Comunidad Foral de Navarra* (BON n.º 98, de 23 de mayo de 2018 y *BOE* n.º 139, de 8 de junio de 2018), cuyo artículo 24 está dedicado a la "Protección de la persona denunciante", a la que hay que sumar el Decreto Foral 14/2023, de 1 de marzo, *por el que se aprueba el reglamento de organización y funcionamiento de la oficina de buenas prácticas y anticorrupción de la Comunidad Foral de Navarra* (*BON* n.º 60 de 14 de marzo de 2023) y que dedica su título V a la "Protección de la persona denunciante"; la Ley 2/2021, de 18 de junio, *de lucha contra el fraude*

La sensación es que el resultado final tiene demasiadas "errata" y contradicciones cuya corrección y eliminación precisaría de mayor atención y de profundas y sosegadas reflexiones, respectivamente. Y, por supuesto, no ha habido tiempo para planteamientos sectoriales específicamente pensados para la corrupción que, por ejemplo, implicaran una reflexión sobre principio de oportunidad, lenidad o incluso clemencia penal.

Solo para dejar algo encima de la mesa, un discurso sobre lucha contra la corrupción que pivote sobre el fomento de la confianza del denunciante en el proceso y en el receptor de la denuncia[155] no parece poderse plantear rigurosamente sin abordar el tema de los aforamientos, por un lado, y de la independencia del Ministerio Fiscal y del Consejo General del Poder Judicial, por otro[156]. De la misma manera, si se desea hablar seriamente de los incentivos a los empleados públicos para que informen de irregularidades relacionadas con la corrupción en la Administración, debe partirse de un diagnóstico que no puede ignorar el problema de la politización de la Función pública[157].

Puesto que la corrupción en España es un delito, otro tema sobre el que habría que pararse a pensar es el del encaje de la nueva disciplina con la obligatoriedad de la denuncia de hechos delictivos prevista por la legislación vigente. En primer lugar, antes de jubilar apresuradamente la vetusta disciplina de la LECrim aludiendo a su ineficacia, podría reflexionarse sobre la ausencia de sanciones disciplinarias a funcionarios que no han cumplido con la misma, ni siquiera en aquellas administraciones en las que el Poder Judicial ha desnudado situaciones de ilegalidad manifiesta que han durado muchos años y que cuesta creer que no fueran conocidas o, por lo menos, sospechadas, por un buen número de empleados públicos[158]. Si ello es así, más que explicar la falta de expedientes disciplinarios por omisión de denuncia con el carácter simbólico que supuestamente el legislador quiso dar al art. 262 LECrim, podría tomarse nota de que la inaplicación sistemática de la norma constituye un preocupante

y la corrupción en Andalucía y protección de la persona denunciante (*BOE* n.º 163, de 9 de julio de 2021, 81776-81812), cuyo Título II se dedica enteramente a la "Protección de la persona denunciante".

158 Piénsese en la Junta de Andalucía, en el caso ERE, en la escasez de denunciantes y en la inexistencia de sanciones disciplinarias para empleados públicos (véase *supra*, nota 71)

recordatorio de que el Derecho (art. 262 LECrim) se cumple… solo de vez en cuando[159]. Y eso es justo lo opuesto de la confianza en el Derecho que ahora se desea ofrecer al futuro informante[160]. Si el mensaje que se pretende colar es que, mientras que la LECrim ha podido, puede y podrá incumplirse, la nueva ley sí se aplicará a raja tabla… habrá que tener en cuenta que la credibilidad del compromiso futuro es tan escasa como los datos acerca del cumplimiento pasado. Exactamente como suena cojo el razonamiento que tilda de ineficaz a un sistema (el de la obligatoriedad de la denuncia) que, en realidad, no parece haberse querido aplicar.

Y si, en algún momento, se considerara acompañar con algún tipo de evidencia empírica el tránsito del "denunciante" al *whistleblower*, la pretendida ineficacia de la LECrim podría valorarse teniendo en cuenta no solo indicadores relacionados con el binomio obligación/derecho a denunciar o anonimato/identificación del denunciante. Podrían considerarse, por ejemplo, los "costes" que el propio ordenamiento impone a quien desee cumplir con las obligaciones procedentes de la Ley de Enjuiciamiento Criminal: incluso unos meses después de la entrada en vigor del ya mencionado art. 101.5 del Real Decreto-ley 6/2023, sigue siendo sustancialmente imposible denunciar de forma telemática un delito a la Policía Nacional[161], a la Guardia Civil[162]

---

159 La prensa sí que ha informado de expedientes disciplinarios abiertos contra alertadores *[https://www.diariodesevilla.es/sevilla/Junta-expedienta-espionaje-ERE-Mercasevilla_0_557344568.html]* o de acosos de la administración a denunciantes *[https://www.elmundo.es/madrid/2014/02/05/52f2af08ca4741b36f8b4584.html]*.

160 *Vid.*, por ejemplo, NIETO MARTÍN (2013) y ECHEVERRÍA BERECIARTUA (2019).

161 En la página web de la policía nacional existe una Oficina Virtual de Denuncias *[https://denuncias.policia.es/OVD/]*. Y aquí el problema no es tanto el complicado listado de tipologías delictivas y de circunstancias que, si presentes, convierten el hecho en no denunciable por ese canal, sino que se diga que "Una vez cumplimentada la denuncia, el sistema generará un número de referencia" del que hay que tomar nota y entregarlo en comisaría cuando se vaya a firmar la denuncia. Sí porque la denuncia deberá ser firmada "en la Comisaría (…) lo antes posible y nunca más tarde de 72 horas" porque "carecerá de validez jurídica si no ha sido firmada en Comisaría por el denunciante".

162 Atendiendo a la web *www.guardiacivil.es* la Guardia Civil sí que cuenta con una aplicación (llamada "e-denuncia") que permite "presentar una denuncia de forma electrónica" pero aclara que "exclusivamente pueden denunciarse desde la aplicación los siguientes hechos: pérdidas o extravío de documentación o efec-

o al Ministerio Fiscal[163]. Y cabe preguntarse si, para introducir esa opción, había que esperar a los canales de denuncias[164] que, dicho sea de paso, la reservarán a una parte de la población.

Al neto de todo lo anterior, la idea de fomentar denuncias de corrupción protegiendo al "informante" debe seguramente ser bienvenida. El augurio para el futuro es que su encaje con el sistema español pueda analizarse, discutirse y resolverse con mayor sosiego: lo contrario, me temo, mermará la eficacia de la medida.

VIII. BIBLIOGRAFÍA

BACHMAIER WINTER, L. (2019): "*Whistleblowing* europeo y *compliance*: La Directiva EU de 2019 relativa a la protección de personas que reporten infracciones del Derecho de la Unión". *Diario LA LEY*, n.º 9539.

BAJO FERNÁNDEZ, M. & S. BACIGALUPO SAGGESE (2010): *Derecho penal económico*. Madrid: Editorial Universitaria Ramón Areces.

---

tos; hallazgo de documentación o efectos; sustracción de vehículos; sustracción en el interior de vehículos; hurtos (sustracciones sin mediar violencia o intimidación (no "tirones"); daños. Para el resto de los hechos", sigue la web, "póngase en contacto con el Puesto de la Guarda Civil más cercano, o acuda personalmente, en el menor tiempo posible".

163 La página web *www.fiscal.es/oficina-de-atención-al-ciudadano*, a fecha de hoy, dice literalmente que "si lo que Ud. desea es interponer una denuncia, podrá hacerlo ante el Juzgado de guardia, fiscalía o comisaría de policía más cercana" y añade que "Las comunicaciones que la Fiscalía General del Estado reciba a través de esta página no eximirán a sus autores, por sí mismas, del cumplimiento de la normativa vigente que obliga a quien presencie la perpetración de un delito y al que tenga conocimiento de la perpetración de un delito por razón de su cargo, profesión u oficio a denunciarlo al Juez, Fiscal o Policía más cercano".

164 El Anteproyecto de reforma de la Ley de Enjuiciamiento Criminal del año 2020, en su artículo 528.5 proponía que "la denuncia que se haga por escrito deberá estar firmada por el denunciante de forma autógrafa, si es presencial o con firma o certificado digital, si se interpone por vía telemática. No obstante, la denuncia también podrá remitirse telemáticamente sin necesidad de firma o certificado digital cuando se haga a través de los canales oficiales dispuestos al efecto por la autoridad competente para su recepción, así como por cualquier otro medio que incorpore mecanismos para la comprobación fehaciente de la identidad del denunciante". En mi opinión, cabría preguntarse qué es lo que impide entender que el verbo firmar y el sustantivo firma tal y como se utilizan por el actual texto de la LECrim son perfectamente compatibles con la firma telemática realizada por medio de certificado digital.

BAUZÁ MARTORELL, F. J. (2015): "La denuncia en el anteproyecto de la Ley de Procedimiento Administrativo Común de las Administraciones Públicas". *Documentación Administrativa*, 2.

BOUVILLE, M. (2008): "Whistle-Blowing and Morality". *Journal of Business Ethics*, 81(3) (579-585).

BROOKS, G. (2016): *Criminology of Corruption. Theoretical Approaches*. Basingstoke: Palgrave Macmillan.

BROWINING, L., SORNES, J. & J. SVENKERUD (2021): "Whistleblowing, Voice, and Monomythology: The prospect for Analysis". En: SVENKERUD, P. J., SORNES, J. & L. BROWNING (eds.): *Whistlebowing. Communications and consequences. Lessons from the Norwegian National Lottery*. New York: Routledge (15-28).

CARDENAL MONTRAVETA, S. & G. ROGÉ SUCH (2023): "Abandono de destino. Desobediencia cometido por autoridad o funcionario público. Denegación de auxilio (arts. 407-412)". En: CORCOY BIDASOLO, M. (dir.): *Manual de Derecho penal. Parte especial*. Tomo 1, Valencia: Tirant lo Blanch (739-748).

CASAS HERVILLA, J. (2020): *Prevaricación administrativa de autoridades y funcionarios públicos: análisis de sus fundamentos y revisión de sus límites*. Madrid: Reus.

CERINA, G. D. M. (2020a): *La insoportable levedad del concepto de corrupción. Una propuesta desde el Derecho penal*. Valencia: Tirant lo Blanch.

CERINA, G. D. M. (2020b.): "Problemas de técnica legislativa en la tipificación del delito de cohecho". *Revista General de Derecho Penal*, 43.

CERINA, G. D. M. (2022): *El bien jurídico protegido en el delito de cohecho*. Valencia: Tirant lo Blanch.

CEVA, E. & M. BOCCHIOLA (2019): *Is Whistleblowing a Duty?* Cambridge: Polity Press.

CHANG, Y., WILDING, M. & M. CHUL SHIN (2017): "Determinants of Whistleblowing Intention: Evidence from the South Korean Government". *Public Performance & Management Review*, 40(4) (676-700).

CLINARD, M. B. & R. F. MEIER (2011): *Sociology of Deviant Behaviour*. Belmont: Wadworth Cengage Learning.

CLINARD, M. S. & R. QUINNEY (1967): *Criminal Behaviour Systems: A Typology*. New York: Holt, Rinehart & Winston.

CORNISH, D. B. & R. V. CLARK (2016): "The rational choice perspective". En: WORTLEY, R. & M. TOWNSLEY (eds): *Environmental Criminology and Crime Analysis* (2.ª ed.). London: Routledge (29-61).

DAVIGO, P. (2017): *Il sistema della corruzione*. Bari: Laterza.

DE LA PUEBLA PINILLA, A. (2013): "La ley 2/2023, de Protección de los informantes. Problemas aplicativos desde una perspectiva laboral". *Labos: Revista de Derecho del Trabajo y Protección Social*, 4 (32-49).

ECHEVERRÍA BERECIARTUA, E. (2019): "'Whistleblowing' o canales de denuncia: La garganta profunda de las empresas". *Diario LA LEY*, 9342.

ELLINSTON, F. A. (1982): "Anonymity and Whistleblowing". *Journal of Business Ethics*, 1.

FERNÁNDEZ AJENJO, J. A. (2023): *Comentarios de la Ley 2/2023 reguladora de la protección de las personas que informen sobre infracciones normativas y de lucha contra la corrupción*. Valencia: Tirant lo Blanch.

FERNÁNDEZ RAMOS, S. (2023): "La Ley 2/2023, de 20 de febrero, de protección al informante. Ámbito material de aplicación". *Revista General de Derecho Administrativo*, 63.

FRIEDRICHS, D. O. (2002): "Occupational Crime, occupational deviance, and workplace crime. Sorting out the difference". *Criminal Justice*, 2 243-256).

GARCÍA MORENO, B. (2020): *Del Whistleblower al alertador. La regulación europea de los canales de denuncia*. Valencia: Tirant lo Blanch.

GARRIDO JUNCAL, A. (2019): "La protección del denunciante: regulación autonómica actual y propuestas de futuro". *Revista de Estudios de Administración Local y Autonómica (nueva época)*, 12 (126-151).

GEIS, G. (2011): *White-Collar and corporate crime: a documentary and reference guide*. Oxford: Greenwood.

GÓMEZ MARTÍN, V. (2013): "Compliance y derechos de los trabajadores". En: KUHLEN, L., MONTIEL, J. P. & I. ORTIZ DE URBINA GIMENO (eds.): *Compliance y teoría del Derecho penal*. Madrid: Marcial Pons (125-146).

GREEN, S. (2005): "What's Wrong with Bribery". En: DUFF, R. A. & S. GREEN (eds.): *Defining crimes: essays on the criminal law's special part*. Oxford: Oxford University Press (143-167).

GREEN, S. (2006): *Lying, Cheating, and Stealing. A Moral Theory of White-Collar Crime*. Oxford University Press.

HABA GARCÍA, E. (2013): "Prevaricación de los funcionarios públicos". En: ÁLVAREZ GARCÍA. F. J. (dir.): *Tratado de Derecho penal español. Parte especial. III Delitos contra la Administración pública y de Justicia*. Valencia: Tirant lo Blanch (119-148).

HABERMAS, J. (2005): *Facticidad y validez*. Madrid: Trotta.

JIMÉNEZ ASENSIO, R. (2023): "La Ley 2/2023, de 'protección del informante': primeras impresiones" *[https://rafaeljimenezasensio.com/2023/02/21/la-ley-2-2023-de-proteccion-del-informante-primeras-impresiones/]*.

KENNY, K. (2019): *Whistleblowing. Toward a new theory*. London: Harvard University Press.

LASCURAÍN, J. A. (2020): "La Directiva UE de protección de alertadores: perspectiva penal". *Almacén de Derecho [https://almacendederecho.org/la-directiva-ue-de-proteccion-de-alertadores-perspectiva-penal]*.

LASCURAÍN, J. A. (2023): "La ley de protección de los informantes: dos borrones". *Almacén de Derecho [https://almacendederecho.org/la-ley-de-proteccion-de-los-informantes-dos-borrones]*.

LAUFER, W. S. (2006): *Corporate bodies and guilty minds. The Failure of Corporate Criminal Liability*. Chicago: University of Chicago Press.

LILLY, J. R., CULLEN, F. T. & R. A. BALL (2019): *Criminological Theory. Context and Consequences* (VII ed.). Washington DC: Sage.

MARTÍNEZ-BUJÁN PÉREZ, C. (2023): "La nueva causa de anulación de la pena de los arts. 262.3 y 288 *bis* del Código penal". En: GONZÁLEZ CUSSAC, J. L. (coord.): *Comentarios a la LO 14/2022, de reforma del Código penal.* Valencia: Tirant lo Blanch (61-84).

MORILLAS CUEVA, L. (2016): "Reflexiones acerca del delito de prevaricación. Desde su interpretación extensiva a su motivación reduccionista". *Revista de Derecho, Empresa y Sociedad,* 9 (16-47).

MUÑOZ CONDE, F. (2023): *Derecho penal. Parte especial.* Valencia: Tirant lo Blanch.

NEAR, J. P. & M. P. MICELI (1985): "Organizational dissidence: The Case of Whistle-Blowing". *Journal of Ethics,* 4(1) (1-16).

NIETO MARTÍN, A. (2013): "Investigaciones internas, whistleblowing y cooperación: la lucha por la información en el proceso penal". *Diario LA LEY,* 8120.

OCTAVIO DE TOLEDO Y UBIETO, E. (1980): *La prevaricación del funcionario público.* Madrid: Universidad Complutense de Madrid.

OLAIZOLA NOGALES, I. (1995): "Cohecho y amenazas: la relación entre ambos delitos". *Poder Judicial,* 40 (425-471).

ORTS BERENGUER, E. (2022): "Delitos contra la Administración pública". En: GONZÁLEZ CUSSAC, J. L. (dir.): *Derecho penal. Parte Especial.* Valencia: Tirant lo Blanch (699-740).

PASCUAL SUAÑA, O. (2022): "Implicaciones en el derecho a no incriminarse de las personas jurídicas del Proyecto de Ley Whistleblower". *Revista de la Asociación de Profesores de Derecho Procesal de las Universidades Españolas,* 6 (71-112).

PATERNOSTER, R. & S. SIMPSON (1996): "Sanction threats and appeals to morality: Testing a rational choice model of corporate crime". *Law and Society Review,* 30 (549-583).

QUERALT JIMÉNEZ, J. J. (2015): *Derecho penal español. Parte especial.* Valencia: Tirant lo Blanch.

RAGUÉS I VALLÉS, R. (2013): *Whistleblowing. Una aproximación desde el Derecho penal.* Madrid: Marcial Pons.

SÁNCHEZ-OSTIZ GUTIÉRREZ, P. (1996): "Funcionario que no promueve la persecución de delitos: un caso entre el encubrimiento y la omisión del deber de perseguir delitos". *Anuario de Derecho penal y Ciencias Penales,* XLIX(III) (1047-1082).

SANDHOLTZ, W. & M. M. GRAY (2003): "International integration and national corruption". *International Organization,* 57(4) (761-800).

SUTHERLAND, E. (1983): *White-Collar Crime. The Uncut Version. New Haven:* Yale University Press.

SVENKERUD, P. J. (2021): "Alone against organization. Peer's Whistleblower Story". En: SVENKERUD, P. J., SORNES, J. & L. BROWNING (eds.): *Whistlebowing. Communications and consequences. Lessons from the Norwegian National Lottery.* New York: Routledge.

VILLEGAS GARCÍA, M. A. (2022): "Algunas reflexiones sobre el Proyecto de Ley de Protección del informante". *Diario LA LEY,* 10187.

VILLORIA MENDIETA, M. (2021): "Un análisis de la Directiva (UE) 2019/1937 desde la ética pública y los retos de la implementación". *Revista Española de Transparencia,* 12 (15-24).

LA PROTECCIÓN DE LOS ALERTADORES A LA LUZ DE LA LEY 2/2023, DE 21 DE FEBRERO: CONTENIDO Y LIMITACIONES DE UNA REGULACIÓN IMPERFECTA[1]

Ana María Vicario Pérez
Profesora Ayudante Doctora
Área de Derecho Procesal
Universidad de Burgos

I. INTRODUCCIÓN

Más de un año ha transcurrido ya, a fecha de redacción de estas líneas, desde la entrada en vigor de la Ley 2/2023, de 20 de febrero, reguladora de la protección de las personas que informen sobre infracciones normativas y de lucha contra la corrupción[2]. Por medio de la misma tiene lugar la transposición en el ordenamiento jurídico español de la Directiva (UE) 2019/1937 del Parlamento Europeo y del Consejo, de 23 de octubre de 2019, relativa a la protección de las personas que informen sobre infracciones del Derecho de la Unión (en adelante, Directiva *Whistleblowing*)[3], norma europea por excelencia en materia de protección de informantes.

La Ley 2/2023 viene a completar el elenco normativo en materia de responsabilidad penal de las personas jurídicas. Desde el abandono del principio *societas delinquere non potest*, imperante en el

1 Trabajo realizado en el marco del proyecto de investigación del plan estatal "El Derecho Procesal civil y penal desde la perspectiva de la Unión Europea: la consolidación del Espacio de Libertad, Seguridad y Justicia (Ref. PID2021-124027NB-I00)"; también en el marco del proyecto de investigación del plan estatal "Ganancias ilícitas y sistema de justicia penal: una perspectiva global" (Ref. PID2022-138796NA-I00).

2 *BOE* n.º 44, de 21 de febrero de 2023, pp. 26140-26189.

3 *DOUE* n.º L 305, de 26 de noviembre de 2019, pp. 17-56.

ordenamiento español hasta la modificación del Código Penal (CP) en el año 2010[4] y la inclusión del defecto organizacional[5] como causa de culpabilidad de las entidades en 2015[6], la implantación de canales de denuncias se instituye en uno de los elementos de eficacia de los programas de cumplimiento normativo y, en consecuencia, como un requisito a valorar para exonerar o atenuar la responsabilidad de la persona jurídica[7]. Ello es consonante con la finalidad pretendida con la adopción de un régimen de responsabilidad penal de las entidades, cual es fomentar la colaboración de estas en el desarrollo del proceso de cara a facilitar la averiguación delictiva en su seno.

A lo largo del presente trabajo analizaremos el contenido de la Ley 2/2023, partiendo para ello de las previsiones de la Directiva *Whistleblowing* como marco referencial y norma de obligada transposición. El análisis del contenido de la Ley nos permitirá sentar las bases para examinar los preceptos de la misma que pueden incidir en el ánimo alertador de los miembros internos y externos de las corporaciones públicas y privadas. Ello en aras de defender una necesaria revisión de determinados artículos que, por su excesivo rigorismo formal, podrían presumiblemente alejar a la norma de la finalidad pretendida.

II. DIRECTIVA *WHISTLEBLOWING*: CONTENIDO DE UNA NORMA DE OBLIGADA TRANSPOSICIÓN

1. *Objetivo*

La consideración de los alertadores o informantes como elemento fundamental en el descubrimiento de conductas ilícitas acaecidas en la organización de personas jurídicas, es determinante de la aproba-

---

4 Ley Orgánica 5/2010, de 22 de junio, por la que se modifica la Ley Orgánica 10/1995, de 23 de noviembre, del Código Penal, *BOE* n.º 152, de 23 de junio de 2010, pp. 54811-54883.

5 Sobre el concepto de "defecto organizacional" véase GÓMEZ-JARA DÍEZ (2005: 241).

6 Ley Orgánica 1/2015, de 30 de marzo, por la que se modifica la Ley Orgánica 10/1995, de 23 de noviembre, del Código Penal, *BOE* n.º 77, de 31 de marzo de 2015, pp. 27061-27176.

7 VICENTE ANDRÉS (2023: 46).

ción de una normativa tendente a su protección. No en vano, la cada vez mayor complejidad organizativa y funcional de las entidades, públicas o privadas, dificulta a las autoridades la averiguación delictiva de no ser por la colaboración que a estos efectos presten los miembros internos o externos de las propias sociedades.

El incentivo de la utilización de canales de denuncia puede corresponderse con alguno o todos de las siguientes tres modalidades: primera, el planteamiento de la denuncia como un deber con la consiguiente imposición de sanciones en caso de incumplimiento; segunda, la fijación de un sistema de recompensas en favor del denunciante; y tercera, el establecimiento de mecanismos para garantizar una suficiente protección a los alertadores[8]. Pues bien, a diferencia del modelo estadounidense, donde el incentivo al uso de canales de denuncia conjuga la protección de los informantes frente a represalias con el pago de recompensas económicas por la información facilitada[9], el legislador europeo se muestra reacio a la conformación de un sistema de beneficios en favor del denunciante, siendo así que aboga por el tercero de los mecanismos de estímulo enunciados.

De larga tradición en Estados Unidos[10], la protección de los informantes en el ámbito de la Unión Europea encuentra regulación por medio de la Directiva (UE) 2019/1937 del Parlamento Europeo y del Consejo, de 23 de octubre de 2019, relativa a la protección de las personas que informen sobre infracciones del Derecho de la Unión. Empero, la concienciación del legislador europeo por la problemática de la protección a los alertadores se puso ya de manifiesto en textos anteriores. Es el caso de la Resolución del Parlamento Europeo, de 24 de octubre de 2017, sobre las medidas legítimas para la protección de los denunciantes de irregularidades que, en aras del interés público, revelan información confidencial sobre empresas y organismos públicos[11]; la Resolución (UE) del Parlamento Europeo, de 14 de septiembre de 2017, sobre transparencia, responsabilidad e integridad de las instituciones[12]; la Comunicación de la Comisión al Parlamento Europeo y al Defensor del Pueblo, de 10 de octubre de 2002, relativa a las relaciones con el denunciante en materia de infracciones del Derecho

---

11 2016/2224(INI).

12 2015/2041(INI). En concreto, arts. 60-67.

comunitario[13]; o el Informe de la Comisión al Consejo y al Parlamento europeo sobre la lucha contra la corrupción en la Unión Europea (Informe anticorrupción)[14]. De igual forma puede aludirse a algunos textos legislativos sectoriales, como la Directiva 2013/36/UE del Parlamento Europeo y del Consejo, de 26 de junio de 2013, relativa al acceso a la actividad de las entidades de crédito y a la supervisión prudencial de las entidades de crédito y las empresas de inversión[15]; o el Reglamento (UE) 596/2014 del Parlamento Europeo y del Consejo, de 16 de abril de 2014, sobre el abuso de mercado[16].

Pese a estos indiciarios intentos, no fue sino hasta la aprobación de la Directiva *Whistleblowing* cuando cabe hablar de un auténtico régimen de protección del informante. El fundamento de la misma se desprende de su Considerando primero, de conformidad con el cual, "[l]as personas que trabajan para una organización pública o privada o están en contacto con ella en el contexto de sus actividades laborales son a menudo las primeras en tener conocimiento de amenazas o perjuicios para el interés público que surgen en ese contexto. Al informar sobre infracciones del Derecho de la Unión que son perjudiciales para el interés público, dichas personas actúan como denunciantes (en inglés conocidas coloquialmente por *whistleblowers*) y por ello desempeñan un papel clave a la hora de descubrir y prevenir esas infracciones y de proteger el bienestar de la sociedad. Sin embargo, los denunciantes potenciales suelen renunciar a informar sobre sus preocupaciones o sospechas por temor a represalias. En este contexto, es cada vez mayor el reconocimiento, a escala tanto de la Unión como internacional, de la importancia de prestar una protección equilibrada y efectiva a los denunciantes". Dos consideraciones básicas pueden extraerse de la literalidad del texto transcrito: primero, en el sentido ya indicado, que los miembros de las entidades son quienes conocen de primera mano las actuaciones que se llevan a cabo en el ámbito de actividad de aquellas, de forma tal que son quienes se encuentran en mejor disposición de información relevante para las investigaciones penales o administrativas a desarrollar por las autoridades; segundo,

---

13 COM (2002) 141 final, *DOUE* C 244/5, de 10 de octubre de 2002.
14 COM (2014)038, de 3 de febrero de 2014.
15 *DOUE* L 176, de 27 de junio de 2013, pp. 338-436.
16 *DOUE* L 173, de 12 de junio de 2014, pp. 1-61.

que la colaboración de los alertadores con el trascurso eficaz de estas investigaciones exige un nivel elevado de garantías para impedir que puedan adoptarse contra ellos cualesquiera medidas de represalia. Así pues, aunando ambas aseveraciones, puede deducirse que la norma europea que nos ocupa opta por una posición de política criminal en la que el informante es erigido en un instrumento de prevención y averiguación de conductas ilícitas.

Por medio de la Directiva *Whistleblowing* se trata de poner fin a la disparidad normativa existente entre los Estados miembros, de forma tal que se instituya un régimen de incentivo al uso de canales internos de denuncia que atempere las consecuencias de las infracciones al Derecho europeo cometidas con trascendencia tanto nacional como internacional. Y es que, como señala a estos efectos el Considerando 3, "una protección insuficiente en un Estado miembro no solo incide de forma negativa en el funcionamiento de las políticas de la Unión en ese Estado miembro, sino que puede extenderse también a otros Estados miembros y a la Unión en su conjunto". De esta suerte, la Directiva *Whistleblowing* se presenta como un conjunto de normas mínimas comunes con una doble finalidad: por un lado, neutralizar la falta de denuncias procedentes de los miembros de la organización; por otro lado, reforzar el cumplimiento del Derecho de la Unión por las corporaciones tanto públicas como privadas, especialmente en aquellos ámbitos en los que se pueda producir una grave afectación al interés público.

Se da con ello cumplimiento a la búsqueda por el refuerzo de la protección del alertador en el ejercicio de su derecho a la libertad de expresión e información. No en vano, el artículo 10 CEDH consagra el derecho de toda persona a la libertad de expresión, comprendiéndose en él la libertad de opinión y la libertad de recibir o de comunicar informaciones o ideas sin que pueda haber injerencia de autoridades públicas y sin consideración de fronteras. En este sentido, la propia Directiva *Whistleblowing* indica en su Considerando 31 que "[l]as personas que comunican información sobre amenazas o perjuicios para el interés público obtenida en el marco de sus actividades laborales hacen uso de su derecho a la libertad de expresión (...). En consecuencia, la presente Directiva se basa en la jurisprudencia del Tribunal Europeo de Derechos Humanos (TEDH) sobre el derecho a la libertad de expresión y en los principios desarrollados por el Consejo de Europa en su Recomendación sobre protección de los denunciantes adoptada por su Comité de Ministros el 30 de abril de 2014"[17].

2. *Ámbito de aplicación y medidas de protección*

A este respecto, ha de aludirse al ámbito material de aplicación de la norma comprendido en su artículo 2, donde se refiere la protección de los alertadores que informen sobre infracciones relativas a: *(i)* infracciones que entren dentro del ámbito de aplicación de los actos de la Unión en el ámbito de: i) contratación pública, ii) servicios, productos y mercados financieros, y prevención del blanqueo de capitales y la financiación del terrorismo[18], iii) seguridad de los productos y conformidad, iv) seguridad del transporte, v) protección del medio ambiente, vi) protección frente a las radiaciones y seguridad nuclear, vii) seguridad de los alimentos y los piensos, sanidad animal y bienestar de los animales, viii) salud pública, ix) protección de los consumidores, x) protección de la privacidad y de los datos personales, y seguridad de las redes y los sistemas de información; *(ii)* que afecten a los intereses financieros de la Unión; *(iii)* relativas al mercado interior.

Con respecto al término "infracciones", puntualiza el artículo 5.1 de la Directiva que se entenderá por tales las acciones u omisiones ilícitas y relacionadas con los actos y ámbitos de actuación de la Unión que entren dentro del ámbito de aplicación material de la norma, así como las acciones u omisiones que desvirtúen el objeto o la finalidad de las normas establecidas en los actos y ámbitos de actuación de la Unión que entren igualmente dentro del ámbito de aplicación material de la Directiva. Como señala VELASCO NÚÑEZ, esta ilicitud y/o desatención a la finalidad del Derecho europeo debe interpretarse a la luz de las "prácticas abusivas" concebidas por la jurisprudencia del TJUE[19]. No en vano, señala el Considerando 42 de la Directiva

---

[17] Para un comentario acerca de la jurisprudencia del TEDH empleada como referencia, TORRENT I SANTAMARÍA & PÉREZ GIL DE GÓMEZ (2020: 14-16).

[18] Se echa en falta una referencia expresa a la corrupción pública como posible infracción, OLAIZOLA NOGALES (2021: 36-40).

[19] VELASCO NÚÑEZ (2023: 20).

Whistleblowing que "La detección y la prevención efectivas de perjuicios graves para el interés público exige que el concepto de infracción incluya también prácticas abusivas, como establece la jurisprudencia del Tribunal de Justicia, a saber, actos u omisiones que no parecen ilícitos desde el punto de vista formal, pero que desvirtúan el objeto o la finalidad de la ley"[20].

En cuanto al ámbito de aplicación personal, el artículo 4 de la Directiva incluye entre los alertadores meritorios de protección frente a represalias a los trabajadores del sector público y privado, con independencia de su relación laboral con la entidad (e incluso de su finalización o de su próximo comienzo), así como a trabajadores autónomos y a terceros que, por sus relaciones con la entidad, también sean susceptibles de sufrir represalias. Nuevamente, la doctrina acusa en este punto una carencia de la norma, habida cuenta de que no se encuentra en la misma referencia alguna a la protección de los miembros de la organización que hayan sido partícipes de la conducta que denuncian esto es, los dados en llamar "arrepentidos". Su inclusión expresa hubiese sido plenamente conforme con otros postulados supranacionales, como es el caso de la Resolución del Consejo de la Unión Europea de 20 de diciembre de 1996, relativa a las personas que colaboran con el proceso judicial en la lucha contra la delincuencia internacional organizada[21]. En esta, se invita a los Estados miembros a "que adopten medidas adecuadas para fomentar la cooperación con el proceso judicial de las personas que participen o hayan participado en asociaciones para delinquir o en cualquier otro tipo de organización delictiva, o en delitos tipificados como delincuencia organizada". Ciertamente, en no pocas ocasiones los conocedores de los hechos delictivos acontecidos en la organización no serán sino quienes han participado en los mismos. Excluir a estas personas del ámbito de aplicación de una norma destinada a la evitación de represalias, consideramos, supone *de facto* desfavorecer la utilización de canales internos de denuncia a buena parte de los potenciales alertadores. Cuestión distinta, sobre la que no entramos en el presente trabajo dado que excedería de lo pretendido, es

---

20 Por todas, la STJUE de 21 de febrero de 2006, *Halifax y otros*, C-255/02, por la que se entiende por "práctica abusiva" la interpretación de la norma en beneficio propio y con una finalidad no pretendida por aquella.

21 *DOUE* n.º 10, de 11 de enero de 1997, pp. 1-2.

que la evitación de represalias deba o no venir acompañada de beneficios en el trascurso del proceso penal o administrativo-sancionador en el que el propio sujeto denunciante se vea inmerso por su participación en conductas ilícitas. No debe confundirse, por ende, la protección al arrepentido con el establecimiento de un derecho premial en favor de este mismo arrepentido[22].

Consecuentemente, en cumplimiento de sus objetivos, la Directiva *Whistleblowing* prevé en su Capítulo IV un elenco de medidas de protección a los denunciantes, clasificadas en mecanismos de prohibición de represalias (artículo 19), medidas de apoyo (artículo 20), medidas de protección frente a represalias (artículo 21) y medidas de protección de las personas afectadas (artículo 22). Para acogerse a esta protección, deben concurrir en los alertadores tres requisitos: primero, que la información denunciada sea referente a actos que puedan afectar a intereses prevalentes de la Unión Europea, de acuerdo con el ámbito material de aplicación comentado *ut supra* y con independencia de que las eventuales infracciones sean calificadas por las legislaciones nacionales como penales o como administrativas; segundo, que el informante sea trabajador de una entidad pública o privada, de conformidad con el ámbito subjetivo de aplicación de la norma, siempre que la información obtenida haya sido como consecuencia de esta relación laboral; tercero, que el alertador tenga motivos suficientes y razonables para creer que la información que va a revelar es veraz[23].

Por cuanto se refiere a la primera categoría, la norma incluye prohibiciones de suspensión, despido, destitución o medidas equivalentes; degradación o denegación de ascensos; cambio de puesto de trabajo, cambio de ubicación del lugar de trabajo, reducción salarial o cambio del horario de trabajo; denegación de formación; discriminación, o trato desfavorable o injusto; o no renovación o terminación anticipada de un contrato de trabajo temporal. Se trata, por lo tanto, de medidas referidas a la relación laboral empleado-empleador, por las que este último encuentra obstáculos para amedrentar a los potenciales o reales alertadores.

---

22 OLAIZOLA NOGALES (2021: 41-44).

23 JERICÓ OJER (2021: 95).

En la misma línea, las medidas de apoyo referidas en el artículo 20 se circunscriben a los supuestos en los que las represalias se hayan materializado, siendo así que los miembros de la organización afectados tendrán derecho a información y asesoramiento completos e independientes; a asistencia efectiva por parte de las autoridades competentes ante cualquier autoridad pertinente implicada en su protección frente a represalias; a asistencia jurídica en los procesos penales y en los procesos civiles transfronterizos; así como, en caso de preverse por la normativa nacional, a asistencia financiera y apoyo psicológico en el marco de un proceso judicial.

El artículo 21, por su parte, define medidas específicas de protección del alertador en el sentido de la posibilidad de excluirle de responsabilidad por la revelación de información. Así, se establece en el inciso segundo que "no se considerará que las personas que comuniquen información sobre infracciones o que hagan una revelación pública de conformidad con la presente Directiva hayan infringido ninguna restricción de revelación de información, y estas no incurrirán en responsabilidad de ningún tipo en relación con dicha denuncia o revelación pública, siempre que tuvieran motivos razonables para pensar que la comunicación o revelación pública de dicha información era necesaria para revelar una infracción en virtud de la presente Directiva". Como se desprende del tenor literal del precepto, la clave para excluir esta posible responsabilidad por revelación de información reside en que la alerta fuera necesaria para la persecución de la infracción, siendo tal el ánimo del denunciante. Sin embargo, la Directiva no exige un estándar de buena fe por parte del alertador, de forma tal que los motivos por los cuales el sujeto revele la información se tornan en intrascendentes, siempre que la información sea certera o que el denunciante estuviese seguro de su certeza[24].

En relación a la adquisición de la información revelada, la Directiva supedita la inexistencia de responsabilidad a que el acceso no haya sido constitutivo de delito de conformidad con la normativa nacional. Lo mismo acontecerá con los posibles procesos contra el informante relativos a difamación, violación de derechos de autor, vulneración de secretos, infracción de las normas de protección de datos, revelación

24 BACHMAIER WINTER (2023).

de secretos comerciales, o a solicitudes de indemnización basadas en el Derecho laboral privado, público o colectivo.

Junto con tales previsiones, el artículo 21 establece también una inversión de la carga de la prueba de la existencia de represalias. De este modo, en los procesos judiciales incoados por los denunciantes contra el empleador por las represalias sufridas, se dará una presunción *iuris tantum* de que los perjuicios sufridos en la relación laboral son consecuencia de la denuncia efectuada por el alertador, haciéndose recaer sobre el causante del daño la carga de probar lo contrario.

Las medidas de protección recogidas en el Capítulo IV culminan con el artículo 22, en cuya virtud, las personas afectadas por represalias gozarán plenamente de su derecho a la tutela judicial efectiva y a un juez imparcial, así como a la presunción de inocencia y al derecho de defensa, incluido el derecho a ser oídos y el derecho a acceder a su expediente[25]. Por añadidura, los Estados miembros deben velar por que la identidad de las personas afectadas esté protegida mientras cualquier investigación desencadenada por la denuncia o la revelación pública esté en curso.

Con respecto a la confidencialidad, parece ser ésta la tónica imperante en el sistema introducido por la Directiva *Whistleblowing*, habida cuenta de que en la misma no se opta por la prevalencia de las denuncias anónimas. Y es que, mientras el anonimato permite denunciar sin revelar el alertador su identidad, la confidencialidad implica que, en el momento de presentación de la denuncia, el informante es identificado, si bien esta identidad es preservada en el trascurso de la investigación interna. Tal es así que la Directiva incardina en su articulado la regla general de que los canales serán "*diseñados, establecidos y gestionados de una forma segura que garantice que la confidencialidad de la identidad del denunciante y de cualquier tercero mencionado en la denuncia esté protegida, e impida el acceso a ella al personal no autorizado*" (artículo 9.1.a)[26]. Junto con ello, no

---

25 RODRÍGUEZ-MEDEL NIETO (2019: 231).

26 Se incide consonantemente con ello en el Considerando 82 Directiva *Whistleblowing*, en que "una medida ex ante esencial para evitar represalias consiste en salvaguardar la confidencialidad de la identidad del denunciante durante el proceso de denuncia y las investigaciones desencadenadas por la denuncia. Solo ha de poder divulgarse la identidad del denunciante en caso de que exista una obligación necesaria y proporcionada en virtud del Derecho de la Unión o nacional en el con-

obstante, se establece para las corporaciones la obligación vigente de disponer de mecanismos de denuncia anónima, ahora bien, tratando de atribuir al anonimato un carácter residual, sin que ello suponga afectar "a la facultad de los Estados miembros de decidir si se exige o no a las entidades jurídicas de los sectores privado o público y a las autoridades competentes aceptar y seguir las denuncias anónimas de infracciones" (artículo 6.2). Puede inferirse, por tanto, que la Directiva no proscribe la posibilidad de denunciar anónimamente, si bien deja a decisión de los ordenamientos jurídicos internos la eficacia de esta tipología de información de procedencia desconocida[27].

Los mecanismos anteriores se ven complementados por la previsión del artículo 23, por el que se establece un sistema sancionatorio efectivo, proporcionado y disuasorio aplicable a las personas físicas o jurídicas que impiden o traten de impedir la utilización de los canales de denuncias adopten alguna de las medidas de represalia enumeradas en el artículo 19; incentiven procedimientos abusivos contra los alertadores; o incumplan el deber de confidencialidad del artículo 22. De igual forma, en contraposición, los Estados miembros establecerán sanciones efectivas, proporcionadas y disuasorias aplicables respecto de denunciantes cuando se establezca que habían comunicado o revelado públicamente y a sabiendas información falsa.

En cualquier caso, la aplicación de este régimen de protección al *whistleblower* requiere que el mismo haya denunciado por alguno de los mecanismos previstos en la propia Directiva, cuales son los canales internos, externos y la revelación pública. Es así que las personas

---

texto de investigaciones llevadas a cabo por autoridades o de procesos judiciales, en particular para salvaguardar el derecho de defensa de las personas afectadas".

27 *Vid.* Considerando 34 Directiva *Whistleblowing*: "Sin perjuicio de las obligaciones vigentes de disponer la denuncia anónima en virtud del Derecho de la Unión, debe ser posible para los Estados miembros decidir si se requiere a las entidades jurídicas de los sectores privado y público y a las autoridades competentes que acepten y sigan denuncias anónimas de infracciones que entren en el ámbito de aplicación de la presente Directiva. No obstante, las personas que denuncien de forma anónima o hagan revelaciones públicas de forma anónima dentro del ámbito de aplicación de la presente Directiva y cumplan sus condiciones deben gozar de protección en virtud de la presente Directiva si posteriormente son identificadas y sufren represalias".

jurídicas incluidas en el ámbito de aplicación de la norma[28] quedan obligadas a establecer canales y procedimientos de denuncia interna y de seguimiento (artículo 8), los cuales habrán de estar diseñados y gestionados de manera tal que se asegure la confidencialidad del alertador; que se dé a este acuse de recibo de su denuncia en un plazo de siete días; que se designe a la persona u organismo interno responsable del seguimiento diligente de la denuncia; y que se dé respuesta a la denuncia en un plazo de tres o seis meses en función de la dificultad de la investigación interna acometida (artículo 9)[29].

En relación a los canales externos de denuncia, sin ánimo de exhaustividad, señala la Directiva *Whistleblowing* que los Estados miembros "*designarán a las autoridades competentes para recibir las denuncias, darles respuesta y seguirlas, y las dotarán de recursos adecuados*" (artículo 10). Estas autoridades serán externas e independientes a la entidad cuyo miembro denuncia y estarán revestidas de autonomía para la recepción y el tratamiento de la información. Por lo demás, la norma europea deja clara la preferencia por los canales internos[30], al señalar en su artículo 7.2 que "Los Estados miembros promoverán la comunicación a través de canales de denuncia interna antes que la comunicación a través de canales de denuncia externa, siempre que se pueda tratar la infracción internamente de manera efectiva y siempre que el denunciante considere que no hay riesgo de represalias".

En fin, se destina un capítulo específico (Capítulo IV) a la revelación pública de información referente a infracciones cometidas en el seno de la entidad, condicionándose la protección del delator al cumplimiento alternativo de dos requisitos: que la persona haya denunciado primero por canales internos y/o externos; que la persona tenga motivos razonables para creer que la infracción puede constituir un peligro inminente o manifiesto para el interés público o, en el caso concreto de las denuncias externas, que existe un riesgo de represalias

---

28 Se trata de las entidades jurídicas del sector público y de las entidades jurídicas del sector privado con cincuenta o más trabajadores (art. 8.3 y 9 Directiva *Whistleblowing*).

29 TORRENT I SANTAMARÍA & PÉREZ GIL DE GÓMEZ (2020: 18-20).

30 VICARIO PÉREZ (2023: 700).

o hay pocas probabilidades de que se dé un tratamiento efectivo a la infracción (artículo 15).

III. LA PROTECCIÓN DE LOS DENUNCIANTES EN LA LEGISLACIÓN ESPAÑOLA

En España, la transposición[31] de la Directiva *Whistleblowing* tuvo lugar por medio de la Ley 2/2023, de 20 de febrero, reguladora de la protección de las personas que informen sobre infracciones normativas y de lucha contra la corrupción. Empero, con carácter previo pueden encontrarse algunas referencias a la protección de los alertadores en el ordenamiento jurídico nacional. Cabe señalar, a estos efectos, la Ley 10/2010, de 28 de abril, de prevención del blanqueo de capitales y de la financiación del terrorismo[32], en la cual, se alude al obligado establecimiento de procedimientos internos para que los empleados o directivos de las sociedades incluidas en el ámbito de aplicación de la Ley puedan comunicar, incluso anónimamente, información relevante sobre posibles incumplimientos de la ley (artículo 26 bis 1). Junto con ello, y por cuanto a nuestro objeto de estudio ahora interesa, se incluye una cláusula de protección de los informantes, indicándose que "*Los sujetos obligados adoptarán medidas para garantizar que los empleados, directivos o agentes que informen de las infracciones cometidas en* la entidad sean protegidos frente a represalias, discriminaciones y cualquier otro tipo de trato injusto" (artículo 26 bis 3). Es de ver, en adición, que el legislador español aboga por la posibilidad de formular denuncias internas anónimas, apuntándose en el artículo 30 de la propia norma que "Los sujetos obligados adoptarán las medidas adecuadas para mantener la confidencialidad sobre la identidad de los empleados, directivos o agentes que hayan realizado una comunicación de operativa que presente indicios o certeza de estar relacionado con el blanqueo de capitales o la financiación del terrorismo a los órganos de control interno".

---

31 Para un comentario acerca de la transposición de la Directiva *Whistleblowing* en los Estados miembros, nos remitimos a VICENTE ANDRÉS (2023: 149-154).

32 *BOE* n.º 103, de 29 de abril de 2010, pp. 37458-37499.

Si bien no estrictamente circunscrito a la utilización de canales internos de denuncia, también en la Ley Orgánica 3/2007, de 22 de marzo, para la igualdad efectiva de mujeres y hombres[33] se contempla un necesario aseguramiento de indemnidad frente a represalias, toda vez que se considera discriminación por razón de sexo "cualquier trato adverso o efecto negativo que se produzca en una persona como consecuencia de la presentación por su parte de queja, reclamación, denuncia, demanda o recurso, de cualquier tipo, destinados a impedir su discriminación y a exigir el cumplimiento efectivo del principio de igualdad de trato entre mujeres y hombres" (artículo 9).

Con todo, puede inferirse que el incentivo al uso de canales internos de denuncia por parte de los miembros de las entidades y la protección de estos, no es algo que haya permanecido ajeno al ordenamiento jurídico nacional. No obstante, la verdadera consagración del régimen de protección frente a represalias obedece a la transposición de la Directiva *Whistleblowing*. Como se desprende de la Disposición Transitoria Segunda de esta, la Ley debería haberse aprobado antes del 17 de diciembre de 2021, permitiéndose su demora hasta el 17 de diciembre de 2023 para la normativa referente a entidades del sector privado con entre 50 y 249 trabajadores.

Sin embargo, la publicación de la Ley 2/2023 en el BOE no tuvo lugar hasta el 21 de febrero de 2023, estableciéndose, además, que la correspondiente adaptación del sistema legislativo español a las previsiones europeas se pudiera acometer escalonadamente. Así, como regla general, las Administraciones y demás entidades deberían haber contado con un sistema interno de información en el plazo de tres meses desde la entrada en vigor de la Ley, esto es, hasta el 13 de junio de 2023; por su parte, las entidades jurídicas del sector privado con menos de 249 trabajadores o los municipios de menos de 10.000 habitantes pudieron retrasar su incorporación hasta el 1 de diciembre de 2023.

En cualquier caso, entrada ya en vigor en su totalidad a la fecha de redacción de estas líneas, la Ley 2/2023 cumple con un doble objetivo: por un lado, dar cumplida cuenta a la obligada conformación de un régimen de protección de alertadores a la luz de la normativa euro-

---

[33] *BOE* n.º 71 de 23 de marzo de 2007, pp. 12611-12645.

pea; por otro lado, solventar una problemática acuciante en el modelo español de responsabilidad penal de las personas jurídicas, cual es la posibilidad de que las mismas queden exoneradas de contar con un programa de cumplimiento normativo eficaz.

Ciertamente, con respecto a este segundo propósito, la modificación del Código Penal operada en el año 2015 dio lugar a consagración en España del modelo de autorresponsabilidad establecido en el año 2010. Con la redacción actual del artículo 31 bis CP, queda establecido como hecho propio atribuible a las entidades y, por ende, determinante de su eventual condena en un proceso penal, la inexistencia o existencia ineficaz de *compliance programs*[34].

Cuando el legislador introdujo en España la máxima *societas delinquere potest*, la finalidad perseguida no era tanto asegurar la sancionabilidad de las entidades, sino promover la colaboración de estas en el correcto desarrollo del proceso penal incoado contra ellas mismas[35]. Pues bien, toda vez que la efectividad de los *compliance programs* pasa por la atención a los requisitos del artículo 31 bis 5 CP, la Ley 2/2023 se circunscribe al elemento 4.° del citado precepto: 1.°) Mapa de riesgos; 2.°) Protocolos de concreción del proceso de formación de la voluntad de la persona jurídica 3.°) Modelos de gestión de recursos financieros; 4.°) Canales internos de denuncia; 5.°) Sistema disciplinario; 6.°) Verificación periódica del modelo[36]. Por lo tanto, la implantación de canales internos de denuncia es un elemento de valoración de la eficacia de los programas de cumplimiento normativo, siendo que a raíz de la Ley 2/2023 se cuenta ya con parámetros para su ponderación.

Lo anterior da lugar a una situación que encontramos cuanto menos paradójica, cual es la consideración de los canales internos de denuncia como elemento voluntario por parte del Código Penal, pero obligatorio por la Ley 2/2023. En efecto, la introducción de canales internos de denuncia y el consiguiente desarrollo de investigaciones

---

34 SIEBER (2013: 88).

35 JIMENO BULNES (2019: 43).

36 Siguiendo la literalidad de la Circular 1/2016, de 22 de enero, de la Fiscalía General del Estado, "el objeto del proceso penal se extiende ahora también y de manera esencial a valorar la idoneidad del programa de cumplimiento adoptado por la corporación" *[https://www.boe.es/buscar/doc.php?id=FIS-C-2016-00001]*.

reactivas defensivas en el seno de la entidad se erigen en elementos esenciales del programa de *compliance* en atención al artículo 31.bis.5. 4.° CP, que en ningún caso tiene carácter obligatorio[37]. Ciertamente, la aportación de la información denunciada por los delatores y los resultados de las investigaciones como forma de exención o atenuación de responsabilidad penal de la entidad (artículos 31 bis.2. 1.° y 31 bis.4 CP y artículo 31 quarter b) CP) es, en principio, algo voluntario para esta. Pero al mismo tiempo, con la Ley 2/2023, las entidades incluidas en su ámbito de aplicación quedan obligadas a contar con un canal de denuncias (artículos 10 – 13 Ley 2/2023). Pues bien ¿cómo puede valorarse en cuanto que elemento determinante de la exención o atenuación de responsabilidad un componente que, en virtud de otra norma, las entidades han de incorporar obligadamente? Verdaderamente, el contenido del apartado 5 artículo 31 bis CP quedaría vacío de contenido por cuanto se refiere al requisito de los canales corporativos de denuncia.

IV. CONTENIDO DE LA LEY 2/2023

1. *Objeto y ámbito material de aplicación*

En consonancia con la Directiva transpuesta, encontramos nuevamente en la Ley 2/2023 el doble objetivo de promoción del uso de canales de denuncia y de protección a los alertadores que informen sobre infracciones habidas en el seno de las entidades.

Delimitado a las personas físicas informantes, excluyendo por tanto a aquellas entidades que pudieran actuar como tal, estipula el artículo 1 que la Ley 2/2023 tiene por finalidad asegurar en favor de aquellas un marco de protección frente a represalias por poner en conocimiento, a través de los canales de denuncia previstos, infracciones referentes a alguna de las dos categorías contempladas en su artículo segundo. Así, por un lado, de infracciones atinentes a acciones y omisiones que afecten al Derecho de la Unión Europea de conformidad con la Directiva *Whistleblowing*; que supongan un atentado a los in-

---

[37] RODRÍGUEZ-GARCÍA & ORSI (2021: 306 y ss.); RODRÍGUEZ-GARCÍA (2023: 203).

tereses financieros de la Unión; o que incidan en el mercado interior (artículo 2.1.a).

Por otro lado, también quedarán incluidos en el régimen de protección de la norma los informantes de infracciones penales o administrativas graves o muy graves (artículo 2.1.b). La ambigua redacción dada a esta previsión ha dado lugar a fuertes críticas e interpretaciones doctrinales. Para LIÑÁN LAFUENTE, la alusión a infracciones "graves o muy graves" pudiera entenderse referida tanto a las de naturaleza penal como a las de naturaleza administrativa. Ahora bien, ello supondría desatender a la clasificación de la gravedad de los delitos recogida en el Código Penal, cuyo artículo 13 distingue entre delitos leves, menos graves y graves, pero no contempla los delitos muy graves[38]. Dos posibles interpretaciones plantea el antedicho autor: "i) aplicar la interpretación teleológica de la Ley y considerar que el artículo 2, en lo referente a las infracciones penales, se aplica a los delitos castigados con penas menos graves o graves; y ii) aplicar de manera estricta el principio de legalidad y taxatividad y considerar que, al no existir penas muy graves en el ordenamiento jurídico penal, el ámbito material de la Ley solo abarcará las sanciones graves"[39]. En nuestra interpretación, cualquiera de estas dos opciones conllevaría desatender al tenor literal del precepto, toda vez que el mismo no incluye una coma que separe la referencia a infracciones penales e infracciones administrativas.

De esta suerte, nos mostramos coincidentes con las opiniones doctrinales que abogan por la limitación de la alusión a infracciones "graves o muy graves" en el artículo 2.1.b) Ley 2/2023 a las de naturaleza administrativa. En esta corriente se inserta la postura de OUBIÑA BARBOLLA, para quien, en consecuencia, la protección de los informantes amparará a quienes alerten de infracciones penales con independencia de la gravedad del delito comunicado[40]. De la misma posición es VELASCO NÚÑEZ, quien advierte en este sentido que la alerta referente a infracciones administrativas leves, por la cual también pueden sufrirse represalias, queda desprovista de protección[41].

---

38 LEÓN ALAPONT (2023: 290).

39 LIÑÁN LAFUENTE (2023).

40 OUBIÑA BARBOLLA (2023).

41 VELASCO NÚÑEZ (2023: 21).

Vemos así que el ámbito de protección de la Ley 2/2023 es más amplio que el previsto en la Directiva *Whistleblowing*, habida cuenta de que esta se limita a las infracciones del Derecho de la Unión incluidos en su artículo 2.1 comentado *ut supra*, en tanto que la norma española, al amparo de la previsión del artículo 2.2 de la Directiva ("La presente Directiva se entenderá sin perjuicio de la facultad de los Estados miembros para ampliar la protección en su Derecho nacional a otros ámbitos o actos no previstos en el apartado 1"), ha expandido la protección a quien denuncie cualesquiera delitos e infracciones graves o muy graves, con independencia de la materia de que se trate[42]. Ello salvo la excepción incluida en el apartado 4 del propio artículo 2 Ley 2/2023, por el cual, la protección de la norma no alcanza a la revelación de datos que afecten a la información clasificada, ni tampoco a las obligaciones que resultan de la protección del secreto profesional de los profesionales de la medicina y de la abogacía, del deber de confidencialidad de las Fuerzas y Cuerpos de Seguridad en el ámbito de sus actuaciones, así como del secreto de las deliberaciones judiciales. De igual forma, en atención al apartado 5, tampoco se aplicarán las previsiones de la Ley a las informaciones relativas a infracciones en la tramitación de procedimientos de contratación que contengan información clasificada o que hayan sido declarados secretos o reservados, o aquellos cuya ejecución deba ir acompañada de medidas de seguridad especiales conforme a la legislación vigente, o en los que lo exija la protección de intereses esenciales para la seguridad del Estado.

Siguiendo el esquema previsto por la Directiva *Whistleblowing*, la Ley 2/2023 regula el establecimiento de canales internos de denuncia, de un canal externo de comunicación ante una autoridad independiente y determinados supuestos de revelación pública.

Por cuanto se refiere a los primeros, y en relación a las personas jurídicas obligadas a su incorporación, la Ley 2/2023 distingue en función de si se trata de entidades del sector privado o del sector público. Así, señala el artículo 10 que estarán obligadas a disponer un Sistema interno de información:

(a) Las personas físicas o jurídicas que cuenten con al menos cincuenta trabajadores, esto es, cualquier empleador, ya sea autónomo

---

42 VELASCO NÚÑEZ (2023: 21).

con personal contratado o una empresa. Para VELASCO NÚÑEZ, han de contabilizarse los trabajadores discontinuos y los temporales en la medida en que se empleen con regularidad a lo largo del año laboral[43].

(b) Las personas jurídicas que entren en el ámbito de aplicación de los actos de la Unión Europea en materia de servicios, productos y mercados financieros, prevención del blanqueo de capitales o de la financiación del terrorismo, seguridad del transporte y protección del medio ambiente. Ello con independencia del número de trabajadores a su cargo.

(c) Los partidos políticos, los sindicatos, las organizaciones empresariales y las fundaciones creadas por unos y otros, siempre que reciban o gestionen fondos públicos, también con independencia del número de trabajadores a su cargo.

En lo concerniente a las entidades del sector público, el número de empleados resulta indiferente, toda vez que, siguiendo la normativa europea, la Ley 2/2023 incluye en su artículo 13 a todas las personas jurídicas de Derecho Público como obligadas a contar con un sistema interno de información.

En relación a los canales externos de comunicación, indica el artículo 16 que "Toda persona física podrá informar ante la Autoridad Independiente de Protección del Informante, A.A.I., o ante las autoridades u órganos autonómicos correspondientes, de la comisión de cualesquiera acciones u omisiones incluidas en el ámbito de aplicación de esta ley, ya sea directamente o previa comunicación a través del correspondiente canal interno". Se exige, por lo tanto, la conformación de una Autoridad Independiente de Protección del Informante (AAI) como autoridad administrativa de Régimen Jurídico del Sector Público con personalidad jurídica propia y plena capacidad pública y privada, encargada de la gestión del canal externo de comunicaciones y de la adopción de las medidas de protección al informante (artículos 42 y 43 Ley 2/2023). Recientemente ha tenido lugar la aprobación de la norma por la que se crea y regula esta figura, cual es el Real Decreto 1101/2024, de 29 de octubre, por el que se aprueba el Estatuto

---

43 VELASCO NÚÑEZ (2023: 45).

de la Autoridad Independiente de Protección del Informante, A.A.I.[44]. En el mismo, se establece que la AII tendrá por finalidad "garantizar la protección de la persona informante, servir de pilar institucional esencial en la lucha contra la corrupción, actuando en coordinación, en su caso, con otros organismos administrativos u organismos de supervisión, control, inspección o investigación que tengan funciones semejantes, ya existentes en la Administración General del Estado y con autoridades con funciones similares de otras administraciones territoriales" (artículo 2). En cualquier caso, somos de la opinión de ORTIZ PRADILLO en cuanto a los elementos de determinarán el éxito de la AAI, y así, la eficaz coordinación entre la Autoridad y el órgano en cada caso competente para investigar la posible infracción, sin que se produzcan problemas de distribución competencial o de intercambio de información; y el correcto ejercicio de sus facultades sancionadoras ante la adopción de represalias se presenta realmente como una medida de prevención de futuras comisiones ilícitas[45].

Finalmente, la revelación pública se regula en el artículo 19, en el cual se atiende a los mismos requisitos que establece la Directiva *Whistleblowing*: a) que el denunciante haya realizado primero una denuncia a través de los canales internos y/o externos previstos en la norma; b) que existan en el alertador motivos razonables para creer que la infracción habida en el seno de la entidad puede suponer un riesgo para el interés público. Estas condiciones no serán exigibles cuando la persona haya revelado información directamente a la prensa con arreglo al ejercicio de la libertad de expresión y de información veraz previstas constitucionalmente y en su legislación de desarrollo.

2. *Potenciales denunciantes*

El ámbito de aplicación personal de la Ley 2/2023 se recoge en su artículo 3, el cual se refiere indistintamente a los trabajadores del sector público y privado, incluyéndose en todo caso a cualquier persona que tenga la consideración de trabajador por cuenta ajena o de empleado público, a los autónomos, a los accionistas y miembros de

---

44 *BOE* n.º 262, de 30 de octubre de 2024, pp. 138446-138464.
45 ORTIZ PRADILLO (2024: 163).

los órganos de dirección o administración de empresas, o a cualquier persona que trabaje para contratistas, subcontratistas y proveedores. En todos estos supuestos, se exige que la información objeto de denuncia haya sido obtenida por la persona en el contexto laboral o profesional.

En adición, las medidas de protección contenidas en la norma se extienden igualmente a quienes hayan mantenido con la entidad pública o privada una relación laboral o estatutaria ya finalizada, a los voluntarios, becarios, trabajadores en periodos de formación con independencia de que perciban o no una remuneración, así como a aquellos cuya relación laboral todavía no haya comenzado, en los casos en que la información sobre infracciones haya sido obtenida durante el proceso de selección o de negociación precontractual.

Todos los sujetos anteriores serán, por ende, beneficiarios de las medidas de protección que, en transposición de los postulados europeos, se incorporan a la Ley 2/2023. Se aprecia, no obstante, una importante diferencia entre la regulación ofrecida por la Directiva *Whistleblowing* y la norma española, cual es la inclusión en esta última de las personas jurídicas como potenciales alertadores necesitados de protección. Ciertamente, indica el apartado 4.c del artículo 3 que los mecanismos de protección frente a represalias se aplicarán a "personas jurídicas, para las que trabaje o con las que mantenga cualquier otro tipo de relación en un contexto laboral o en las que ostente una participación significativa. A estos efectos, se entiende que la participación en el capital o en los derechos de voto correspondientes a acciones o participaciones es significativa cuando, por su proporción, permite a la persona que la posea tener capacidad de influencia en la persona jurídica participada". Vemos, por lo tanto, que queda colmada una de las lagunas advertidas por la doctrina en la legislación europea, toda vez que es perfectamente factible que sean personas jurídicas que, por su relación con la entidad infractora, sean conocedoras del ilícito cometido y, por consiguiente, potenciales denunciantes.

En cuanto a las medidas de protección, su atribución a los denunciantes parte de los mismos requisitos que la Directiva *Whistleblowing*, esto es, que los informantes tengan motivos razonables para pensar que la información referida es veraz en el momento de la comunicación o revelación, aun cuando no aporten pruebas concluyentes; y que la comunicación o revelación se haya realizado conforme a los requerimientos previstos en la Ley (artículo 35.1 Ley 2/2023). En contraposición, no quedarán amparadas por la protección brindada en la norma quienes revelen informaciones contenidas en comunicaciones que hayan sido inadmitidas por algún canal interno de información o por carecer de toda verosimilitud; informaciones vinculadas a reclamaciones sobre conflictos interpersonales o que afecten únicamente al informante y a las personas a las que se refiera la comunicación o revelación; o informaciones que ya estén completamente disponibles para el público o que constituyan meros rumores (artículo 35.2 Ley 2/2023).

No se hace referencia a la necesidad de "actuación de buena fe" por parte del alertador. Ahora bien, se considera desde la doctrina que la revelación de información ha de obedecer a motivos altruistas y no a la búsqueda de un beneficio personal[46]. Sobre el particular, resulta especialmente significativa la Propuesta de Resolución del Parlamento Europeo sobre las medidas legítimas para la protección de los denunciantes de irregularidades que, en aras del interés público, revelan información confidencial sobre empresas y organismos públicos (2016/2224(INI)), donde sí que se alude a la noción de "buena fe" al señalar que "los denunciantes de irregularidades son una fuente de información importante para los periodistas de investigación, y pide (el Parlamento Europeo) a los Estados miembros que garanticen que los derechos de los periodistas y la identidad de los denunciantes que actúan de buena fe sean protegidos eficaz y jurídicamente cuando se demuestre que las denuncias son ciertas; hace hincapié en que los periodistas, cuando ellos mismos sean la fuente, deben también estar protegidos y que las autoridades deben abstenerse de recurrir a la vigilancia en ambos casos"[47]. Igualmente, la Exposición de Motivos de la Ley 2/2023, aseverándose que "La buena fe, la conciencia honesta de que se han producido o pueden producirse hechos graves perjudiciales constituye un requisito indispensable para la protección del informante. Esa buena fe es la expresión de su comportamiento cívico y se contrapone a otras actuaciones que, por el contrario, resulta indispensable excluir de la protección, tales como la remisión de informaciones falsas o tergiversadas, así como aquellas que se han obtenido de manera ilícita".

---

46 GARCÍA MORENO (2020: 71 y ss.).
47 2016/2224(INI).

No obstante, debe matizarse que la exigencia de verosimilitud en modo alguno implica la obligación de aportar pruebas por parte del denunciante, siendo suficiente con que la información sea precisa y confiable[48]. Sobre esta cuestión se pronuncia el TEDH en el asunto *Halet c. Luxemburgo*, de 14 de febrero de 2023, indicando que "[c] uando un denunciante ha tomado diligentemente medidas para verificar, en la medida de lo posible, la autenticidad de la información revelada, no se le puede denegar la protección que le otorga el artículo 10 del CEDH por el único motivo de que posteriormente se haya demostrado que la información era inexacta"[49].

En fin, no nos detendremos en estas líneas en las concretas medidas incluidas en la Ley 2/2023, habida cuenta de que apenas existen someras diferencias a las establecidas en la Directiva *Whistleblowing*. Así, en el Título VII de la norma española se distingue entre prohibición de represalias (artículo 36), medidas de apoyo (artículo 37), medidas de protección frente a represalias (artículo 38) y medidas para la protección de las personas afectadas (artículo 39)[50].

V. LIMITACIONES DE LA LEY 2/2023

Dedicamos este epígrafe a un análisis de los preceptos de la Ley 2/2023 que, lejos de lograr el objetivo fundamental de la norma, pueden desembocar en un desincentivo a la implantación eficiente de canales internos de denuncia y/o a su utilización por los sujetos incluidos en el ámbito de aplicación de la Ley.

---

48 Como señala NIETO MARTÍN, el grado de verosimilitud de la denuncia preciso para abrir la investigación interna "debe ser en cualquier caso significativamente más bajo al que determina por ejemplo la apertura de una investigación penal" [NIETO MARTÍN (2015: 236)].

49 STEDH, de 14 de febrero de 2023, asunto *Halet c. Luxemburgo*, párrafo 126.

50 Para un análisis específico de las medidas de protección del informante, nos remitimos a GÓMARA (2023: 45-56).

1. *Artículo 9.2.j): desincentivo al uso de canales de denuncia y afectación al derecho a la no autoincriminación*

Como venimos comentando a lo largo del presente trabajo, la protección de los denunciantes propugnada tanto por la Directiva *Whistleblowing* como por la Ley 2/2023 no obedece sino a una finalidad de estímulo al uso de los canales de denuncia por los miembros internos y externos de las personas jurídicas. Pese a esta finalidad, la traslación de la norma europea al ordenamiento jurídico español adolece de alguna problemática que puede producir el efecto indeseado de disuadir a potenciales alertadores. En el presente epígrafe analizaremos los preceptos de la Ley 2/2023 que, en nuestra consideración, son susceptibles de generar esta coyuntura.

Aludimos en primer lugar al artículo 9.2.j) Ley 2/2023, el cual, referente a la regulación del procedimiento de gestión de las informaciones recibidas en el canal de denuncias, establece una obligación de "*Remisión de la información al Ministerio Fiscal con carácter inmediato cuando los hechos pudieran ser indiciariamente constitutivos de delito. En el caso de que los hechos afecten a los intereses financieros de la Unión Europea, se remitirá a la Fiscalía Europea*". Nos encontramos, por tanto, ante una situación en la que las personas jurídicas incluidas en el ámbito de aplicación de la norma se ven obligadas a contar con canales internos de denuncia, siendo que la información que se revela a través de estos puede acabar desembocando en la condena de la entidad en el proceso penal que se siga contra ella. Ciertamente, la condena a las personas jurídicas obedece a los mismos criterios de culpabilidad, presunción de inocencia y personalidad que los predicables respecto de las personas físicas. De esta suerte, se requiere la constatación por parte de la acusación de la existencia de un hecho ilícito en la entidad, así como de un hecho propio atribuible a esta consistente en la inexistencia de un programa de cumplimiento normativo eficaz. Pues bien, en no pocas ocasiones, la prueba del delito cometido en el ámbito de actividad de la empresa por uno de sus miembros en su nombre y beneficio, quedará condicionada a la colaboración de la propia entidad en el curso del proceso penal. Pero esta colaboración, ¿puede ser obligatoria? Si atendemos al tenor literal del artículo 9.2.j) Ley 2/2023, la persona jurídica queda compelida a poner en conocimiento del Ministerio Fiscal (o, en su caso, de la Fiscalía Europea) los hechos delictivos habidos en la corporación y que, de no existir esta obligación, podrían llegar a no ser conocidos por las autoridades[51].

Desde luego, esta vicisitud propiciará que las entidades sopesen el establecimiento de canales de denuncia internos efectivos, así como el incentivo de sus trabajadores y directivos a su utilización. No serán pocas las personas jurídicas que optarán por hacer frente al pago de las multas derivadas del incumplimiento de la Ley 2/2023[52], para así evitar verse envueltas en el curso de un proceso penal donde, a la luz de la información revelada, pueden tener la consideración de sujetos pasivos. Recordemos que la Ley 2/2023 establece la posibilidad de que, en el ejercicio de su facultad disciplinaria en cuanto que empleador, la persona jurídica prevea sanciones para los miembros que no utilicen el canal de denuncias. Con ello nos planteamos la siguiente cuestión: si el delito revelado puede ser atribuido a la propia persona jurídica, ¿realmente esta va a tener interés en sancionar a quien no lo denuncia internamente?

Por lo demás, el artículo 9.2.j), junto con el posible desincentivo a la implantación y utilización de canales de denuncia, se presenta como contrario al derecho a la no autoincriminación de las personas jurídicas[53]. Las entidades, en cuanto que sujetos pasivos del proceso

---

51 En consonancia con el art. 26.1 Ley 2/2023: "Todos los sujetos obligados, de acuerdo con lo dispuesto en esta ley, a disponer de un canal interno de informaciones, con independencia de que formen parte del sector público o del sector privado, deberán contar con un libro-registro de las informaciones recibidas y de las investigaciones internas a que hayan dado lugar, garantizando, en todo caso, los requisitos de confidencialidad previstos en esta ley. Este registro no será público y únicamente a petición razonada de la Autoridad judicial competente, mediante auto, y en el marco de un procedimiento judicial y bajo la tutela de aquella, podrá accederse total o parcialmente al contenido del referido registro".

52 El art. 63.3.b) Ley 2/2023 considera como infracción leve el "Incumplimiento de la obligación de colaboración con la investigación de informaciones". Ello lleva aparejado una sanción de hasta 100.000 euros [art. 65.1.b)].

53 LIÑAN LAFUENTE (2023): "Si esta obligación de realizar una investigación interna se conjuga con la de remitir al Ministerio Fiscal, de manera inmediata, la información cuando los hechos pudieran ser constitutivos de delito (art. 9.2.j) Ley 2/2023) parece evidente considerar que el expediente de investigación interna sería un documento obligatorio que se ha de entregar a la Fiscalía. Pero si así fuese, ello supondría la derogación por una vía indirecta del derecho de la persona jurídica a la no auto incriminación, por lo que debe ser rechazada esta solución por llevar a una consecuencia de clara inconstitucionalidad".

penal, vienen revestidas de las mismas garantías procesales que las que se atribuyen en favor de las personas físicas (artículo 119 LECrim en remisión al artículo 118 del mismo cuerpo normativo). De este modo, deben quedar amparadas por el derecho a la no autoincriminación protegido igualmente por el artículo 24 CE[54]. Una previsión como la del artículo que analizamos constituye una suerte de deber de confesión contraria al principio *nemo tenetur se ipsum accusare*, sobre el que se asientan los derechos a guardar silencio y a no declarar contra uno mismo[55].

Ya advertía GOENA VIVES, con carácter previo a la aprobación de la Ley y en opinión que compartimos, la incoherencia sistémica derivada de las previsiones normativas por las que se incluye a las personas jurídicas como sujetos pasivos del proceso penal con una finalidad no tanto sancionadora sino colaboradora[56]. A esta problemática no hace sino contribuir el artículo 9.2.j) Ley 2/2023, el cual dificulta sobremanera la conjugación de un reconocimiento al *nemo tenetur* corporativo con la efectividad del régimen de responsabilidad penal de las entidades.

Como criterio valorativo a tomar en consideración para abordar la disonancia argumentada, la jurisprudencia viene distinguiendo, a la hora de reputar la entrega de documentación como voluntaria u obligatoria, en función de si la existencia de la información de que se trate es resultado o no de una obligación legal. Nos remitimos a estos efectos a la STEDH en el asunto *Saunders c. Reino Unido*, de

---

54 En este sentido, la STS 514/2015, de 2 de septiembre, FJ Tercero: "ya se opte por un modelo de responsabilidad por el hecho propio, ya por una fórmula de heterorresponsabilidad, parece evidente que cualquier pronunciamiento condenatorio de las personas jurídicas habrá de estar basado en los principios irrenunciables del Derecho Penal".

55 ARANGÜENA FANEGO (2019: 463).

56 GOENA VIVES (2021: 33-34): "Las dificultades prácticas y de legitimidad que la naturaleza prestacional del sujeto corporativo plantea para el reconocimiento de un nemo tenetur corporativo, debe añadirse la difícil compatibilidad del privilegio corporativo a la no auto-incriminación, con la propia efectividad del régimen de responsabilidad penal corporativo. (...) No tiene sentido que un proceso penal principalmente orientado a promover la colaboración de la entidad procesada avale una estrategia que, además de hacer impracticables sus propios incentivos, se pueda volver en contra del sujeto al que supuestamente protege".

17 de diciembre de 1996[57], por la cual, el derecho a no autoincriminarse resulta de plena efectividad en tanto en cuanto la existencia de la documentación requerida a la que posteriormente se le dote de valor probatorio en sede jurisdiccional penal, dependa única y exclusivamente de la voluntad de la persona investigada y no de la ley. Pues bien, a raíz de la entrada en vigor de la Ley 2/2023, el registro y reporte de información sobre hechos delictivos ya no es un criterio de colaboración de las entidades con el proceso penal y, por tanto, voluntario, sino que pasa a ser una obligación para las personas jurídicas incluidas en el ámbito de aplicación de la Ley.

2. *Artículo 33.3: afectación al anonimato del denunciante*

Un segundo artículo digno de comentario es el 33.3 Ley 2/2023, por el cual: "*La identidad del informante solo podrá ser comunicada a la Autoridad judicial, al Ministerio Fiscal o a la autoridad administrativa competente en el marco de una investigación penal, disciplinaria o sancionadora*".

Como venimos argumentado, la medida estrella para la evitación de represalias es la confidencialidad o, en su caso, el anonimato del alertador. Sobre la posibilidad de presentar denuncias internas anónimas se pronuncia el artículo 7.3 Ley 2/2023, en cuya virtud, "[l]os canales internos de información permitirán incluso la presentación y posterior tramitación de comunicaciones anónimas". Verdaderamente, ello permite la puesta en conocimiento de informaciones por parte de trabajadores y colaboradores que, de lo contrario, no se atreverían a denunciar por miedo a represalias de darse su identificación.

Sin embargo, el artículo 33.3 Ley 2/2023 faculta a las autoridades competentes a conocer la identidad del alertador. Ello puede encontrar su lógica en el derecho al debido proceso del denunciado, dado que, si de la información revelada se deriva un ulterior proceso penal, el desconocimiento de la procedencia de la información podría afectar a su derecho a un proceso con todas las garantías. En nuestra opinión, esta problemática encuentra solución en el desligue de las denuncias internas anónimas del concepto estricto de denuncia de los

---

57 STEDH de 17 de diciembre de 1996, asunto *Saunders c. Reino Unido*.

artículos 266 y siguientes LECrim. En su lugar, el conocimiento de hechos potencialmente delictivos por la autoridad judicial, el Ministerio Fiscal o la autoridad administrativa competente, debe quedar incardinando en el ámbito de la *notitia criminis*. De esta suerte, la falta de conocimiento acerca del denunciante que hizo uso del canal interno corporativo, puede compensarse en el curso del proceso penal o administrativo por medio de diligencias que confirmen la veracidad de la información[58]. La STS de 11 de abril de 2018 puntualiza en este orden de ideas que "la lógica prevención frente a la denuncia anónima no puede llevarnos a conclusiones contrarias al significado mismo de la fase de investigación. Se olvidaría con ello que el art. 308 de la LECrim referido al sumario ordinario, obliga a la práctica de las primeras diligencias «inmediatamente que los Jueces de instrucción (...) tuvieren conocimiento de la perpetración de un delito». Es indudable que ese conocimiento puede serle proporcionado por una denuncia en la que no consta la identidad del denunciante. Cuestión distinta es que ese carácter anónimo de la denuncia refuerce el deber del Juez instructor de realizar un examen anticipado, provisional y, por tanto, en el plano puramente indiciario, de la verosimilitud de los hechos delictivos puestos en su conocimiento"[59].

En suma, la denuncia interna anónima no tiene por qué ser vista como una conculcación de las garantías inherentes al debido proceso, sino como una forma de conocimiento de informaciones por las autoridades que no podrían averiguarse de otro modo y que darán lugar a las posteriores diligencias de verificación. Con todo, consideramos in-

---

58 LEÓN ALAPONT (2023: 248).

59 STS 318/2013, de 11 de abril, FJ Segundo. En el mismo sentido, la STS 35/2020, donde se señala por añadidura que "se busca reforzar la protección del *whistleblower* y el ejercicio de su derecho a la libertad de expresión e información reconocida en el art. 10 CEDH y 11 de la Carta de los Derechos Fundamentales de la UE, y con ello incrementar su actuación en el descubrimiento de prácticas ilícitas o delictivas, como en este caso se llevó a cabo y propició la debida investigación policial y descubrimiento de los hechos. Debe destacarse, en consecuencia, que la implantación de este canal de denuncias, forma parte integrante de las necesidades a las que antes hemos hecho referencia del programa de cumplimiento normativo, ya que con el canal de denuncias quien pretenda, o planee, llevar a cabo irregularidades conocerá que desde su entorno más directo puede producirse una denuncia anónima que determinará la apertura de una investigación que cercene de inmediato la misma" (STS 35/2020, de 6 de febrero, FJ Segundo).

necesaria una disposición como la del artículo 33.3 Ley 2/2023, dado que su inclusión en la norma de protección de los alertadores puede que resulte en un rechazo al uso del canal por temor a represalias tras conocerse su identidad en el trascurso del proceso penal.

3. *Artículo 38: posible sanción penal al denunciante*

El artículo 38.2 Ley 2/2023 es el que, estimamos, dará lugar a mayores reservas en cuanto a la materialización de las potenciales denuncias. Conforme al mismo, "[l]os informantes no incurrirán en responsabilidad respecto de la adquisición o el acceso a la información que es comunicada o revelada públicamente, siempre que dicha adquisición o acceso no constituya un delito". Es el último inciso el que deja abierta la posibilidad de que, con su descubrimiento y revelación de información, el alertador pueda incurrir en responsabilidad penal a la luz del delito de descubrimiento y revelación de secretos del artículo 197 CP.

La incorporación a la normativa española de una suerte de inmunidad penal por la revelación de información hubiera sido plenamente factible si dirigimos la mirada a la Directiva *Whistleblowing*, cuyo artículo 21.3 precisa, en su inciso final, que "[e]n el caso de que la adquisición o el acceso constituya de por sí un delito, la responsabilidad penal seguirá rigiéndose por el Derecho nacional aplicable". Así pues, la norma europea faculta a los legisladores nacionales a acondicionar en el derecho interno la posible comisión o no de delito por parte de los alertadores.

Es ilustrativa sobre este particular la ya aludida STEDH en el asunto *Halet c. Luxemburgo*, de 14 de febrero de 2023, en la cual se establecen seis criterios para determinar si la revelación de información en el sentido que nos ocupa es o no constitutiva de delito. Se toman así en consideración los siguientes factores:

– Que los canales utilizados sean los previstos legalmente, debiendo darse prioridad a los canales de denuncia internos (apartados 121-123).

– Que la información sea auténtica: "los denunciantes que deseen obtener la protección del artículo 10 del Convenio deben comportarse de manera responsable tratando de verificar, en la medida de lo posible, que la información que pretenden divulgar es auténtica antes de hacerla pública" (apartado 127).

– Que el denunciante actúe de buena fe: "no se puede considerar que un solicitante cuyas alegaciones se basaran en un mero rumor y que no tuviera pruebas para respaldarlas haya actuado de buena fe" (apartado 130).

– Que la información esté revestida de interés público: "La cuestión de si una divulgación realizada en violación de un deber de confidencialidad sirve o no a un interés público, como por ejemplo para atraer la protección especial a la que pueden tener derecho los denunciantes en virtud del artículo 10 del Convenio, exige una evaluación que tenga en cuenta las circunstancias de cada caso y el contexto al que pertenece, y no en abstracto" (apartado 144).

– Que se lleve a cabo una ponderación del perjuicio causado por la revelación de información: "más allá del mero perjuicio para el empleador, son los efectos perjudiciales, tomados en su conjunto, que la divulgación en cuestión puede acarrear, los que deben tenerse en cuenta al evaluar la proporcionalidad de la injerencia en el derecho a la libertad de expresión de los denunciantes protegidos por el artículo 10 del Convenio" (apartado 148).

– Que se pondere la gravedad de la sanción que en su caso corresponda imponer al denunciante: "la naturaleza y la gravedad de las sanciones impuestas son factores que deben tenerse en cuenta a la hora de apreciar la proporcionalidad de una injerencia en el derecho a la libertad de expresión" (apartado 154).

VI. A MODO DE REFLEXIÓN FINAL

La protección de los alertadores ante posibles represalias en el seno de las personas jurídicas públicas y privadas se presentaba como una necesidad imperiosa en el ordenamiento español, no solo por el obligado cumplimiento de los mandatos europeos, sino por la hasta entonces inexistencia de una norma homogeneizadora de las medidas a adoptar. La entrada en vigor de la Ley 2/2023 supone en este aspecto un hito importante tanto en la conformación de un abanico de medidas de apoyo y garantía, como en la regulación de los sistemas internos y externos de información.

Quedando atrás el tradicional modelo de inexistencia de responsabilidad penal para las personas jurídicas, la opción por la máxima *societas delinquere potest* ha dado lugar a una progresiva adaptación del ordenamiento nacional en diversos ámbitos. Junto con previsiones de índole sustantiva y procesal, la enumeración de elementos valorativos de los programas de cumplimiento por el artículo 31 bis 5 CP precisa de una especificación de su contenido. La Ley 2/2023 se ocupa del apartado 4.º del reseñado precepto, el cual refiere que las entidades "Impondrán la obligación de informar de posibles riesgos e incumplimientos al organismo encargado de vigilar el funcionamiento y observancia del modelo de prevención".

Siendo que la Ley 2/2023 se ocupa de reglar las características de los canales, esta norma podrá desde luego ser tomada como referencia por los órganos judiciales a la hora de apreciar la eficacia de los programas de cumplimiento normativo como criterio de exención o atenuación de responsabilidad de las entidades. De igual forma, como venimos sosteniendo a lo largo del trabajo, la inclusión de medidas de protección a los alertadores propiciará una mayor confianza de estos para recurrir a los canales de denuncia, facilitándose con ello el fin fundamental del modelo de responsabilidad penal de las entidades, cual es mejorar la prevención y represión delictiva a través de la colaboración de las propias personas jurídicas mediante la aportación de datos al proceso penal.

Ello no obstante, la Ley 2/2023 dista de ser perfecta en la consecución de estos objetivos. Como hemos tenido ocasión de comentar, el margen de discrecionalidad que la Directiva *Whistleblowing* brinda a los Estados miembros en cuestiones tales como la aportación de la información recibida al proceso penal, la presentación de denuncias anónimas o la posible comisión por el alertador de un delito de revelación de secretos, han facultado al legislador español a la inclusión de ciertos preceptos que pueden resultar contrarios a la finalidad última de la norma.

VII. BIBLIOGRAFÍA

ARANGÜENA FANEGO, C. (2019): "El derecho al silencio, a no declarar contra uno mismo y a no confesarse culpable de la persona jurídica y el régimen de *compliance*". En GÓMEZ COLOMER, J. L. (dir.): *Tratado sobre compliance Penal: responsabilidad penal de las personas jurídicas y modelos de organización y gestión*. Valencia: Tirant lo Blanch (439-472).

BACHMAIER WINTER, L. (2019): "*Whistleblowing* europeo y *compliance*: La Directiva EU de 2019 relativa a la protección de personas que reporten infracciones del Derecho de la Unión". *Diario LA LEY*, 9539.

FRAGO AMADA, J. A. (2023): *La persona jurídica en el proceso penal: presente y futuro*. Cizur Menor: Aranzadi.

GARCÍA MORENO, B. (2020): *Del whistleblower al alertador: la regulación europea de los canales de denuncia*. Valencia: Tirant lo Blanch.

GOENA VIVES, B. (2021): "Responsabilidad penal de las personas jurídicas y *nemo tenetur*: análisis desde el fundamento material de la sanción corporativa". *Revista Electrónica de Ciencia Penal y Criminología*, 23-22 (1-52).

GÓMARA, J. L. (2023): *Canal de denuncias. Ley 2/2023*. Madrid: Francis Lefebvre.

GÓMEZ-JARA DÍEZ, C. (2005): *La culpabilidad penal de la empresa*. Madrid: Marcial Pons.

JERICÓ OJER, L. (2021): "Responsabilidad penal por la obtención y revelación de información confidencial: garantías que establece la Directiva 2019/1937 para los alertadores y las decisiones jurisprudenciales españolas al respecto". En: OLAIZOLA NOGALES, I., SIERRA HERNAIZ, E. & H. LÓPEZ LÓPEZ (dirs.): *Análisis de la Directiva UE 2019/1937 Whistleblower desde las perspectivas penal, procesal, laboral y administrativo-financiera*. Cizur Menor: Aranzadi (81-117).

JIMENO BULNES, M. (2019): "La responsabilidad penal de las personas jurídicas y los modelos de *compliance*: un supuesto de anticipación probatoria". *Revista General de Derecho Penal*, 32 (1-67).

LEÓN ALAPONT, J. (2023): *Canales de denuncia e investigaciones internas en el marco del compliance penal corporativo*. Valencia: Tirant lo Blanch.

LIÑÁN LAFUENTE, A. (2023): "La Ley 2/2023, de protección del informante, vs. el derecho a la no autoincriminación de la persona jurídica". *LA LEY Penal*, 162.

NIETO MARTÍN, A. (2015): "Investigaciones internas". En: NIETO MARTÍN, A. (dir): *Manual de cumplimiento penal en la empresa*. Valencia: Tirant lo Blanch (231-270).

OLAIZOLA NOGALES, I. (2021): "La protección de los denunciantes: algunas carencias de la Directiva (UE) 2019/1937". En: OLAIZOLA NOGALES, I., SIERRA HERNAIZ, E. & H. LÓPEZ LÓPEZ (dirs.): *Análisis de la Directiva UE 2019/1937 Whistleblower desde las perspectivas penal, procesal, laboral y administrativo-financiera*. Cizur Menor: Aranzadi (27-51).

ORTIZ PRADILLO, J. C. (2024): *Whistleblowing, colaboración eficaz con la justicia y proceso penal*. Madrid: La Ley.

OUBIÑA BARBOLLA, S. (2023): "Luces y sombras en la puesta en marcha de los canales de información de la Ley 2/2023: cuando el tiempo importa", *Diario LA LEY*, 10334.

RAGUÉS I VALLÈS, R. (2006): "¿Héroes o traidores? La protección de los informantes internos *(whistleblowers)* como estrategia político-criminal". *InDret: Revista para el Análisis del Derecho*, 364 (11-19).

RODRÍGUEZ-GARCÍA, N. & O. G. ORSI (2021): "Las investigaciones defensivas en el compliance penal corporativo". En: RODRÍGUEZ-GARCÍA, N. & F. RODRÍGUEZ LÓPEZ (eds.): Compliance *y responsabilidad de las personas jurídicas*. Valencia: Tirant lo Blanch (293-389).

RODRÍGUEZ-GARCÍA, N. (2023): "Las investigaciones internas como elemento esencial de los 'criminal compliance programs': haciendo de la necesidad virtud". *Revista Penal*, 52 (201-223).

RODRÍGUEZ-MEDEL NIETO, C. (2019): "La protección de los informantes —*whistleblowers*— y las garantías de los investigados. Análisis de la Propuesta de Directiva de la Unión Europea y en España de la Proposición de Ley Integral de lucha contra la corrupción y protección de los denunciantes". *Revista de Estudios Europeos*, 1 (225-245).

SIEBER, U. (2013): "Programas de *compliance* en el Derecho Penal de la empresa. Una nueva concepción para controlar la criminalidad económica". En: ARROYO ZAPATERO, L. & A. NIETO MARTÍN (dirs.): *El Derecho Penal económico en la era* compliance. Valencia: Tirant lo Blanch (63-109).

TORRENT I SANTAMARÍA, J. M. & L. PÉREZ GIL DE GÓMEZ (2020): "Análisis de la Directiva Europea de *whistleblowing* y principales retos de la nueva regulación. El caso de España". *Derecho PUCP*, 85 (79-114).

VELASCO NÚÑEZ, E. (2023): *El canal de denuncias: sector privado y público. La protección del informante en la Ley 2/2023, de 20 de febrero*. Madrid: La Ley.

VICARIO PÉREZ, A. M. (2023): "La Directiva *Whistleblowing*: un paso más en la privatización del proceso penal. Especial referencia a las entrevistas en las investigaciones internas". *Revista Brasileira de Direito Processual Penal*, 9(2) (689-722).

VICENTE ANDRÉS, R. (2023): *La protección del informante en el marco del compliance. De la Directiva 2019/1973 a su transposición interna mediante la Ley 2/2023, de 23 de febrero*. Madrid: Sepín.

LA COLABORACIÓN CON LA JUSTICIA EN LA LEY 2/2023, DE 20 DE FEBRERO: INFORMANTES-COLABORADORES Y LA JUSTICIA PREMIAL DESDE LA PERSPECTIVA PENAL

Marina Oliveira Teixeira dos Santos[1]
Asesora de la Autoridad Independiente en Materia de Corrupción de Castilla y León[2]

I. INTRODUCCIÓN

RAGUÉS I VALLÈS, ya en 2006[3] y mucho antes de cualquier desarrollo legislativo en este ámbito, destacaba que, ante el evidente interés público en la figura del *whistleblower*, podían plantearse tres formas de incentivarla: reforzar la obligación de denunciar, recompensar y proteger a los informantes. Si bien la primera opción ya mostraba sus inconvenientes casi dos décadas atrás —en la medida en que reforzar únicamente la obligación de denunciar no era suficiente para abarcar todas las situaciones y sujetos—[4], las dos últimas formas siguen siendo las más referidas para fomentar el *whistleblowing*.

---

1 Doctora en Derecho con Premio Extraordinario. Investigadora del "Centro de Investigación para la Gobernanza Global", del "GIR-USAL Justicia, sistema penal y criminología" y del "Observatorio Iberoamericano de Justicia Penal" de la Universidad de Salamanca. Este trabajo se ha desarrollado en el marco del Proyecto de Investigación "Cumplimiento normativo y protección penal de la Administración Pública" (PID2022-138775NB-I00) del Ministerio de Ciencia e Innovación del Gobierno de España. Contacto: marinaoliveira.737@gmail.com.

2 El contenido de este artículo es responsabilidad exclusiva de la autora y no refleja, en modo alguno, las opiniones o posiciones oficiales de la Autoridad Independiente en Materia de Corrupción de Castilla y León.

3 RAGUÉS I VALLÈS (2006: 7-10).

4 GARCÍA MORENO también explica el óbice de esta estrategia desde la perspectiva del postulado liberal actualmente vigente, a partir del cual la libertad de los

Por un lado, el propio título de la Ley 2/2023, de 20 de febrero (en adelante, Ley 2/2023), indica que su objetivo primordial es regular la protección de las personas que informen sobre infracciones normativas. En concreto, en el Preámbulo I se señala que la finalidad principal de la ley es proteger a los ciudadanos que informen sobre vulneraciones en el marco de las relaciones profesionales.

Por otro lado, la normativa no solo omite mencionar el término "recompensa" para los *whistleblowers* como una medida igualmente necesaria para incentivar la comunicación de infracciones, sino que tampoco aclara con profundidad la única medida de recompensa prevista: los supuestos de exención y atenuación de la pena para los informantes de infracciones administrativas que también hubiesen participado en ellas (art. 40 de la Ley 2/2023). De esta manera, en el Preámbulo I únicamente encontramos que "las ventajas y eficacia que han demostrado los programas de clemencia en ciertos ámbitos sectoriales han llevado a incluir una regulación en la que precisan las concretas condiciones para su correcta aplicación"[5].

A pesar de la existencia de informantes puramente altruistas —posiblemente fundados en la obligación legal de denunciar establecida en los arts. 259 y 262 de la LECrim[6]—, en un modelo de *whistleblowing* en el que la única medida aplicable es la protección, como forma de impedir que la comunicación le genere perjuicios, aunque no lo recompense[7], la utilización de técnicas de recompensa mediante la exención de responsabilidad penal o la atenuación de la pena resulta fundamental para incentivar que posibles informantes decidan *soplar el silbato*.

Esto puede observarse a partir de distintas convenciones y documentos legales internacionales[8], de las medidas similares existentes en

---

ciudadanos es más fuerte que la obligación legal, aunque a través de la amenaza de sanción (2020: 205-206).

5 En concreto, vale recordar que la medida premial del art. 40 de la normativa también se aleja del contenido mínimo dispuesto en la Directiva (UE) 2019/1937, en la que no hay mención a recompensas o a un sistema de clemencia a los informantes que hayan participado en la infracción comunicada.

6 Con las excepciones reguladas legalmente. *Cfr.* GÓMEZ COLOMER (2024: 157).

7 Respecto al modelo kantiano de *whistleblowing* no incentivado *cfr.* GARCÍA MORENO (2020: 159 y ss.).

8 Como a través de la Convención de las Naciones Unidas contra la Corrupción. *Cfr.* ROCHA (2016: 57). Así mismo, *cfr.* OLIVEIRA TEIXEIRA DOS SANTOS (2024: 110 y ss.).

otros países europeos[9] y también del propio sistema de premiación a los colaboradores con la justicia penal en España. En concreto, destacan las disposiciones del Código Penal (en adelante, CP) relativas a determinados tipos privilegiados y la interpretación más comúnmente utilizada en la jurisprudencia: la derivada de la aplicación analógica de la atenuante de confesión recogida en los arts. 21.4 y 21.7 CP.

Desde esta perspectiva, el trabajo tiene como objetivo analizar la justicia premial correspondiente a aquellos *whistleblowers* que, habiendo participado en la infracción, decidan colaborar con la justicia.

Para ello, en primer lugar, debemos definir qué papel juega la colaboración en el marco de la Ley 2/2023 y qué actitudes concretas podrían transformar la figura de un simple informante en la de un colaborador, permitiéndole beneficiarse de alguna forma de justicia premial. Asimismo, es necesario estudiar las razones que justifican la justicia premial y la importancia de tratar la recompensa como un método fundamental para incentivar el *whistleblowing*. En este análisis se buscará comprender tanto la justicia premial en el sistema penal español como su escaso tratamiento en la Ley 2/2023, así como la respuesta que la jurisprudencia ha dado hasta el momento a esta cuestión, específicamente a través del análisis de la STS 585/2023, de 12 de julio.

Por último, presentaremos nuestras reflexiones finales.

II. REFLEXIONES EN TORNO A LA TERMINOLOGÍA EMPLEADA: DEL *WHISTLEBLOWER*, AL DENUNCIANTE, INFORMANTE Y, QUIZÁS, COLABORADOR CON LA JUSTICIA

Si bien la Directiva ha optado por trabajar en la protección de los *denunciantes*, término que figura en el texto legal 189 veces[10], como

---

9 *Cfr.* GARCÍA MORENO (2020: 206 y ss.).

10 La Directiva solamente emplea el término "informante" una vez, en el marco del Considerando núm. 30, respecto a las personas que hayan sido identificadas como informantes "o registradas como tales en bases de datos gestionadas por autoridades designadas a nivel nacional y que informen sobre infracciones ante las autoridades responsables de aplicar el Derecho a cambio de una compensación o recompensa".

sinónimo[11] para la expresión inglesa y coloquial *whistleblower* y para referirse a quienes informan sobre infracciones del Derecho de la Unión que son perjudiciales para el interés público en el marco de una actividad o relación laboral con una organización pública o privada, la Ley 2/2023 realiza un cambio informado y opta por utilizar el término *informante*[12].

Desde la perspectiva de este trabajo, el cambio terminológico es fundamental para distinguir al *whistleblower* —o, si se prefiere, desde la visión de la normativa española, el *informante*— del denunciante. Esto se debe a que, como es sabido, denunciar constituye una obligación general para todas las personas que tengan conocimiento de la perpetración de algún delito perseguible de oficio, de acuerdo con el art. 264 de la LECrim, vigente mucho antes de la Ley 2/2023 o

---

11 Como sinónimo, en la medida en que la edición en inglés de la Directiva 2019/1937 utiliza la expresión *reporting person*, equiparándola a la de *whistleblower*. No obstante, mientras que la edición en español de la Directiva opta por utilizar la palabra *denunciante*, la versión en lengua inglesa no llega a mencionar un término con connotación negativa similar, como podrían ser las expresiones *denounce* o *accuse*. Para contrastar, la edición portuguesa de la Directiva sigue el formato español y traduce ambos términos, *reporting person*y *whistleblower*, como *denunciante*. Por otro lado, si analizamos la ISO 37008:2021, observamos que, en esta realidad pragmática de las normas UNE e ISO, se hace referencia al *denunciante* como "la persona que informa sobre sospechas de irregularidades o sobre irregularidades reales y tiene una creencia razonable de que la información es verdadera en el momento de informar", tratándose de personas físicas o jurídicas (CASANOVAS YSLA 2022: 86). Desde nuestra perspectiva, en el marco de las directivas, parece haber una incorrección en cuanto a las traducciones, las cuales no llegan a considerar los efectos negativos que pueden estar relacionados con la expresión *denunciante* ni su mejor aplicación en el ámbito de las denuncias penales. Esto ha llevado a una adaptación por parte de los legisladores, como ha ocurrido con la Ley 2/2023. Asimismo, la realidad es que, para el ciudadano común, seguirá siendo más sencillo entender que lo que hace, al comunicar esta infracción en los términos de la Ley 2/2023, es denunciarla a la autoridad competente; en este caso, en el marco de los sistemas internos y/o externos de información. Esta afirmación se puede comprobar mediante la opción mayoritaria de los canales externos de información autonómicos que, hasta el momento, han creado y mantenido sus "Buzones de Denuncias" y no, como sería más apropiado conforme a la Ley 2/2023, buzones o canales de información (*Cfr.* Xunta de Galicia, Oficina Andaluza Antifraude, Agencia Valenciana Antifrau).

12 Preámbulo I de la Ley 2/2023.

de las propuestas acerca de la normativa *whistleblower* en Europa[13]. Por tanto, se reservaría el término *informante* para quienes informan o comunican infracciones dentro del ámbito subjetivo[14] de la Ley 2/2023, en el marco de una relación laboral, entendida de forma amplia según los términos de la normativa[15].

Asimismo, mientras que la Directiva 2019/1937 no hace referencia a la colaboración ni a los colaboradores en relación con el *whistleblower*, la Ley 2/2023 comienza a exponer sus motivos afirmando que "la colaboración ciudadana resulta indispensable para la eficacia del Derecho".

En efecto, en el marco de la Ley 2/2023, la colaboración está reflejada desde tres perspectivas. La primera trata de la actitud de los informantes al denunciar, colaborando con la Administración de Justicia al presenciar la comisión de un delito. En este sentido, el colaborador es el propio informante que supera el temor a represalias y denuncia hechos graves mediante un canal interno o externo de información[16], sin llegar a adquirir, por tanto, la condición de interesado[17].

---

13 El cambio de nomenclatura de *denunciante* a *informante* también está relacionado con el intento de minimizar el impacto negativo respecto a esta figura. *Cfr.* BURGUÉS VIÑALLONGA (2023: 2). Asimismo, *cfr.* FERNÁNDEZ AJENJO (2023: 39).

14 Respecto al ámbito material de protección de la ley *cfr.* las letras a y b del art. 2.1 Ley 2/2023; FERNÁNDEZ RAMOS (2023: 3 y ss.); LIÑÁN LAFUENTE (2023: 9).

15 En la medida en que el art. 3 de la Ley 2/2023 considera como posibles informantes, sujetos a la protección establecida, a los que trabajen o hayan trabajado en la entidad, ya sea como empleados públicos o trabajadores por cuenta ajena, autónomos, accionistas, los que trabajen bajo la supervisión y dirección de contratistas, entre otros; así como los voluntarios, becarios, aquellos cuya relación no ha comenzado, etc. *Cfr.* DEL REY GUANTER (2023: 25-28); RAGUÉS I VALLÈS (2023: 4).

16 Si llegan a denunciar a un canal interno de información en el marco de personas jurídicas, además, lo hacen en el ámbito de un programa de *compliance*. Podemos encontrar que el propio Preámbulo III de la Ley 2/2023 señala como los "canales de denuncias, mediante el anonimato, han colaborado a instituir un instrumento esencial para la compliance de una empresa y ha sido fundamental para poder recibir denuncias graves que de otra manera las personas trabajadoras y los colaboradores no se atreverían a señalar por temor a represalias".

17 *Cfr.* Preámbulo III de la Ley 2/2023: "el informante por el hecho de comunicar la existencia de una infracción penal o administrativa no tiene la condición de

La segunda perspectiva se centra en el canal interno de información, que, una vez dispone de información sobre un hecho, "pueda colaborar con el Ministerio Fiscal cuando aprecie que el hecho objeto de la comunicación es constitutivo de delito"[18]. De manera concreta, el art. 9.2 j de la Ley 2/2023 establece como contenido mínimo de los sistemas internos de información la "remisión de la información al Ministerio Fiscal con carácter inmediato cuando los hechos puedan ser indiciariamente constitutivos de delitos". Esto constituye una obligación que, además, exige inmediatez en el envío de la información al Ministerio Fiscal y, en los casos que afecten los intereses financieros de la Unión Europea, la remisión directa a la Fiscalía Europea[19].

Adicionalmente, la Ley 2/2023 impone la obligación de colaborar con las autoridades competentes en el art. 19.5, en el marco de las actuaciones del canal externo de información, propio de la Autoridad Independiente de Protección del Informante (en adelante, A.A.I.). Esta obligación no solo incluye colaborar con las autoridades competentes, sino también atender los requerimientos para aportar documentación, datos o cualquier información relacionada con los procedimientos en curso, incluso datos personales.

El incumplimiento de esta obligación constituye una infracción leve, regulada en el art. 63.3 de la Ley 2/2023. Esto se concreta en la letra b), al considerar infracción leve el "incumplimiento de la obligación de colaboración con la investigación de informaciones", y en la letra c), que tipifica como infracción leve "cualquier incumplimiento

---

interesado, sino de colaborador con la Administración". Asimismo, lo determina el art. 20.5 Ley 2/2023 en el marco de la gestión de informaciones por la Autoridad Independiente.

18 Preámbulo III de la Ley 2/2023.

19 A pesar de no constituir un deber, esta colaboración también es parte intrínseca de la labor de los canales externos de información en la medida que: *(i)* deben remitir los hechos indiciariamente constitutivos de delito o infracción al Ministerio Fiscal o a la autoridad administrativa competente (art. 18. 2 c) y d) y art. 20.2 b) y c) Ley 2/2023); *(ii)* y, cuando solicitado —mediante auto motivado— en el marco de un procedimiento judicial y bajo la tutela de una autoridad judicial competente deben compartir el contenido del registro de informaciones (art. 26. 1 Ley 2/2023); y *(iii)* deben comunicar a la autoridad judicial, al Ministerio Fiscal o a la autoridad administrativa competente la identidad del informante en el marco de una investigación penal, disciplinaria o sancionadora (art. 33.3 Ley 2/2023).

de las obligaciones previstas en esta ley que no esté tipificado como infracción muy grave o grave"[20].

Por último, la colaboración prestada tanto con la A.A.I. como con otras autoridades administrativas se encuentra listada como un factor a tener en cuenta para graduar las infracciones cometidas (art. 66.1 g de la Ley 2/2023). Sin embargo, la normativa no incluye la colaboración con autoridades penales como un criterio para la graduación de sanciones administrativas. Esta exclusión, aunque lógica debido al carácter administrativo de la normativa, podría no reflejar adecuadamente casos en los que sistemas internos de información se vean sancionados por infracciones administrativas, pero hayan colaborado posteriormente con las autoridades penales.

La tercera perspectiva se refiere al informante que, además de informar a los canales internos o externos sobre la comisión de una infracción administrativa, colabora con el órgano competente para resolver el procedimiento administrativo y, habiendo participado en la comisión de dicha infracción, puede beneficiarse de una exención o atenuación de la sanción conforme al art. 40 de la Ley 2/2023.

Por lo tanto, la Ley 2/2023 no regula al informante que, además de informar sobre una acción u omisión penal en el ámbito material

---

20 ROS RAVENTÓS (2024: 5), por ejemplo, al analizar la obligación impuesta a la entidad de comunicar al Ministerio Fiscal de manera inmediata cuando los hechos sean indiciariamente constitutivos de delito —obligación establecida en distintos artículos de la normativa, a saber, los arts. 9.2 j, 18 y 20—, concluye que no existe una conducta específica tipificada en la Ley 2/2023 como infracción por el incumplimiento de esta denuncia. Por tanto, clasifica esta falta como una infracción genérica del art. 63.3 c, referido a "cualquier incumplimiento de las obligaciones previstas en esta ley que no esté tipificado como infracción muy grave o grave". En efecto, no toda la colaboración exigida puede ser clasificada bajo la letra b del art. 63.3 de la Ley 2/2023, como puede observarse en el análisis realizado por el autor. No obstante, la apertura proporcionada por la letra c de este artículo resuelve la problemática.
Por otro lado, ROS RAVENTÓS (2024: 6) destaca que la persona jurídica que no quiera colaborar con la justicia, especialmente cuando el hecho denunciado pueda conllevar su inclusión en el rol de investigados, y ante la ausencia de una posición clara de la norma sobre la preservación de su derecho a no autoincriminarse, siempre podrá esperar que la infracción leve prescriba (en el plazo de 6 meses desde su comisión), con el objetivo de evitar la consecuencia pecuniaria por no haber cumplido con la obligación de denunciar.

de aplicación, colabora con la justicia y la investigación de los hechos, pero también ha participado en el delito.

En concreto, la normativa no afecta ni excluye responsabilidades de carácter penal, como se observa en el art. 38.1 de la Ley 2/2023, que destaca que al informante no se le considerará culpable de haber infringido restricciones relacionadas con la divulgación de información, siempre que tenga motivos razonables para creer que la comunicación era necesaria. Esta disposición incluye a los responsables de entidades sometidas a obligaciones de confidencialidad o de no revelar información reservada, pero no afecta las responsabilidades penales[21].

Asimismo, el art. 38.3 exime de responsabilidades al informante respecto de la adquisición o el acceso a la información, excluyendo también la obtención o el acceso a través de un delito. Por consiguiente, la normativa no solo no exime al informante de responsabilidades penales relacionadas con la adquisición, acceso o comunicación de la información, sino que tampoco prevé formas de recompensa para aquellos informantes que hayan participado directamente en el hecho delictivo comunicado[22], ya que la exención o atenuación de la sanción del art. 40 Ley 2/2023 se limita exclusivamente a infracciones administrativas[23].

III. EL INCENTIVO DEL *WHISTLEBLOWING* MEDIANTE RECOMPENSAS: LA JUSTICIA PREMIAL

En un mundo ideal, no todo debería ser tratado desde la óptica de la recompensa. En efecto, Ortiz Pradillo discurre sobre la importancia de abordar rechazo hacia los delatores —desde los informantes, que son vistos como traidores ante sus compañeros en el ámbito laboral,

---

21 SÁEZ HIDALGO (2023: 6) destaca que la Ley 2/2023 excluye la protección penal, ya que mantiene las normas relativas al proceso penal, lo que tendría sentido si consideráramos suficiente la normativa específica en materia de protección de testigos y peritos. Asimismo, RAGUÉS I VALLÈS (2023: 10) informa que la no exclusión de la responsabilidad penal "introduce un importante grado de incertidumbre" debido al "temor a una denuncia ante la jurisdicción penal por un delito de descubrimiento y revelación de secretos".

22 *Cfr.* RAGUÉS I VALLÈS (2023: 3).

23 RAGUÉS I VALLÈS (2023: 11).

hasta los denunciantes, ciudadanos que solo cumplen con su obligación legal de colaborar con las autoridades de manera altruista— mediante políticas sociales promovidas por el Poder Público, cuyo objetivo es "fomentar la transformación subyacente en esta nueva cultura de promoción de la transparencia e integridad"[24].

Podemos observar este hecho, por ejemplo, a través del cambio terminológico de "delator" a "informante". El objetivo final sería, por lo tanto, que los potenciales informantes actúen no solo debido a la posible recompensa que podrían recibir, sino también por razones morales y éticas, correspondientes a la necesidad de revelar hechos ilícitos, irregulares, criminales, entre otros[25].

En este sentido, plantear las medidas de protección para los informantes es el primer paso en un modelo de *whistleblowing* no incentivado[26]. En concreto, GARCÍA MORENO destaca que, ante la ausencia de beneficios para compensar el riesgo asumido con la comunicación, "la intervención del Estado debe concentrarse en procurarle una protección eficaz que salvaguarde su indemnidad personal y profesional, de modo que su decisión de colaborar al menos no le suponga un perjuicio"[27].

Desde otra perspectiva, se debate la obligación de denunciar como forma de incentivar[28] la comunicación de infracciones. Es el caso del sistema penal español, en que se establece la obligación de denunciar a aquellas personas que tengan conocimiento de la perpetración de algún delito perseguible de oficio (art. 264 LECrim).

---

24 ORTIZ PRADILLO (2024: 44).

25 ORTIZ PRADILLO (2024: 45) destaca que esta cultura debe ser "incorporada" a la cultura jurídica y que la Ley 2/2023 constituye un importante paso hacia esta dirección en la medida en que califica a la información compartida con los canales internos y externos como "loables comportamientos cívicos" o "muestras de una conducta valiente de clara utilidad pública".

26 Desde otra perspectiva, RAGUÉS Y VALLÈS (2006: 10 y ss.) incluye la protección, juntamente con el refuerzo de los deberes de denuncia y la recompensa, como medidas para incentivar a los informantes. Es decir, como parte de un modelo de *whistleblowing* incentivado.

27 GARCÍA MORENO (2020: 161).

28 Desde esta perspectiva, y de acuerdo con lo planteado por GARCÍA MORENO (2020: 205), ya nos encontraríamos ante un modelo de *whistleblowing* incentivado al imponer la obligación legal de denunciar.

No obstante, la realidad es que obligar a denunciar no siempre produce resultados positivos. Para justificar esta afirmación, podemos considerar una serie de factores: *(i)* en primer lugar, la prominente posición de la libertad individual en nuestra sociedad[29], que hace que la decisión de informar sea más bien una cuestión personal —propio del *yo*— que una obligación derivada de nuestra relación con la sociedad; *(ii)* en segundo lugar, la falta de conocimiento generalizado sobre esta obligación; *(iii)* en tercer lugar, la desconfianza en el sistema de justicia, que lleva a las personas a abstenerse de denunciar —a sabiendas o no del incumplimiento de una obligación legal— por temor a represalias[30], debido a la ausencia de protección, entre otros factores; y *(iv)* en cuarto lugar, la dificultad práctica de descubrir y perseguir algunas conductas omisivas o de difícil investigación —como las perpetradas por grupos u organizaciones criminosas con estructuras complejas—, lo que hace que solo aquellas personas con un determinado grado de participación las conozcan, personas que no se encuentran bajo la exigencia legal de impedir o denunciar su propio delito[31].

Por consiguiente, llegamos a la vía de la recompensa como estrategia para fomentar el *whistleblowing*[32]. La recompensa puede tanto de carácter financiero como penal o procesal. El primer tipo suele utilizarse para incentivar la información proporcionada por particulares o personas jurídicas que hayan contribuido a la recuperación de activos[33], especialmente aquellas con escasa o nula participación en

---

29 *Cfr.* GARCÍA MORENO (2020: 206) sobre el postulado liberal.

30 RAGUÉS I VALLÈS (2017: 3) destacaba que "los funcionarios y trabajadores del sector público suelen mostrar reticencias a denunciar las malas prácticas de las que son conocedores por miedo a represalias".

31 RAGUÉS I VALLÈS (2006: 7).

32 ROCHA (2016: 53-54) informa que premiar ni siempre es necesario, ya que habrá casos en que el informante solo desea evitar la realización de actos de corrupción o prácticas contrarias al interés público. No obstante, el autor aclara que premiar acelera el proceso de *whistleblowing*, en especial en países que no tienen esta tradición normativa. Esto se debe a que retribuye el esfuerzo y el trabajo realizado por el informante, compensando las posibles trabas que pueda tener el poder público a la hora de implantar los programas de *whistleblowing* y valorando a la conducta de informar, señalándola como una actitud que contribuye con el interés público, es socialmente importante y está reconocida.

33 Por ejemplo, en el modelo estadounidense del Dodd-Frank Act de 2010 (*cfr.* sección 748 (1) b).

la infracción[34]. Esta práctica está más vinculada con los programas existentes en el marco del sistema estadounidense[35]. De esta manera, aunque en el sistema español la regulación sea limitada[36], se advierte sobre la necesidad de apostar "de forma más decidida por esta estrategia, especialmente en aquellos casos en los que la información puede resultar beneficiosa en términos económicos para el erario público"[37]. En efecto, debatir sobre la recompensa financiera es esencial. No obstante, debido al objeto de este estudio, lo abordaremos en otra ocasión.

En cuanto al segundo tipo de recompensas, las procesales o penales[38], estas se enmarcan en el ámbito de la llamada justicia premial[39], en la medida en que buscan estimular determinado comportamiento *voluntario* mediante recompensas relacionadas con el proceso penal o con la atenuación o exención de la sanción. Ejemplos de ello pueden encontrarse en el propio sistema de responsabilidad penal de las personas jurídicas, que promueve la colaboración a través de los programas de cumplimiento que eximen o atenúan la responsabilidad penal[40]. De manera similar, aunque fuera del ámbito penal, el programa de clemencia de la Comisión Nacional de los Mercados y la Competencia permite la exención o reducción significativa de las multas impuestas si se coopera en la investigación[41].

En el contexto del *whistleblowing*, también deben analizarse las recompensas desde su capacidad de incentivar una acción a la que *informantes* potenciales no estarían obligados. Esto se debe a que,

---

34 Por ejemplo, en el modelo del mencionado Dodd-Frank Act (*cfr. ibidem*), se excluye la recompensa obtenida del sistema de tributación a los denunciantes que hayan actuado con especial liderazgo en la infracción. *Cfr.* PACELLA (2015: 349 y ss.).

35 ROCHA (2016: 54); GARCÍA MORENO (2020: 161). Respecto a otros ordenamientos jurídicos, como Canadá, Reino Unido o Nueva Zelanda, *cfr.* CHALOUAT, CARRITÓN-CRESPO & LICATA (2019: 20 y ss.).

36 *Cfr.* GARCÍA MORENO (2020: 237); ORTIZ PRADILLO (2024: 222-225).

37 RAGUÉS I VALLÈS (2006: 9).

38 En adelante, nos referiremos mayoritariamente a las "recompensas penales" en aras de distinguirlas de otros ámbitos del ordenamiento jurídico. No obstante, lo hacemos con la advertencia de que tienen —y deben tener— también un carácter eminentemente procesal.

39 *Cfr.* RODRÍGUEZ-GARCÍA (2021: 100).

40 *Cfr.* GÓMEZ-JARA DÍEZ (2019: 39); FUENTES OSORIO (2023: 68).

41 *Cfr.* CASALS FERNÁNDEZ (2023: 5).

siendo parte implicada en la infracción comunicada, estos informantes pueden ejercer su derecho constitucional a no declarar contra sí mismos y a no declararse culpables (art. 24.2 Constitución Española).

Por tanto, como reflexiona SIMÓN CASTELLANO, las medidas de indemnidad —aunque, desde nuestra perspectiva, también otras medidas de recompensa penales y procesales— pueden ser útiles para distinguir "el mero deber de denunciar, de la reparación y colaboración proactiva"[42].

Asimismo, la recompensa penal, y en concreto, medidas que permiten un indulto parcial que autoricen la no imposición de la pena de inhabilitación absoluta[43], deben ser incentivadas. Esto se debe a que la pérdida del trabajo —así como la imposibilidad de acceder y ejercer cargos análogos durante el tiempo de la condena[44]— debe ser considerada una medida desproporcionada e innecesaria para quienes colaboren eficazmente[45].

Cabe destacar que el objetivo de obtener una recompensa no debe impedir la valoración de la colaboración efectuada. Esto se debe a que los motivos subyacentes de este tipo de justicia premial son de naturaleza práctica. Por tanto, el mero hecho de colaborar con la expectativa de recibir una recompensa no debe ser minusvalorado. Esto se debe a la relación de esta justicia premial con los objetivos de política-criminal de eficiencia y eficacia procesal. En otras palabras, lo que se busca es descubrir de manera más eficaz conductas delictivas, identificar a sospechosos o recuperar activos[46], sin que el fin sea necesariamente recompensar a un *arrepentido*.

---

42 SIMÓN CASTELLANO (2022: 29).

43 Ya sea como principal o accesoria, es una pena muy comúnmente utilizada en la medida que se emplea entre la horquilla de la pena privativa de la libertad entre seis y doce años que, además, conlleva circunstancias como la imposibilidad de atenuar la pena en dos grados, la imposición de un plazo de prescripción mayor y de un tiempo más extendido para cancelar los antecedentes penales. *Cfr.* MAPELLI CAFFARENA (2012: 8-10).

44 *Cfr.* MARTÍN TALAVERA & BENÍTEZ OSTOS (2024: 11).

45 *Cfr.* SIMÓN CASTELLANO (2022: 26).

46 ORTIZ PRADILLO (2024: 31) destaca que la justicia premial no se traduce precisamente en anticipar "el dictado de la sentencia penal", sino en permitir que las autoridades reciban "información relevante y decisiva que les va a permitir

No obstante, el hecho de no requerir un arrepentimiento o razones éticas-morales para recompensar a un colaborador no implica que debamos descartar cualquier análisis sobre la forma en que se informa y se colabora con la justicia. Mas esto no significa que estemos completamente de acuerdo con SIMÓN CASTELLANO[47] cuando afirma que "no es lo mismo revelar de buena fe o de forma altruista que hacerlo con fines espurios o por mero ánimo de lucro". En concreto, nos parece que, aunque el altruismo no sea requisito para obtener una recompensa, la buena fe o, al menos, algún criterio de veracidad[48] de la información comunicada y de la colaboración realizada deben de ser considerados a la hora de valorar la actitud de esta persona para recompensarla.

1. *El incentivo a los informantes-colaboradores en la Ley 2/2023*

Tal como se mencionó anteriormente, la recompensa a los informantes-colaboradores en el marco de la Ley 2/2023 se restringe al ámbito administrativo. En este sentido, solo existe una previsión expresa que permite a las autoridades competentes eximir al informante-colaborador del cumplimiento de la sanción, mediante resolución motivada, siempre y cuando se acredite el cumplimiento de todas las siguientes circunstancias (art. 40 Ley 2/2023): *(i)* "haber cesado en la comisión de la infracción en el momento de presentación de la comunicación" o de la revelación pública; *(ii)* haber "identificado, en su caso, al resto de las personas que hayan participado o favorecido" la infracción; *(iii)* "haber cooperado plena, continua y diligentemente a lo largo de todo el procedimiento de investigación"; *(iv)* "haber facilitado información veraz y relevante, medios de prueba o datos significativos para la acreditación de los hechos investigados, sin que haya procedido a la destrucción de estos o a su ocultación, ni haya revelado a terceros, directa o indirectamente su contenido"; y *(v)* "haber procedido a la reparación del daño causado que le sea imputable".

---

averiguar antes o de un modo más eficaz las conductas delictivas, identificar y aprehender a sus autores, o localizar los efectos y beneficios de los delitos".

47 SIMÓN CASTELLANO (2022: 17).

48 Destacamos que el propio autor, SIMÓN CASTELLANO (2022: 17), afirma, en seguida, que, más que con buena fe, lo la persona debe actuar bajo el criterio de veracidad.

Además de la exención del cumplimiento de la sanción, la autoridad competente podrá valorar, de acuerdo con el grado de contribución a la resolución del expediente, atenuar la sanción correspondiente, siempre que no se cumplan en su totalidad los requisitos anteriormente descritos el autor de la infracción "no haya sido sancionado anteriormente por hechos de la misma naturaleza que dieron origen al inicio del procedimiento" (art. 40.2 Ley 2/2023).

Asimismo, se podrá atenuar la sanción "al resto de los participantes en la comisión de la infracción, en función del grado de colaboración activa en el esclarecimiento de los hechos, identificación de otros participantes y reparación o minoración del daño causado, apreciado por el órgano encargado de la resolución" (art. 40.3 Ley 2/2013).

En todo caso, estos supuestos de exención y atenuación de la sanción administrativa no se aplican a las infracciones establecidas en la Ley 15/2007, de 3 de julio, de Defensa de la Competencia (art. 40.4 Ley 2/2023).

Es importante señalar que la previsión de este programa de clemencia mantiene lo estipulado en el Anteproyecto[49], tanto en cuanto a los requisitos necesarios para la obtención de la exención o atenuación de la sanción, como en relación con la exclusión de un mecanismo de recompensa a los informantes-colaboradores en el ámbito penal.

La complejidad de los supuestos que debe observar el órgano competente a la hora de valorar la exención de la sanción al informante-colaborador muy probablemente resultará en la inaplicabilidad de la recompensa. Que, en un supuesto, se demuestre no solo la colaboración eficaz, plena y continua a lo largo de todo el procedimiento, sino también la aportación de pruebas y evidencias, la identificación de todos los demás responsables y una reparación completa del daño será, en la práctica administrativa, muy raramente verificado. Por lo tanto, será más común que la recompensa aplicada sea la atenuación de la sanción[50].

---

49 *Cfr.* SIMÓN CASTELLANO (2022: 23).

50 Asimismo, podría ser aplicable el régimen más beneficioso de clemencia del art. 62.3 y 4 de la Ley 39/2015, de 1 de octubre, del Procedimiento Administrativo Común de las Administraciones Públicas. Por tanto, siempre y cuando la denuncia implicara en un perjuicio en el patrimonio de la Administración Pública, se permite que el órgano competente exima al denunciante del pago de la multa o

Esta, a su vez, puede extenderse al resto de los participantes que colaboren activamente, entendemos, siempre que también cumplan con todas las condiciones estipuladas en el articulado. No obstante, es cierto que el requisito para atenuar la sanción a los demás participantes parece ser más flexible, dado que deja margen al órgano encargado de la resolución para valorar el grado de colaboración en el esclarecimiento de los hechos, la identificación de otros participantes y la reparación o minoración del daño causado.

Por último, la Ley 2/2023 excluye el reconocimiento de esta recompensa para las infracciones administrativas reguladas en la Ley 15/2007, de 3 de julio, lo que impide, por consiguiente, la doble recompensa, dado que la Ley de Defensa de la competencia ya establece un programa de clemencia[51/52].

Por un lado, la opción del legislador de restringir el programa de clemencia al ámbito administrativo puede ser acertada, en la medida en que la Ley 2/2023 tiene un carácter eminentemente administrativo[53/54].

No obstante, a pesar del carácter administrativo de la normativa *whistleblowing*, la realidad es que esta regula también la protección

---

de la sanción que correspondiese si es el primero en aportar elementos de prueba que permiten iniciar el procedimiento o comprobar la infracción cuando no se disponga de elementos suficientes para ordenar la misma y se repare el perjuicio causado. *Cfr.* ORTIZ PRADILLO (2024: 231-232).

51 Por tanto, para beneficiarse de una reducción significativa de la pena de multa, se valorará la colaboración a partir de los siguientes elementos: orden de colaboración, la fecha y la hora, el aporte de pruebas y el registro de solicitudes (arts. 65 y 66 Ley 15/2007, de 3 de julio). *Cfr.* CASALS FERNÁNDEZ (2023: 5).

52 No obstante, nada impide que se aplique el programa de clemencia del art. 62.3 y 4 de la Ley 39/2015, de 01 de octubre, del Procedimiento Administrativo Común. *Cfr.* nota al pie de página núm. 47.

53 ORTIZ PRADILLO (2024: 231) reflexiona que, "junto con la referida regulación general de la Ley 39/2015, el terreno administrativo cuenta con (...) [y] uno de ellos es, precisamente, la normativa *whistleblowing*".

54 Asimismo, RAGUÉS I VALLÈS (2023: 13) valora que se apuesta, como en la Directiva 2019/1937, por un modelo de protección administrativo que, no obstante, genera un riesgo grave de descoordinación debido a sus implicaciones penales. Por tanto, el autor también destaca la ausencia de una mejor coordinación entre la actuación de la AAI e del Ministerio Fiscal y/o de los Jueces de Instrucción.

y la concesión de medidas de apoyo para aquellos informantes que hayan comunicado delitos que se encuentran dentro de su ámbito material de aplicación. En definitiva, el hecho de que el art. 40 Ley 2/2023, que regula los supuestos de exención y atenuación de la sanción, se ubique en el Título VII: Medidas de protección, permitiría que se regularan también supuestos de clemencia para el ámbito penal. Si las medidas de protección y apoyo deben aplicarse también a los informantes que hayan comunicado infracciones penales, no comprendemos por qué deberían restringirse los supuestos de clemencia al ámbito administrativo.

Desde otra perspectiva, aunque con una conclusión similar respecto a la complejidad e interdependencia del ordenamiento jurídico, RAGUÉS I VALLÈS[55], en 2017, al analizar la entonces propuesta de la Ley Integral de Lucha contra la Corrupción y Protección de los Denunciantes[56], de 23 de septiembre de 2016, concluye que, dado que la corrupción se configura principalmente como una materia jurídico-penal —en la medida en que comprende un conjunto de delitos del Código Penal, como cohecho, malversación, prevaricación, entre otros—, existiría una descoordinación entre las autoridades competentes. Esto se debe a que, al atribuirse el deber de recibir y procesar las comunicaciones sobre corrupción a una autoridad administrativa, los Jueces y Fiscales seguirían siendo competentes para tramitar el supuesto en el orden procesal penal[57].

Este tipo de situaciones continuará ocurriendo con la vigencia de la Ley 2/2023, incluyendo, por supuesto, el hecho de que los canales internos de información de entidades privadas y públicas, así como los canales externos, también recibirán información sobre delitos, los

---

55 RAGUÉS I VALLÈS (2017: 6).

56 Boletín Oficial de las Cortes Generales del Congreso de Diputados de la XII Legislatura. Serie Proposiciones de ley, de 23 de septiembre de 2016, núm. 33-1.

57 Además de todo el debate que queda pendiente para dirimir las cuestiones que surjan de estas afirmaciones, nos parece relevante que, tal como planteaba RAGUÉS I VALLÈS (2017: 5-9) en el marco de la Ley 2/2023, al investigar las medidas de protección aplicables, también debemos abordar la cuestión desde una perspectiva amplia. Es decir, tanto administrativa, en la medida en que es competente un canal externo de información, como privada, en los canales internos de información de organizaciones privadas, y, en último caso, procesales y/o penales, siempre y cuando haya la remisión del caso al proceso penal.

cuales deberán ser trasladados al Ministerio Fiscal de acuerdo con los art. 9, 18 y 20 de la Ley 2/2023. Por otro lado, a pesar del título de la normativa, se tramitarán comunicaciones no solo sobre delitos de corrupción, sino también sobre infracciones penales y administrativas "graves y muy graves" que pueden o no implicar un acto de corrupción, aunque entendamos corrupción desde una perspectiva amplia[58].

Otra cuestión es la de saber si, aunque resultara posible su inclusión en términos de coherencia del ordenamiento jurídico, sería recomendable la expansión del art. 40 Ley 2/2023. A este interrogante debemos responder negativamente. El hecho de que tenga una casi imposible aplicabilidad práctica debido a la extensión de sus requisitos hace que su expansión a los delitos resulte poco recomendable, pues constituiría una reforma infructuosa. Asimismo, contribuiría con la incongruencia de este sistema normativo *administrativo* y del sistema penal, a lo que nos referiremos en seguida.

2. *El incentivo a los colaboradores en el sistema penal*

La colaboración en el sistema penal puede entenderse desde sus vertientes procesal y sustantiva. La primera, no obstante, es muy limitada, ya que se manifiesta exclusivamente a través del reconocimiento de los hechos, de la aceptación de la pena y la aceleración de los trámites procesales derivados de la conformidad[59]. Asimismo, a sabiendas de los controles jurisdiccionales existentes en el marco de la conformidad —por ejemplo, para que la calificación formulada sea correcta en relación con los hechos presentados y que la pena solicitada proceda de acuerdo con esta calificación (art. 787 LECrim)—, incluso en los casos de conformidad negociada del procedimiento abreviado, habrá un margen limitado (o ninguno) para negociar algún tipo colaboración del encausado con la Administración de Justicia.

---

58 Por ejemplo, como "el abuso del poder para beneficio propio" (TRANSPARENCIA INTERNACIONAL: 2009).

59 En concreto, señalamos la existencia de las distintas modalidades de conformidad existentes, así como la diferencia entre las que permiten negociar el escrito de calificación, las que exigen el reconocimiento de los hechos junto con la aceptación de la pena solicitada, etc. *Cfr.* OLIVEIRA TEIXEIRA DOS SANTOS (2024).

Por consiguiente, la recompensa a los colaboradores —es decir la denominada *justicia premial penal*— se manifiesta mayoritariamente a través de los mecanismos sustantivos penales dispuestos en el Código Penal.

En primer lugar, nos referimos a algunos delitos en los que se permite eximir o atenuar la responsabilidad penal, siempre que el encausado cumpla una serie de condiciones relacionadas con la colaboración. Son los denominados "tipos privilegiados"[60], como los delitos de alteración de precios en concursos y subastas públicas y los delitos de los arts. 281 y 284 CP, los delitos contra la Hacienda Pública y la Seguridad Social (arts. 305.6 y 308.5 CP), los delitos contra la salud pública (art. 376 CP), el delito de cohecho (art. 426 CP), los delitos de organizaciones y grupos criminales (art. 570 quater 4 CP), los delitos de terrorismo (art. 579 bis 3 CP), entre otros.

Estos supuestos requieren el cumplimiento concomitante de condiciones muy específicas, como pueden ser: *(1)* el abandono voluntario de las actividades delictivas, la confesión voluntaria de los hechos a las autoridades, una colaboración activa para impedir la producción del delito o la cooperación eficaz para la obtención de pruebas decisivas para fines específicos, como permitir la identificación o captura de otros responsables o impedir la actuación o el desarrollo de organizaciones, grupos u otros elementos terroristas (art. 579 bis 2 CP); o *(2)* el abandono voluntario de las actividades delictivas y la colaboración activa para: impedir la producción del delito, obtener pruebas decisivas para la identificación o captura de otros responsables o impedir la actuación o el desarrollo de las organizaciones o asociaciones a las que haya pertenecido o con las que haya colaborado (art. 376 CP).

En este sentido, se suele requerir, a depender del tipo penal, la confesión, el abandono voluntario de las actividades delictivas, una colaboración *activa* que se concrete en conductas específicas, como el aporte de pruebas *decisivas*, la identificación de otros responsables, etc. Debido a la complejidad de los elementos necesarios para que se aprecie la recompensa a la persona colaboradora, la aplicación de

60 A sabiendas que existen otras modalidades de tipos privilegiados, pero que no se encajan en esta definición de colaboración con la justicia premiada.

estas modalidades de recompensa es escasa o nula[61], lo que se asemeja al programa de clemencia establecido en el art. 40 de la Ley 2/2023.

Por tanto, en segundo lugar, aunque mayoritariamente, la justicia premial penal se manifiesta a través de las atenuantes genéricas previstas en el art. 21 del Código Penal, en concreto las atenuantes de confesión (art. 21.4 CP) y las atenuantes de confesión analógicas (art. 21.4 y 7 CP).

En un primer lugar, la atenuante de confesión del art. 21.4 CP exige un elevado grado de espontaneidad, ya que la persona debe confesar a las autoridades antes de conocer que el procedimiento se dirigía contra ella. Asimismo, requiere que el acto de confesión se realice ante las autoridades —entendiendo por tales a la Policía Judicial o al Ministerio Fiscal, dado que la persona debe desconocer la existencia de un proceso penal en su contra—[62].

Por tanto, el hecho de que un informante comunique un delito a sus superiores o a través de un canal interno o externo de información no conllevaría la apreciación de esta atenuante de confesión en su modalidad simple. Sin embargo, observaremos cómo la posibilidad de analogía respecto a las atenuantes del Código Penal, en especial su desarrollo jurisprudencial en el marco de la atenuante de confesión, puede matizar esta incompatibilidad.

En segundo lugar, la atenuante analógica de confesión (art. 21.4 y 7 del CP) constituye un desarrollo jurisprudencial necesario ante la rigidez de los criterios de la atenuante de confesión simple. De este modo, se permite, en primer lugar y ya de manera habitual, atenuar la pena a quienes no cumplan con el requisito cronológico de la atenuante de confesión —es decir, confesar antes de conocer que el procedimiento se dirige contra ellos—, pero que hayan colaborado con las autoridades de alguna manera que útil para la investigación y/o aclaración de los hechos[63].

En la realidad jurisprudencial, se observa una sobreutilización de esta atenuante analógica de confesión, lo que refleja la necesidad,

---

61 *Cfr.* ZARAGOZA AGUADO (2023: 3323), OLAIZOLA NOGALES (2023: 2659), LAMARCA PÉREZ (2009: 287) y SÁNCHEZ GARCÍA DE PAZ (2005: 18).

62 *Cfr.* OLIVEIRA TEIXEIRA DOS SANTOS (2024: 204-205).

63 STS 1672/2002, de 3 de octubre. *Cfr.* ORTIZ PRADILLO (2018: 231).

desde una perspectiva política-criminal, de recompensar penalmente a los colaboradores con la justicia. Sin embargo, al tratarse de una construcción jurisprudencial, también conlleva problemas relacionados con la falta de seguridad jurídica respecto a los criterios aplicados por los tribunales al apreciarla[64].

Asimismo, POZUELO PÉREZ[65] analiza, respecto a la atenuante de confesión, que "jurisprudencialmente se ha evolucionado desde una concepción más rígida o rigurosa de la estructura y fundamento de la atenuante analógica hasta una más flexible". Por tanto, no solo observamos una flexibilización a partir de la propia interpretación analógica de la atenuante de confesión, sino también un movimiento jurisprudencial que le otorga cada vez más flexibilidad. Este hecho será contrastable con la jurisprudencia que se analizará a continuación, respecto a la posibilidad de ampliar no solo el criterio cronológico de la atenuante de confesión, sino también de matizar sus elementos subjetivos: es decir, a quién se confiesa.

IV. ANÁLISIS DE LA STS 585/2023, DE 12 DE JULIO

El 12 de julio de 2023 el Tribunal Supremo resolvió el recurso de casación interpuesto por D. L.M., quien solicitaba la apreciación de la atenuante analógica del art. 21.7 CP en relación con la atenuante de confesión del art. 21.4 CP, de manera que, juntamente con la atenuante dilaciones indebidas apreciada anteriormente, le fuera impuesta una pena inferior en dos grados.

El Tribunal de Instancia consideró que la aplicación de la atenuante de confesión requería, en todo caso, que la confesión se realizase ante las autoridades, lo cual no habría sucedido en este caso.

En este sentido, el TS analiza cómo se probó la realización de remesas ficticias a una cuenta de depósito irregular bajo la titularidad de la persona jurídica Agora el Colomer, creada con firmas que no correspondían a los demás administradores y sin consentimiento ni conocimiento de la empresa o de sus administradores. Estas remesas

---

64 Para una visión actualizada de los distintos criterios utilizados por el Tribunal Supremo, *cfr.* OLIVEIRA TEIXEIRA DOS SANTOS (2024: 354 y ss.).

65 POZUELO PÉREZ (2020: 10).

fueron viabilizadas debido a la condición de interventor del recurrente en la entidad bancaria Caixa Penedés[66].

Asimismo, el Tribunal afirma que está probado que el recurrente había confesado en repetidas ocasiones tanto a Caixa Penedés como a Agora el Colomer, mediante confesiones escritas y firmadas dirigidas a sus superiores en la primera y una carta en la que comunicaba los hechos a la segunda. En efecto, el TS concluye que esta confesión realizada a las entidades privadas "no es inútil", ya que "la práctica objeto de condena la estuvo el acusado haciendo durante más de cuatro años (2004-2008) sin que desde la auditoría de la entidad Caixa Penedés se advirtiese"[67]. Por tanto, aunque de manera informal y debido a la ausencia de la protección legal establecida en la Ley 2/2023, el recurrente habría informado a los canales internos de información de cada una de las entidades privadas, incluso antes de la interposición de la querella.

En concreto, el TS determina que el reconocimiento y la asunción de responsabilidad, junto con su comunicación a las personas jurídicas antes del inicio del procedimiento, "no puede quedar al margen de un reconocimiento, al menos técnico jurídico, en cuanto a la apreciación de la atenuante de confesión como analógica". Esta apreciación se justifica especialmente debido a que, en muchos casos, si el autor no confiesa las ilicitudes a nivel interno empresarial, muchos fraudes internos no saldrían a la luz sin un programa de *compliance* eficaz como factor correctivo y preventivo, o sin una auditoría adecuada que los detectara.

Por consiguiente, al recurrente, quien también ha actuado como un posible informante en los términos de la Ley 2/2023 (siempre que consideremos que sus comunicaciones fueron realizadas a través de canales internos de información, sobre delitos incluidos en el ámbito de protección de la normativa y siguiendo los procedimientos adecuados), y por haber comunicado la infracción penal a las personas jurídicas, se le ha reconocido un premio específico a partir de la apreciación de la atenuante de confesión analógica[68].

---

66 STS 585/2023, de 12 de julio AH1.

67 STS 585/2023, de 12 de julio FD2.

68 No obstante, la apreciación de la atenuante analógica de confesión no le garantió la rebaja en la pena, una vez que el Tribunal entendió que, ante las circunstancias del caso, la pena impuesta anteriormente ya suponía una importante rebaja

Como es bien sabido, y de acuerdo con lo analizado anteriormente, la atenuante analógica de confesión suele utilizarse para premiar aquellos casos en los que, a pesar de haberse producido una confesión extemporánea, es decir, tras conocer el responsable la existencia de un proceso penal en su contra haya colaborado eficazmente con las autoridades[69]. Esta atenuante suplía, en muchas ocasiones, las dificultades relacionadas con los tipos privilegiados que premian a los colaboradores con la justicia, como ocurre en los delitos de grupos y organizaciones criminales (art. 570 quater 4 CP), terrorismo (art. 579 bis 3 CP), o contra la salud pública (art. 376 CP), entre otros[70]. En este caso, también remedia la falta de un mecanismo para premiar al informante que, sin haber confesado a las autoridades antes de conocer el procedimiento dirigido contra él —y, por tanto, sin cumplir con el requisito de la atenuante de confesión del art. 21.4 CP—, hubiese comunicado los hechos previamente en el nivel interno empresarial.

De manera similar, se puede suponer que el informante que haya confesado —tanto a las autoridades como a los sistemas internos de información— solamente tras conocer el procedimiento judicial, pero que, de alguna forma, también haya contribuido eficazmente en la investigación de los hechos, podrá ser premiado con la apreciación de la atenuante de confesión en su modalidad analógica.

No es una novedad, ya que hemos observado la concesión de este mismo tipo de atenuante en los casos de infractores que hubieran confesado a la víctima antes que a las autoridades, dentro de los debates sobre la mediación penal: STS 741/2010, de 10 de julio (y de confesión durante la mediación con aporte extraordinario STS 784/2017, de 30 de noviembre).

No obstante, muchas dudas persisten, las cuales plantearemos y, en la medida de lo posible, buscaremos respuesta en el siguiente epígrafe.

---

para unos delitos de naturaleza continuada. Por tanto, no cabría la rebaja en dos grados de la pena impuesta en la medida en que sería suficientemente proporcionada a partir de la rebaja anteriormente calculada de un grado (STS 585/2023, de 12 de julio FD2).

69 ORTIZ PRADILLO (2018: 230 y ss.); FARALDO CABANA (2023: 304); OLIVEIRA TEIXEIRA DOS SANTOS (2024: 213 y ss.).

70 CUERDA ARNAU (1995: 461); LAMARCA PÉREZ (2008: 213; 2009: 283); ORTIZ PRADILLO (2018: 224).

V. REFLEXIONES SOBRE LA JUSTICIA PREMIAL PARA LOS INFORMANTES-COLABORADORES EN EL SISTEMA PENAL

En primer lugar, y a partir de la sentencia analizada, debemos reflexionar sobre en qué medida este informante-colaborador merece una recompensa penal simplemente por haber informado a los canales internos (o externos de información, según entendemos). Esto se debe a que, en cierta medida, este informante ha cumplido con las expectativas de la Ley 2/2023, que busca fomentar la "cultura de información, de las infraestructuras de integridad de las organizaciones y el fomento de la cultura de la información o comunicación como mecanismo para prevenir y detectar amenazas al interés público" (art. 1.2 Ley 2/2023).

Desde nuestra perspectiva, ante la ausencia de un mecanismo de justicia premial que garantice mayor seguridad jurídica a este informante, nos parece adecuada la apreciación de una atenuante analógica de confesión.

A pesar de que, en el caso de la STS 585/2023, no se trata de un verdadero colaborador con la justicia, ya que su actuación fue solo la de informar a los canales internos de ambas entidades, confesando su participación en los hechos —y, por tanto, debe ser clasificado como un informante—, este ha demostrado una actitud positiva respecto a la deseada cultura de la información. Además, ha sido un elemento esencial en el marco de las infraestructuras de integridad —también denominados programas de *compliance*— de las entidades mencionadas. Esto es porque, al existir canales internos de información a los que podía acudir —entendemos con escasa probabilidad de represalias, dado que optó por confesar sin proteger su identidad[71], o por razones morales interiores que lo llevaron a hacerlo a pesar de las represalias que pudiera sufrir—, este informante hizo buen uso de dichos canales, dirigiéndose a sus superiores y a la segunda entidad involucrada a través de cartas escritas y firmadas.

---

[71] Quizás, debido a la ausencia del propio marco legal de la Ley 2/2023, que viabiliza la presentación de denuncias anónimas en el marco de los canales de información.

Asimismo, y solo debido a una relación lógica-comparada, como mencionamos anteriormente, si la jurisprudencia ya venía admitiendo la apreciación de atenuantes para infractores que hubieran confesado a la víctima en un primer momento o durante las sesiones de mediación penal en el marco de la justicia restaurativa, a los informantes que acuden inicialmente al canal interno de información —o, en su caso, al canal externo— también debe concedérseles una atenuante analógica de confesión.

Por otro lado, otra cuestión que debe plantearse es si, ante esta situación —el informante que comunica inicialmente a los canales internos o externos, sin llegar a confesar a las autoridades conforme al criterio cronológico del art. 21.4 CP—, también deben reconocérsele otras medidas premiales o procesales.

Es decir, por ejemplo, si se podría plantear una medida de indemnidad penal, como la exención de la responsabilidad, la suspensión de la ejecución de la pena privativa de libertad, el sobreseimiento de la causa, la adopción de medidas cautelares y diligencias de investigación más favorables, la no imposición de penas de inhabilitación absoluta o especial, entre otras posibilidades. Esta pregunta surge porque, independientemente de la ausencia de medidas procesales para recompensar a los colaboradores en sede penal, son medidas que pueden aplicarse a casos concretos, según la valoración del Juez o Tribunal competente[72]. ¿Para reconocer estas medidas, bastaría con haber informado a los canales internos o externos, o también sería necesaria una colaboración eficaz?

Para Simón Castellano[73], por ejemplo, no sería suficiente con solo denunciar; este informante también debería cumplir con otras condiciones de colaboración, como las previstas en los tipos privilegiados del Código Penal o en el propio art. 40 de la Ley 2/2023. A saber, el abandono o cesación en la acción u omisión, la aportación de pruebas, la declaración, la reparación del daño, etc.

En trabajos anteriores, habíamos debatido sobre la recompensa regulada en el art. 40 de la Ley 2/2023, y concluimos que no sería

72 *Cfr.* ORTIZ PRADILLO (2018: 263); OLIVEIRA TEIXEIRA DOS SANTOS (2024: 463 y ss.).

73 SIMÓN CASTELLANO (2022: 21).

recomendable regular exclusivamente la modalidad de recompensa penal en el propio art. 40 o de manera similar, debido a la probable inaplicabilidad de este articulado. En definitiva, seguir exigiendo requisitos tan extensos y complicados como los establecidos en el art. 40 de la Ley 2/2023 o en los tipos privilegiados en sede penal no tiene sentido si el objetivo es fomentar la conducta colaborativa mediante una recompensa procesal penal. Por tanto, remitimos a lo debatido en un trabajo anterior, en el que planteamos que la colaboración debe ser apreciada por el Juez o Tribunal conforme al caso concreto y, en aras de garantizar una mayor seguridad jurídica, lo ideal sería la regulación de estas recompensas en el plano procesal[74].

En este supuesto, también debemos cuestionarnos qué sucedería con el informante que, habiendo informado a los canales internos y/o externos, colabora eficazmente con la investigación interna, pero no con la Administración de Justicia en el marco del proceso penal. ¿Habiéndolos, a esta persona también le serían reconocidos los mismos beneficios que a un colaborador con la justicia de manera amplia, o solo se le concedería una atenuante analógica de confesión, más limitada?

Sabiendo que en la iniciativa privada las posibilidades son amplias, y que las grandes multinacionales tienen el poder e interés en incentivar que sus trabajadores colaboren internamente, planteamos la idea de que la propia persona jurídica privada puede fomentar al *whistleblower*, quizás incluso mediante recompensas financieras[75]. En estos casos, será aún más complicado ofrecer recompensas procesales y penales a estos colaboradores, ya que, muy probablemente, los tribunales también deberán sopesar los derechos y garantías procesales de las personas denunciadas.

Desde nuestra perspectiva, la realidad y el desarrollo jurisprudencial arrojarán luz sobre estos distintos escenarios, siempre y cuando

---

74 *Cfr.* OLIVEIRA TEIXEIRA DOS SANTOS (2024).

75 Nos encontramos, por ejemplo, con el caso de una gran empresa brasileña, cotizada en bolsa, que ofreció pagar diez años de salario, las mensualidades de las escuelas de los hijos, los honorarios de los abogados que les representaron en el proceso penal y otros beneficios para dos directivos de la empresa que colaboraron en el marco de una investigación interna y, posteriormente, con la justicia penal, respecto de un fraude contable. *Cfr.* FOLHA DE SÃO PAULO (2024).

al proceso penal también llegue toda la información respectiva al procedimiento desarrollado en el marco de las investigaciones internas. Sabemos que, tratándose de una investigación llevada a cabo por un canal externo de información, el juez o tribunal competente podrá acogerse al art. 26.1 de la Ley 2/2023 y solicitar a la AAI o a la autoridad competente autonómica el acceso total o parcial al registro de las informaciones recibidas y a las investigaciones internas mediante petición razonada y en el marco de un procedimiento judicial.

Por otro lado, también debemos considerar la posición del encausado que solo es colaborador con la justicia. A saber, no ha informado a los canales internos/externos de información, pero sí ha colaborado eficazmente de acuerdo con los requisitos comúnmente solicitados por la jurisprudencia para apreciar la atenuante analógica de colaboración: reconociendo los hechos, incluso tras conocer que el procedimiento se dirigía contra él, y colaborando de forma eficaz.

Desde nuestra perspectiva, dado que este premio se viene reconociendo desde antes de la Ley 2/2023 o de la Directiva 2019/1937, no habría impedimentos para su reconocimiento. Otra cuestión es, como debatimos anteriormente en otros trabajos, determinar de manera que otorgue seguridad jurídica cómo se valorará la eficacia de la colaboración para la apreciación de una recompensa penal[76], Asimismo, consideramos que el hecho de no haber informado a los canales internos o externos de información podría ser valorado negativamente por el juez o tribunal competente al determinar el grado de atenuación de la pena.

Además, se debe plantear el debate en torno a la relación de la colaboración de este informante con la persona jurídica. En este sentido, la primera interrogante que debe resolverse es cómo compaginar la dificultad de la persona física de colaborar e informar ante la persona jurídica. A saber, la persona jurídica, especialmente aquella que dispone de un sistema de información enmarcado en un programa de *compliance* eficaz, siempre estará en mejores condiciones de colaborar con la justicia, dado que tiene acceso privilegiado a documentación, informes e información sobre su organización interna. Por tanto, en la medida en que un hecho delictivo implique tanto a un em-

---

[76] *Cfr.* OLIVEIRA TEIXEIRA DOS SANTOS (2024).

pleado (o informante relacionado laboralmente con la entidad, según los criterios subjetivos de la Ley 2/2023) como a la persona jurídica, será más probable que se reconozcan a esta última los beneficios que se le pueden aplicar legalmente, que a la persona física, quien, aunque puede informar o confesarse culpable, dispondrá de menos medios para aportar al proceso y lograr que su colaboración sea reconocida como eficaz y útil, sin la cual las autoridades no habrían llegado a la misma conclusión.

VI. CONCLUSIONES

En este trabajo hemos realizado un análisis de la figura del informante-colaborador ante la necesidad de alentar el *whistleblowing* mediante recompensas penales y/o procesales. En primer lugar, se puede advertir la relevancia de los programas de recompensas a la hora de fomentar que las personas que hayan tenido alguna participación en la infracción penal la comuniquen a través de los canales internos y/o externos de información.

La propia jurisprudencia subraya esta necesidad y la compensa recurriendo al sistema de justicia premial vigente en el sistema penal español. En concreto, hemos analizado cómo la STS 585/2023, de 12 de julio, atenúa la sanción penal a un alertador que informó a los canales internos de información antes de denunciar los hechos a la autoridad competente, sin saber que un proceso penal se dirigía contra él.

No obstante, el sistema de justicia premial actual se encuentra repleto de lagunas, la mayor parte de ellas derivadas de la inseguridad jurídica que conlleva premiar a un colaborador mediante la interpretación analógica de la atenuante de confesión de los artículos 21.4 y 21.7 del Código Penal. Asimismo, recurrir al sistema de atenuantes abre una serie de interrogantes sobre los requisitos, límites y consecuencias de la colaboración en el marco del *whistleblowing*. Por ejemplo, si basta con informar a los canales internos y/o externos, sin que haya una posterior colaboración eficaz; si esta colaboración puede efectuarse exclusivamente en el marco de estos canales de información o debe replicarse en el proceso penal, entre otras cuestiones abordadas a lo largo del trabajo.

Para concluir, hacemos referencia al debate planteado anteriormente sobre la posible descoordinación y conflicto entre los órdenes privado, administrativo y penal en cuanto a la actuación de canales internos y externos de información, y los tribunales competentes en materia penal, siempre que la información comunicada por este informante-colaborador se refiera a un delito.

A pesar del intento de la Directiva 2019/1937 de proteger a los informantes mediante una política más integral, que busca reducir los problemas de parcialidad, confusión, falta de credibilidad y asimetría (entre áreas como la penal y la laboral, por ejemplo), como nos indica RODRÍGUEZ-GARCÍA[77], la realidad es que, en cuanto a la justicia premial para los informantes-colaboradores, todavía nos encontramos ante una asimetría entre el carácter administrativo de la Ley 2/2023 y su relación directa con medidas penales y procesales penales en cuanto a los informantes de hechos delictivos.

El camino hacia una regulación más clara y coherente de las recompensas a los informantes-colaboradores debe pasar necesariamente por una revisión del marco normativo de la justicia premial en el *sistema* penal que contemple las particularidades del *whistleblowing*. Esta revisión debe permitir una mejor coordinación entre las distintas áreas implicadas y proporcionar a los informantes la seguridad jurídica necesaria —y suficiente recompensa— para que se sientan incentivados a colaborar de manera eficaz con las autoridades y actuar como informantes. Solo así podremos garantizar que el sistema de recompensas sea realmente eficaz en la lucha contra la corrupción —y de las irregularidades y demás infracciones incluidas en el ámbito material de la Ley 2/2023—y en la promoción de una cultura de integridad dentro de las organizaciones.

Mientras tanto, a pesar del avance que ha supuesto la normativa sobre *whistleblowing*, nos encontramos ante un escenario algo caótico que derivará en la necesidad de interpretación casuística y en el recurso a la jurisprudencia de los tribunales para ir definiendo pautas sobre la recompensa de estos informantes-colaboradores.

---

77 RODRÍGUEZ-GARCÍA (2024: 7).

VII. BIBLIOGRAFÍA

BURGUÉS VIÑALLONGA, M. (2023): "Claves de la nueva Ley de protección a los informantes: sobre la transposición de la Directiva *Whistleblowing* al ordenamiento jurídico español". *LA LEY Compliance Penal,* 12 (1-6).

CASALS FERNÁNDEZ, A. (2023): "*Whistleblowers*: la lucha contra las conductas ilícitas. Análisis de la Ley 2/2023, de 20 de febrero, reguladora de la protección de las personas que informen sobre infracciones normativas y la lucha contra la corrupción". *LA LEY Penal,* 161 (1-33).

CASANOVAS YSLA, A. (2022): *Guía práctica para la gestión de la denuncia de irregularidades según la Norma ISO 37002:2021*. Madrid: Aenor Internacional.

CUERDA ARNAU, M. (1995): *Atenuación y remisión de la pena en los delitos de terrorismo*. Madrid: Centro de Publicaciones del Ministerio de Justicia.

DEL REY GUANTER, S., (2023): "El ámbito subjetivo de protección de la Ley 2/2023, de protección del informante, y sus implicaciones para las personas trabajadoras y empleadoras". *Temas Laborales,* 169 (11-39).

FARALDO CABANA, P. (2023): "Comentario al Artículo 21.7". En: CUERDA ARNAU, M. L. (dir.): *Comentarios al Código Penal. Tomo I*. Valencia: Tirant lo Blanch (304-308).

FERNÁNDEZ AJENJO, J. A. (2023): *Comentarios a la Ley 2/2023 reguladora de la protección de las personas que informen sobre infracciones normativas y de lucha contra la corrupción*. Valencia: Tirant lo Blanch.

FERNÁNDEZ RAMOS, S. (2023): "La Ley 2/2023, de 20 de febrero, de protección al informante: ámbito material de aplicación". *Revista General de Derecho Administrativo,* 63 (1-31).

FOLHA DE SÃO PAULO (2019): "Acionistas da CCR aprovam programa de R$71 mi para indenizar executivos delatores". *[https://www1.folha.uol.com.br/mercado/2019/04/acionistas-da-ccr-aprovam-programa-de-r-71-mi-para-indenizar-executivos-delatores.shtml]*.

FUENTES OSORIO, J. L. (2023): *Sistemas de determinación de las penas impuestas a las personas jurídicas*. Barcelona: J. M. Bosch Editor.

GARCÍA MORENO, B. (2020): *Del* whistleblower *al alertador. La regulación europea de los canales de denuncia*. Valencia: Tirant lo Blanch.

GÓMEZ COLOMER, J. L. (2024): "Lección 7. La instrucción del proceso: su estructura esencial". En: GÓMEZ COLOMER, J. L., BARONA VILAR, S.: *Proceso Penal. Derecho Procesal III* (4.ª ed.). Valencia: Tirant lo Blanch (151-184).

GÓMEZ-JARA DÍEZ, C. (2019): "Introducción: La responsabilidad penal de las personas jurídicas y el control de su actividad: estructura jurídica general en el Derecho Procesal Penal español y cultura de cumplimiento". En: GÓMEZ COLOMER, J. L. (dir.): *Tratado sobre* compliance *penal. Responsabilidad penal de las personas jurídicas y modelos de organización y gestión*. Valencia: Tirant lo Blanch (25-66).

LAMARCA PÉREZ, C. (2008): "Legislación penal antiterrorista: análisis crítico y propuestas". *Azpiçcueta,* 20 (199-214).

LAMARCA PÉREZ, C. (2009): "Atenuación por abandono y colaboración. Requisitos (artículo 376.1 CP). Delimitación con la atenuante 4.ª del artículo 21 CP". En: ÁLVAREZ GARCÍA, J. (dir.): *El delito de tráfico de drogas*. Valencia: Tirant lo Blanch (280-290).

LIÑÁN LAFUENTE, A. (2023): "La Ley 2/2023, de protección del informante, vs. el derecho a la no auto incriminación de la persona jurídica". *LA LEY Penal*, 162 (1-24).

MAPELLI CAFFARENA, B. (2012): "La pena de inhabilitación absoluta ¿Es necesaria?". *Cuadernos de Política Criminal*, 108 (5-30).

MARTÍN TALAVERA, Á. & BENÍTEZ OSTOS, A. (2024): "Alcance y efectos de la pena de inhabilitación especial". *Diario LA LEY*, 10503 (1-12).

NAVARRO CARDOSO, F. & MONTESDEOCA RODRÍGUEZ, D. (2021): "La reparación como atenuante de responsabilidad penal de las personas jurídicas, contextualizado en el marco de los procesos restaurativos". En: VICENTE MARTÍNEZ, R., GÓMEZ INIESTA, D. *et. al*. *Libro Homenaje al profesor Luis Arroyo Zapatero. Un Derecho Penal humanista. ¿Límite infranqueable o justa contraprestación?* Madrid: Agencia Estatal Boletín Oficial del Estado (483-514).

OLAIZOLA NOGALES, I. (2023): "Comentario al Artículo 426". En: CUERDA ARNAU, M. L. (dir.). *Comentarios al Código Penal. Tomo II*. Valencia: Tirant lo Blanch (2258-2662).

OLIVEIRA TEIXEIRA DOS SANTOS, M. (2024): *Colaboración con la justicia en el sistema penal español: principio de oportunidad, justicia premial y negociada*. Valencia: Tirant lo Blanch.

ORTIZ PRADILLO, J. C. (2018): *Los delatores en el proceso penal*. Madrid: Wolters Kluwer.

ORTIZ PRADILLO, J.C. (2024): Whistleblowing, *colaboración eficaz con la justicia y proceso penal*. Madrid: LA LEY.

PACELLA, J. (2015): "Bounties for bad behavior: rewarding culpable whistleblowers under the Dodd-Frank act and Internal Revenue Code". *University of Pennsylvania Journal of Business Law*, 17(2) (345-392).

POZUELO PÉREZ, L. (2020): "La elasticidad interpretativa de las circunstancias modificativas: el cambiante efecto atenuante de la colaboración con la justicia". *Revista Electrónica de Ciencia Penal y Criminología*, 22-17 (1-28).

RAGUÉS I VALLÈS, R. (2006): "'¿Héroes o traidores?' La protección de los informantes internos (whistleblowers) como estrategia político-criminal". *InDret: Revista para el Análisis del Derecho*, 364 (1-19).

RAGÚES I VALLÈS, R. (2017): "¿Es necesario un estatuto para los denunciantes de la corrupción?". *LA LEY*, 9003 (1-14).

RAGÚES I VALLÈS, R. (2023): "La Ley 2/2023 de protección de informantes: una primera valoración crítica". *LA LEY Compliance Penal*, 13 (1-20).

ROCHA, M. A. (2016): "*Subsídios ao debate para a implantação de programas de whistleblower ao Brasil*. Asociação dos juízes Federais do Brasil". AJUFE *[http://www.oas.org/juridico/PDFs/mesicic5_br_infocomple_ane33_p64.pdf]*.

RODRÍGUEZ-GARCÍA, N. (2021): "Espacios de consenso vs. espacios de conflicto en el enjuiciamiento penal de la corrupción". En: PÉREZ FLORES, C. (coord.): *Apuntes sobre el combate a la corrupción desde el ámbito penal.* Ciudad de México: Tirant lo Blanch (95-118).

RODRÍGUEZ-GARCÍA, N. (2024): "El fomento europeo de los alertantes e informantes en plena expansión de una justicia penal colaborativa". *LA LEY Compliance Penal*, 16 (1-34).

SÁEZ HIDALGO, I. (2023): "El ámbito objetivo de aplicación de la Ley 2/2023: ¿Qué comunicaciones pueden amparar el derecho a protección frente a represalias?". *Diario LA LEY*, 10274 (1-15).

SÁNCHEZ GARCÍA DE PAZ, I. (2005): "El coimputado que colabora con la justicia penal". *Revista Electrónica de Ciencia Penal y Criminología*, 5(07) (1-33).

SIMÓN CASTELLANO, P. (2022): "La inmunidad penal como recompensa a los denunciantes. Allende un nuevo factor subjetivo-formal de punibilidad". *Revista Electrónica de Ciencia Penal y Criminología*, 24-14 (1-34).

TRANSPARENCIA INTERNACIONAL (2009): *Guía de lenguaje claro sobre lucha contra la corrupción. [https://transparencia.org.es/wp-content/uploads/2014/10/Guía-de-lenguaje-claro-sobre-lucha-contra-la-corrupción.pdf].*

ZARAGOZA AGUADO, J. A. (2023): "Comentario al Artículo 570 quater". En: CUERDA ARNAU, M. L. (dir.): *Comentarios al Código Penal. Tomo II.* Valencia: Tirant lo Blanch (3240-3245).

EL INFORMANTE DE CORRUPCIÓN EN EL SECTOR PÚBLICO: UN ANÁLISIS ECONÓMICO Y JURÍDICO

Juan Ignacio Leo-Castela[1]
Profesor Permanente Laboral
Área de Economía Aplicada
Universidad de Salamanca

I. INTRODUCCIÓN

La Ley 2/2023, de 20 de febrero, reguladora de la protección de las personas que informen sobre infracciones normativas y de lucha contra la corrupción supone la trasposición de la Directiva (UE) 2019/1937 del Parlamento Europeo y del Consejo, de 23 de octubre de 2019, al ordenamiento jurídico español. Esta Directiva incorpora un mínimo común denominador para la protección de "informantes" o personas físicas conocedoras de una infracción del Derecho comunitario tratando de evitar las diferencias normativas entre los distintos ordenamientos de los Estados miembros. La necesidad de encontrar este punto de encuentro puede justificarse, entre otras razones, en el potencial disuasorio derivado del temor a sufrir represalias por parte de cualquier eventual informante en el territorio de la Unión Europea. Con la finalidad de proteger y de garantizar un entorno adecuado para la denuncia de irregularidades e infracciones del Derecho comunitario, la Directiva incorpora una serie de mecanismos y garantías que, a la postre, se han recogido con luces y sombras en nuestro Derecho interno. En las páginas que siguen se propone una primera aproxima-

---

1 Investigador del "Centro de Investigación para la Gobernanza Global" y del GIR "Economía y Políticas Públicas" de la Universidad de Salamanca. Este trabajo es parte del Proyecto de Investigación "Cumplimiento normativo y protección penal de la Administración Pública" (PID2022-138775NB-I00) del Ministerio de Ciencia e Innovación del Gobierno de España. Contacto: leocastela@usal.es. ORCID: 0000-0003-2936-6017. Researcher ID: M-7860-2018.

ción al impacto de estos mecanismos en el funcionamiento del sector público español desde una perspectiva económica y jurídica.

Como punto de partida y a modo de introducción debo referir que en las generales de la Ley 2/2023 subyace el deber general de colaboración ciudadana o deber general de denuncia reconocido en otras ramas de nuestro ordenamiento jurídico. Sin ir más lejos en la Ley de Enjuiciamiento Criminal. El artículo 262 de la Ley de Enjuiciamiento Criminal reconoce por ejemplo la obligación de denuncia inmediata bajo pena de multa para cualquier persona física que por razón de su cargo u oficio tuviera noticia de la comisión de un delito. Por su parte, la Ley 2/2023 le presta una especial atención a la extraordinaria posición de los empleados públicos para su colaboración eficaz con las autoridades competentes en la lucha contra la corrupción. En cierto modo, esta predisposición viene determinada por razón de su actividad profesional y de la mayor facilidad con la que en su rutina diaria podrían ser conocedores de este tipo de infracciones. En un sentido similar, el artículo 588 ter e y el artículo 588 septies b de la Ley de Enjuiciamiento Criminal recogen el deber de colaboración en el contexto de las telecomunicaciones y sus prestadores de servicios. Quizás el fundamento básico de este deber de colaboración reside en la utilidad pública de la denuncia y en la facilidad o predisposición con la que determinadas personas físicas pueden conocer de un hecho ilícito o de una infracción sencillamente por razón de su cargo u oficio o por las actividades que realizan. Este hecho les convierte en colaboradores particularmente idóneos para una detección altamente eficaz de las infracciones a una escala difícilmente alcanzable por parte de otros ciudadanos e incluso por parte de otras autoridades o poderes públicos.

Nos encontramos, por tanto, ante una materia con especial trascendencia para la detección eficaz de infracciones y actos de corrupción y, en consecuencia, merece la pena reflexionar sobre las variables que inciden sobre la decisión de informar de los trabajadores del sector público. A lo largo de este capítulo trataré de ofrecer una visión general sobre el informante de corrupción (alertador) a partir de los datos facilitados por algunas de las administraciones autonómicas más avanzadas en esta materia en torno a algunas variables concretas como pueden ser el número total de denuncias presentadas en la Comunidad Autónoma, el porcentaje de alertadores bajo medidas de protección, o el ámbito o la materia en el que se producen la mayor parte de las denuncias. Debo anticipar que el diferente nivel de desarrollo que se aprecia respecto de esta materia en el mapa autonómico impedirá que, al menos hoy en día, podamos realizar una comparativa completa entre el conjunto de las Comunidades Autónomas a propósito de las variables propuestas. Consciente de esta limitación mi objetivo consiste en realizar una primera aproximación en dos sentidos. En primer lugar, testando estas variables en aquellas regiones que cuentan con datos actualizados periódicamente. Y, en segundo lugar, analizando el estado de la cuestión en aquellos territorios donde todavía no contamos con datos suficientes. Como segundo objetivo, a partir del estudio de estas variables trataré de poner de manifiesto algunos problemas económicos y algunos de los retos más acuciantes que nos deja la trasposición de esta Directiva en España. A efectos meramente terminológicos me gustaría señalar que si bien la Directiva 2019/1937 utiliza el término "denunciantes" en la legislación española se ha optado por el término "informantes". A lo largo de este capítulo se seguirá el criterio marcado por el legislador español[2].

En este contexto no podemos obviar que en términos generales la realidad del sector público español resulta compleja y cambiante y que la progresiva cesión de competencias a las Comunidades Autónomas implica también que éstas hayan pasado a tener un papel más protagónico en la lucha contra la corrupción, incluso desde antes de la llegada de la Ley 2/2023. Sin embargo, esta cesión de competencias no siempre se ha desarrollado de una manera ordenada ni tampoco ha respondido a criterios homogéneos entre las diferentes Comunidades Autónomas. Lo que resulta más relevante a propósito de lo que aquí nos ocupa, es que esta descentralización no siempre ha venido acompañada de suficiencia presupuestaria[3]. Como se verá a lo largo de este capítulo este hecho está generando un problema añadido y es que la incorporación de los mecanismos previstos en la Ley 2/2023 tampoco se está desarrollando de una manera uniforme en todo el sector público español.

2 La Ley 2/2023 no aporta una definición concreta del término "informante" al estilo de la Directiva 2019/1937 que en su artículo 5 define al denunciante como la "persona física que comunica o revela públicamente información sobre infracciones obtenida en el contexto de sus actividades laborales". En el ámbito autonómico, como se verá más adelante, una de las pocas Comunidades Autónomas que replica el modelo de la Directiva 2019/1937 y aporta una definición similar es Extremadura.

3 FERNÁNDEZ-LLERA (2011).

La potestad legislativa de las Comunidades Autónomas está alcanzando cotas desconocidas hasta la fecha tejiendo una telaraña de normativas subcentrales también en lo relativo a la prevención de la corrupción y la delincuencia económica en sentido amplio. En este contexto no debemos perder de vista la teoría institucional propuesta por NEWMAN[4] conforme a la cual las instituciones se vuelven más similares a lo largo del tiempo porque los procesos normativos favorecen y premian esa similitud. Trasladado al ámbito que nos ocupa, los procesos normativos vinculados con una prevención eficaz de la corrupción podrían favorecer transformaciones similares entre organismos e instituciones del sector público con una cierta retroalimentación. Sin embargo, la arquitectura institucional que incorpora la Ley 2/2023 se encuentra aún en un estadio primitivo.

Como veremos a continuación existen Comunidades Autónomas en las que la intención de informar sobre infracciones normativas y/o relacionadas con actos de corrupción se está viendo favorecida por otras variables que también debemos tener en cuenta. Factores como la población, la situación económico-financiera, o los antecedentes legislativos en cada territorio podrían resultar interesantes. En este sentido existe el riesgo de que las diferencias entre territorios puedan dar lugar a diferentes niveles de protección del informante dentro del sector público español. Y que, en consecuencia, con una misma normativa a nivel nacional, nos encontremos con diferentes niveles de protección del informante en el plano autonómico. Desde este enfoque, el análisis que aquí se presenta aspira a ser útil desde un punto de vista académico, pero también desde el punto de vista práctico de cara a un funcionamiento más eficaz de las Administraciones Públicas.

II. LA POSICIÓN DEL INFORMANTE DE CORRUPCIÓN EN EL SECTOR PÚBLICO ESPAÑOL

Como primer matiz a tener en cuenta, de entre todas las posibles infracciones normativas de las que eventualmente pudiera informar una persona física este trabajo se encuentra acotado únicamente a las

---

4 NEWMAN (2000: 604).

relacionadas con los actos de corrupción y, particularmente, a aquellas ocurridas en el ámbito del sector público en los términos en los que se delimita este sector en la legislación vigente. Por esta razón, me referiré exclusivamente al informante de corrupción en el sector público. Hecha esta precisión para abordar el estudio del informante de corrupción en el sector público español la primera pregunta que surge es la relativa al ámbito de aplicación de la Ley 2/2023. En este sentido, una novedad que me resulta interesante es que esta norma distingue entre el ámbito material y el ámbito personal de aplicación en un nuevo intento del legislador español por perimetrar la compleja realidad económica y social de nuestro sector público.

El ámbito material que propone la Ley 2/2023 se refiere al objeto de la denuncia y distingue fundamentalmente dos tipos de infracciones: las del Derecho comunitario y, las penales o administrativas graves o muy graves que resulten de acciones u omisiones. Entre ellas, por supuesto, las que impliquen un perjuicio económico para la Hacienda Pública y la Seguridad Social. Pero si nos centramos en la figura del informante de corrupción en el sector público debemos atender al ámbito personal de aplicación. El artículo 3 de la Ley 2/2023 indica claramente que esta norma resultará de aplicación a cualquier informante que trabaja en el sector público o privado siempre que hubiera tomado conocimiento de la infracción denunciada en su ámbito laboral. Este hecho, propicia que tratándose de una relación laboral puedan aparecer con relativa facilidad los miedos a sufrir represalias en el entorno de trabajo. Entre ellos, el miedo a ser despedido o el miedo a sufrir presiones por parte de superiores jerárquicos. Este ámbito personal de aplicación se extiende en la Ley 2/2023 también a otras figuras asimiladas como los trabajadores estatutarios, los voluntarios, becarios, trabajadores en formación, etcétera. Pues, en definitiva, todos ellos tienen en común la extraordinaria posición de eventuales colaboradores que se deriva de su actividad u oficio.

Por su parte, el artículo 13 de la Ley 2/2023 también se refiere a la información de infracciones en el ámbito del sector público a partir de la obligación de contar con un sistema interno de información en determinados organismos y entidades. Consciente de los problemas tradicionalmente asociados a la delimitación del sector público en nuestro país, el legislador dedica el apartado primero del artículo 13 de la Ley 2/2023 a ordenar un sistema cerrado o de *numerus clausus* relativo a las entidades que a los efectos del ámbito de aplicación de esta norma quedan comprendidas en el sector público.

Como primer dato llamativo quiero enfatizar que esta delimitación coincide parcialmente con la propuesta en la Ley 47/2003, de 26 de noviembre, General Presupuestaria y; a su vez también, con la que se recoge en la Ley 9/2017, de 8 de noviembre, de Contratos del Sector Público, por la que se trasponen al ordenamiento jurídico español las Directivas del Parlamento Europeo y del Consejo 2014/23/UE y 2014/24/UE, de 26 de febrero de 2014. A mayores, la Ley 9/2017 de contratos con el sector público ya había enfatizado la necesidad de incrementar los mecanismos preventivos en la lucha contra la corrupción sirviendo en cierto modo de antecedente a lo que se incorpora en la Ley 2/2023[5].

El análisis del sistema de fuentes del sector público español excede con mucho del propósito de este capítulo y por este motivo me limitaré exclusivamente a poner de manifiesto algún punto de encuentro entre este sistema de fuentes y la Ley 2/2023. Por lo que se refiere al artículo 13 antes citado, el catálogo cerrado que se propone incluye en primer lugar a la Administración General del Estado, a las Administraciones Autonómicas y Locales y las Administraciones de las Ciudades con Estatuto de Autonomía. En segundo lugar, la norma incluye a todas las entidades vinculadas o dependientes de las anteriores. En tercer lugar, a las autoridades administrativas independientes, al Banco de España, a las entidades gestoras y servicios comunes de la Seguridad Social, a las universidades públicas, a las corporaciones de Derecho público y a las fundaciones del sector público[6]. Y, finalmente, el apartado segundo extiende la obligación de contar con un sistema interno de información a los órganos constitucionales.

El segundo matiz que me gustaría subrayar es que la articulación de mecanismos de colaboración público-privada en ocasiones representa un coste económico que no siempre resulta asumible por parte del sector público. Pensemos por ejemplo en el coste asociado al dise-

---

5 RODRÍGUEZ-GARCÍA (2024: 218).

6 Respecto de estas últimas el legislador español se aparta en la Ley 2/2023 de los criterios inicialmente fijados en la Ley 47/2033 General Presupuestaria e incorpora una serie de criterios relacionados con el patrimonio y los derechos de voto de las fundaciones del sector público.

ño e implementación del sistema interno de información obligatorio de conformidad con el artículo 13. La medida propuesta por el legislador consiste en abrir la posibilidad de que las corporaciones locales de menos de diez mil habitantes puedan compartir este sistema (así como los recursos que éste demande) con otras entidades de su misma Comunidad Autónoma. Este aspecto económico resulta crucial a la hora de evaluar la situación actual por la que atraviesa el informante de corrupción en el sector público al menos por las siguientes razones.

En primer lugar, la estabilidad presupuestaria y la sostenibilidad financiera de las diferentes Comunidades Autónomas resulta, como sabemos, dispar. La Ley 2/2023 impone nuevas obligaciones que representan incrementos de gasto público que en buena lógica no todos los territorios podrán asumir o al menos no en las mismas condiciones. En este sentido no estaría de más valorar la posibilidad de establecer algún mecanismo de financiación complementario por parte de la Administración General del Estado (quizás también en colaboración con entidades de carácter supranacional).

En segundo lugar, la realidad del sector público y, lo que es más importante, la integridad en las administraciones públicas tampoco se distribuye de manera homogénea por el territorio español. Existen territorios que se han visto más castigados por la corrupción donde, en consecuencia, será necesario realizar más esfuerzos que en otros. En un sentido similar, el volumen de recursos públicos que se maneja en las diferentes administraciones autonómicas también puede ser variable y, con ello, la probabilidad de que surjan comportamientos no deseados o actos de corrupción. En paralelo, la concienciación y el compromiso con la integridad pública también pueden variar de un territorio a otro. A propósito de todo ello, el debate sobre si la descentralización contribuye positivamente a combatir la corrupción toma fuerza en los primeros compases del siglo XXI. Autores como FISMAN[7] argumentaron con éxito que una adecuada descentralización puede contribuir significativamente a reducir la corrupción. En este sentido, la creación de diferentes autoridades independientes autonómicas (oficinas o agencias de rango subcentral) sería consistente con la teoría de este autor.

---

7 FISMAN & GATTI (2002: 339).

En tercer lugar, a pesar de que la entrada en vigor de la Ley 2/2023 es relativamente reciente existen Comunidades Autónomas que, como veremos más adelante, ya venían trabajando en estos aspectos desde hace años (algunas incluso desde el año 2010) a partir de su propia normativa autonómica y que, por lo tanto, han encontrado más facilidades a la hora de adaptarse a las obligaciones impuestas por esta norma. Sin embargo, desde un punto de vista meramente económico la importancia de coordinar la dotación de recursos públicos con las necesidades reales derivadas de las obligaciones impuestas por la Ley 2/2023 es un problema común para cualquier Administración Pública.

Por último, la posibilidad de edificar una cultura de integridad y de protección al informante de corrupción se relaciona de manera directa con la concienciación y la formación de los empleados del sector público en esta materia. Aspecto al que la Ley 2/2023 también le confiere una especial relevancia pero que, al igual que otros factores, no resulta fácil de armonizar en el conjunto de las Comunidades Autónomas. Como se verá más adelante, los esfuerzos realizados en este aspecto por algunas regiones como Cataluña, Valencia o Andalucía difieren considerablemente del resto de territorios.

III. EL SISTEMA INTERNO DE INFORMACIÓN EN EL SECTOR PÚBLICO: ANTECEDENTES

El abordaje de la prevención de los actos de corrupción en el sector público pasa también por el estudio de los mecanismos que permiten detectar y comunicar las amenazas y riesgos de la manera más temprana y eficaz posible. Para ello, el sector público debe contar con estructuras y sistemas internos que permitan el mejor cumplimiento posible de este cometido. En el sector privado la implementación y gestión de los canales de denuncia posibilita que la comunicación de posibles actos ilícitos e infracciones pueda tratarse con independencia e imparcialidad y reduciendo el riesgo de represalias. Más aún si la corporación decide externalizar la gestión del canal. La Ley 2/2023 replica en cierta medida las bondades de los canales de denuncia en el sector privado a partir de lo que en su artículo 4 denomina sistema interno de información. El propio legislador lo define como un cauce preferente para que los trabajadores y empleados del sector público puedan informar de las acciones u omisiones que supongan infracciones administrativas o penales graves y muy graves, además de cualquier vulneración del Derecho de la Unión Europea en los términos que se describen en su artículo 2. Sin embargo, el funcionamiento en la práctica de este canal de denuncias y su configuración jurídica también varía en función de la jurisdicción autonómica donde nos encontremos.

La efectividad de cualquier sistema interno de alertas, tanto en el sector público como en el privado, se caracteriza por un elemento fundamental y es que el eventual denunciante tenga la certeza razonable de que no sufrirá represalias una vez que haya formalizado su denuncia. Entre los primeros referentes a propósito de la incorporación de los sistemas internos de información en el sector público debo referirme a la experiencia norteamericana durante los años sesenta y setenta del siglo pasado[8]. El contexto histórico y social que atravesaba el país propició el surgimiento de nuevas regulaciones encaminadas a la prevención de los actos de corrupción en el sector público que incorporan los primeros sistemas de *whistleblowing*[9]; pioneros en los países desarrollados. Casos con repercusión internacional como el *Watergate*, los Papeles del Pentágono, o los diferentes escándalos ocurridos bajo la administración Nixon propiciaron un nuevo enfoque en las políticas públicas para la prevención de la corrupción en los Estados Unidos de América[10]. Entre los primeros textos normativos, la regulación norteamericana que recoge la *Civil Service Reform Act* de 1978 enfatiza precisamente la necesidad de que cualquier sistema de información en el sector público incorpore garantías relacionadas con el miedo a sufrir represalias para asegurar su efectividad[11]. Esta protección frente a las represalias ha de alcanzar un nivel tal que permita un estándar de seguridad razonable para cualquier empleado medio

---

8 Su llegada a los ordenamientos europeos será más tardía como indican HÜTTL & LÉDERER (2013: 285).

9 BOWMAN (1980: 16).

10 GARCÍA-MORENO (2020: 40).

11 Chapter 23, section 2301. Merit system principles, (9). Civil Service Reform Act (1978), disponible en: *https://www.eeoc.gov/history/civil-service-reform-act-1978*.

del sector público[12]. La influencia del Derecho anglosajón en la Directiva (UE) 2019/1937 y en la Ley 2/2023 se aprecia en este elemento.

Regresando a la normativa española la obligación de contar con un sistema interno de información en los términos descritos se extiende a todas las entidades y organismos comprendidos en la delimitación del sector público que establece el artículo 13. En este catálogo cerrado de entidades y organismos públicos la obligación de implantar el sistema interno de información recae en el órgano de administración o de gobierno de cada entidad, de manera similar a como ocurre en el sector privado. El artículo 5 de la Ley 2/2023 ofrece una enumeración de los elementos básicos que debe reunir cualquier sistema interno de información y, nuevamente, el primero de ellos consiste en posibilitar que los eventuales informantes puedan reportar la información de la que han tenido conocimiento de manera segura y confiable garantizando la protección de datos. Respecto al resto de requisitos resultan también muy similares a los previstos para el sector privado, entre ellos: la obligación de contar con una autoridad responsable del sistema, un procedimiento para la adecuada gestión de las informaciones recibidas, y una política o estrategia interna; o la obligación de independencia e imparcialidad en la gestión y el tratamiento de la información recibida.

A propósito de la comparativa entre el sector público y el sector privado cabe preguntarse también si el sistema de información interno previsto por la Ley 2/2023 para el sector público puede externalizarse (total o parcialmente) al estilo de lo que ocurre en el sector privado. El artículo 6 parece responder favorablemente a esta cuestión al prever que, al menos la recepción de las informaciones (gestión del sistema) pueda llevarse a cabo por un tercero externo siempre que se garantice la independencia, la imparcialidad, la confidencialidad, la protección de datos y el secreto de las comunicaciones. Sin embargo, el legislador ha querido separar esta gestión entendida como la mera recepción de las informaciones de la responsabilidad atribuida al responsable del sistema en el sector público (artículo 8) que en ningún caso será externalizable. A mayores, esta posibilidad de externalizar

12 Sobre la percepción de este estándar razonable por parte de los empleados del sector público, CAILLIER (2012: 42).

la recepción de las informaciones está condicionada a la insuficiencia de medios propios cuando se trate de la Administración General del Estado, las Comunidades Autónomas, Entidades Locales y Ciudades Autónomas[13]. La tramitación del expediente de contratación por el que intervendría el tercero externo en la gestión del sistema interno de información en el sector público exige justificar adecuadamente esa insuficiencia de medios de conformidad con lo previsto en la Ley 9/2017, de 8 de noviembre, de Contratos del Sector Público.

IV. DETERMINANTES DE LA INTENCIÓN DE INFORMAR

Las primeras investigaciones sobre la decisión de informar se remontan a los años ochenta del siglo pasado cuando MICELLI y NEAR publicaron en 1985 su célebre trabajo sobre la percepción de los trabajadores de las "malas conductas" corporativas y los factores que inciden en su decisión de informarlas[14]. En este trabajo las autoras siguen la senda iniciada a finales de los años cincuenta por autores como MARCH y SIMON[15] y realizan una propuesta basada en la Economía Aplicada trasladando algunas técnicas y herramientas propias de la ciencia económica al estudio del comportamiento humano en las organizaciones. En pocas palabras, concluyen que la decisión de informar responde a un proceso de toma de decisiones "subjetivamente racional" en el que cada individuo adopta la decisión de informar a partir de un análisis coste-beneficio[16]. En concreto, si el beneficio de informar supera a su coste en base a la racionalidad subjetiva de cada individuo entonces se producirá el reporte de la información y, en caso contrario, no. Quizás esta racionalidad subjetiva que se aplica en el binomio coste-beneficio sea uno de los determinantes de la intención de informar que aglutina un mayor consenso dentro de la literatura especializada. Sin embargo, bajo mi punto de vista no es

---

13 El artículo 15 de la Ley 2/2023 vincula este requisito de la insuficiencia de medios con el apartado 4, letra f) del artículo 116 de la Ley 9/2017, de 8 de noviembre, de Contratos del Sector Público.

14 MICELI & NEAR (1985: 531; 2014: 84).

15 MARCH & SIMON (1958).

16 En un sentido similar, KHAN *et al.* (2022: 4).

la única variable que considerar. La Economía Aplicada nos permite aprovechar las herramientas propias de la ciencia económica para la investigación en diferentes campos de estudio y no solo en lo relativo al comportamiento humano en el seno interno de organizaciones y empresas. Desde esta perspectiva la intención de informar puede ser considerada como una variable dependiente dicotómica *(Y)* que toma el valor 1 en el caso de que el individuo decida informar y el valor 0 en el caso contrario. El modelo asociado a esta decisión podría presentarse bajo un planteamiento clásico donde $x_i, \ldots, x_n$ representan las variables explicativas o independientes y $\beta_1, \ldots, \beta_m$, son los parámetros del modelo que miden la influencia que las variables explicativas tienen sobre la variable dependiente.

Entre las "n" variables explicativas y únicamente a los efectos del objetivo propuesto para este capítulo bajo mi punto de vista deberían incluirse, al menos, cinco variables que presentaré enseguida. En el panorama internacional parece existir un cierto consenso doctrinal en torno a algunas variables que podríamos considerar "predictoras" de la intención de informar[17]. A mi modo de ver, las cinco variables con mayor repercusión sobre la decisión de informar (pero no las únicas)[18] podrían ser: (1) los costes personales percibidos, (2) el apoyo de la entidad pública, (3) la protección percibida de la entidad pública, (4) la motivación de los servicios públicos, y; (5) la formación y concienciación de los empleados públicos en materia de reporte de irregularidades e infracciones. A continuación, desarrollaré cada una de ellas prestando especial atención a su impacto sobre la decisión de informar.

La primera de ellas, el coste personal percibido por el eventual informante recoge todos aquellos aspectos relacionados con el coste asociado a la denuncia que, por tanto, podríamos pensar que incidirán negativamente sobre la variable dependiente. El apartado primero del artículo 4 de la Ley 2/2023 persigue precisamente la supresión de uno de los costes más relevantes (el riesgo de represalias) haciendo así que esta variable tienda a cero en aquellas entidades u organismos del sector público donde el eventual informante considere que

---

17 CHANG *et al.* (2017: 682).

18 CHANG *et al.* (2017: 688). Estos autores han analizado también la incidencia de variables más personalistas como el género del eventual informante, su estado civil, o su posición jerárquica en el ámbito profesional.

no hay riesgo de represalia. En un sentido similar, el artículo 36 prohíbe expresamente los actos de represalia (incluso en su modalidad tentativa)[19]. En ocasiones la percepción de este coste por parte del eventual informante puede depender también de su actitud personal frente al reporte de irregularidades e infracciones o del grado en el que considera que puede ser favorable o desfavorable para él la denuncia de la conducta en cuestión[20].

En segundo lugar, podría definir el apoyo de la entidad pública en términos del respaldo que perciben sus empleados en relación con el reporte de informaciones relacionadas con infracciones o actos ilícitos. A priori, un menor apoyo de la entidad pública incidirá negativamente en la intención de informar (y viceversa). Medir o cuantificar el apoyo percibido por un empleado público por parte de la entidad en la que desarrolla su actividad laboral o profesional puede ser una tarea muy compleja. Sin embargo, quizás puede resultar más sencillo atender al apoyo que brinda cada organización. El artículo 37 de la Ley 2/2023 incluye entre sus medidas de apoyo la información y el asesoramiento gratuito y accesible, la asistencia jurídica en procesos penales, o el apoyo financiero y psicológico al informante. En los epígrafes que siguen se abordará también la realidad de estas medidas en el plano autonómico.

En tercer lugar, la protección percibida por parte del informante. En un sentido muy similar a lo previsto para las dos variables anteriores, cabría pensar que una percepción de menor protección incidirá negativamente en la intención de informar (y viceversa). Las medidas de protección, reguladas en los artículos 38 y siguientes de la Ley 2/2023 incluyen entre otras, la protección frente a las represalias, la confidencialidad de los hechos denunciados y de los datos del procedimiento, y el anonimato del informante. Bajo mi punto de vista uno de los aspectos más controvertidos de esta variable quizás puede ser la dificultad a la hora de determinar si las medidas de protección se

---

19 El legislador español define la represalia en el artículo 36 de la Ley 2/2023 como "cualquier acto u omisión que esté prohibido por la ley, o que, de forma directa o indirecta, supongan un trato desfavorable que sitúe a las personas que las sufren en desventaja particular con respecto a otra en el contexto laboral o profesional, solo por su condición de informante o por haber realizado una revelación pública".

20 AJZEN (1991: 188).

están aplicando correctamente y si están resultando verdaderamente efectivas[21]. En este sentido la percepción por parte del eventual informante de que dicha protección puede ser deficiente podría tener un impacto negativo en su intención de informar y, probablemente, en la de otros informantes potenciales[22].

En cuarto lugar, la motivación de los distintos organismos, entidades y servicios públicos. En esta variable podemos recoger el nivel de implicación del sector público en el fomento y la consecución de los objetivos perseguidos por la norma. Este nivel de implicación podría medirse por ejemplo a través de indicadores generales como la respuesta de cada organismo o entidad frente a la información recibida, las medidas adoptadas, la mejor o peor gestión del sistema interno de información, etcétera. En este punto sería interesante atender también a la coordinación y a la unidad de acción entre los diferentes niveles territoriales del sector público español. De manera particular entre el Estado central y las Comunidades Autónomas. A diferencia de las variables anteriores, en este caso cabría esperar que una mayor motivación incidirá positivamente en la intención de informar (y viceversa).

Por último, la concienciación y la formación en el reporte de irregularidades. Esta variable vendría a recoger la posibilidad de mejorar la posición de partida del eventual informante a partir de su formación contribuyendo así a la creación de una cultura de integridad en el sector público. Desde esta perspectiva, niveles más elevados de concienciación en los empleados del sector público podrían incidir positivamente en la intención de informar (y viceversa).

V. ALGUNAS CRÍTICAS Y REFLEXIONES A PROPÓSITO DE LOS DETERMINANTES DE LA INTENCIÓN DE INFORMAR

La primera reflexión parte de la idea de que no todos los informantes siguen un mismo patrón y, por lo tanto, no siempre resulta sencillo extraer resultados extrapolables o generalizables a partir del

---

21 DEHAVEN-SMITH (2011: 211).

22 FOLKS (2000: 64).

comportamiento observado en los individuos de una determinada administración o entidad pública. Esto se fundamenta en el hecho de que con frecuencia en una misma entidad pública pueden coexistir distintos tipos de informantes. Entre ellos, algunos de los más célebres que recoge la doctrina especializada pueden ser: el informante altruista, el vengador, el alarmista, el cazarrecompensas, o el "buen empleado"[23]. La posibilidad de distinguir ante qué perfil de informante nos encontramos en cada momento puede ser muy útil a la hora de tratar y gestionar eficazmente la información reportada.

Una segunda reflexión es la que surge a propósito de la variable relacionada con la protección de la entidad pública que percibe el eventual informante. La Ley 2/2023 le dedica una especial atención a este aspecto atendiendo a cuestiones tan relevantes como la protección de los datos que figuran en la información reportada, la confidencialidad, o la anonimización. Sin embargo, existen algunas medidas de protección que a día de hoy todavía no se han desarrollado lo suficiente y que, en consecuencia, podrían estar condicionando negativamente la decisión de informar. La primera de ellas es la relativa a la creación de una Autoridad Independiente de Protección del Informante (AAI)[24]. A pesar de que la Ley 2/2023 le dedica todo el Título VIII a la regulación de su naturaleza, funciones y régimen jurídico lo cierto es que la creación de esta autoridad y la aprobación de su estatuto se dan con bastante retraso en España. En concreto a partir de la aprobación del Real Decreto 1101/2024, de 29 de octubre de 2024, por el que se aprueba el Estatuto de la Autoridad Independiente de Protección del Informante, A.A.I. Hoy en día desafortunadamente, bajo mi punto de vista, no podemos afirmar que la Autoridad Independiente de Protección del Informante esté desarrollando su actividad a pleno rendimiento. O, al menos, en un sentido similar al de otras autoridades de rango inferior que operan en el nivel autonómico. Como señala el informe de 2023 de Transparencia Internacional este hecho se encuentra entre las principales causas del estancamiento de nuestro

---

23 HEUMANN *et al.* (2013: 40).

24 Esta autoridad tiene la misma naturaleza jurídica que las autoridades administrativas independientes (AAI) de ámbito estatal reguladas en el artículo 109.3 de la Ley 40/2015, de 1 de octubre, de Régimen Jurídico del Sector Público.

país en la lucha contra la corrupción[25]. Por otro lado, respecto a la independencia de esta autoridad cabe reflexionar sobre si realmente podrá actuar de manera autónoma e imparcial. Por un lado, el artículo 42 de la Ley 2/2023 proclama su independencia orgánica y funcional respecto del Gobierno. Pero, al mismo tiempo, el mismo artículo 42 recoge en su apartado segundo que "se relaciona con el Gobierno a través de su Ministerio de Justicia, con el que está vinculada". Por su parte, el artículo 11 del Real Decreto 1101/2024, de 29 de octubre, establece que el presidente de la AAI será nombrado a propuesta del ministro de la Presidencia, Justicia y Relaciones con las Cortes.

En tercer lugar, me gustaría reflexionar acerca de la variable relacionada con la concienciación y la formación de los empleados públicos en materia de reporte de irregularidades. Esta labor de concienciación en el sector público se vincula muy estrechamente con la iniciativa de las distintas autoridades públicas a la hora de diseñar y difundir campañas de concienciación y lo cierto es que, al menos hasta la fecha, esta labor de difusión para que el público en general (y los empleados públicos en particular) conozcan la norma y puedan beneficiarse de su utilidad brilla por su ausencia. Este hecho tiene una repercusión negativa en la intención de informar y podría ser indicativo de una baja motivación de las autoridades públicas. A propósito de esta motivación, otro posible indicador podría ser la actividad desarrollada por las diferentes administraciones autonómicas en esta materia y sus implicaciones para el resto del sector público español. A continuación, me centraré en aquellos territorios del sector público autonómico en los que existe una autoridad independiente con actividad contrastada. Entre ellos, los territorios de Andalucía, Cataluña, y Comunidad Valenciana. La coordinación entre las diferentes administraciones del sector público siempre ha resultado crucial para su buen funcionamiento tanto desde la perspectiva económica como desde la perspectiva jurídica. Sin embargo, en la materia que nos ocupa esta coordinación entre el nivel estatal y autonómico parece estar adquiriendo un nuevo color.

---

[25] Alegaciones de Transparencia Internacional España al Proyecto de Real Decreto por el que se aprueba el Estatuto de la Autoridad Independiente de Protección del Informante, AAI.

VI. EL INFORMANTE EN EL SECTOR PÚBLICO AUTONÓMICO. LOS EJEMPLOS DE ANDALUCÍA, CATALUÑA Y VALENCIA

La selección de estos tres territorios a la hora de abordar el estudio del informante de corrupción en el sector público autonómico responde, al menos, a las siguientes razones. En primer lugar, se trata de Comunidades Autónomas donde la puesta en marcha de una autoridad independiente ha sido pionera. Esto ha permitido que, a la vista de las carencias sobre las que se ha reflexionado en el apartado anterior, la lucha contra la corrupción y la protección del informante se haya ido abriendo camino en este nivel territorial del Estado. Aunque, como veremos, no siempre con resultados satisfactorios. En segundo lugar, se trata de territorios donde tradicionalmente los casos de corrupción han absorbido cantidades ingentes de recursos públicos y donde, por lo tanto, resulta más urgente —y a la vez requerirá más esfuerzos— la adopción de medidas de estas características contra la corrupción. En tercer y último lugar, la experiencia de estas administraciones públicas arroja una serie de aciertos y errores que nos permiten introducir mejoras en sus respectivas jurisdicciones, pero también este análisis puede ser útil para otros territorios y puede activar la motivación en otros organismos y entidades del sector público donde la protección del informante se encuentre en etapas más prematuras.

Debo recalcar que la experiencia en estas regiones al menos hasta la fecha pone de manifiesto algunas desigualdades en el panorama autonómico. A veces, motivadas por regulaciones parciales o por la mera creación de oficinas y agencias sin atender realmente a la efectividad de su funcionamiento en la práctica. Pero, tampoco debe descartarse la complejidad de la materia que nos ocupa. Hablamos de prevenir e investigar actos de corrupción a partir de informaciones aportadas por ciudadanos particulares "uniformados de colaboradores" si se me permite la expresión; que desempeñan una actividad profesional en el sector público. Quizás esta información pueda dar lugar al inicio de una investigación con más o menos frecuencia, pero no es menos cierto que en ocasiones la información reportada resultará insuficiente para culminar el procedimiento satisfactoriamente.

Con el objetivo de realizar una aproximación a esta realidad me propongo atender a algunas variables que considero fundamentales en los territorios seleccionados. Entre ellas, el número total de denuncias presentadas, el porcentaje de alertadores con medidas de protección, y el ámbito o la materia en el que con mayor frecuencia se produce la denuncia. Como indicaba en la introducción, a partir del estudio de estas variables trataré, en segunda instancia, de evidenciar algunos problemas económicos derivados de la trasposición de la Directiva 2019/1937 en nuestro país. En este sentido tomaré como punto de partida el ejercicio 2023 por ser el primer período de vigencia de la Ley 2/2023 sin perjuicio de algunas referencias a períodos anteriores que pueden resultar interesantes.

En primer lugar, me gustaría anticipar que las desigualdades en el panorama autonómico a las que me refería anteriormente se han traducido a la postre en diferencias significativas en estas variables. Entre ellas quizás la más relevante sea el hecho de que la creación de las diferentes agencias y oficinas antifraude de la administración autonómica no ha seguido un mismo patrón y, por lo tanto, su funcionamiento en la práctica tampoco resulta homogéneo. Sin ir más lejos, hoy en día la Oficina Andaluza Antifraude (OAAF), la Agencia Valenciana Antifraude (AVA), y la Oficina Antifraude de Cataluña (OAC) presentan memoria anual con datos estadísticos consolidados para el período 2023. En el caso de la Agencia Valenciana Antifraude para el conjunto del período 2017-2023. En estas memorias anuales es posible analizar algunas de las variables descritas anteriormente[26] mientras que, por ejemplo, en la amplia mayoría de las Comunidades Autónomas restantes todavía no se ha llegado a este punto. Para ilustrar la experiencia de estos territorios se recoge a continuación el dato de cada variable para el período 2023.

---

[26] Memoria Anual de la Oficina Andaluza Antifraude 2023 *[https://antifraudeandalucia.es/?wpdmdl=3927]*. Memoria Anual de la Agencia Valenciana Antifraude 2023 *[https://www.antifraucv.es/wp-content/uploads/2024/03/MEMORIA_AVAF_2023_CAS.pdf]*. Memoria Anual de la Oficina Antifraude de Cataluña 2023 *[https://www.antifrau.cat/sites/default/files/Documents/Quefem/memoria-oficina-antifrau-catalunya-2023.pdf]*.

Tabla I. Situación a 31 de diciembre de 2023 en las Comunidades Autónomas de referencia

	Andalucía	Cataluña	Comunidad Valenciana
N.º total de denuncias	501	827	556
Porcentaje de informantes con medidas de protección	24%	4%	-
Materia	Recursos Humanos	Contratación pública	Recursos Humanos
Presupuesto asignado	1.881.299,23 euros	6.065.095,86 euros	5.342.061,19 euros

Fuente: Elaboración propia a partir de los datos estadísticos publicados por cada autoridad independiente autonómica (2023).

De los datos que recoge la tabla llama especialmente la atención que el número más elevado de denuncias se haya registrado en Cataluña siendo este un territorio donde al mismo tiempo se concentra el menor porcentaje de informantes con medidas de protección. Conviene advertir en este sentido que la aplicación de la Ley 2/2023 en la Comunidad Autónoma de Cataluña se complementa con una amplia regulación autonómica y que en una parte importante de las denuncias realizadas no ha finalizado la tramitación del expediente. Por otro lado, esta Comunidad Autónoma es la que ha destinado el mayor volumen de recursos públicos a su autoridad independiente autonómica. El dato del porcentaje de informantes que han necesitado medidas de protección en Cataluña contrasta especialmente con el porcentaje de Andalucía. Entre los factores que también podrían estar explicando este hecho no debemos olvidar aspectos tan relevantes como el perfil del denunciante, el tipo de Administración u organismo al que afecta la denuncia, el contenido de la misma, o la gravedad de la infracción reportada. Para el caso de Valencia, como mencionaba anteriormente, la Memoria Anual elaborada por la Agencia Valenciana Antifraude ofrece el dato consolidado para el período 2017-2023 (38 informantes con medidas de protección, 37 personas físicas y 1 jurídica) pero no aporta el dato desglosado para cada año.

Como segundo aspecto interesante la materia en la que se concentran el mayor número de las denuncias tanto en Andalucía como en Valencia es en la gestión pública de los recursos humanos. Esto incluye, por ejemplo, los procedimientos de oposiciones y concursos públicos, el acceso a un determinado cargo, o los procesos para la estabilización y/o promoción interna de empleados públicos; entre otros. De éstos, en el caso de Andalucía la mayor parte se concentran en el ámbito autonómico y el resto se dividen entre la administración local y las universidades de esta Comunidad Autónoma. En segunda posición, el ámbito de la función pública andaluza que concentra el mayor número de informaciones reportadas tiene que ver con los fraudes relacionados con urbanismo, la concesión de licencias y autorizaciones, contratos públicos, e incompatibilidades. De manera muy similar en la Comunidad Valenciana y en Cataluña estas actividades despuntan entre las que concentran el mayor número de fraudes reportados. Para un análisis un poco más exhaustivo del panorama autonómico me detendré a continuación en el estudio de las cinco variables propuestas en cada uno de los territorios seleccionados.

1. *La motivación de los servicios públicos en la OAAF, la OAC y la AVA*

En el apartado IV quise referirme a la motivación de los servicios públicos como variable a considerar respecto de la intención de informar a partir de su nivel de implicación en el fomento y la consecución de los objetivos perseguidos por la Ley 2/2023 (en el ámbito autonómico, a mayores, en cada una de las legislaciones autonómicas). Algunos indicadores referidos anteriormente fueron la respuesta de cada organismo frente a la información recibida, las medidas adoptadas, o la mejor o peor gestión del sistema interno de información. Pero esta motivación también se puede analizar desde un punto de vista económico a partir de la dotación presupuestaria asignada a cada oficina antifraude. En este sentido los tres territorios objeto de estudio parecen haber dado muestras suficientes de implicación en la lucha contra el fraude, al menos, en términos relativos respecto del resto de Comunidades Autónomas. En la siguiente tabla se recoge el dato de los expedientes admitidos a trámite (resueltos y pendientes) durante el ejercicio 2023 en cada una de las tres Comunidades Autónomas, así como el presupuesto destinado en cada una de ellas.

Tabla II. Expedientes a 31 de diciembre de 2023 en las Comunidades Autónomas de referencia

	Andalucía	Cataluña	Comunidad Valenciana
Admitidos a trámite	315	827	285
Resueltos	41	779	224
Pendientes	274	48	61
Presupuesto asignado	1.881.299,23 euros	6.065.095,86 euros	5.342.061,19 euros

Fuente: Elaboración propia a partir de los datos estadísticos publicados por cada autoridad independiente autonómica (2023).

Hablar de motivación de los servicios públicos en la lucha contra la corrupción implica hablar de recursos económicos asignados, pero también de recursos técnicos y humanos. Y, por supuesto, de la posibilidad de crear y fomentar una cultura que aliente y favorezca la denuncia de irregularidades e infracciones[27]. En cada una de las tres oficinas antifraude se observa un organigrama jerárquico con una asignación de roles y responsabilidades que refleja el reparto de tareas bajo la premisa básica de alcanzar niveles aceptables de independencia e imparcialidad en el ejercicio de sus funciones. Al mismo tiempo, sus respectivas regulaciones dedican una especial atención a los aspectos relacionados con la selección del personal y con los nombramientos de los diferentes cargos. La transparencia y el acceso a la información relativa al presupuesto y a la organización interna de cada oficina también nos permiten aproximarnos a esta idea de motivación.

2. *La formación y la concienciación en el reporte de irregularidades en la OAAF, la OAC y la AVA*

En este apartado, me gustaría destacar la importancia de la formación y la concienciación como pilar fundamental en la lucha contra los actos de corrupción en las tres Comunidades Autónomas de refe-

27 PREVITALI & CERCHIELLO (2018: 1698).

rencia. Tal y como especificaba anteriormente se trata de una variable que incide directa y positivamente en la intención de informar. Según la Memoria Anual (2023) de la Oficina Antifraude de la Comunidad Autónoma de Cataluña el dato más elevado de formación impartida por la autoridad autonómica (3916) coincide con la entrada en vigor de la Ley 2/2023. Sin embargo, Cataluña es una de las Comunidades Autónomas que ya venía trabajando en esta variable mucho antes de la entrada en vigor de la norma estatal. De hecho, la memoria del año 2023 recoge valores desde el año 2010. La razón es sencilla. La creación de la Oficina Antifraude de Cataluña no responde a las obligaciones impuestas por la Ley 2/2023. Ya en el año 2008 se aprobó la Ley 14/2018, de 5 de noviembre, de la Oficina Antifraude de Cataluña[28]. En el preámbulo de la norma argumentaba el legislador que la creación de esta oficina antifraude respondía a la necesidad de garantizar la existencia de un órgano especializado e independiente encargado de prevenir la corrupción de conformidad con lo previsto en el artículo 6 de la Convención de las Naciones Unidas contra la corrupción aprobada en Nueva York el 31 de octubre de 2003. Esta oficina fue el primer órgano creado en España con estas características y su ámbito de actuación desde entonces comprende a la totalidad de las entidades y organismos integrados en el sector público de Cataluña de conformidad con su Estatuto de Autonomía y demás legislación vigente. El artículo 3 apartado b) de la Ley 14/2008 reconoce expresamente como función propia de la Oficina Antifraude de Cataluña la "formación del personal en materia de lucha contra la corrupción y cualquier actividad ilegal o contraria a los intereses generales o a la debida gestión de los fondos públicos".

Por lo que respecta al caso de la Comunidad Valenciana, el dato máximo en la formación de sus empleados públicos (283) coincide al igual que ocurría con Cataluña con el primer año de entrada en vigor de la Ley 2/2023. Del mismo modo, la Agencia Valenciana Antifraude venía desarrollando también esta labor formativa antes del año 2023. En este caso la primera referencia normativa data del año 2016 y es la Ley 11/2016, de 28 de noviembre, de la Agencia de Prevención y Lu-

---

28 Disponible en *https://www.boe.es/buscar/pdf/2008/BOE-A-2008-19527-consolidado.pdf*.

cha contra el Fraude y la Corrupción de la Comunidad Valenciana[29]. En su preámbulo esta norma hace referencia expresa a la Oficina Antifraude de Cataluña y a otras de naturaleza similar, pero en el ámbito del sector público local como la Oficina Antifraude del Ayuntamiento de Madrid y la Oficina para la Transparencia y las Buenas Prácticas del Ayuntamiento de Barcelona. De manera similar a la Ley 14/2008, la Ley 11/2016 recoge en el apartado i) de su artículo 4 (fines y funciones de la Agencia Valenciana Antifraude) "la formación del personal en materia de integridad y ética pública mediante la elaboración de guías formativas y de asesoramiento especializado en materia de lucha contra el fraude y la corrupción".

Por lo que respecta al caso de Andalucía, su Memoria Anual recoge hasta seis programas formativos llevados a cabo en estrecha colaboración con las universidades de la Comunidad Autónoma durante el último año, pero no reporta el dato del total de empleados públicos que han recibido formación durante dicho período. Conviene tener en cuenta en este sentido que la Oficina Andaluza Antifraude es la más joven de las tres que aquí se están estudiando y que se crea a partir de la Ley 2/2021, de 18 de junio, de lucha contra el fraude y la corrupción en Andalucía y protección de la persona denunciante[30]. El apartado primero letra e) del artículo 9 de esta norma recoge entre los fines de la Oficina Andaluza Antifraude "colaborar en la formación de las personas incluidas en el ámbito subjetivo de aplicación definido en el artículo 4, apartado 1, párrafos a), b), c) y d), en materia de prevención y actuación respecto del fraude, la corrupción y los conflictos de intereses, así como en lo relativo a la debida gestión de los fondos públicos".

3. *Los costes personales percibidos*

Cuando hablo de los costes personales percibidos por el eventual informante en el sector público me refiero fundamentalmente al riesgo de represalias en el sentido indicado por el artículo 4 de la Ley

---

29 Disponible en *https://www.boe.es/buscar/pdf/2016/BOE-A-2016-12048-consolidado.pdf*.

30 Disponible en *https://www.boe.es/boe/dias/2021/07/09/pdfs/BOE-A-2021-11380.pdf*.

2/2023. La relación entre esta variable y la intención de informar resulta siempre negativa y, por este motivo, es frecuente que las diferentes legislaciones se orienten a suprimir o, en su caso, a reducir todo lo posible el riesgo de represalias. En cuanto al concepto de represalia, como indiqué anteriormente, el legislador español lo ha definido como "cualquier acto u omisión que esté prohibido por la ley, o que, de forma directa o indirecta, supongan un trato desfavorable que sitúe a las personas que las sufren en desventaja particular con respecto a otra en el contexto laboral o profesional, solo por su condición de informante o por haber realizado una revelación pública".

En el caso de Andalucía la Ley 2/2021, de 18 de junio, de lucha contra el fraude y la corrupción en Andalucía y protección de la persona denunciante se refiere a este coste personal en su artículo 37 apartado c). Este precepto recoge los derechos del denunciante y, entre ellos, el derecho a no sufrir represalias (incluyendo la amenaza de represalias y las tentativas de represalias). Indica el legislador que en este contexto "se considerarán represalias toda acción u omisión, directa o indirecta, que tenga lugar en el contexto de los servicios prestados por las personas denunciantes en o para las administraciones públicas, instituciones, órganos, entidades y personas físicas y jurídicas privadas incluidos en el artículo 3, que esté motivada por una denuncia formulada ante la Oficina y que cause o pudiera causar perjuicios injustificados a las personas denunciantes, en particular aquellas que les inflijan un perjuicio en sus relaciones de servicio o condiciones de trabajo". A pesar de esta regulación la Oficina Andaluza Antifraude viene advirtiendo que uno de los aspectos más vulnerables de la Ley 2/2021 es que no contempla que la autoridad andaluza antifraude ostente facultades que le permitan neutralizar de manera inmediata los actos de represalia por lo que la protección del informante puede verse gravemente comprometida. Este aspecto sí ha sido abordado sin embargo en la Ley 11/2016, de 28 de noviembre, de la Agencia de Prevención y Lucha contra el Fraude y la Corrupción de la Comunidad Valenciana. Su artículo 14 apartado primero, letra d) regula el estatuto de la persona denunciante e indica que "la agencia velará para que estas personas no sufran, durante la investigación ni después de ella, ningún tipo de aislamiento, persecución o empeoramiento de las condiciones laborales o profesionales, ni ningún tipo de medida que implique cualquier forma de perjuicio o discriminación".

Como señala la doctrina, a diferencia de lo que ocurre en el sector privado el estudio de las represalias contra el informante en el sector público debe incluir cualquier vulneración de los derechos propios de los empleados públicos conforme al régimen jurídico de cada país o Administración Pública[31]. Aspecto que no siempre resulta sencillo.

A este deber general de velar por el riesgo de represalias del denunciante se añade además un amplio catálogo de garantías que configuran lo que podríamos llamar la protección del denunciante en sentido amplio. Estas garantías incluyen entre otros aspectos, la posibilidad de que la Agencia Antifraude pueda adoptar medidas correctoras, instar al traslado a petición del denunciante siempre que no implique un perjuicio, e incluso a la concesión de un permiso extraordinario manteniendo su retribución. Por su parte, conforme al estatuto del denunciante en la Comunidad Valenciana es posible que éste pueda mantener su protección más allá de la investigación realizada a partir de su denuncia[32]. La Memoria Anual elaborada por la Agencia Antifraude de la Comunidad Valenciana para el ejercicio 2023 no recoge expresamente ningún acto de represalia ocurrido o reportado durante este período. En el caso de Andalucía, entre las represalias más comunes detectadas durante el último año, la memoria elaborada por la Oficina Andaluza Antifraude recoge: la apertura de expedientes disciplinarios, los daños reputacionales, la degradación profesional en procedimientos de promoción interna, la denegación de permisos y licencias, o los daños en general de cualquier tipo.

Por último, respecto a Cataluña, la Ley 14/2008, de 5 de noviembre, de la Oficina Antifraude de Cataluña no recoge ninguna regulación específica para los actos de represalia. Sin embargo, la Oficina Antifraude de Cataluña participó en el proceso de consulta pública

---

31 LEE & KLEINER (2011: 342).

32 Señala el artículo 14 que "si la agencia es sabedora de que la persona denunciante ha sido objeto, directamente o indirectamente, de actos de intimidación o de represalias por haber presentado la denuncia, podrá ejercer las acciones correctoras o de restablecimiento que considere, de las cuales dejará constancia en la memoria anual. En particular, a instancia de la persona denunciante, la agencia podrá instar al órgano competente a trasladarla a otro puesto, siempre que no implique perjuicio a su estatuto personal y carrera profesional y, excepcionalmente, podrá también instar al órgano competente a conceder permiso por un tiempo determinado con mantenimiento de la retribución".

previo al anteproyecto de la Ley 2/2023 indicando que la probabilidad de represalia se relaciona directamente con determinadas áreas de riesgo como, por ejemplo, las relacionadas con urbanismo, licencia, subvenciones o contratos públicos. Entre los factores que pueden alimentar el riesgo de represalia la Oficina destaca la falta de sensibilización y la formación, la falta de anonimato, o de medidas de protección fiables para el eventual informante. En este sentido los principales retos que afrontamos son la indemnidad del informante y la necesidad de contar con mecanismos idóneos para neutralizar su miedo a sufrir represalias[33].

4. *El apoyo de la entidad pública*

Anteriormente definimos el apoyo de la entidad pública a partir de algunos indicadores como la asistencia jurídica, el asesoramiento gratuito o el apoyo psicológico para el eventual informante. La ausencia de estas medidas de apoyo o la insuficiencia en las mismas incidirán negativamente sobre la intención de informar. Respecto de las medidas de apoyo relacionadas con la asistencia letrada y psicológica, la Ley 2/2021 únicamente reconoce el derecho del informante a reclamar estos gastos en concepto de perjuicio injustificado siempre que se hubieran ocasionado a partir de la formulación de la denuncia y con arreglo a los baremos correspondientes a los respectivos honorarios profesionales[34]. En relación con estas medidas de apoyo ni la Ley 14/2008 ni la Ley 11/2016 recogen una regulación expresa a mayores de la prevista en la Ley 2/2023[35].

---

33 GARCÍA-MORENO (2020: 283). En su memoria anual 2023, la Oficina Antifraude de Cataluña se refiere también a las denominadas represalias sutiles como aquellas que "presentan una apariencia de discrecionalidad admisible".

34 En este sentido el artículo 37 de la Ley 2/2021 podría considerarse como una suerte de Estatuto de Denunciante al estilo del contemplado en el artículo 14 de la Ley 11/2016.

35 Por lo que respecta a la Agencia Valenciana Antifraude a 31 de diciembre de 2023 se habían contabilizado 39 personas con estatuto de protección reconocido frente a represalias y más de 650 asistencias y asesoramientos jurídicos conforme a los datos publicados en su memoria anual. Por su parte, la memoria anual 2023 de la Oficina Antifraude de Cataluña recoge que hasta el momento la oficina no se encuentra en condiciones de poder ofrecer el apoyo financiero y psicológico previsto en el artículo 37 apartado primero letra d) de la Ley 2/2023.

5. *La protección percibida*

Como indiqué anteriormente las medidas de protección reconocidas en el artículo 38 y siguientes de la Ley 2/2023 incluyen, además de la protección frente a las represalias, la protección de datos, la confidencialidad de las actuaciones y la anonimización del eventual informante. Sin embargo, puede ocurrir que en el momento de sopesar la denuncia el eventual informante tenga una determinada percepción que puede coincidir con o no con la realidad de estas medidas de protección en la jurisdicción de que se trate. En este sentido el esfuerzo de las oficinas y agencias autonómicas pasa necesariamente por mejorar esta percepción mediante actividades de divulgación y difusión de las medidas de protección que garanticen un clima de confianza y seguridad para que, desde esa subjetividad razonable que citaba anteriormente, la balanza pueda decantarse a favor de reportar la información. A fecha 31 de diciembre de 2023 la Oficina Antifraude de Andalucía había recibido 120 peticiones de protección sobre un total de 501 denuncias. Esto es, un 24%[36]. En el caso de la Agencia Valenciana Antifraude, 128; y, por último, en el caso de Cataluña el dato desciende a 28 de las cuales se incoaron 23 expedientes.

VII. REFLEXIONES BREVES SOBRE EL INFORMANTE DE CORRUPCIÓN EN OTRAS COMUNIDADES AUTÓNOMAS

Una vez analizada la situación en las tres Comunidades Autónomas de referencia, en este apartado expondré algunas reflexiones muy breves sobre la situación en otras regiones de España. En primer lugar, conviene tener en cuenta que la protección del informante en aquellos territorios que carecen de normativa autonómica está consagrada en la Ley 2/2023. En los últimos tiempos territorios como Navarra, Asturias, Extremadura, o Castilla y León han avanzado en el camino marcado por la normativa estatal. En esta última

[36] Para acometer con éxito esta función la Oficina Antifraude de Andalucía ha optado por incluir en su organigrama una subdirección de asuntos jurídicos, prevención y protección del denunciante y una jefatura de departamento de asesoría jurídica.

región, la Ley 4/2024, de 9 de mayo, de medidas tributarias, financieras y administrativas permitió crear la autoridad independiente en materia de corrupción en Castilla y León (disposición adicional segunda) cuyas funciones responden a las obligaciones impuestas por la Ley 2/2023 y coinciden esencialmente con las previstas en las agencias y oficinas antifraude de Andalucía, Cataluña y Comunidad Valenciana[37]. En el caso de Castilla y León la autoridad independiente en materia de corrupción se integra en el Consejo de Cuentas de la Comunidad Autónoma. Esta institución, dependiente de las Cortes, tiene como actividad principal la fiscalización de la actividad económica y financiera del sector público en esta región. Sin embargo, al menos bajo mi punto de vista, sorprende que la regulación de la autoridad independiente en materia de corrupción se limite a esta disposición adicional segunda dejando de lado, al menos por el momento, una regulación más exhaustiva de las diferentes variables enunciadas en los apartados anteriores a las que otras regiones de nuestro país sí le han dedicado una mayor atención. Dado el corto período de vida de esta autoridad autonómica todavía no es posible realizar un análisis sobre su funcionamiento en la práctica, pero sin duda será interesante incorporarlo a lo largo de futuras investigaciones.

En el caso del Principado de Asturias la Ley 8/2018, de 14 de septiembre, de Transparencia, Buen Gobierno y Grupos de Interés[38] ya incluía en su artículo 60 el estatuto del denunciante bajo las premisas básicas de protección, imparcialidad y confidencialidad. Esta misma norma prevé un canal de lucha contra la corrupción gestionado por la Oficina de Buen Gobierno y Lucha contra la Corrupción del Principado de Asturias. Así como en Castilla y León la autoridad independiente en materia de corrupción se vincula al Consejo de Cuentas, en el Principado de Asturias queda integrada en la estructura orgánica del Consejo de Transparencia y Buen Gobierno del Principado de Asturias (artículo 64 de la Ley 8/2018). Para ordenar la actividad de la Oficina esta región propone un Plan de medidas antifraude de la Ad-

---

[37] Texto completo disponible en *https://www.boe.es/boe/dias/2024/07/16/pdfs/BOE-A-2024-14546.pdf.*

[38] Disponible en *https://www.boe.es/boe/dias/2018/10/19/pdfs/BOE-A-2018-14293.pdf.*

ministración del Principado de Asturias y su Sector Público[39] con un canal de denuncias propio. Si bien la creación de esta oficina es más antigua que en el caso de Castilla y León lo cierto es que, al menos hasta el momento, no cuenta con publicaciones anuales periódicas al estilo de las autoridades independientes de Andalucía, Valencia o Cataluña.

Mención aparte requiere también el caso de Extremadura donde la regulación jurídica es todavía más reciente. La protección del denunciante en esta Comunidad Autónoma se regula a través del Decreto 116/2024, de 17 de septiembre, por el que se establece y regula el llamado "Sistema interno de información de infracciones normativas y de protección de las personas informantes de la Administración General de la Comunidad Autónoma de Extremadura"[40]. Esta norma, sin duda una de las más recientes en el ámbito autonómico es también una de las más completas. A diferencia de los aspectos normativos comentados para el Principado de Asturias y Castilla y León, la extensa redacción de la norma extremeña contempla aspectos tan relevantes como el concepto de "informante" o de "represalia" e incluye una regulación a mi modo de ver bastante interesante del sistema interno de información en el ámbito público de la Comunidad Autónoma de Extremadura (artículo 5 y siguientes del Decreto 116/2024).

En esta región no existe por el momento una oficina o agencia de nueva creación si no que estas funciones parecen haberse asumido por el Servicio de Transparencia y Calidad de los Servicios de la Dirección General de Función Pública de la Consejería de Hacienda y Administración Pública. Esta vinculación con el área de transparencia del gobierno autonómico recuerda en cierta medida al modelo asturiano. Al jefe de este servicio se le otorga en Extremadura la responsabilidad del sistema interno de información de la Administración General de la Comunidad Autónoma al amparo de lo dispuesto en la Ley 2/2023, de 20 de febrero (y en el artículo 8 del Decreto 116/2024). Como últi-

39 Publicado el 13 de enero de 2022 y disponible en *https://sede.asturias.es/bopa/2022/01/13/2022-00121.pdf*.

40 Disponible en *https://doe.juntaex.es/pdfs/doe/2024/1850o/24040186.pdf*. Esta norma también modifica el Reglamento de Organización y Funcionamiento de la Inspección General de Servicios de la Junta de Extremadura aprobado por Decreto 206/2010, de 12 de noviembre.

mo aspecto a destacar, la normativa extremeña incluye un interesante protocolo para la gestión y tramitación de las informaciones recibidas a través del canal interno del informante de la Administración General de la Comunidad Autónoma de Extremadura. Este protocolo sin duda facilitará la labor de los responsables implicados en esta tarea y ayudará a que la aplicación del Decreto y la consecución de los objetivos propuestos (también en la Ley 2/2023) resulte más sencilla.

Por último, me gustaría referirme brevemente al caso de las Islas Baleares. En marzo de 2024 el Parlamento de esta Comunidad Autónoma aprobó la supresión de la Oficina de Prevención y Lucha contra la Corrupción de esta región cuya creación se remonta al año 2016 mediante la Ley 16/2016, de 9 de diciembre, de creación de la Oficina de Prevención y Lucha contra la Corrupción en las Illes Balears (ya derogada). Entre los argumentos que se emplearon para tratar de justificar esta decisión se encontraba el de la duplicidad administrativa y la siempre pretendida eficiencia en la gestión de los asuntos públicos. La nueva normativa autonómica[41], liquida la oficina y cesa a su director en su disposición adicional primera donde se indica también que la Administración de la Comunidad Autónoma quedará a partir de entonces subrogada en todos los derechos y las obligaciones de la antigua Oficina de Prevención y Lucha contra la Corrupción en el territorio balear.

En definitiva, a partir de este brevísimo análisis podemos extraer algunas conclusiones interesantes para la reflexión. La primera de ellas es que el legislador autonómico ha iniciado ya el camino hacia la configuración y puesta en marcha de las diferentes autoridades independientes en materia de corrupción y que este camino, al menos hasta el momento, parece de sentido único. En segundo lugar, en el sector público autonómico parecen identificarse al menos dos posibles modelos en los que podríamos clasificar al conjunto de todas las Comunidades Autónomas. El primer modelo, seguido por territorios como Andalucía, Cataluña, Valencia (o incluso Baleares en su primera etapa) se caracteriza por contar con autoridades independientes en

---

41 Ley 2/2024, de 11 de abril, *de creación del Registro de Transparencia y Control del Patrimonio y de las Actividades de los Cargos Públicos de las Illes Balears*, disponible en *https://www.boe.es/boe/dias/2024/04/26/pdfs/BOE-A-2024-8369.pdf*.

materia de corrupción que reúnen, al menos dos requisitos. El primero de ellos es la publicación periódica de memorias anuales explicativas de su actividad con datos estadísticos consolidados y relevantes en aspectos claves como el número de denuncias registradas, el número de estatutos de protección aprobados, o el número de represalias denunciadas. Y, el segundo de ellos consistiría en que estos territorios cuentan con un planteamiento legislativo más o menos extenso que profundiza en los objetivos propuestos por la Ley 2/2023 (y en algún objetivo más) y que denota una elevada motivación (al menos sobre el papel) en el afán por avanzar en la lucha contra la corrupción. El segundo modelo, seguido por territorios como Castilla y León, el Principado de Asturias o Extremadura se caracteriza por la incorporación de regulaciones más tardías. En estos territorios las respectivas autoridades independientes en materia de corrupción no realizan (al menos hasta la fecha) publicaciones periódicas relacionadas con su actividad, aunque no por ello debemos descartar que ocurra en un futuro más o menos próximo.

VIII. ALGUNOS PROBLEMAS ECONÓMICOS DERIVADOS DE LA SITUACIÓN ACTUAL DEL INFORMANTE DE CORRUPCIÓN EN EL SECTOR PÚBLICO

A la luz de los datos expuestos en el apartado anterior y de la situación general descrita en la Administración General del Estado en este apartado me propongo reflexionar sobre algunos problemas económicos que considero importantes para una mejor comprensión de la realidad actual del informante de corrupción en el sector público español. Debemos tener presente que la realidad del sector público español es de lo más variada. Contamos con territorios y regiones históricamente muy diferentes y, por lo tanto, con tradiciones jurídicas, modelos legislativos y realidades económicas y financieras también diferentes. Dentro de estas diferencias lo cierto es que todos los territorios afrontan el reto común de alcanzar estándares satisfactorios en la lucha contra la corrupción bajo el paraguas de la normativa estatal y europea. En este contexto es importante atender no solo a los aspectos jurídicos comúnmente asociados a la lucha contra la corrupción en y desde el sector público sino también a algunos problemas de índole económica que trataré de resumir a continuación.

En primer lugar, las demoras en la designación y puesta en marcha de una autoridad independiente (AAI) de ámbito estatal (Real Decreto 1101/2024, de 29 de octubre de 2024) unida a la situación por la que atraviesan las diferentes administraciones autonómicas hacen que, por ahora, no sea posible realizar una estimación precisa del volumen total de informaciones a las que tendrá que hacer frente el sector público español. Nos movemos en un terreno dominado por la incertidumbre que impone la intención de informar de cientos de miles de eventuales informantes (colaboradores) repartidos por todo el territorio español. A la postre esto dificulta la estimación y sin duda la presupuestación de los recursos públicos (económicos, materiales, técnicos y humanos) que deberemos asignar a esta materia para un funcionamiento eficaz de la Ley 2/2023 y de las correspondientes legislaciones autonómicas.

En segundo lugar, muchas de las entidades del sector público obligadas por la Ley 2/2023 carecen de la suficiente liquidez y/o de capacidad financiera para asumir las obligaciones que les impone la norma. La pregunta inmediata es ¿de dónde obtendrán entonces estos recursos? Como posibles fuentes de financiación podríamos aludir básicamente a transferencias recibidas de la Administración General del Estado o de organismos supranacionales, o bien, a un mayor nivel de endeudamiento. En ambos casos, nos encontraremos ante retrasos en la aplicación de la Ley 2/2023 y, en su caso, de las respectivas legislaciones autonómicas. Para confirmar este hecho basta con echar un vistazo al presupuesto de algunas de las autoridades independientes para la lucha contra la corrupción en aquellas Comunidades Autónomas que han publicado este dato.

En tercer lugar, el tamaño de nuestro sector público dificulta considerablemente la adopción de medidas eficaces en cualquiera de sus ámbitos. Un sector público sobredimensionado[42] implica un mayor

---

42 Los trabajos realizados por la Comisión para la Reforma de las Administraciones Públicas (CORA) desde el año 2012 concluyen una sobredimensión de nuestro sector público en comparación con buena parte de los países de nuestro entorno. Informe disponible en *https://www.mpr.gob.es/prencom/notas/Documents/Informe%20primer%20año%20CORA%2019-09-2014.%20Completo.pdf*.

número de entidades obligadas conforme a la Ley 2/2023 (y seguramente también conforme a la legislación autonómica) y esto, a su vez, se traduce en un mayor volumen de gasto público. Esto es, en más dificultades de financiación. En este sentido el compromiso de las autoridades nacionales al menos en lo que a dotación de recursos públicos se refiere queda lejos de las demandas que parecen derivarse de las obligaciones impuestas por la normativa vigente.

IX. CONCLUSIONES

Las carencias advertidas a la hora de contar con datos robustos a nivel estatal y autonómico en cuanto a la información de infracciones normativas y de lucha contra la corrupción se refiere, dificultan una adecuada dotación de recursos públicos de conformidad con la legislación vigente y bajo los principios clásicos de suficiencia y solidaridad interterritorial. Para avanzar eficazmente en la lucha contra la corrupción en el sector público mediante los mecanismos que propone la Ley 2/2023 resulta imprescindible alcanzar y consolidar una mínima arquitectura pública sobre la que apoyar la protección del informante en los tres niveles territoriales que integran el sector público español (estatal, autonómico y local). Y, a mayores, resulta fundamental que esta incipiente estructura institucional cuente con todos los recursos económicos, técnicos y humanos que garanticen un funcionamiento adecuado. Ante este escenario los modelos económicos predictivos nos permiten aproximarnos (y en cierto modo anticiparnos) a esta realidad del sector público. La experiencia de los espacios controlados de pruebas *(sandboxs)* nos demuestra que cuando se trata de aspectos con tanta relevancia económica y social como el que aquí nos ocupa es interesante acudir a estos modelos con la finalidad de detectar posibles fallas y errores e incorporar mejoras continuas a partir de pequeños ensayos o experiencias controladas. Desde la Economía Aplicada y desde el análisis económico del Derecho es posible la implementación de diferentes técnicas y herramientas que nos pueden resultar particularmente útiles a la hora de realizar estimaciones. En este sentido, el estudio del informante de corrupción en el sector público debe abordarse desde una perspectiva interdisciplinar que combine el enfoque jurídico, pero también la ciencia económica y, de manera particular, sus aplicaciones en el análisis de la eficiencia del sector público.

A la vista de los datos analizados las diferentes Comunidades Autónomas parecen haberse agrupado en torno a dos grandes grupos. Un primer grupo integrado por aquellas regiones pioneras que incluso antes de la entrada en vigor de la Ley 2/2023 ya habían iniciado el camino. Y, otras, acaso algo más rezagadas que parecen haberlo iniciado a raíz de la promulgación de esta norma. Unas y otras aspiran al objetivo común de garantizar estándares satisfactorios en la materia que nos ocupa. Sin embargo, la realidad del sistema autonómico nos aboca a considerar otros factores como determinantes del éxito en la lucha contra la corrupción a partir de la actividad de los informantes.

X. BIBLIOGRAFÍA

AJZEN, I. (1991): "The theory of planned behavior". *Organizational Behavior and Human Decision Processes*, 50 (179-211).

BOWMAN, J. S. (1980): "Whistle-blowing in the public service: An overview of the issues". *Review of Public Personnel Administration*, 1(1) (15-27).

CAILLIER, J. G. (2012): "Agency retaliation against whistle-blowers: Factors affecting employee perceptions". *Public Integrity*, 15(1) (29-50).

CHANG Y., WILDING M. & M. C. SHIN (2017): "Determinants of whistleblowing intention: Evidence from the South Korean government". *Public Performance & Management Review*, 40(4) (676-700).

DEHAVEN-SMITH, L. (2011): "Myth and reality of whistleblower protections: Official behavior at the top". *Public Integrity*, 13(3), 207-220.

FERNÁNDEZ-LLERA, R. (2011): "Descentralización, deuda pública y disciplina de mercado en España". *Innovar*, 21(39) (67-82).

FISMAN, R. & R. GATTI (2002): "Decentralization and corruption: evidence across countries". *Journal of Public Economics*, 83(3) (325-345).

FOLKS S. R. (2000): "A potential whistle-blower: To tell or not to tell, that is the question". *Public Integrity*, 2(1) (61-74).

GARCÍA-MORENO, B. (2020): *Del whistleblower al alertador: La regulación europea de los canales de denuncia*. Valencia: Tirant lo Blanch.

HEUMANN M., FRIEDES A., CASSAK L., WRIGHT, W. & E. JOSHI (2013). The world of whistleblowing: From the altruist to the avenger. *Public Integrity*, 16(1), 25–52.

HÜTTL T. & S. LÉDERER (2013): "Whistleblowing in Central Europe". *Public Integrity*, 15(3) (283–306).

KHAN, J., SAEED, I., ZADA, M., ALI, A., CONTRERAS-BARRAZA, N., SALAZAR-SEPÚLVEDA, G. & A. VEGA-MUÑOZ: (2022): "Examining whistleblowing intention: The influence of rationalization on wrongdoing and threat of retaliation". *International Journal of Environmental Research and Public Health*, 19(3), 17-52.

LEE, K. & B. KLEINER (2011): "Whistleblower retaliation in the public sector". *Public Personnel Management*, 40(4) (341-348).

MARCH, J. G. & H. A. SIMON (1958): *Organizations*. New York: John Wiley & Sons.

MICELI, M. P. & J. P. NEAR (1985): "Characteristics of organizational climate and perceived wrongdoing associated with whistle-blowing decisions". *Personnel Psychology*, 38(3) (525-544).

MICELI, M. P., DREYFUS, S. & J. P. NEAR (2014): "Outsider 'whistleblowers': Conceptualizing and distinguishing 'bell-ringing' behavior". In: *International handbook on whistleblowing research*. Cheltenham: Edward Elgar Publishing (71-94).

NEWMAN, K. L. (2000): "Organizational Transformation during Institutional Upheaval". *Academy of Management Review*, 25 (3) (602-619).

PILLAY, S., REDDY, P. S. & D. MORGAN (2017): "Institutional isomorphism and whistle-blowing intentions in public sector institutions". *Public Management Review*, 19(4) (423-442).

PREVITALI, P. & P. CERCHIELLO (2018): "The determinants of whistleblowing in public administrations: An analysis conducted in Italian health organizations, universities and municipalities". *Public Management Review*, 20(11) (1683-1701).

RODRÍGUEZ-GARCÍA, N. (2024): "Glosa sobre la trasposición a la española de la legislación europea sobre protección de los *whistleblowers*". En: RODRÍGUEZ-GARCÍA, N., CARRILLO DEL TESO, A. & G. D. M. CERINA (edits.): *Delincuencia corporativa:* Compliance, *canales de denuncia y persecución penal*. Valencia: Tirant lo Blanch (215-245).

TRANSPARENCIA INTERNACIONAL ESPAÑA (2022): *Alegaciones de Transparencia Internacional España al Proyecto de Real Decreto por el que se aprueba el Estatuto de la Autoridad Independiente de Protección del Informante, AAI [https://transparencia.org.es/wp-content/uploads/alegaciones-de-transparency-international-espana-al-proyecto-de-real-decreto-por-el-que-se-aprueba-el-estatuto-de-la-autoridad-independiente-aipi-vf.pdf]*.

WHISTLEBLOWING: UNA REVISIÓN SISTEMÁTICA DE LA LITERATURA SOBRE LA DENUNCIA DE IRREGULARIDADES EN EL SECTOR EMPRESARIAL DE LA UNIÓN EUROPEA

Blanca Bouzas-Ortega

Javier Sierra Pierna[1]

Profesor Permanente Laboral
Área de Economía Aplicada
Universidad de Salamanca

I. INTRODUCCIÓN

La denuncia de irregularidades es una cuestión que está ganando importancia de manera progresiva en el mundo empresarial actual. Las razones que explican este fenómeno son de diversa índole, pero entre ellas cabe destacar su papel clave como instrumento para la identificación del fraude y la corrupción, su potencial para contribuir a un crecimiento económico positivo, su capacidad para mejorar los mecanismos de *compliance* empresarial, su utilidad para potenciar el desarrollo del mercado, o su versatilidad para la revelación de infracciones del derecho sindical[2].

La denuncia de irregularidades (conocida como *whistleblowing* en inglés) abarca diferentes ámbitos de la actividad económica y empresarial y puede aplicarse la práctica totalidad de los sectores económicos; incluida la contratación pública, los mercados financieros, la protección del medio ambiente y la protección de la intimidad y los datos

---

1 Este trabajo es parte del Proyecto de Investigación "Cumplimiento normativo y protección penal de la Administración Pública" (PID2022-138775NB-I00) del Ministerio de Ciencia e Innovación del Gobierno de España.

2 STAPPERS (2021).

personales. Además, el ámbito de aplicación personal incluye tanto el sector privado como el público, afectando tanto a los ciudadanos de la UE como a los nacionales de terceros países, según los establece la Directiva Europea[3].

La apertura, la transparencia y la responsabilidad son valores y conceptos que no siempre son fáciles de mantener y garantizar. La etimología de la palabra transparencia (del latín *trans*, 'a través de', y *parere*, ponerse a la vista, aparecer) es muy fiel a la acepción que se atribuye a los denunciantes, ya que son los responsables de visibilizar las irregularidades y prácticas incorrectas que hasta la fecha habían pasado desapercibidas para los organismos reguladores y de supervisión. Además, el concepto puede entenderse desde distintos niveles o puntos de vista. En primer lugar, "desde arriba", haciendo referencia a la visibilidad y supervisión jerárquica como herramienta para evitar la necesidad de vigilancia constante. En segundo lugar, "desde abajo", en relación con las acciones individuales y colectivas que abogan por identificar las infracciones, combatir las ilegalidades y, en definitiva, exponer la verdad sobre la realidad del funcionamiento de empresas y organizaciones. Acorde con la visión de WEISKOPF, estas dos nociones de transparencia están entrelazadas y la delación es el acompañamiento, pieza fundamental del puzle que actúa como garante[4].

La relevancia de este tema de estudio es cada vez mayor, ya que, aunque esta sea la era de las sociedades democrática, los mercados globalizados y la cooperación internacional, también viene acompañada de sus reveses. Un cambio de perspectiva respecto a la figura del denunciante permite pasar de una contextualización negativa a una que valore y elogie su papel dentro de la organización. Es por ello, que las grandes empresas incluyen ahora políticas sólidas de denuncia, ya que un enfoque adecuado puede ayudar a las empresas a evitar posibles litigios, cobertura mediática negativa y daños a la reputación de la organización[5].

---

3 Directiva (UE) 2019/1937 del Parlamento Europeo y del Consejo, de 23 de octubre de 2019, *relativa a la protección de las personas que informen sobre infracciones del Derecho de la Unión* —en adelante Directiva (UE) 2019/1937—.

4 WEISKOPF (2021: 326-344).

5 BARDE (2021).

A nivel mundial ha habido un aumento de las políticas neoliberales, las prácticas de corrupción están muy extendidas y el futuro del mercado de la UE podría venir con cambios. Aunque es imposible estar al tanto de todas las actualizaciones y tendencias, es más fácil alcanzar los objetivos de la UE bajo una cultura de transparencia y rendición de cuentas. Así, los objetivos institucionales consisten en funcionar según los valores de la dignidad humana, la libertad, la democracia, la igualdad, el Estado de Derecho y los derechos humanos. Aquí es donde el papel de los denunciantes es crucial porque contribuyen a promover estos valores alzando la voz. Según CLARK y SKOUSEN[6], al denunciar las ilegalidades dentro del sistema, se aseguran de que sean investigadas, estudiadas y, con suerte, remediadas en su base; para que dejen de producirse. Proteger a estas personas y normalizar el desempeño de su trabajo conducirá a largo plazo a un entorno más positivo a todos los niveles y, por supuesto, a un modus operandi legal de las prácticas empresariales.

En este contexto, el objetivo de este trabajo es explorar cómo se ha abordado la cuestión de la denuncia de irregularidades en el sector empresarial de la Unión Europea desde la literatura científica. Para ello hemos aplicado un método de investigación mixto que incluye técnicas cuantitativas y cualitativas. Concretamente, hemos llevado a cabo un análisis bibliométrico y una revisión sistemática de la literatura científica publicada hasta la fecha sobre esta cuestión. El trabajo se estructura de la siguiente manera. En primer lugar, se presentan los antecedentes con los temas más destacados que guardan relación con el objeto de la investigación (marco jurídico, corrupción y teoría de la organización). La siguiente sección expone la metodología del trabajo, la herramienta de búsqueda y la estrategia de búsqueda aplicada. A continuación, se presentan los resultados de la investigación inicial y estructura intelectual en la que se basa el análisis. Le sigue la discusión del trabajo, dividida en secciones temáticas (legislaciones, cultura y otros factores relevantes, motivaciones y dimensiones del denunciante, teorías y casos). Finalmente, la última sección del trabajo incluye una reflexión final a modo de conclusión.

---

[6] CLARK & SKOUSEN (2022).

II. CONTEXTO

1. *Marco jurídico*

El término "denunciante de irregularidades" ha sido conceptualizado jurídicamente por la Directiva de la UE sobre protección de los denunciantes de irregularidades: "Las personas que trabajan para una organización pública o privada o que están en contacto con dicha organización en el contexto de sus actividades relacionadas con el trabajo son a menudo las primeras en conocer las amenazas o los perjuicios para el interés público que surgen en ese contexto"[7]. No obstante, cabe señalar que ha sido objeto de estudio desde mucho antes, como reflejan VANDEKERCKHOVE y LEWIS: "La investigación académica sobre la denuncia de irregularidades se viene realizando desde la década de 1980"[8]. La cuestión aquí es estudiar el éxito del diseño y la aplicación de los sistemas de denuncia de irregularidades, y en este caso tomando como referencia el documento jurídico de la UE como modelo de análisis.

Dado que la Directiva constituye un conjunto de normas mínimas que presuponen que los ordenamientos jurídicos de los Estados miembros ya han establecido normas más estrictas, cada Estado miembro tiene una gran responsabilidad a la hora de aplicar las recomendaciones incluidas en la misma. Suponiendo que los Estados Miembros no lo hicieran así, repercutiría en el funcionamiento de la legislación de la UE. Examinando en primer lugar la aplicación de la directiva de la protección de los denunciantes (DPD) en el ámbito económico; los denunciantes desempeñan un papel clave para garantizar el objetivo de la UE de que la economía y el mercado funcionen adecuadamente para lograr los objetivos de estabilidad, crecimiento y sostenibilidad que constituyen los ejes de la transición energética y económica que está impulsando la UE. Dicho principio se subraya en la directiva así: "la denuncia por parte de los denunciantes en este tipo de empresas tiene un alto valor añadido, ya que están mucho más cerca de la información sobre posibles prácticas desleales e ilícitas de fabricación,

---

7 Directiva (UE) 2019/1937.

8 VANDEKERCKHOVE & LEWIS (2011).

importación o distribución de productos inseguros" (Directiva (UE) 2019/1937)[9].

En cuanto a la corrupción, es evidente que los denunciantes también pueden contribuir a atajar sus prácticas y evitar sus consecuencias: "La falta de una aplicación efectiva en el ámbito de la protección de los intereses financieros de la Unión, incluida la prevención del fraude y la corrupción a nivel nacional, conduce a una disminución de los ingresos de la Unión y a un uso indebido de los fondos de la Unión" (Directiva (UE) 2019/1937)[10].

Un tercer nivel de consideración es el impacto de las divulgaciones en el mercado interior: "el funcionamiento del mercado interno tiene por objeto contribuir a la eliminación de los obstáculos existentes o incipientes a la libre circulación de mercancías o a la libre prestación de servicios" (Directiva (UE) 2919/1937)[11].

No es menos relevante considerar la protección de las personas que denuncian estas ilegalidades, dado que la normativa que la UE ha ido generando durante los últimos años persigue que la protección del denunciante esté siempre garantizada. En este sentido, la protección de los denunciantes y la garantía de los derechos humanos en el proceso de denuncia de las irregularidades es un apartado fundamental del documento. Dado que las represalias pueden ser habituales en muchas organizaciones, debe existir un mecanismo que garantice la seguridad de estas personas: "debe otorgarse tanto a las personas que comuniquen información sobre acciones u omisiones dentro de una organización ('denuncia interna') o a una autoridad externa ('denuncia externa') como a las personas que hagan pública dicha información" (Directiva (UE) 2019/1937)[12]. El derecho que prevalece aquí es la libertad de expresión e información, que forma parte del Convenio Europeo para la Protección de los Derechos Humanos y de las Libertades Fundamentales. No proteger este derecho fundamental conduciría a la ineficacia en el proceso de información.

---

9 Directiva (UE) 2019/1937, Recital 8.
10 Directiva (UE) 2019/1937, Recital 15.
11 Directiva (UE) 2019/1937, Recital 16.
12 Directiva (UE) 2019/1937, Recital 45.

2. *Corrupción*

La corrupción podría definirse como la enfermedad del poder, la falta de rendición de cuentas, o incluso como una traición a la legitimidad[13]. En todas sus expresiones se trata de una forma contagiosa de comportamiento que susceptible de extenderse por doquier a gran velocidad. Es evidente que el problema de la corrupción es una cuestión de interés para proteger el Estado de Derecho y los derechos humanos, así como para el buen funcionamiento de las empresas y el mercado. En este sentido, la Convención de las Naciones Unidas sobre la Corrupción sienta las bases para tratar de evitar la corrupción y adoptar medidas de aplicación de la ley mediante el establecimiento de organismos anticorrupción y una base de prácticas legales y de gestión que deben seguir los Estados[14].

Si se quiere respetar el Estado de Derecho, no tienen cabida ni en la esfera pública ni en la privada prácticas ilícitas como el fraude, el blanqueamiento de dinero, el soborno o la evasión fiscal. Desde este punto de vista, existen muchos ejemplos de prácticas ilegales que pueden ser objeto de denuncia en el ámbito de actuación de las empresas. Por ejemplo, los empleados pueden desviar fondos para comprar bienes en su propio beneficio. En el ámbito de la evasión fiscal, una empresa puede alterar la documentación interna o las declaraciones fiscales para ofrecer una imagen de alterada de sus ingresos y, en consecuencia, beneficiarse de un nivel impositivo menor. Otro ejemplo paradigmático sería el de situar la matriz empresarial en un paraíso fiscal con el objetivo de reducir la cantidad pagada por la empresa, que además suele realizarse en secreto, lo que constituiría un delito. En cualquier modo, no importa si se trata de un gran caso de corrupción o de un episodio de corrupción menor, ya que todos ellos son igualmente negativos y susceptibles de aumentar y agravarse con el paso del tiempo. En este contexto se puede entender el papel relevante que pueden desempeñar los denunciantes y la necesidad de fomentar una cultura de transparencia y responsabilidad en el seno de las empresas y organizaciones. En este sentido, la transparencia está vinculada a la rendición de cuentas, lo que significa que, si una

13 HABERMAS (1981).
14 ANDERSEN (2018: 179-190).

empresa promueve los valores democráticos y el respeto del Estado de Derecho, debe actuar en consecuencia[15].

Desde el punto de vista de la corrupción, podríamos plantearnos la pregunta acerca de cómo se puede determinar cuándo un comportamiento corrupto afecta a los derechos humanos. La violación de los derechos humanos por la presencia de corrupción depende en gran medida del alcance de la violación y del contexto en el que se produce. Así, la corrupción puede tener un impacto negativo sobre los derechos humanos sin constituir una violación. En el marco de una empresa, por ejemplo, un empleado no debería sufrir consecuencias negativas por negarse a aceptar un soborno, aunque la empresa le incite a ello. De lo contrario, constituiría una violación de los derechos humanos. Obviamente, cualquier trabajador que se enfrente a esta situación se puede ver envuelto en una complicada situación de debilidad que, sin la adecuada protección por parte de los organismos supervisores, puede derivar en un escenario altamente perjudicial para su bienestar y su estabilidad profesional. En este contexto, el principal reto a la hora de calificar determinados actos en el seno de la empresa como violaciones de los derechos humanos tiene que ver con la causalidad. Es decir, la distancia entre la infracción y el daño debe ser pequeña para que pueda detectarse. Si el caso de corrupción representa una discriminación, pero ésta pasa desapercibida, resultaría difícil, o incluso imposible, aplicar algún tipo de reparación[16].

3. *Teoría de la organización*

Dado que el foco de esta investigación son las organizaciones y las empresas, es conveniente aclarar algunas variables organizativas. El comportamiento organizativo se refiere al estudio, la creación y la gestión de las organizaciones, los entornos y las interacciones entre individuos y grupos[17]. Las estructuras existentes afectan a la forma en que se comportan las personas y, por lo tanto, a la verosimilitud de las infracciones.

---

15 GRAYCAR (2015: 87-96).

16 ANDERSEN (2018: 179-190).

17 BUCHANAN & HUCZYNSKI (2019).

Entre los distintos factores que hay que examinar a la hora de evaluar un correcto comportamiento en el seno de las empresa y organizaciones está la cultura o misión de las mismas, que constituye la personalidad de la empresa y afecta a su rendimiento, e incluye todas las creencias, costumbres y normas vigentes. Además, estas creencias tienden a ser asimiladas a lo largo del tiempo por los empleados a través de un proceso de socialización y de promoción por parte de la propia empresa. Esto podría explicar por qué existen situaciones en las que los empleados incluso pueden llegar a considerar "normal" una cultura de corrupción al cabo de un tiempo. Tanto si se considera que la cultura es una entidad permanente y homogénea, como si se trata de una variable evolutiva y controlada, ésta siempre puede afectar a la postura y la percepción de los miembros de la organización frente a los comportamientos ilegales[18].

En un plano más filosófico se encuentran la ética, el poder y la política. Como en cualquier otro ámbito, las estructuras internas de poder afectan las interacciones entre los individuos en el seno de la empresa. En este espacio limitado y definido, el poder puede articularse a través de diferentes mecanismo y estrategias para lograr que parte de la plantilla realice acciones concretas que pueden atentar contra comportamientos adecuados, ya sea a través de una posición elevada o mediante el uso de tácticas de presión. Esta variable es importante por dos motivos. En primer lugar, porque una posición de poder puede corromper a las personas, dando lugar a acciones ilícitas como el blanqueo de dinero, el fraude y la evasión fiscal. La segunda razón es que puede crear una gran distancia entre la posición más alta de la organización y la más baja. Por ejemplo, a un empleado del nivel más bajo de la jerarquía puede resultarle difícil enfrentarse a su jefe o denunciarlo, debido a la política de empresa y a las dinámicas de poder existentes.

III. MÉTODO

Para analizar como la literatura científica ha abordado la temática de la denuncia de irregularidades y la corrupción en organizaciones y empresas hemos aplicado un análisis bibliométrico seguido de una

[18] BUCHANAN & HUCZYNSKI (2019: 119).

revisión sistemática de la literatura (RSL)[19]. La documentación utilizada en esta investigación se obtuvo de la base de datos Scopus, una de las principales bases de datos online sobre publicaciones científicas con un elevado número de revistas disponibles en todos los campos de investigación. La búsqueda actual se realizó el 27 de abril de 2023, de manera que todos los análisis de datos se han realizado con la documentación publicada hasta esa fecha.

En esta investigación hemos aplicado el enfoque PRISMA para identificar la literatura científica existente y determinar los documentos científicos que era preciso revisar para entender la estructura intelectual de la temática objeto de análisis. De acuerdo con los principios de la revisión sistemática de la literatura, se realizaron una serie de búsquedas generales previas a la selección de las palabras clave. La primera búsqueda incluyó sólo la palabra *(whistleblow*)*, bajo la cual había 3,453 publicaciones.

La Figura && representa la estructura intelectual de la temática del *whistleblowing* y desglosa las conexiones temáticas en diferentes *clusters* o grupos de términos relacionados. Estos *clusters* reflejan las principales áreas de interés dentro de la literatura existente sobre el tema, organizados según su proximidad conceptual. Dentro de esta visualización, se identifican varios núcleos temáticos clave. Una primera agrupación temática se centra en los aspectos legales y de protección de los denunciantes, abordando términos como regulación, directiva y protección jurídica. Otro clúster aborda estudios empíricos, con particular énfasis en variables como intención, comportamiento y factores de influencia. Un tercer grupo refleja la literatura más vinculada con los debates éticos y de transparencia, incluyendo términos como privacidad y derechos. También podemos ver que hay un clúster con un claro componente de protección de datos de carácter personal, lo que queda de relieve mediante los diferentes términos médicos y sanitarios incluidos en el mismo.

---

19 SWEILEH (2020).

Figura I: estructura intelectual de la investigación.

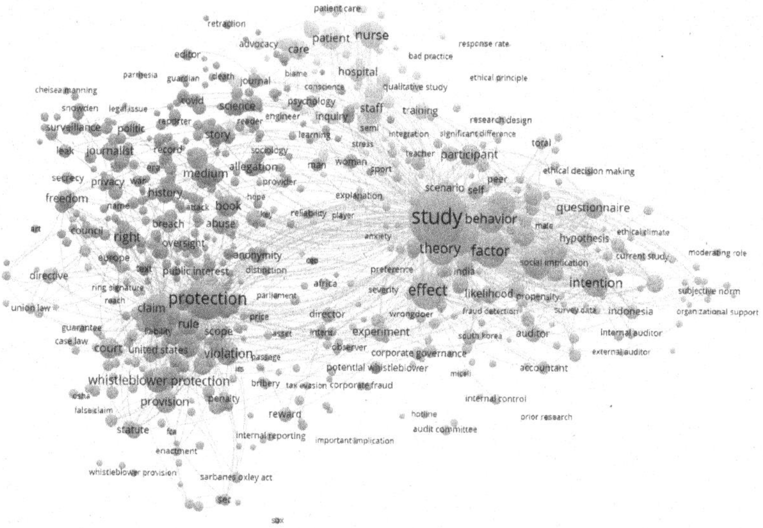

Fuente: Elaboración propia utilizando VOSviewer

A continuación, refinamos la segunda búsqueda combinando *(whistleblow* AND corruption)*, lo que redujo el número de documentos a 253 publicaciones. Finalmente, para delimitar adecuadamente el ámbito de nuestra investigación a la esfera empresarial añadimos los términos *(company AND organization)*, lo que redujo el corpus documental a 46 artículos.

El método que seguimos para revisar la literatura consistió en una lectura detallada de los resúmenes de todas las publicaciones para identificar aquellas que abordaban la temática en cuestión desde la perspectiva que nos interesaba abordar. En este proceso, aplicamos cuidadosamente los criterios de inclusión y exclusión, asegurándonos de incluir solo los estudios relevantes para nuestro análisis. Mediante de la revisión de estos resúmenes comprobamos que las publicaciones se referían a países de la UE, al ámbito de la empresa, gestión y contabilidad, y cumplían los criterios (fase final, artículos en inglés revisados por pares y revisiones), el número final de documentos, se redujo a 28 documentos. Debido a la decisión de limitarnos exclusivamente a literatura de acceso abierto no fue posible acceder a dos de los documentos seleccionados, lo que llevó a su exclusión de la revisión bibliográfica. Se desclasificaron de la selección asimismo artículos no relacionados con el tema, así como documentos que no estaban en su fase final ni cubrían regiones de la UE.

Los datos obtenidos de la base de datos Scopus incluían: países activos, instituciones activas, número anual de publicaciones, autores principales, patrocinador y tipo de documento. Los datos pertinentes se descargaron de Scopus y se exportaron a Excel para elaborar las tablas incluidas en la siguiente sección.

IV. RESULTADOS

El crecimiento anual de las publicaciones muestra un crecimiento progresivo desde 2016, como puede verse en el Gráfico I. A partir de entonces, se produce un crecimiento pronunciado desde 2016 hasta 2020, con un elevado número de publicaciones en 2018, 2019 y 2020, siendo 2020 el punto más alto de todos los años.

Gráfico I: Crecimiento anual de publicaciones de whistleblowing

Fuente: elaboración propia usando la base de datos de Scopus

La tabla 1 presenta las principales revistas científicas que han publicado artículos sobre esta temática durante el periodo objeto de estudio. Estas revistas están ordenadas de mayo a menor en atención al número de publicaciones sobre esta cuestión. Entre las diferentes revistas que publicaron literatura sobre el tema de estudio, las 3 principales revistas organizadas según el volumen de documentos publicados son: *Journal of Financial Crime*, *Journal of Money Laundering Control* y *Journal of Business Ethics*. Podemos suponer que la literatura en el ámbito de la denuncia de irregularidades está directamente relacionada con la concepción del comportamiento ilícito si se observan los temas tratados por las revistas.

Tabla I: N. de publicaciones por revista

Revistas	N.º Publicaciones
Journal of Financial Crime	16
Journal of Money Laundering Control	6
Journal of business Ethics	5
Revista Española de la Transparencia	4
What Makes Effective Whistleblowing: Global Comparative Studies from the Public and Private Sector	4
Crime, Law and Social Change	4
International Handbook on Whistleblowing Research	3
International Journal of Law and Management	3
Pacific Journalism Review	3
Revista General de Derecho Administrativo	3
Whistleblowing in the World: Government Policy, Mass Media and the Law	3

Fuente: elaboración propia usando la base de datos de Scopus.

La tabla III ilustra la distribución geográfica de los documentos recuperados. La contribución de Estados Unidos fue, con mucho, la más significativa, seguida del Reino Unido. Los países con mayor número de publicaciones dentro de la Unión Europea son Alemania, Italia y España.

Tabla II: N. de publicaciones por país

País	N. Publicaciones
Estados Unidos	57
Reino Unido	31
Australia	19
Alemania	13
Italia	11
España	11
Indonesia	10
Francia	9
China	8
Malasia	8

Fuente: elaboración propia usando la base de Scopus

Los ocho tipos de documentos más importantes se detallan en la Tabla IV. Los artículos constituyen la mayor parte de la contribución a la investigación, lo que justifica la decisión personal de centrarse esencialmente en los artículos. También se tuvieron en cuenta las revisiones para este análisis bibliográfico.

Tabla III: Número de publicaciones por tipo de documento

Tipo de documento	N. Publicaciones
Artículo	172
Capítulo del libro	27
Consulta	26
Ponencia	15
Capítulo del libro	10
Nota	5
Fe de erratas	1
Encuesta breve	1

Fuente: elaboración propia usando la base de Scopus

V. ANÁLISIS

Tras realizar la revisión bibliográfica, se han identificado las prácticas más comunes dentro de las organizaciones y empresas (es decir: los mecanismos de denuncia, la forma de comportarse dentro de las estructuras organizativas y los valores que guían sus actividades empresariales). Entre ellas, se puede incluir la corrupción, pero también las dinámicas de poder, los patrones de comportamiento dentro de las instituciones, el papel de la comunicación y los análisis conceptuales y enfoques para explicar el concepto de *whistleblowing*. Dado que esta revisión bibliográfica se ha centrado exclusivamente en el marco comunitario de la empresa y la contabilidad, las conclusiones extraídas no pueden extrapolarse a todo el campo de investigación de la denuncia de irregularidades. Sin embargo, pueden resultar de utilidad para identificar y comprender patrones similares en los casos y prácticas de los denunciantes en la literatura de manera general. El análisis de la literatura se presenta mediante un enfoque temático, lo que significa que está estructurado en temas clave (legalidad, cultura y otros factores, motivaciones y dimensiones, teorías y casos) que se han identificado dentro de la revisión sistemática de la literatura. Dentro de estos temas se explican las tendencias y pautas, así como los aspectos más destacados, los conflictos y las lagunas de la investigación.

1. *Cultura y factores relevantes*

La cultura organizativa es uno de los temas que se repite constantemente en los documentos incluidos en esta investigación, bien como marco inicial para conceptualizar la denuncia de irregularidades, bien para explicar las razones de su éxito o falta de él. En lugar de ir directamente al nivel maso (la organización), se examina primero el nivel micro: las características de los empleados que son los potenciales denunciantes.

Según la revisión realizada por NIOCHOLLS *et al.*, existen determinados factores personales que aumentan la probabilidad de que se produzca la denuncia[20]. En primer lugar, la demografía. Cuanto más joven es la persona, más probable es que denuncie. Al mismo tiempo,

20 NIOCHOLLS *et al.* (2021).

los hombres tienen mayores intenciones de denunciar que las mujeres, probablemente porque temen menos las represalias. *La* moral también influye. Cuanto mayor es la concepción de la intensidad moral, la identidad, el razonamiento y la competencia, más posibilidades hay de que cualquier valor antagonista genere una reacción. También hay que tener en cuenta las actitudes, que están relacionadas con la variable anterior. Si la persona tiene una actitud negativa hacia la cultura de la corrupción, entonces no será cómplice directo de ella. Rasgos personales como "honestidad, aversión al riesgo, locus-de-control, rasgos, disposición personal y propensión individual" y creencias: "Autoconfianza, autoeficacia y control conductual percibido"[21] también son fundamentales. Por último, hay que considerar si el empleado ha recibido formación en la empresa sobre prácticas éticas, si tiene una buena relación con ella, la presencia de un sentido de justicia, satisfacción en el trabajo y sensación de seguridad. Todos los rasgos mencionados crean un perfil que determina la propensión a denunciar y, por tanto, pueden examinarse para determinar las características típicas de un denunciante.

A nivel maso se encuentra la organización. Dentro de este tipo de investigación, el tema de la ética se ha considerado especialmente importante en los diferentes documentos incluidos en este estudio. Ética entendida como idea, pero también como adjetivo: liderazgo ético, clima ético, comportamiento ético y gestión ética.

En el estudio de estos autores, los factores organizativos desempeñaron un papel clave. Por ejemplo, la estructura jerárquica de una organización se relacionó negativamente con las prácticas de los denunciantes. También tuvieron en cuenta la comunicación y las reacciones entre empleados y directivos, el código moral dentro de la empresa y la protección[22]. Esta última variable es en realidad una de las más importantes, porque ha resultado ser determinante para la denuncia de irregularidades: "El 81% de los encuestados no dio la voz de alarma por la posibilidad de sufrir represalias"[23]. Si existen políticas y procedimientos que protejan a los denunciantes, habrá

---

21 *Ibidem.*

22 *Ibidem.*

23 *Ibidem.*

más casos de denuncia de irregularidades. De lo contrario, el número seguirá siendo bajo. Esto puede ir acompañado de una mayor sensibilización: "Impartir educación sobre la denuncia de irregularidades a los individuos de una organización, por ejemplo explicando qué es la denuncia de irregularidades, por qué es importante, cómo hacerlo, y responsabilizar personalmente a los individuos para que denuncien las irregularidades cuando las detecten, en lugar de esperar a que actúe otra persona"[24].

A veces, lo que falta son conocimientos prácticos o modelos para pasar de lo intangible a lo tangible; es decir, de la teoría a la práctica. Se puede decir a las empresas que sean buenas, que tengan una cultura ética, y aun así estar diciendo palabras vacías. Porque: "¿Cómo deben hacerlo?", "¿Qué falta en realidad?", "¿Qué puede eliminarse?". Para responder a estas preguntas apliquemos el modelo de enfoque multidimensional para la protección de los denunciantes diseñado por investigadores anteriores, que divide la protección en 4 esferas: disposiciones estructurales, conocimiento del marco jurídico, liderazgo ético y clima ético.

Este marco podría adaptarse a cada contexto del mundo empresarial, al igual que un modelo de negocio que se utiliza de antemano para planificar la estrategia empresarial, los flujos financieros, etc. En cada una de las secciones hay que tener en cuenta la cultura del contexto, porque es importante adaptar el modelo a las necesidades y expectativas de la empresa. Simultáneamente, la norma dentro de la región debe mantenerse en el centro del enfoque. Por ejemplo, en el caso de la UE: la Directiva sobre Denuncia de Irregularidades y la Convención de las Naciones Unidas contra la Corrupción.

En primer lugar, para un clima orientado a la ética; la empresa puede actuar de diferentes maneras. Entre las opciones, puede ser egoísta, basada en principios o benevolente[25].La diferencia entre ellas es que la primera se preocupa por el interés propio, la segunda intenta aplicar el estado de derecho y la última se mueve principalmente por el interés propio. Por lo tanto, la calidad del entorno también determina los comportamientos corruptos, las malas prácticas y el apoyo a los denunciantes. Conocimiento de las leyes de protección de los denunciantes: la aplicación del Estado de Derecho legitima la organización, es un fundamento de la gestión pública e influye en la percepción de la protección organizativa de los denunciantes[26]. Dentro de la UE es esencial garantizar el uso de la directiva sobre denunciantes como guía para el desarrollo de normas legales. Liderazgo ético: se espera que el gestor o líder de la organización tenga claras las normas éticas, se comunique con los seguidores en materia de ética y utilice un sistema de recompensas y castigos para que se cumplan las normas[27]. Si las malas prácticas se condenan al más alto nivel de la empresa, se evita su normalización. El ejemplo que dé el líder es crucial para crear una cultura de transparencia. Disposiciones estructurales para la gestión de la ética: puede ser una buena idea incluir la educación sobre la denuncia de irregularidades en los programas de ética de la empresa, no sólo como referencia[28].El líder es el encargado de asegurarse de que se incluye en la empresa, así como de clarificar el tipo de conducta correcta, y dar a conocer la figura del denunciante.

El caso de las organizaciones sanitarias italianas[29] podría tomarse como ejemplo, ya que pertenece al grupo de sensibilización jurídica del modelo presentado. Italia se encontraba en el momento inicial de la denuncia de irregularidades: "En las administraciones públicas italianas, la "denuncia de irregularidades" se encuentra todavía en sus primeras fases. En 296 instituciones del total de 365, no se realizaron denuncias"[30]. La estrategia anticorrupción con la que contaban era la Ley n.º 190, de 6 de noviembre de 2012 o Ley Anticorrupción que establece lo siguiente: *(i)* "un plan de prevención de la corrupción que debe identificar las actividades que plantean un alto riesgo de corrupción y proporcionar los mecanismos de formación, aplicación y seguimiento de las decisiones necesarias para prevenir el riesgo de corrupción"; *(ii)* "un código ético y de conducta que define el conjunto de valores, principios y pautas de comportamiento a los que deben aspirar los empleados en el marco de su trabajo"; *(iii)* "por último, pero no menos importante, al menos para nuestra investigación, un sistema de denuncia de irregularidades" (Ley 190 de 6 de noviembre de 2012).

---

26 *Ibidem.*
27 *Ibidem.*
28 *Ibidem.*
29 PREVITALI & CERCHIELLO (2021).
30 PREVITALI & CERCHIELLO (2021).

Lo que falló en el sistema italiano fue tanto la conciencia jurídica como el clima ético. En otras palabras, la corrupción no se percibía como un asunto preocupante y los denunciantes no disponían de un marco jurídico de protección en el sector privado[31]. Así pues, se trata de un caso en el que la cultura italiana no favorece el sistema de denuncia de irregularidades.

2. *Motivaciones y dimensiones del whistleblowing*

Las razones que pueden tener los denunciantes para actuar varían según los sectores y el carácter personal. En este apartado se han identificado algunos patrones para encontrar coincidencias y lagunas en la literatura. Para empezar, fuerzas situacionales e institucionales. Las primeras se refieren a patrones como el clima corruptivo o la incidencia de la corrupción. Las segundas tienen que ver con los lugares que dan forma a la interacción humana, ya sea en toda la estructura organizacional, o en unidades de trabajo más pequeñas[32].

Las estructuras institucionales anticorrupción son especialmente valiosas porque incluyen mecanismos tanto en "las prácticas descendentes" como en "las ascendentes". Las primeras incluyen el control jerárquico y la sanción (castigo judicial). Las segundas son las prácticas que capacitan a los ciudadanos y las comunidades para revelar y disciplinar los actos corruptos. Las prácticas ascendentes deben centrarse en captar las fuerzas de los conciudadanos y representan un esfuerzo colectivo contra la corrupción, mientras que las prácticas descendentes tienden más a ser eficaces contra la corrupción codiciosa[33]. Estas medidas tienen un efecto directo en los actos de denuncia y, por lo tanto, pueden prevenirlos o incitarlos. No obstante, también existe el problema del *freerider*: "De forma similar a la acción colectiva, los ciudadanos tienden al *freeride* (es decir, a no denunciar) cuando ven más actos (por ejemplo, más esfuerzos anticorrupción) por parte de otros"[34].

Dentro de las instituciones pueden darse distintos tipos de corrupción. Es el caso de la corrupción burocrática, en la que los funcionarios

---

31 *Ibidem.*
32 SU (2020).
33 *Ibidem.*
34 *Ibidem.*

públicos abusan de su poder en el cargo. En un segundo nivel está la gran corrupción, vinculada al robo de grandes sumas de dinero que luego puede desembocar en manifestaciones más institucionalizadas como la captura del Estado. En una última instancia está presente el clientelismo, el intercambio de bienes y servicios para obtener apoyo político. Todos los escenarios requieren una integración entre un enfoque basado en el cumplimiento y otro basado en la integridad: "Es decir, no basta con respetar la ley y aplicar un procedimiento de denuncia de irregularidades. Si queremos que los empleados denuncien las irregularidades, también tenemos que aplicar un cambio cultural"[35].

Para incitar a la denuncia también hay que destacar el uso de programas anticorrupción. Esto significa fomentar una cultura de la transparencia que haga que los potenciales denunciantes actúen según su propia conciencia cuando descubran un acto ilegal: "variables organizativas como la estructura organizativa, la capacidad de respuesta percibida de la organización y una cultura de justicia organizativa pueden influir en el acto de denuncia"[36].

2.1. Definiciones de conceptos afines y su relación con los actos de denuncia de irregularidades

La rendición de cuentas puede enmarcarse de diferentes maneras y crear así una serie de expectativas, estilo de comportamiento, obligaciones y normas. Al mismo tiempo, el objetivo de rendir cuentas en términos de percepciones subjetivas supone todo un reto. Para garantizar un cierto nivel de éxito en la contextualización de la rendición de cuentas, hay valores que deben estar ya incorporados en las empresas y las personas deben actuar de acuerdo con ellos. Si nos referimos al caso concreto de la UE, pueden evocarse: democracia, derechos humanos, transparencia y respeto de las normas del mercado interno. Pero incluso con normas comunes, cada Estado miembro las aplica de manera distinta.

La contabilidad, tiene que ver con garantizar el interés público, pero una vez más; ¿Qué es el interés público? Utilizando la definición

35 PREVITALLI & CERCHIELLO (2018)
36 *Ibidem.*

de QUAYLE, "[e]n un contexto particular, el interés público se refiere a los resultados que mejor sirven a la supervivencia a largo plazo y al bienestar de un colectivo social interpretado como 'público'"[37]. Así pues, si el bienestar de las instituciones se obtiene a través de una serie de principios preestablecidos, su adaptación en una organización concreta debería realizarse a través de procesos deliberativos de democracia: "La lista de creencias sociales que el público valora podría incluir el gobierno de la mayoría, la protección de los grupos minoritarios y los derechos individuales, la equidad, la responsabilidad de las instituciones públicas, la participación ciudadana, la honestidad, el valor de las partes interesadas y de los accionistas, etc."[38]. Todos ellos forman parte, por supuesto, de los lemas fundamentales de la teoría democrática.

Legitimidad, creencia de que un gobernante o una persona en el poder tiene derecho a gobernar. También puede aplicarse en este contexto. Los miembros de la organización que no cumplen las normas infringen el código de conducta legal y moral. Así pues, la denuncia de irregularidades puede justificarse en el sentido de que es una herramienta para reforzar las prácticas democráticas y garantizar el buen funcionamiento de las empresas. El acto es moralmente justificable cuando se trata de un acto comunicativo y cuando puede representar un escrutinio moral. Para estar en consonancia con los requisitos, es necesario que se den algunos condicionantes comunicativos: "el acto como ser lo más informativo posible, la información no puede ser falsa y no puede ser divulgada si faltan partes fundamentales para considerarla una prueba valiosa"[39]. En cuanto a las revelaciones, podemos decir que las denuncias de los denunciantes para su propio beneficio; o las compensaciones económicas no deben enmarcarse bajo la idea de legitimidad y no pueden ser completamente controladas. Sin embargo, es preferible incitar a la denuncia de irregularidades, incluso si eso incluye casos perjudiciales para la seguridad nacional y con motivos omnipresentes detrás, que evitarla en su totalidad y permitir cada una de las ilegalidades[40].

---

37 QUAYLE (2021)

38 *Ibidem.*

39 KUMAR (2017).

40 KUMAR (2017).

Interés público, en interés o beneficio del público. ¿Pero quién es el público aquí? ¿La mayoría? ¿El conjunto de la institución empresarial? ¿Los agentes del mercado europeo? Para que la denuncia de irregularidades sea de interés público, no sólo tiene que estar en consonancia con los valores y requisitos morales explicados anteriormente, sino que tiene que demostrar que beneficia a la mayoría, es decir, a la voluntad de todos. Aquí es donde se encuentra el mayor problema y desafío. Si el deseo de actuar en nombre del interés público superara siempre al de la organización, la denuncia de irregularidades no tendría barreras. Pero, ¿cómo garantizar que ese interés prevalezca, y que la *definición de whistleblower* de cuenta de: "un acto de un hombre o una mujer que, creyendo que el interés público prevaleces sobre el interés de la organización que a la que sirve"[41]. Aún queda mucho por hacer en este aspecto, para alcanzar el sistema ideal. Un sistema en el que los individuos con opción a denunciar prioricen el sistema democrático y actúen motivados por la creencia de que están protegiendo tanto el sistema público como el bien común[42].

2.2. El perfil del denunciante privado

No todos los denunciantes pertenecen al sistema público, y como la estructura varía, también lo hacen los incentivos y todas las circunstancias del acto. El objetivo principal del individuo en este caso es la *maximización del beneficio racional*; que luego deriva en la denuncia[43].

El trasfondo legal está presente: "En Suecia, el acto de denunciar irregularidades está protegido por las leyes constitucionales que garantizan la libertad de expresión y de prensa. En el caso del denunciante privado descrito aquí, pueden remitirse a las leyes constitucionales, pero también disponen de una herramienta legal más que pueden utilizar al denunciar, es decir, el derecho legal a impugnar una licitación ante los tribunales"[44]. Dado que el número de casos de denunciantes en el ámbito privado puede ser menor, la pregunta debería

41 QUAYLE (2021).
42 HANSSON (2017).
43 *Ibidem.*
44 *Ibidem.*

hacerse al revés; *¿qué les impide denunciar?* Las investigaciones han demostrado que, en ocasiones, el riesgo que asume la empresa por denunciar es mayor, ergo, las empresas no quieren desafiar la situación para ser llevadas a los tribunales. La denuncia se condena de inútil a menos que haya algún interés económico detrás[45]. Se podría argumentar que lo que falla aquí no es directamente el sistema de denuncia, sino el *modus operandi*. Al incentivar una mayor alineación con el concepto de la responsabilidad social corporativa (RSC), la empresa puede tratar de rendir cuentas ante sí misma, ante sus partes interesadas y ante el público; y de este modo priorizaría otros motivos además de los beneficios económicos y las ganancias. Fomentar más la denuncia de irregularidades en el sector privado sería también incitar a los 4 niveles de RSC: responsabilidad social medioambiental, responsabilidad social ética y de derechos humanos, responsabilidad corporativa filantrópica y responsabilidad corporativa económica.

2.3. El acto de denunciar

Cuando llega el momento de actuar, hay varios desencadenantes o motivos que influyen. Entre ellos se incluyen: el tipo de personalidad del denunciante, los factores situacionales, el miedo a la represalia y la gravedad de la irregularidad[46]. Además, las estructuras de poder, como la posición del denunciante, por un lado, y la del directivo, por otro, son fundamentales. La mayoría de los casos son "actos ilegales, inmorales o ilegítimos" o "mala conducta, negligencia o irresponsabilidad organizativa que ponen en peligro el interés público"[47]. Las malas prácticas más comunes en las empresas tienen que ver con la discriminación ilegal, robo y acoso sexual. Los casos pueden tener diferentes impactos en las dimensiones específicas; como el valor para la sociedad, la política y las organizaciones, el coste para los individuos o el cambio en la organización. A continuación, incluimos un marco que ilustra los niveles del proceso (antecedentes, acto de denuncia, consecuencias).

---

45 *Ibidem.*
46 QUAYLE (2021).
47 *Ibidem.*

Basado en un interesante estudio demográfico, concretamente sobre el género. En él se intentó averiguar si las mujeres eran más propensas a denunciar irregularidades: "Los resultados suelen estar justificados por la teoría de la socialización, que sugiere que las sociedades occidentales prevén que las mujeres muestren una mayor inclinación a servir a los intereses de los demás, lo que se traduce en una mayor participación en el servicio público y, por tanto, en mayores niveles de motivación hacia el servicio público"[48].

La hipótesis sobre la que trabajaron fue que las mujeres tenían más *motivación de servicio público* (*MSP*). La motivación de servicio público estaba vinculada a características como la empatía, la compasión, el trabajo emocional, los valores de justicia, abnegación y deber. Bajo un enfoque de estereotipos, se supone que las mujeres tienen esos rasgos con más frecuencia que los hombres. Así, este documento ejemplifica cómo la socialización de género afecta a todas y cada una de las esferas de nuestra cultura. En el caso de la denuncia de irregularidades, las expectativas en cuanto a la actuación están directamente relacionadas con los comportamientos que se esperan de hombres y mujeres.

En la investigación se comprobó que las mujeres tenían en realidad un mayor nivel de MSP y, a su vez, eran más propensas a denunciar: "Este artículo ha descubierto que las mujeres tienen niveles más altos de MSP (excepto en lo que se refiere al autosacrificio) que los hombres y que los empleados con altos niveles de MSP eran más propensos a denunciar. Sin embargo, también reveló que cuando el MSP es igual, es menos probable que las mujeres denuncien que los hombres"[49]. *Sugeriría que, para seguir determinando el impacto del género en la teoría de la denuncia de irregularidades en las empresas, se emprendieran más investigaciones centradas en el género. Sería valioso desde el punto de vista de las instituciones y los procesos de socialización de género.*

---

48 PRYSMAKOVA & EVANS (2020).

49 *Ibidem.*

3. *Teorías*

En ocasiones, las teorías ayudan a arrojar luz sobre el tema de estudio. En este caso, fueron útiles, porque aportaron ideas que ayudan a contextualizar la denuncia de irregularidades desde el punto de vista de la comunicación, la posición en la organización, el carácter de la empresa, el modus operandi y los principios de actuación.

ROTHSCHILD establece un interesante vínculo entre la denuncia de irregularidades y *la parrhesía*. Este concepto era un llamamiento a los ciudadanos para que se expresaran libre y abiertamente en la antigua Grecia[50]. La democracia ideal ateniense se movía por esta *parrhesía*, y las personas a las que no se les concedía el derecho a hablar con sinceridad, eran consideradas directamente como *no ciudadanos*: "Sin la capacidad de hablar con franqueza, no se puede llevar a cabo la deliberación pública"[51]. Por lo tanto, esa es una noción fiel a la idea contemporánea de whistleblowing, porque donde los ciudadanos en Grecia tenían *parrhesia*, los *whistleblowers* tienen *el poder de la verdad*. Este poder no puede ser suprimido por un impedimento de una organización, sino que es inherente al denunciante: "puede que sea su subordinado en la jerarquía de autoridad en este lugar de trabajo, pero tengo derecho a decir la verdad al poder en nombre de mis compañeros de trabajo, del público y/o del medio ambiente"[52]. Además, el acto de denunciar no se conceptualiza como una infracción de los códigos de lealtad, sino como una necesidad general de evitar males mayores: "Desde el punto de vista de la dirección, la denuncia interna puede identificar una "manzana podrida" y/o una mala práctica que la alta dirección puede eliminar, evitando así una pérdida financiera, un producto defectuoso, una pérdida de valoración de las acciones o incluso un litigio costoso, y una mala publicidad irrecuperable antes de que se produzca". Dentro de la literatura, se puede observar un cierto paralelismo entre la connotación de *parrhesia* por parte de Foucault y la aplicación de la denuncia en la literatura moderna. Además, la *parrhesía* otorga legitimidad a la democracia, y la denuncia de irregularidades legitima a las empresas y organizaciones, por lo que se

---

50 ROTHSCHILD (2013).
51 *Ibidem.*
52 *Ibidem.*

puede concluir que ciertos valores prevalecen en el tiempo, y la visión de Foucault tiene múltiples aplicaciones: "Mi intención no era tratar el problema de la verdad, sino el problema de quien dice la verdad o de la verdad como actividad. Con esto quiero decir que, para mí, no se trataba de analizar los criterios internos o externos que permitirían a los griegos y romanos, o a cualquier otra persona, reconocer si una afirmación o proposición es verdadera o no. De lo que se trataba para mí era más bien del intento de considerar el decir la verdad como una actividad específica, o como un papel"[53].

Otra aportación es la realizada por *la teoría de la señal*, que enfoca la denuncia desde la perspectiva de la comunicación y la calidad del mensaje, que a su vez determina el éxito de la transmisión del mensaje, y el proceso como tal[54].

Las señales de delito dan cuenta de las señales que transmiten el ilícito. A éstas les sigue una señal de ruido que engloba la detección, el registro, la interpretación y la recepción de conocimientos que pueden llegar en perfecto estado o estar distorsionados. La intensidad de la señal (que representa el volumen, el carácter distintivo y la claridad de la señal del emisor) y *el estado de alerta* (disposición del observador a detectar una señal), son factores de los procesos de discriminación de señales en los que influyen factores psicológicos.

Es decir, la predisposición a transmitir e interpretar el caso importa, pero vienen de la mano de las características personales de las partes implicadas. Hay que tener en cuenta una variable adicional: la sensibilidad perceptiva: "Si el observador interpreta la señal como una señal de mala conducta y no como una señal de ruido, y si decide denunciar el incidente, entonces el observador cambia su papel por el de denunciante"[55].

En resumen, hay tres variables clave: la detención de la señal por parte del observador, el registro de la señal por parte del observador y la interpretación de la señal. Dado que intervienen muchas variables, si alguna de ellas falla, es probable que el caso fracase y no llegue a la fase de denuncia: "muchos mensajes son difíciles de entender,

---

53 FOUCAULT (2019).

54 GOTTSCHALK & ASTING (2020).

55 Íbidem.

imposibles de contextualizar y, por tanto, difíciles de transformar en conocimiento en la cabeza de los receptores"[56].

Otra lente relevante para interpretar la denuncia de irregularidades es la teoría de la agencia. Sugiere un enfoque basado en agentes y principios. Los agentes y los principios actúan por motivos diferentes. Los principales delegan en los agentes tareas y responsabilidades. En consecuencia, si los agentes no están supervisados, pueden decidir actuar en su propio interés. Esto se debe a que las prioridades de estos dos grupos no están alineadas: "deben equilibrarse varios intereses potencialmente conflictivos; deben tenerse en cuenta los intereses del denunciante, los derechos del infractor, las necesidades de la organización y las expectativas de la sociedad"[57]. Lo que propone este autor, es contar con incentivos que ayuden a alentar a los denunciantes (es decir: recompensas), ya que los incentivas económicas pueden tener un impacto positivo en los empleados dispuestos a denunciar.

Finalmente, la última reflexión se refiere al variado panorama en el que se pueden encontrar los denunciantes, por lo que las teorías y enfoques deben adaptarse. Sin embargo, hay que señalar que se prefiere tener siempre a la organización en el centro: "el estudio de las diferencias y similitudes interculturales con respecto a la denuncia de irregularidades se ha realizado generalmente a través del prisma de la investigación empresarial y de gestión intercultural, debido a la medida en que la denuncia de irregularidades se define como una forma de comportamiento organizativo"[58].

Según los diferentes actores adicionales que pueden participar en la denuncia, existen: activistas, filtradores e informadores. Los denunciantes pueden cooperar con los activistas; pero no es lo normativo. En el caso de los *filtradores*, actúan cuando la divulgación es legítima; y en el caso de los *informantes*, operan en el crimen organizado y en la aplicación de la ley; pero no cumplen exactamente la misma función que los denunciantes y no deben confundirse.

En cuanto a la distinción entre organismos públicos y privados, si marca una diferencia *la raison d'être de* la institución: "Esto hace que

---

56 Íbidem

57 TEICHMANN (2019).

58 MARIN (2020).

el sector público sea el lugar más probable en el que los observadores de conductas indebidas frecuentes den el soplo, y el sector privado el escenario menos probable, quedando el sector sin ánimo de lucro en un punto intermedio"[59].

4. *Casos*

En la bibliografía analizada, hay varios ejemplos de casos en diversos campos que adoptan su punto de vista particular. No obstante, la mayoría de ellos se centran en los factores ex ante que pueden determinar el acto de denuncia.

El trabajo de BUSSMANN *et al.* compara los efectos de la cultura empresarial en diferentes países. El valor de este análisis radica en la cultura organizacional, la cual ha sido considerada constantemente a lo largo de este campo de investigación. Uno de los requisitos para luchar contra la corrupción en una cultura; es que todo el sistema nacional debe estar alineado con las instituciones democráticas y las instituciones funcionales. Esto está mejor establecido en algunos países que en otros: "tribunales de justicia establecidos, parlamentos y administraciones que no estén impregnados de redes corruptas y nepotismo"[60].

Además, *las orientaciones de valores colectivistas* de un país influirán en la tendencia a la corrupción, ya que las sociedades que piensan como una unidad unida, favorecen a la organización o grupo al que pertenecen. Esto, viene de la mano con el nivel de *confianza social.* Cuanto mayor sea el nivel de confianza social, menor es la tendencia a la corrupción. Por ejemplo, la corrupción está muy extendida en los estados postsoviéticos porque hay un grado muy bajo de confianza en ellos, mientras que en los países escandinavos; la confianza generalizada es muy fuerte[61].

El tercer nivel a tener en cuenta es la *distancia de poder dentro de una sociedad-jerarquía.* Las estructuras fuertemente jerarquizadas que distinguen claramente entre clases sociales favorecen la distri-

---

59 ROTHSCHILD (2013).

60 BUSSMANN *et al* (2018).

61 BUSSMANN *et al* (2018).

bución desigual de la riqueza y la consolidación de la corrupción. Además, los valores democráticos incentivan una menor distancia de poder: "las sociedades igualitarias, como Alemania y otros países de Europa Occidental, Estados Unidos o Australia, se caracterizan por un menor riesgo de corrupción, una mayor disposición a discutir los comportamientos indebidos, más confianza en los organismos reguladores y supervisores y menos reticencia a iniciar procesos formales de denuncia"[62].

La corrupción y los delitos económicos tienden a incrustarse en la empresa, pues ya forman parte de ella. Los valores y características personales pasan a un segundo plano frente a los valores organizativos, lo que da lugar a una *cultura corrupta aceptable:* "A pesar de cometer lo que son delitos reconocibles, la mayoría de las empresas y las personas se perciben a sí mismas como si hubieran actuado de una manera moralmente aceptable"[63]. De hecho, Rusia y China obtienen peores resultados que Alemania: "se encuentran reservas especialmente fuertes y una baja confianza en países como Rusia y China, donde se confía menos en las instituciones, las empresas y las personas en comparación con Alemania"[64].

Para evitar una cultura que favorezca la corrupción y promover la existencia de redes y sistemas de denuncia de irregularidades, hay dos dimensiones que pueden fomentarse. En primer lugar, el *tono desde arriba*: la representación por parte de la figura del directivo de la gestión del cumplimiento es crucial, porque establece el marco fundamental de la cultura de la empresa y sirve para comunicar las normas y los valores. En segundo lugar, *el nexo entre los empleados* y el alto directivo debe basarse en un mensaje de cumplimiento[65]. En términos internacionales, los enfoques legislativos para la denuncia de irregularidades varían considerablemente, pero hay varios puntos en común en los países seleccionados de la investigación.

En primer lugar, la instalación de organizaciones gubernamentales que se ocupan de las denuncias individuales es una tendencia definida.

---

62 BUSSMANN *et al* (2018).
63 BUSSMANN *et al* (2018).
64 BUSSMANN *et al* (2018).
65 BUSSMANN *et al* (2018).

En segundo lugar, para evitar conflictos de intereses, las investigaciones sobre presuntas conductas indebidas y represalias suelen ser realizadas por autoridades distintas. En tercer lugar, sólo en un pequeño número de los países elegidos existen subvenciones públicas para prestar atención psicológica especializada para los denunciantes. En cuarto lugar, la mayoría de los organismos de denuncia de irregularidades realizan inversiones en organizaciones de los sectores público o privado para prevenir conductas indebidas[66].

En cuanto a la *legislación*, hay países que sólo tienen una normativa para el sector público (por ejemplo, Bruselas), mientras que otros tienen la misma para el sector público y el privado (por ejemplo, Irlanda, Francia, Países Bajos, Serbia, Noruega y Reino Unido). Algunos países que tenían un sistema fragmentado en el pasado, han evolucionado hacia un enfoque único "Recientemente, Irlanda y Francia hicieron el cambio de la protección fragmentada de los denunciantes hacia una legislación independiente unificada, que tiene la ventaja de que las medidas de protección y los estatutos de denuncia de irregularidades son los mismos para los denunciantes del sector público y privado"[67]. La mayoría de estas legislaciones abarcan infracciones de la ley, peligro para la salud y la seguridad de las personas y para el medio ambiente; y violaciones de la integridad.

Cabe destacar la creación de *agencias de denuncia de irregularidades*. Su objetivo es apoyar, asesorar e investigar la legislación sobre denuncia de irregularidades en aquellos países que ya la han implantado. El grado de implicación de las agencias difiere, siendo algunas más profesionales que otras: "La Autoridad Holandesa de denuncia de irregularidades va un paso más allá al ayudar también a los empresarios a aplicar la política de denuncia de irregularidades. Además, esta agencia tiene la ambición de operar como un centro de conocimiento y experiencia para la política de denuncia de irregularidades y la gestión de la integridad"[68].

La atención y el asesoramiento psicológicos es otra dimensión que se ha introducido y radica en las repercusiones sobre la salud mental

---

66 LOYENS *et al* (2018).
67 *Ibidem*.
68 *Ibidem*.

que conlleva la ley de denuncia de irregularidades; ya que los empleados pueden ser objeto de represalias, pérdida de empleo. Repercusiones económicas y divulgación pública de sus casos si utilizan canales externos. La aplicación de la ayuda psicológica, todavía no está muy extendida: "los fondos gubernamentales para la atención psicosocial específica de los denunciantes solo están disponibles en los países bajos y en Noruega[69].

Para resumir las tendencias a nivel internacional, existe una gran inclinación a contar con legislaciones independientes que cubran simultáneamente los sectores público y privado, y a crear agencias que tengan sobre todo un papel en la protección de los denunciantes: "las agencias reconocen que la protección de los denunciantes no solo consiste en responder a las demandas de represalias de los denunciantes, sino también investigar y tratar de poner fin a las irregularidades; así como asesorar a los posibles denunciantes sobre su decisión de denunciar"[70].

En otro de los casos se estudió el comportamiento de 27 funcionarios públicos italianos utilizando preguntas abiertas y técnicas narrativas para identificar los comportamientos más típicos que conforman la zona gris. El término *zona gris*, se ha definido como la delgada línea entre denunciar o no denunciar; o en otras palabras: "donde el límite entre el comportamiento aceptable y la mala conducta no está claro"[71]. Hay comportamientos específicos que contribuyen a definir la "zona gris" entre aceptar o no la corrupción y reaccionar ante ella. Todo el acto de denuncia implica: el acontecimiento desencadenante, el momento de la toma de decisiones, el informe de denuncia, las reacciones de las partes externas y el impacto del resultado en las actividades futuras.

Las conclusiones de este estudio de caso son las siguientes: las categorías laborales con más probabilidades de ser corruptas eran las de contable público, los casos más típicos de corrupción eran los casos burocráticos y el patronazgo o clientelismo, y que las características organizativas e individuales tienen un impacto significativo "Cuando

---

69 *Ibidem*.

70 LOYENS *et al.* (2018).

71 TOMO *et al.* (2020).

hay un clima organizativo negativo, repercute en todo el comportamiento de la oficina"[72]. En relación con el último hallazgo mencionado, existe una situación común denominada "ojos cerrados". Lo que esto significa es que, aunque no acepte sobornos, puede darse el caso de que no asista y no haga nada, para preservar su posición dentro de la organización. En conclusión, identificar los patrones más comunes es útil para modificar las políticas y difundir una cultura de denuncia de irregularidades: "para que las organizaciones y los responsables políticos comprendan mejor los comportamientos individuales y mejoren las acciones y políticas para prevenir la corrupción y fomentar la denuncia de irregularidades"[73].

VI. CONCLUSIÓN

Tras revisar y analizar la literatura se han podido extraer varias conclusiones importantes. Por un lado, hay un claro incumplimiento legal relacionado con la mala aplicación del artículo 10 del Convenio Europeo de Derechos Humanos y el artículo 33 de la Convención de las Naciones Unidas contra la Corrupción. Mientras que el primero aborda la vulneración del derecho a la libertad de expresión, esencial para la denuncia de irregularidades, el segundo plantea una definición suficientemente clara sobre los "motivos razonables" que justifican una denuncia.

En cuanto a los factores culturales y motivacionales, queda claro que tanto las características personales (como la moralidad o las creencias) como los valores organizativos tienen un papel crucial. Además, cuando fallan la cultura empresarial o las tradiciones culturales de un país fracasan los sistemas de denuncia le siguen. Conceptos como la rendición de cuentas, la legitimidad y el interés público son esenciales para garantizar transparencia, democracia y derechos humanos. También destacar la distinción entre denunciantes privados y públicos; motivados por incentivos económicos o razones éticas respectivamente. Sin embargo, temas como la influencia del género en la motivación requieren más estudio en el futuro.

---

[72] *Ibidem.*

[73] *Ibidem.*

Desde una perspectiva teórica, conceptos como la *parrhesía* de FOUCAULT refuerzan el derecho de los denunciantes a hablar, priorizando la verdad y la deliberación en las sociedades democráticas. Otras teorías, como la de las señales, el enfoque deóntico o la teoría de la agencia, también aportan marcos útiles para entender las prácticas actuales de denuncia.

Finalmente, el análisis de casos demuestra que la cultura organizativa influye directamente en la transparencia y la tradición de denunciar. Aunque algunos países han avanzado en la creación de agencias y marcos legales unificados, todavía persisten importantes disparidades legislativas. Además, la atención psicológica prestada a los denunciantes es clave debido a los riesgos y represalias que enfrentan. En resumen, es necesario identificar y abordar los factores que fomentan o inhiben la denuncia de irregularidades, mejorando las legislaciones y políticas para construir un sistema más efectivo.

En respuesta al enunciado de la investigación, existen serias dudas sobre la adecuada contextualización y aplicación dela denuncia de irregularidades en las organizaciones y empresas. Para empezar, las legislaciones nacionales aún difieren mucho de las normas establecidas a nivel de la UE, lo que deja al descubierto una de las lagunas del sistema de denuncia de irregularidades. Desde el punto de vista del comportamiento, los valores organizativos, como institución y como actitudes personales de las personas, no se tienen suficientemente en cuenta. Se les debería conceder un papel protagonista, ya que determinan el buen funcionamiento de las empresas.

Como se ha expuesto anteriormente en el documento, una responsabilidad social corporativa ideal seria de gran ayuda para seguir impulsando el cambio en la denuncia de las irregularidades. Por este motivo, sería interesante seguir investigando en ámbitos como los modelos empresariales y su carácter (privado/público) y su posible influencia en la comisión de irregularidades y el fomento de la denuncia por parte de los posibles alertadores. Además, los canales de denuncia deberían ser una estructura fundamental y obligatoria dentro de las organizaciones, no consideradas como algo opcional puesto en marcha por contadas empresas.

La investigación de la dimensión jurídica y los factores relevantes en este ámbito es importante para favorecer el avance de la trasposición de la directiva de la Unión Europea, la protección de los derechos humanos y una aplicación homogénea en diferentes entornos. Contar con un marco jurídico eficaz, garantizará realmente que exista una guía para la acción y no sólo palabras vacías. En este sentido, es necesario analizar hasta qué punto los estados miembros han avanzado en dicha transposición y estudiar los puntos fuertes y débiles de sus leyes y políticas públicas.

VII. BIBLIOGRAFÍA

ADAM, I. & M. FAZEKAS (2021): "Are emerging technologies helping win the fight against corruption? A review of the state of evidence". *Information Economics and Policy*, 57.

ANDERSEN, M. K. (2018): "Why corruption matters in human rights". *Journal of Human Rights Practice*, 10(1) (179-190).

BIERSTAKER, J. L. (2009): "Differences in attitudes about fraud and corruption across cultures: Theory, examples and recommendations". *Cross Cultural Management*, 16(3) (241-250).

BUSSMANN, K., NIEMECZEK, A. & M. VOCKRODT (2018): "Company Culture and Prevention of Corruption in Germany, China and Russia". *European Journal of Criminology*, 15(3) (255-277).

CARR, I. & D. LEWIS (2010): "Combating Corruption through Employment Law and Whistleblower Protection". *Industrial Law Journal*, 39 (1) (52-81).

CEVA, E. & BOCCHIOLA, M. (2019): "Theories of whistleblowing". *Philosophy Compass*, 15(1).

CHORDIYA, R., SABHARWAL, M., RELLY, J. E. & E. M. BERMAN (2020): "Organizational protection for whistleblowers: a cross-national study". *Public Management Review*, 22(4) (527-552).

CLARK, D. R. & B. R. SKOUSEN (2022): "Whistleblowing in entrepreneurial ventures". *Journal of Business Venturing Insights*, 19.

FASTERLING, B. & D. LEWIS (2014): "Leaks, legislation and freedom of speech: How can the law effectively promote public interest whistleblowing". *International Labour Review*, 153(1) (71-92).

FOUCAULT, M. F. (2019): *Discourse and Truth and Parrēsia*. Chicago: The University of Chicago Press.

GORDON, K. & M. MIYAKE, M. (2021): "Business approaches to combating bribery: A study of codes of conduct". *Journal of Business Ethics*, 34 (161-173).

GOTTSCHALK, P. G. & C. ASTING (2020): "Crime Signal Detection Theory: Two case studies of the five-stage model from observer to whistleblower". *Deviant Behavior*, 43(4) 461–471.

GRAYCAR, A. (2015): "Corruption: Classification and analysis". *Policy and Society*, 34 (87-96).

HABERMAS, J. (1981): *The Theory of Communicative Action (Vol. 2)*. Boston: Beacon Press.

HANSSON, L. (2017): "The private whistleblower: Defining a new role in the Public Procurement System". *Business and Politics*, 14(2) (1-26).

KUMAR, M. (2017): "A justification of whistleblowing". *Philosophy and Social Criticism*, 43(7) (669-684).

LOYENS, K. & W. VANDEKERCKHOVE (2018): "Whistleblowing from an international perspective: A comparative analysis of institutional arrangements". *Administrative Sciences*, 8(3) (1-16).

MARIN BUSHNELL, A. (2020): "Reframing the whistleblower in research: Truth-tellers as whistleblowers in changing cultural contexts". *Sociology Compass*, 14(8).

MECHTENBERG, L., MUEHLHEUSSER, G. & A. ROIDER (2020): "Whistleblower protection: Theory and experimental evidence". *European Economic Review*, 126.

NAHEEM, M. A. (2018): "FIFA - highlighting the links between global banking and international money laundering". *Journal of Money Laundering Control*, 21(4) (498-512).

NIOCHOLLS, A. R., FAIRS, L. R. W., TONER, J., MANTIS, C. & V. BARKOUKIS (2021): Snitches get stitches and end up in ditches: A systematic review of the factors associated with whistleblowing intentions. *Frontiers in Psychology*, 12 (1-20).

OECD, UNODC & WORLD BANK (2013): *Anti-corruption Ethics and Compliance Handbook for Business*. OECD: Paris.

BARDE, P. V. (2021): "Whistleblowing Mechanism: A Positive Step towards Enhancing Corporate Governance". *International Journal of Law Management & Humanities*, 4(1) (1613-1636).

PREVITALI, P. & P. CERCHIELLO (2018): "The determinants of whistleblowing in public administrations: An analysis conducted in Italian health organizations, universities, and municipalities". *Management Review*, 20(11) (1683-1701).

PREVITALI, P. & P. CERCHIELLO (2021): "Organizational determinants of whistleblowing: A study of Italian Municipalities". *Public Organization Review*, 22 (903-918).

PRYSMAKOVA, P. & M. D. EVANS (2020): "Whistleblowing motivation and gender: Vignette-based study in a local government". *Review of Public Personnel Administration*, 42(7) (1-41).

QUAYLE, A. (2021): "Whistleblowing and accounting for the public interest: A call for new directions". *Accounting, Auditing & Accountability Journal*, 34(7) (1555-1580).

ROTHSCHILD, J. (2013): The fate of whistleblowers in nonprofit organizations. *Nonprofit and Voluntary Sector Quarterly*, 42(5) (886-901).

STACK, G. (2015): "Shell companies, Latvian-type correspondent banking, money laundering and illicit financial flows from Russia and the former Soviet Union". *Journal of Money Laundering Control*, 18(4) (496-512).

STAPPERS, J. T. (2021): "EU Whistleblower Protection Directive: Europe on whistleblowing". *ERA Fórum*, 22 (87-100).

SU, S. (2020): "Why so few acting whistleblowers? Impacts of institutional anticorruption". *Governance*, 33(2) (227-247).

SU, X. & X. NI (2018): "Citizens on patrol: Understanding public whistleblowing against government corruption". *Journal of Public Administration Research and Theory*, 28 (3) (406-422).

SWEILEH, W. M. (2020): "Bibliometric analysis of scientific publications on 'Sustainable development goals' with emphasis on 'good health and well-being' goal (2015-2019). *Globalization and Health*, 16(1).

TEICHMANN, F. M. J. (2019): "Incentive systems in anti-bribery whistleblowing". *Journal of Financial Crime*, 26(2) (519-525).

TOMO, A., NITO, E. D., CANONICO, P., MANGIA, G. & S. CONSIGLIO (2020): "Stories of grey zone between corruption and whistleblowing: Insights from the Italian Public Administration". *Meditari Accountancy Research*, 28(6).

VANDEKERCKHOVE, W. & D. LEWIS (2011): "The content of whistleblowing procedures: A critical review of recent official guidelines". *SSRN*.

WEISKOPF, R. (2021): "Disorganising visibilities: Governmentalisation and counter-transparency". *Organization*, 30(2) (326-344).

PARTE II: CORRUPCIÓN

PROTECCIÓN DE INTERESES FINANCIEROS EN LAS INSTITUCIONES DE LA UNIÓN EUROPEA: DENUNCIA E INVESTIGACIÓN

Anna Fiodorova[1]

Profesora Titular de Universidad
Área de Derecho Procesal
Universidad Carlos III[2/3]

I. INTRODUCCIÓN

El sistema de alertadores tiene por finalidad romper la "cultura de silencio"[4] interno sobre las infracciones legales que supuestamente ocurren en una u otra empresa privada o entidad pública y que repercuten en los intereses públicos.

La Unión Europea (en lo sucesivo, la UE) desde hace años empezó a actuar y a tomar medidas puntuales para facilitar las denuncias y proteger a los alertadores[5], pero no fue hasta el año 2019 cuando se

---

1 ORCID 0000-0002-6445-0161.

2 Universidad Carlos III de Madrid, ROR: *https://ror.org/03ths8210*, Departamento del Derecho penal, Procesal e Historia del Derecho, Calle Madrid 126, 28903 Getafe (Madrid).

3 Universidad Carlos III de Madrid, ROR: *https://ror.org/03ths8210*, Instituto de Justicia y Litigación "Alonso Martínez", Calle Madrid 126, 28903 Getafe (Madrid).

4 EUROPEAN PARLIAMENTARY RESEARCH SERVICE (2024a: 1).

5 Como, por ejemplo, la Directiva 2009/16/CE del Parlamento Europeo y del Consejo, de 23 de abril de 2009, *sobre el control de los buques por el Estado rector del puerto* (DO L 131, 28.5.2009, p. 57), que entre otras denuncias se refiere a las denuncias del capitán o de la tripulación del buque que pueden dar lugar a una inspección por el Estado rector del puerto fuera del período habitual.
Entre otros ámbitos también se podrían mencionar el sector de servicios financieros, el del abuso de mercado o seguridad de la aviación civil. Véanse, ABRIL MARTÍNEZ (2020: 57-62) y GONZÁLEZ ALONSO (2022: 97). El mismo autor afirma que "las normas específicas de protección de esta directiva dejan a sal-

aprobó la Directiva 2019/1937 del Parlamento Europeo y del Consejo, de 23 de octubre de 2019, relativa a la protección de las personas que informen sobre infracciones del Derecho de la Unión[6], cuyo ámbito de aplicación material abarca 12 áreas, entre las que se incluyen las infracciones que afecten a los intereses financieros de la UE[7].

Las instituciones de la UE han sido un plató con gran repercusión social y mediática para algunos denunciantes, como Frances Haugen, que reveló las irregularidades en la protección de los datos personales de usuarios de la red social Facebook, o Mark MacGann, que informó del *lobby* ilegal de Uber, que perjudica los derechos de los trabajadores[8].

A pesar de tener una naturaleza bastante omnicomprensiva, la Directiva 2019/1937 no incluye en su ámbito de aplicación a las personas denunciantes que pertenecen a las instituciones de la UE[9], en cuyo

---

vo las normas específicas de denuncia de infracciones contenidas en algunos de esos ámbitos materiales citados y recogidos en otras directivas ya aprobadas y en vigor, tales como algunos actos comunitarios en materia de servicios financieros, prevención del blanqueo de capitales y la financiación del terrorismo, seguridad del transporte y protección del medio ambiente" (*Ibidem*: 99).

6 DOUE L 305, 26.11.2019, pp. 17-56. Como señala VILLORIA MENDIETA, "aunque la Directiva se titula como de protección a las personas que informen sobre infracciones del Derecho de la Unión, el objetivo es doble, por una parte, el de protección de la aplicación del derecho de la Unión o el aseguramiento del Estado de Derecho en la UE, por otra, la protección a los informadores" [VILLORIA MENDIETA (2021: 17)].

7 Otros ámbitos enumerados en el artículo 2 son las infracciones relativas a: el mercado interior; la contratación pública; los servicios, productos y mercados financieros, la prevención del blanqueo de capitales y la financiación del terrorismo; la seguridad nuclear, de los productos, del transporte, de los alimentos y los piensos; la sanidad animal y bienestar de los animales; la protección del medio ambiente, frente a las radiaciones, de los consumidores, de la privacidad y de los datos personales, y seguridad de las redes y los sistemas de información; y la salud pública.

8 Véanse PARLAMENTO EUROPEO (2021), APELBLAT (2022) y SÉNECAT (2023). Cabe destacar que en la última década se observa un incremento de gastos en el sector del lobby, sobre todo de las grandes compañías internacionales y *"big tech"*. Véase EUROPEAN PARLIAMENTARY RESEARCH SERVICE (2024b: 1).

9 Tampoco se podría emplear a las instituciones europeas por su naturaleza jurídica de acto legislativo no aplicable directamente, sino a través de la trasposición nacional.

funcionamiento el interés público está más que presente, sobre todo, en relación con la protección de sus intereses financieros. A pesar de esta omisión, el tema dentro de las instituciones de la UE no pierde actualidad, porque allí también había casos de gran repercusión, relacionados con la corrupción o la malversación de los presupuestos.

Muchos conocen el caso de *Qatargate,* en el que están supuestamente implicados miembros del Parlamento Europeo (MPEs), actuales y anteriores, y sus asistentes, en la promoción de decisiones a favor de Qatar y Marruecos. La supuesta trama de corrupción, que incluye la imputación de delitos de corrupción, blanqueo de capitales y pertenencia a la organización criminal[10], salió a la luz el 9 de diciembre de 2022 con la detención de algunos de los supuestos autores, así como con los registros que resultaron en la incautación de casi un millón de euros en efectivo[11].

Junto con este caso, también afloraron supuestas irregularidades en la gestión de las dietas otorgadas a los MPEs, que aparentemente no serían un caso aislado.

El Parlamento Europeo no ha sido la única excepción, sino que otras instituciones, órganos e organismos de la UE también han sufrido hechos sujetos a investigación. Así, por ejemplo, en 2023 "[l]a Fiscalía Europea también investigó el soborno de un funcionario a cambio de influir en una investigación en curso de la Fiscalía Europea"[12].

Probablemente como consecuencia de este tipo de noticias, desde la perspectiva social, la percepción de transparencia e independencia de las instituciones de la UE por los ciudadanos europeos es baja[13].

---

10 Véanse, por ejemplo, LEDROIT (2024) o Resolución del Parlamento Europeo, de 15 de diciembre de 2022, *sobre las sospechas de corrupción en relación con Qatar y la necesidad de aumentar la transparencia y la rendición de cuentas en las instituciones europeas.*

11 Como los supuestos hechos se produjeron en Bélgica, el proceso se lleva a cabo por las autoridades competentes belgas. No obstante, debido a la nacionalidad de los presuntos implicados, las actuaciones también se realizan en Grecia e Italia. A la hora de realizar este estudio, se ha suspendido la inmunidad de tres MPE y sigue abierta la investigación.

12 FISCALÍA EUROPEA (2024:63). En el mismo informe se indica que el 3% de las investigaciones realizadas en 2023 fueron sobre corrupción activa y pasiva de funcionarios nacionales y de la UE y el 1,5% sobre malversaciones supuestamente cometidas por las mismas categorías de personas. *Ibidem* 63-64.

13 Véase EUROPEAN PARLIAMENTARY RESEARCH SERVICE (2024: 2).

Todos estos sucesos nos han incitado a llevar a cabo un análisis más profundo sobre el procedimiento de denuncia de infracciones en las instituciones de la UE en relación con la protección de los intereses financieros de la UE. Así, en las próximas páginas de este estudio analizaremos el sistema de denuncias aplicable a las instituciones de la UE, así como la investigación de los hechos denunciados.

II. INTERESES FINANCIEROS DE LA UNIÓN EUROPEA

La definición de los intereses financieros de la UE figura en diferentes actos legislativos europeos y su contenido no difiere mucho. En el marco de este estudio optamos por la definición utilizada por RUEDA NEGRI[14] y reflejada en la Directiva (UE) 2017/1371 del Parlamento Europeo y del Consejo, de 5 de julio de 2017, *sobre la lucha contra el fraude que afecta a los intereses financieros de la Unión a través del Derecho Penal*[15], donde los intereses de la UE se entienden como "[t] odos los ingresos, gastos y activos cubiertos por, adquiridos a través de, o adeudados a: i) el presupuesto de la Unión, ii) los presupuestos de las instituciones, órganos y organismos de la Unión creados de conformidad con los Tratados, u otros presupuestos gestionados y controlados directa o indirectamente por ellos"[16].

Para visualizar mejor el alcance de los intereses financieros de la UE, nos apoyaremos en algunas cifras. Así, en el presupuesto de la UE para 2023 había previsto 182.667 millones de euros de compromisos y 168.600 millones de euros de pago[17]. En el mismo año se denuncia-

---

14 Véase RUEDA NEGRI (2021:175).

15 DOUE L 198, 28.7.2017, pp. 29-41.

16 Definiciones muy parecidas se pueden encontrar en el Reglamento (UE) 2017/1939 del Consejo, de 12 de octubre de 2017, *por el que se establece una cooperación reforzada para la creación de la Fiscalía Europea* (DOUE L 283, 31.10.2017, pp. 1-71) y en el Reglamento 883/2013 (UE, EURATOM) N.º 883/2013 del Parlamento Europeo y del Consejo, de 11 de septiembre de 2013, *relativo a las investigaciones efectuadas por la Oficina Europea de Lucha contra el Fraude (OLAF) y por el que se deroga el Reglamento (CE) n o 1073/1999 del Parlamento Europeo y del Consejo y el Reglamento (Euratom) n o 1074/1999 del Consejo* (DOUE L 248, 18.9.2013, pp. 1-22), donde la diferencia más significativa es la referencia a la supervisión en vez de al control directo o indirecto de los presupuestos.

17 DOUE L58, 23.2.2023, p. 14.

ron 13 563 irregularidades relacionadas con los intereses financieros de la UE (fraudulentos o no), por la cantidad total de 1,9 billones de euros, lo que equivale a un aumento del 4,6 % en comparación con la cantidad denunciada en 2022[18].

Como en el caso de la administración estatal, en las instituciones de la UE los intereses financieros pueden peligrar tanto por infracciones administrativas como penales[19], sobre todo, por posible fraude o corrupción[20]. En relación con esta última, se trataría de corrupción pasiva, que se entiende como "la acción de un funcionario que, directamente o a través de un intermediario, pida o reciba ventajas de cualquier tipo, para él o para terceros, o acepte la promesa de una ventaja, a fin de que actúe, o se abstenga de actuar, de acuerdo con su deber o en el ejercicio de sus funciones, de modo que perjudique o pueda perjudicar los intereses financieros de la Unión."[21]

III. MARCO NORMATIVO APLICABLE A LOS ALERTADORES EN LAS INSTITUCIONES DE LA UE

1. *Directiva 2019/1937/UE*

El marco regulador actual de los alertadores, así como de su protección, "promueve una cultura en la que no se penalice la denuncia

---

18 EUROPEAN COMMISSION (2023: 6).

19 Véase el considerando 3 de la Directiva 2019/1937/UE.

20 El considerando 15 de la Directiva 2017/1371/UE también destaca la lucha contra el fraude y la corrupción entre las actividades ilegales contra los intereses financieros.

21 Cabe señalar que el 3 de mayo de 2023 la Comisión Europea presentó la Propuesta de directiva del Parlamento Europeo y del Consejo sobre la lucha contra la corrupción, por la que se sustituyen la Decisión Marco 2003/568/JAI del Consejo y el Convenio relativo a la lucha contra los actos de corrupción en los que estén implicados funcionarios de las Comunidades Europeas o de los Estados miembros de la Unión Europea, y por la que se modifica la Directiva (UE) 2017/1371 del Parlamento Europeo y del Consejo (COM(2023) 234 final). La Propuesta incluye medidas de prevención de la corrupción, así como normas mínimas de armonización penal sustantiva sobre cohecho y soborno, malversación y apropiación indebida, tráfico de influencias, abuso en el ejercicio de funciones, obstrucción a la justicia y enriquecimiento por delitos de corrupción. Véase, por ejemplo, EUROPEAN COMMISSION (2023: 11).

y en la que la divulgación de información de interés público aumente la transparencia, mejore la integridad y garantice la responsabilidad pública"[22] y, como resume RODRÍGUEZ-GARCÍA, genera "escenarios favorables a la colaboración"[23].

La relación de la Directiva 2019/1937 con las instituciones de la UE tiene una doble vertiente.

Por un lado, los denunciantes, entendidos en el marco del artículo 4, pueden denunciar ante las instituciones, órganos y organismos de la UE. Como ejemplo de tal acción, en el considerando 35 se menciona el "fraude al presupuesto de la Unión". En este caso, la denuncia se entenderá como exterior, al denunciante se le concederá la protección prevista en esta norma (artículo 6.4) y el tratamiento de sus datos personales se regirá por el Reglamento (UE) 2018/1725 del Parlamento Europeo y del Consejo, de 23 de octubre de 2018, relativo a la protección de las personas físicas en lo que respecta al tratamiento de datos personales por las instituciones, órganos y organismos de la Unión, y a la libre circulación de esos datos, y por el que se derogan el Reglamento (CE) n.º 45/2001 y la Decisión n.º 1247/2002/CE[24].

Por otro lado, el ámbito de aplicación personal de la Directiva 2019/1937 abarca tanto el sector privado como el público, "incluidos funcionarios y empleados de la administración pública, accionistas, directivos, autónomos, voluntarios, becarios remunerados o no, subcontratistas y proveedores"[25]. Desde el punto de vista temporal-lineal, se trata tanto de las personas que actualmente desempeñan sus funciones laborales (a tiempo parcial o completo), como de las personas cuya relación laboral ya ha terminado o todavía no ha comenzado, pero que está en fase de selección o negociación contractual.

---

22 EUROPEAN PARLIAMENTARY RESEARCH SERVICE (2024a: 1).

23 RODRÍGUEZ-GARCÍA (2024: 9). El mismo autor comenta que "en esta Directiva encontramos positivizada la preocupación europea por proteger a los denunciantes que con su comportamiento ayudan a prevenir y detectar la corrupción y otras infracciones del Derecho comunitario, como una expresión pertinente de las políticas generalizadas de transparencia y rendición de cuentas". *Ibidem* 11.

24 DOUE L 295, 21.11.2018, pp. 39-98.

25 *Ibidem* 5.

Ahora bien, el artículo 4 de la Directiva 2019/1937/UE, al abordar el ámbito subjetivo de aplicación, se refiere "a los denunciantes que trabajen en el sector privado o público"[26], pero no menciona directamente las personas vinculadas con una relación laboral con las instituciones de la UE.

Además, el considerando 23 prevé que "La presente Directiva debe aplicarse cuando los funcionarios y otros agentes de la Unión informen sobre infracciones que sucedan en un contexto laboral al margen de su relación laboral con las instituciones, órganos u organismos de la Unión", aunque el procedimiento de denuncia se regulará por el Estatuto de los funcionarios y régimen aplicable a los otros agentes de la Comunidad Económica Europea y de la Comunidad Europea de la Energía Atómica[27] (en adelante, Estatuto de los funcionarios).

2. *Estatuto de los funcionarios*

Las normas sobre denuncias de las actividades supuestamente ilegales dentro de las instituciones de la UE se introdujeron el Estatuto de los funcionarios en 2004 a través de los artículos 22 bis y 22 ter[28].

---

26 Cabe señalar que la Directiva 2019/1937/UE tiene la naturaleza de *lex generalis* en relación con las *lex especialis* enumeradas en la parte II de su anexo en los ámbitos de los servicios financieros, la prevención del blanqueo de capitales y la financiación del terrorismo, la seguridad del transporte y la protección del medio ambiente.

27 DOCE P 045, 14.6.1962, pp. 1385-1459.

28 DOUE L 124, 27.4.2004, pp. 1-118.
Cabe destacar que, con las modificaciones de los años 2004 y 2013, se establecen dos sistemas: *(a)* Denuncia de las actividades supuestamente ilegales que perjudican los interese de la UE (artículos 22 bis y 22 ter, que se analicen con detalles en este estudio). *(b)* Comunicación sobre la irregularidad de las órdenes recibidos u órdenes cuya ejecución puede provocar graves inconvenientes (artículo 21 bis). En este caso, se comunica tal situación al superior jerárquico oralmente o por escrito. Si se confirma la orden y el funcionario sigue pensando que la orden es irregular o su ejecución puede provocar graves inconvenientes, informará por escrito a la siguiente autoridad jerárquica (superior) y, si la orden se confirma por escrito, tendrá que cumplirla, salvo contradicción obvia con la legalidad o las normas de seguridad.
La modificación aprobada en 2013 (Reglamento (UE, Euratom) n.º 1023/2013 del Parlamento Europeo y del Consejo, de 22 de octubre de 2013, por el que se modifica el Estatuto de los funcionarios de la Unión Europea y el régimen apli-

Como explica el Servicio de Investigación del Parlamento Europeo, para activar el sistema de denuncias previsto en estos artículos, "no es necesario que el personal de la UE y otros agentes se vean directamente afectados por la acción sobre la que desean informar"[29].

El primer párrafo del artículo 22 bis prevé que, teniendo conocimiento sobre una posible actividad ilegal (y se resalta sobre todo el fraude y la corrupción), el funcionario tiene que informar por escrito a su "superior jerárquico o a su Director General, o, si juzga oportuno, al Secretario General, o las personas de rango equivalente, o directamente a la Oficina Europea de Lucha contra el Fraude" (en lo sucesivo, OLAF). Se pueden denunciar tanto los hechos cometidos por un funcionario, como por un miembro de alguna institución, o por personas que están o prestan servicios a alguna institución de la UE[30]. El artículo 22 ter también prevé la posibilidad de denunciar ante los Presidentes de la Comisión, del Tribunal de Cuentas, del Consejo, del Parlamento Europeo o ante el Defensor del Pueblo Europeo, previa denuncia ante la institución donde desempeña sus funciones o ante la OLAF, cuando estas entidades no haya tomado medidas y no hayan informado al denunciante en el plazo de 60 días[31]. Este último requisito no se aplicará si no resulta razonable debido a las peculiaridades del caso.

Si la denuncia es interna, la persona que la recibió tiene que informar inmediatamente a la OLAF[32]. En este caso se utiliza la forma

---

cable a los otros agentes de la Unión Europea, DOUE L 287, 29.10.2013, pp. 15-62) introduce una disposición sobre cierta protección de los funcionarios que presentaron tal comunicación, pero que se limita a afirmar que tal persona "no se verá perjudicado en forma alguna por dicho motivo".

29 EUROPEAN PARLIAMENTARY RESEARCH SERVICE (2024: 6).

30 El artículo 1 bis define como funcionario de la UE a las personas nombradas en conformidad con las condiciones previstas en el Estatuto de los Funcionarios "para un puesto de trabajo permanente en una de las instituciones de la Unión, mediante un acto escrito de la autoridad facultada para proceder a los nombramientos de dicha institución". No obstante, no prevé la definición de otros agentes.

31 Las Directrices sobre procedimientos de investigación para el personal de la OLAF de 11 de octubre de 2021 prevén que "cuando la fuente sea un denunciante de irregularidades, la Unidad de Selección de Operaciones e Investigaciones le informará, en un plazo de 60 días, del tiempo necesario para adoptar las medidas adecuadas previstas en la letra b) del apartado 1 del artículo 22 ter del Estatuto".

32 La misma obligación se reitera en el artículo 3 del Reglamento 883/2013 (UE, EURATOM).

"informará", por lo que se trata de una obligación de notificar a la OLAF tal conducta.

Comparando el contenido de la Directiva 2019/1937/UE y del Estatuto de los Funcionarios, este último afecta solamente a las denuncias de personas que tienen una actividad laboral formalizada, excluyendo por lo tanto a aquellas cuya relación laboral con las instituciones ya ha terminado o todavía no ha empezado formalmente, pero están en fase de contratación[33].

Sin embargo, creemos que la norma se debería centrar en el posible conocimiento de las supuestas infracciones legales que perjudican el interés público y no en el vínculo laboral *stricto sensu*. Esta es la línea de interpretación que sigue la normativa del Consejo de Europa y la jurisprudencia del Tribunal Europeo de Derechos Humanos (TEDH). Así, por ejemplo, la Recomendación CM/Rec (2014)7 del Comité de Ministros del Consejo de Europa, de 30 de abril de 2014, sobre la protección de los denunciantes de irregularidades[34], se refiere a los denunciantes como a las personas cuya "relación laboral", según uno de los principios destacados en la misma recomendación, pueda estar en vigor, o bien ser anterior o futura[35]. Por su parte, el TEDH, en su sentencia *Halet vs Luxemburgo*, también reiteró la misma idea[36].

---

33 Los ex funcionarios y agentes se mencionan en el artículo 19 del Estatuto de los Funcionarios, donde se prohíbe revelar en un procedimiento judicial información recibida en el desempeño de sus funciones sin autorización de la autoridad responsable de los nombramientos en una u otra institución.
Sobre el ámbito subjetivo de la Directiva 2019/1937, además del artículo 4 de la normativa, véase MARTÍNEZ SALDAÑA (2020: 38-39).

34 La Recomendación CM/Rec (2014)7 contiene 29 principios para guiar a los legisladores de los Estados parte a la hora de elaborar normas nacionales sobre la protección de los denunciantes. Los principios 3-6 se refieren al ámbito personal de los *whistleblowers* y el principio 4 hace una referencia directa a las personas cuya relación laboral se ha terminado. Véase más detalles en LAN YURTTAGUL (2021: 88-89).

35 En la Exposición de motivos de la Recomendación CM/Rec (2014)7 se señala que "es la relación laboral de facto del denunciante, y no su estatuto jurídico específico (como el de empleado), lo que confiere a una persona un acceso privilegiado al conocimiento de la amenaza o el perjuicio para el interés público. Además, entre los Estados miembros, la descripción jurídica de las personas empleadas o en activo puede variar y, de la misma manera, sus consiguientes derechos y obligaciones".

36 El párrafo 119 de la sentencia señala que "[...] el Tribunal considera que lo decisivo es la relación laboral de hecho del denunciante, y no su estatuto jurídico específico (como el de empleado)".

Por otra parte, en el Estatuto de los Funcionarios queda (o quedaba) fuera de la regulación algunas personas que *de facto* tienen un vínculo estrecho con las instituciones, órganos y organismos de la Unión.

Por ejemplo, durante años los asistentes acreditados del Parlamento (APA, por sus siglas en inglés) han estado excluidos del ámbito de aplicación de las reglas internas del Parlamento Europeo que implementan el artículo 22 ter del Estatuto de los Funcionarios. La situación cambió con la modificación de dichas reglas internas en 2023[37]. No obstante, los asistentes acreditados del Parlamento siguen sin poder beneficiarse de algunas medidas de protección de los alertadores, debido a su nombramiento y asistencia a un MEP concreto, por lo que existen pocas posibilidades para su traslado a otro puesto como pedida de protección de alertador[38]. Como explicó el Parlamento Europeo, "Dado que son 'elegidos por uno o varios diputados', no pueden ser trasladados a otro puesto del Parlamento Europeo por decisión de la administración. El Parlamento no puede modificarlo unilateralmente, ya que se trata de una exigencia legislativa. No obstante, existen otras formas de asistencia adaptadas a los APA"[39].

También tienen el régimen diferente los expertos nacionales destacados (END) que desempeñan funciones dentro de las instituciones de la UE. Esta cuestión fue tratada por el Defensor del Pueblo Europeo en 2019, como resultado de una denuncia contra el Servicio Europeo de Acción Exterior (en lo sucesivo, SEAE). La denuncia fue presentada por una persona que desempeñaba sus funciones en una misión civil con el estatus de END (no funcionario *stricto sensu*), que puso en conocimiento de sus superiores un caso de supuesta corrupción en la sede del SEAE. Un par de meses después se anunció la convocatoria al puesto de trabajo que él estaba ocupando. Se dirigió a sus superiores solicitando la protección del *whistleblower*. Al denunciante no se le aplica en este caso el Estatuto de los Funcionarios, sino "procedimientos operativos estándar de la misión y el Defenso del Pueblo Europeo reconoció que las normas de ambos regímenes son similares"[40].

---

37 Véase EUROPEAN PARLIAMENTARY RESEARCH SERVICE (2024c: 13).

38 Véase EUROPEAN COURT OF AUDITORS (2019: 22).

39 *Ibidem*: 59.

40 DEFENSOR DEL PUEBLO EUROPEO (2020).

Nos parece extraña la aplicación de dobles estándares en relación con estas personas, ya que cuando se trata de denuncias, se les aplica un régimen jurídico diferente al Estatuto de los Funcionarios. No obstante, cuando se trata de responsabilidad, el artículo 22 bis del Estatuto de los Funcionarios prevé que se puede denunciar además de a los funcionarios y otros agentes, también a "un miembro de alguna institución o de cualquier otra persona que esté al servicio de una institución o que preste servicios por cuenta de la misma".

Siguiendo con la comparación de ambas normas, si en el caso de la Directiva 2019/1937/UE la denuncia interna como no es un requisito previo obligatorio para poder interponer una denuncia externa[41], el en caso del Estatuto de los Funcionarios la cuestión no está tan clara. Aunque a primera vista puede parecer que, en lugar de una denuncia ante los superiores jerárquicos (denuncia interna), el denunciante puede presentar directamente una denuncia ante la OLAF, el artículo 4 del Reglamento 883/2013 denomina a las investigaciones administrativas dentro de las instituciones, órganos y organismos de la UE "investigaciones internas"[42].

---

41 Según el artículo 10, el canal externo de denuncia se puede utilizar tanto con denuncia interna previa como sin ella, aunque es verdad que el artículo 7 prevé que la denuncia interna sería un "principio general". Como se explica por el Servicio de Investigación del Parlamento Europeo, "este enfoque gradual de la información se apoyaba en el argumento de que la organización afectada debería haber tenido la posibilidad de reaccionar y hacer frente al daño a la reputación, ya que es la más cercana al origen del problema y la más capacitada para abordarlo". EUROPEAN PARLIAMENTARY RESEARCH SERVICE (2024a: 7). Véanse también ABRIL MARTÍNEZ (2020: 66-67), BACHMAIER WINTER y MARTÍNEZ SANTOS (2019: 517), GONZÁLEZ ALONSO (2022: 99) y Exposición de motivos de la Recomendación CM/Rec (2014)7, p. 31.
La denuncia interna debería aplicarse como un principio general (pero no obligatorio) para que una entidad pueda tomar medidas desde su propia organización, para la "definición de la estrategia corporativa", para la aportación de explicaciones sobre las cuestiones controvertidos, hasta el esclarecimiento de los hechos, las infracciones, la imposición de las sanciones y la protección de los intereses económicos y reputación, así como el diseño de las estrategias procesales. Véase, RODRÍGUEZ-GARCÍA (2023: 206).

42 A diferencia de las investigaciones internas, el artículo 3 del Reglamento 883/2013 se refiere a las investigaciones externas como controles y verificaciones en los Estados miembros, terceros países y organizaciones internacionales que,

Consideramos que se pueden dar casos en los que el denunciante tiene conocimiento de una trama organizada, en los que la denuncia interna no llevaría a ningún resultado, sino que daría tiempo a destruir las pruebas, por lo que la flexibilidad prevista en la Directiva podría ayudar en estos supuestos.

Si la Directiva 2019/1937/UE y la Recomendación CM Rec(2014) 7 aluden a tres canales de denuncia (interno, externo y público)[43], la redacción del Estatuto de los Funcionarios no es tan explícita en esta cuestión. Podríamos asimilar al concepto "externo" a la posibilidad prevista en el artículo 22 ter del Estatuto de denunciar ante los Presidentes de la Comisión, del Tribunal de Cuentas, del Consejo, del Parlamento Europeo o ante el Defensor del Pueblo Europeo después de utilizar otras vías, que acabamos considerar como vías internas. Como podemos observar, la denuncia externa se puede interponer ante una lista cerrada de entidades. De hecho, se puede intuir que la lista no ha sido actualizada recientemente, porque no hace ninguna referencia a la denuncia ante la Fiscalía Europea, un órgano que, como vamos a ver a continuación, tiene competencias de investigación penal contra los funcionarios de la UE cuando estos comenten algún presunto delito contra los intereses financieros de la Unión.

En ningún momento encontramos ninguna referencia a la divulgación pública a través de cualquier medio, como podrían ser los medios de comunicación. De hecho, el artículo 17 del Estatuto de los Funcionarios impone a los funcionarios y ex funcionarios la obligación de no difundir "sin autorización cualquier información que haya recibido con ocasión de sus funciones, salvo que dicha información se haya hecho ya pública o sea de acceso público".

---

manteniendo la independencia, actúan en el nombre de la Comisión Europea, que tiene encomendada la protección de los intereses financieros de la UE.

43 Véanse LAN YURTTAGUL (2021: 92) y BACHMAIER WINTER y MARTÍNEZ SANTOS (2019: 517) sobre el análisis de los canales y alertas previstas en la Recomendación CM Rec(2014) 7, quienes explican que "se contemplan tres clases de canales: para alertar a la propia organización, para alertar a las autoridades (reguladores, policía, fiscalía, organismos de supervisión) e, incluso, para alertar al público en general (a través, por ejemplo, de un periodista o de un representante político". En cuanto a la denuncia pública, el artículo 15 de la Directiva impone algunas restricciones.

En cuanto a la forma de la denuncia, también observamos ciertas limitaciones, porque el Estatuto de los Funcionarios solamente se refiere a la denuncia escrita. Probablemente se podría justificar por la aspiración a su mayor trazabilidad y mayor compromiso de investigarla que una denuncia oral. Como un argumento a favor de esta exigencia, también se podría considerar que al denunciante le puede resultar más fácil demostrar que ha interpuesto la denuncia, sobre todo si la denuncia interna es un requisito previo necesario antes de la denuncia externa. Como algún punto débil podríamos señalar que esa misma trazabilidad puede perjudicar la seguridad y la confidencialidad de la información, así como los datos personales del denunciante ante un acceso indebido.

En general, las disposiciones del Estatuto de los Funcionarios son bastante lacónicas en relación con los denunciantes. Así, el artículo 22 quater se limita a imponer a las instituciones de la UE la obligación de establecer el procedimiento interno (entendemos que más detallado) de examen de las denuncias, obligación que han cumplido todas ellas[44].

En la siguiente tabla presentamos el resumen de las diferencias anteriormente analizadas.

Tabla I. Comparación de la regulación de ciertos aspectos de las denuncias de la Directiva 2019/1937 y el Estatuto de los Funcionarios.

	Directiva 2019/1937	Estatuto de los Funcionarios
OBJETO	No es necesaria la afectación directa al denunciante	
RELACIÓN LABORAL	Entendimiento amplio	Solamente personas con los contratos laborales en vigor
CANAL PRIORITARIO	Interno no obligatorio	Interno obligatorio
FORMA	No establece una forma obligatoria	Escrita

Para finalizar el análisis del Estatuto de los Funcionarios, deberíamos puntualizar que entre la aprobación de sus modificaciones relacionadas con las denuncias y la aprobación de la Directiva

44 Veáse EUROPEAN COURT OF AUDITORS (2019: 14-16).

2019/1937/UE pasaron quince años y obviamente podemos encontrar discrepancias. La Resolución del Parlamento Europeo, de 16 de febrero de 2023, sobre la creación de un órgano independiente de la Unión encargado de las cuestiones éticas[45], hizo un llamamiento a eliminar esta disparidad y a actualizar la normativa aplicable a los funcionarios de la UE, así como a crear un órgano interinstitucional de normas éticas.

IV. INVESTIGACIÓN DE INFRACCIONES CONTRA LOS INTERESES FINANCIEROS DE LA UE COMETIDAS EN LAS INSTITUCIONES DE LA UE

Como es sabido, si una infracción de la naturaleza penal contra los intereses financieros de la UE se ha cometido en un Estado miembro de la UE, la investigación se llevará a cabo o por las autoridades competentes nacionales, o por la Fiscalía Europea en los supuestos previstos en los artículos 22 y 25 del Reglamento (UE) 2017/1939, es decir, el fraude de los intereses financieros de la UE previstos en el artículo 3 de la Directiva (UE) 2017/1371[46], cuando *(i)* los perjuicios relacionados con el fraude de IVA superen 10 millones de euros y *(ii)* los perjuicios de otros delitos contra intereses financieros de la UE superen 10 000 euros, salvo casos de gran repercusión.

Además de estas entidades, la competencia de investigación de las infracciones administrativas contra los intereses financieros de la UE sigue recayendo sobre la OLAF[47].

---

45 Disponible en *https://www.europarl.europa.eu/doceo/document/TA-9-2023-0055_ES.html.*

46 "[...] delitos PIF en materia de gastos relacionados con los contratos públicos, los ingresos procedentes de los recursos propios del IVA, la malversación o retención injustificada de fondos o activos o disminución ilegal del presupuesto de la UE, los presupuestos administrados por ella o en su nombre y también sobre el blanqueo de capitales, la corrupción activa o pasiva y la malversación vinculados con los delitos anteriormente mencionados." FIODOROVA (2020:206). Véanse también ARMENTA DEU (2021:146-148) y GÓMEZ COLOMER (2021:183-187, 223-229).

47 Véase EUROPEAN COMMISSION, "Report from the Commission to the Council and the European Parliament. 35th Annual Report on the Protection of the European Union's financial interests and the Fight against fraud", 2023, p. 19.

El artículo 129 del Reglamento (UE, Euroatom) 2024/22509 del Parlamento Europeo y del Consejo, de 23 de septiembre de 2024, sobre las normas financieras aplicables al presupuesto general de la Unión[48] prevé la obligación de las personas y entidades que reciben los fondos de la UE de conceder "los derechos y el acceso necesarios para que el ordenador competente, la Fiscalía Europea respecto de los Estados miembros participantes en la cooperación reforzada en virtud del Reglamento (UE) 2017/1939, la OLAF, el Tribunal de Cuentas y, cuando proceda, las autoridades nacionales competentes ejerzan plenamente sus competencias respectivas. En el caso de la OLAF, dichos derechos incluirán el derecho a realizar investigaciones, entre otras cosas inspecciones y comprobaciones *in situ*, de conformidad con el Reglamento (UE, Euratom) n.º 883/2013".

En relación con las investigaciones de las infracciones supuestamente cometidas dentro de las instituciones de la UE, también contamos con la Fiscalía Europea y la OLAF. A continuación, analizaremos las peculiaridades de sus competencias.

1. *OLAF*

Ya el mismo nombre de la OLAF indica su fin, que está detallado en el artículo 1 del Reglamento 883/2013: "lucha contra el fraude, la corrupción y cualquier otra actividad ilegal que vaya en detrimento de los intereses financieros de la Unión Europea y de la Comunidad de la Energía Atómica".

Como hemos señalado, el mismo Reglamento, a sus efectos, también define lo que se considera como intereses financieros de la UE y la definición es muy aproximada a la que presentamos en uno de los subepígrafes anteriores.

En el artículo 4 se prevé que la OLAF realiza las investigaciones administrativas sobre incumplimiento grave de las obligaciones de los funcionarios y agentes de las instituciones, órganos y organismos de la UE, incluyendo contra los intereses financieros[49]. En este sentido, la OLAF tiene un mandato único de investigaciones internas. Las inves-

---

48 DOUE L 2024/2509, 26.9.2024, pp. 1-239.
49 Véase KUHN (2023: 46).

tigaciones de la OLAF pueden resultar en diligencias disciplinarias[50] o penales[51]. No obstante, la OLAF no posea ni poderes coercitivos, ni de investigación penal[52].

En los casos del fraude contra los intereses financieros de la UE supuestamente cometidos en los Estados miembros por otros sujetos que no sean funcionarios o agentes de la UE, la OLAF no dirige la investigación, sino aporta su asistencia a las autoridades nacionales (considerando 5 y artículo 1 del Reglamento 883/2013).

Por lo tanto, la competencia de la OLAF depende del sujeto pasivo de la investigación y se puede resumir de la siguiente manera:

Tabla II. Competencias de OLAF (elaboración propia).

Sujeto	Competencia de la OLAF
Funcionarios y otros agentes de las instituciones, órganos y organismos de la UE	Investigación administrativa
Personas físicas y jurídicas dentro de los Estados miembros	Asistencia

Una vez recibida la denuncia de un funcionario o de cualquier otra persona, OLAF le informará si se inicia o no la investigación. En último caso, se considerará si la información debería ser trasmitida a la institución, órgano u organismo competente para el aseguramiento de la protección de la confidencialidad del denunciante y el seguimiento de las decisiones adoptadas.

---

50 En el considerando 6 del Reglamento 883/2013 se hace referencia a las diligencias administrativas y penales, no disciplinarias.

51 El artículo 8 de las Directrices sobre procedimientos de investigación para el personal de la OLAF de 11 de octubre de 2021 prevé que "el objetivo de una investigación es determinar si se ha producido fraude, corrupción u otra actividad ilegal que afecte a los intereses financieros de la UE o si se han producido hechos graves relacionados con el desempeño de funciones profesionales que constituyan un incumplimiento de las obligaciones, susceptible de dar lugar a procedimientos disciplinarios o, por aplicación de los requisitos de no duplicación de investigaciones con la OEPP, penales, por parte de miembros, funcionarios u otros agentes de las instituciones, órganos y organismos de la UE".

52 Véase KUHN (2023: 45).

Los casos investigados por la OLAF tienden a seguir más o menos los mismos patrones, que incluyen declaraciones falsas de gastos u otras declaraciones, especialmente de dietas, actividades externas no declaradas y sin permiso de la autoridad de contratación, acoso u otras conductas inapropiadas en el lugar de trabajo[53].

En el año 2023, un 9% de todas las investigaciones abiertas por la OLAF fueron investigaciones internas[54]. Las cifras de los tres últimos informes anuales de OLAF muestran que la mayoría de las investigaciones son contra las personas que tienen un vínculo laboral con el Parlamento Europeo. Así, en 2021, de 32 investigaciones concluidas, 10 se llevaron a cabo en relación con el Parlamento Europeo, mientras que en 2022 fueron 18 de 40 y, en 2023, 9 de 44[55].

Tabla III. Investigaciones internas concluidas por OLAF (elaboración propia)[56].

Año	Investigaciones concluidas	
	Total	**Con recomendaciones**
2021	32	17
2022	40	19
2023	44	27

Una vez confirmada la infracción, la OLAF puede emitir cuatro tipos de recomendaciones: *(i)* financieras: recuperación de las cantidades indebidamente gastadas; *(ii)* disciplinarias: aplicación de las medidas previstas en el Estatuto de los Funcionarios; *(iii)* administrativas: medidas diferentes a las financieras y disciplinarias; *(iv)* judiciales: apertura de las actuaciones judiciales por un Estado miembro[57].

---

53 EUROPEAN ANTI-FRAUD OFFICE (2023: 11). Al nivel global, los casos más frecuentes son de fraude transfronterizo o corrupción en la contratación pública con los fondos de la UE, doble financiación, fraude en las subvenciones, fraude aduanero. Véase, EUROPEAN ANTI-FRAUD OFFICE (2022: 11).

54 Véase EUROPEAN COMMISSION (2023: 20).

55 Véanse EUROPEAN ANTI-FRAUD OFFICE (2022: 30; 2023: 12 y 2024: 13). En 2023 las investigaciones concluidas por las infracciones dentro de la Comisión Europea y el Servicio Europeo de Acción Exterior llegaron a 9 y 8, respectivamente.

56 *Idem.*

57 EUROPEAN ANTI-FRAUD OFFICE (2023: 14).

Como se puede ver, se trata de recomendaciones y no órdenes, y por lo tanto su cumplimiento depende de las autoridades competentes. Sin embargo, estas autoridades tienen que informar a OLAF sobre las medidas tomadas[58].

2. *Fiscalía Europea*

Como hemos mencionado, la competencia general de la Fiscalía Europea abarca la investigación penal por fraudes de IVA por más de 10 millones de euros y otros delitos contra los intereses financieros de la UE por importe superior a 10 000 euros o de gran repercusión. En el caso de los delitos contra los intereses financieros de la UE presuntamente cometidos por funcionarios, agentes o miembros de las instituciones de la UE, no se aplica el requisito mínimo de 10.000 euros y por lo tanto se investiga cualquier infracción penal contra los intereses financieros[59].

Desde punto de vista territorial, en el caso de la supuesta comisión de un delito contra los intereses financieros de la UE por un funcionario u otro agente de la UE, la Fiscalía Europea tendrá la competencia tanto para los delitos cometidos en el territorio de un Estado miembro[60], como para los cometidos en otros territorios, "siempre que un Estado miembro sea competente respecto de ese tipo de delito cuando se haya cometido fuera de su territorio". De esta manera el legislador europeo, a falta de reglas propias de jurisdicción de la UE, se sirve de las reglas de jurisdicción territorial de los Estados miembros y así se asegura de que, ante la necesidad de actuar y a falta de reconocimiento de la jurisdicción de la UE por un tercer Estado, podrá actuar "a través" de la jurisdicción de alguno de Estados miembros[61]. Como se-

---

58 Según el Informe de la Comisión Europea sobre la protección de los intereses financieros de la UE, en 2023 la OLAF emitió 309 recomendaciones, de las cuales 185 fueron financieras para recuperar 1.043,8 millones de euros y evitar gastos de 209,4 millones de euros. Véase EUROPEAN COMMISSION (2023: 20).

59 Artículo 25.2.b del Reglamento (UE) 2017/1939/UE.

60 Como regla general se trataría de los Estados miembros en los que se ubican las sedes de las instituciones de la UE.

61 Dentro de la cuestión de las relaciones con terceros países y organizaciones internacionales también es interesante la regulación de la asistencia judicial. Así las cosas, según los artículos 99 y 104 del Reglamento (UE) 2017/1939,

ñala MORÁN MARTÍNEZ, "la obtención de asistencia judicial con terceros Estados soberanos presenta complicaciones derivadas esencialmente de la soberanía de estos Estados y de la tradicional consideración del auxilio judicial como una relación entre Estados, muy distintas de la posibilidad de colaboración con organizaciones como puede ser Interpol"[62].

A falta de reglas específicas de actuación de la Fiscalía Europea en la investigación de los delitos supuestamente cometidos por funcionarios u otros agentes de la UE, entendemos que el esquema sería igual como en las investigaciones contra cualquier otra persona y esta actuaría a través de los Fiscales Europeos delegados del Estado miembro en el cuyo territorio se ha cometido el delito[63].

---

la cooperación entre la Fiscalía Europea y terceros países y/u organizaciones internacionales se podrá realizar a través de: *(i)* acuerdos técnicos u operativos, dentro de los cuales se puede prever la comisión de servicios de representantes de la Fiscalía Europea; *(ii)* acuerdos de la UE y terceros países y/u organizaciones internacionales que abarcan cuestiones que son competencia de la Fiscalía Europea.

En ausencia de estas medidas, la cooperación se podría llevar a cabo si el Estado miembro agrega a un acuerdo multilateral a la Fiscalía Europea como autoridad competente. A falta de tal acuerdo, son posibles las siguientes alternativas: *(i)* El Fiscal Europeo Delegado que lleva a cabo la investigación podrá solicitar la información o asistencia judicial a través del canal habitual de la cooperación de su Estado con el tercer país "y cuando así se requiera, por conducto de las autoridades nacionales competentes". En la solicitud se pondrá de manera específica que el destinatario de la información o de la asistencia judicial es la Fiscalía Europea, en el contexto de una investigación llevada a cabo por esta. *(ii)* En un asunto concreto y "dentro de los límites de su competencia material", la Fiscalía Europea solicita asistencia judicial al tercer país u organización internacional.

KUHN explica que la relación entre la Fiscalía Europea y los Estados miembros tiene que interpretarse en línea con el considerando 109, "que insta a los Estados miembros a actuar con un espíritu de cooperación sincera facilitando el ejercicio por la OEPP de sus funciones, a la espera de la celebración de nuevos acuerdos internacionales por la UE o de la adhesión de la UE a acuerdos multilaterales ya celebrados por los Estados miembros, sobre asistencia judicial en materia penal" [KUHN (2023: 53)]. Véase también MORÁN MARTÍNEZ (2020: 48-49).

62 *Ibidem*: 48.

63 Véase más sobre la estructura y el esquema de investigaciones llevadas a cabo por la Fiscalía Europea y sobre los Fiscales Europeos Delegados: HERNÁNDEZ LÓPEZ (2023: 294-310); KÜHN (2023: 23, 26 y 37); PÉREZ MARÍN

A raíz del caso de *Qatargate* y teniendo en cuenta las investigaciones con la implicación de MEPs, parece importante destacar que, cuando los privilegios e inmunidades otorgadas por el Derecho de la UE pueden obstaculizar una investigación concreta, el Fiscal General Europeo tiene derecho a solicitar su suspensión[64].

3. *Relación entre Fiscalía Europea y OLAF*

Hasta la creación de la Fiscalía Europea, la OLAF era el único organismo de la UE con competencias de investigación sobre infracciones que afecten a los intereses financiaros de la Unión[65]. Sin embargo, de la actual coexistencia con la Fiscalía Europea (y dejando fuera del análisis la relación con las autoridades nacionales), surgieron al menos dos necesidades: delimitar bien la competencia de dichas entidades y prever las reglas de cooperación entre ambas[66].

A continuación, presentamos una delimitación esquemática de las competencias, basándose en el análisis llevado a cabo en los subepígrafes anteriores.

(2024: 121-126); RUEGA NEGRI (2021:183-187); GÓMEZ COLOMER (2021: 224-225).

64 Artículo 29.2 del Reglamento (UE) 2017/1939.

65 Como señala CORRAL ESCARIZ (2023: 528-529), "[...] la Comisión ha considerado que la configuración de los organismos que se dedican a la salvaguarda de los recursos financieros de la UE antes de la creación de la FE no permitía proporcionar un nivel de protección suficiente, pues tanto la OLAF, como Eurojust y Europol carecen de competencias ejecutivas para efectuar por sí mismos investigaciones penales o perseguir los casos de fraude".

66 El mismo autor explica que, con el comienzo del funcionamiento de la Fiscalía Europea, OLAF sólo lleva a cabo investigaciones administrativas y sigue operando en toda la UE, mientras la Fiscalía Europea tiene competencia solamente en los Estados miembros que aprobaron o se unieron al Reglamento (UE) 2017/1939. *Ibidem*: 534.

Tabla IV. Competencias de la Fiscalía Europea y de la OLAF (elaboración propia).

	Infracciones cometidas en los Estados miembros	Infracciones cometidas por funcionarios y asimilados de la UE o dentro de las instituciones de la UE
OLAF	Asistencia en las investigaciones nacionales sobre las infracciones contra los intereses financieros de la UE	Investigación administrativa
Fiscalía Europea	Investigación de delitos de: – fraude de IVA por más de 10 millones de euros y – contra los intereses financieros de la UE si: a. la cantidad es mayor de 10.000 euros, o b. el delito es de gran repercusión. Ámbito territorial: Estados miembros que aprobaron o se unieron al Reglamento (UE) 2017/1939.	Investigación penal por fraude de IVA por más de 10 millones de euros o cualquier otro delito contra los intereses financieros de la UE, sin importar la cuantía[67].

El Capítulo X del Reglamento (UE) 2017/1939 prevé normas que regulan la relación entre la Fiscalía Europea y sus colaboradores (Eurojust, OLAF, Europol y otras entidades).

En relación con la OLAF, insiste en la complicidad entre ambas entidades, cuyo objetivo final y común es la protección de los intereses financieros de la UE. Así, el artículo 101.1 del Reglamento (UE) 2017/1939 señala que "la relación tendrá, en particular, el objetivo de garantizar la utilización de todos los medios disponibles para la protección de los intereses financieros de la Unión mediante la complementariedad y el apoyo de la OLAF a la Fiscalía Europea".

---

[67] Realmente, parece más probable que los funcionarios u otros agentes de la UE se vean directamente implicados en delitos contra los intereses financieros de la UE que en los delitos de fraude de IVA, aunque no se puede descartar esta posibilidad, sobre todo, si actúan en el seno de una organización criminal.

El artículo 1 de las Directrices sobre procedimientos de investigación para el personal de la OLAF, de 11 de octubre de 2021, prevé que "la Unidad de Selección de Operaciones e Investigaciones verifica y analiza la información de posible interés para la investigación y emite un dictamen para el Director General sobre si debe abrirse una investigación o un caso de coordinación o si el caso debe desestimarse. En su caso, el dictamen se referirá también a si la información debe comunicarse a la Fiscalía Europea (la OEPP) o transmitirse a las autoridades competentes de los Estados miembros o a las instituciones, órganos u organismos de la UE".

A pesar de tener dos mandatos diferentes y en gran parte mutuamente excluyentes[68], la Fiscalía Europea puede solicitar a la OLAF su apoyo y la complementariedad de sus actuaciones, incluyendo la cesión de información, el apoyo operativo, la coordinación con las autoridades administrativas de los Estados miembros y/o los órganos de la UE[69]. Si la OLAF continua o abre una investigación administrativa después de que la Fiscalía Europea haya cesado una investigación, esta última facilitará a la OLAF la información que tenga en su poder. Ambas entidades disponen de un acceso recíproco (que funciona sobre el principio *hit/no hit*) al sistema de gestión de casos de la otra entidad. Esto ayuda, por un lado, a complementar la información en posesión de una entidad con la que tiene la otra, y, por otro lado, a detectar el solapamiento de investigaciones.

Aunque puede parecer que la creación de la Fiscalía Europea ha reducido el papel de la OLAF en la protección de los intereses financieros de la UE, consideramos que en cierto modo lo ha fortalecido. Anteriormente, la OLAF podía solamente emitir recomendaciones a

---

68 Por ejemplo, según el artículo 101.2 del Reglamento (UE) 2017/1939, "cuando la Fiscalía Europea lleve a cabo una investigación penal de conformidad con el presente Reglamento, la OLAF no abrirá ninguna investigación administrativa paralela por los mismos hechos".

69 Por su parte, el artículo 1 de las Directrices sobre procedimientos de investigación para el personal de la OLAF de 11 de octubre de 2021 señala que, "cuando la OLAF recibe una solicitud de apoyo de la OEPP en el curso de una investigación de la OEPP, la Unidad de Selección de Operaciones e Investigaciones analiza la solicitud y emite un dictamen al Director General sobre la apertura de un caso de apoyo o de una investigación o coordinación en apoyo de la OEPP".

las autoridades judiciales competentes de los Estados miembros y dejaba en sus manos la decisión sobre la apertura de la investigación. Actualmente, la OLAF, una vez ha detectado que el delito es la competencia de la Fiscalía Europea, le remite el caso directamente y es la autoridad europea, actuando en defensa de los intereses financieros de la UE, la que decide incoar la investigación o no, sin someterse a los intereses nacionales.

Sin perjuicio de su propia investigación, la Fiscalía Europea proporcionará a las instituciones, órganos y organismos de la UE la información que les permita adoptar las medidas administrativas, incluyendo cautelares; disciplinarias o de recuperación de activos, así como participar como parte civil en el proceso.

En la práctica, esta cooperación ha resultado hasta la fecha en las siguientes cifras:

(a) En dos últimos años (2022 y 2023)[70], la OLAF remitió a la Fiscalía Europea 71 y 72 casos respectivamente, con apertura de investigaciones penales en 42 y 29 casos respectivamente[71]. En 2021 la Fiscalía Europea abrió 85 investigaciones.

(b) En 2023 se realizaron 284 intercambios de información entre ambas entidades[72].

(c) En 2022 y en 2023 la OLAF realizó, respectivamente, 19 y 22 investigaciones complementarias[73].

---

70 A pesar de que la Fiscalía Europea comenzó a funcionar en 2021, proporcionamos los datos de los dos últimos años, porque el año 2021 no refleja las tendencias, ya que en este año la OLAF remitió a la Fiscalía Europea todos los casos en el conocimiento de la OLAF (de los años 2021 y anteriores), en línea con la competencia del nuevo órgano. Debido a este traslado, en 2021 se abrieron 85 investigaciones penales, es decir, el doble que en el año 2022. Véase, EUROPEAN ANTI-FRAUD OFFICE (2022: 38).

71 Véanse EUROPEAN ANTI-FRAUD OFFICE (2023: 18; 2024: 13).

72 Véase FISCALÍA EUROPEA (2024: 107).

73 Véanse Ídem, FISCALÍA EUROPEA (2023: 95).

4. *Órgano interinstitucional de normas éticas*

Por iniciativa del Parlamento Europeo[74] y a propuesta de la Comisión Europea[75], se llegó a un Acuerdo entre el Parlamento Europeo, el Consejo de la Unión Europea, la Comisión Europea, el Tribunal de Justicia de la Unión Europea, el Banco Central Europeo, el Tribunal de Cuentas Europeo, el Comité Económico y Social Europeo y el Comité Europeo de las Regiones por el que se establece un Órgano interinstitucional de normas éticas para los miembros de las instituciones y de los órganos consultivos a los que se refiere el artículo 13 del Tratado de la Unión Europea (en lo sucesivo, el Acuerdo interinstitucional)[76].

El acuerdo no fue fácil, sobre todo debido a las posiciones inicialmente bastante opuestas del Parlamento Europeo y la Comisión Europea.

El primero abogaba por un órgano con poderes de investigación por iniciativa propia sobre la base de información de terceros, medios de comunicación y alertadores, pero sin duplicar las competencia de la OLAF, la Fiscalía Europea, el Defensor de Pueblo de la UE, el Tribunal de Justicia de la Unión Europea y el Tribunal de Cuentas[77]. En cuanto al objeto de investigación, se proponía la "infracción de las reglas éticas", un término un poco ambiguo y no bien diferenciado actualmente de las infracciones de los intereses de la UE. Por ejemplo, en el caso de *Qatargate*, los aspectos éticos estaban intrínsecamente unidos a la infracción contra los intereses financieros de la UE.

En cambio, la Comisión Europea consideraba que la nueva entidad no debería tener competencias de investigación, sobre todo para no solaparse con los órganos ya existentes[78]. También sugería excluir

---

74 Resolución del Parlamento Europeo, de 16 de septiembre de 2021, sobre el refuerzo de la transparencia y la integridad de las instituciones de la Unión mediante la creación de un órgano independiente de la Unión encargado de las cuestiones de ética; y Resolución del Parlamento Europeo, de 16 de febrero de 2023, sobre la creación de un órgano independiente de la Unión encargado de las cuestiones éticas.

75 EUROPEAN COMMISSION (2023).

76 DOUE L de 17.5.2024, pp. 1-10.

77 Véase EUROPEAN PARLIAMENTARY RESEARCH SERVICE (2024c: 5).

78 La Comisión Europea señala que "las autoridades judiciales nacionales o la Fiscalía Europea (EPPO) son competentes en caso de sospecha de conducta delic-

de su ámbito subjetivo de aplicación a los funcionarios y agentes de la UE (que son más de 60.000 personas), dudando así de la capacidad de la nueva entidad de tratar una elevada cantidad de infracciones de las reglas éticas y señalando el solape con los sistemas internos de las instituciones, órganos y organismos[79].

En el texto definitivo del Acuerdo interinstitucional se pactó la creación del Órgano interinstitucional de normas éticas, que tendrá un representante con rango de vicepresidente o equivalente, y cuya competencia que se limita a la promoción de una "cultura común de ética y transparencia entre las Partes" (artículo 6.1) a través de: *(i)* elaboración de normas éticas mínimas comunes y su actualización; *(ii)* interpretación de las normas creadas; *(iii)* promoción de la cooperación e intercambio de opiniones sobre la ética y la transparencia, y del ajuste de las normas institucionales a las normas comunes.

Según el artículo 8 del Acuerdo interinstitucional, el ámbito material de las normas mínimas comunes es bastante amplio[80]. Así, el artí-

---

tiva. La Oficina Europea de Lucha contra el Fraude (OLAF) puede investigar irregularidades que afecten al presupuesto de la UE, así como incumplimientos graves de deberes profesionales. Por último, el Defensor del Pueblo Europeo puede iniciar investigaciones en caso de comportamiento que constituya mala administración. En este contexto, las competencias de investigación deben seguir reservadas a estos organismos existentes" [EUROPEAN COMMISSION (s.f.: 6)].

79 *Ibidem*: 7. La Comisión Europea destaca que "la Comisión está de acuerdo con la resolución, cuyo objetivo es confiar al organismo una función consultiva respecto a las instituciones (apartado 19), mientras que los poderes de decisión para la aplicación de las normas éticas seguirían correspondiendo a las respectivas instituciones (apartado 3)". *Ibidem*: 3.

80 A saber: "a) los intereses financieros y no financieros que deben declarar los miembros de las Partes; b) las actividades externas de los miembros de las Partes durante su mandato; c) la aceptación de obsequios, hospitalidad o viajes ofrecidos por terceros a los miembros de las Partes durante su mandato; d) la aceptación de galardones, condecoraciones, premios y distinciones por parte de los miembros de las Partes durante su mandato; e) las actividades de los miembros de las Partes una vez concluido su mandato; f) las medidas de condicionalidad y las medidas de transparencia complementarias en el sentido y en el ámbito de aplicación del Acuerdo interinstitucional de 20 de mayo de 2021 entre el Parlamento Europeo, el Consejo de la Unión Europea y la Comisión Europea sobre un Registro de transparencia obligatorio (2), en particular en lo que se refiere a las reuniones de miembros de las Partes con representantes de intereses, tal como se definen en el artículo 2, letra a), de dicho Acuerdo".

culo 3 prevé de manera explícita que "el funcionamiento del Órgano no invadirá las competencias de las Partes ni afectará a sus facultades de organización interna respectivas. En particular, el Órgano no será competente, sin perjuicio de lo dispuesto en el artículo 7, de la aplicación de las reglas internas de cualquiera de las Partes a casos individuales." Con lo cual podemos concluir que el acuerdo final se quedó más cerca de la posición de la Comisión Europea que del Parlamento Europeo. Valorando el contexto completo de la creación de Órgano interinstitucional de normas éticas, también nosotros nos inclinamos hacia la posición de la Comisión Europea y el texto final del Acuerdo interinstitucional, puesto que actualmente ya existen órganos de investigación administrativa y penal, y que también pueden servir para depurar responsabilidades disciplinarias dentro del marco de cada institución, órgano u organismo. También podríamos hacer hincapié en la falta de un marco común ético al nivel de la UE, que abarque no solamente a los funcionarios y otros agentes, pero también a los representantes de los Estados miembros en el Consejo de la UE. Hoy en día, estos últimos no tienen un denominador común de estándares éticos de actuación[81], sino que están sujetos a sus respectivas prácticas estatales, que pueden diferir considerablemente. Como señala el Tribunal de Cuentas, "no existen garantías de que los requisitos nacionales cubran todos los elementos necesarios y los riesgos pertinentes con respecto a la naturaleza del cargo y el trabajo que desempeñan."[82]

V. CONCLUSIONES

Las instituciones, órganos y organismos de la UE son en cierto modo una suerte de réplica del sistema nacional de poderes legislativo y ejecutivo y que conlleva consigo una potestad para la toma de decisiones y la realización de actuaciones en principio enfocadas hacia el desarrollo y bienestar de la UE, los Estados miembros y sus ciudadanos. No obstante, lamentablemente, como también sucede a nivel estatal, el personal de las instituciones, órganos y organismos de

---

81 En relación con la transparencia, los *lobbies* o los conflictos de intereses, entre otras cuestiones.

82 EUROPEAN COURT OF AUDITORS (2019:16).

la UE no está exento de cometer infracciones administrativas, disciplinarias y penales.

A lo largo de este estudio hemos analizado las posibilidades y los trámites para alertar sobre las infracciones cometidas en estas entidades, en particular las infracciones contra los intereses financieros de la UE, incluyendo fraude y corrupción. Para ello hemos estudiado la *lex specialis* aplicable a los funcionarios y otros agentes de la UE que alertan sobre las infracciones en las instituciones, órganos y organismos de la UE, esto es, el Estatuto de los Funcionarios, y lo hemos comparado con la Directiva 2019/1937/UE, en cuanto a las personas que se pueden considerar *whistleblowers*, los canales y la forma de la denuncia.

Este análisis nos permite llegar a las siguientes conclusiones.

En general, la regulación intrainstitucional (recogida esencialmente en el Estatuto de los Funcionarios, aplicable a los funcionarios y otros agentes de las instituciones, órganos y organismos de la UE) tiene más limitaciones y menos flexibilidad que la regulación prevista por la Directiva 2019/1937/UE.

En primer lugar, el ámbito subjetivo de aplicación de la norma intrainstitucional es mucho más restringido, porque incluyo solo las denuncias presentadas por personas con un vínculo laboral formalizado con la UE, limitado a los funcionarios y otros agentes que están inmersos en una relación laboral plena y activa con la entidad en el momento de la denuncia. Esta práctica se desvía tanto de la filosofía de la Directiva 2019/1937/UE, como de la posición del Tribunal Europeo de los Derechos Humanos, que abogan por la relación laboral *de facto*, que otorga el estatus del alertador tanto a las personas cuya relación laboral ya finalizó o todavía no comenzó, pero que ha sido suficiente para permitir a estas personas tener un conocimiento sobre una supuesta infracción legal. A pesar que entendemos las posibles dificultades de que el Estatuto de los Funcionarios contemple las denuncias y la protección de personas que ya no son funcionarios, esto no justifica su desprotección, porque quedan en un vacío legal, ya que no están protegidos ni por la normativa mencionada anteriormente, ni por la Directiva 2019/1937, lo que plantea la necesidad de buscar otras alternativas.

Por otro lado, aunque se trata de personas con una relación laboral con las instituciones, órganos y organismos de la UE, no todas las categorías tienen el mismo nivel de protección, por ejemplo, como sucede con la imposibilidad de libre traslado (como medida de protección) de los asistentes acreditados del Parlamento Europeo que trabajan en el marco de una relación de confianza política que les une con un MEP en concreto, lo que hace menos probable que un asistente acreditado del Parlamento denuncie un comportamiento ilegal, sobre todo de su superior directo. También, como hemos visto, no queda claro el nivel de protección, y por lo tanto las probabilidades de denunciar, de los expertos nacionales destacados dentro de las instituciones, órganos y organismos de la UE o en sus misiones. Los trámites del *whistleblowing* y las medidas de protección que pueden solicitar no están equiparadas a los funcionarios de la UE, a pesar de que realmente desempeñan las mismas funciones en las entidades mencionadas y que sus superiores jerárquicos son los mismos que los de los funcionarios.

El sistema intrainstitucional de canales de denuncias es más restringido y se limita a las denuncias internas ante los superiores y ante la OLAF, o a las denuncias externas ante los Presidentes de la Comisión, del Tribunal de Cuentas, del Consejo, del Parlamento Europeo o ante el Defensor del Pueblo Europeo, excluyendo la posibilidad de la denuncia pública y sin mencionar todavía la denuncia ante la Fiscalía Europea.

En cuanto a la forma de la denuncia, la normativa intrainstitucional exige su presentación por escrito, como forma de garantizar su mejor trazabilidad. Sin embargo, la trazabilidad tiene dos caras: por un lado, supone mayor "responsabilidad" del destinatario a considerarla y contestar y también permite al alertados a evidenciar su denuncia. Por otro lado, conlleva cierto riesgo del acceso indebido al registro escrito y datos personales incluidos.

Las entidades con competencias en investigación, que comprenden tanto a la OLAF, la Fiscalía Europea, como a las autoridades nacionales, asegura una respuesta administrativa y penal que consideramos suficiente para dar la continuidad a la denuncia. De hecho, la investigación interna por la OLAF, una entidad independiente, asegura una mayor objetividad en las actuaciones.

La creación reciente del Órgano interinstitucional de normas éticas, con competencias limitadas, que no incluyen la investigación, complementa el sistema actual, aportando como valor añadido la posibilidad de elaboración de normas éticas unificadas para las instituciones y hasta su posterior expansión a otros órganos, organismos y autoridades nacionales.

En estos momentos, lo que parece más urgente y necesario es la superación de las diferencias sustanciales relacionados del ámbito subjetivo de aplicación y la adaptación de las disposiciones del Estatuto de los Funcionarios a la filosofía de la Directiva 2019/1937.

VI. BIBLIOGRAFÍA

ABRIL MARTÍNEZ, J. (2020): "La Directiva desde la perspectiva del Derecho Público". En: SALDAÑA MARTÍNEZ, D. (coord.): *La protección de Whistleblower*. Valencia: Tirant lo Blanch (52-71).

ARMENTA DEU, T. (2021): "Fiscalía Europea. Su incidencia en el ordenamiento procesal español". En: MORENO CATENA, V. & M. I. ROMERO PRADA (coords.): *Nuevos postulados de la cooperación judicial en la Unión Europea. Libro homenaje a la Prof.ª Isabel González Cano*. Valencia: Tirant lo Blanch (145-171).

BACHMAYER WINTER, L. & A. MARTÍNEZ SANTOS (2019): "El régimen jurídico-procesal del *whistleblower*. La influencia del Derecho europeo". GÓMEZ COLOMER J. L. (dir.): *Tratado sobre compliance penal. Responsabilidad Penal de las Personas Jurídicas y Modelos de Organización y Gestión*. Valencia: Tirant lo Blanch (503-549).

CORRAL ESCÁRIZ, V. (2023): *La localización de bienes en la UE y su aplicación en España. Fase clave de la recuperación de activos procedentes del delito*. Valencia: Tirant lo Blanch.

EUROPEAN COMMISSION (2023): *35th Annual Report on the Protection of the European Union's financial interests and the Fight against fraud.*

EUROPEAN COMMISSION (s. f.): *Follow-up to the European Parliament non-legislative resolution on strengthening transparency and integrity in the EU institutions by setting up an independent EU ethics body.*

EUROPEAN COURT OF AUDITORS (2019): *The ethical frameworks of the audited UE institutions: scope of improvement.*

EUROPEAN PARLIAMENTARY RESEARCH SERVICE (2024a): *Protecting whistle-blowers in the EU.*

EUROPEAN PARLIAMENTARY RESEARCH SERVICE (2024b): *Rules on 'revolving doors' in the EU. Post-mandate restrictions on Members of EU institutions and parliamentarians in Member States.*

EUROPEAN PARLIAMENTARY RESEARCH SERVICE (s. f.): *New EU interinstitutional body for ethical standards.*

FIODOROVA, A. (2020): "Fiscalía Europea. Un nuevo actor en la persecución por delitos". En: VV.AA.: *Derecho Penal 2020.* Valencia: Tirant lo Blanch (197–222).

FISCALÍA EUROPEA (2023): *Annual Report 2022.*

FISCALÍA EUROPEA (2024): *Informe Anual 2023.*

GÓMEZ COLOMER, J. L. (2021): "La inserción de la Fiscalía Europea en el sistema procesal penal español". En: MORENO CATENA, V. & M. I. ROMERO PRADA (coords.): *Nuevos postulados de la cooperación judicial en la Unión Europea: libro homenaje a la Prof.ª Isabel González Cano.* Valencia: Tirant lo Blanch (217-240).

GONZÁLEZ ALONSO, A. (2022): "Los instrumentos legales de lucha contra la corrupción. Especial referencia a la Directiva 2019/1937 (*Whistleblowers*)". *Revista CEFLegal*, 257 (83-102).

HERNÁNDEZ LÓPEZ, A. (2023): "Estatuto jurídico, estructura orgánica y organizativa". En: GUERRERO PALOMARES, S. (dir.): *Tratado sobre la Fiscalía Europea y el procedimiento penal especial de la L.O. 9/2021, de 1 de julio.* Pamplona: Aranzadi (293-321).

KUHN, W. M. (2023): "The European Public Prosecutor's Office - The protection of the EU's financial interests as supranational integration project". *Revista General de Derecho Europeo*, 59 (17-67).

LAN YURTTAGUL, H. C. (2021): *Whistleblower Protection by the Council of Europe, the European Court of Human Rights and the European Union.* Cham: Springer.

MARTÍNEZ SALDAÑA, D. (2020): "La Directiva desde la perspectiva del Derecho Laboral". En: MARTÍNEZ SALDAÑA, D. (coord.): *La protección del whistleblower.* Valencia: Tirant lo Blanch (27-51).

MORÁN MARTÍNEZ, R. A. (2020): "Investigaciones transfronterizas y cooperación judicial internacional en la Fiscalía Europea". *Revista del Ministerio Fiscal*, 9 (30-57).

OFICINA EUROPEA DE LUCHA CONTRA EL FRAUDE (2022): *The OLAF Report 2021.*

OFICINA EUROPEA DE LUCHA CONTRA EL FRAUDE (2023): *OLAF Report 2022.*

OFICINA EUROPEA DE LUCHA CONTRA EL FRAUDE (2024): OLAF Report 2023.

PÉREZ MARÍN, M. A. (2024): *La Fiscalía Europea. Fundamentos y competencias del órgano penal de la Unión.* Barcelona: Atelier.

RODRÍGUEZ-GARCÍA, N. (2023): "Las investigaciones internas como elemento esencial de los '*criminal compliance programs*': haciendo de la necesidad virtud". *Revista Penal*, 52 (201-223).

RODRÍGUEZ-GARCÍA, N. (2024): "El fomento europeo de los alertantes e informantes en plena expansión de una justicia penal colaborativa". *LA LEY Compliance Penal*, 16 (1-29).

RUEDA NEGRI, J. M. (2021): "Investigaciones transfronterizas de la Fiscalía Europea y su incidencia en materia probatoria". En: MORENO CATENA, V. & M. I. ROMERO PRADA (coords.): *Nuevos postulados de la cooperación judicial en la Unión Europea: libro homenaje a la Prof.ª Isabel González Cano*. Valencia: Tirant lo Blanch (173-190).

VILLORIA MENDIETA, M. (2021): "Un análisis de la Directiva 2019/1937 desde la ética pública y los retos de la implementación". *Revista Española de la Transparencia*, 12 (15-24).

EL REQUERIMIENTO PARA JUSTIFICAR EL ORIGEN DE LOS BIENES EN EL DELITO DE ENRIQUECIMIENTO ILÍCITO

María Quintas Pérez[1]
Profesora Ayudante Doctor
Área de Derecho Penal
Universidad Pontificia Comillas

I. APROXIMACIÓN AL DELITO DE ENRIQUECIMIENTO ILÍCITO

Una de las muchas reformas que trajo la Ley Orgánica 14/2022, de 22 de diciembre, fue la creación del artículo 438 bis del Código Penal por el que se tipifica el delito de enriquecimiento ilícito. Según la exposición de motivos de la citada ley, esto supone "tanto un avance claro en la lucha contra la corrupción como una homologación con algunas de las legislaciones más avanzadas del entorno internacional".

Mediante el mismo se sanciona a la autoridad que, durante el desempeño de su función o cargo y hasta cinco años después de haber cesado en ellos, hubiera obtenido un incremento patrimonial o una cancelación de obligaciones o deudas por un valor superior a 250.000 euros respecto a sus ingresos acreditados y se negara abiertamente a dar el debido cumplimiento a los requerimientos de los órganos competentes destinados a comprobar su justificación. Las penas previstas son prisión de seis meses a tres años, multa del tanto al triplo

---

1 Doctora en Derecho con Premio Extraordinario. Investigadora del "Centro de Investigación para la Gobernanza Global" y del "GIR-USAL Justicia, sistema penal y criminología", ambos de la Universidad de Salamanca. Este trabajo es parte del Proyecto de Investigación "Cumplimiento normativo y protección penal de la Administración Pública" (PID2022-138775NB-I00) del Ministerio de Ciencia e Innovación del Gobierno de España.

del beneficio obtenido e inhabilitación especial para empleo o cargo público y para el ejercicio del derecho de sufragio pasivo por tiempo de dos a siete años.

El legislador señala en la exposición de motivos de la citada Ley que lo ha configurado como un delito de desobediencia, siguiendo el modelo de Portugal, con el fin de superar las dudas de constitucionalidad que suelen acompañar a esta figura, debido a su posible colisión con el derecho fundamental a la presunción de inocencia. De esta forma, según explica, "para incurrir en el tipo penal no basta con poseer un patrimonio cuyo origen no sea explicable a partir de los ingresos declarados, sino que debe existir un requerimiento previo por parte de los organismos administrativos o judiciales competentes para la comprobación de dicho patrimonio". Así las cosas, el núcleo del injusto parece trasladarse del incremento patrimonial a la no contestación al requerimiento, pues enfatiza que sólo ante la negativa a detallar a dichos órganos el origen de un incremento patrimonial o ante una explicación manifiestamente falsa sobre los mismos se incurriría en el tipo penal.

No obstante, de la simple lectura del artículo 438 bis CP no se desprende de forma clara que estemos ante un delito de desobediencia. Por ello, hay quien defiende que el núcleo del tipo es la obtención de un incremento patrimonial que no se corresponde con los ingresos lícitos o que se trata de un delito complejo en el que deben concurrir ambos elementos para que la conducta sea típica.

En las próximas páginas ahondaremos en estos puntos para tratar de resolver qué papel cumple el requerimiento para explicar el origen de los bienes y la no contestación en debida forma al mismo en el delito de enriquecimiento ilícito y cómo debería llevarse a cabo en la práctica.

II. ¿QUÉ PAPEL CUMPLE EL REQUERIMIENTO?

Del tenor literal del tipo se extrae que este exige que una autoridad pública haya experimentado un incremento patrimonial que no se corresponda con sus rendimientos legítimos y que una vez requerido para explicar el origen, se niegue abiertamente a hacerlo. Sentado esto, no hay acuerdo en cuanto a cuál deba entenderse que es la conducta típica ni sobre el rol que debe otorgarse al requerimiento.

Parte de la doctrina sigue la interpretación apuntada por el legislador y sitúa el núcleo del injusto en la no contestación al requerimiento. Así, RAGA VIVES apunta que lo que se sanciona es que la autoridad se niegue abiertamente a atender el requerimiento formulado y no el que la autoridad haya "mercadeado" con su cargo, ni un presunto delito previo que no ha quedado probado[2]. No obstante, admite que la *ratio legis* de la norma pueda ser la sanción del delito previo cuya comisión no se puede probar. En todo caso, entiende que el tipo español sanciona la desproporción patrimonial por no justificada, no porque se sospeche que es ilícita.

También así VILLEGAS GARCÍA[3], quien entiende que al sancionar el incumplimiento de los requerimientos realizados a la autoridad para que explique la causa del enriquecimiento, se consigue incriminar la falta de transparencia sobre el origen del mismo (y no la sospecha sobre su ilicitud, que sería lo que llevaría a los problemas de constitucionalidad por suponer la inversión de la carga de la prueba). Sin embargo, razona que la previa constatación de una situación patrimonial desproporcionada en relación con los ingresos conocidos sería el origen del mandato y lo que justifica la sanción de la conducta.

En similares términos, GONZÁLEZ URIEL apunta que el tipo no reprime de modo directo el incremento patrimonial ilegítimo, sino el incumplimiento de un mandato expreso[4].

Uno de los problemas que presenta el centrar en el injusto la no contestación es que podría llevar a sancionar a quien no lo contesta en debida forma, aunque en realidad no se haya producido el enriquecimiento o incluso si por cualquier medio se llega a acreditar que el origen del incremento es lícito[5]. A su vez, de sancionar la desobediencia ante el requerimiento, debería ser indiferente el contenido de la explicación que diera el encausado, lo que no ocurre[6].

---

2 RAGA VIVES (2023b: 201; 2025: 236 y ss.).

3 VILLEGAS GARCÍA (2023: 8 y ss.).

6 HERNÁNDEZ BASUALTO (2006: 207 y ss.). Señala este autor, para quien la tesis del delito de omisión no es admisible, que la omisión no es más que un mecanismo que permite la inversión de la carga de la prueba. En el mismo sentido, razona SANCINETTI que si el cumplimiento del deber de información desem-

También hay que tener en cuenta que, de entender que es un tipo omisivo, el delito se consumaría una vez vencido el plazo para contestar al requerimiento efectuado, o transcurridos los plazos procesales para ejercer el derecho de defensa, sin que el investigado haya justificado el incremento patrimonial[7]. De esta forma, no cabría la tentativa.

Por otra parte, de admitir que el núcleo del injusto radicara en la negativa abierta al requerimiento, las penas a imponer serían desproporcionales. La pena de prisión es superior a la prevista para otros delitos de desobediencia[8] y a ello habría que añadir que este delito podría entrar en concurso con el delito previo, con el de blanqueo de capitales y con el de fraude fiscal, al proteger intereses diferentes. Al mismo tiempo, de ser la desobediencia el fundamento, no se entiende por qué el legislador ha establecido la pena de multa en función del beneficio obtenido, pues de la no contestación al requerimiento no se obtendría ningún beneficio económico.

En todo caso, el principal problema que plantea es que podría ir contra el derecho a no declarar contra uno mismo y a no declararse culpable. Lo que se pretende con el requerimiento es que demuestre su inocencia respecto a la comisión de un delito de corrupción previo que se presumen que ha cometido[9]. Esto coloca a la autoridad en la encrucijada de desvelar la comisión de un delito o de un ilícito civil o administrativo (por ejemplo, el haber recibido una herencia y no haber presentado el correspondiente impuesto) y ser sancionada por

---

boca en pena o no según cuál sea el motivo del incremento patrimonial, ya no estamos ante un delito de omisión sino ante la obligación de demostrar la inocencia respecto de la comisión de un delito previo que el tipo penal presume que el funcionario ha cometido SANCINETTI (1994: 303). ASENCIO MELLADO (2007: 82) también considera que el poner el acento en la actividad probatoria de descargo del investigado podría ir contra el derecho a la presunción de inocencia "pues, aunque la presunción que la norma contiene al deducir la existencia de un enriquecimiento ilícito del hecho de la desproporción entre ingresos y patrimonio, no es absoluta, sí puede revestir cierta automaticidad cuando deriva al imputado la carga de justificar que la presunción no es válida".

7 CREUS & BUOMPADRE (2007: 344).

8 Por ejemplo, en el delito de negativa a someterse a pruebas de alcoholemia del art. 383 CP la pena prevista es de prisión de 6 meses a 1 año y para el de desobediencia a la autoridad del art. 556 CP, la pena es de prisión de 3 meses a 1 año.

9 SANCINETTI (1994: 303) y ASENCIO MELLADO (2007: 82).

ello, o no contestar al requerimiento y ser sancionada por el tipo del artículo 438 bis CP[10].

Con el objetivo de salvar estos problemas, en Argentina la jurisprudencia ha interpretado que se trata de un delito de acción cuyo núcleo del injusto radica en el incremento patrimonial injustificado durante el ejercicio del cargo. Razona que "la no justificación" no se refiere a la ausencia de explicación razonable por parte del servidor público, sino a que su patrimonial no se corresponde con sus ingresos lícitos conocidos[11]. Sostiene que no puede considerarse un elemento del tipo una acción dependiente del Estado que no incide en la decisión del sujeto de aumentar su patrimonio. Asimismo, argumenta que ni el silencio del acusado ni una explicación insuficiente sobre el origen del incremento patrimonial pueden tener "entidad delictiva", ya que constituyen manifestaciones del derecho de defensa[12]. Por tanto, el requerimiento y la justificación del patrimonio "sólo pueden entenderse como requisitos establecidos en exclusivo resguardo del derecho de defensa en juicio, para garantizarlo". Su función es permitir al funcionario conocer la imputación y darle la posibilidad de acreditar el origen lícito del incremento patrimonial. Consideran, entonces, que no se castiga sobre la base de una presunción legal, sino por el hecho comprobado de que el funcionario se enriqueció durante el ejercicio de la función pública sin fuente lícita. El enriquecimiento constituye la esencia del tipo y no se presume, sino que debe ser comprobado. Solo una vez acreditado, surge la obligación para el funcionario de justificar su origen lícito. La no contestación al requerimiento sería una condición objetiva de punibilidad[13]. De esta forma, según entienden, no habría inversión de la carga de la prueba en tanto que sería la acusación la encargada de acreditar que se produjo un aumento apreciable del patrimonio y que este no tiene relación con sus ingresos legítimos.

---

10 Razona SANCINETTI (1994: 311), que no estaríamos ante un tipo omisivo dado que el autor no podría cumplir el deber impuesto si previamente ha cometido un delito. En realidad, lo que se sanciona es la acción anterior que lleva al enriquecimiento y cuya ilicitud no se ha podido probar. El delito omisivo solo podría considerarse constitucional si se aceptara como justificación del incremento patrimonial la previa comisión de un delito, de modo que la sanción solo se aplicaría en caso de no responder al requerimiento.

Al apartar el foco del requerimiento y centrarlo en el incremento patrimonial, si el servidor público no lo contesta en debida forma, pero se acredita que el origen del incremento es lícito, la conducta no sería típica. Es importante recordar que lo que afecta el buen funcionamiento de la Administración pública es el enriquecimiento indebido mediante el abuso del cargo, no la mera omisión de respuesta a un requerimiento patrimonial, conducta que, si bien podría ser reprochable, no justificaría una sanción penal[14]. Además, el no contestar al requerimiento entraría dentro del derecho de defensa del acusado.

No obstante, la configuración activa del tipo también plantea dificultades. La más importe es que no queda claro cuál sea la acción incriminada. "Enriquecerse" u "obtener un incremento patrimonial" no son conductas en sí mismos, sino el resultado de otras acciones anteriores[15]. Coincidimos con DONNA en que "lo que sucede es que se sospecha que, detrás de la riqueza de un funcionario, hay otro delito y, como éste no se puede probar, se invierte la carga de la prueba y con ello se construye el tipo penal"[16]. A tal interpretación conduce el hecho de que el sujeto activo se limita a las autoridades y el que espacio temporal en que ha de realizarse la conducta coincida con el tiempo de ejercicio del cargo público (y el inmediato posterior). El desbalance entre el incremento patrimonial y los rendimientos legítimos lleva a sospechar o, más bien, a presumir que la autoridad se ha enriquecido de alguna forma ilícita aprovechándose de su cargo, motivo por el que

---

14 VIDALES RODRÍGUEZ (2008: 48 y ss.). También así CASTRO CUENCA, quien recuerda que lo que le debería interesar al legislador no es que el sujeto se enriquezca, sino que lo haga abusando de la Administración pública [CASTRO CUENCA (2009: 507)].

15 Entiende ROJAS VARGAS que el tipo peruano no describe una conducta concreta sino una situación o estado económico "cuya procedencia ilícita está sujeta necesariamente a valoración judicial", lo que lleva a que sea un tipo de difícil aplicación práctica susceptible de ser utilizado como mecanismo de presión política por quienes están en el poder [ROJAS VARGAS (2007: 22)].

16 DONNA (2007: 392 y ss.) De la misma opinión es NÚÑEZ CASTAÑO (2024: 148), quien apunta que "enriquecerse no es delito ni es una manifestación de la corrupción, ni tampoco lo es desatender una orden o un requerimiento; lo que es delito es enriquecerse prevaliéndose del cargo que se ocupa. Pero si esto es lo relevante, el origen de los bienes si que tiene trascendencia, y en el fondo, existe una suposición de que los mismos proceden de ese acto ilícito previo que no ha podido demostrarse".

se le piden explicaciones[17]. No obstante, esta construcción típica no permite establecer una relación entre el incremento patrimonial y un concreto delito previo contra la Administración[18]. El enriquecimiento puede proceder de cualquier delito, incluso de una actividad no delictiva[19]. Esto supone que, además de no estar clara la conducta típica, tampoco lo está aquello que se presume. No se sanciona ni se imputa ninguna conducta, lo que, además de conculcar el principio de legalidad y el principio *nullum crimen sine actione*, vinculado al principio de culpabilidad[20], conduce a un derecho penal de autor[21].

Visto el tenor literal del artículo y lo indicado en la exposición de motivos[22], entendemos que para que la conducta sea típica ha de darse tanto la constatación del incremento patrimonial de origen desconocido como la contestación en debida forma al requerimiento, de forma que estaríamos ante un delito complejo[23]. Esta interpretación no salva los problemas que presenta el tipo (ni lo pretende), pero tampoco lo logran las anteriormente referidas.

La conclusión a la que llegamos es que no somos capaces de interpretar el tipo de una forma que resulte respetuosa con los derechos fundamentales y los principios que inspiran nuestro ordenamiento jurídico. En última instancia, la dificultad para señalar la conducta típica deriva de que estamos ante una figura penal que persigue fines procesales. Se pretende sancionar a las autoridades porque se sospecha que han cometido algún ilícito cuando no se consigue probar el concreto delito cometido[24]. Se elevan así a la categoría de núcleo del tipo lo que tradicionalmente se consideraban indicios de la comisión de un delito, olvidando que el incremento puede proceder de algún ilícito que no tiene nada que ver con la causa pública, de un ilícito ad-

---

17 DÍAZ-ARANDA (2010: 90).

18 HERNÁNDEZ BASUALTO (2006: 200).

19 GONZÁLEZ (2016: 70).

20 GONZÁLEZ (2016: 70).

21 HERNÁNDEZ BASUALTO (2006: 201).

22 Donde se establece que "no basta con poseer un patrimonio cuyo origen no sea explicable a partir de los ingresos declarados, sino que debe existir un requerimiento previo por parte de los organismos administrativos o judiciales competentes para la comprobación de dicho patrimonio" (la cursiva es nuestra).

23 También así DEL CARPIO DELGADO (2024).

24 FABIÁN CAPARRÓS (2019: 599).

ministrativo o tener un origen perfectamente lícito pero que el sujeto no quiere explicar o no puede probar.

III. ¿QUIÉN PUEDE REALIZAR EL REQUERIMIENTO?

Uno de los principales problemas de aplicación práctica que plantea el delito objeto de estudio es el de quién puede realizar el requerimiento mencionado en el tipo.

En el artículo 438 bis CP se establece que el requerimiento para explicar el origen del incremento patrimonial ha de provenir de los "órganos competentes destinados a comprobar su justificación".

Que un órgano sea "competente" supone que tiene que existir una norma que le otorgue tal competencia y que regule el procedimiento de inspección patrimonial[25]. En nuestro país no encontramos normativa alguna que indique quién ha de realizar tal requerimiento. Se ha barajado que podrían hacerlo ciertos órganos administrativos encargados de comprobar las declaraciones patrimoniales de los servidores públicos, la Agencia tributaria o los jueces y tribunales. A continuación, se analizará cada una de estas opciones con el objetivo de esclarecer esta cuestión.

En cuanto a los órganos administrativos, cabe recordar que en España contamos con cierta normativa que obliga a los servidores públicos a declarar sus ingresos, gastos y patrimonio. No obstante, estas obligaciones no alcanzan a todos los políticos y funcionarios y no se regulan en una única ley. En el ámbito estatal, la Ley 3/2015, de 30 de marzo, reguladora del ejercicio del alto cargo de la Administración General del Estado, prevé ciertas obligaciones declarativas para quienes ejercen un alto cargo en la Administración General del Estado y en las entidades del sector público estatal[26]. Así, el artículo

---

25 GONZÁLEZ URIEL (2023).

26 Según se indica en el apartado 2 del artículo 1, "a los efectos previstos en esta ley, se consideran altos cargos: a) Los miembros del Gobierno y los Secretarios de Estado. b) Los Subsecretarios y asimilados; los Secretarios Generales; los Delegados del Gobierno en las Comunidades Autónomas y en Ceuta y Melilla; los Delegados del Gobierno en entidades de Derecho Público; y los jefes de misión diplomática permanente, así como los jefes de representación permanente ante

17 establece que los altos cargos deben de presentar ante el Registro de Bienes y Derechos Patrimoniales de altos cargos, en los tres meses siguientes a su toma de posesión y cese, su última declaración del Impuesto sobre el Patrimonio (en adelante, IP; o formulario equivalente si no tienen obligación de presentarla) y su declaración del Impuesto sobre la Renta de las Personas Físicas (en adelante, IRPF), declaración esta última que tendrán que presentar todos los años mientras dure su nombramiento. En la declaración de IRPF constan sus ingresos, como serían el sueldo, rendimientos de inversiones, de alquiler de inmuebles y de ventas, pero quedarían fuera conceptos como préstamos o donaciones recibidas. Sólo al inicio y al cese del mandato el alto cargo se vería obligado a presentar una declaración patrimonial más completa (IP) en la que sí se incluirían datos como saldos en cuentas corrien-

---

organizaciones internacionales. c) Los Secretarios Generales Técnicos, Directores Generales de la Administración General del Estado y asimilados. d) Los Presidentes, los Vicepresidentes, los Directores Generales, los Directores ejecutivos y asimilados en entidades del sector público estatal, administrativo, fundacional o empresarial, vinculadas o dependientes de la Administración General del Estado que tengan la condición de máximos responsables y cuyo nombramiento se efectúe por decisión del Consejo de Ministros o por sus propios órganos de gobierno y, en todo caso, los Presidentes y Directores con rango de Director General de las Entidades Gestoras y Servicios Comunes de la Seguridad Social; los Presidentes y Directores de las Agencias Estatales, los Presidentes y Directores de las Autoridades Portuarias y el Presidente y el Secretario General del Consejo Económico y Social. e) El Presidente, el Vicepresidente y el resto de los miembros del Consejo de la Comisión Nacional de los Mercados y de la Competencia, el Presidente del Consejo de Transparencia y Buen Gobierno, el Presidente de la Autoridad Independiente de Responsabilidad Fiscal, el Presidente, Vicepresidente y los Vocales del Consejo de la Comisión Nacional del Mercado de Valores, el Presidente, los Consejeros y el Secretario General del Consejo de Seguridad Nuclear, así como el Presidente y los miembros de los órganos rectores de cualquier otro organismo regulador o de supervisión. f) Los Directores, Directores ejecutivos, Secretarios Generales o equivalentes de los organismos reguladores y de supervisión. g) Los titulares de cualquier otro puesto de trabajo en el sector público estatal, cualquiera que sea su denominación, cuyo nombramiento se efectúe por el Consejo de Ministros, con excepción de aquellos que tengan la consideración de Subdirectores Generales y asimilados. Se añade el apartado 3 que "no tendrá la consideración de alto cargo quien sea nombrado por el Consejo de Ministros para el ejercicio temporal de alguna función o representación pública y no tenga en ese momento la condición de alto cargo".

tes, deudas, inmuebles, vehículos, participaciones en sociedades y en fondos de inversión, planes de pensiones o joyas de importante valor.

La citada ley regula un organismo encargado de revisar tales declaraciones: la Oficina de Conflictos de Intereses. Al respecto, el artículo 23 establece que esta analizará la situación patrimonial de los altos cargos al finalizar su mandato al objeto de verificar el adecuado cumplimiento de las obligaciones reguladas en esta ley y la existencia de indicios de enriquecimiento injustificado, teniendo en consideración los ingresos percibidos a lo largo de su mandato y la evolución de su situación patrimonial. Los altos cargos objeto de examen deberán aportar toda la información que les sea requerida e informar a la Oficina de todas aquellas circunstancias que sean relevantes para la elaboración del informe, según indica el apartado 2 del artículo 24. Si de los datos y hechos constatados se aprecian indicios de enriquecimiento injustificado, la Oficina de Conflictos de Intereses podrá solicitar la colaboración de la Agencia Estatal de Administración Tributaria a los efectos de aclarar dicha información. La ley también prevé que, si se pudiesen inferir responsabilidades administrativas o penales, los hechos se pondrán en conocimiento de las autoridades competentes para que inicien los procedimientos que consideren oportunos (apartado 4 del artículo 24).

La Ley 3/2015 regula un régimen de infracciones y sanciones por el cual se considera infracción leve la declaración extemporánea de actividades o de bienes y derechos patrimoniales en los correspondientes Registros, tras el requerimiento que se formule al efecto (artículo 25.3). Para esta infracción la sanción prevista es la amonestación (artículo 26.5). Considera infracciones graves "la no declaración de actividades y de bienes y derechos patrimoniales en los correspondientes Registros, tras el apercibimiento para ello" y "la omisión deliberada de datos y documentos que deban ser presentados conforme a lo establecido en esta ley" (artículo 25.2 a) y b)). La presentación de declaraciones con datos o documentos falsos se considera una infracción muy grave (artículo 25.1 b)). En relación con las infracciones —graves y muy graves— se prevé como sanción la declaración del incumplimiento de la ley y su publicación en el BOE y la prohibición para ocupar un alto cargo durante un periodo de entre 5 y 10 años, sin perjuicio de la exigencia de las demás responsabilidades a que hubiera lugar (artículo 26. 1, 3 y 4). Las infracciones muy graves también se sancionan con la destitución en el cargo público y la pérdida del derecho a percibir la compensación tras el cese o la obligación de restituir las cantidades recibidas por tal concepto (artículo 26. 1 y 2). No obstante, la Oficina de Conflictos de Intereses no es competente para la imposición de estas sanciones, sino que lo serán el Consejo de Ministros (en el caso de sanciones por faltas muy graves y cuando el alto cargo tenga la condición de miembro del Gobierno o de Secretario de Estado o Ministro Hacienda y Administraciones Públicas) y el Secretario de Estado de Administraciones Públicas (en el caso de sanciones por faltas leves).

Otros sujetos obligados a presentar declaraciones patrimoniales son los miembros del Congreso y del Senado, quienes han de consignar las actividades que les proporcionen o puedan proporcionar ingresos económicos y sus bienes patrimoniales al inicio y al cese de su condición de parlamentarios, así como cuando sus circunstancias se modifiquen. Así se prevé en el artículo 160 de la Ley Orgánica 5/1985, de 19 de junio, del Régimen Electoral General y en los artículos 18 del Reglamento del Congreso y 1.3 y 26 del Reglamento del Senado. También cuentan con un órgano fiscalizador, la Oficina de Conflicto de Intereses de las Cortes Generales[27]. Sin embargo, no se prevén sanciones para el incumplimiento de estas obligaciones ni un límite temporal para realizar el registro de las declaraciones patrimoniales.

En el ámbito judicial no encontramos una ley que obligue a jueces, magistrados y fiscales a declarar su patrimonio. Ahora bien, el Presidente, los Vocales y el Secretario General del Consejo General del Poder Judicial tienen la consideración de altos cargos, por lo que les es de aplicación la Ley 3/2015[28].

En el ámbito autonómico encontramos normas similares a la estatal. Así, por ejemplo, en la Comunidad de Madrid, la Ley 14/1995, de 21 de abril, de Incompatibilidades de Altos Cargos de la Comunidad

27 Creada mediante el Acuerdo de las Mesas del Congreso de los Diputados y del Senado, de 1 de octubre de 2020, por el que se aprueba el Código de Conducta de las Cortes Generales.

28 Según lo previsto en el artículo 579, apartado, 5 de la Ley Orgánica 6/1985, de 1 de julio, del Poder Judicial. Cabe mencionar que los altos cargos del Consejo General del Poder Judicial publican su patrimonio gracias a un acuerdo entre este órgano y la asociación Transparencia Internacional.

de Madrid, establece un plazo de dos meses desde el nombramiento o cese para la presentación de estas declaraciones. La normativa se completa con el Decreto 253/1995, de 28 de septiembre, del Consejo de Gobierno, por el que se aprueba el Reglamento de Organización y Funcionamiento de los Registros de Incompatibilidades de los Altos Cargos de la Comunidad de Madrid. Sin embargo, no encontramos en ninguna de las citadas normas una regulación de infracciones y sanciones frente a la ausencia de presentación o presentación incompleta o incorrecta de las mismas.

Descendiendo al ámbito local, cabe recordar que el artículo 75 (apartado 7) de la Ley 7/1985, de 2 de abril, Reguladora de las Bases del Régimen Local, impone a los representantes locales —y a los miembros no electos de la Junta de Gobierno Local—, que presenten declaración de sus bienes y de la participación en sociedades de todo tipo, así como que presenten las autoliquidaciones de los impuestos sobre la renta, patrimonio y, en su caso, sociedades, según los modelos aprobados por los respectivos plenos. Tal información deberá constar antes de la toma de posesión, con ocasión del cese, al final del mandato y cuando se produzca alguna modificación de las circunstancias. Esta previsión ha sido objeto de desarrollo por los distintos ayuntamientos, pero muchos de ellos no han establecido sanciones frente a su incumplimiento. Por ejemplo, no las encontramos en la Ordenanza de Transparencia de la Ciudad de Madrid, de 27 de julio de 2016, del Ayuntamiento de Madrid.

En cuanto a la "eficacia" de las comprobaciones patrimoniales llevadas a cabo por la Oficina de Conflicto de Intereses de la Ley 3/2015 cabe destacar que el Grupo de Estados contra la Corrupción (en adelante, GRECO) indicó a España que debía mejorar el régimen de control previsto en la Ley 3/2015 y su aplicación[29]. En concreto, afeó el hecho de que la Oficina de Conflicto de Intereses dependa del Ministerio de Política Territorial y Función Pública (no tiene presupuesto propio), así como que no tenga acceso directo a los datos fiscales de los altos cargos, para cuya consulta necesita solicitar colaboración a

29 GRECO (2019: 15 y 30 y ss.). En el informe de 2021 reiteró su recomendación de reforzar la independencia, la autonomía, las competencias y los recursos de la Oficina de Conflicto de Intereses por no considerarla cumplida. GRECO (2021: 11).

la Administración Tributaria. También le preocupa que la decisión de sancionar quede en manos de órganos políticos (Consejo de Ministros o Ministerio de Política Territorial y Función Pública) lo que, en palabras del informe, "de facto, los convierte en juez y parte". Entiende que estos puntos suponen un menoscabo de la eficacia y la credibilidad del régimen de responsabilidades de la Ley 3/2015. En el mismo sentido, la Comisión Europea en el *Informe sobre el Estado de Derecho en 2023. Capítulo sobre la situación del Estado de Derecho en España* recomendaba a España reforzar la competencia sancionadora de la Oficina de Conflictos de Intereses[30]. Por su parte, el Tribunal de Cuentas ha reprochado que la mentada Oficina no haya elaborado un manual de procedimientos en el que se especifique "el orden, la periodicidad y los plazos con que se deberían desarrollar las acciones que ejecuta en el desempeño de sus labores de control y establecer las distintas funciones de responsabilidad y supervisión de cada tarea"[31]. Señala, además, que los informes remitidos por la Oficina al Gobierno acerca del cumplimiento por los altos cargos de las obligaciones de declarar presentan deficiencias e insuficiencias de información[32].

Como vemos, la normativa en materia de declaraciones patrimoniales es desigual. Algunas autoridades no tienen obligación de declarar su patrimonio, otras, teniéndola, no prevén un organismo que verifique tal obligación ni sanciones frente a su incumplimiento. A su vez, en los casos en que sí se establecen órganos de control, no está claro que estos cuenten con las competencias o mecanismos necesarios para llevar a cabo un verdadero y completo análisis patrimonial[33].

Por otra parte, algunos autores argentinos han sopesado la posibilidad de que realice el requerimiento el superior jerárquico de la autoridad[34]. No obstante, según entendemos, para que ello fuera posible deberían tener atribuida legalmente tal competencia.

También en vía administrativa se ha planteado que podría realizar el requerimiento la Agencia Tributaria. Sin embargo, tampoco este organismo tiene competencia para realizar requerimientos para

---

30 COMISIÓN EUROPEA (2023: 3 y 21).
31 TRIBUNAL DE CUENTAS (2021: 75).
32 TRIBUNAL DE CUENTAS (2021: 86).
33 RAGA VIVES (2023b: 210 y ss.).
34 FONTÁN BALESTRA (2008: 984).

averiguar la realidad patrimonial de las autoridades, salvo que estas hayan cometido alguna irregularidad como contribuyentes de algún impuesto[35].

Junto con los órganos administrativos, nuestro legislador plantea en la exposición de motivos que pueden llevar a cabo el requerimiento los jueces y tribunales. Esta opción conlleva importantes problemas. El primero, nuevamente, es un problema de competencia, ya que la fiscalización del patrimonio de las autoridades públicas no está dentro de las atribuciones de jueces y fiscales, salvo en aquellos casos en los que sea necesario verificar este aspecto en el contexto de un proceso judicial relacionado con los hechos enjuiciados[36]. Sin embargo, en el caso del delito de enriquecimiento ilícito no harían faltas más pruebas que la negativa a contestar al requerimiento y la no proporcionalidad del incremento patrimonial. Si el órgano judicial fuera competente para realizar el requerimiento, el delito, de entender que se trata de un tipo omisivo o complejo, se consumaría ante el juez, y lo haría en el marco de un proceso iniciado para investigar una conducta que, hasta ese momento, no era típica[37]. En todo caso, aún considerándolo activo, dejar el requerimiento en manos del juez implicaría olvidar que la citación del acusado al proceso cumple la función de permitirle ejercer su derecho a la defensa, mientras que, en este caso, se le estaría obligando a dar una respuesta que puede llevarlo a autoincriminarse[38].

---

35 Así lo entiende también NÚÑEZ CASTAÑO (2024: 119 y ss.) quien, sin embargo, parece aceptar que puedan realizar el requerimiento la Oficina de Conflicto de intereses y sus homólogos.

36 En este sentido, VILLEGAS GARCÍA (2023) apunta que las explicaciones que pueda pedir un juez en un procedimiento, por ejemplo, penal, vendrá motivas por la existencia de indicios de la conexión de dicho incremento patrimonial con la comisión de actividades delictivas, lo que considera “fuera de los márgenes del artículo 438 bis CP”.

37 ENNIS (2017) y CREUS & BUOMPADRE (2007: 343).

38 VILLEGAS GARCÍA (2023), GONZÁLEZ URIEL (2023) y MIRÓ ESTRADÉ (2023). DEL CARPIO DELGADO (2024: 150 y 153) apunta que, si no se quiere vulnerar el derecho a guardar silencio, nunca podría realizar este requerimiento el órgano jurisdicción que estuviese conociendo del procedimiento penal. Entiende que ha de ser realizado por un órgano administrativo que por ley tenga facultades para realizar tal requerimiento.

El proceso penal no parece el momento más indicado para realizar este requerimiento y tampoco creemos que tenga encaje en un procedimiento civil o administrativo[39]. Por ello, no se comprende la interpretación propuesta en el preámbulo. Entendemos que los órganos judiciales no son competentes para realizar el requerimiento previsto en el tipo[40].

Por otra parte, cabría preguntarse cómo se desarrollaría el proceso por este delito. El incremento típico podría ser detectado por la Oficina de conflictos de interés u órgano equivalente. En tal caso, parece que tendrían que poner los hechos en conocimiento del órgano competente para realizar el requerimiento.

Habrá supuestos en los que un juez de instrucción esté investigando la posible comisión de un delito por una autoridad y aprecie un incremento patrimonial. En tales casos, ¿si requiere a la autoridad para que explique y esta no contesta debidamente, estaríamos ante un delito de enriquecimiento ilícito? Lo suyo sería que el juez siguiera investigando por otros medios para tratar de obtener pruebas de la comisión del delito inicial. Lo contrario supondría dejar de perseguir penalmente delitos como el cohecho o la malversación por disponer de otra opción más "sencilla". Y lo que es más importante, supondría ir contra el derecho a no autoincriminarse y a no declarar contra uno mismo, así como una inversión de la carga de la prueba. De no ser el juez el competente para realizar el requerimiento podría entenderse que este debería remitir el caso al órgano competente en materia de comprobación patrimonial para que este realice el requerimiento. En tal caso nos preguntaríamos qué sucedería si la autoridad no explica la procedencia de los bienes ante uno de estos órganos y sí ante el otro.

La falta de concreción de uno de los elementos del tipo como es el órgano competente para comprobar el patrimonio y realizar el requerimiento, así como la ausencia de regulación del procedimiento aplicable (incluyendo plazos, garantías y recursos), va contra el principio de legalidad y genera una considerable inseguridad jurídica. Además, el hecho de que el requerimiento se haga en vía administrativa no

39 GONZÁLEZ URIEL (2023).

40 GAUNA KROEGER (2014: 4) y SANCINETTI (1994: 121 y ss.).

invalida la vigencia del derecho a no declarar contra uno mismo y a no declararse culpable, pues el mismo también es de aplicación en el procedimiento administrativo, especialmente cuando este puede dar lugar a un procedimiento penal[41]. Por lo tanto, la conclusión a la que se llega es que ningún órgano puede realizar el requerimiento sin violar el derecho del acusado a permanecer en silencio, no declarar contra sí mismo y no declararse culpable.

IV. ¿QUIÉN PUEDE SER REQUERIDO?

En la Convención de las Naciones Unidas contra la Corrupción y en la mayoría de los países que tipifican este delito puede ser sujeto activo cualquier funcionario público. Sin embargo, en España, su alcance se ha restringido a un grupo específico de servidores públicos: las autoridades. Aunque se desconoce el motivo de esta limitación, podemos afirmar que se aleja de lo habitual en nuestro Código Penal, donde la inmensa mayoría de los delitos que pueden ser cometidos por autoridades también puede serlo por cualquier otro tipo de funcionarios[42].

En cuanto a qué deba entenderse por autoridad, nuestro Código Penal señala, en el artículo 24, que lo será quien "por sí solo o como miembro de alguna corporación, tribunal u órgano colegiado tenga mando o ejerza jurisdicción propia". A renglón seguido añade que en todo caso tendrán tal consideración los miembros del Congreso de los Diputados, del Senado, de las Asambleas Legislativas de las Comunidades Autónomas y del Parlamento Europeo, los funcionarios del Ministerio Fiscal y los Fiscales de la Fiscalía Europea.

Por otra parte, cabe mencionar que nuestros tribunales han considerado como tales a figuras como Jueces de Paz, notarios, Inspectores de Trabajo y Directores de Centros Penitenciarios, Tenientes de Alcalde cuando ejercen como Alcalde, Decano del Colegio de Abogados, Presidente de la Junta Electoral, Vicedecanos en funciones de Decano, Gobernadores Civiles, miembros del Gobierno, Magistrados del Tribunal Constitucional y del Consejo General del Poder Judicial, Presidentes de Comisiones Gestoras, Delegados de Hacienda, los Curas Párrocos según la antigua legislación y los Catedráticos. La jurisprudencia sobre el concepto de autoridad se ha dictado prácticamente en su totalidad en relación con el delito de atentado del artículo 550 CP. Apenas hay sentencias en las que se analice detenidamente la diferencia entre autoridad y funcionario con motivo de delitos contra la Administración pública debido a que todos los funcionarios pueden ser sujetos activos de estos delitos.

En todo caso, ha de tenerse en cuenta que el concepto de autoridad se haya vinculado al ejercicio del cargo. Se adquiere por nombramiento o elección y se pierde al cesar en el cargo[43] y "no acompaña al sujeto pasivo como estatuto personal, sino que se proyecta para lo que entraña interés público y no para cuestiones puramente particulares", como bien tiene indicado la jurisprudencia[44]. Bajo esta premisa, el requerimiento debería limitarse a incrementos patrimoniales relacionados con el cargo, lo que supondría la interpretación más fiel al texto del artículo, a su ubicación dentro de los delitos contra la Administración pública y a su finalidad de combatir la corrupción. No obstante, esta vinculación plantea importantes dificultades probatorias y desafíos en su aplicación práctica. Entre otras cuestiones, requiere acreditar la fecha exacta del incremento patrimonial superior a 250.000 euros para confirmar que el mismo tuvo lugar cuando el requerido ostentaba la condición de autoridad, así como la vinculación con el cargo y, por tanto, con la causa pública. En última instancia, esto debería llevar a la inaplicación de este tipo por la preferente aplicación del concreto delito de corrupción cometido.

A su vez, si el requerimiento (o la comprobación patrimonial) se vincula a las obligaciones declarativas previstas para algunos cargos públicos, el campo de sujetos activos de este delito se vería todavía más reducido pues, como avanzábamos, hay autoridades, como los jueces y fiscales, que no están sometidos a obligaciones declarativas y otras que, estándolo, no están sometidas a mecanismos adecuados para controlar la veracidad de tales declaraciones y sancionar en caso de incumplimiento.

---

43 JUANATEY DORADO (1997: 80).

44 Por ejemplo, en las sentencias del Tribunal Supremo, Sala de lo Penal, de 12 de mayo de 1992 y 3 marzo de 2021.

V. ¿CÓMO Y CUÁNDO SE HA DE REALIZAR EL REQUERIMIENTO?

La creación de este delito no ha venido acompañada de la aprobación de una regulación administrativa que indique cómo aplicarlo.

La normativa administrativa debería señalar cuál sería la vía procedente para llevar a cabo el requerimiento y cómo se debería contestar al mismo (por vía electrónica o presencialmente, aportando documentación acreditativa, etc.). También debería fijar un plazo para contestar o cuántas veces se ha de realizar el requerimiento antes de entender que la autoridad se ha negado a contestar. Por ahora, sin una regulación al respecto, no hay motivos para creer que sería necesario más de un requerimiento[45].

En cuanto al contenido del requerimiento, debería indicarse en el mismo el concreto elemento o elementos cuya variación patrimonial se considera que no cuadra con los ingresos acreditados[46]. Por ejemplo, la adquisición de la vivienda X por un precio muy elevado en relación con el de mercado. Es decir, no debería utilizarse el requerimiento para pedirle a la autoridad que explique todos los elementos de su patrimonio, ni asentarlo sobre rumores o hacer expediciones de pesca o indagaciones sin un objetivo claro definido[47].

Además, según entendemos, el requerimiento debería realizarse sólo cuando se ha detectado un incremento patrimonial superior a 250.000 euros y hay indicios bastantes de que no se ha adquirido de forma lícita. También así lo entiende MUÑOZ CUESTA, quien apunta que antes de requerir debería haber pruebas, ya sea directas o indiciarias, sobre la ilicitud del incremento patrimonial y de que este supera los 250.000 euros[48].

En relación a cuándo podría realizarse el requerimiento, hay que tener en cuenta que el incremento patrimonial podría detectarse tras una comprobación realizada por los órganos encargados de revisar las declaraciones patrimoniales o por investigaciones realizadas por

---

45 También así lo entiende NÚÑEZ CASTAÑO (2024: 117).

46 GAUNA KROEGER (2014: 6).

47 CREUS & BUOMPADRE (2007: 343).

48 MUÑOZ CUESTA (2023).

órganos administrativos (como inspección de Hacienda) o judiciales. La investigación también podría comenzar tras una denuncia presentada por un ciudadano, un periodista, una organización sin ánimo de lucro o un partido político que haya observado un estilo de vida aparentemente incompatible con los ingresos lícitos del sujeto[49]. Sea quien fuere quien tuviese conocimiento en un primer momento del incremento patrimonial, debería poner los hechos en conocimiento del órgano competente para realizar el requerimiento. De no contestarse este en debida forma, podría darse traslado al juzgado de instrucción quien debería iniciar una investigación para determinar el concreto delito del que procede el incremento patrimonial. De entender que estamos ante un tipo activo o complejo, sólo se podría sancionar por enriquecimiento ilícito si no se puede acreditar la comisión de otro delito. Sin embargo, de entender que la "desobediencia" al requerimiento es el núcleo del injusto, se podría sancionar tanto por el delito base como por el artículo 438 bis CP.

Debemos tener en cuenta también que este delito entra en vigor en nuestro ordenamiento jurídico el 12 de enero de 2023 de forma que, si no se quiere conculcar el principio de irretroactividad de las disposiciones penales desfavorables al reo, el incremento patrimonial superior a 250.000 euros tendrá que producirse con posterioridad a esta fecha para ser considerado típico[50], lo que de nuevo nos lleva a la importancia de determinar la fecha en la que se produce el incremento[51].

Cabe preguntarse hasta cuándo se puede realizar el requerimiento. Esta cuestión reviste especial relevancia si se tiene en cuenta que, de entender que es un elemento del tipo, el delito se consumará cuando se produzca la negativa a contestar al requerimiento. Esto supone que, si no se fija un límite temporal para la realización del mismo, en la práctica el tipo sería imprescriptible y podríamos encontramos en 2040 con un requerimiento a una autoridad para que explique cómo pudo adquirir un barco en julio de 2023, cuando detentaba un cargo público. De interpretar que estamos ante un delito activo o complejo,

---

49 DEL CARPIO DELGADO (2024).

50 Para una visión de derecho comparado, véase DORNBIERER (2022: 163 y ss.).

51 BLANCO CORDERO (2017: 25).

la prescripción empezaría contar desde que el incremento patrimonial injustificado supera los 250.000 euros.

VI. ¿CUÁNDO SE ENTIENDE "DEBIDAMENTE" CONTESTADO EL REQUERIMIENTO?

1. *Negativa abierta*

Surge la duda de cuándo se entiende que el requerido se ha negado abiertamente a dar el debido cumplimiento al requerimiento por el que se le pide que explique el origen del incremento patrimonial.

La expresión "negarse abiertamente" la encontramos también en el delito de desobediencia cometido por funcionario público tipificado en el artículo 410 del Código Penal español. Mediante este delito se sanciona a "las autoridades o funcionarios públicos que se negaren abiertamente a dar el debido cumplimiento a resoluciones judiciales, decisiones u órdenes de la autoridad superior, dictadas dentro del ámbito de su respectiva competencia y revestidas de las formalidades legales"[52]. Este delito requiere la existencia de una resolución judicial, decisión u orden y el deber para el funcionario o autoridad de dar a la misma el debido cumplimiento, teniendo este deber su razón de ser en la relación de superioridad o jerárquica que existe entre quien emite la resolución, decisión u orden y quien ha de acatarla[53]. Con este tipo se tratan de proteger las relaciones de superioridad (ya sea jerárquica, competencial o de otro tipo) que se producen dentro de una determinada organización administrativa, entre distintas organizaciones administrativas o entre diferentes Administraciones[54]. Mediante el mismo se sanciona sólo una forma de desobediencia, la "negativa abierta", por ser considerada la más grave, pudiendo sancionarse administrativamente conductas de menor entidad[55]. De esta forma, el mero incumplimiento de la orden no será típico si no va

---

52 Cabe apuntar que en la mayoría de los ordenamientos jurídicos de nuestro entorno estas conductas sólo se sancionan en vía administrativa [JAVATO MARTÍN (2014: 2)].

53 JAVATO MARTÍN (2024: 18).

54 ÁLVAREZ GARCÍA (2013: 217 y ss.).

55 ÁLVAREZ GARCÍA (1987: 153 y ss.).

acompañado de elementos que revelen con toda claridad la voluntad de incumplir[56].

Doctrina y jurisprudencia vienen entendiendo que la expresión "negarse abiertamente" del artículo 410 CP no sólo se refiere a negativas expresas, sino que también abarca la pasividad y la imposición de trabas. Si no se sancionase esa actitud de obstinada, reiterada y visible pasividad a lo largo del tiempo, sin efectuar ninguna manifestación explícita de rechazo, el tipo quedaría casi sin aplicación puesto que esa es precisamente la respuesta más habitual en la práctica[57]. La negativa tácita suele materializarse en comportamientos tendentes a dar una apariencia de acatamiento de la orden acompañados de excusas o dilaciones, o de la realización de actos cuyo contenido no se ajusta al de la orden o, incluso, es contrario a él[58].

---

56 CÓRDOBA RODA (2004: 1946 y ss.).

57 JAVATO MARTÍN (2014: 15), FEIJOO SANCHEZ (1997: 1106) y QUINTERO OLIVARES (2016: 1304). En contra, MUÑOZ CONDE quien entiende que no basta con la simple omisión, con un incumplimiento o inejecución, sino que para que estemos ante una "negativa abierta" es necesaria una acción positiva, la cual ha de ser expresa, clara y terminante [MUÑOZ CONDE (2022: 967 y ss.)].

58 El Tribunal Supremo, Sala de lo Penal, recuerda tal extremo en la sentencia 477/2020, de 28 de septiembre de 2020, por la que se confirma la condena al presidente de la Generalitat de Catalunya por desobedecer de forma reiterada y contumaz las órdenes de la Junta Electoral Central para que retirase de edificios públicos dependientes de la Generalitat durante el proceso electoral de las elecciones generales de 2019 lazos amarillos, banderas esteladas o pancartas y eslóganes identificables con determinadas opciones políticas y eventuales candidaturas a las Cortes Generales, al suponer esto una vulneración de la neutralidad exigida a las administraciones públicas en esos procesos. Apunta aquí que "se comprende dentro del tipo tanto la manifestación explícita y contundente contra la orden como la adopción de una actitud de reiterada y evidente pasividad a lo largo del tiempo sin dar cumplimiento a lo mandado, es decir, la de quien sin oponerse o negar la misma, tampoco realiza la mínima actividad exigible para su cumplimiento." Lo mismo se dice en la sentencia 54/2008 de 8 de abril, por la que condena al presidente del Parlamento Vasco y a dos miembros de la Mesa del Parlamento por no dar cumplimiento a la disolución de un grupo parlamentario representante de un partido político ilegalizado. El Tribunal Superior de Justicia del País Vasco había entendido que "no existió una negativa abierta y directa porque nunca fue formulada de forma expresa esa negativa", ante lo que el Tribunal Supremo responde que "tal línea de razonamiento no es aceptable, en la medida en que identifica negativa abierta y directa con negativa expresa. Nada de eso se desprende del art. 410.1 del CP, ni de la jurisprudencia de esta Sala que ha interpretado el alcance de ese precepto. Conviene tener presente que una

Además, nuestros tribunales han señalado que "abiertamente" no debe interpretarse como "algo estrepitoso o hecho con escándalo, espectáculo o sin disimulo. Evoca más bien una oposición firme de fondo, decidida, sin paliativos, obstinada, lo que es compatible con que se tratase de una negativa con apariencia de amabilidad, respeto simulado o fingido acatamiento. (...) [N]o hace referencia en el examinado tipo penal a las formas, sino al fondo; no es un problema externo o de revestimiento: sino de contenidos, material. El tipo no protege la apariencia, sino lo nuclear: castiga la rebeldía sin paliativos, aunque venga adornada de protestas de acatamiento acompañadas, como coartada, de una perplejidad más aparente o fingida que real. No es un problema de *escenografía*, sino de sustancia. *Abiertamente* significa que la negativa ha de ser *indudable*, lo que es compatible con el disimulo, o una ficticia y buscada apariencia de no querer desobedecer"[59].

En todo caso, el Derecho penal sólo sancionará aquella pasividad que sea de entidad y gravedad suficiente, es decir, aquella de la que se desprenda claramente la intención de no acatar el mandato. Se trata de deslindar esta del retraso u obstaculización en el cumplimiento que "no expresen una decisión final de no acatamiento", la cual podría sancionarse, en su caso, en vía administrativa[60]. Esto nos lleva a concluir que un simple retraso en el cumplimiento no constituiría el tipo penal, salvo que evidencie una negativa expresa. Los casos de

---

negativa no expresa, ya sea tácita o mediante actos concluyentes, puede ser tan antijurídica como aquella que el Tribunal a quo denomina expresa y directa. El carácter abierto o no de una negativa no se identifica con la proclamación expresa, por parte del acusado, de su contumacia en la negativa a acatar el mandato judicial. Esa voluntad puede deducirse, tanto de comportamientos activos como omisivos, expresos o tácitos". También entendieron los Jueces de instancia, como elemento esencial para negar la existencia de delito, que los acusados contestaron a todos los requerimientos formulados al respecto.

59 Extracto tomado de la sentencia 722/2018 de 23 de enero el Tribunal Supremo por la que se condena al Presidente de la Generalitat, requerido por el Pleno del Tribunal Constitucional para que suspendiera los actos relativos a la consulta de independencia de Cataluña celebrada en 2014, requerimiento que incumplió señalando en el recurso presentado que "pensó que tal mandato no le afectaba personalmente como Presidente de la Generalitat, que era algo que no iba con su cargo, ni con sus funciones; o que habían de ser otros los encargados, previo requerimiento en su caso, o el propio Tribunal Constitucional, de dotar de eficacia a ese mandato que le fue comunicado personalmente".

60 ÁLVAREZ GARCÍA (2013: 231 y ss.).

incumplimientos temporales, obstrucciones o demoras excesivas por falta de diligencia podrían, en su caso, ser sancionados en el ámbito administrativo[61]. Lo relevante no es la intención o voluntad del sujeto activo, sino lo que resulte objetivamente apreciable para un observador medio.

De trasladar lo señalado para el delito de desobediencia del artículo 410 CP al delito de enriquecimiento ilícito, debería entenderse que no es necesario que el sujeto activo manifieste de forma clara y contundentemente su negativa a cumplir. Lo relevante será que actúe de tal forma que quede patente su voluntad de no cumplir, es decir, de no responder "en debida forma" al requerimiento[62]. Dicha voluntad debe ser objetivamente apreciable y podría inferirse, por ejemplo, de la reiterada falta de respuesta o de la generación de obstáculos para el cumplimiento[63]. Esto podría llevar a entender que, si inicialmente el requerido expresa su intención de no cumplir el mandato, pero posteriormente lo acata, la conducta no sería típica puesto que con su actuar ha revelado su voluntad de cumplir.

2. *Debido cumplimiento*

Apunta el artículo 438 bis CP que la autoridad ha de dar "debido cumplimiento" al requerimiento. De ello parece desprenderse que no vale con cualquier contestación, sino que la única que libraría al acusado de la condena por este delito sería aquella por la que se explique el origen del incremento patrimonial.

De responder ofreciendo una explicación cabe preguntarse cuando esta se entiende "suficiente". ¿Sería suficiente con indicar el origen del incremento patrimonial o sería necesario aportar pruebas del mismo? Por ejemplo, si expone que procede de un préstamo familiar ¿ha de aportar un contrato o se podrá exigir el testimonio de los familiares? ¿tendrá que aportar el testamento, el testimonio de amigo o las cintas de vigilancia del casino donde lo ganó? Esta última opción podría suponer una auténtica inversión de la carga de la prueba y la con-

61 JAVATO MARTÍN (2014: 17 y ss.).

62 CÓRDOBA RODA (2004: 1946 y ss.).

63 ÁLVAREZ GARCÍA (2013: 161).

culcación del principio de presunción de inocencia y del derecho a no autincriminarse. No obstante, parece que es exactamente lo que establece el precepto.

A su vez, cabe preguntarse qué sucederá si la prueba no está en su poder, ¿podrá el órgano competente para requerir pedir la colaboración de terceros? Y, en caso de que las explicaciones proporcionadas no puedan ser verificadas, ¿cómo se resolvería la situación?[64].

Otro escenario posible en la práctica sería aquel en el que el sujeto lograra justificar el origen de una parte de los bienes cuestionados, pero no pudiera explicar la procedencia del resto. En este caso, si la cantidad no acreditada es inferior a 250.000 euros, no sería posible continuar con el procedimiento por este delito[65].

También cabe preguntarse si dentro de la conducta típica se incluiría ofrecer explicaciones vagas, imprecisas o poco verosímiles. Al respecto, la exposición de motivos de la Ley 14/2022 establece que "sólo ante la negativa a detallar a dichos órganos el origen de un incremento patrimonial o de una cancelación de deudas o ante una *explicación manifiestamente falsa* sobre los mismos se incurriría en el tipo penal." Pero ¿qué ha de entenderse por una explicación "manifiestamente falsa"? en España tuvimos un caso de un político investigado por corrupción en el que encontraron un maletín con un millón de euros en el ático de sus suegros. Preguntado por el origen del mismo, la explicación fue que no sabían cómo había llegado allí, que en la casa entraba mucha gente de Ikea y fontaneros[66]. ¿Se podría entender que

---

64 Resuelve RAGA VIVES (2025: 261) que si el sujeto no puede acreditar el origen del patrimonio por casusas ajenas a su voluntad, como puede ser que haya perdido el documento privado que acredita el aumento patrimonial, la conducta sería atípica (si no se ha negado a contestar al requerimiento). El problema aquí sería el demostrar que el documento se ha perdido de forma involuntaria y que, efectivamente, dicho documento existió.

65 También así NÚÑEZ CASTAÑO (2024: 124). RAGA VIVES (2025: 264 y ss.) sostiene que podría considerarse que el precepto exige que se justifique el *global* del patrimonio inexplicable, lo que supondría que justificar 1 euro de 250.000 no acreditados debería llevar a la aplicación del tipo. Plantea, asimismo, la posibilidad de recurrir a sanciones administrativas por el incumplimiento de presentar declaraciones cuando no se alcancen los 250.000 euros injustificados.

66 Miguel Ángel Campos, "El suegro de Granados: «El millón será de algún fontanero o de alguien de Ikea»", La Ser, 28 de diciembre de 2015 [*https://cadenaser.*

con esta respuesta se ha dado cumplimiento al requerimiento, o para condenar penalmente se exige algo más?

A su vez, surge la duda de qué implicaciones tendría el no contestar el requerimiento realizado por el órgano administrativo que se considere competente y después contestarlo en vía judicial o no contestarlo ante el juez de instrucción y sí explicar el origen de los bienes una vez iniciado el juicio. Si finalmente se acredita el origen lícito de los bienes, resultaría desproporcionado sancionar penalmente a una persona. Nos obstante, de entender que es un delito de desobediencia, parece que sí debería sancionarse. Algunos autores han propuesto "crear una solución" para estos supuestos que atenúe la pena o exima de la misma[67]. Esta propuesta recuerda a los efectos de la regularización tributaria en el delito de fraude fiscal (artículo 305.4 del Código Penal) o a la previsión en materia de malversación, según la cual, si el culpable no reintegra los bienes públicos distraídos en un plazo de 10 días desde la incoación del proceso, se le impondrá una pena más grave (artículo 432 bis del Código Penal). No creemos compatible tal propuesta con la interpretación del tipo como un delito de desobediencia. En tal caso, la ausencia de justificación ante el órgano encargado de la comprobación patrimonial consumaría la conducta típica. Por el contrario, de considerar que estamos ante un tipo activo o ante un tipo complejo, lo relevante será probar la licitud del incremento. Si se consigue este extremo, en qué momento procesal tenga lugar debería resultar irrelevante. A la misma disyuntiva llegaríamos si el investigado no contesta, pero de otra forma se acredita que los bienes tienen un origen lícito.

Por otra parte, si el sujeto responde admitiendo que el incremento patrimonial proviene de la comisión de un delito previo, el órgano encargado de la comprobación patrimonial debería remitir esta información a los tribunales competentes para que continúen la investigación por el posible delito previo, paralizándose la vía administrativa y la investigación por enriquecimiento ilícito hasta la eventual resolución penal. Ello de interpretarse como un tipo activo o complejo. Sin

com/ser/2015/12/28/tribunales/1451320741_293659.html]. Similares interrogantes le surgen a DEL CARPIO DELGADO (2024: 154 y ss.).

67 RAGA VIVES (2025: 265).

embargo, si se considera que es un tipo omisivo, se podría continuar el procedimiento por ambos delitos, pudiendo la autoridad ser sancionada por ambos.

Frente al requerimiento, las vías de defensa que podría adoptar el sujeto serían acreditar que no se produjo el incremento patrimonial; que no se produjo durante el plazo que indica el delito (o desde su entrada en vigor) o que no llega a 250.000 euros. También podría contestar probando la licitud del origen del incremento es lícito o cuestionando el requerimiento. Por ejemplo, que este no se realizó conforme a la normativa pertinente o por el órgano competente o que sí lo contesto en debida forma. Además, podría poner en cuestión su condición de sujeto activo a efectos de este delito.

VII. ¿ES COMPATIBLE CON EL DERECHO A LA PRESUNCIÓN DE INOCENCIA Y A NO AUTOINCRIMINARSE?

Como hemos venido adelantando, no encontramos una interpretación del tipo del artículo 438 bis CP que resulte compatible con los derechos a la presunción de inocencia y a guardar silencio. La obligación de contestar "debidamente" al requerimiento por el que se le pide a la autoridad que explique el origen de sus bienes supone trasladar al requerido la carga de probar que no ha cometido los hechos de los que indirectamente se le acusa, a la vez que se le priva de su derecho a guardar silencio y no autoincriminarse.

El derecho a la presunción de inocencia obliga a tipificar hechos externos concretos, imputables a un autor y verificables de forma objetiva en el proceso penal[68]. Supone además que el acusado es inocente hasta que se pruebe lo contrario, recayendo la carga de la prueba en la acusación.

No obstante, también es verdad que todos los derechos fundamentales pueden restringirse siempre que se respeten los requisitos de legalidad, excepcionalidad y proporcionalidad[69]. En este sentido,

---

68 GÓRRIZ ROYO (2013: 207).

69 ASENCIO MELLADO (2007: 86).

el Tribunal Europeo de Derechos Humanos (en adelante, TEDH) ha aceptado que las legislaciones europeas contemplen supuestos de inversión de la carga de la prueba, siempre que las presunciones sean razonables y puedan ser rebatidas. La razonabilidad implica que sean proporcionales al objetivo perseguido, considerando tanto la gravedad de la pena como la afectación al bien jurídico protegido. Por su parte, la refutabilidad implica que se pueda presentar prueba en contrario, que no sea *iure et de iure* o automática[70]. Supone también una separación entre la carga de la prueba y el derecho de defensa[71]. Por su parte, nuestro Tribunal Constitucional no considera contrarias a la Constitución las presunciones legales en materia penal siempre que no sean automáticas, la acusación tenga que probar los elementos básicos del tipo y la defensa tenga ocasión de contradecirlas[72].

Consideramos aquí, al igual que OLAIZOLA NOGALES[73], que la presunción que establece el tipo de enriquecimiento ilícito no puede ser considerada razonable puesto que este delito no es necesario en nuestro ordenamiento jurídico, al contar este con mecanismos suficientes para evitar que el funcionario se enriquezca de forma ilícita. También entendemos que se trata de una presunción de aplicación automática, ello porque no es necesaria la prueba del origen ilícito del incremento patrimonial. La acusación sólo ha de probar que el incremento patrimonial es inusual. Esto supone que, si el requerido/acusado no prueba la licitud del origen patrimonial de los bienes, será condenado, aunque la acusación tampoco aporte prueba alguna de su ilicitud. Coincidimos con el Tribunal Constitucional portugués[74] en que esta configuración típica supone la inversión de la carga de la prueba y va contra el derecho del acusado a permanecer en silencio. Ambos exigen que un delito no se configure en forma que promueva la inercia del Ministerio Público y exija la actuación del imputado. El tipo español también iría contra el principio de *in dubio pro reo* y la necesidad de probar *más allá de toda duda razonable* para condenar

---

70 BLANCO CORDERO (2017: 22).
71 ASENCIO MELLADO (2007: 99 y ss.).
72 ASENCIO MELLADO (2007: 101).
73 OLAIZOLA NOGALES (2023: 186 y 194).
74 TRIBUNAL CONSTITUCIONAL PORTUGUÉS (2012): Acuerdo n.º 179/2012. *[http://www.tribunalconstitucional.pt/tc/acordaos/20120179.html]*.

puesto que al presumir que el incremento es ilícito, la duda sobre su origen determina la condena del investigado, en vez de su absolución[75].

A su vez, este delito no permite a la autoridad ejercitar su derecho a permanecer en silencio, pues le obliga, bajo la amenaza de ser sancionado penalmente, a contestar a un requerimiento por el que se le preguntar por el origen de sus bienes. Si no contesta o da explicaciones inverosímiles, el silencio o tales manifestaciones pueden ser valorados por el juez como un indicio en su contra. Tal indicio podría llevar a su condena puesto que, como avanzábamos, no se exige como elemento típico la prueba del origen ilícito de los bienes[76].

Nuestra jurisprudencia viene admitiendo que el silencio del acusado y las declaraciones poco creíbles puedan usarse como un indicio para condenar, pero nunca pueden de forma aislada determinar una sentencia condenatoria. Una parte de la doctrina, con la que estamos de acuerdo, considera que tales extremos tan siquiera se deberían valorar como un indicio, pues no prueban absolutamente nada y no deberían ser interpretados como confesión de los hechos, ni como elemento de prueba o indicio[77].

Por tanto, según entendemos, la apreciación de un incremento patrimonial injustificado en un servidor público y la ausencia de explicaciones razonables por parte del mismo, puede ser un indicio de la comisión de algún delito y habrá que iniciar una investigación para comprobar tal extremo, pero no puede ser un delito en sí mismo[78].

Por otra parte, no se desconoce que cada vez es más habitual el establecimiento de obligaciones de colaboración con la Administración, reforzadas mediante la amenaza de una sanción. Por ejemplo, en España, existe la obligación para los contribuyentes de aportar a la Administración tributaria libros, registros, documentos y la obligación, en ciertos supuestos, de someterse a la práctica de pruebas de ADN o

---

75 ROJAS PITCHLER (2020: 610 y ss.).

76 Apuntaba BLANCO CORDERO (2017: 21), que este derecho sólo quedaría salvaguardado si la acusación presenta pruebas para tratar de descartar la lícita procedencia.

77 *Vid.* GALLARDO ROSADO (2022: 328 y ss.) y la doctrina allí citada.

78 FABIÁN CAPARRÓS (2019: 607) y BLANCO CORDERO (2017: 21). Más ampliamente en QUINTAS PÉREZ (2025: 470 y ss.).

análisis de sangre o de aire aspirado que puedan ser necesarias para la investigación de un delito. En los casos mencionados, el derecho de defensa del acusado entra en conflicto con la protección de otros valores de relevancia constitucional, como la actividad administrativa orientada a resguardar bienes jurídicos tales como la Hacienda Pública o la seguridad en el tráfico, los cuales requieren la cooperación ciudadana[79]. A este respecto, el TEDH ha considerado que se vulnera el derecho a no autoincriminarse cuando la información obtenida coactivamente en un proceso de naturaleza meramente indagatoria es utilizada para fundar la condena en un proceso de naturaleza sancionadora posterior. Así mismo, lo considera vulnerado en aquellos supuestos en los que se prevén formas de coacción, como multas o privación de libertad, a quienes, en un proceso de naturaleza no penal no aportan información que podría ser usada posteriormente contra ellos en un procedimiento penal[80]. Entendemos que es precisamente esto lo que sucede en el caso del delito de enriquecimiento ilícito: en un proceso judicial o administrativo —dependiendo de quién se entienda que puede realizar el requerimiento— se pide información que puede resultar autoincriminatoria, bajo la amenaza de una pena.

Por otra parte, algunos autores parecen admitir que con este delito se conculcan los derechos mencionados, pero consideran que es el precio a pagar por una lucha más "efectiva" contra un fenómeno tan grave como es la corrupción. No consideramos admisible que esta supuesta "situación de excepción" (ni otras) puedan llegar a justificar la

---

79 NIETO MARTÍN & BLUMENBERG (2010: 399). No obstante, los tribunales sí que viene admitiendo que se utilice material que, aunque obtenido coactivamente, tiene una existencia independiente de la voluntad de la persona a la que pudiera perjudicar, como puede ser el proveniente de una prueba de ADN o de alcoholemia. Algunos autores, como RAGA VIVES (2023b: 204 y ss.), han tratado de equiparar el requerimiento para explicar el origen de los bienes con este tipo de pruebas para defender la constitucionalidad del delito, sin embargo, lo cierto es que en este caso estamos ante datos subjetivos, es decir, datos que no existen de forma aislada sino que sólo se pueden obtener de lo que diga o calle el investigado.

80 También así nuestro Tribunal Constitucional en sentencia número 21/2021, de 15 de febrero.

limitación o eliminación de derechos fundamentales como el derecho a presunción de inocencia o el derecho a no autoincriminarse[81].

VIII. CONCLUSIÓN

La regulación del delito de enriquecimiento ilícito presenta lagunas significativas que dificultan, e incluso imposibilitan, su aplicación práctica. No se determina con claridad quién puede realizar el requerimiento, la lista de sujetos susceptibles de ser requeridos es limitada y no existe certeza sobre cuándo se considerará "debidamente cumplida" la obligación de justificar el origen del patrimonio. A esta falta de taxatividad se suma el hecho de que no parece sancionarse una conducta concreta, sino una mera sospecha, que se emplea para invertir la carga de la prueba y obligar al requerido a demostrar por qué no debe ser sancionado. Esto supone una vulneración de sus derechos a la presunción de inocencia y a permanecer en silencio y no autoincriminarse.

IX. BIBLIOGRAFÍA

ÁLVAREZ GARCÍA, F. J. (2013): *Tratado de derecho penal español. Parte Especial. Tomo III: Delitos contra las administraciones pública y de justicia.* Valencia: Tirant lo Blanch.

ÁLVAREZ GARCÍA, F. J. (dir.) (1987): *El delito de desobediencia de los funcionarios públicos.* Barcelona: Bosch.

ASENCIO MELLADO, J. M. (2007): "La lucha contra la corrupción. El delito de enriquecimiento ilícito". En: ALCÁZAR RAMOS, M. *et al.* (eds.): *El Estado de Derecho frente a la corrupción urbanística.* Madrid: La Ley.

BLANCO CORDERO, I. (2017): "El debate en España sobre la necesidad de castigar penalmente el enriquecimiento ilícito de empleados públicos". *Revista Electrónica de Ciencia Penal y Criminología*, 19-16.

CARTOLANO, M. J. (2016): "Aproximación al delito de enriquecimiento ilícito". En: PÉREZ ÁLVAREZ (dir.): *Propuestas penales: nuevos retos y modernas tecnologías.* Salamanca: Ediciones Universidad de Salamanca.

---

81 En el mismo sentido NÚÑEZ CASTAÑO (2024: 141 y ss.) y SÁNCHEZ BENITEZ (2019: 18).

CASTRO CUENCA, C. G. (2009): *Corrupción y delitos contra la administración pública. Especial referencia a los delitos cometidos en la contratación pública.* Bogotá: Universidad del Rosario.
COMISIÓN EUROPEA. (2023): *Informe sobre el Estado de Derecho en 2023. Capítulo sobre la situación del Estado de Derecho en España.* Bruselas: Comisión Europea.
CÓRDOBA RODA, J. & M. GARCÍA ARÁN (2004): *Comentarios al Código Penal.* Madrid: Marcial Pons.
CREUS, C. & J. E. BUOMPADRE (2007): *Derecho Penal. Parte Especial, Tomo II* (7.ª ed.). Buenos Aires: Astrea.
DEL CARPIO DELGADO, J. (2024): *El delito de enriquecimiento injustificado en el Código Penal español.* Pamplona: Aranzadi.
DÍAZ-ARANDA, E. (2023): "¿Previene el delito de enriquecimiento ilícito la corrupción?". En: MÉNDEZ-SILVA, R. (coord.): *Lo que todos sabemos sobre la corrupción y algo más.* Ciudad de México: Instituto de Investigaciones Jurídicas de la UNAM.
DONNA, E. A. (2007): "Enriquecimiento ilícito de funcionarios y empleados". En: DONNA, E. A.: *Derecho Penal. Parte Especial* (T. III). Santa Fe: Rubinzal Culzoni.
DONNA, E. A. (2009): "Aspectos generales del tipo penal de estafa". *Revista Latinoamericana de Derecho*, 1(39).
DORNBIERER, A. (2022): *Enriquecimiento ilícito: una guía sobre las leyes que abordan los activos de procedencia inexplicable.* Basilea: Basel Institute on Governance.
ENNIS, J. L. (2017): "Alternativas interpretativas, dogmática y decisión política en torno al delito de enriquecimiento ilícito de funcionarios públicos". *Revista Anales de la Facultad de Ciencias Jurídicas y Sociales*, 47.
FABIÁN CAPARRÓS, E. A. (2019): "Apuntes críticos sobre la posible tipificación del delito de enriquecimiento ilícito en España". En: RODRÍGUEZ GARCÍA, N., CARRIZO GONZÁLEZ, A. & F. C. RODRÍGUEZ LÓPEZ (eds.): *Corrupción:* Compliance, *Represión y Recuperación de Activos.* Valencia: Tirant lo Blanch.
FEIJOO SANCHEZ, B. (1997): "Art. 410 a 412". En: RODRÍGUEZ MOURULLO, G. & A. JORGE BARREIRO (dirs.): *Comentarios al Código Penal.* Madrid: Civitas.
FONTÁN BALESTRA, C. (2008): *Derecho penal. Parte Especial.* Buenos Aires: Abeledo Perrot.
GALLARDO ROSADO, M. (2022): *Los derechos a permanecer en silencio y a no declarar contra sí mismo: perspectivas actuales de interpretación.* Valencia: Tirant lo Blanch.
GAUNA KROEGER, C. A. (2014): "El enriquecimiento ilícito de funcionarios públicos en el Código Penal". *Revista de Derecho Penal y Criminología*, 3.
GONZÁLEZ URIEL, D. (2023): "La controvertida incorporación del mal llamado delito de enriquecimiento ilícito en el artículo 438 bis del código penal". *Revista Aranzadi Doctrinal*, 7.

GONZÁLEZ, R. L. (2016): "El delito de enriquecimiento ilícito de funcionario y empleado público como delito de sospecha. Problemas constitucionales". *Revista de la Facultad de Derecho y Ciencias Sociales y Políticas*, 19.

GÓRRIZ ROYO, E. (2013): "Presunción de inocencia y delitos de sospecha: ¿otra vuelta de tuerca al delito del art. 166 CP en la reforma penal de 2013?". *Teoría y Derecho. Revista de Pensamiento Crítico*, 14.

GRECO (2019): Quinta ronda de evaluación. Prevención de la corrupción y promoción de la integridad en gobiernos centrales (altas funciones ejecutivas) y las fuerzas y cuerpos de seguridad. Informe de Evaluación, España, GrecoEval5Rep (2018) 5. Estrasburgo: Consejo de Europa.

GRECO (2021): Quinta ronda de evaluación. Prevención de la corrupción y promoción de la integridad en gobiernos centrales (altas funciones ejecutivas) y las fuerzas y cuerpos de seguridad. Informe de Cumplimiento España, GrecoRC5(2021)8. Estrasburgo: Consejo de Europa.

HERNÁNDEZ BASUALTO, H. (2006): "El delito de enriquecimiento ilícito de funcionarios en el derecho penal chileno". *Revista de Derecho de la Pontificia Universidad Católica de Valparaíso*, XXVII.

JAVATO MARTÍN, A. M. (2014): "El delito de desobediencia de funcionario". *Revista General de Derecho Penal*, 2.

JUANATEY DORADO, C. (1997): *El delito de desobediencia a la autoridad.* Valencia: Tirant lo Blanch.

LÓPEZ ORTEGA, J. J. (2013): "Derecho penal y corrupción: las garantías en los instrumentos penales de investigación y enjuiciamiento". En: VARELA CASTRO, L. & J. J. QUERALT JIMÉNEZ (eds.): *La corrupción en la gestión política*. Madrid: Consejho General del Poder Judicial.

MIRÓ ESTRADÉ, J. (2023): "El nuevo delito de enriquecimiento ilícito como forma de desobediencia (art. 438 bis CP)". *LA LEY Penal*, 161.

MUÑOZ CONDE, F. (2022): *Derecho Penal. Parte Especial* (24.ª ed.). Valencia: Tirant lo Blanch.

MUÑOZ CUESTA, J. (2023): "El nuevo delito de desobediencia del art. 438 bis CP introducido por LO 14/2022". *Aranzadi Doctrinal*, 5.

NIETO MARTÍN, A. & A. D. BLUMENBERG (2010): "*Nemo tenetur se ipsum accusare* en el derecho penal económico europeo". En: DÍEZ-PICAZO, L. & A. NIETO MARTÍN (coords.): *Derechos fundamentales en el Derecho penal europeo*. Navarra: Civitas.

NÚÑEZ CASTAÑO, E. (2024): *El delito de enriquecimiento injustificado. Consideraciones sobre la criminalización del silencio*. Valencia: Tirant lo Blanch.

OLAIZOLA NOGALES, I. (2023): "El delito de enriquecimiento ¿no justificado? ¿ilícito?". *Revista Penal*, 52.

QUINTAS PÉREZ, M. (2025): *El delito de enriquecimiento ilícito. Análisis de su compatibilidad con el ordenamiento jurídico español*. Valencia: Tirant lo Blanch.

QUINTERO OLIVARES, G. & F. MORALES PRATS (2016): *Comentarios al Código Penal español. Tomo II* (7.ª ed.). Cizur Menor: Aranzadi.

RAGA VIVES, A. (2023a): "Del delito de enriquecimiento ilícito a la desobediencia por enriquecimiento injustificado de autoridades". *Revista General del Derecho Penal*, 39.

RAGA VIVES, A. (2023b): "El nuevo delito de desobediencia por enriquecimiento injustificado de autoridades". En: GÓNZALEZ CUSSAC, J. L. (ed.): *Comentarios a la LO 14/2022, de Reforma del Código Penal*. Valencia: Tirant lo Blanch.

RAGA VIVES, A. (2025): *El delito de desobediencia por enriquecimiento injustificado de autoridades*. Valencia: Tirant lo Blanch.

ROJAS PICHLER, P. A. (2020): *El delito de enriquecimiento ilícito en la legislación paraguaya. Su problemática dogmático-constitucional*. Asunción: La Ley.

ROJAS VARGAS, F. (2007): *Delitos contra la Administración pública* (4.ª ed.). Lima: Grijley.

SÁNCHEZ BENÍTEZ, C. (2019): "El delito de enriquecimiento ilícito: ¿una propuesta inconstitucional?". *Revista Electrónica de Estudios Penales y de la Seguridad*.

SANCINETTI, M. A. (1994): *El delito de enriquecimiento ilícito de funcionario público: art. 268.2 C.P. Un tipo penal violatorio del Estado de Derecho*. Buenos Aires: Ad-Hoc.

TRIBUNAL DE CUENTAS (2021): *Informe de fiscalización del cumplimiento de la normativa en materia de indemnizaciones recibidas por cese de altos cargos y del régimen retributivo de altos directivos de determinadas entidades del sector público estatal, Ejercicio 2019*. Madrid: Tribunal de Cuentas.

VIDALES RODRÍGUEZ, C. (2008): *El delito de enriquecimiento ilícito. Su tratamiento en el marco normativo Internacional y en la legislación comparada. Especial referencia a la legislación penal colombiana*. Miami: Centro para la Administración de Justicia.

VILLEGAS GARCÍA, M. A. (2023): "El nuevo delito de 'enriquecimiento ¿ilícito?' del artículo 438 bis del Código Penal". *LA LEY*, 10278.

ALGUNOS PARALELISMOS POLÍTICO CRIMINALES ENTRE LA PROTECCIÓN DE DENUNCIANTES Y RECUPERACIÓN DE ACTIVOS

Miguel Álvarez Hernández[1]
Personal Investigador en Formación Postdoctoral
Área de Derecho Procesal
Universidad de Salamanca

I. INTRODUCCIÓN

La protección de los denunciantes de irregularidades y la recuperación de activos representan dos pilares fundamentales en la lucha contra la corrupción y otras formas de delincuencia enfocada en la obtención de beneficio económico, tanto en el ámbito público como en el privado. Estas dos áreas, aunque aparentemente distantes, comparten objetivos comunes: fortalecer la transparencia, promover la rendición de cuentas y garantizar el respeto al Estado de derecho. Sin embargo, la evolución normativa en torno a estas materias ha estado marcada por una fragmentación significativa en sus enfoques regulatorios. Este trabajo se propone analizar cómo estas normativas han evolucionado y convergido en sus objetivos fundamentales, así como el camino que han seguido hasta su planteamiento vigente.

En el contexto internacional, la protección de los denunciantes ha ganado un protagonismo creciente en las últimas décadas. Instrumentos como la Convención de las Naciones Unidas contra la Corrupción

---

1 Doctor en Derecho. Investigador del "Centro de Investigación para la Gobernanza Global", del "GIR-USAL Justicia, sistema penal y criminología" y del "Observatorio Iberoamericano de Justicia Penal", todos ellos de la Universidad de Salamanca. Este trabajo se ha elaborado en el marco del Proyecto de Investigación "Cumplimiento normativo y protección penal de la Administración Pública" (PID2022-138775NB-I00) del Ministerio de Ciencia e Innovación del Gobierno de España.

(CNUCC) y las directrices de organizaciones internacionales como la OCDE han subrayado la importancia de establecer mecanismos que protejan a los individuos que revelan información sobre actividades ilícitas. No obstante, a pesar de estos esfuerzos, los sistemas legales y administrativos varían considerablemente entre países, lo que genera una protección desigual y, en muchos casos, insuficiente. En paralelo, el marco normativo para la recuperación de activos también ha sido objeto de atención creciente, con iniciativas como las Recomendaciones del Grupo de Acción Financiera Internacional (GAFI) y los esfuerzos de colaboración transnacional en la localización y repatriación de fondos obtenidos de manera ilícita. Estas iniciativas, si bien fundamentales, enfrentan retos complejos relacionados estrechamente con la armonización de regulaciones y la capacidad técnica de los Estados para implementar medidas efectivas.

En el ámbito de la Unión Europea, la aprobación de la Directiva (UE) 2019/1937 sobre la protección de las personas que informan sobre infracciones del Derecho de la Unión ha supuesto un avance significativo. De forma paralela, la recuperación de activos también ha sido objeto de atención en la UE, especialmente a través de instrumentos como la Directiva 2014/42/UE sobre el embargo y decomiso de los bienes utilizados o derivados de la comisión de delitos en la Unión Europea, que recientemente ha sido sustituida por la Directiva 2024/1260, sobre recuperación y decomiso de activos. Este marco busca facilitar la confiscación de activos ilícitos y garantizar su devolución a las partes afectadas, aunque, en ese proceso, también enfrenta una serie de retos que merecen análisis.

En este contexto, el presente trabajo se estructura en dos grandes bloques. En primer lugar, se abordará la evolución de la normativa internacional y europea en materia de protección de los denunciantes y recuperación de activos. Para ello, se analizan los principales instrumentos legales, sus logros y las áreas pendientes de mejora. En segundo lugar, se presentará un análisis crítico de las conclusiones comunes que pueden extraerse de esta evolución normativa, haciendo énfasis en la falta de una perspectiva de sistema y las oportunidades para avanzar hacia un enfoque más integrado y eficaz. Este análisis busca contribuir al debate académico y político sobre la necesidad de un marco normativo más cohesionado que permita abordar de manera más efectiva los retos complejos que presentan la protección de denunciantes y la recuperación de activos en un mundo globalizado.

II. EVOLUCIÓN DE LA NORMATIVA INTERNACIONAL Y COMUNITARIA

La regulación de la protección de los denunciantes de irregularidades ha recibido un notable impulso en los últimos años, tras décadas sin contar con un marco normativo claro[2]. Este crecimiento se debe leer de la mano con el auge de determinadas conductas delictivas, que han pasado a ocupar el centro de las preocupaciones de las políticas criminales de los Estados de Derecho. Existieron algunos antecedentes, incluso remotos[3], de la figura del denunciante. Se citan como relevantes, especialmente, el Caso *Watergate*, donde la consideración de esta figura comenzó a cambiar hacia connotaciones más positivas socialmente[4], y que, en el caso de Estados Unidos, desembocaron[5] en la *Whistleblowing Protection Act* de 1988. Se mencionan[6], también, el llamado Informe *Nolan*, que supuso un relevante punto de partida en lo relativo a las denuncias internas de funcionarios, la Convención Interamericana contra la Corrupción de 1996, que recogió la acuciante importancia de proteger a los colaboradores en la lucha contra

---

2 FERNÁNDEZ AJENJO (2024: 17) habla de un "largo fracaso jurídico e institucional de los regímenes democráticos", en lo que se refiere al desarrollo normativo de la protección de los denunciantes de irregularidades, argumentado que han sido "incapaces de garantizar la ausencia de represalias" contra estos por ninguna de las vías a su disposición, ya sea el derecho privado, administrativo o penal.

3 GARCÍA-MORENO (2020: 38) explica como en la Antigua Roma, su figura se encontraba institucionalizada y si estatuto jurídico, definido, especialmente en el ámbito del cobro de tributos, cuya actividad era generalmente premiada de forma económica, como añade GARCÍA CAMIÑAS (2006).

4 FERNÁNDEZ AJENJO (2024: 18) cita ese momento, al menos para la sociedad anglosajona, pionera en la cuestión, como el principio del cambio de la consideración de los denunciantes como "cazarrecompensas", a otorgárseles un papel de "resistencia ética".

5 MARTÍNEZ SALDAÑA (2020: 15-16).

6 FERNANDEZ AJENJO (2024: 18-19) y GARCÍA-MORENO (2022: 56).

conductas como el fraude[7], la Convención de la Unión Africana para prevenir y combatir la corrupción de 2003, o diversos convenios nacidos en el seno del Consejo de Europa, como el Convenio Penal sobre la corrupción[8] y el Convenio Civil sobre la corrupción[9], ambos del año 1999. No obstante, la Convención de Naciones Unidas contra la Corrupción del año 2003 es frecuentemente citado como el antecedente más relevante, entre otras cuestiones, por su carácter universal y su mayor potencial vinculante para los Estados Parte[10]. En el Capítulo III, relativo a la "penalización y aplicación de la ley", incluyó un precepto, su art. 33, que se refiere a la protección de los denunciantes. Estableció, de forma genérica, que los Estados parte debían considerar la posibilidad de adoptar medidas en su ordenamiento jurídico interno para "proporcionar protección contra todo trato injustificado a las personas que denuncien ante a las autoridades competentes, de buena fe y con motivos razonables, cualesquiera hechos relacionados con delitos tipificados con arreglo a la presente Convención". Partiendo, esencialmente, de este último texto, otras organizaciones internacionales dieron el paso de promover la protección a los denunciantes de irregularidades, entre las que cabe destacar la Organización para

7 Art. III.8 de la Convención Interamericana contra la Corrupción, que requirió que la necesidad de crear, mantener y fortalecer "sistemas para proteger a los funcionarios públicos y ciudadanos particulares que denuncien de buena fe actos de corrupción, incluyendo la protección de su identidad, de conformidad con su Constitución y los principios fundamentales de su ordenamiento jurídico interno".

8 Art. 22 del Convenio Penal sobre la corrupción del Consejo de Europa: "Cada Parte adoptará las medidas legislativas y de otra índole que sean necesarias para garantizar una protección efectiva y apropiada: a) a las personas que proporcionen información relativa a los delitos tipificados de conformidad con los artículos 2 a 14 o que colaboren de otro modo con las autoridades encargadas de la investigación o de la persecución; b) a los testigos que presten testimonio en relación con esos delitos".

9 Art. 9 del Convenio Civil sobre la corrupción del Consejo de Europa: "cada Parte establecerá en su derecho interno medidas de protección adecuadas contra toda sanción injustificada a los empleados que tengan motivos fundados de sospecha de corrupción y que denuncien de buena fe sus sospechas a las personas o autoridades responsables".

10 GARCÍA-MORENO (2022: 55) explica cómo, a pesar de ser la Convención en puridad un instrumento de "*hard law*", sus disposiciones relativas a la protección de denunciante desprenden una naturaleza no obligatoria.

la Cooperación y el Desarrollo (OCDE)[11], o Transparencia Internacional[12].

Un íter similar puede plantearse respecto de la recuperación de activos, que, en tan solo unos años, ha pasado a ocupar un rol central en la política criminal de las democracias europeas. El primer impulso previo a su regulación vinculante provino, prácticamente, de las mismas instancias internacionales. Entre estas organizaciones destacan Naciones Unidas, el Consejo de Europa y el Grupo de Acción Financiera Internacional (GAFI), que vinieron reclamando, a finales del siglo veinte, modificaciones en el régimen de decomiso, buscando mejorar su eficacia en la lucha contra delitos que generan beneficios económicos significativos. En el seno de Naciones Unidas, el Convenio de Viena de 1988 (CVN) se centró, principalmente en combatir el tráfico de drogas, priorizando este objetivo sobre la prevención[13]. Otros tratados previos de Naciones Unidas, como la Convención Única sobre Estupefacientes de 1961 y el Convenio sobre Sustancias Psicotrópicas de 1971, se enfocaban, en cambio, en la tipificación penal de conductas, relegando el decomiso a un rol secundario. Sin embargo, el Convenio de Viena elevó la importancia del decomiso como herramienta clave en la lucha contra el crimen organizado basado en el lucro, abarcando el producto del delito, sus efectos, instrumentos y el valor equivalente de estos[14], e incluyendo disposiciones acerca de la posibilidad de invertir la carga de la prueba respecto al origen ilícito de los bienes objeto de decomiso, siempre que sea compatible con los principios del derecho interno de cada país, un verdadero hito en la legislación internacional[15]. Por su parte, poco después, el Consejo de

---

11 A través de su Recomendación para reforzar la lucha contra la corrupción de funcionarios públicos extranjeros en las transacciones comerciales del año 2009, que cristalizó en su trabajo "G20 Anti-Corruption Action Plan Protection of Whistleblowers: Study on Whistleblower Protection Frameworks, Compendium of Best Practices and Guiding Principles for Legislation", como detalla FERNÁNDEZ AJENJO (2024: 19-20).

12 En especial, a través de sus "principios internacionales de la legislación sobre los denunciantes", del año 2013.

13 RODRÍGUEZ-GARCÍA (2017: 57) hace esta consideración, a la que se suma CARRILLO DEL TESO (2018:41), para quién la Convención contiene una clara "orientación represiva".

14 Art. 5.1.a) de la Convención de Viena.

15 CARRILLO DEL TESO (2018: 40).

Europa adoptó en 1990 el Convenio de Estrasburgo (CES), con un enfoque más específico en la lucha contra el blanqueo de capitales y la recuperación de activos ilícitos. Este convenio, al ser suscrito por un grupo más reducido de Estados con tradiciones jurídicas similares[16], abordó el decomiso de manera más detallada, contando con menos obstáculos. Entre sus disposiciones figura la declaración de decomisables de los bienes, instrumentos, productos y ganancias del delito, así como la introducción del decomiso por sustitución o valor equivalente. Además, dedicó un extenso capítulo a la cooperación internacional, incluyendo medidas de investigación y aseguramiento preventivo para garantizar la eficacia del decomiso[17]. En el caso del GAFI, sus Recomendaciones de 1996 subrayaron la urgencia de que los países ratificaran e implementaran plenamente el mencionado Convenio de Viena. Aunque su principal enfoque radica en fomentar la tipificación del delito de blanqueo de capitales, también respalda las disposiciones del Convenio de Viena respecto al decomiso de productos, efectos, instrumentos del delito y su valor equivalente, respetando siempre los derechos de terceros de buena fe[18].

Resulta pertinente mencionar, siguiendo con los antecedentes de mayor influencia, la Convención de las Naciones Unidas contra la Delincuencia Organizada Transnacional de 2000 (en adelante, CNUDOT) y la Convención de las Naciones Unidas contra la Corrupción de 2003 (en adelante, CNUC). La CNUDOT, que adoptó un marcado enfoque técnico, incluyó disposiciones relativas a definiciones[19], ámbito de aplicación[20] y diversos tipos de decomiso[21], así como un precepto especialmente relevante la referencia a la posibilidad de invertir la carga de la prueba[22], retomando esa idea que ya se había introducido en la Convención de Viena de 1988. Por su parte, la CNUC se presentó como un instrumento jurídico universal y comprehensivo[23], que trató de establecer un marco normativo

---

16 RODRÍGUEZ-GARCÍA (2017: 68).

17 Capítulo III, artículos 7 a 35.

18 Recomendaciones n.º 1, 4 y 7 de GAFI, versión de 1996.

19 Art. 2 de la CNUDOT.

20 Art. 3 de la CNUDOT.

21 Art. 12 de la CNUDOT.

22 Art. 12.7 de la CNUDOT.

23 CARRILLO DEL TESO (2018: 45).

integral en materia de recuperación de activos. Este documento refuerza la conexión, previamente mencionada en otros instrumentos, entre la delincuencia organizada y la delincuencia económica, con el blanqueo de capitales como una manifestación central. Incluyó múltiples obligaciones para los Estados Parte, como la adopción de medidas para el decomiso de bienes relacionados con los delitos contemplados[24], permitiendo también la inversión de la carga de la prueba respecto a la procedencia lícita de los bienes, siempre dentro del respeto a los principios fundamentales.

En definitiva, a raíz de lo expuesto hasta ahora, podríamos afirmar que un primer paralelismo entre la protección de los denunciantes de irregularidades y la recuperación de activos es un prolongado ostracismo regulatorio, en el que el único impulso provino de instancias internacionales de *soft law*, cuyo poder para generar una normativa vinculante y obligatoria era notablemente escaso, por lo que no existía un marco regulatorio operativo que los Estados pudieran aplicar, a pesar de algunos pasos positivos[25]. No obstante, a raíz de este periodo, cabe extraer, a su vez, una segunda conclusión, más optimista: de este periplo normativo internacional, parece apreciarse cierto acuerdo para colocar estas materias en una posición relevante dentro de la política criminal contra determinadas formas de delincuencia, a través de una cohesión en los postulados entre las organizaciones más representativas y con mayor influencia para que el contenido escasamente vinculante de los textos expuestos continuase dando pasos hasta cristalizar en normas jurídicas vinculantes y operativas, siendo la normativa de la Unión Europea el principal motor de esa regulación[26].

---

24 Art. 31 de la CNUC.

25 GARCÍA-MORENO (2022: 57) explica cómo, a partir de estos instrumentos internacionales de *soft law*, se impulsó, sobre todo, la creación de canales de denuncia y la adopción de medidas de protección, así como sirvieron como guía de aplicación para implementación de esos canales.

26 En ese proceso, la clave para el impulso de la política criminal comunitaria en general fue la aprobación del Tratado de Lisboa y, en especial, del entonces novedoso rol del Tribunal de Justicia de la Unión Europea para controlar su cumplimiento por parte de los Estados Miembros. En este sentido: ACALE SÁNCHEZ (2008-350-353).

III. EVOLUCIÓN NORMATIVA EN EL SENO DE LA UE: DE UNA REGULACIÓN SECTORIAL Y FRAGMENTADA A LAS DIRECTIVAS ACTUALES

1. *Desarrollo de la regulación previa a la normativa vigente*

1.1. Protección de los denunciantes

No obstante, con carácter previo a la regulación actual, cabe destacar la existencia de una normativa fragmentada, construida a través de una serie de normas sectoriales[27]. Entre ellas, sirven como ejemplos más relevantes, el Reglamento 376/2014, sobre seguridad en el transporte marítimo[28]; la Directiva 2013/30, sobre la seguridad de las operaciones relativas al petróleo y al gas mar adentro[29], y, en general, en instrumentos relativos a la regulación de distintos aspectos de los servicios financieros, como la Directiva 2013/36, relativa al acceso a la actividad de las entidades de crédito y a la supervisión prudencial de las entidades de créditos y las empresas de inversión, que en su Considerando 61 hizo referencia la necesidad de "establecer unos mecanismos eficaces y fiables para fomentar la notificación de infracciones reales o potenciales" de las disposiciones aplicables nacidas de la transposición de la Directiva, declaración de que se consolidó en su artículo 71, que estableció que "los Estados miembros velarán por que las autoridades competentes establezcan mecanismos eficaces y fiables para alentar la comunicación a estas autoridades de incumplimientos existentes o potenciales de las disposiciones nacionales de transposición de la presente Directiva". Otros preceptos con contenido en la misma línea aparecen en la Directiva 2015/849, relativa a la prevención de la utilización del sistema financiero para el blan-

---

27 GARCÍA-MORENO (2022: 60)

28 En su art. 16, este Reglamento 376/2014 reguló la "protección de las fuentes de información", en un extenso precepto con hasta trece numerales.

29 En el art. 22.1, la Directiva 2013/30 establece la notificación confidencial de problemas de seguridad, de forma que "los Estados miembros velarán por que la autoridad competente establezca mecanismos: a) para la notificación confidencial de problemas que afecten a la seguridad y al medio ambiente en relación con operaciones de petróleo o de gas mar adentro, cualquiera que sea su origen, y b) para investigar estas notificaciones conservando el anonimato de las personas en cuestión".

queo de capitales o la financiación del terrorismo[30], o el Reglamento 2014/596, sobre abuso de mercado[31].

Con estos antecedentes, el camino hacia la Directiva 2019/1937 dio un paso institucional decisivo a través de dos resoluciones del Parlamento Europeo que pusieron el foco en la protección de los denunciantes[32] y supusieron un paso decisivo en ese renovado impulso normativo.

La primera de ellas es la resolución del Parlamento Europeo, de 14 de febrero de 2017, sobre la función de los denunciantes en la protección de los intereses financieros de la Unión (2016/2055(INI)). Partiendo del propósito de colocar a los denunciantes en el centro de la detección y notificación de irregularidades que afecten a esos intereses financieros de la UE[33], señaló la urgente necesidad de crear un marco jurídico comunitario que garantice su protección, garantizando su anonimato y protección frente a posibles represalias, así como su asistencia tanto en los planos jurídico como psicológico. Con esta finalidad, identificó de una serie de problemas: la escasa armonización de esta protección en los diferentes Estados Miembros[34], la inexistencia de un nivel mínimo de protección que garantice la ausencia de represalias[35], y una serie de limitaciones de naturaleza legal, como la confidencialidad, que dificultan dar el paso adelante de denunciar.

---

30 Su art. 61, dedicado a establecer "mecanismos eficaces y fiables para alentar a que se informe a las autoridades competentes de la infracción potencial o real de las disposiciones nacionales de trasposición de la presente Directiva".

31 Art. 32 del Reglamento 2014/596.

32 GARCÍA MORENO (2022: 58-59) cita la Recomendación 1916 y la Resolución 1729 de la Comisión de Asuntos Jurídicos, que partiendo de algunos informes de actividades general del GRECO.

33 El Considerando F de esta Resolución de 24 de febrero enuncia que "los denunciantes desempeñan una función importante en la prevención, la detección y la notificación de irregularidades respecto de gastos con cargo al presupuesto de la Unión, así como a la hora de identificar y hacer públicos los casos de corrupción; considerando que es necesario establecer y difundir una cultura de la confianza, que fomente el bien público europeo y en la que tanto los funcionarios y otros empleados de la Unión como los ciudadanos en general se sientan amparados por prácticas de buena gestión, y que demuestre que las instituciones de la Unión apoyan, protegen y alientan a los posibles denunciantes de irregularidades.

34 Considerando N de la Resolución de 14 de febrero de 2017.

35 Considerando G de la Resolución de 14 de febrero de 2017.

Como recomendaciones y propuestas clave, el Parlamento Europeo apostó por la implementación de un programa integral para la protección de denunciantes, el establecimiento de sanciones en el caso de represalias contra los denunciantes, y garantizar el acceso a canales seguros y confidenciales para la realización de denuncias. A su vez, consideró clave el fomento de una cultura ética y de confianza, que promueva la transparencia a través de un mayor nivel de rendición de cuentas, así como la necesidad de que se reconozca y proteja a los periodistas de investigación como parte del sistema de denuncias[36].

Entre otras medidas prácticas, propuso la creación de un organismo comunitario independiente[37] que reciba, gestione y verifique las denuncias, y que implemente los mecanismos para la presentación de denuncias anónimas y una investigación profesional de dichas denuncias, instando a los Estados Miembros a reformar sus ordenamientos en esta línea. Con ello, esperaba lograr una mayor confianza de los ciudadanos en las instituciones europeas, así como una mejor protección del interés público, la integridad financiera y la prevención frente al abuso de poder en toda la UE[38].

Unos meses después, el Parlamento Europeo emitió la Resolución de 24 de octubre de 2017 (2016/2224(INI)), sobre medidas legítimas para la protección de los denunciantes de infracciones que actúan en aras del interés público. De nuevo, reconoció el papel crucial de los denunciantes de irregularidades en la prevención de abusos en diversas áreas clave como la salud pública, la economía, el medio ambiente y el Estado de Derecho, señalando a la corrupción como uno de los principales problemas[39]. Sobre la protección de los denunciantes, señaló como esenciales la confidencialidad de las denuncias, la diferencia entre delación y denuncia, y la prevención frente a posibles represalias, intimidación o presiones para disuadir de posibles denuncias. Centró su preocupación en diversos aspectos a regular. En primer lugar, sobre el papel de los denunciantes y la necesidad de protegerlos[40], señaló directamente la necesidad de una propuesta legislativa concreta, sin

---

36 Puntos 10 a 14 de la Resolución de 14 de febrero de 2017.

37 Punto 15 y siguientes de la Resolución de 14 de febrero de 2017.

38 Punto 3 de la Resolución de 14 de febrero de 2017

39 Puntos 1 a 30 de la Resolución de 24 de octubre de 2017.

40 Puntos 1 a 30 de la Resolución de 24 de octubre de 2017.

perjuicio de las medidas adicionales que pudieran adoptar los Estados Miembros en busca de un mecanismo de protección eficaz y coherente. Dicha legislación, partiendo del reconocimiento de la necesidad de protección de ciudadanos y periodistas, debía promover una claridad que generase confianza en esta protección. Señaló, específicamente, la necesidad de una definición más amplia de denunciante, con un decidido reconocimiento de su valor como coadyuvantes al refuerzo de la democracia a través de la transparencia y la información pública. Remarcó la importancia de esta protección en un ámbito concreto, el de los derechos laborales, de forma que se incluyan a los interlocutores sociales en su creación e implementación, con consecuencias para las empresas que no cumplan dicha regulación. Todo ello, en aras de promover una cultura de denuncia y de libre expresión que ayudase a continuar en los avances, bajo la supervisión de las instituciones comunitarias y de los Estados Miembros, en la que prime el interés público por encima del privado o del interés económico de la información revelada a través de la denuncia, de forma que la percepción pública de los denunciantes sea positiva. Sobre los mecanismos de denuncia[41] a implementar, partió del reconocimiento de la falta de un sistema claro y de procedimientos seguros de comunicación, así como de una acuciante preocupación por potenciales represalias y presiones. Por ello, señaló la necesidad de crear un sistema fiable y coherente que recibiese y evaluase la credibilidad de estas denuncias, con una propuesta estructurada en torno a un sistema por niveles, que incluya un procedimiento equitativo que respete los derechos fundamentales en juego, y en el que participen una entidad independiente e imparcial como receptora de las denuncias internas. El objetivo: generar canales de denuncia claros dentro de cada organización que aseguren la confidencialidad[42] y el trato en un plazo razonable, con posibilidad del denunciante de acudir a las autoridades competentes si no existe una respuesta favorable a la denuncia dentro de la organización, con un nivel de protección basado en la veracidad de los hechos o los motivos razonables del denunciante para creer en esa veracidad. Este meca-

[41] Puntos 31 a 37 de la Resolución de 24 de octubre de 2017.

[42] Algo en línea con la Resolución de 14 de febrero de 2017, para lo cual el Parlamento cree conveniente la creación de un sitio web específico dentro de la organización para recibir las denuncias bajo esa confidencialidad.

nismo de denuncia y protección debe incluir, a juicio de la resolución, las denuncias que se realicen fuera de la organización o públicamente y las denuncias anónimas. Acerca de la protección concedida en caso de denuncia[43], expuso de forma clara las preocupaciones en torno a los riesgos para los denunciantes, incluyendo las represalias directas o indirectas dentro de la organización, que lleve a consecuencias como su exclusión en el trabajo, el perjuicio a su carrera, el despido o el acoso psicológico a los denunciantes, por lo que apostaba por establecer medidas para su protección frente a esas cuestiones, que incluyesen la sanción penal de esas represalias. Estas medidas de protección se debían incluir en la Propuesta de Directiva, y deben incluir la protección no solo de los denunciantes, sino también de sus familiares, en un plano tanto físico como moral, con mención específica a la protección de los periodistas. Centra también su atención en torno a la posibilidad de adoptar medidas provisionales de protección en los casos de represalias, así como, relacionado con esas represalias, regular una serie de situaciones que jueguen a favor del denunciante en caso de un eventual procedimiento judicial por esas represalias, que incluyan una presunción a favor del denunciante por la que el empresario deba probar que las represalias no están relacionadas con la denuncia, que se garantice la confidencialidad del denunciante durante todo el procedimiento, y sanciones en caso de que dicha confidencialidad sea violada. Esta protección no debe verse retirada si la denuncia deviene falsa por error si existieren motivos razonables, sin perjuicio de la eventual responsabilidad de quien las realice y el derecho a la tutela judicial efectiva de las denuncias de esta naturaleza. Por último, en lo relativo al acompañamiento a los denunciantes de irregularidades[44], el Parlamento Europeo resolvió la necesidad de contar con autoridades, sindicatos y organizaciones de la sociedad civil que jueguen un papel en la protección de los denunciantes, sugiriendo la posible creación de un órgano de apoyo similar al Defensor del Pueblo Europeo. Propuso, a su vez, la creación de una Autoridad Central Europea que coordinase esas necesidades de protección desde distintos puntos de vista, incluyendo el psicológico, el social, el jurídico y el económico.

---

43 Puntos 38 a 52 de la Resolución de 24 de octubre de 2017.

44 Puntos 53 a 69 de la Resolución de 24 de octubre de 2017.

1.2. Recuperación y decomiso de activos

La primera norma comunitaria en materia de recuperación de activos fue la Acción Común 98/699/JAI, relativa al blanqueo de capitales, identificación, seguimiento, embargo, incautación y decomiso de los instrumentos y productos del delito, promulgada en el marco de un esfuerzo sostenido en lucha contra el crimen organizado[45], desde un punto de vista específico contra el blanqueo de capitales. Su contenido pretendió, sobre todo, fomentar[46] la plena aplicación del Convenio de Estrasburgo, ya analizado *supra*, por la vía de restringir las reservas de los Estados Miembros a su aplicación. No obstante, incluyó también novedades regulatorias, especialmente respecto a una mayor extensión del decomiso directo, un mandato para regular el decomiso por sustitución o valor equivalente, y la interacción entre autoridades competentes. A pesar de estos pasos, contenía una cláusula de no contradicción con las leyes nacionales de los Estados Miembros lo que, de facto, limitó su operatividad. Poco después, ya tras la entrada en vigor del Tratado de Ámsterdam, y en línea con el Programa de Tampere[47], se promulgó la Decisión Marco 2001/500/JAI. De nuevo, respondió a una serie de iniciativas de aproximación legislativa en torno al embargo, incautación u decomiso de activos relacionados con el blanqueo de capitales. Más que introducir cambios significativos, esta decisión reformuló[48] y derogó ciertas disposiciones de la anterior Acción Común 98/699/JAI, adaptándolas al reformulado marco jurídico. Entre sus disposiciones principales, se mantiene la obligación de los Estados Miembros de contemplar el decomiso por sustitución o por valor equivalente, ya establecida en el instrumento anterior. En resumen, se trata de una regulación con impacto limitado, caracterizada por la ambigüedad en sus obligaciones y enfocada principalmente en alinearse con normativas internacionales existentes en materia de blanqueo capitales.

---

45 RODRÍGUEZ-GARCÍA (2017: 75).

46 CARRILLO DEL TESO (2018: 59).

47 Conclusiones de la Presidencia del Consejo Europeo de Tampere, de 15 y 16 de octubre de 1999. Un análisis detallado de este programa de acción plurianual en ÁLVAREZ HERNÁNDEZ (2024).

48 RODRÍGUEZ-GARCÍA (2017: 77) y FAZEKAS & NANOPOULOS (2016: 43).

En este momento, se aprobaron dos decisiones marco cuyo objetivo era, de nuevo, prevenir y combatir conductas concretas: la Decisión Marco 2002/475/JAI, sobre la lucha contra el terrorismo, y la Decisión Marco 2004/757/JAI, relativa al establecimiento de disposiciones mínimas de los elementos constitutivos de delitos y las penas aplicables en el ámbito del tráfico ilícito de drogas. Nacieron en un marco de crecimiento sostenido de la regulación comunitaria en materia de sistema penal[49]. Ambas incluyeron disposiciones específicas en materia de recuperación de activos, centradas en la obligación de decomisar, ya sea de forma directa o por sustitución, activos relacionados con estos delitos, y medidas de embargo preventivo y específicas. Finalmente, dentro de esta oleada normativa, se elaboró la Decisión Marco 2005/212/JAI, en la que, por primera vez, se abordó el decomiso de una manera generalista, sin una unión específica con una conducta concreta. Este instrumento dio pasos concretos para fortalecer el seguimiento, embargo, incautación y decomiso de los beneficios del delito, apoyándose en la aproximación del Derecho penal y procesal en esta materia[50], en el contexto de la Estrategia del Milenio de la UE[51]. Entre ellos, la incorporación de la figura del decomiso ampliado, que permite ampliar el ámbito de los bienes decomisables en casos donde se cumplen ciertos requisitos, como la necesidad de que el órgano jurisdiccional esté plenamente convencido del origen ilícito de los bienes en cuestión. Su objetivo principal era mejorar la eficacia del decomiso de bienes ilícitos, una meta que se veía obstaculizada por las diferencias existentes entre las legislaciones nacionales[52]. No obstante, a pesar de algunos avances, esta legislación no alcanzó la operatividad deseada, debido a una normativa fragmentada[53] en lo que se refería a los primeros esfuerzos por construir una política criminal comunitaria.

---

49 CORRAL MARAVER (2020: 21-22).

50 Puntos 51 y 55 de las Conclusiones de Tampere y Considerando 4 de la DM 2005/212.

51 Recomendación 19 Estrategia Milenio, que a su vez se inspiró en art. 12 CNUDOT 2000.

52 FAZEKAS & NANOPOULOS (2016: 44).

53 MANGAS MARTIN & LIÑAN NOGUERAS (2020: 140-143).

Ya en la etapa de vigencia del Tratado de Lisboa, la política criminal comunitaria alcanzó un grado mayor de desarrollo, capacidad vinculante y operatividad práctica[54], aunque no sin problemas que enfrentar[55]. Se promulgó la Directiva 2014/42, sobre el embargo y decomiso de instrumentos y productos del delito en la Unión Europea. Este instrumento recogió diversas propuestas y perspectivas planteadas por distintas instituciones, basándose en la experiencia forense y criminológica recabada en el periodo de vigencia de las normas previas[56], reforzando el vínculo conceptual entre la lucha eficaz contra el crimen organizado, la neutralización de los beneficios que genera y la importancia de una cooperación internacional eficiente en esta materia[57], marcando un punto decisivo en la consecución de estos objetivos[58]. Renovó las definiciones, amplió sustancialmente el ámbito de aplicación del decomiso, buscando anular cualquier ventaja económica directa o indirecta[59], y sistematizó la regulación de las distintas modalidades de decomiso, profundizando en la obligatoriedad en la aplicación de varias de ellas[60], e incluyendo el decomiso sin condena como de regulación obligatoria para los Estados Miembros, al menos respecto a determinados supuestos, que incluyeron la enfermedad o fuga del sospechoso o acusado. Gracias a esta regulación detallada y monográfica del decomiso, el texto se considera el más completo y perfeccionado hasta la fecha. No solo destacó por el contenido de sus disposiciones, sino también por el enfoque pedagógico de sus considerandos. Sin embargo, también representa la "cristalización"[61] del proceso de expansión normativa de esta figura, y base para la directiva vigente.

---

54 NIETO MARTÍN (2010: 7-8).

55 ARMENTA DEU (2010: 10-12), para quién este Tratado de Lisboa supuso un "jarro de agua fría" para una aproximación normativa comunitaria eficaz, resultado un acuerdo "plagado de obstáculos".

56 RODRÍGUEZ-GARCÍA (2017: 91).

57 Considerandos 1 y 2 de la DIR 2014/42.

58 FARTO PIAY (2022: 42).

59 CARRILLO DEL TESO (2018: 72).

60 CARRILLO DEL TESO (2018: 73) y RODRÍGUEZ-GARCÍA (2017: 92).

61 FARTO PIAY (2023: 6-7).

2. *Las normas vigentes*

2.1. Directiva (UE) 2019/1937

Estas resoluciones fueron causa directa de la Propuesta de Directiva 2018/0106/GOD que desembocó en la Directiva 2019/1937, relativa a la protección de las personas que informen sobre infracciones del Derecho de la Unión, que ha tratado de establecer ese marco común para la protección de denunciantes en la UE, que nació en busca un necesario refuerzo de esta protección[62]. Su ámbito de aplicación cubre una amplia gama de infracciones, en distintas áreas[63]. Contiene, a su vez, definiciones una serie de definiciones clave[64] para la construcción del marco de protección, como los términos "denunciante" e "infracción".

Sobre el procedimiento de denuncia, exige que los Estados Miembros garanticen la existencia de canales seguros y accesibles[65] a través de los cuales realizar las denuncias, tanto en el caso de personas físicas como de personas jurídicas. Estos canales deben estar disponibles en entidades tanto públicas como privadas debidamente acreditadas, y con la capacidad para garantizar la confidencialidad de la identidad del denunciante, que se debe mantener salvo en una serie de casos excepcionales relacionados con obligaciones "necesarias y proporcionales" impuestas por el Derecho de la UE[66]. Se debe proporcionar por parte de las autoridades que reciben las denuncias una respuesta razonable en un plazo definido, dando información al denunciante sobre el seguimiento y las decisiones adoptadas.

En materia de protección contra represalias[67], prohíbe las represalias tanto directas como indirectas contra los denunciantes, citan-

---

62 SAÉZ LARA (2020: 140-141) analiza cómo, entre sus objetivos primordiales, está el garantizar el cumplimiento de las normas de la Unión de la mejor manera posible, como parte fundamental del engranaje para evitar lesiones del interés público comunitario; VILLORIA MENDIETA (2021b: 3-7).

63 Incluye en su art. 2 el medio ambiente, la seguridad alimentaria y salud pública, protección del consumidor, servicios financieros, seguridad y defensa, protección de datos personales, entre otros.

64 Art. 5 Directiva 2019/1937.

65 Art. 10 a 12 de la Directiva 2019/1937.

66 Art. 16 Directiva 2019/1937.

67 Art. 19 Directiva 2019/1937.

do los despidos, la degradación profesional, exclusión o acoso, entre otras. Frente a ello, reconoce el derecho a medidas de protección[68], a la reversión de los perjuicios en caso de que se produzcan y a compensación económica, con sanciones[69] para aquellas personas que tomen las citadas represalias para que dichas acciones se erradiquen de forma eficaz.

En lo relativo al apoyo a los denunciantes[70], establece la asistencia jurídica y psicológica a los denunciantes, reconociéndoles el derecho a obtener asistencia jurídica gratuita, especialmente para el caso de no contar con recursos suficientes. En el plano psicológico, recoge apoyo gratuito para hacer frente al "impacto emocional y personal" derivado de la denuncia, y ayuda económica en determinados casos, así como el derecho a una indemnización por daños y perjuicios.

Sobre las denuncias anónimas, la Directiva trata de promoverlas y facilitarlas, estableciendo mecanismos para garantizar que la información de la denuncia es verificada y cuenta con credibilidad suficiente, pudiendo optar por revelar su identidad, que, en caso contrario, debe ser protegida como confidencial durante el proceso de investigación, debiendo sancionarse cualquier filtración o relevación no autorizada.

En cuanto a las obligaciones de los Estados Miembros, deben asegurar que sus legislaciones nacionales de protección de denunciantes se alineen con la Directiva, aplicando sus disposiciones en sus instituciones y empresas. Para ello, deben establecer organismos independientes que reciban, investiguen y gestionen esas denuncias de infracción de la Directiva, debidamente financiados y operativos, con recursos para sancionar cuando sea necesario.

Respecto a la supervisión y cooperación a nivel comunitario[71], la Directiva trata de fomentar la cooperación transnacional de los Estados Miembros con la autoridad comunitaria, especialmente en situaciones transfronterizas, donde las infracciones denunciadas desplieguen efectos en más de un país. En cuanto a la supervisión, la Directiva impone la obligación de que los Estados Miembros elaboren

---

68 Art. 21 Directiva 2019/1937.
69 Art. 23 Directiva 2019/1937.
70 Art. 20 Directiva 2019/1937.
71 Art. 27 Directiva 2019/1937.

un informe anual sobre las denuncias recibidas y las medidas adoptadas, que deberán presentar a la Comisión, que es quién coordina la aplicación de la Directiva y orienta a los Estados Miembros sobre las mejores prácticas en la materia. En materia de sanciones, impone a los Estados Miembros la obligación de que existan sanciones eficaces para los casos de incumplimiento de las medidas dispuestas en la Directiva, incluyendo sanciones contra las entidades que no protejan adecuadamente a los denunciantes.

2.2. Directiva (UE) 2024/1260

La Directiva 2024/1260, adoptada el 24 de abril, trata de paliar la ineficacia detectada[72] las medidas de embargo y decomiso frente a la delincuencia en la Unión Europea. En este contexto, propone un enfoque normativo renovado para mejorar la recuperación de activos derivados de actividades ilícitas. La revisión introduce cambios legislativos significativos, tales como modificaciones en las modalidades de decomiso y la creación de una nueva categoría: el decomiso de patrimonio no explicado, que busca cerrar los vacíos legales existentes y asegurar que los bienes obtenidos de actividades criminales no queden fuera del alcance de las autoridades[73]. El decomiso de patrimonio no explicado se establece de forma independiente en el artículo 16 de la Directiva, y obliga a los Estados miembros a incluir la posibilidad de decomisar bienes transferidos o adquiridos por terceros mediante el decomiso sin condena, sumándose a las modalidades de decomiso directo y por valor equivalente. Esta ampliación genera ciertas preocupaciones en cuanto a su efectividad y sus implicaciones sobre los derechos y garantías fundamentales en el sistema penal. Respecto a los supuestos de decomiso sin condena, la directiva mantiene algunas circunstancias que habilitan su aplicación, como la enfermedad, fuga o fallecimiento del acusado, en línea con la Directiva 2014/42.

---

72 En especial, a través del Informe de la Comisión al Parlamento Europeo y al Consejo. Recuperación de activos y decomiso: garantizar que el delito no resulte provechoso (COM/2020/217/final), que evaluó, precepto por precepto, la implementación y eficacia de la anterior Directiva 2014/42/UE.

73 Sobre esta modalidad, en ese sentido de alcanzar el patrimonio delictivo por la vía que sea necesaria: FARTO PIAY (2023); AGUADO CORREA (2023); SAKELLARAKI (2022).

No obstante, elimina los casos de amnistía e inmunidad que estaban previstos en la Propuesta de Directiva 2022, a pesar de que el considerando 30 de la Directiva resalta su utilidad. Su exclusión del articulado final plantea algunos interrogantes, ya que no se entiende que se defienda su necesidad, y finalmente no se establezca la obligatoriedad de su regulación en los Estados Miembros.

Una novedad relevante es la inclusión de la relación entre los bienes y la infracción penal, que ahora puede ser tanto directa como indirecta. Esto amplía el alcance del decomiso sin condena, pero también complica el trabajo del juez, al no establecer criterios claros sobre el nivel de relación necesario para proceder con el decomiso.

Una nota relevante es como, a pesar de que la Propuesta de 2022 sugería que el decomiso sin condena debería aplicarse a través de una *actio in rem*, la Directiva 2024/1260 mantiene su vinculación al proceso penal *in personam*, aunque con ciertos avances hacia su flexibilización. El régimen de derechos es más amplio que en la Directiva 2014/42, y aunque permite a los Estados miembros adaptar ciertos aspectos, todos deben garantizar el respeto a los derechos procesales para que las personas afectadas puedan ejercer su derecho a una tutela judicial efectiva, a través de los derechos detallados en su Capítulo V. En resumen, la Directiva 2024/1260 introduce importantes cambios en el ámbito del decomiso de activos ilícitos, ampliando el alcance de las medidas, pero también generando dudas sobre su impacto en los derechos fundamentales y la seguridad jurídica. La combinación de modalidades de decomiso y la mayor flexibilidad en los procedimientos podría facilitar la recuperación de bienes ilícitos, pero también plantea riesgos en cuanto a la protección de los derechos de las personas implicadas.

3. *Puntos en común en la evolución de ambas figuras*

3.1. Falta de perspectiva sistémica

El desarrollo normativo en el ámbito de la protección a los denunciantes y la recuperación de activos ha estado marcado por una aproximación previa sin perspectiva de sistema. Esta carencia, unida a una visión fundamentalmente orientada a anudar consecuencias jurídicas graves como solución a los problemas identificados, ha llevado a un marco regulador fragmentado, disperso y limitado en su eficacia. Esta dinámica ha dejado claros vacíos en la protección efectiva de derechos, así como en la capacidad de los sistemas jurídicos para prevenir y combatir fenómenos delictivos complejos.

En el caso específico de la protección a los denunciantes, es importante destacar que, hasta hace poco, no existían normas comunitarias vinculantes en este ámbito. Los precedentes institucionales eran, además, escasos y limitados en su capacidad de incidir directamente sobre los Estados Miembros. Dos de los hitos más relevantes en este terreno fueron las resoluciones analizadas, ambas centradas en destacar la importancia del papel de los denunciantes, especialmente en la protección de los intereses financieros de la Unión Europea. En particular, fueron significativas porque contribuyeron a definir conceptos clave y sentar las bases para los mecanismos de denuncia y protección. No obstante, su alcance era limitado al tratarse de un documento institucional que carecía de fuerza vinculante para los Estados Miembros. Mientras tanto, la protección ofrecida a los denunciantes variaba enormemente de un país a otro, dependiendo de las legislaciones nacionales. Esta disparidad generaba un escenario en el que la efectividad de las denuncias estaba condicionada por factores geográficos y normativos, lo que debilitaba la capacidad de hacer frente a determinada conductas. La vigente Directiva 2019/1937, reconoció explícitamente, en sus Considerandos 4 y 5, este punto de partida caracterizado por una regulación fragmentada y accesoria. Este reconocimiento es clave porque puso de manifiesto la necesidad de un cambio de enfoque, que incluso despertó optimismo de cara a su implementación en los Estados Miembros[74]. La mera asignación de consecuencias jurídicas graves no puede seguir siendo la herramienta fundamental para abordar los problemas identificados. En su lugar, era necesario adoptar una perspectiva más sistémica que aborde las causas estructurales de las problemáticas y articule soluciones integrales y coherentes. Así, vino a paliar esta fragmentación al unificar, ampliar y reforzar la protección de estas figuras clave. Hasta su adopción, algunas protecciones existían en ámbitos sectoriales específicos, como hemos analizado. Ha marcado un gran avance al articular una

[74] En este sentido, VILLORIA MENDIETA (2021a: 22-23).

protección más amplia y sistemática, abordando la necesidad de un enfoque unitario que reconociera la importancia de los denunciantes en la promoción de la transparencia y la rendición de cuentas.

En lo que respecta a la recuperación de activos, el panorama regulatorio también ha estado caracterizado por la fragmentación y un enfoque predominantemente reactivo. Desde las primeras normativas con carácter vinculante, se evidenció una tendencia a abordar problemas concretos mediante disposiciones cuyo alcance era limitado, debido a la capacidad de la UE para vincular a los Estados Miembros en cuestiones de política criminal. Estas normativas se centraban en fenómenos criminales puntuales, como el narcotráfico o el terrorismo, sin articular un enfoque sistemático que abordara las raíces de la problemática. Con el tiempo, se produjeron avances significativos a través de normativas como la Decisión Marco 2005/212 y, posteriormente, la Directiva 2014/42, que ampliaron el alcance de las medidas de recuperación de activos. Sin embargo, estas reformas no lograron superar por completo la tendencia de legislar de manera fragmentada y accesoria. En muchos casos, las disposiciones se limitaban a expandir el ámbito de aplicación de las modalidades de decomiso existentes o a introducir nuevas figuras de decomiso, cada vez más punitivas, con el objetivo de maximizar la recuperación de patrimonio de origen delictivo. Este enfoque punitivista, aunque efectivo en ciertos aspectos, ha generado críticas por su carácter reactivo y por no abordar de manera integral las causas subyacentes de los problemas. Además, la multiplicación de modalidades de decomiso y su creciente severidad han planteado preocupaciones sobre su compatibilidad con los principios fundamentales del derecho y el respeto a determinados derechos fundamentales.

3.2. Un claro cambio en la percepción social

Un elemento fundamental en la evolución político-criminal de estas figuras es un cambio claro y significativo en la percepción por parte de la ciudadanía, algo que se manifiesta en un doble sentido. Por un lado, existió una creciente preocupación por los delitos relacionados con la protección de los denunciantes y la recuperación de activos. Esta inquietud, sostenida y corroborada por datos provenientes de distintas fuentes[75], se consolidó durante el periodo de mayor explosión normativa en términos de política criminal, particularmente tras la entrada en vigor del Tratado de Lisboa. Este hito marcó un antes y un después en la integración y uniformización de políticas clave dentro de la Unión Europea. Históricamente, las regulaciones en estas materias eran fragmentadas y dispersas, careciendo de un enfoque realmente multidisciplinar, y varios elementos han influido en este proceso que ha llevado a generar una regulación más completa y uniforme. Entre ellos, destaca la creciente toma de conciencia por parte de las instituciones competentes, las cuales han respondido, aunque de forma paulatina, a las presiones ciudadanas y a las demandas sociales.

Uno de los factores puntos de partida en esa concienciación ha sido, precisamente, la percepción pública de la importancia de estas figuras. En este contexto, se puede identificar una segunda tendencia clave: la relevancia del respaldo social y la presión ciudadana como catalizadores para la acción político-criminal. Esto resulta evidente al observar cómo temas como la lucha contra la corrupción y el fraude han ocupado posiciones predominantes en las preocupaciones ciudadanas. En el ámbito de la protección de denunciantes, la consideración de su importancia ha evolucionado, en gran medida, impulsada por casos mediáticos de gran repercusión[76]. Este fenómeno, que se ha dado de manera global, ha jugado un papel crucial en la transformación de la percepción ciudadana y en la posterior formulación de políticas públicas. Casos emblemáticos en diferentes latitudes han puesto de manifiesto la necesidad de proteger a quienes exponen irregularidades y fraudes. Un ejemplo paradigmático

---

75 Sirvan como ejemplo el Eurobarómetro especial "Attitude of Europeans towards corruption" del año 2009, donde más de un 75% de los ciudadanos comunitarios consideraron la corrupción como un problema principal en sus países, y el Eurobarómetro especial sobre corrupción del año 2013, que, además de datos parecidos respecto a la consideración de la corrupción como un problema, hasta un 81% de los ciudadanos remarcó el vínculo entre corrupción y problemas económicos, con una confianza deficitaria tanto en gobiernos nacionales como comunitarios de cara a prevenir y combatir estas conductas. Datos disponibles en *https://europa.eu/eurobarometer/surveys/detail/814* y *https://europa.eu/eurobarometer/surveys/detail/1076*.

76 En este sentido, véase PÉREZ TREVIÑO (2018: 286-288) y PÉREZ MONGUIÓ (2019: 351-354).

es el de Estados Unidos a comienzos del siglo XXI, con casos como *WorldCom* y, especialmente, *Enron*. Este último representó un punto de inflexión en la consideración de los denunciantes. La magnitud del fraude corporativo, el colapso de una de las mayores empresas energéticas del mundo y las implicaciones para miles de empleados y accionistas contribuyeron a que el papel de los denunciantes adquiriera una dimensión ética y estratégica. Fue, sin duda, el caso que "internacionalizó" la atención sobre esta materia, sentando las bases para que otros países comenzaran a prestar mayor atención a las políticas de protección a denunciantes. En el ámbito de la Unión Europea, el impacto de los casos mediáticos ha sido igualmente significativo[77]. Ejemplos recientes, como el caso *Cambridge Analytica*, han demostrado el alcance de las irregularidades en el tratamiento de datos personales y la influencia política, generando un fuerte impulso hacia la formulación de políticas más robustas. Christopher Wylie, el denunciante detrás de este escándalo se convirtió en un símbolo de la importancia de proteger a quienes se atreven a exponer prácticas ilícitas. En España, por ejemplo, casos como Gürtel o Acuamed han sido fundamentales para resaltar la necesidad de proteger a los denunciantes[78]. Estos episodios no solo evidenciaron la magnitud de la corrupción, sino que también subrayaron el papel clave de quienes decidieron alzar la voz. A pesar de esta creciente conciencia social, durante mucho tiempo reinó una discordancia notable entre la percepción ciudadana y la regulación efectiva. La fragmentación normativa y la falta de un marco coherente reflejaban una desconexión entre las demandas sociales y la acción legislativa. No obstante, esta brecha comenzó a cerrarse a medida que la consideración social de los denunciantes evolucionó. De ser percibidos como "chivatos" o "soplones", se les comenzó a atribuir una connotación ética, como guardianes de la integridad y el cumplimiento de la ley. Este cambio de perspectiva está claramente reflejado en la Directiva 2019/1937 de la Unión Europea, que establece un marco común para la protección de los denunciantes. En sus Considerandos, la Directiva reconoce explícitamente la importancia de estas denuncias

[77] MARTÍNEZ SALDAÑA (2020: 16-17).
[78] FERNÁNDEZ AJENJO (2024: 14-15).

como "el origen del cumplimiento del Derecho de la Unión"[79] y su relevancia para la protección de intereses fundamentales, como el presupuesto de la UE[80].

En el caso de la recuperación de activos, la evolución político-criminal también ha estado profundamente influenciada por la percepción ciudadana y los casos mediáticos. Tradicionalmente, la atención se centraba en las penas impuestas a los responsables de delitos de corrupción y delincuencia organizada, especialmente en penas privativas de libertad. Sin embargo, con el tiempo, la atención comenzó a desplazarse hacia un enfoque más reparador. La ciudadanía empezó a exigir no solo castigos ejemplares, sino también la devolución de los activos sustraídos. Este cambio de paradigma se hizo evidente en la aparición de lemas y eslóganes, como el ya célebre "que devuelvan lo robado". Este giro en las prioridades no solo reflejaba un cambio en la percepción social, sino también en la comprensión del impacto económico y social de estos delitos. Al igual que en la protección de denunciantes, los casos de corrupción y delincuencia organizada han jugado un papel clave en la toma de conciencia sobre la recuperación de activos. Una serie de casos de especial trascendencia mediática, en un periodo de pocos años, han puesto de relieve las complejas redes utilizadas para ocultar bienes obtenidos ilícitamente. Estos casos llevaron a la ciudadanía a demandar mayor transparencia y eficacia en la recuperación de activos, presionando a los legisladores para desarrollar herramientas jurídicas más robustas y eficaces. En definitiva, un aspecto crucial en este proceso ha sido la reacción de los poderes públicos ante las crisis generadas por estos casos mediáticos, donde la acumulación de escándalos y la presión ciudadana obligaron a los legisladores a actuar de manera más decidida. En síntesis, la evolución político-criminal en materia de protección a denunciantes y recuperación de activos refleja un proceso complejo en el que convergen múltiples factores: desde la percepción social y los casos mediáticos hasta la acción legislativa y las demandas ciudadanas. Este proceso no solo ha transformado el panorama normativo, sino también la manera en que se entienden y valoran estas figuras. La protección a denunciantes

79 Considerando 2 Directiva 2019/1937.

80 Considerando 15 y 16 de la Directiva 2019/1937.

y la recuperación de activos, antes consideradas cuestiones secundarias, se han convertido en piezas clave para garantizar la transparencia, la justicia y la integridad en nuestras sociedades.

IV. REFLEXIONES FINALES

Superar la fragmentación y el punitivismo en la regulación y aplicación de las normativas requiere un cambio profundo, tanto en el diseño legislativo como en la manera de implementar estas leyes. En el ámbito de la protección a denunciantes, este cambio implica no solo garantizar mecanismos de denuncia seguros, confiables y accesibles, sino también fomentar una cultura organizacional que promueva la transparencia, el compromiso ético y la protección de quienes deciden actuar frente a irregularidades. Tanto la Directiva 2019/1937, como, en el caso de España, la Ley 2/2023 representan un avance significativo en este ámbito, estableciendo un marco que busca proteger a los denunciantes. No obstante, su éxito dependerá en gran medida de su implementación efectiva y de su capacidad para integrarse dentro de un sistema más amplio y transversal de lucha contra la corrupción. En cuanto a la recuperación de activos relacionados con actividades ilícitas, es crucial abandonar un enfoque meramente punitivo en favor de uno que combine sanciones con estrategias preventivas y de fortalecimiento institucional. Esto incluye la creación de herramientas modernas para el rastreo y recuperación de activos, el entrenamiento de los operadores del sistema judicial y la mejora de la cooperación internacional frente a los desafíos transnacionales asociados a los delitos financieros. Una acción integral en este sentido permitirá no solo sancionar los actos de corrupción, sino también disuadir su comisión y mitigar sus impactos en la sociedad. El desarrollo normativo en la protección a denunciantes y en la recuperación de activos pone en evidencia las limitaciones de un modelo fragmentado, que prioriza las respuestas inmediatas y el endurecimiento de las sanciones por encima de estrategias preventivas y educativas. La adopción de normativas como las expuestas refleja avances, pero también da fe el largo camino que queda por recorrer para construir un marco regulador coherente y efectivo.

Adoptar una perspectiva sistémica resulta imprescindible. Ello implica combinar regulación punitiva con medidas educativas, de prevención y de fortalecimiento institucional. Solo así se logrará construir un entorno jurídico que no solo castigue conductas ilícitas, sino que también fomente una cultura de integridad, transparencia y respeto por los derechos fundamentales. En este escenario, las normativas, aunque bien intencionadas, suelen carecer de coherencia, dificultando su aplicación y generando incertidumbre tanto para los ciudadanos como para las instituciones encargadas de implementarlas. Además, esta fragmentación alimenta una percepción de desconfianza hacia el sistema regulador, en el que las sanciones suelen ser desproporcionadas en relación con la claridad de las normas que las sustentan. Esta situación tiende a exacerbarse en contextos de gran notoriedad mediática, donde los casos específicos generan presión social para respuestas rápidas. Las autoridades, en lugar de abordar las causas estructurales, a menudo optan por legislar de manera reactiva, reforzando el punitivismo y priorizando sanciones severas. Aunque esta estrategia puede satisfacer temporalmente la demanda social, no aborda los problemas subyacentes y corre el riesgo de perpetuar un ciclo de crisis y reacción. Un enfoque preventivo e integral, basado en evidencia, permitirá construir un marco jurídico que inspire confianza y aborde eficazmente los retos sociales contemporáneos. Este marco debe combinar sanción y prevención, promoviendo políticas que aborden las causas estructurales de los problemas y fomenten un desarrollo institucional y social sostenible. Solo así será posible avanzar hacia un sistema normativo justo, equitativo y efectivo.

V. BIBLIOGRAFÍA

ACALE SÁNCHEZ, M. (2008): "Derecho penal y Tratado de Lisboa". *Revista de Derecho Comunitario Europeo*, 30 (349-380).

AGUADO CORREA, T. (2023): "Embargo y decomiso en la propuesta de directiva sobre recuperación y decomiso de activos: garantizar que el delito no resulte provechoso a costa de las garantías". *Revista Electrónica de Ciencia Penal y Criminología*, 25-34 (1-49).

ÁLVAREZ HERNÁNDEZ, M. (2024): "La tendencia expansiva de la política criminal relativa al decomiso en la Unión Europea: algunas reflexiones relevantes". En: RODRÍGUEZ-GARCIA, N; CARRILLO DEL TESO, A. E. &

G. D. M. CERINA (dirs.): *Delincuencia corporativa: compliance, canales de denuncia y persecución penal.* Valencia: Tirant lo Blanch (581-632).

ARMENTA DEU, T. (2010): "Aproximación del proceso penal en Europa: proceso penal europeo o europeización del proceso penal". *Revista General de Derecho Procesal*, 22 (1-38).

CARRILLO DEL TESO, A. E. (2018): *Decomiso y recuperación de activos en el sistema penal español.* Valencia: Tirant lo Blanch.

CORRAL MARAVER, N. (2020): *La política criminal de la Unión Europea. Especial referencia a su influencia en el Derecho penal español.* Madrid.

FARTO PIAY, T (2023): "El decomiso autónomo en el proyecto de Directiva de 2022 sobre recuperación y decomiso de activos: los nuevos supuestos y su incidencia en nuestro ordenamiento jurídico comunitario". *Revista General de Derecho Procesal*, 60.

FARTO PIAY, T. (2022): *El proceso de decomiso autónomo.* Valencia: Tirant lo Blanch.

FAZEKAS, M. & E. NANOPOULOS (2016): "The effectiveness of EU Law: insights from the EU legal framework on asset confiscation". *European Journal of Crime, Criminal Law and Criminal Justice*, 24 (39-64).

FERNÁNDEZ AJENJO, J. A. (2023): *Comentarios de la Ley 2/2023, reguladora de la protección de las personas que informen sobre infracciones normativas.* Valencia: Tirant lo Blanch.

GARCÍA CAMIÑAS, J. (2006): "*Deferre ad aerarium*". *Anuario da Faculdade de Dereito da Universidade da Coruña*, 10.

GARCÍA-MORENO, B. (2020): *Del* whistleblower *al alertador. La regulación europea de los canales de denuncia.* Valencia: Tirant lo Blanch.

GARCÍA-MORENO, B. (2022): "Marco normativo del *whistleblowing*". En: LÓPEZ DONAIRE, M. B. & J. GIMENO BEVIÁ (coords.): *La Directiva de protección de los denunciantes y su aplicación práctica al sector público.* Valencia: Tirant lo Blanch (53-70).

MANGAS MARTÍN, A. & D. J. LIÑÁN NOGUERAS (2020): *Instituciones y Derecho de la Unión Europea* (10.ª ed.). Madrid: Tecnos.

MARTÍNEZ SALDAÑA, D. (2020): "Contexto previo a la publicación de la Directiva 2019/1937". En: MARTÍNEZ SALDAÑA, D. (coord.): *La protección del whistleblower.* Valencia: Tirant lo Blanch.

NIETO MARTÍN, A. (2010): "La armonización del derecho penal ante el Tratado de Lisboa y el Programa de Estocolmo". *Revista General de Derecho Penal*, 13.

PÉREZ MONGUIÓ, J. M. (2019): "Del chivato al cooperador: el *whistleblowing*". *Revista Vasca de Administración Pública*, 115 (343-375).

PÉREZ TREVIÑO, J. L. (2018): "*Whistleblowing*". *Eunomía. Revista en Cultura de la Legalidad*, 14 (285-298).

RODRÍGUEZ-GARCÍA, N. (2017): *El decomiso de activos ilícitos.* Cizur Menor: Aranzadi.

SÁEZ LARA, C. (2020): *La protección de denunciantes: propuesta de regulación para España tras la Directiva* Whistleblowing. Valencia: Tirant lo Blanch.

SAKELLARAKI, A. (2022): "EU asset recovery confiscation regime. Quo vadis? A first assessment of the Commision's proposal to further harmonise the EU asset recovery and confiscation laws. A step in the right direction?". *New Journal of European Criminal Law*, 13(4) (478-501).

VILLORIA MENDIETA, M. (2021a): "La protección al whistleblower: retos para la implementación en España". *BARATARIA: Revista Castellano-Manchega de Ciencias Sociales*, 31 (20-39).

VILLORIA MENDIETA, M. (2021b): "Un análisis de la Directiva (UE) 2019/1937 desde la ética pública y los retos de la implementación". *Revista Española de la Transparencia*, 12 (1-10).

PARTE III: CUMPLIMIENTO NORMATIVO

CANAL DE DENUNCIAS, MEDIDAS DE AUTOLIMPIEZA Y *COMPLIANCE* DE COMPETENCIA

José Ignacio Sánchez-Macías[1]
Profesor Titular de Universidad
Área de Economía Aplicada
Universidad de Salamanca

I. EL *COMPLIANCE* Y SUS APELLIDOS

1. Los inicios: el *compliance* penal

El *compliance* se encuentra en una etapa de consolidación y expansión. Cada vez es mayor el número de leyes que contienen requisitos, referencias o remisiones a cuestiones vinculadas con el *compliance*, al tiempo que se incrementa el catálogo de estándares técnicos que las empresas pueden utilizar como orientación a la hora de implantar un modelo de *compliance*[2]. Sin embargo, para no

---

1 Director del "Máster Universitario en Análisis económico del Derecho y las Políticas Públicas". Profesor del "Programa de Doctorado en Estado de Derecho y Gobernanza Global" e investigador del "Centro de Investigación para la Gobernanza Global" de la Universidad de Salamanca. Este trabajo se ha elaborado en el marco del Proyecto de Investigación "Cumplimiento normativo y protección penal de la Administración Pública" (PID2022-138775NB-I00) del Ministerio de Ciencia e Innovación del Gobierno de España.

2 Se espera, además, que dicho número aumente en el futuro. Acaban de ver la luz la guía IWA 48:2024 sobre el marco para implementar los principios ambientales, sociales y de gobernanza (ASG), y las normas ISO 37004:2024 (Gobernanza de las organizaciones. Modelo de madurez de la gobernanza. Orientación) e ISO 37005:2024 (Gobernanza de las organizaciones- Desarrollar indicadores para una gobernanza eficaz). Se espera que pronto estén listas para aprobación nuevos estándares sobre aspectos relevantes del compliance y la gobernanza: ISO 37003 (sistemas de gestión del control del fraude); ISO 37009 (gestión de conflictos de interés en las organizaciones); ISO 37200 (prevención, identificación y mitigación de la trata de personas y el trabajo forzado); ISO 37201 (prevención y combate de la violencia contra la mujer en las organizaciones); ISO 37401

perder perspectiva, no está de más echar la vista atrás y recordar brevemente el camino transitado, que refuerza la idea de que el *compliance* no es, en modo alguno, una moda regulatoria, sino que ha llegado para quedarse.

La reforma del Código Penal (CP) de 2010, luego completada por la de 2015, representa el punto de inicio del *compliance* penal en España. El *compliance* se entendía como un refuerzo adicional para combatir la delincuencia cometida en el entorno corporativo —en especial aquel que se relacionaba de manera estrecha con el sector público— y para impulsar la cultura de cumplimiento empresarial. En la situación previa a 2010, de las conductas delictivas, conocidas, consentidas o alentadas por las empresas solo podían recibir reproche penal las personas físicas que las ejecutaban. La introducción de la posibilidad de que las personas jurídicas pudieran ser penalmente responsable (art. 31 bis CP) supuso un cambio fundamental, y durante bastante tiempo *compliance* y *criminal compliance* eran percibidos como conceptos casi sinónimos.

La incorporación de la responsabilidad penal de las personas jurídicas al CP español rompió con un paradigma que había dominado desde el siglo XIX, y que consideraba que los entes colectivos no podían ser objeto de reproche penal[3]. Su aparición no fue espontánea, destacándose tres instrumentos que contribuyeron decisivamente a este cambio, surgidos los tres de iniciativas externas. El primero fue la ley estadounidense de prácticas corruptas en el extranjero *(Foreign Corrupt Practices Act, FCPA)* de 1977, que introdujo la responsabi-

---

(sistemas de gestión de la diversidad). Adicionalmente, como complemento a las normas de compliance existentes, están avanzados los trabajos relativos a la ISO 37302 (directrices para la evaluación de la eficacia de los sistemas de gestión de compliance) y la ISO 37303 (directrices para la gestión de las competencias en *compliance*) así como sobre la revisión de la norma ISO 37001 (sistemas de gestión antisoborno).

3 Aunque repetido con reiteración, no resulta exacto afirmar que el *societas delinquere non potest* responda a una tradición multisecular procedente del Derecho Romano. En realidad, fue a partir del siglo XIX, por influencia de la doctrina penal alemana, cuando se consideró que solo las personas físicas podían ser culpables de cometer delitos. Esta concepción prevaleció durante buena parte del siglo XX hasta que, precisamente por el impulso del *compliance*, volvió a abrirse paso la posibilidad de que las personas jurídicas pudiesen cometer delitos y ser, por ello, criminalmente responsables. *Vid.* MARTÍNEZ PATÓN (2020).

lidad penal de las personas jurídicas en el derecho estadounidense y que, tras la reforma de 1998, es susceptible de ser aplicada de manera extraterritorial.

El segundo de los hitos fue el Convenio Antisoborno de la OCDE de 1997 (Convenio de lucha contra la corrupción de agentes públicos extranjeros en las transacciones comerciales internacionales), por el que los países se obligaron a considerar penalmente responsables a las personas jurídicas de los actos de soborno a funcionarios extranjeros cometidos en su seno, y a imponerles penas eficaces, proporcionadas y disuasorias. En el caso de que, según el ordenamiento jurídico del país, la responsabilidad penal no fuera aplicable a los entes colectivos, se obligaban a establecer sanciones de carácter no penal eficaces, proporcionadas y disuasorias, entre las que se incluyen las sanciones pecuniarias.

En tercer término, la Convención de las Naciones Unidas contra la Corrupción (2004) obliga a las Partes, en primer lugar, a castigar como delito una serie de conductas enumeradas en el propio tratado y que incluyen, de manera obligatoria, el soborno de funcionarios públicos, nacionales o extranjeros, la malversación en el sector público, el blanqueo y la obstrucción a la justicia y, en segundo término, a hacer responsables a las personas jurídicas que participen en los delitos tipificados con arreglo a la Convención. Esta responsabilidad, que existirá sin perjuicio de la responsabilidad penal que corresponda a las personas físicas que hayan cometido los delitos, podrá ser de naturaleza penal, civil o administrativa.

Los señalados acuerdos internacionales condujeron a la reforma del CP de 2010. Desde entonces las personas jurídicas, como por ejemplo las sociedades de capital, responden penalmente de las actividades delictivas cometidas en nombre o por cuenta de las mismas y en su beneficio directo o indirecto, por sus administradores; y también de los delitos cometidos, en el ejercicio de actividades sociales y por cuenta y en beneficio directo o indirecto de la persona jurídica, por los empleados que *hayan podido realizar los hechos por haberse incumplido gravemente los deberes de supervisión, vigilancia y control.*

Elemento clave para el impulso del *compliance* lo representa la posibilidad de que la persona jurídica quede exenta de responsabilidad penal (o, en su caso se beneficie de una atenuación de la pena) si cuenta con un modelo de organización y gestión que cumpla los requisitos establecidos en el art. 31 bis 5. A ese modelo de organización y gestión nosotros lo denominaremos sistema de gestión (SG) de *compliance* penal.

A partir de ese momento, arranca la importancia del *compliance* como herramienta para favorecer la integridad de las organizaciones en el contexto penal, pero también en muchas otras materias: laboral, tributaria, ambiental, urbanística, financiera, sanitaria, de protección de datos, de competencia, y un largo etcétera.

2. *Cumplimiento normativo y* compliance

Para edificar el nuevo paradigma del *compliance* se aprovechan elementos del tradicional "cumplimiento normativo", con el que, sin embargo, no debe identificarse totalmente[4].

El *compliance* representa el compromiso de una organización de cumplir con la normativa general o sectorial que le sea de aplicación y con las directrices o políticas internas fijadas por sus órganos de gobierno y por su alta gerencia, que estarán alineados con los estándares éticos decididos por los propietarios o accionistas en sus relaciones con los empleados, clientes, proveedores, grupos de interés y con la sociedad en general.

Frente al cumplimiento normativo, que tiene una naturaleza pasiva o reactiva, el *compliance* tiene un carácter proactivo; se trata de demostrar que existe una *voluntad* real de cumplir con la legalidad que mejora el sustrato ético de los negocios. Resulta esencial diferenciar ese *compliance* auténtico del *compliance* cosmético o impostado (*paper compliance)*, que se produce cuando las declaraciones contenidas en los códigos éticos o en los programas de ética y cumplimiento son meramente retóricas, sin conexión ni traslación al ámbito operativo y decisional de la organización, existiendo un enorme trecho entre el dicho y el hecho.

---

4 En SÁNCHEZ MACÍAS & RODRÍGUEZ LÓPEZ (2021) se profundiza sobre esta cuestión, distinguiendo tres etapas en el proceso de formación del *compliance*: *compliance* como cumplimiento normativo, *compliance* sistemático y *compliance* integral.

El objetivo social de regeneración ética de las empresas, que se encuentra en la base de este proceso de irrupción del *compliance*, requiere del concurso de tres elementos. En primer lugar, una actualización de los instrumentos jurídicos, especialmente, aunque no solo, los de naturaleza sancionatoria. Este reajuste del derecho no se limita al ámbito penal, sino que se extiende a otras ramas del ordenamiento jurídico cuya materia sea objeto de *compliance*.

En segundo término, es preciso que los destinatarios de las normas decidan modificar su comportamiento, abandonen conductas oportunistas, insolidarias, fraudulentas o engañosas y las sustituyan por una forma de actuar guiada por una cultura organizativa basada en la integridad y el cumplimiento[5].

Finalmente es necesario que las organizaciones verdaderamente comprometidas con la cultura de cumplimiento sean reconocidas como tales —por sus trabajadores, clientes, proveedores, accionistas, inversores, administraciones públicas y, en general, por todas las partes interesadas— y diferenciadas de aquellas otras que no tienen ese compromiso. En caso contrario, aparecerá el fenómeno de la denominada selección adversa, que es una consecuencia muy negativa de la información asimétrica. Las normas técnicas contribuyen de manera significativa a este objetivo.

3. *Normas técnicas y buenas prácticas*

Los estándares o normas técnicas son elaborados y propuestos por organizaciones privadas, comités de expertos o *think tanks*, y carecen de la fuerza vinculante del derecho. En cuanto proceso que contribuye a la creación, organización, difusión y propagación de reglas, la estandarización es una forma de regulación, aunque claramente distinta de la regulación pública. De ahí que se hable de "derecho blando", *Soft Law*, o autorregulación[6].

---

5 Los sistemas de gestión de *compliance* normalizados son un instrumento que permite reflejar el compromiso con la cultura de cumplimiento legal. En este sentido, GÓMEZ-JARA DÍEZ (2019).

6 Pese a su indiscutida importancia, la normalización no ha recibido por parte de la investigación académica realizada por juristas o economistas la atención que

Los estándares sobre *compliance* son el resultado del trabajo desarrollado por comités técnicos integrados por especialistas que recopilan aquello que antes se denominaba *lex artis* y hoy conocemos como buenas prácticas. Esas normas técnicas resultan de utilidad por dos razones. En primer lugar, porque sirven de orientación, inspiración y ayuda a la hora de implantar un modelo de *compliance* eficaz por parte de una empresa u organización. En segundo término, porque, cuando el estándar contiene requisitos y es certificable, la obtención de un certificado de *compliance* aporta un elemento adicional de aseguramiento a los agentes que se relacionan con la empresa. Este certificado debe ser emitido por un tercero externo que evalúe de manera independiente, en ausencia de conflicto de interés y tras un examen riguroso, la conformidad del SG de *compliance* de la empresa con todos los requisitos establecidos en la norma técnica[7].

El número de normas técnicas sobre materias relacionadas con el *compliance* ha crecido en los últimos tiempos. Una somera relación de las más importantes, circunscrita exclusivamente en las elaboradas por la Organización Internacional de Normalización (ISO) o por la Asociación Española de Normalización (UNE), incluye las que se mencionan a continuación:

(a) ISO 31000:2018 - *Gestión del riesgo. Directrices*. Esta norma, cuya primera versión apareció en 2009, ofrece orientaciones para gestionar el riesgo al que se enfrenta cualquier empresa u organización y proporciona un enfoque común susceptible de ser aplicado a cualquier actividad. Representa una concreción del EOR y del modelo COSO, a los que nos referiremos más adelante, y son elementos que forman parte de los SG de *compliance*.

(b) ISO 31022:2020 - *Risk management. Guidelines for the management of legal risk* (*Gestión del riesgo. Directrices para la gestión del riesgo legal*). Esta norma, muy vinculada con el *compliance*, pertenece a la familia ISO 31000 de gestión del riesgo. Su objetivo principal es ofrecer buenas prácticas para la gestión del riesgo legal de una empre-

---

probablemente merece. De esta misma opinión, BRUNSSON & JACOBSSON (2000).

7 En RODRÍGUEZ LÓPEZ & SÁNCHEZ MACÍAS (2021) analizamos con más detalle el valor social de la normalización y la certificación en *compliance*.

sa, alineándose con sus operaciones y actividades. A diferencia de las normas de *compliance* en sentido estricto, esta incluye orientaciones para gestionar otro tipo de riesgos como los contractuales, contribuyendo a mejorar la toma de decisiones en entornos legales complejos[8].

(c) ISO 19600:2014 - *Sistemas de gestión de compliance. Directrices*. Es un documento de recomendaciones que orienta a la hora de establecer un SG de *compliance* en cualquier sector. No era certificable.

(d) ISO 37001:2016 - *Sistemas de gestión antisoborno*. El objeto de este estándar es mucho más acotado: se centra en el *compliance* penal y, además, contempla únicamente los delitos relacionados con la corrupción o el soborno. Este estándar ha sido ampliamente implantado y certificado en todo el mundo.

(e) ISO 37301:2021 - *Sistemas de gestión* de *compliance. Requisitos con orientación para su uso*. Esta norma es la sucesora de la ISO 19600:2014, que quedó anulada. Además de algunos retoques metodológicos, el cambio más importante es que ahora es certificable[9].

(f) ISO 37002:2021 - *Sistemas de gestión de la denuncia de irregularidades. Directrices*. Esta norma técnica ofrece orientación para que las organizaciones puedan implementar, mantener y mejorar un canal de denuncias, que cumpla, además, los requisitos legales que establece la Directiva *Whistleblowing* [Directiva (UE) 2019/1937 del Parlamento Europeo y del Consejo de 23 de octubre de 2019 relativa a la protección de las personas que informen sobre infracciones del Derecho de la Unión], que fue transpuesta al derecho español, con retraso por cierto, como viene siendo habitual, por medio de la Ley 2/2023, de 20 de febrero, reguladora de la protección de las personas que informen sobre infracciones normativas y de lucha contra la corrupción (en adelante, LPPI).

(g) UNE 19601:2017 - *Sistemas de gestión de compliance penal. Requisitos con orientación para su uso*. Fuertemente inspirada en la

---

8 Abordar el *compliance* con los esquemas de la gestión del riesgo encaja bien con la forma en que se adoptan las decisiones en el entorno empresarial, donde se valoran y comparan los beneficios y los costes marginales asociados a adoptar más medidas precautorias (LANGEVOORT, 2021).

9 Para un análisis más detallado de la norma ISO 37301:2021 pueden consultarse, entre otros, CASANOVAS YSLA (2021) o SÁNCHEZ MACÍAS (2024).

norma ISO 37001:2016 (antisoborno), este estándar certificable, fruto de la normalización española, orienta a las empresas sobre la manera de implantar un SG de *compliance* penal eficaz que esté alineado con los requisitos que establece el art. 31 bis CP para poder beneficiarse de la exención de responsabilidad criminal.

(h) UNE 19602:2019 - *Sistemas de gestión de compliance tributario. Requisitos con orientación para su uso.* Inspirado en la norma técnica anterior, este estándar, que también es certificable, ayuda a las empresas a organizar un SG de *compliance* específico para gestionar adecuadamente el riesgo tributario que pudiera derivar en un ilícito penal o en una infracción tributaria de naturaleza administrativa[10].

(i) UNE 19603:2023 - *Sistemas de gestión de compliance en materia de libre competencia. Requisitos con orientación para su uso.* Esta norma técnica ayuda a las empresas a gestionar el *compliance* que se relaciona uno de los riesgos legales más severos que puede enfrentar una empresa (especialmente las de mayor tamaño): el vinculado a las prácticas anticompetitivas que el derecho de la competencia y otras normas de derecho administrativo sancionador consideran infracciones graves.

(j) UNE 19604:2023 - *Sistemas de gestión de compliance sociolaboral. Requisitos con orientación para su uso.* Esta norma establece una serie de requisitos para la gestión del *compliance* sociolaboral de una empresa, entre los que se encuentran la protección de los derechos constitucionales, la promoción de la igualdad y no discriminación, la tutela de los colectivos vulnerables, o la gestión de la relación individual y colectiva de trabajo, entre otras.

II. EL IMPULSO AL *COMPLIANCE* DE COMPETENCIA

1. *Derecho sancionador de la competencia*

El objetivo del derecho *antitrust* es preservar la libre competencia y "proteger el comercio contra restricciones y monopolios ilegales", por emplear la expresión utilizada hace 135 años por la *Sherman*

---

10 Existe una amplia literatura sobre *compliance* tributario. Por todos, puede consultarse MARTÍNEZ-MUÑOZ (2021), y respecto de la aplicación práctica la norma UNE 19602:2019, SÁNCHEZ MACÍAS & LEO CASTELA (2020).

Antitrust Act, de 1890, la primera ley antimonopolio del mundo, todavía vigente. Se trata de salvaguardar las bondades derivadas del proceso competitivo —lo que los economistas denominan eficiencia asignativa— asegurando que haya incentivos adecuados para que las empresas operen eficientemente y los consumidores disfruten de precios bajos por unos productos o servicios de calidad alta.

Tradicionalmente esos incentivos han descansado en un sistema de sanciones de naturaleza administrativa —sin perjuicio de que algunas conductas asociadas a ellas pudieran tener, además, trascendencia penal— que castigan a las empresas que infringen el derecho de la competencia aplicable, que será el derecho europeo, cuando la restricción a la competencia tenga esa dimensión, o el derecho interno, en caso contrario.

En el ámbito de la UE, el derecho de la competencia se encuentra recogido en los arts. 101 a 109 del Tratado de Funcionamiento de la UE (TFUE), en el Reglamento (CE) n.º 139/2004 del Consejo, de 20 de enero de 2004, sobre el control de las concentraciones entre empresas, así como en una importante normativa de desarrollo. Por su parte, la regulación española, que es reflejo fiel de la europea, se recoge fundamentalmente en la Ley 15/2007, de 3 de julio, de defensa de la competencia (LDC) y en el Real Decreto 261/2008, de 22 de febrero, por el que se aprueba el Reglamento de Defensa de la Competencia (RDC).

Tres son los ámbitos de interés del derecho de la competencia. El primero incluye las llamadas conductas prohibidas, que comprenden los acuerdos colusorios (art. 101 TFUE y art. 1 LDC), el abuso de posición dominante (art. 102 TFUE y art. 2 LDC) y, en el caso de la normativa española, el falseamiento de la libre competencia por actos desleales (art. 3 LDC). El segundo ámbito es el control de las concentraciones económicas (Reglamento (CE) 139/2004 y capítulo II de la LDC) cuya finalidad es asegurar que estas contribuyen a mejorar la eficiencia económica y no suponen un perjuicio para los consumidores. En tercer lugar, corresponde el derecho de la competencia se ocupa de analizar los criterios de concesión de las ayudas públicas en relación con sus posibles efectos distorsionadores de la competencia efectiva (arts. 107-109 TFUE y art. 11. LDC). En esta contribución nuestro interés se centra en las conductas prohibidas, ejemplo paradigmático de la utilización del derecho administrativo económico sancionador.

En los mercados concentrados, a diferencia de los de concurrencia perfecta, los operadores económicos tienen incentivos para comportarse de forma anticompetitiva (formar un cártel, o abusar de una posición dominante obtenida legítimamente en un mercado) porque con ello incrementan sus beneficios, lo que representa un perjuicio para los consumidores.

Un primer freno a ese aliciente a para desarrollar prácticas anticompetitivas lo representan el derecho de daños, que reconoce el derecho al pleno resarcimiento por los perjuicios causados. Sin embargo, el recorrido que tiene este mecanismo indemnizatorio a la hora de prevenir la comisión de estas infracciones es bastante limitado: solo sería realmente eficaz si absolutamente todos los perjudicados obtuvieran resarcimiento pleno con una probabilidad del 100%, tres condiciones que están lejos de darse en el mundo real. La efectividad del derecho al resarcimiento se ve limitada cuando, debido a la existencia de información asimétrica, la carga de la prueba o las dificultades de obtenerla hacen excesivamente oneroso, casi imposible, su ejercicio[11].

Un segundo freno lo constituye el régimen de infracciones y sanciones contenido en el derecho de la competencia, que en el caso del derecho español se concreta en los arts. 61ss LDC. Siendo el fin último de esas multas de naturaleza preventiva, las sanciones tienen la doble función de castigar y disuadir. Con la sanción se trata de reducir los beneficios netos esperados de las empresas infractoras hasta el punto en que les resulte más ventajoso respetar las reglas de la libre competencia que conculcarlas. De esta manera, se favorecerá que el mercado cumpla su papel de servir de instrumento para alcanzar una asignación eficiente de recursos[12].

---

11 De ahí la relevancia de la Directiva 2014/104/UE, relativa a determinadas normas por las que se rigen las acciones por daños en virtud del Derecho nacional, por infracciones del Derecho de la competencia de los Estados miembros y de la UE, que, por ejemplo, invierte la carga de la prueba en el caso de los cárteles, presumiendo *iuris tantum* que se produce perjuicio.

12 Cuando una empresa está valorando involucrarse en un ilícito de competencia, compara las ganancias que va a obtener, con el valor esperado de la sanción. Este valor esperado es resultado de combinar la cuantía de la multa con la probabi-

En el derecho europeo, y por ende también en el español, desde hace años existe un tercer freno, en el que conviene detenerse brevemente, y que guarda relación con la utilización de la normativa de contratación pública para promover la integridad de las empresas[13].

Hubo un tiempo en que las prohibiciones de contratar con el sector público valoraban exclusivamente si el potencial contratista reunía condiciones adecuadas en aspectos conectados con el objeto del contrato y con su capacidad para llevarlo a buen fin[14]. En la vigente Ley 9/2017, de 8 de noviembre, de Contratos del Sector Público (LCSP) las prohibiciones de contratar abarcan un extenso conjunto de características o situaciones que no guardan relación con la falta de capacidad técnica para poder desarrollar el contrato, sino con cuestiones vinculadas a la integridad, y que cuyo fin es promover el comportamiento ético de los potenciales licitadores y favorecer la cultura de *compliance*.

Entre ellas, se encuentran las prohibiciones recogidas en el art. 71.1.b LCSP, que señala que no podrán contratar las personas en quienes concurra alguna de las siguientes circunstancias: "Haber sido sancionadas con carácter firme *por infracción grave en materia profesional que ponga en entredicho su integridad, de disciplina de mercado, de falseamiento de la competencia*, de integración laboral

---

lidad de ser efectivamente detectada y castigada, lo que hace que el legislador disponga de dos herramientas para lograr su objetivo. La teoría de la disuasión óptima, una rama del análisis económico del derecho, analiza las circunstancias en que resultaría más convenientes utilizar una o la otra. Una excelente revisión de la literatura sobre la cuestión en POLINSKY & SHAVELL (2007).

13 De estas cuestiones y sus consecuencias se han ocupado, entre otros, GIMENO FELIÚ (2015) y RODRÍGUEZ-ARANA MUÑOZ (2017).

14 Resulta ilustrativo comparar el actual listado de prohibiciones para contratar del art. 71 LCSP con el incluido en el art. 4 de la vieja Ley de Contratos del Estado de 1965. Según este, no podía contratar con la Administración la persona natural o jurídica cuando concurriera en ella alguna de las siguientes circunstancias: haber sido condenada o procesada por delitos de falsedad o contra la propiedad; haber sido declarada en suspensión de pagos o incursa en procedimientos de apremio como deudora del Estado; haber sido declarada en quiebra o concurso de acreedores; haber dado causa a resolución de contratos con el Estado; ser funcionario público; ser una empresa o sociedad de las que forme parte una persona incompatible, no hallarse debidamente clasificada. Esas eran las prohibiciones, y ninguna otra.

y de igualdad de oportunidades y no discriminación de las personas con discapacidad, o de extranjería, de conformidad con lo establecido en la normativa vigente; o por infracción muy grave en materia medioambiental de conformidad con lo establecido en la normativa vigente, o por infracción muy grave en materia laboral o social, de acuerdo con lo dispuesto en el texto refundido de la Ley sobre Infracciones y Sanciones en el Orden Social, aprobado por el Real Decreto Legislativo 5/2000, de 4 de agosto, así como por la infracción grave prevista en el artículo 22.2 del citado texto; o por las infracciones muy graves previstas en la Ley 2/2023, de 20 de febrero, reguladora de la protección de las personas que informen sobre infracciones normativas y de lucha contra la corrupción; o por infracción grave o muy grave en materia de igualdad de trato y no discriminación por razón de orientación e identidad sexual, expresión de género o características sexuales, cuando se acuerde la prohibición en los términos previstos en la Ley 4/2023, de 28 de febrero, para la igualdad real y efectiva de las personas trans y para la garantía de los derechos de las personas LGTBI" [cursiva mía].

Este tercer freno al incentivo a cometer ilícitos anticompetitivos consiste, pues, en la prohibición de contratar con el sector público que recae sobre las empresas que hayan sido sancionadas con carácter firme por infracción grave de falseamiento de la competencia. Esta sanción puede suponer, para muchas de ellas, una disminución significativa del volumen de negocio y de la cifra de ingresos, lo que representa un desincentivo importante a la hora de involucrarse en estas prácticas prohibidas.

Los estímulos negativos comentados —multas, sanciones, prohibiciones— reducen el incentivo a realizar una conducta prohibida al empeorar la relación beneficio-coste de la conducta infractora. En otras palabras, con las sanciones se trata de que los infractores *dejen de realizar* una determinada conducta negativa, mientras que las medidas relacionadas con el *compliance* pretenden que esa misma empresa realice una determinada conducta positiva.

2. *El avance del* compliance *de competencia*

El *compliance* enfatiza, como uno de sus elementos novedosos, la conveniencia de que el ordenamiento jurídico ofrezca estímulos positivos —premios o ventajas— a aquellas empresas que *realicen* una determinada conducta que la propia norma considera adecuada para fortalecer el compromiso con la integridad y el cumplimento. Así, según se recordó más arriba, la implantación de un SG de *compliance* penal recibe, cuando es adecuado, el premio de servir para exonerar o, en su caso, atenuar, la responsabilidad penal de la persona jurídica (art. 31 bis CP).

En los últimos años el derecho de la competencia ha ido incorporando de manera independiente varias instituciones que se acomodan a lo que hoy conocemos como *compliance* de competencia: programas de clemencia, medidas de autolimpieza, autocorrección, o *self-cleaning*, y canales de denuncias, que son instituciones que estimulan comportamientos activos por parte de las empresas.

2.1. Programas de clemencia *(leniency programs)*

En los acuerdos colusorios, la brecha existente entre la información con que cuenta el investigado y la que puede tener el investigador es enorme y seguramente mayor que en otros ámbitos. Ello se traduce en unos costes de transacción (costes de búsqueda) elevados que dificultan, cuando no impiden, la obtención de evidencias sobre las que basar una sanción.

La aplicación de la teoría de juegos a los cárteles demuestra que las medidas favorecedoras del incumplimiento del pacto colusorio facilitan que el equilibrio del juego coincida con la solución no cooperativa (eso es, que compitan y no coludan), generando un aumento del bienestar social. De ahí que resulte deseable, tanto desde el punto de vista de la promoción de la integridad, como desde la perspectiva de la eficacia, convencer a alguna de las empresas participantes para que colabore con las autoridades de competencia, proporcione información relevante y aporte pruebas de la existencia del cártel. Los programas de clemencia tienen precisamente ese propósito[15].

---

15 La política de clemencia en el ámbito del UE comenzó a aplicarse en el año 1996. El procedimiento actual está contenido en la Comunicación de la Comisión 2006/C 298/11, modificada por la Comunicación 2015/C 256/01. En el derecho español, la adopción de este instrumento fue más tardía, y se recoge en los art. 65-66 LDC y 46-53 RDC.

Mediante un programa de clemencia "un participante en un cártel secreto, independientemente de las otras empresas implicadas, coopera con la investigación de la autoridad de la competencia, facilitando voluntariamente declaraciones de lo que él mismo conozca del cártel y de su papel en el mismo, a cambio de lo cual recibe, mediante una decisión o un sobreseimiento del procedimiento, la exención del pago de cualquier multa por su participación en el cártel o una reducción de la misma" (Disposición adicional 4.ª.3 LDC).

Para que pueda ser eximida del pago de la multa, la empresa solicitante debe cumplir una serie de requisitos, que se recogen en el art. 65 LDC: *(1)* ser la primera en proporcionar elementos de prueba que permitan a la Comisión Nacional de Mercados y Competencia (CNMC) ordenar el desarrollo de una inspección; *(2)* ser la primera en proporcionar elementos de prueba que permitan comprobar la existencia de un cártel; *(3)* cooperar con la CNMC; *(4)* cesar en su participación en la infracción, salvo que la autoridad de competencia decida otra cosa para preservar la eficacia de la investigación; *(5)* no haber destruido pruebas ni revelado su intención de colaborar a terceros; *(6)* no haber obligado a otras empresas a participar en la infracción.

La concesión de exención del pago de multa comprenderá también la exención de la prohibición de contratar con el sector público, y beneficiará a los representantes legales o directivos de la empresa que hayan colaborado con la CNMC en el marco de esta investigación.

Adicionalmente, las empresas que colaboren con la CNMC facilitando pruebas que aporten un valor añadido significativo, aunque no cumplan los requisitos (1) o (2) anteriores, podrán beneficiarse de una reducción en el importe de la multa que en algunos casos podría alcanzar el 50%. De manera potestativa, la CNMC podrá acordar que la reducción del importe de la multa comprenda la exclusión de la prohibición de contratar (art. 66 LDC).

Hay una abundante bibliografía que se ha ocupado de estudiar los programas de clemencia, y su eficacia, tanto desde la perspectiva económica como jurídica, existiendo evidencia empírica de que estas medidas contribuyen significativamente a reducir el incentivo a la colusión[16].

---

16 *Vid.* BRENNER (2009), CUERDO MIR (2013), ORTEGA SAIZ (2023), BORRELL *et al.* (2024) y LONDOÑO DE VIVERO (2024).

2.2. Medidas de autolimpieza *(self-cleaning)*

Las llamadas medidas de autolimpieza vienen a ser un antídoto a la prohibición de contratar con el sector público. El fundamento legal del *self-cleaning* se encuentra en el art. 57.6 de la Directiva 2014/24/UE sobre contratación pública. Esta directiva posibilita que las empresas se "rehabiliten" si demuestran que han tomado medidas internas significativas para remediar los problemas que llevaron a su exclusión, lo que les permite participar nuevamente en las licitaciones públicas.

El art. 72.5 LCSP señala que no procederá declarar la prohibición de contratar cuando, en sede del trámite de audiencia el infractor acredite el cumplimiento por parte de la empresa de dos condiciones que deben darse de manera cumulativa: *(1)* acreditar el pago o compromiso de pago de las multas e indemnizaciones a que haya sido sancionada o condenada; *(2)* acreditar la adopción de medidas técnicas, organizativas y de personal que sean apropiadas para evitar la comisión de futuras infracciones administrativas, entre las que quedará incluido el acogerse al programa de clemencia en materia de falseamiento de la competencia.

La CNMC ha hecho públicos los criterios que utiliza para determinar el alcance y duración de la prohibición de contratar por falseamiento de la competencia. En ellos se señala que la propuesta de resolución de un expediente sancionador podrá incluir, además de la propuesta de sanción, una propuesta acerca de la duración y alcance de la prohibición de contratar. De esa propuesta se dará traslado a la empresa que, en ese trámite de alegaciones o audiencia podrá acreditar el cumplimiento de las dos condiciones anteriores[17].

Como ha tenido ocasión de señalar la Junta Consultiva de Contratación Pública del Estado el término acreditación tiene un contenido técnico jurídico que lo identifica con la aportación de prueba suficiente para demostrar el cumplimiento de las condiciones exigidas por la ley[18]. Acreditar el cumplimiento del primer requisito es bas-

---

17 Comunicación 1/2023, de 13 de junio, de la Comisión Nacional de los Mercados y la Competencia, sobre criterios para la determinación de la prohibición de contratar por falseamiento de la competencia (*BOE* del 30 de junio).

18 JUNTA CONSULTIVA DE CONTRATACIÓN PÚBLICA DEL ESTADO (2021).

tante sencillo, pero no tanto el segundo. Para levantar la prohibición de contratar no basta, por ejemplo, la aprobación por el consejo de administración de un plan que contenga medidas técnicas y organizativas y de personal, sino que es necesario que exista evidencia demostrativa del compromiso con la cultura de integridad y *compliance* de competencia.

Entre las medidas de autolimpieza más habituales se encuentran la reestructuración del órgano de gobierno o la alta dirección; la implantación de un SG de *compliance* de competencia, y la realización de auditorías externas, lo que pone de manifiesto la estrecha conexión que en este punto existe entre el derecho (duro) de la libre competencia y el "derecho blando" del *compliance*.

2.3. Canales de denuncias

La LPPI aporta una tercera justificación de la conveniencia de contar con instrumentos de *compliance* en el ámbito del derecho de la competencia. Esta ley, que supone la transposición de la Directiva *Whistleblowing* de 2019, se plantea tres objetivos: *(1)* otorgar protección adecuada frente a las represalias a quienes alertan o informan sobre infracciones normativas, *(2)* fortalecer las infraestructuras de integridad de las organizaciones, y *(3)* fomentar la cultura de utilización de los canales de denuncia como mecanismo para prevenir y detectar amenazas al interés público.

A tal fin, la ley diseña un sistema de tutela o protección que asegure que los informantes, alertadores o denunciantes no van a sufrir represalias por utilizar los canales de denuncia, ahora denominados "sistemas internos de información" (SII).

Los SII resultan obligatorios para las entidades públicas. Sin embargo, no nos detendremos en los aspectos relacionados con este elemento del *compliance* público, no porque no sean de importancia capital, sino porque nuestro interés se centra en el sector privado.

La Ley obliga a numerosas entidades privadas a disponer de estos canales de denuncias, entre ellas todas las empresas tengan contratados 50 o más trabajadores. Se hace recaer en el órgano de administración o gobierno de la entidad la responsabilidad acerca del mismo. Esta es una manifestación del "tono en la cúspide", de la necesidad de ejercer el liderazgo en los asuntos que tienen que ver con la integridad de la empresa, un elemento destacado en los estándares de SG de *compliance* normalizados.

El SII es el procedimiento establecido para que los alertadores puedan informar de acciones u omisiones que puedan constituir infracciones graves en numerosos ámbitos y, en particular, las relativas al derecho de la competencia. Así: *(1)* de las infracciones referidas al derecho de la competencia de la EU, por estar incluidas en la Directiva *Whistleblowing*, y recogidas en el art. 2.1.a.3.º LPPI, que expresamente menciona “las infracciones de las normas de la Unión Europea en materia de competencia y ayudas otorgadas por los Estados”; *(2)* de las infracciones relativas al derecho de la competencia español, dado que, en aplicación del art. 2.1.b LPPI, se incluyen las acciones u omisiones que puedan ser constitutivas de infracción penal o administrativa grave o muy grave, en tanto que las conductas colusorias como el abuso de posición dominante tienen la consideración de infracciones muy graves (art. 62.4 LDC).

Son numerosos los requisitos que, según el art. 5 LPPI, deben cumplir los SII. En particular, se les exige seguridad y garantía de confidencialidad, así como garantías para la protección de los informantes. El SII debe integrar los distintos canales internos de información de la empresa y debe ser independiente de los SII de otras. Este punto se excepciona para las compañías que cuentan con 50 o más trabajadores, pero tienen menos de 250, en cuyo caso pueden compartir medios y recursos para la gestión de las informaciones que reciban, quedando siempre clara la existencia de canales propios en cada empresa. El SII debe contar con un procedimiento de gestión de las informaciones recibidas, aceptándose que estas puedan ser trasladadas tanto por escrito como verbalmente. La gestión del SII la puede llevar a cabo la propia empresa o encargársela a un tercero. Y todo ello, con el respaldo de una política o estrategia sobre el SII, debidamente comunicada dentro de la empresa.

La disposición final tercera de la LPPI añade a la LDC una nueva disposición adicional, la duodécima, relativa a la comunicación de posibles infracciones a través del canal externo de la Dirección de Competencia de la CNMC —creado a imagen del que tiene la Comisión Europea—que permite informar anónimamente sobre cualesquiera acciones u omisiones que puedan constituir infracciones de la LDC[19]. A fin de que este instrumento de colaboración ciudadana no se confunda con otras instituciones afines, se aclara que la comunicación de infracciones de competencia trasladada por ese medio no tendrá la consideración de denuncia, ni de solicitud de exención, ni de reducción del pago de la multa.

En resumen, según se ha señalado, el derecho de la competencia ha ido incorporando diversas instituciones (programas de clemencia prohibiciones de contratar, canales de denuncia) que tienen un elemento en común: su íntima conexión con el *compliance* de competencia, lo que explica y justifica el interés del regulador nacional por extender y aplicar los principios e instrumentos del *compliance* al ámbito del derecho de competencia[20].

III. *COMPLIANCE* DE COMPETENCIA Y GESTIÓN DE RIESGOS

1. *Ventajas de un Sistema de Gestión de* Compliance *de Competencia*

Un sistema de gestión de *compliance* de competencia (SGCC) será eficaz, en primer lugar, si consigue evitar que la empresa sea investigada por infracciones del derecho de la competencia, o si logra que las autoridades de competencia archiven sin sanción las actuaciones, cuando estas hayan sido iniciadas.

Un SGCC será también eficaz, en segundo lugar, si es capaz de trasladar al mercado señales claras del compromiso de la empresa con el cumplimiento en materia de libre competencia. Si lo hace, los consumidores, inversores, financiadores, comunidades locales, y otros agentes externos podrán reconocer a las empresas que poseen una cultura de *compliance* sólida y diferenciarlas de aquellas otras que simplemente afirman retóricamente tenerla, sin implementar medidas reales.

---

19 El buzón externo de información de la CNMC se encuentra en *https://edi.cnmc.es/buzones-anonimos/sica* y el de la Comisión Europea en *https://comp-eu.whistleblowernetwork.net/*.

20 CNMC (2020).

Un buen SGCC puede beneficiar a la empresa en otros frentes: ayuda a reducir los costes asociados a las sanciones, multas y provisiones, lo que permite mejorar la eficiencia operativa y elevar la rentabilidad y sostenibilidad a largo plazo; también ayuda a construir una imagen de marca positiva que evita que potenciales infracciones minen la confianza de clientes e inversores; contribuye al crecimiento de la empresa, especialmente cuando la expansión a nuevos mercados obliga a cumplir con normativas de defensa de la competencia en diferentes en diversas jurisdicciones; por último, refuerza la transparencia, la rendición de cuentas y la responsabilidad, que son dimensiones cada vez más valoradas en el entorno de la responsabilidad Ambiental, Social y de Gobernanza (ASG, o ESG, por sus siglas en inglés).

2. Compliance *y enfoque orientado al riesgo*

Gestionar el *compliance* en materia de competencia es sinónimo de gestionar de manera adecuada una clase concreta de riesgo legal: el derivado de la legislación *antitrust*. Esta consideración ha hecho que el enfoque orientado al riesgo (EOR) sirva de sustrato metodológico a los SG normalizados[21].

El EOR supone el reconocimiento de que la mayoría de las decisiones de una empresa se toman en condiciones de incertidumbre. Esa incertidumbre afecta al grado de consecución de los objetivos que pretende alcanzar la compañía, situación que es definida como riesgo en las normas técnicas de la familia ISO.

Las empresas disponen de instrumentos que les ayudan a gestionar todo tipo de riesgos: riesgo de crédito o de contraparte, riesgo de mercado, riesgo de interés, riesgo cambiario, riesgo operativo, riesgo tecnológico, riesgo país, riesgo de liquidez, riesgo reputacional, y también riesgo legal y riesgo de *compliance*. Esas herramientas, con las que se busca una estimación razonable acerca de la probabilidad de ocurrencia de los eventos futuros, forman parte esencial de la gestión empresarial. De hecho, la gestión de los riesgos adecuada es un

---

21 Este enfoque se conoce también como enfoque basado en el riesgo (RBA, *Risk Based Approach*). Una exposición más detallada del EOR y del proceso de evaluación de estos, se encuentra en SÁNCHEZ MACÍAS & RODRÍGUEZ LÓPEZ (2021).

elemento diferenciador que afecta de manera fundamental al desempeño de una empresa, con una influencia superior a la derivada de su localización geográfica, el sector de actividad en que desarrolla sus actividades, o su tamaño. Sobre la base de la información disponible, el EOR ayuda a tomar decisiones justificadas y facilita la realización de análisis de sensibilidad, ante distintos escenarios.

El EOR se emplea para que una empresa reduzca el riesgo de que salgan piezas defectuosas en su cadena de montaje, con el consiguiente ahorro en costes. Y también el EOR está detrás de la decisión de un banco de ofrecer un crédito preconcedido a un cliente tras realizar un *scoring*. Utilizar el EOR no es nuevo; lo que resulta más novedoso es la extensión de su aplicación a nuevos ámbitos, como, por ejemplo, el *compliance*.

En efecto, el EOR es particularmente útil a la hora de gestionar los riesgos relacionados con el *compliance*, en general, y con el de competencia, en particular. Resulta técnica y económicamente imposible garantizar que una empresa no va a incumplir en algún momento alguna de sus obligaciones de competencia. En ocasiones porque se producen contingencias operativas que tienen su origen en equivocaciones humanas, fallos técnicos, deficiencias en la coordinación, insuficiencias de los procesos, o inadecuación de los procedimientos.

En otras, porque los individuos que integran la organización pueden tener intereses que, en vez de estar alineados, entran en conflicto con los de la organización a la que sirven. Este tipo de situaciones, que se denominan "problemas de agencia", pueden generar consecuencias indeseadas que afectan al *compliance* de la entidad. Ejemplos ilustrativos serían: falta de integridad que lleva a un trabajador a aceptar una "gratificación" por parte de un competidor a cambio de reducir la presión competitiva; negligencia a la hora de supervisar a los subordinados, que puede dar lugar a una conducta prohibida; indolencia de un mando intermedio que conduce a una reducción injustificada de la calidad del servicio prestado al cliente, que resulta en un abuso de posición dominante, etc.

Con tantos frentes potencialmente abiertos, el EOR ayuda a tomar decisiones más fundamentadas al proporcionar un criterio para que la empresa pueda decidir dónde conviene asignar los recursos, que siempre son limitados. La respuesta es clara: deberán destinarse a actividades o controles que permita reducir los riesgos más graves.

3. *El modelo COSO, fundamento de los sistemas de gestión del riesgo normalizados*

Las normas ISO y UNE de SG están construidas sobre la base del denominado modelo COSO, un estándar para la gestión de riesgos y para el control interno, que ofrece el sustrato metodológico al EOR. De todos los elementos que componen este paradigma conviene enunciar brevemente los que se conocen como los cinco componentes del modelo COSO (ambiente de control, evaluación del riesgo, actividades de control, información y comunicación, y actividades de supervisión), que son desarrollados en 17 principios (Cuadro 1).

Cuadro 1. Componentes y elementos del modelo COSO.

Ambiente de control
Mostrar actitud de respaldo y compromiso con la integridad.
Ejercer la responsabilidad de vigilancia.
Establecer la estructura, responsabilidad y autoridad.
Demostrar compromiso con la competencia profesional.
Establecer la estructura para el reforzamiento de la rendición de cuentas.
Evaluación del riesgo
Definir objetivos y tolerancias al riesgo
Identificar, analizar y responder a los riesgos
Considerar el riesgo de corrupción
Identificar, analizar y responder al cambio
Actividades de control
Diseñar actividades de control
Diseñar actividades para los Sistemas de Información
Implementar actividades de control.
Información y comunicación
Usar información de calidad
Comunicar internamente
Comunicar externamente.
Actividades de supervisión
Realizar actividades de supervisión
Evaluar los problemas y corregir las deficiencias

La gestión de riesgos requiere de un *ambiente de control* propicio, que en el caso del *compliance* de competencia se podría identificar con el respeto a la dinámica competitiva que se refleja en la legislación *antitrust*. Aplicado al *compliance* de competencia, este componente, con el que se relacionan todos los demás, pone el énfasis en la necesidad de construir y mantener desde la cúspide de la organización una sólida cultura de cumplimiento.

El componente correspondiente a la *evaluación de riesgos* tiene también gran relevancia en el ámbito del *compliance*. Comprende tres fases: identificación, análisis y valoración de los riesgos.

La fase de *identificación* consiste en elaborar un listado de las contingencias que pueden dar lugar a incumplimientos de las obligaciones legalmente impuestas o los compromisos voluntariamente asumidos por la organización. Supone responder, sobre la base de la legislación *antitrust*, a preguntas de este tipo: ¿En qué mercados sería posible que se formaran cárteles horizontales? ¿Hay riesgo de que se planteen en algunos entornos acuerdos verticales de naturaleza anticompetitiva? ¿En qué mercados disfruta mi empresa de una posición dominante?

La fase de *análisis* tiene como objetivo comprender la naturaleza, características y severidad de cada uno de los riesgos de *compliance* previamente identificados. Para ello es preciso estudiar detalladamente las causas que propician su aparición, estimar la probabilidad de ocurrencia de cada contingencia detonante del mismo, estimar la gravedad, severidad o impacto de cada riesgo, y determinar los controles que podrían reducir la probabilidad o las potenciales consecuencias derivadas de su materialización.

La fase de *valoración* consiste en establecer un juicio acerca de la combinación de una probabilidad de ocurrencia con el impacto, severidad o gravedad que esa contingencia pueda tener para la empresa. Puede haber eventos muy improbables que, de producirse, son catastróficos para la compañía, y también puede haber situaciones que puedan darse con una cierta frecuencia, pero cuyas consecuencias son prácticamente despreciables.

Para poder valorar los riesgos es preciso contar con métricas adecuadas que permitan ponerlos en relación con la escala de riesgo que la organización está dispuesta a admitir y a soportar. De ahí surgen las nociones de apetencia por el riesgo (*risk appetite*) —que se relaciona con el nivel de riesgo que la entidad está dispuesta a aceptar— y de tolerancia al riesgo, que es la desviación máxima que la organización puede soportar antes de comprometer sus objetivos, o incluso su continuidad.

El denominado "mapa de riesgos" es el resultado tangible que resulta de esta valoración y no, como erróneamente a veces se concibe, con un lisado de los riesgos, que forma parte de la fase de identificación.

El siguiente componente del modelo COSO se refiere a las *actividades de control* o tratamiento del riesgo de *compliance*, con las que se pretende que el riesgo finalmente asumido no supere un umbral máximo determinado por la empresa. Estas medidas de mitigación del riesgo pueden consistir en asumir, vigilar, reducir, compartir, transferir o evitar el riesgo. El riesgo se mitiga cuando se establecen o refuerzan controles, financieros o no financieros, hasta que el riesgo residual —aquel riesgo que subsiste después de tomar en consideración las medidas de control ya implantadas— se encuentre en niveles asumibles.

Dentro del componente de *información y comunicación* se destaca la necesidad de utilizar información de calidad, registrarla y documentarla, y reportar y comunicar los resultados a los niveles pertinentes. Contar con esta información es crucial para una buena gestión de *compliance*: ayuda a la gerencia para que toma decisiones más adecuadas; a los auditores (tanto internos como externos) para que pueda disponer de evidencias, al certificador para que pueda evaluar la conformidad con una norma certificable, y, en general, para que se pueda acreditar la eficacia del modelo en una eventual investigación por parte de las autoridades judiciales o administrativas.

Finalmente, el modelo está sujeto a *supervisión, seguimiento y revisión* continuas. Para ello resulta esencial definir y calcular indicadores clave de desempeño (ICD o KPI, *Key Performance Indicators*) que permitan alertar de desviaciones respecto de los objetivos de *compliance* propuestos, de modo que se puedan adoptar las medidas de mejora que sean requeridas.

El modelo COSO, que sirve de fundamento al EOR, fue incorporado a la estandarización internacional el año 2009 mediante la norma ISO 31000 y de ahí pasó a ser parte integrante de los SG normalizados, entre los que se cuentan los SG de *compliance*.

IV. UNA VISIÓN GENERAL DE LA NORMA UNE 19603:2023

1. *Introducción*

Dos premisas han quedado claras hasta el momento. En primer lugar, que existe una estrecha conexión entre el *compliance* y el derecho de la competencia, que ha dado lugar al nacimiento del *compliance* de competencia. En segundo término, que ante la necesidad de implementar sistemas o modelos para gestionar el *compliance* de competencia resulta útil y conveniente contar con el apoyo de guías, directrices o lineamientos para que la empresa pueda acometer con garantías los cambios de gobernanza, organizativos y procedimentales requeridos.

La norma internacional ISO 37301:2021 (*SG de compliance. Requisitos con orientación para su uso*) y, sobre todo, la norma española UNE 19603:2023 (*SG de compliance en materia de libre competencia. Requisitos con orientación para su uso*) cumplen ese papel de servir de guía a la hora de implementar de manera sencilla un SGCC que sea eficaz.

La norma UNE 19603:2023, es aplicable a cualquier organización que desee establecer un SGCC, con independencia de su tamaño, del sector de actividad en que opere o de la forma jurídica que adopte. Esta norma posee dos características que conviene destacar. En primer lugar, está inspirada por la denominada estructura de alto nivel (HLS, por sus siglas en inglés) o estructura armonizada (HS), que es un marco general compartido por los SG de las normas ISO. El uso uniforme de textos, términos y definiciones y el establecimiento de requisitos básicos comunes contribuyen a que la implantación de un concreto SG sea relativamente sencilla, sobre todo si la organización ha implementado con anterioridad otro SG que utiliza la misma estructura. En segundo término, esta norma UNE es una norma de requisitos, lo que significar que es certificable. Para reconocer las normas de requisitos frente a las de recomendaciones, que no son certificables, basta fijarse en el tiempo verbal que se emplea: cada vez que una norma ISO/UNE utiliza la expresión "debe" está estableciendo un requisito, mientras que, si se emplea el condicional —"debería"—, se está haciendo una recomendación.

De manera semejante al resto de las normas de SG, la UNE 19603:2023 se inspira en el modelo del ciclo PHVA (Planificar, Hacer, Verificar y Actuar), también llamado ciclo PDCA, por sus siglas en inglés.

2. *Estructura de la norma UNE 19603:2023*

La UNE 19603:2023 consta de diez secciones, llamadas cláusulas, además de una introducción y un anexo informativo: 1. Objeto y campo de aplicación; 2. Normas para consulta; 3. Términos y definiciones; 4. Contexto de la organización; 5. Liderazgo; 6. Planificación; 7. Apoyo; 8. Operación; 9. Evaluación del desempeño y 10. Mejora. Las tres primeras tienen un carácter general y no contienen requisitos.

Aunque numerosas definiciones (cláusula 3) son comunes a otros SG, algunas otras son específicas de esta norma. Entre los más relevantes:

(a) Obligaciones de compliance en materia de libre competencia: requisitos que una organización tiene obligatoriamente que cumplir, así como aquellos que adquiere voluntariamente en materia de libre competencia. Estas obligaciones de *compliance* de competencia son numerosas y heterogéneas y dependen de los distintos procesos en que se enmarquen. Son distintas las obligaciones derivadas del deber de colaboración con la CNMC, la información confidencial, el deber de secreto, las informaciones reservadas, los expedientes sancionadores, las operaciones de concentración, los programas de clemencia, las medidas *de self-cleaning*, la protección al informante, las terminaciones convencionales, las facultades de inspección, los procedimientos judiciales, por poner algunos ejemplos.

(b) Compliance en materia de libre competencia: cumplimiento de todas las obligaciones de *compliance* en materia de libre competencia de la organización.

(c) sistema de gestión: conjunto de elementos de una organización, interrelacionados o que interactúan entre sí para establecer políticas, objetivos, y procesos para lograr esos objetivos.

(d) Política de compliance en materia de libre competencia: voluntad de una organización, como la expresa formalmente su alta dirección, en relación con sus objetivos de *compliance* en materia de libre competencia.

(e) Cultura de compliance en materia de libre competencia: valores, creencias y conductas propias de una organización que interactúan con sus estructuras y sistemas de control para producir normas de comportamiento que conducen al *compliance* en materia de libre competencia.

En la cláusula 4, titulada "Contexto de la organización" se incorporan requisitos relacionados con la adquisición de la información necesaria para llevar a cabo una adecuada gestión del riesgo de *compliance* de competencia, de manera que el SGCC de la empresa refleje fielmente sus valores, objetivos, estrategia y riesgos de *compliance* en materia de libre competencia, teniendo presente el contexto de la organización. A tal fin:

(a) Analizará los factores, tanto externos como internos, que puedan afectar a la capacidad de lograr los resultados previstos en su SGCC, tales como: estructura y condiciones del mercado; grado de concentración; modelo de negocio; alcance de las relaciones con terceras partes, especialmente competidores, asociaciones empresariales sectoriales, reguladores, supervisores; factores relevantes del contexto social, legal, regulatorio, ambiental; reputación; profesionalidad y experiencia de su cúpula directiva; historial de infracciones; modelo de gobernanza; cultura de *compliance* de la organización en materia de libre competencia; entre otros.

(b) Determinará qué partes interesadas son pertinentes a efectos del SGCC, los requisitos de *compliance* de competencia que les afecten y aquellos que se van a abordar en el propio SGCC.

(c) Decidirá el alcance del SGCC. Deberá establecer, por ejemplo, si su objetivo es implantarlo en todo el grupo empresarial o si quiere circunscribirlo a la actividad desarrollada por la división A en el mercado B del país C. Y es que a los efectos de este estándar el concepto de organización no es sinónimo de persona jurídica, ni de empresa, ni de entidad mercantil, sino que es la "persona o grupo de personas que tienen sus propias funciones con responsabilidades, autoridades y relaciones para el logro de sus objetivos".

(d) Identificará sistemáticamente sus obligaciones de *compliance* de competencia, que vendrán determinadas en las normas jurídicas que les sean aplicables. En el caso de las empresas que operan en España serán las recogidas en el TFUE, el reglamento de concentracio-

nes, la LDC y el RDC, pero también en la LCSP, la LPPI, las Circulares de la CNMC y la jurisprudencia europea o nacional, fundamentalmente. Y lo mismo si la empresa está sujeta al cumplimento de las normas dictadas por otras jurisdicciones. La organización dispondrá de procesos que le permitan identificar los cambios que se produzcan en las obligaciones de *compliance* en materia de libre competencia, así como para evaluar el impacto de tengan esos cambios.

(e) Realizará una evaluación de los riesgos, aplicando los conceptos vistos en el apartado anterior: identificación, análisis y valoración de los riesgos. En particular, realizará una evaluación de los riesgos relacionados con los procesos que hayan sido externalizados. Los riesgos se evaluarán periódicamente y siempre que se produzcan cambios (modificaciones legislativas o cambios en la aplicación o interpretación de las normas, cambios en la política comercial de la empresa, etc.).

(f) Establecerá los controles o medidas mitigadoras correspondientes.

(g) Conservará información documentada de todo lo anterior.

El *compliance* en materia de libre competencia resulta imposible sin una adecuada gobernanza que traslade, de arriba abajo, el compromiso de cumplimiento[22]. La cláusula 5 (Liderazgo) se ocupa de esta cuestión. Requiere que el órgano de gobierno y la alta dirección demuestren inequívocamente liderazgo y compromiso con respecto al SGCC. Para ello, entre otros, se fijan requisitos para que estos aseguren que:

(a) Se establece la política de *compliance* en materia de libre competencia. Esta política, que debe implementarse de forma adecuada, incluirá el compromiso de cumplir con los requisitos aplicables, y el de mejorar continuamente el SGCC. También debe comunicarse dentro de la organización y estar disponible para las partes interesadas, según corresponda.

(b) Se destinan los recursos necesarios al SGCC.

---

22 La importancia del liderazgo se acrecienta cuando es preciso introducir en la organización algún cambio significativo, como cuando se precisa una restauración de la confianza en la misma. Sobre el particular, GILLESPIE & DIETZ (2009).

(c) Se comunica la importancia de realizar una gestión eficaz del *compliance* en materia de libre competencia.

(d) Se incluyan las responsabilidades de *compliance* en materia de libre competencia en las descripciones de los puestos de trabajo, cuando corresponda.

(e) Se establece un sistema para la gestión de las denuncias.

(f) Se designe una "función de *compliance*" en materia de libre competencia, que se responsabilizará de la operación del SGCC. La función puede ser desempeñada por una o varias personas, dependiendo de la complejidad de la empresa. Tendrá acceso directo al órgano de gobierno, deberá ser independiente y deberá tener autoridad, y conocimiento y habilidades adecuadas.

La cultura de *compliance* de competencia debe permear a toda la organización: desde el órgano de gobierno y la alta dirección, pasando por la dirección hasta llegar al último de los trabajadores. La dirección intermedia se responsabilizará del *compliance* en materia de libre competencia en el área de su responsabilidad, cooperará con la función de *compliance*, asistirá y apoyará las actividades formativas correspondientes, y animará al personal a su cargo a plantear denuncias y cualquier otro tipo de inquietudes. Adicionalmente, todo el personal de la empresa deberá observar las obligaciones, políticas, procesos y procedimientos de *compliance* en materia de libre competencia, participar en las actividades de formación, así como informar sobre infracciones, cuestiones y fallos de *compliance* en materia de libre competencia.

La implementación y mantenimiento de un SGCC requiere tener un plan, una hoja de ruta, asunto al que la norma dedica la cláusula 6. La planificación del SGCC:

(a) Considerará las obligaciones de *compliance* en materia de libre competencia, los objetivos concretos y los resultados de la evaluación de los riesgos. Los objetivos deberán ser coherentes con la política, ser medibles, si ello es posible, deben estar disponibles como información documentada, y ser objeto de seguimiento y actualización.

(b) Comprenderá la descripción de las acciones que aseguren que el SGCC puede alcanzar los objetivos previstos; deberá indicarse qué hay que hacer, quién debe hacerlo y cuándo. Adicionalmente, la planificación se precisa no solo en el momento inicial de implementación

de un SGCC sino también cuando haya que introducir cambios o modificaciones en el mismo.

Para que un SGCC sea efectivo no basta con realizar un buen diagnóstico y realizar una planificación adecuada; también es necesario contar con medios y herramientas que permitan su correcta operación. Entre esos elementos de apoyo (cláusula 7) se encuentran:

(a) Recursos financieros, materiales y tecnológicos suficientes, cuya disponibilidad debe ser asegurada por el órgano de gobierno y la alta dirección.

(b) Competencias, conocimientos y habilidades de *compliance* en materia de libre competencia adecuadas. Para ello la empresa establecerá procesos de diligencia debida que aseguren que tanto en la descripción de los puestos de trabajo como en los procesos relacionados con la gestión de recursos humanos (procesos de selección de personal o política disciplinaria) se incluyan las referencias oportunas al *compliance* en materia de libre competencia.

(c) Acciones periódicas de formación, a fin de asegurar que a todos los que desempeñan su trabajo bajo el control de la organización se les proporcionan y actualizan esas competencias. La formación, que debe ser adecuada y revisada regularmente, debe lograr que todo el personal tome conciencia de la importancia de la política de *compliance* en materia de libre competencia y de las consecuencias que acarrea el incumplimiento de los requisitos.

(d) Acciones de comunicación sobre *compliance* en materia de libre competencia, dirigidas a partes interesadas internas o externas, son otro de los elementos de soporte del SGCC. Habrá de determinar el qué, el a quién, el cómo y el cuándo de dichas comunicaciones.

(e) Información documentada que la organización tiene que controlar y mantener, y el medio en el que está contenida. Este es un elemento esencial tanto para ofrecer evidencia del cumplimiento de requisitos de *compliance* en materia de libre competencia ante terceros como para guiar el proceso de evaluación de resultados y, con ello, orientar las acciones de mejora que deban ser acometidas. Esta información documentada incluirá la exigida directamente por la norma UNE 19603:2023 y también aquella otra que la organización considere necesaria para asegurar la eficacia del SGCC. La información documentada debe estar actualizada, disponible y protegida para

asegurar su integridad, evitando que se use de manera inadecuada o pierda la necesaria confidencialidad.

Un SGCC requiere establecer procesos operativos que aseguren que las acciones planificadas se implementan adecuadamente (cláusula 8). La norma UNE 19603:2023 se refiere a tres tipos de elementos: controles, canal de denuncias y procesos de investigación:

Los *controles* permitirán mitigar el riesgo de *compliance* en materia de libre competencia y reducirlo a niveles aceptables y a tal fin:

(a) Responderán a una planificación previa basada en la naturaleza y tipología de las obligaciones y riesgos de *compliance* en materia de libre competencia.

(b) Deberán ser más estrictos si la cuota de mercado de la empresa es relevante, en lógica consecuencia del EOR.

(c) Serán establecidos, mantenidos, revisados y probados periódicamente para asegurarse de su eficacia ya que de ella depende, en buena medida, la propia eficacia del SGCC.

(d) Serán específicos y distintos dependiendo del tipo de relación contractual o del tipo de obligación de *compliance*; así, por ejemplo, en el caso de las relaciones con los competidores algunos de los controles requeridos serán: no compartir información sensible, prevenir el uso de algoritmos o comprobar que no hay manipulación de ofertas *(bid-rigging)* en las licitaciones; en las relaciones con clientes o proveedores, los controles incluyen la utilización de cláusulas tipo en los contratos o la segregación de funciones dentro de las empresas verticalmente integradas; en el caso de las operaciones de concentración, los controles operativos se asegurarán de que se cumplen las condiciones impuestas por las autoridades de defensa de la competencia y de que realicen la oportunas notificaciones, cuando corresponda.

El canal interno de denuncias, que esta norma denomina "información o comunicación de sospechas"[23] constituye un segundo elemento operativo del SGCC. Se configura como un proceso que debe:

---

23 La terminología, incluso en las normas técnicas, ha sido vacilante. En la norma ISO 37001:2017 (SG antisoborno), al igual que en la norma ISO 37301:2021 (SG *compliance*) y en la norma UNE 19604:2023 (SG de *compliance* sociolaboral) se optó por la expresión "planteamiento de inquietudes". En la norma UNE 19601:2017 (SG *compliance* penal) se habla de "comunicación de incum-

(a) Permitir que se informe de sospechas de irregularidades relacionadas con infracciones supuestas o reales de la política o de las obligaciones de *compliance* en materia de libre competencia.

(b) Animar a que los miembros de la organización alerten de conductas que puedan comprometen el *compliance* en materia de libre competencia y por ello es un elemento fundamental para demostrar el compromiso de cumplimento de una organización.

(c) Cumplir una serie de requisitos: *(i)* proteger al informante de represalias; *(ii)* asegurar la confidencialidad; *(iii)* permitir informaciones o comunicaciones anónimas; *(iv)* permitir formular comunicaciones verbales, por escrito e incluso a través de una reunión presencial; *(v)* ser visible y accesible a toda la organización. Adicionalmente, *(vi)* permitir al personal que reciba asesoramiento y *(vii)* informar sobre la existencia de canales externos.

La norma UNE 19603:2023 asume como requisitos propios del SGCC los requisitos legales establecidos en la LPPI y en la Directiva *Whistleblowing*. Esto implica que las empresas de menos de 50 trabajadores que no cuenten con un SII pero que decidan implantar un SGCC de conformidad con esta norma UNE tendrán que cumplir, en todo caso, los requisitos que la LPPI determina para los SII. Por su parte, las empresas que cuenten ya con un SII de la LPPI únicamente tendrán que asegurarse de que este permite transmitir sospechas o denuncias en materia de competencia, encomendando la obligación de esta comprobación la función de *compliance* en materia de libre competencia.

Procesos de investigación. Estos procesos se llevan a cabo para valorar, investigar y cerrar los informes sobre sobre presuntos casos de incumplimiento de *compliance* en materia de libre competencia. Con relación a estos procesos de información, la empresa deberá: *(i)* asegurar que la toma de decisiones es sea justa e imparcial; *(ii)* conservar la información documentada; *(iii)* usar las conclusiones para la mejora del SGCC; e *(iv)* informar a la cúpula de la organización regularmente sobre la frecuencia y resultados de las investigaciones.

---

plimientos e irregularidades" y en la norma UNE 19602:2019 (SG de *compliance* tributario) de "comunicación de incumplimientos, o sospechas fundadas de incumplimientos de requisitos".

La cláusula 9 establece los requisitos que deben cumplirse en la tercera etapa del ciclo PHVA consistente en *(a)* evaluar el desempeño del *compliance* en materia de libre competencia y *(b)* evaluar la eficacia del SGCC. Es una fase muy importante por cuanto sin ella no es posible avanzar en la mejora continua. A tal fin la empresa deberá: *(i)* establecer un plan de seguimiento en el que se definan claramente los procesos, programas y recursos a emplear; *(ii)* determinar a qué es necesario hacer seguimiento y qué es necesario medir, quién lo hará, cuándo, cómo, a quién se debe facilitar la información; *(iii)* recabar la información que resulte pertinente acerca del desempeño del SGCC y que puede consistir en documentos, registros, pruebas por muestreo, resultados de encuestas, resultados de auditorías; *(iv)* contar con procedimientos para recabar opiniones del desempeño a todas o a algunas de las partes interesadas; *(v)* analizar la información de forma crítica, especialmente cuando se presenten problemas de manera recurrente; *(vi)* desarrollar un sistema de indicadores y métricas que ayuden a cuantificar el logro alcanzado; estos indicadores deben estar relacionados con los riesgos en materia de *compliance* de libre competencia; *(vii)* incorporar el resultado de la evaluación en los informes de *compliance* en materia de libre competencia, que podrán realizarse conforme a calendario o podrán ser *ad hoc* cuando las circunstancias lo requieran. El contenido de estos informes debe facilitar toda la información relevante, incluyendo, entre otra, la relativa los riesgos sobre los que la organización haya sido requerida, las mediciones del desempeño, las no conformidades, las acciones correctivas aceptadas y los resultados de las auditorias; *(viii)* realizar auditorías internas a intervalos planificados, para aportar información acerca de la eficacia del SGCC. Estas auditorías deben ser razonables, proporcionadas y realizadas con un enfoque EOR. La empresa debe: *(a)* definir los criterios y el alcance de cada auditoría, *(b)* seleccionar los auditores, asegurando su objetividad e imparcialidad; *(c)* asegurar que los resultados de las auditorías se comuniquen al órgano de gobierno y a la alta dirección. Las auditorias serán revisadas primeramente por el órgano de *compliance* en materia de libre competencia y, sobre la base del informe de dicho órgano, por la alta dirección, que adoptará o propondrá las medidas relacionadas con las necesidades de cambio u oportunidades de mejora del sistema. El órgano de gobierno examinará periódicamente el SGCC con base en la información proporcionada por el órgano del *compliance* de competencia, la alta dirección y cualquier otra información que pudiera solicitar.

La última cláusula (cláusula 10) se dedica a la mejora continua de la idoneidad, adecuación y eficacia del SGCC. Normalmente se utilizarán como *inputs* del proceso los resultados de las evaluaciones del desempeño, y las investigaciones realizadas con ocasión de un no cumplimiento o una no conformidad. En estos casos, la organización debe reaccionar inmediatamente, implementando las acciones que sean necesarias, adecuadas y proporcionadas, para controlar y corregir la situación, hacer frente a las consecuencias, revisar la eficacia de los controles, y, si es preciso, hacer cambios en el propio SGCC.

La norma UNE 19603:2023 proporciona, en definitiva, una descripción detallada de los requisitos que debe satisfacer una empresa que quiera instaurar o mantener un modo de gobernarse y de actuar basado en la cultura de *compliance* de competencia que permita trasladar hacia el exterior pruebas de su voluntad de cumplir con la legislación *antitrust* y evitar conductas que supongan infracciones a la misma.

V. REFLEXIÓN FINAL

El derecho de la competencia es una rama del derecho no exenta de complejidad que ofrece a las autoridades de competencia una importante palanca para mejorar la eficiencia económica, estática y dinámica, contribuir a la equidad, e impulsar la innovación y la competitividad empresarial.

Puede resultar sencillo sobre el papel, pero no tanto en la realidad, establecer una línea divisoria entre, por ejemplo, una operación de fusión que conviene prohibir porque la reducción del número de competidores resulta socialmente perjudicial, y otra que, pese a suponer un aumento significativo de los índices de concentración, debe ser autorizada por tener efectos positivos que compensan más que con creces sus efectos negativos (porque, por ejemplo, gracias a ella se mejora la producción o la distribución de los productos o se favorece el progreso técnico o económico, al tiempo que se beneficia a los consumidores).

De igual manera, muchas veces es difícil determinar si la mayor rentabilidad de una empresa es consecuencia de una conducta anticompetitiva que abusa de una posición dominante, o si es una recompensa legítima al hecho de hacer las cosas mejor que el resto en un entorno competitivo.

La respuesta más razonable y satisfactoria a este tipo de cuestiones no viene necesariamente de la mano del derecho sino de la economía, y pasa por estimar mediante técnicas cuantitativas el llamado contrafactual, que consisten en tratar de saber qué resultados se habrían dado hoy si las circunstancias, en vez de ser las que son, hubieran sido otras distintas. El problema es que, en ocasiones, estimaciones realizadas aplicando técnicas distintas a los mismos datos, conducen a interpretaciones no siempre coincidentes, sin que sea posible anticipar fácilmente cuales van a ser las asumidas por tribunal o la autoridad de competencia.

Esta falta de certidumbre tiene consecuencias sobre la eficiencia económica. La elevada litigiosidad en materia de defensa de la competencia provoca que la mayoría de los expedientes administrativos acaben convirtiéndose en causas judiciales —en los que se constata que, en muchas ocasiones los tribunales acaban anulando sanciones impuestas por la CNMC o reduciendo sustancialmente la cuantía de las multas—. Ello pone de manifiesto la existencia de un considerable nivel de "ruido" que sería bueno atenuar, porque aumentaría la seguridad jurídica y con ello mejoraría la eficiencia económica[24].

El *compliance* de competencia no es una panacea, pero tampoco una moda generadora de expectativas imposibles de satisfacer[25]. Desde una visión equilibrada, creemos que la implementación rigurosa de un SGCC basado en la norma UNE 19603:2023 —un estándar elabo-

---

24 MARCOS FERNÁNDEZ (2023) analiza el alcance de la revisión judicial de las resoluciones de la CNMC. Las 274 resoluciones del periodo que analiza derivaron en 1390 sentencias. La mayoría de los litigios se centran en las multas, que se recurren en el 95,5% de los casos. En el 62% de las sentencias, los demandantes ganan total o parcialmente, gracias a lo cual las multas impuestas en el periodo considerado se redujeron en un 43% (de 1.670 millones de euros a 738 millones).

25 Ver ARRUÑADA (2023) para ver una opinión muy crítica al *compliance*. Una revisión de la literatura sobre las brechas de expectativas en auditoría, en QUICK (2020).

rado por un organismo de normalización de prestigio que, además, es certificable— puede ayudar a reducir ese nivel de ruido.

Un buen SGCC proporciona dosis extra de confortabilidad a las empresas que quieren cumplir con las obligaciones de *compliance* de competencia de manera compatible con el objetivo de generar valor añadido y riqueza para sus propietarios y para el resto de la sociedad. También resulta de utilidad a las autoridades de competencia y a los tribunales de justicia para formarse una idea más cabal acerca de la cultura de *compliance* de competencia de una empresa.

En la actualidad, los beneficios de contar con un SGCC se han visto acrecentados por la concurrencia de varias circunstancias. Por un lado, establecer un canal de denuncias ha pasado de ser un requisito contenido en una norma técnica (voluntaria) a ser una obligación legal derivada de la LPPI, lo que automáticamente reduce el coste de oportunidad de implementar un SG de *compliance*. Por otro, contar con un SGCC puede servir de ayuda a la hora de acreditar la adopción de las medidas de autolimpieza o *self-cleaning* por infracciones de competencia que exige el art. 72.5 LCSP.

VI. BIBLIOGRAFÍA

ARRUÑADA, B. (2023): "El negocio del postureo legal". *The Objective*, April 9 *[https://theobjective.com/elsubjetivo/opinion/2023-04-09/negocio-postureo-legal/]*.

BORRELL, J. R., GARCÍA, C., JIMÉNEZ, J. L. & J. M. ORDÓÑEZ DE HARO (2024): "Short and long run effects of leniency programs on cartel stability and prosecution". *Journal of Competition Law & Economics*, 20(3) (181-205).

BRENNER, S. (2009): "An empirical study of the European corporate leniency program". *International Journal of Industrial Organization*, 27(6) (639-645).

BRUNSSON, N. & B. JACOBSSON (2000): *A world of standards*. Oxford: Oxford University Press.

CASANOVAS YSLA, A. (2021): *Guía práctica de compliance según la Norma ISO 37301:2021*. Madrid: AENOR Ediciones.

CNMC (2020): *Guía de programas de cumplimiento en relación con la defensa de la competencia*. Madrid: CNMC.

CUERDO MIR, M. (2013): "Política de competencia y programas de clemencia: una revisión desde la economía del derecho". *Anuario de la Competencia*, 1 (45-63).

GILLESPIE, N. & G. DIETZ (2009): "Trust repair after an organization-level failure". *Academy of Management Review*, 34(1) (127-145).

GIMENO FELIÚ, J. M. (2015): "La reforma comunitaria en materia de contratos públicos y su incidencia en la legislación española una visión desde la perspectiva de la integridad". En GIMENO FELIÚ, J. M., GALLEGO CÓRCOLES, I., HERNÁNDEZ GONZÁLEZ, F. & J. A. MORENO MOLINA (edits.): *Las nuevas directivas de contratación pública*. Pamplona: Aranzadi (37-105).

GÓMEZ-JARA DÍEZ, C. (2019): "Cultura de cumplimiento de la legalidad y su plasmación en los estándares nacionales e internacionales de *compliance*". En GÓMEZ-COLOMER, J. L. (dir.): *Tratado sobre* compliance *penal: Responsabilidad penal de las personas jurídicas y modelos de organización y gestión*. Valencia: Tirant lo Blanch (299-316).

JUNTA CONSULTIVA DE CONTRATACIÓN PÚBLICA DEL ESTADO (2021): *Recomendación sobre la aplicación del artículo 72.5 de la LCSP*. Madrid *[https://www.hacienda.gob.es/DGPatrimonio/Junta Consultiva/informes/Informes2021/recomproh.pdf]*.

LANGEVOORT, D. C. (2021): "Compliance as liability risk management". En: ROOIJ, B. VAN & D. D. SOKOL (edits.): *The Cambridge Handbook of Compliance*. Cambridge: Cambridge University Press (123-132).

LONDOÑO DE VIVERO, D. E. (2024): "Programas de clemencia en el derecho de la competencia desde una perspectiva comparada desarrollo en España y Colombia". *Revista e-Mercatoria*, 23(2) (231-268).

MARCOS FERNÁNDEZ, F. (2023): *Empirical study of judicial review of decisions by Spanish Competition Authority (2004-2021) [https://ssrn.com/abstract=4654363]*.

MARTÍNEZ MUÑOZ, Y. (2021): "*Compliance* fiscal y responsabilidad por ilícitos tributarios". *Crónica Tributaria*, 179(2) (35-62).

MARTÍNEZ PATÓN, V. (2020): *Refutación del principio societas delinquere non potest*. Oviedo: Servicio de Publicaciones de la Universidad de Oviedo.

ORTEGA SAIZ, A. (2023): "Los programas de clemencia en el marco de la Directiva 2014/104/UE. Una revisión de las cuestiones más conflictivas". *Unión Europea Aranzadi*, 11.

POLINSKY, A. M. & S. SHAVELL (2007): "The Theory of Public Enforcement of Law". En: POLINSKY, A. M. & S. SHAVELL (edits.): *Handbook of Law and Economics (Vol. 1)*. Amsterdam: Elsevier (403-454).

QUICK, R. (2020): "The audit expectation gap: A review of the academic literature". *Maandblad Voor Accountancy en Bedrijfseconomie*, 94(1/2) (5-25).

RODRÍGUEZ LÓPEZ, F. C. & J. I. SÁNCHEZ MACÍAS (2021): "Normalización y certificación en *compliance*, de la autorregulación al valor social". En: RODRÍGUEZ-GARCÍA, N. & F. RODRÍGUEZ-LÓPEZ (edits.): Compliance *y responsabilidad de las personas jurídicas*. Valencia: Tirant lo Blanch (461-492).

RODRÍGUEZ-ARANA MUÑOZ, J. (2017): "*Compliance* y *self-cleaning* en la contratación pública europea". *Anuario da Facultade de Dereito da Universidade da Coruña*, 21 (277-299).

SÁNCHEZ MACÍAS, J. I. & F. C. RODRÍGUEZ LÓPEZ (2021): "Estudio preliminar". En: RODRÍGUEZ-GARCÍA, N. (edit.): *Tratado angloiberoamericano sobre* compliance *penal*. Valencia: Tirant lo Blanch (27-58).

SÁNCHEZ MACÍAS, J. I. & J. I. LEO CASTELA (2020): *Compliance tributario para pymes según la norma UNE 19602*. Madrid: AENOR Ediciones.

SÁNCHEZ MACÍAS, J. I. (2024): "Rojo anaranjado o naranja rojizo: Gestión empresarial y *compliance*". En: RODRÍGUEZ-GARCÍA, N., CARRILLO DEL TESO, A. E. & G. D. M. CERINA (edits.): *Delincuencia corporativa:* Compliance, *canales de denuncia y persecución penal*. Valencia: Tirant lo Blanch (41-65).

INVESTIGACIONES CORPORATIVAS Y DERECHOS FUNDAMENTALES

María Graciela Pahul Robredo[1]
Investigadora
Centro de Investigación para la Gobernanza Global
Universidad de Salamanca

I. INTRODUCCIÓN: VOCACIÓN EUROPEA DE PROTECCIÓN A LOS DENUNCIANTES

En los últimos tiempos, el interés que han suscitado la empresa y su entorno como ecosistemas de prevención de riesgos se ha hecho patente en la política criminal encaminada a evitar que el delito resulte productivo, a la recuperación de activos y a admitir la responsabilidad penal de la persona jurídica. Y es que, la utilización de las organizaciones para cometer delitos, o para disfrazar de lícito lo que no lo es, suponen posibilidades de peligro que se han intentado restringir a toda costa, a través de mecanismos que han llegado a considerarse como una extensión de las funciones preventivas de policía: la empresa se ve obligada a ser un socio estratégico del Estado con funciones de vigilancia que se ha denominado como "red descentralizada de policía"[2].

El Estado se ha visto sobrepasado y limitado, mientras que la actividad de las empresas ha traspasado fronteras y, por su parte, el fenómeno delictivo ha adquirido características que describen su dimensión: transfronterizo, complejo y con apetito económico. Una

---

[1] Doctora en Derecho. Investigadora del "Centro de Investigación para la Gobernanza Global", del "GIR-USAL Justicia, sistema penal y criminología" y del "Observatorio Iberoamericano de Justicia Penal" de la Universidad de Salamanca. Este trabajo se ha desarrollado en el marco del Proyecto de Investigación "Cumplimiento normativo y protección penal de la Administración Pública" (PID2022-138775NB-I00) del Ministerio de Ciencia e Innovación del Gobierno de España. ORCID: *0000-0003-3249-3308*. Contacto: gpahulr@gmail.com.

[2] ALCÁCER GUIRAO (2024: 4).

especie de delincuencia acorde con esta época, la llamada "delincuencia moderna"[3] que requiere toda clase de artimañas para conservar y ocultar sus beneficios.

La tecnología y la inmediatez en la comunicación han sido ingredientes fundamentales en la globalización tanto del mercado como de la delincuencia y en esta ecuación, tal parece que el Estado se ha quedado rezagado.

Podemos considerar al mundo empresarial, como un símbolo de la autonomía de las personas para organizarse, relacionarse, realizar transacciones, intercambiar bienes y servicios para generar ganancias; este universo ha experimentado una profunda transformación a lo largo de los años. De la libertad casi absoluta y la total independencia hemos ido transitando hacia la delimitación de un compromiso con los propósitos y valores de la misma empresa en concordancia con las aspiraciones de bien común y con la tendencia hacia el comportamiento ético en los negocios y la implementación de esos principios éticos entre los miembros de la organización: Todas estas cuestiones sentaron las bases para la construcción conceptual de la responsabilidad social que, durante mucho tiempo, se mantuvo en el ámbito del *soft law*.

El valor reputacional de la empresa se ha aquilatado como un poderoso activo, en el que se debe invertir a través de la adopción de medidas y principios que fortalezcan y blinden a la propia organización más allá de los riesgos y de las implicaciones de la responsabilidad penal de las personas jurídicas[4]. Esto conlleva que nos hemos mudado de la dimensión del *soft* al *hard law*: a partir de principios surgidos en distintos instrumentos internacionales que han cobrado vida en el sistema europeo, con carácter vinculante y su obligatoria transposición a la legislación española; tal es el caso de la promoción de la cultura de la denuncia de hechos relacionados con la corrupción y la protección de los denunciantes que se plasmó en la Directiva (UE) 2019/1937 del Parlamento Europeo y del Consejo de 23 de octubre 2019. Esta Directiva se centra en la ínfima posibilidad que tienen las autoridades de conocer diversas infracciones al Derecho de la Unión que pongan en riesgo o perjudiquen el interés público, surgidas en el seno de las organizaciones y de las cuales podrían percatarse únicamente a través de las personas que trabajan para la organización o guardan estrecha relación con ella; por tal motivo, su contribución cobra especial relevancia como la vía más idónea para que el Estado pueda percatarse de tales infracciones. La figura del denunciante de tales sucesos es pues, el insumo necesario para conocer y atajar esos hechos, que de otro modo permanecerían invisibles[5].

En este instrumento —la Directiva en comento—, ha quedado plasmada la vocación de la Unión Europea por la defensa y cuidado de los derechos de los informantes, a quienes estima como poderosos aliados para conocer vulneraciones al orden jurídico en situaciones que han sido consideradas especialmente relevantes.

A fin de incentivar a las personas que conozcan actuaciones que puedan ser contrarias al interés público a denunciarlas, se construye un ámbito de protección frente a represalias que dichas personas pueden sufrir y además se trata de edificar, en el ámbito de la Unión Europea, un marco de protección más sólido y congruente[6], aplicando principios comunes para disponer una tutela efectiva a los denunciantes.

Desde la perspectiva de la Directiva, la custodia de los derechos de los denunciantes cobra relevancia en la medida en la que se considera como un mecanismo que posibilita la prevención y disuasión de acontecimientos que contravengan la normativa de la Unión y que, al mismo tiempo, supongan graves perjuicios para el orden común. En este sentido podemos observar un propósito doble: del mismo modo que se protege a los denunciantes, también se custodia la vida, la libertad y los derechos de todas las personas en la Unión Europea y de ahí la envergadura de esta opción: la prevención y la protección abarcan todas las dimensiones: individual (la persona denunciante y su entorno), colectiva (todos los ciudadanos de la Unión o nacionales de terceros países) y europea (el sistema normativo de la Unión).

Los ámbitos que implican la protección son muy diversos: la contratación pública, los servicios financieros, la seguridad de los productos comercializados en el mercado interior, el medio ambiente, la seguridad nuclear, la gestión racional en el consumo del combustible y

---

5 MARTÍNEZ DE LA FUENTE (2021).

6 Sobre el contexto y antecedentes en los que surgió la Directiva *vid.* TORRENT y PÉREZ (2020).

los residuos radiactivos, la seguridad alimentaria, la salud pública, el bienestar animal, la privacidad y protección de los datos personales, los intereses financieros de la Unión, la competencia de los mercados, la seguridad y salud en el trabajo, entre otros. Se extiende el concepto de infracción para alcanzar además a las "prácticas abusivas", que son entendidas como acciones u omisiones que desde un punto de vista formal no tienen apariencia de ser ilícitos, pero que pervierten o adulteran el propósito o finalidad de la ley. Todas estas aplicaciones de la Directiva nos brindan razones que aún de forma aislada, nos transmiten —o deberían transmitirnos— la importancia y el valor de contar con elementos que, por un lado, incentiven y por el otro, protejan, a quienes informen de hechos que contravengan el sistema normativo de la Unión.

El empoderamiento de los denunciantes[7] como actores clave para consolidar el espacio de libertad, seguridad y justicia que es la Unión Europea, encarna la necesidad de crear canales de denuncia —internos y también de carácter externo—, accesibles y seguros, a través de los cuales se pueda garantizar la confidencialidad[8] y que permitan el intercambio y almacenamiento de información y adicionalmente se da cabida a otras vías como la revelación pública. Todas estas alternativas deben dar lugar a la posibilidad real de preservar el anonimato, además de solventar la situación de vulnerabilidad del denunciante frente a la empresa.

La denuncia debe sostenerse en la creencia de que los hechos que se denuncian son ciertos; esta creencia deviene como consecuencia de motivos razonables a la luz de las circunstancias e información disponible en el momento de la propia denuncia y pueden referirse a situaciones que ya hayan ocurrido o que puedan llegar a ocurrir, además

---

7 Es preciso considerar el dilema que enfrenta la persona que se percata de acontecimientos susceptibles de denuncia y que FERNÁNDEZ AJENJO (2020: 245) desentraña al contrastar los *incentivos* —a los que denomina *valores*— con los que cuenta una persona, eventual denunciante, y los impedimentos —a los que denomina desvalores— que principalmente se centran por un lado en la intelección y aspiración de la justicia y por el otro se dirigen hacia el compañerismo y la necesidad de contar con un sustento.

8 Sobre la posibilidad real de mantener la confidencialidad en el tratamiento de las informaciones suministradas a partir de una investigación interna *vid.* GOENA VIVES (2021).

de los intentos de ocultar tales situaciones. Los denunciantes pueden o no contar con pruebas de los acontecimientos, pero en ningún caso puede tratarse de circunstancias que ya sean de dominio público o que sean producto de rumores o bulos.

Para alcanzar los fines de protección de las personas, la Directiva contempla la exención a pequeñas y microempresas de contar con canales internos de denuncia y en el caso de las entidades —independientemente de su tamaño— que cuenten con canales internos de denuncia, prescribe la necesidad de que la persona o personas que los gestionen se encuentren más allá del conflicto de intereses y desenvuelvan su actividad en un marco de independencia para dotar con el atributo de la confianza al sistema y a las personas que se encargan de su funcionamiento; aunque también autoriza la gestión externa de los canales.

Ya sea a través de la administración propia o externa, es necesario mantener comunicación con los denunciantes para informar el seguimiento de la denuncia y como consecuencia, las medidas o acciones a seguir para subsanar el hecho o la remisión de la denuncia a los cauces aptos para su tratamiento, como podría ser la comisión de un delito.

Resulta fundamental todo esfuerzo para que el sistema de protección de los denunciantes funcione, este es el único modo de evitar que las personas desconfíen o se desmoralicen ante la posibilidad de ponerse en evidencia y ni siquiera conseguir el seguimiento y atención a su denuncia; se trata de incentivar la denuncia, no de disuadirla.

Surgen, además, los canales de denuncia externa a cargo del Estado y la designación de las autoridades competentes para su gestión y seguimiento.

Ante la comunicación de hechos a través de los canales de denuncia —internos o externos— se impone la obligación de darles cauce en un plazo “razonable” que se fija en tres meses, con la posibilidad de ampliación en aquellos casos que, por su naturaleza o por la complejidad en el objeto de la denuncia, requieran justificadamente la extensión del término establecido. La celeridad en la atención, las distintas alternativas para canalizar la denuncia, la protección de las normas del Derecho Comunitario y la prevalencia del interés común, son algunas de las cuestiones más relevantes de la Directiva que se dirige a asegurar las bases de un marco estandarizado de protección a lo largo y ancho de la Unión Europea sostenido en mecanismos de cooperación para el intercambio de información y la realización de actividades relacionadas con el seguimiento de las infracciones que trasciendan las fronteras de uno o varios Estados miembros.

II. DERECHOS Y OBLIGACIONES DE LAS PERSONAS JURÍDICAS: ALGUNAS CONSIDERACIONES SOBRE LA LEY 2/2023, DE 20 DE FEBRERO, REGULADORA DE LA PROTECCIÓN DE LAS PERSONAS QUE INFORMEN SOBRE INFRACCIONES NORMATIVAS Y DE LUCHA CONTRA LA CORRUPCIÓN

Tal como lo hemos mencionado, en la exposición de motivos de la Directiva de 2019 relativa a la protección de las personas que informen sobre infracciones del Derecho de la Unión y que dio origen a la normativa vigente en España, se advierte que la defensa y protección de los informantes de situaciones que amenacen o perjudiquen al interés público es una pieza fundamental para incentivar la colaboración de las personas para llegar al conocimiento y con ello la prevención, el tratamiento y hasta enjuiciamiento —según sea el caso— de esas lesiones.

La importancia y necesidad de la contribución ciudadana en el mantenimiento del Estado de Derecho es un presupuesto esencial para la delimitación del ámbito de protección de las personas que advierten infracciones que contravengan el orden jurídico vigente y cuya intervención y participación cívica o altruista es considerada de alta utilidad pública[9].

Antes de entrar de lleno en el abordaje de la transposición, nos conviene considerar y reflexionar sobre la forma en la que entendemos o visualizamos a la persona jurídica. Nos podemos preguntar

---

9 Otros ejemplos de implicación de los ciudadanos en la realización de la justicia o en el mantenimiento del orden jurídico los podemos observar en el deber genérico de denunciar hechos que pueden ser ilícitos, el carácter público de la acción o la existencia de figuras como la acusación popular, el jurado, la prueba testifical, entre otras.

¿qué es? ¿por qué existe? o ¿de qué forma y en qué medida se le ha dotado de prerrogativas? Ante estas interrogantes, podemos decir que se trata de una ficción de ley que permite la existencia de un ente con personalidad jurídica[10], susceptible de derechos y obligaciones y con capacidad para el cumplimiento de sus fines.

La penetración al campo del derecho, y en especial del Derecho penal de la responsabilidad de las personas jurídicas no ha sido pacífica, pues ha trastocado principios y cimientos que considerábamos inamovibles. De hecho, aún hoy en día en algunos sectores esta posibilidad de que la infracción de la norma penal depare consecuencias jurídicas específicamente diseñadas para las personas jurídicas sigue causando incomodidad, disgusto o incluso sorpresa[11].

A pesar de ello, esta responsabilidad existe y se ha materializado cobrando importancia y ganando espacio en los textos de diversas normas y ha visto el nacimiento de los cimientos y desarrollo de esquemas de cumplimiento normativo.

En especial, la Ley de Enjuiciamiento Criminal ha dado cabida a la posibilidad de que la acusación pueda instruirse frente a una persona jurídica. A pesar de ello, no podemos —ni debemos— olvidar que nuestra ley data del siglo XIX (para mayor precisión 1882) y que jamás fue pensada con la opción de dirigir el proceso penal frente a una persona colectiva. Si exploramos, por ejemplo, las consecuencias de la ausencia del acusado en el proceso penal, podemos advertir que nuestro ordenamiento resulta plenamente garantista por lo que se refiere a la persona física, mientras que se endurece considerablemente si se trata de personas jurídicas.

Todo esto nos remite necesariamente a repensar el papel de la persona jurídica en el desarrollo de la cultura de legalidad, que en este apartado abordamos en su forma de investigaciones internas, pero que lejos de ser una cuestión aislada, forma parte de un conjunto de aspectos que conducen a construir un sistema polifacético, transversal, interdisciplinario de cultura del cumplimiento como factor indispensable para la integridad. Se trata de un germen que la actualidad impone a toda persona jurídica, concebida como "una entidad con derechos y obligaciones". Si la persona jurídica no nace al margen de la ley, tampoco debería desarrollar su actividad en esa condición.

Con esta misma convicción de la necesidad de fomentar la legalidad contando con todos los actores —públicos y privados— posibles, el arribo de la llamada Directiva del *Whistleblowing* a la normativa española se dio en circunstancias apremiantes, pues además de ser tardía[12], ha sido sumamente cuestionada[13]; nos referimos a la ley 2/2023, de 20 de febrero, reguladora de la protección de las personas que informen sobre infracciones normativas y de lucha contra la corrupción.

Lo primero que debemos hacer notar es que el objetivo de la ley se centra en proteger a las personas que informen sobre infracciones al ordenamiento jurídico y de las que tiene conocimiento en un ámbito laboral o profesional, que ha cobrado especial relevancia para la Unión Europea —y España no es la excepción—, en la medida en que las "protegidas" son las personas que transmiten la información, las que contribuyen a prevenir y descubrir hechos que perjudican el bienestar de la comunidad. Este propósito tiene como consecuencia la imposición a las personas jurídicas de deberes de autocontrol y autovigilancia[14], al mismo tiempo que da pie a la atribución de responsabilidad cuyos fundamentos dogmáticos aún suscitan profundos debates[15] que se dividen en focalizar los reflectores a la cultura orga-

---

12 El plazo que originalmente se estipuló para llevar a cabo la transposición feneció el 17 de diciembre 2021 y a pesar de ello, varios Estados miembros —entre ellos España— superaron este *deadline*; como dice el refrán "mal de muchos, consuelo de tontos".

13 Sobre las implicaciones de la normativa de protección y los necesarios cambios que experimentarán a corto, mediano y largo plazo las organizaciones tanto públicas como privadas, así como la necesidad de reforzar y consolidar la cultura ética como una labor colaborativa se puede consultar FERNÁNDEZ AJENJO (2023) y RAGUÉS I VALLÈS (2023). En otro sentido de forma crítica *vid.* FERRÁN DILLA (2022).

14 La investigación de las informaciones recibidas no es una facultad, sino un deber impuesto, así como otros tantos relacionados con el respeto a la intimidad. El paliativo de esta situación se vislumbra como la posible ventaja de la mitigación o eliminación de la responsabilidad de la empresa. Se evidencia con estas consideraciones la técnica de *palo y zanahoria* que expone RODRÍGUEZ-GARCÍA (2022).

15 SILVA SÁNCHEZ (2023) considera que lo relevante en la responsabilidad de la persona jurídica, más allá de las reflexiones filosóficas se puede palpar claramente puesto que la entidad jurídica favorece o posibilita la delincuencia de las personas físicas, en otras palabras, la atribución de responsabilidad a las

nizacional o dirigirlos a su estructura y organigrama para motivar las sanciones que se pueden imponer a la entidad cuando no se ha podido acreditar la existencia de mecanismos de prevención y control destinados a evitar los riesgos y que además, pueden dar lugar a una mitigación o eliminación de tales sanciones[16]. Y es que no podemos evitar el abordaje de las responsabilidades de la persona jurídica, cuando nos referimos a la protección prescrita en la Directiva Europea y la ley española 2/2023 que le dio vida. La protección precisamente surge en escenarios laborales y profesionales en los que las personas jurídicas —de régimen público y privado— suelen desempeñar roles protagónicos.

No debemos olvidar que el proceso de unificación y la transposición de la Directiva, nos sitúan frente al reto de compaginar distintas tradiciones jurídicas y en ocasiones, tal como ocurre con la relevancia de los *whistleblowers*, se trata de implementar figuras de difícil encaje con nuestras propias tradiciones y engranaje de garantías. Somos espectadores y partícipes de un proceso de *macdonaldización* de la justicia[17] en un momento en el que la política criminal apuesta por adaptarse a un mundo globalizado, plagado de riesgos y que debe estar a la altura de una criminalidad que se cultiva a partir de los progresos tecnológicos y la inmediatez en la comunicación.

Por otro lado, la norma se propone como instrumento para "otorgar una protección adecuada frente a las represalias que puedan sufrir las personas físicas que informen sobre alguna de las acciones u omisiones relativas a su ámbito de aplicación, al tiempo que fortalece la cultura de la información como mecanismo de prevención y detección de amenazas al interés público"[18]. En este punto surgen las primeras dudas: ¿qué debemos entender por protección adecuada? y ¿cuáles

---

personas jurídicas es la forma de prevenir y evitar que éstas se transformen en nocivas ocasiones de delinquir. Desde una perspectiva optimista: la admisión de esta clase de responsabilidad permite visualizar a la empresa como vehículo para la prestación de bienes o servicios y fuente de riqueza en un entorno ético frente a la consideración pesimista de la organización como caldo de cultivo de la delincuencia. Expone un modelo que se sostenga en la prevención, con la responsabilidad compartida por todos los miembros de la organización y ubicada fuera del ámbito penal.

18 Artículo 1 de la Ley 2/2023.

son sus alcances y límites? Parece que la respuesta viene de la mano de la figura del anonimato, aunque este último causa aún mayores inquietudes; se califica como carente de ética[19], pues se asocia con sistemas de corte inquisitivo y su aparición en la ley resulta incongruente con los principios y bases del procedimiento penal declaradas abiertamente de corte adversarial y colmada de garantías que se fundan en el ejercicio del derecho de defensa[20].

Las claves específicas para obtener la calificación de informante son: *(1)* los hechos informados se llevan a cabo en el seno de la organización con la que está o ha estado relacionado; *(2)* el lazo con la organización le permite tener acceso a la información que va a comunicar y que conoce en un entorno laboral o profesional.

Para ser acreedora a la protección de la ley 2/2023, la persona debe acreditar —por lo menos— que existen motivos para creer que la información que denuncia ("comunica") es cierta; así que nos encontramos con la necesidad de la "buena fe" —matizada y suavizada— que admite la posibilidad de que la información suministrada pueda resultar inexacta y aún a pesar de esto, ser acreedor y merecedor de la protección de la ley.

Más allá del objeto de las informaciones que plantea la directiva, la ley española lo extiende a las infracciones graves y muy graves de carácter administrativo y penal, a excepción de aquellas que ya cuentan con mecanismos de protección previstos en leyes sectoriales o instrumentos de la Unión Europea.

Al desentrañar la estructura de la ley encontramos un largo preámbulo que ocupa 16 de las 48 páginas del documento que la contiene o lo que es lo mismo una tercera parte de su extensión. El resto son 68 artículos, 6 disposiciones adicionales, 3 disposiciones transitorias y 12 disposiciones finales.

---

19 GIMENO BEVIÁ (2021) califica al anonimato como una figura carente de ética y de estética.

20 En la Ley de Enjuiciamiento Criminal se pretende eliminar cualquier vestigio de indefensión, tal como se puede apreciar, por ejemplo, en su artículo 2 a partir del que se impone el deber a cualquier autoridad o funcionario de instruir a la persona frente a quien se entable el procedimiento penal respecto de los derechos que le asisten y los recursos que puede hacer valer mientras no se encuentre asistido por un defensor.

La legislación resulta de la máxima relevancia, puesto que se encamina a la protección de quienes informan sobre vulneraciones del ordenamiento jurídico; la materialización de la cultura de la legalidad a partir de la participación de personas que conocen de vulneraciones o potenciales vulneraciones que supongan infracciones penales o administrativas graves y muy graves en el seno de una organización y en un entorno laboral o profesional.

Es imprescindible resaltar que el texto legislativo hace alusión a la protección de los "informantes", término utilizado con preferencia respecto de otros diversos, tales como "denunciantes" o "alertadores". Esta distinción es meramente instrumental, para salvar los obstáculos o contradicciones que pueden surgir si entendemos la información como una denuncia y la localizamos en el ámbito penal, pues en diversas ocasiones tanto en la exposición de motivos como en el propio articulado utiliza como equivalente de informante la palabra denunciante y al referirse a la información o al seguimiento de la misma también emplea el término denuncia[21]; sin embargo es menester y no baladí cavilar en torno a esta situación: en el entorno de protección de los informantes el acto de denunciar se circunscribe a hacer del conocimiento de alguien o como lo apunta el Diccionario de la Lengua Española "avisar o dar noticia de algo"[22]; sin que esta actividad por sí misma pueda alcanzar la dimensión y el sentido que alcanza la denuncia en materia penal[23].

Mientras que la Directiva se refiere a los denunciantes y en la Ley 2/2023 se ha optado por la denominación "informante" ya hemos asumido el primer reto: ¿cuál es la naturaleza o carácter de su intervención o participación? Si lo vemos desde la perspectiva del procedimiento penal, estaremos ante ¿denunciantes? o más bien ¿testigos? o la especie dentro de esta institución como los puede ser un ¿testigo protegido? O quizá nos hallamos ante una figura que podría ubicarse como más próxima a una modalidad de ¿acusación popular? Esta disyuntiva no es superficial, de aquí derivará el papel y atribuciones que se le concederán a la persona informante, ya no durante la gestión

---

21 VALVERDE MEGÍAS (2023: 41).

22 *https://dle.rae.es/denunciar?m=form.*

23 LEÓN ALAPONT (2023: 218).

interna de la información aportada, sino en el eventual procedimiento para el enjuiciamiento penal de la conducta.

En otro aspecto, para hacer posible el halo de protección se establece la obligación de implementar sistemas internos de información que comprenden diferentes elementos: *(i)* los canales de denuncia; *(ii)* los encargados de llevar a cabo la investigación de los acontecimientos informados; y *(iii)* los pasos a seguir en las investigaciones[24].

Como podemos apreciar, el contenido de la norma española trasciende en demasía, los postulados de la Directiva 2019/1937 en el sentido de ampliar tanto el componente objetivo como el subjetivo (organizaciones de carácter público y privado), materia de la ley dirigida a construir una protección integral y evitar a toda costa las circunstancias que den lugar a impunidad. Dentro de su articulado, la ley se prolonga a la investigación de cualquier situación que vulnere ordenamientos de índole local o de alcance comunitario y que eventualmente pueda constituir un delito o una infracción administrativa grave o muy grave.

La imposición de las diferentes obligaciones para la empresa, que repercuten en su estructura y configuración, evidencia una intromisión estatal[25], en aras del fomento a la integridad y comportamiento ético.

Una diferencia sustancial entre la Directiva y la Ley 2/2023 consiste en la previsión de la imposición de la cultura de la información y la protección de las personas que la suministren en el campo específico de la corrupción, aunque su aterrizaje en el articulado es escueto y quizá se aprecia de forma más aparatosa por su inclusión tanto en el título de la propia ley como en la exposición de motivos, pero que

---

24 Consideramos importante distinguir entre canal de denuncias y el sistema de denuncias, pues el primero forma parte del contenido del segundo que es más extenso y que integra los demás elementos: el responsable del canal y de la gestión de las denuncias, así como el proceso para la realización de tal encomienda. En sentido contrario hay quienes consideran al canal y al sistema como sinónimos, *vid.* CARRASCO MONTORO (2023: 3).

25 VELASCO NÚÑEZ (2023). Al respecto el autor afirma que la metamorfosis entre la libertad de la empresa y la asunción de su responsabilidad podemos percatarnos de “ideas sociales que transformaron la filantropía voluntaria en una obligada aportación de parte de los beneficios procedentes de la iniciativa ya no tan privada en provecho de objetivos más generales”.

carece de desarrollo y que de cara a una reforma seguramente experimentará un acercamiento más específico y profundo; en tanto que la Directiva la reduce a una figura de menoscabo de las arcas públicas[26].

En resumidas cuentas, se puede palpar, a la luz de la Ley y su antecedente más cercano, la Directiva que hemos venido refiriendo a lo largo de este texto, que el esbozo de derechos y obligaciones generoso y amplio que se ha tejido alrededor de los informantes, es infinitamente superior al cúmulo de obligaciones que se han previsto para la persona jurídica[27], poniendo en serios apuros su actuación cuando las informaciones suministradas puedan implicar perjuicios para sí misma, quedando evidenciada una de las cuestiones sobre las que se deberá trabajar en la reforma de la Ley[28]. Y ya ni hablar de lo raquítico —por no llamar inexistente— al esquema de derechos y protección de las personas —físicas o jurídicas— a las que se les atribuyen los acontecimientos informados[29]; este último grupo resulta el olvidado y que deberemos rescatar a la luz del conglomerado de garantías que existen en el sistema normativo español cuya máxima ostentación aparece en la Ley de Enjuiciamiento Criminal.

Reiteramos la complejidad de encuadrar en un ordenamiento: *(i)* el compromiso cívico de contribuir con la preservación del orden jurídico europeo y nacional; *(ii)* la consolidación de la atribución de responsabilidades a la persona jurídica; *(iii)* el deber del Estado de cumplir con sus funciones de prevención, detección, combate y sanción de los delitos; *(iv)* el derecho de todas las personas a desarrollarse en un espacio de libertad, seguridad y justicia. Como los elementos de esta lista se deben aderezar con eficiencia, eficacia y celeridad, el Estado queda sobrepasado y se abren brechas que evidencian una es-

---

26 Así lo consideran también SAURA ALBERDI & VELASCO NÚÑEZ (2018: 2) al referirse al contenido de la Directiva como una ventana contra formas de corrupción específicas, pero de carácter transversal.

27 Para dimensionar el cúmulo de imposiciones a la persona jurídica, se ha calificado como una yuxtaposición de obligaciones [TRAVÉ (2021: 59)].

28 El derecho a la no autoimputación se hace valer y se analiza en diversos estudios. *Vid.* MAGRO SERVET (2023) que explora las condiciones de tutela de los derechos de las personas jurídicas que son investigadas en el marco del procedimiento penal.

29 VILLEGAS GARCÍA & ENCINAR DEL POZO (2022).

pecie de privatización[30] o una privatización en toda regla del proceso penal[31] en la imperiosa necesidad de obtener auxilio para cumplir con los fines que le son inherentes y dar prioridad al bienestar social[32].

III. INVESTIGACIONES EN EL SENO DE LA EMPRESA

Para hacer posible la atención y seguimiento de la información suministrada en el sistema de información a través del canal de denuncias, se ha dado paso a las investigaciones que se realizan dentro de la organización. Se han llamado investigaciones internas, por cuanto a que se realizan en el seno de la empresa ante la existencia de hechos que sean susceptibles de indagación para esclarecerlos y, eventualmente, poner en conocimiento de las instancias estatales competentes, aquellos que puedan entrañar la comisión de un delito; sin embargo, también se trata de una investigación de índole particular en el sentido de que se realiza a través de entidades ajenas al Estado, situación

---

30 *Vid.* QUINTERO OLIVARES (2001) y GARCÍA RIVAS (2021).

31 VICARIO PÉREZ (2023: 690).

32 La forma más evidente de entender el orden común puede ser a través de la observación de cuestiones asociadas al bienestar social. ¿Cómo podemos observarlo? En la calidad de vida, en la libertad, en la seguridad. A modo de ejemplo podemos visualizar la realidad de un país como México, cuyo bienestar social —o malestar— se puede apreciar en el número de muertes violentas y desapariciones que ocurren día con día como si de una condición natural de la vida humana se tratara. Para muestra solamente un botón: la encuesta nacional de victimización y percepción sobre seguridad pública 2023 del Instituto Nacional de Estadística y Geografía (INEGI) puntualizó que en 2022 en México ocurrieron 26.800.000 delitos, de los cuales el 92.4% no se denunciaron. En otros términos: hay 1 delito impune por cada 5 mexicanos. La cantidad anual de homicidios desde 2017 ha superado la cifra de 40,000; la mitad de la capacidad del estadio Santiago Bernabéu. El panorama nos muestra una ausencia de la cultura de legalidad. Este horizonte que algunos visualizan como desolador, puede ser al mismo tiempo un aliciente de trabajo y de acción.
Por lo que respecta a la Unión Europea y en España, por supuesto, se trata de fomentar la colaboración de las personas con la preservación del Derecho de la Unión y esta resulta lo suficientemente valiosa para que se incentive y potencie la denuncia de hechos a cambio de protección frente a las represalias que pueda padecer la persona que los revela.

que supone, como mencionamos *supra*, una privatización forzada del Derecho penal económico[33].

En distintos apartados de la norma que venimos analizando se alude de forma reiterada a la efectividad; por ejemplo, en el artículo 4 se establece la obligación del tratamiento efectivo de la información; en el artículo 5 también se impone la obligación del tratamiento efectivo de las comunicaciones; el artículo 37 exige la asistencia efectiva de las autoridades competentes como medida de apoyo para los informantes; el artículo 63 en torno a las infracciones graves refiere aquellas que supongan una efectiva limitación de derechos y garantías en virtud de contratos o acuerdos sin importar su condición de individualidad o colectividad, además de cualquier intento o acción efectiva para dificultar el suministro de informaciones o su adecuado tratamiento y toda amenaza de revelar la identidad del informante aun cuando no se produzca se revelación efectiva. Es indispensable que consideremos si por efectividad debemos interpretar agilidad en el tiempo de respuesta, diligencia en cuanto a la confidencialidad, una sucesión de actos realizados que permita el tratamiento y remedio en el seno de la propia organización de los actos informados, seguimiento y colaboración de las autoridades o materialización de acciones que se catalogan como infracciones graves.

La legislación de protección al informante emerge de un entorno laboral en el que se admite como necesaria la vigilancia y el control por parte de la organización[34] y que puede limitar el derecho a la intimidad y el secreto en las comunicaciones y debemos apreciar en su custodia o tutela un matiz diferenciado. No es igual la relación que se establece entre el empleado y el empresario que entre el ciudadano y el Estado, a pesar de que sus implicaciones y consecuencias deben ser semejantes[35].

A fin de admitir la intrusión por parte de la organización en la esfera de protección de los trabajadores, se han de tener en cuenta circunstancias que justifiquen la medida y que deben sustentarse en

---

33 HERNÁNDEZ BASUALTO (2020).

34 Sobre la delimitación de los alcances y límites en las labores de supervisión de la empresa *vid.* ALCÁCER GUIRAO (2022) y SILVA SÁNCHEZ (2013).

35 NIETO MARTÍN (2013).

la existencia de un marco normativo que faculte la imposición de los controles, pero al mismo tiempo deberán existir circunstancias que justifiquen la medida y que estén acotadas por el atributo de la proporcionalidad[36].

Por cuanto hace a las informaciones que no se vinculan al adecuado desarrollo de las relaciones laborales o al marco de convivencia de la organización, la afectación de los derechos parece adquirir un matiz más serio especialmente cuando tales informaciones entrañan la posible comisión de conductas delictivas y en torno a las cuales centraremos nuestra atención por ser las que pueden tener impactos en un eventual enjuiciamiento judicial.

Llega el momento de preguntarnos por los derechos de los usuarios de los canales de denuncia. Utilizamos el término "usuarios" con toda la intención de incluir al informante, pero también a la persona sobre la que versan las informaciones.

A pesar de que en el texto de la Ley 2/2023 se opta por la nomenclatura "informante" hay una fórmula en el preámbulo que parece dar a entender la naturaleza que se le concede a la figura de colaboración al hacer alusión al deber de todo ciudadano de denunciar la comisión de los delitos que presencie. Si nos apegamos a la interpretación literal nos veríamos obligados a afirmar que el informante no es más que un denunciante con una esfera de protección específica en cuanto a las represalias; a pesar de que en nuestra legislación procesal no existe el término informante, alertador o comunicador. En párrafos anteriores ya habíamos adelantado reflexiones en torno a la designación y papel de las personas que informan el posible quebrantamiento de normas[37]; sin embargo, es momento de advertir que antes de que viera la luz la Ley 2/2023, carecíamos de un sistema integral de tutela y cuidado del denunciante sobre las consecuencias que, en forma de represalias, puede experimentar por parte de la persona —física o jurídica— que haya cometido los actos que se denuncian y que pueden ser constitutivos de delito. La única protección vigente hoy en día en

36 NEIRA PENA (2019). En cuanto a la proporcionalidad como elemento que delimita las investigaciones internas *vid.* MACAS-ORDOÑEZ (2024).

37 HERNÁNDEZ ELVIRA (2022) afirma el carácter específico que se le atribuye al denunciante en el ordenamiento español.

materia procesal penal es aquella que se otorga a testigos y peritos prescrita en la Ley 19/1994 de 23 de diciembre.

En cambio, la esfera de amparo a la que se circunscribe la Ley 2/2023 se dirige a: *(i)* personas físicas; *(ii)* que trabajan o desempeñan alguna función en el sector público o el privado; y *(iii)* que obtienen información en un contexto laboral y/o profesional.

El ecosistema de protección de tales personas se erige sobre dos pilares fundamentales: *(i)* la regulación para el funcionamiento de los canales de denuncia; y, en sentido amplio, *(ii)* los propios sistemas de información.

El mismo título de la Ley 2/2023 de 20 de febrero, establece que su propósito es la protección de las personas que informen sobre infracciones normativas y de lucha contra la corrupción y dentro de su exposición de motivos realza la necesidad de promover la participación de los "informantes" como vehículos de transmisión de datos que pueden llegar a considerarse como violaciones graves y muy graves de carácter administrativo y/o penal realizadas en el seno de una organización.

La labor de informar y dar a conocer acontecimientos que normalmente no saldrían a la luz coloca a las personas en una situación vulnerable que puede cobrar vida en forma de represalias, consecuencias estas, no deseables. De este modo se blinda la identidad hasta el extremo del anonimato. Hay distintas vías dispuestas para el flujo de información, pero se considera de forma preferente el canal interno que se encuentra incardinado en el sistema interno de información de la organización.

Es dentro del sistema y a partir del flujo de información por conducto de los canales de información, que se llevan a cabo las investigaciones internas, destinadas a colmar distintos propósitos[38]: *(i)* conocer la problemática que surge en torno a la organización; *(ii)* contar con un diagnóstico preciso de la realidad organizacional para incidir

---

38 Pero cuyo desarrollo normativo es calificado de exiguo por ESTRADA CUADRAS, MOLINS JULY, DALMASES HERRERO & TOMÁS VAQUÉ (2024), que resaltan la creación del instrumento internacional publicado en 2023, ISO ISO/TS 37008:2023 y que cobra especial relevancia por tratarse de una guía de investigaciones internas en organizaciones.

en ella y solucionar problemas y conflictos que puedan surgir; *(iii)* cumplir con una función —obligación— de colaboración activa con la cultura de la legalidad; y *(iv)* acrecentar la reputación de la organización y aumentar su valor.

Además de las complejidades para su constitución e incorporación en la estructura de la organización[39], los sistemas de información y en especial los canales internos son un campo minado de grandes desafíos; uno de los primeros retos que deben enfrentar es la tarea de realizar una especie de filtro para elegir aquellas informaciones que efectivamente deban suministrarse y atenderse a través del canal, esta labor de cribado resulta esencial para continuar con el siguiente paso: la realización de una investigación interna[40].

Indagar en torno a las diversas situaciones que se comunican a través de los canales internos requiere llevar a cabo una serie de actos respetuosos de los derechos de todas las personas involucradas y estar a la altura de la garantía que debe envolver las pruebas, especialmente de cara a un procedimiento jurisdiccional.

La irrupción de las investigaciones internas[41], con mayor precisión aquellas que se dirigen a la prevención del delito y cuya esencia deriva de la protección de la persona jurídica ante la responsabilidad penal o investigaciones defensivas[42], podría dar lugar a una oleada futura de nulidades por ilicitud de las pruebas en un juicio posterior o incluso por desamparo de los derechos de las personas sujetas a investigación[43]. Por ello, en primer lugar debe haber claridad en cuanto a la delimitación y alcances de los derechos fundamentales

---

39 PALOMINO SEGURA (2020).

40 LEÓN ALAPONT (2020).

41 Concebidas tal como se desprenden de la ley 2/2023 y que se caracterizan por desarrollarse en el ámbito del *compliance* y que a decir de CAMPOS SÁENZ DE SANTAMARÍA (2024) requieren de un abordaje integral que incluya la profesionalización y la planeación.

42 RODRÍGUEZ-GARCÍA (2023b: 207), el autor expone las cualidades *privada, voluntaria y unilateral* de la labor genérica de vigilancia a través del acopio de información de la organización que bien podríamos contraponer a la condición de obligatoriedad que se impone en el marco de la protección de los informantes y en consecuencia a las investigaciones que tales comunicaciones puedan originar.

43 En el mismo sentido y resaltando la escasa consideración de los derechos de los denunciados *vid.* GUTIÉRREZ RODRÍGUEZ (2024).

que se contraponen cuando se inicia una investigación interna para determinar si debe desecharse de plano la posibilidad de indagar en los acontecimientos por el menoscabo o vulneración que supondría para un determinado derecho y la consecuencia no deseada de dar lugar a una infracción más grave al orden normativo derivada de la destrucción de la intimidad, del quebranto a la presunción de inocencia o de la aparición de secuelas tales como las represalias[44]. Esta confrontación entre las prerrogativas más elementales nos enfrenta a la necesaria ponderación de los diversos intereses en juego: *(i)* la privacidad e integridad del informante; *(ii)* la intimidad, privacidad de las comunicaciones y el manejo de datos de los que son titulares los trabajadores, así como su estabilidad en el empleo; *(iii)* el deber de la empresa de prevenir y combatir las infracciones y conductas delictivas a la vez que se protege de incurrir en responsabilidades, especialmente de índole penal, administrativa o fiscal y el derecho a no autoincriminarse; *(iv)* la función del *ius puniendi* estatal; y *(v)* la presunción de inocencia y el derecho de defensa de las personas sujetas a la investigación. Conciliar tantas aristas, desde luego exige una constante reflexión e individualización pormenorizada de cada situación para mantener el equilibrio, aunque en todo caso debemos reconocer el carácter jurídico de las investigaciones internas[45].

Podemos apreciar que se reconoce una capacidad investigadora de las infracciones penales graves o muy graves que se denuncien a través de los canales internos y externos de información; a partir de este reconocimiento nos vemos obligados a desentrañar esta capacidad y que se atribuye específicamente a (i) las personas jurídicas privadas y públicas obligadas a tener un sistema de información; y (ii) la autoridad independiente de protección al informante.

Además, la propia Ley 2/2023 en su artículo 2.2 establece que la protección no excluirá la aplicación de las normas relativas al proceso penal, incluyendo las diligencias de investigación. Pero esta mención no supone la supletoriedad de la norma de enjuiciamiento criminal sino más bien la posibilidad de su aplicación en un momento posterior.

---

44 *Vid.* MARCHENA GÓMEZ (2017).

45 Así lo afirma MOOSMAYER (2013: 142) *las investigaciones internas son, ante todo, procesos jurídicos.*

Surge entonces la necesidad de realizar algunas consideraciones, pues ya sea por falta de consenso o por tradición, a día de hoy no se ha atribuido la investigación en el proceso penal al Ministerio Fiscal, suscitando diversas cautelas y gran cantidad de discusiones. Hay quienes se aferran al Juez de Instrucción pero también hay quienes optan por el Fiscal y es un tema que seguramente dará lugar a nuevos debates puesto que aún queda en el aire y en los anteproyectos de enjuiciamiento criminal que no han pasado de eso: anteproyectos. Frente a esta situación de tensión y rigor que prima en el ámbito del proceso penal, parece haber ligereza y escasa prudencia en el entorno de los sistemas de información a partir de la posibilidad de realizar actos de investigación que precisamente se han depositado en personas totalmente ajenas al ecosistema del enjuiciamiento criminal: los responsables del propio sistema, que en el ámbito privado y de acuerdo con la ley 2/2023 que hemos venido comentando, podrá desempeñar un directivo o el propio oficial de cumplimiento.

Se descubre ante nosotros un riesgo específico que conviene no perder de vista, pues se puede dar la situación de que con el afán de quedar bien al denunciar y comunicar el resultado de la investigación interna, el responsable del sistema —también responsable de la indagación— pueda sesgarla con el propósito de generar beneficios, no tanto para la organización sino enfocados en el rol que este desempeña[46], circunstancia que simultáneamente podría perjudicar al informante y a la persona que realizó los hechos informados, pues en ambos casos se requiere la protección y amparo de sus derechos.

Otra cuestión por considerar es el impacto que puede deparar en el futuro proceso penal el lapso de tres meses que la Ley 2/2023 concede a la investigación interna y los actos practicados en la misma. Cabe preguntarnos si estamos asistiendo a la creación de una suerte de preinvestigación que eventualmente podría ser un manantial de contaminación y carencia de validez del material probatorio.

---

46 GÓMEZ MARTÍN (2022) alerta sobre la posibilidad de optar por evitar el descrédito o valor reputacional de la organización como un desincentivo para la denuncia de la comisión de posibles delitos cometidos en el seno de la organización.

En materia de investigación no todo cabe, especialmente si nos situamos a la luz de los principios y bases sobre los que se ha construido el sistema de enjuiciamiento penal[47] y que ha quedado plasmado en la exposición de motivos de la legislación vigente. Advertimos la existencia de matices en cuanto a la rigidez que pudiera existir en materia probatoria y que se han hecho patentes en diversas decisiones del Supremo al desvincular al Estado de la prueba ilícita[48]. Esta gama de posibilidades encuentra su encaje en materia de investigaciones internas, desarrolladas entre particulares, ajenos al ámbito público y que tal como su nombre lo indica: se gesta, nace y se produce sin nexo alguno con el poder público, que en la escala de grises podría suponer una ventana abierta hacia la laxitud en cuanto a garantías procesales se refiere. Al imponer la obligación de llevar a cabo investigaciones internas como instrumento de defensa, se puede conducir al efecto no deseado de que la propia organización pueda incurrir en responsabilidades[49].

Más allá de estas cautelas, se puede apreciar especial indefinición en cuanto al proceso y tratamiento que se dará a la información, pues se deja en manos de cada organización —en concreto del órgano de administración o de gobierno, según sea el caso— la aprobación del procedimiento de gestión de informaciones, situación que genera un infinito número de posibilidades en cuanto a las actividades investigadoras; en otras palabras, habrá tantos modelos de procedimiento como organizaciones obligadas a contar con sistemas de información existan.

---

47 AYALA GONZÁLEZ (2020: 274) afirma que la existencia de investigaciones *ad intra* de las organizaciones y *ad extra* del Estado, no puede entenderse como una sustitución de las segundas por las primeras o como una cesión de facultades estatales, sino que reconoce en la investigación interna una herramienta de *instrumentalización dirigida a la defensa de los poderes públicos*. Frente a esta consideración NEIRA PENA (2023: 505) ve en la existencia de la autorregulación la incapacidad del Estado para responder a los *riesgos creados por la sociedad post-industrial moderna*. Admitir la limitada capacidad estatal para alcanzar los entornos organizacionales, nos permite verificar la transferencia, aunque sea de forma muy limitada, de ciertas facultades.

48 *Vid*. CARRILLO DEL TESO (2022).

49 PEÑARANDA EZPONDABURU (2022) apunta la existencia de esta posible paradoja.

La ley amplía la incertidumbre al establecer los principios genéricos en los que se sostiene el procedimiento en su artículo 9.2 incisos de la a) a la j) y la remata al dejar en manos del responsable del sistema lo que llama la tramitación diligente del procedimiento de gestión de informaciones[50]. Uno de los principios en los que se sostiene el sistema de gestión es el deber de comunicar a la persona los hechos que

---

[50] Artículo 9. Procedimiento de gestión de informaciones.
1. El órgano de administración u órgano de gobierno de cada entidad u organismo obligado por esta ley aprobará el procedimiento de gestión de informaciones. El Responsable del Sistema responderá de su tramitación diligente.
2. El procedimiento establecerá las previsiones necesarias para que el Sistema interno de información y los canales internos de información existentes cumplan con los requisitos establecidos en esta ley. En particular, el procedimiento responderá al contenido mínimo y principios siguientes:
a) Identificación del canal o canales internos de información a los que se asocian.
b) Inclusión de información clara y accesible sobre los canales externos de información ante las autoridades competentes y, en su caso, ante las instituciones, órganos u organismos de la Unión Europea.
c) Envío de acuse de recibo de la comunicación al informante, en el plazo de siete días naturales siguientes a su recepción, salvo que ello pueda poner en peligro la confidencialidad de la comunicación.
d) Determinación del plazo máximo para dar respuesta a las actuaciones de investigación, que no podrá ser superior a tres meses a contar desde la recepción de la comunicación o, si no se remitió un acuse de recibo al informante, a tres meses a partir del vencimiento del plazo de siete días después de efectuarse la comunicación, salvo casos de especial complejidad que requieran una ampliación del plazo, en cuyo caso, este podrá extenderse hasta un máximo de otros tres meses adicionales.
e) Previsión de la posibilidad de mantener la comunicación con el informante y, si se considera necesario, de solicitar a la persona informante información adicional.
f) Establecimiento del derecho de la persona afectada a que se le informe de las acciones u omisiones que se le atribuyen, y a ser oída en cualquier momento. Dicha comunicación tendrá lugar en el tiempo y forma que se considere adecuado para garantizar el buen fin de la investigación. (información de los hechos que se le atribuyen sirve para evitar "lapsos de incertidumbre").
g) Garantía de la confidencialidad cuando la comunicación sea remitida por canales de denuncia que no sean los establecidos o a miembros del personal no responsable de su tratamiento, al que se habrá formado en esta materia y advertido de la tipificación como infracción muy grave de su quebranto y, asimismo, el establecimiento de la obligación del receptor de la comunicación de remitirla inmediatamente al Responsable del Sistema.
h) Exigencia del respeto a la presunción de inocencia y al honor de las personas afectadas.

se le atribuyen y a ser oída, a salvaguardar la presunción de inocencia y su honor. Cabe preguntarse si se trata de una aspiración genuina de protección a la persona a quien se atribuye la materia de la información (denunciado) o si más bien se intenta asegurar que la información que emerja a partir del sistema pueda tener eficacia de cara a un eventual proceso penal. En este mismo orden de ideas, también cabe preguntarnos cuál será el efecto e implicaciones de la persona a la que se le atribuye el hecho delictivo y contra la que se instruye el enjuiciamiento criminal cuente ya con una información previa y aventajada fruto de la investigación interna. Y en extremo, si el hecho delictivo se le atribuye a la persona jurídica, su derecho a la no autoincriminación[51] podría verse seriamente amenazado[52].

El último cabo suelto que pretendemos evidenciar versa en torno a la información obtenida a través del sistema y su canal, pues en la norma de protección de informantes ha quedado plasmada claramente la obligación de comunicar a la autoridad competente aquella información que pueda ser constitutiva de delito, pero ¿qué ocurre si tal autoridad determina que el hecho o hechos informados no constituyen un delito? No podemos admitir que tal decisión consigna intrínsecamente la obligación de la organización de restituir a la persona su honor y prestigio, pero más importante aún, esa determinación no ocasiona la reconstrucción del vínculo de confianza que ha quedado quebrado entre la propia organización y el denunciado.

---

i) Respeto de las disposiciones sobre protección de datos personales de acuerdo a lo previsto en el título VI.

j) Remisión de la información al Ministerio Fiscal con carácter inmediato cuando los hechos pudieran ser indiciariamente constitutivos de delito. En el caso de que los hechos afecten a los intereses financieros de la Unión Europea, se remitirá a la Fiscalía Europea.

51 Se vincula estrechamente la posibilidad material de ejercer la defensa en una investigación interna con la obtención de pruebas que pueden resultar autoincriminatorias; en este sentido TORRENT I SANTAMARÍA & PÉREZ GIL DE GÓMEZ (2020).

52 POUCHAIN (2022).

IV. REFLEXIONES FINALES

La producción legislativa se ha dirigido a transformar a la organización en protagonista de la prevención y detección de delitos en su seno o su entorno y parece que el Estado la hace partícipe —y al mismo tiempo corresponsable— de satisfacer estas funciones que hasta hace poco tiempo parecían de su exclusiva tutela.

Muy a pesar de lo que suponen los nuevos escenarios de normas como la de protección a los informantes y especialmente cuando estas tienen impacto en los ámbitos penal y procesal penal, debemos observar que a día de hoy la acusación es pública y alcanza no solamente a las personas víctimas, ofendidas o perjudicadas por el delito, sino que se extiende hasta aquellos ciudadanos —españoles— que individualmente o en grupo desean colaborar altruistamente con la realización de la justicia; sin embargo, es inexistente la referencia a la posibilidad de investigaciones privadas y que en materia de protección de la Ley 2/2023 son el insumo fundamental para conocer aquellos acontecimientos que amenacen el ordenamiento jurídico.

En términos de enjuiciamiento criminal se ha cuestionado y discutido ampliamente la bondad de dejar la instrucción en manos del Ministerio Fiscal, situación que queda supeditada a una modificación de la norma vigente pero que de momento se advierte distante en el tiempo, pues continúa siendo labor del Juez Instructor la tarea de indagar e investigar. Los debates y reticencias a los que ha dado lugar la atribución de la investigación en materia criminal no parecen encontrar el mismo eco en lo que a las investigaciones internas respecta: se ha admitido la posibilidad de llevarlas a cabo en el seno de las organizaciones privadas, a pesar de la posibilidad de que estas pesquisas más laxas puedan entrañar mayores riesgos de los que tratan de extinguir.

Una vez admitida e institucionalizada la protección de los informantes, es necesario establecer la naturaleza de su contribución, especialmente cuando se han comunicado cuestiones que implican la comisión de algún delito y que deberán ponerse en conocimiento de las instancias competentes; de este modo y una vez trascendidas las fronteras de la organización, se podría determinar si eventualmente el informante adquiriría alguna calidad semejante a la del testigo protegido.

El diseño de la anatomía de las investigaciones internas es un reto de gran calado que además requiere tener en cuenta el cúmulo de garantías que deben revestirla: por un lado, desde la perspectiva del informante: la preservación de su identidad y la presunción de su buena fe, la posibilidad de denuncia anónima, la oportunidad de selección el canal para suministrar la información, la atención y gestión de las comunicaciones que suministre, la aplicación de medidas para prevenir y evitar las represalias; y por el otro lado, el de la persona a quien se atribuye la materia de la información: a ser informado de los hechos comunicados, la presunción de inocencia y el honor, el derecho de defensa y a la protección de su identidad. El equilibrio entre ambos extremos solo puede lograrse a partir del desarrollo de disposiciones que no se limiten a mencionar tales derechos, sino que permitan su materialización y articulación.

Las investigaciones internas se consideran como pilar fundamental de la cultura del cumplimiento, en otras palabras, para las que el legislador ha reservado un papel protagonista, pero con un guion al que le faltan numerosas cuestiones por definir. Se les otorga el calificativo de "internas" porque se dan en la esfera de la propia organización y eso nos obliga a señalar también que tienen un carácter privado o se instruyen por particulares, cualidad que las distingue de aquellas en las que intervienen las instancias estatales competentes.

Algunas incógnitas que el transcurso del tiempo y la maduración de los sistemas irán resolviendo tendrán que versar en torno a si seremos capaces de concebir una dimensión global de protección apta para la actividad transnacional de algunas organizaciones; si podemos entender el concepto de represalias de forma genérica y uniforme en el sector público y en el sector privado o si estas tienen el mismo alcance en ambos escenarios para determinar si la protección planteada por la legislación debe diseñarse de forma diferenciada para cada realidad.

Es necesario contar con una política criminal capaz de prever el riesgo en el ámbito de protección de los informantes sin desfallecer en el intento al exigir de los responsables del sistema —que también pueden adquirir un doble rol como oficiales de cumplimiento— conocimientos en ámbitos tan diversos como: sistemas de detección y gestión de riesgos, estándares en cumplimiento normativo, infracciones penales y administrativas, jueces instructores, gestores de información y hasta responsables de la protección y manejo de datos.

La pieza clave sobre la que se sostiene la protección de los informantes, de los investigados y en sentido extenso, la defensa y custodia frente a las infracciones que amenacen la vigencia del Estado de Derecho, es el responsable del sistema, situación que nos revela la trascendencia de esta figura pero que también refleja la vulnerabilidad del espectro de protección a los informantes al albergar en un único elemento la solidez y fragilidad del constructo.

Al existir un vínculo indisoluble entre las investigaciones internas y más puntualmente aquellas que se refieren a la posible comisión de delitos con el enjuiciamiento criminal, toda cautela resulta escasa ante la posibilidad de vulneración de derechos fundamentales concernientes al informante, pero también al investigado, además de la repercusión que en materia probatoria y de instrucción deparen las actuaciones llevadas a cabo a través de los sistemas de información.

Más allá de todas las reservas y áreas de oportunidad en cuanto a la Ley 2/2023, no podemos sustraernos a la necesaria implementación de una cultura de la integridad personal y organizacional. Es indiscutible que aún quedan muchos pendientes en la materia que nos ocupa; nos enfrentamos a la necesidad de reconstruir y de repensar esquemas clásicos que consideramos inalterables y la necesidad de explorar soluciones menos clásicas pero que puedan situarnos a la altura de la realidad del hoy —y del mañana—.

Estamos obligados a reflexionar si al centrar la atención en la protección de situaciones que se consideran como especialmente vulnerables, corremos el riesgo de generar un inesperado o imprevisto desequilibrio. Cabe cuestionarnos si la protección de unos debe necesariamente suponer desamparo para otros. Evitemos pues la tentación de ser hiperreactivos ante el riesgo hasta el extremo de vernos sumidos en una lucha férrea por defender unos derechos a cambio del sacrificio de otros.

Seguramente la jurisprudencia aportará luz en cuanto a la interpretación y aplicación de las disposiciones de la ley que hoy nos ocupa y también como aspiración genuina en aras de la consolidación de la cultura de la legalidad, se vayan aclarando las dudas e inquietudes que hemos expuesto y otras tantas que seguramente irán surgiendo sobre la marcha.

V. BIBLIOGRAFÍA

ALCÁCER GUIRAO, R. (2022): "Investigaciones internas: prolegómenos constitucionales y cuestiones abiertas". En: GÓMEZ MARTÍN, V., BOLEA BARDON, C., GALLEGO SOLER, J. I., HORTAL IBARRA, J. C. & U. JOSHI JUBERT (dirs.): *Un modelo integral de Derecho penal. Libro homenaje a la profesora Mirentxu Corcoy Bidasolo*. Madrid: Agencia Estatal. Boletín Oficial del Estado (989-1000).

ALCÁCER GUIRAO, R. (2024): "Dimensiones constitucionales de las investigaciones internas corporativas: expectativas de privacidad en la empresa e ilicitud de la prueba obtenida por particulares". *Revista Electrónica de Responsabilidad Penal de Personas Jurídicas y Compliance*, 4 (1-91).

AYALA GONZÁLEZ, A. (2020): "Investigaciones internas: ¿zanahorias legislativas y palos jurisprudenciales?". *InDret*, 2 (270-303).

CAMPOS SÁENZ DE SANTAMARÍA, V. (2024): "La globalización de las investigaciones internas: estándar ISO 37008, *best practices* y desafíos". *LA LEY Compliance Penal,* 16 (1-13).

CARRASCO MONTORO, J. (2023): "La materialización positiva del *whistleblowing* en España: la Ley 2/2023, de 20 de febrero, reguladora de la protección de las personas que informen sobre infracciones normativas y de lucha contra la corrupción". *Diario LA LEY,* 10296 (1-21).

CARRILLO DEL TESO, A. E. (2022): "La prueba ilícita aportada por particulares: ¿admisión o exclusión? Fundamentos y soluciones jurisprudenciales". *LA LEY Penal,* 159 (1-23).

ESTRADA CUADRAS, A., MOLINS JULY, C., DALMASES HERRERO, L. & C. TOMÁS VAQUÉ (2024): "Hitos normativos y jurisprudenciales del año 2023 en materia de investigaciones internas". *LA LEY Compliance Penal*, 17 (1-31).

FERNÁNDEZ AJENJO, J. A. (2020): "Estatus axiológico de la Directiva de Protección del Denunciante". *Revista Administración y Ciudadanía (EGAP)*, 15(1) (241-264).

FERNÁNDEZ AJENJO, J. A. (2023): *Comentarios de la Ley 2/2023 reguladora de la protección de las personas que informen sobre infracciones normativas y de lucha contra la corrupción*, Valencia: Tirant lo Blanch.

FERRÁN DILLA, J. (2022): "Una oportunidad perdida: el control externo y la protección del informante en la Ley 2/2023 de 20 de febrero, reguladora de la protección de las personas que informen sobre infracciones normativas y de lucha contra la corrupción". *Revista Española de Control Externo,* 24(72) (104-119).

GARCÍA RIVAS, N. (2021). "Signos de privatización del Derecho penal en el siglo XXI". En: ESTÉVEZ ARAÚJO, J. E. (edit.): *El derecho ya no es lo que era*. Madrid: Trotta (403-427).

GIMENO BEVIÁ, J. (2021). "Los canales de denuncia anónima como instrumento de lucha frente a la corrupción: una lectura desde las garantías procesales". En: ORTEGA BURGOS, E. & R. OCHOA MARCO (dirs.): *Derecho Penal 2021*. Valencia: Tirant lo Blanch (301-318).

GLICK, T. F. (2003): "Estados Unidos: la Macdonaldización". *Cuidado y Territorio. Estudios Territoriales*, XXXV(135) (195-196).

GOENA VIVES, B. (2021): "Investigaciones internas y expectativas de confidencialidad. Perspectivas a partir del derecho comparado angloamericano y continental". *LA LEY Compliance Penal*, 6 (1-28).

GÓMEZ MARTÍN, V. (2022): "¿Un nuevo golpe de gracia a las investigaciones internas corporativas? Reflexiones en voz alta sobre la sentencia del Tribunal Supremo 328/2021, de 22 de marzo". En: GÓMEZ MARTÍN, V., BOLEA BARDÓN, C., GALLEGO SOLER, J. I., HORTAL IBARRA, J. C. & U. JOSHI JUBERT (dirs.): *Un modelo integral de Derecho penal. Libro homenaje a la profesora Mirentxu Corcoy Bidasolo*. Madrid: Agencia Estatal. Boletín Oficial del Estado (1167-1178).

GRACIA MARTÍN, L. (2016): "Crítica de las modernas construcciones de una mal llamada responsabilidad penal de la persona jurídica". *Revista Electrónica de Ciencia Penal y Criminología*, 18(05) (1-95).

GUTIÉRREZ RODRÍGUEZ, M. (2024): "Los derechos de los denunciados en las investigaciones internas de empresas: una asignatura pendiente". *Diario LA LEY*, 10618 (1-3).

HERNÁNDEZ BASUALTO, H. (2020): "Privatización forzada del Derecho penal económico. Cuestiones de legitimidad". *Latin American Legal Studies*, 6 (23-44).

HERNÁNDEZ ELVIRA, M. J. (2022): "Investigaciones internas en el seno de las empresas". *Actualidad Jurídica Aranzadi*, 985 (1-2).

LEÓN ALAPONT, J. (2020): "Retos jurídicos en el marco de las investigaciones internas corporativas: a propósito de los *compliances*". *Revista Electrónica de Ciencia Penal y Criminología*, 22-04 (1-24).

LEÓN ALAPONT, J. (2023): *Canales de denuncia e investigaciones internas en el marco del compliance penal corporativo*. Valencia: Tirant lo Blanch.

MACAS-ORDOÑEZ, A. X. (2024): "El principio de proporcionalidad como directriz de las investigaciones internas. Visión crítica del modelo de delegación privada en programas de cumplimiento en el Ecuador". *Digital Publisher CEIT*, 9(6) (1010-1024).

MAGRO SERVET, V. (2023). "Derecho de la persona jurídica a no autoincriminarse y a negar el requerimiento judicial de entrega del programa de compliance". *LA LEY Compliance Penal*, 15151 (1-12).

MARCHENA GÓMEZ, M. (2017): "La 'sentencia Falciani': ¿Hacia un nuevo concepto de prueba ilícita entre particulares?". *Revista del Ministerio Fiscal*, 3 (43-57).

MARTÍNEZ DE LA FUENTE, J. (2021): "Investigaciones internas en el seno de los programas de *compliance*". En: ORTEGA BURGOS, E. & R. OCHOA MARCO (dirs.): *Derecho Penal 2021*. Valencia: Tirant lo Blanch (451-472).

MOOSMAYER, K. (2013): "Investigaciones internas: una introducción a sus problemas esenciales". En: ARROYO ZAPATERO, L. & A. NIETO MARTÍN (dirs.): *El derecho Penal Económico en la era Compliance*. Valencia: Tirant lo Blanch (137-144).

NEIRA PENA, A. M. (2019): "La otra cara del *compliance* penal. La privatización de la investigación penal y los derechos de los trabajadores". En: JIMÉNEZ CONDE, F. & R. BELLIDO PENADÉS (dirs.): *Justicia: ¿garantías versus eficiencia?* Valencia: Tirant lo Blanch (857-868).

NEIRA PENA, A. M. (2023): "Editorial para el dossier 'Proceso penal de personas jurídicas e investigaciones internas empresariales': investigaciones internas empresariales, derechos fundamentales y prueba prohibida". *Revista Brasileña de Derecho Procesal Penal*, 9(2) (503-544).

NIETO MARTÍN, A. (2013): "Investigaciones internas, *whistleblowing* y cooperación: la lucha por la información en el proceso penal". *Diario LA LEY*, 8120 (1-21).

PALOMINO SEGURA, J. (2020): "Las investigaciones internas corporativas". En: ORTEGA BURGOS, E. (dir.): *Derecho Penal 2020*. Valencia: Tirant lo Blanch (675-690).

PEÑARANDA EZPONDABURU, A. (2022): "Límites y riesgos de las investigaciones internas en la reciente jurisprudencia del Tribunal Supremo". *LA LEY Penal*, 155 (1-20).

POUCHAIN, P. (2022): "Autoincriminación 'forzada' en las investigaciones internas". *InDret: Revista para el Análisis del Derecho*, (4) (80-111).

QUINTERO OLIVARES, G. (2001). "La llamada privatización del derecho penal". *Revista de Derecho y Proceso Penal*, 6 (13-21).

RAGUÉS I VALLÈS, R. (2023): "La Ley 2/2023 de protección de informantes: una primera valoración crítica". *LA LEY Compliance Penal*, 13 (1-18).

RODRÍGUEZ-GARCÍA, N. (2022): "Validez y eficacia de las investigaciones internas corporativas". En: PÉREZ-CRUZ MARTÍN, A. J. (dir.): *La prueba prohibida a debate. II Jornadas Internacionales de Derecho Procesal*. Oviedo: Universidad de Oviedo (83-88).

RODRÍGUEZ-GARCÍA, N. (2023a): "El sistema penal español en tiempos de *compliance*: ¿de dónde venimos? ¿a dónde vamos? *LA LEY Penal*, 160 (1-20).

RODRÍGUEZ-GARCÍA, N. (2023b): "Las investigaciones internas como elemento esencial de los '*criminal compliance programs*': haciendo de la necesidad virtud". *Revista Penal*, 52 (201-223).

RODRÍGUEZ-GARCÍA, N. (2023c): "*Compliance* y sistema penal español: potencialidades y retos". En: ARANGÜENA FANEGO, C., DE HOYOS SANCHO, M. & E. PILLADO GONZÁLEZ (dirs.): *El proceso penal ante una nueva realidad tecnológica europea*. Cizur Menor: Aranzadi (309-332).

SÁNCHEZ BERNAL, J. (2012): "Responsabilidad penal de las personas jurídicas". *Cuadernos del Tomás*, 4 (121-156).

SAURA ALBERDI, B. & E. VELASCO NUÑEZ (2018): "La Directiva *Whistleblowing* y su incidencia sobre la labor del *Compliance Officer* y el abogado". *Diario LA LEY* (1-13).

SILVA SÁNCHEZ, J. M. (2013): "Deberes de vigilancia y *compliance* empresarial". En: KUHLEN, L., MONTIEL, J. P. & I. ORTIZ DE URBINA GIMENO (edits.): *Compliance y teoría del Derecho penal.* Madrid: Marcial Pons (79-105).

SILVA SÁNCHEZ, J. M. (2023): "Lo real y lo ficticio en la responsabilidad 'penal' de las personas jurídicas". *Revista Electrónica de Responsabilidad Penal de Personas Jurídicas y Compliance,* 1 (1-23).

TORRENT I SANTAMARÍA, J. M. & L. PÉREZ GIL DE GÓMEZ (2020): "Análisis de la Directiva Europea de *whistleblowing* y principales retos de la nueva regulación. El caso de España". *Revista de la Facultad de Derecho*, 85 (79-114).

TRAVÉ SARADELL, D. (2021): "Intimidad y vigilancia en las investigaciones internas derivadas del uso de un canal de *whistleblowing*". *IUSLabor*, 1 (42-65).

VALVERDE MEGÍAS, R. (2023): "Canales de información y protección *[sic]* los informadores en la Ley 2/2023, de 20 de febrero, reguladora de la protección de las personas que informen sobre infracciones normativas y de lucha contra la corrupción". *Revista del Ministerio Fiscal*, 12 (34-57).

VELASCO NÚÑEZ, E. (2023): "El Estado continúa entrando en las empresas". *Economist & Jurist*, 31(274) (2-9.

VICARIO PÉREZ, A. M. (2023): "La Directiva *Whistleblowing*: un paso más en la privatización del proceso penal. Especial referencia a las entrevistas en las investigaciones internas". *Revista Brasileña de Derecho Procesal Penal,* 9(2) (689-722).

VILLEGAS GARCÍA, M. A. & M. A. ENCINAR DEL POZO (2022): "Los derechos de la organización y de los investigados en las investigaciones internas. Cuestiones para el debate". *LA LEY Compliance Penal*, 8 (1-27).

LOS PROGRAMAS DE *COMPLIANCE* Y LOS CANALES INTERNOS DE DENUNCIA DESDE UNA PERSPECTIVA RESTAURATIVA: ANÁLISIS DE LA EXPERIENCIA PORTUGUESA

Selena Tierno Barrios[1]
Personal Investigador en Formación Postdoctoral
Área de Derecho Procesal
Universidad de Salamanca

I. INTRODUCCIÓN

Eficiencia, agilidad, eficacia, celeridad. Términos que se reproducen reforma tras reforma en cada uno de los intentos en los que el legislador español pretende materializar sus deseos e ideales utópicos en el mundo de la justicia y, más aún en lo que concierne al ámbito de la justicia penal, donde se observa con frecuencia cómo el aumento de los conflictos penales y el surgimiento de nuevas —y más comple-

---

1 Doctora en Derecho con Premio Extraordinario. Investigadora del "Centro de Investigación para la Gobernanza Global" y del "GIR-USAL Justicia, sistema penal y criminología", ambos de la Universidad de Salamanca. Este trabajo de investigación ha sido realizado en el marco de una Ayuda para la Formación de Profesorado Universitario (FPU) concedida por el Ministerio de Universidades del Gobierno de España como Personal Investigador en Formación Postdoctoral (POP) adscrita al Área de Derecho Procesal de la Universidad de Salamanca. Asimismo, este trabajo se ha elaborado en el marco del Proyecto de Investigación "Cumplimiento normativo y protección penal de la Administración Pública" (PID2022-138775NB-I00) del Ministerio de Ciencia e Innovación del Gobierno de España. Igualmente, este trabajo ha sido llevado a cabo durante la realización de una estancia de investigación predoctoral, financiada por el Vicerrectorado de Investigación y Transferencia de la Universidad de Salamanca, en la Facultad de Derecho (Escuela de Oporto) de la Universidade Católica Portuguesa entre los meses de septiembre y diciembre de 2023 bajo la tutela del Prof. Dr. Pedro Miguel Freitas, a quien me gustaría agradecer especialmente todas las facilidades brindadas para el desarrollo de la misma.

jas— formas de delincuencia a raíz del fenómeno de la globalización han puesto de manifiesto las carencias y defectos de la Administración de Justicia para afrontar dichos supuestos de criminalidad y brindar una respuesta ágil y eficaz que además tenga en cuenta las garantías reconocidas constitucionalmente, lo que no hace sino revelar una situación constatable de crisis dentro de la justicia penal que necesita, de manera urgente, una reforma y modernización[2].

Las deficiencias observadas no son poco relevantes: el delincuente es estigmatizado, la víctima no ve satisfechas sus necesidades, y el principio resocializador que debe orientar las penas ha fracasado de manera estrepitosa. De este modo, conviene tener en cuenta que el proceso penal tiene encomendadas funciones más allá del tradicional ejercicio del *ius puniendi* del Estado, como la resocialización del culpable y la tutela adecuada de las víctimas[3].

Ello se traduce, por tanto, en las reformas que en los últimos años se han desencadenado, no solo en el ámbito sustantivo, sino también en el procesal donde se ha intentado articular un equilibrio entre, por un lado, las demandas de la ciudadanía en reclamo de un proceso penal más ágil y eficaz, y de otro lado, el respeto y la observancia del contenido del derecho fundamental a un proceso con todas las garantías, lo que suele representarse comúnmente a través de la clásica disyuntiva entre "garantías *versus* eficiencia"[4].

Es en este contexto donde debemos situar el encaje de la tendencia que, desde hace algunos años, conduce a la progresiva ampliación de la actuación del principio de oportunidad en el marco del proceso penal español, debido no solo a la particular crisis que padece la justicia en este ámbito por lenta, ineficaz y cara —frente a lo que el principio de oportunidad se justifica en orden a alcanzar ahorro, rapidez y resultados en las actuaciones jurisdiccionales—, sino también en aras de la consecución de los objetivos marcados por la política criminal, así como promover el cumplimiento de todas y cada una de las funciones que persigue el proceso penal[5].

---

2 En este sentido, véase RODRÍGUEZ-GARCÍA (2015: 1-2).

3 RODRÍGUEZ-GARCÍA (2017: 275-277).

4 RODRÍGUEZ-GARCÍA (2015: 2-3) y CARRILLO DEL TESO (2020: 451-452).

5 RODRÍGUEZ-GARCÍA (2020: 410).

En este sentido, en la búsqueda constante por encontrar esa panacea que acabe con todos los males que asolan la Administración de Justicia, en el orden penal merece la pena detenerse en los objetivos marcados por las recientes políticas criminales que se dirigen a aumentar los niveles de esa eficiencia tan deseada y que se han traducido en este ámbito en *(i)* la regulación de la responsabilidad penal de las personas jurídicas y, en conexión con ello, la regulación de los *compliance programs* o programas de cumplimiento normativo, introduciendo la posibilidad de que aquellas puedan quedar exentas de responsabilidad penal[6]; *(ii)* el auge de la justicia negociada, donde puede situarse la institución procesal de la conformidad[7]; y, finalmente, *(iii)* el recurso a medios alternativos —complementarios— de resolución de conflictos en el orden penal, enmarcados dentro de la corriente de la justicia restaurativa, destacando de forma particular la mediación penal[8].

Así las cosas, los programas de *compliance*, por un lado, y la mediación penal, por otro, serán los dos ámbitos específicos donde centraremos nuestra investigación, redirigiendo el estudio de forma especial a los canales de denuncia en el marco de la regulación de la reciente Ley 2/2023, de 20 de febrero, *reguladora de la protección de las personas que informen sobre infracciones normativas y de lucha contra la corrupción, con motivo de la transposición a nuestro ordenamiento jurídico interno de la Directiva (UE) 2019/1937 del Parlamento Europeo y del Consejo, de 23 de octubre de 2019, relativa a la protección de las personas que informen sobre infracciones del Derecho de la Unión.*

En este sentido, a la luz de la anterior regulación en comparación con la legislación portuguesa que será examinada a lo largo de este trabajo, el propósito que planteamos es analizar las posibles aportaciones que la corriente de la justicia restaurativa, a través del instrumento de mediación penal, puede proporcionar a los canales internos de denuncia como uno de los principales elementos que conforman los programas de cumplimiento normativo, reflexionando para ello si

---

6 NEIRA PENA (2016: 469-470).

7 RODRÍGUEZ-GARCÍA (2015: 6 y ss.).

8 CARRIZO GONZÁLEZ-CASTELL (2017: 251).

aquel medio de resolución de conflictos puede contribuir a mejorar su implementación, así como favorecer la consecución de los objetivos que propone la Ley 2/2023, de 20 de febrero.

II. LOS CANALES INTERNOS DE DENUNCIA COMO ELEMENTO DE LOS PROGRAMAS DE *COMPLIANCE*

Comenzando nuestro trabajo con una aproximación a los canales internos de denuncia, siguiendo en este sentido la Ley 2/2023, de 20 de febrero, debe introducirse un concepto fundamental en esta materia como es el de la colaboración ciudadana al constituir una pieza básica en lo que se refiere a la eficacia del Derecho en la medida en que no solo se halla circunscrita al correcto cumplimiento de los deberes que se atribuyen a cada persona con motivo de esa especial sujeción que impone la Constitución Española en su artículo 9.1 de los ciudadanos y los poderes públicos al texto constitucional y al resto de las normas que componen el ordenamiento jurídico, sino que también afecta al compromiso colectivo en cuanto al adecuado funcionamiento de las instituciones[9].

Es por ello por lo que la colaboración ciudadana constituye una pieza fundamental en el marco del Estado de Derecho y que tiene su manifestación concreta en el ámbito de la comisión de ilícitos penales a luz de lo dispuesto en la Ley de Enjuiciamiento Criminal, sirviendo a la protección del interés público cuando se encuentre bajo amenaza. De este modo, el ordenamiento jurídico prevé la participación ciudadana en acciones públicas con el objetivo de promover la investigación en los supuestos en los que se lleven a cabo actuaciones que sean contrarias a la regulación en materia de urbanismo, así como en el caso de que se trate de intervenciones que sean susceptibles de ocasionar un perjuicio al medioambiente, o bien con el fin de impedir la causación de daños en el patrimonio histórico-artístico. Siguiendo estos ejemplos, particularmente como consecuencia de la normativa

---

9 En este sentido, puede leerse el apartado I del Preámbulo de la Ley 2/2023, de 20 de febrero, *reguladora de la protección de las personas que informen sobre infracciones normativas y de lucha contra la corrupción* (*BOE* n.º 44, de 21/02/2023).

adoptada por la Unión Europea, existen determinadas regulaciones de carácter sectorial en materia financiera y de defensa de la competencia donde se han previsto instrumentos a través de los cuales, aquellas personas que tengan conocimiento de la realización de actividades irregulares o ilegales puedan proporcionar información a los organismos de supervisión. De hecho, y de forma más específica, la Ley Orgánica 3/2018, de 5 de diciembre, *de Protección de Datos Personales y garantía de los derechos digitales*, hace referencia a estos sistemas de información mediante los que se posibilita la puesta en conocimiento de entidades de Derecho privado y de manera anónima acerca de la comisión de actuaciones que sean contrarias a la regulación que resulte de aplicación. La relevancia de lo aquí señalado estriba en que gracias al desarrollo de estas actuaciones cívicas en determinados ámbitos en los que se estaban llevando a cabo prácticas de corrupción se permitió la incoación de procesos penales que supusieron la imposición de sanciones por la comisión de tales conductas[10].

Así pues, nos referimos por tanto a los canales internos de denuncia como uno de los elementos básicos que integran los denominados programas de *compliance*, los cuales constituyen sistemas de organización orientados a garantizar el cumplimiento de la legalidad en

---

10 *Ídem*. En materia de medioambiente puede destacarse la Ley 19/2022, de 30 de septiembre, *para el reconocimiento de personalidad jurídica a la laguna del Mar Menor y su cuenca* (*BOE* n.º 237, de 03/10/2022) en tanto en cuanto confiere legitimación activa a cualquier persona física o jurídica con el fin de defender el ecosistema del Mar Menor y hacer valer los derechos y las prohibiciones que se contemplan a través de una acción interpuesta en nombre de dicho ecosistema como verdadera parte interesada ante la Administración Pública u órgano jurisdiccional correspondiente, según se dispone en el artículo 6. Sobre esta cuestión, puede consultarse nuestro trabajo TIERNO BARRIOS (2024: 351). A mayores, aparte de la referencia acerca de los sistemas de información que efectúa la Ley Orgánica 3/2018, de 5 de diciembre, *de Protección de Datos Personales y garantía de los derechos digitales* (*BOE* n.º 294, de 06/12/2018), en su artículo 24, otras regulaciones también preveían antes de la aprobación de la Ley 2/2023, de 20 de febrero, mecanismos de comunicación de actuaciones irregulares o ilegales como, por ejemplo, la Ley 10/2010, de 28 de abril, *de prevención del blanqueo de capitales y de la financiación del terrorismo* (*BOE* n.º 103, de 29/04/2010) o el Real Decreto-ley 6/2019, de 1 de marzo, *de medidas urgentes para garantía de la igualdad de trato y de oportunidades entre mujeres y hombres en el empleo y la ocupación* (*BOE* n.º 57, de 07/03/2019). En esta materia, véase CAMPOS SÁENZ DE SANTA MARÍA (2023: 2-3) y LOUSADA AROCHENA (2019: 3).

el desarrollo de aquellas actividades que se lleven a cabo en el seno de una empresa, aunque el término "*compliance*" se vincula en mayor medida a modelos de prevención de delitos *(criminal compliance programs)*, introduciendo la posibilidad de que las personas jurídicas puedan quedar exentas de responsabilidad penal. De este modo, se adopta por parte de las organizaciones una cultura del cumplimiento dirigida a evitar, o cuando menos, a disminuir el riesgo de que se produzca la comisión de determinados delitos[11].

En este sentido, si bien es cierto que en la línea con lo que puede leerse en el Preámbulo de la Ley 2/2023, de 20 de febrero, y que ha sido apuntado en el párrafo inmediatamente anterior, los canales de denuncia como mecanismos por medio de los cuales informar de hechos que constituyan un incumplimiento de las normas jurídicas, tanto en el orden administrativo como penal, no revisten una novedad en nuestro ordenamiento jurídico si pensamos en instituciones como el Defensor del Pueblo, la Agencia Tributaria, la Comisión Nacional de los Mercados y la Competencia, la Comisión Nacional del Mercado de Valores o las Agencias Antifraude con las que cuentan algunas Comunidades Autónomas como la Comunitat Valenciana, en verdad su protagonismo viene de la mano de la introducción de los programas de *compliance* en el Código Penal en el año 2015, como señalaremos a continuación[12].

Mediante la Ley Orgánica 5/2010, de 22 de junio, se incluyó en nuestro ordenamiento jurídico la posibilidad de atribuir responsabilidad penal a las personas jurídicas. No obstante, esta primera regulación no contemplaba la posibilidad de que aquellas pudieran quedar exentas de responsabilidad si acreditaban que habían hecho lo posible para evitar la comisión del delito correspondiente, sino que únicamente se establecían ciertas atenuantes. En este marco, el cambio más importante llega con la reforma del Código Penal de 2015 a través de la Ley Orgánica 1/2015, de 30 de marzo, introduciendo determinadas circunstancias eximentes y atenuantes de esta responsabilidad basadas en que la sociedad u organización se haya dotado de un "modelo de organización y gestión". Para ello, el programa de *compliance* de-

---

11 NEIRA PENA (2016: 469-470).
12 LEÓN ALAPONT (2023: 217-218).

berá reunir una serie de requisitos como la elaboración de un "mapa de riesgos penales", la implantación de modelos de gestión de recursos financieros para evitar la existencia de "cajas b", la creación de sistemas o canales de denuncia internos, o la adopción de un sistema disciplinario, por ejemplo[13].

A ello se refiere de manera expresa el artículo 31 *bis* 5 CP al señalar que los modelos de organización y gestión que hayan sido implantados dentro de una entidad deberán reunir los siguientes requisitos: "(i) identificarán las actividades en cuyo ámbito puedan ser cometidos los delitos que deben ser prevenidos; (ii) establecerán los protocolos o procedimientos que concreten el proceso de formación de la voluntad de la persona jurídica, de adopción de decisiones y de ejecución de las mismas con relación a aquéllos; (iii) dispondrán de modelos de gestión de los recursos financieros adecuados para impedir la comisión de los delitos que deben ser prevenidos; (iv) impondrán la obligación de informar de posibles riesgos e incumplimientos al organismo encargado de vigilar el funcionamiento y observancia del modelo de prevención; (v) establecerán un sistema disciplinario que sancione adecuadamente el incumplimiento de las medidas que establezca el modelo; y (vi) realizarán una verificación periódica del modelo y de su eventual modificación cuando se pongan de manifiesto infracciones relevantes de sus disposiciones, o cuando se produzcan cambios en la organización, en la estructura de control o en la actividad desarrollada que los hagan necesarios".

De este modo, cumpliendo tales requisitos, *(i)* si el órgano de administración de la entidad ha adoptado y ejecutado con eficacia dicho modelo de organización y gestión en un momento anterior a la comisión del ilícito, incluyendo medidas de vigilancia y control que se estimen idóneas en orden a la prevención de delitos de la misma naturaleza o para disminuir su riesgo de comisión de forma significativa; *(ii)* la supervisión del funcionamiento y cumplimiento del modelo se

---

13 NEIRA PENA & RODRÍGUEZ-GARCÍA (2022: 450-453). Véase la Ley Orgánica 5/2010, de 22 de junio, *por la que se modifica la Ley Orgánica 10/1995, de 23 de noviembre, del Código Penal* (*BOE* n.º 152, de 23 de junio de 2010), y la Ley Orgánica 1/2015, de 30 de marzo, *por la que se modifica la Ley Orgánica 10/1995, de 23 de noviembre, del Código Penal* (*BOE* n.º 77, de 31 de marzo de 2015).

ha encargado a un órgano de la persona jurídica que disponga de poderes autónomos de iniciativa y control, o bien a un órgano que tenga atribuida la función de supervisar la eficacia de los controles internos de la entidad; *(iii)* las personas físicas responsables autores del ilícito han incurrido en su comisión eludiendo fraudulentamente el modelo de organización y gestión; y *(iv)* no se ha omitido o ejercido de manera insuficiente las funciones de supervisión, vigilancia y control, la persona jurídica quedará en este caso exenta de responsabilidad penal, *ex art.* 31 *bis* 2 CP, si el delito hubiera sido cometido "en nombre o por cuenta de las mismas, y en su beneficio directo o indirecto, por sus representantes legales o por aquellos que actuando individualmente o como integrantes de un órgano de la persona jurídica, están autorizados para tomar decisiones en nombre de la persona jurídica u ostentan facultades de organización y control dentro de la misma", supuesto al que se refiere la letra a) del artículo 31 *bis* 1 CP.

En otro caso, si el delito se hubiera cometido "en el ejercicio de actividades sociales y por cuenta y en beneficio directo o indirecto de las mismas, por quienes, estando sometidos a la autoridad de las personas físicas mencionadas en el párrafo anterior, han podido realizar los hechos por haberse incumplido gravemente por aquéllos los deberes de supervisión, vigilancia y control de su actividad atendidas las concretas circunstancias del caso" [art. 31 *bis* 1 b) CP], la persona jurídica quedará exenta de responsabilidad, exigiéndose únicamente en este supuesto que haya adoptado y ejecutado eficazmente, en un momento anterior a la comisión del hecho delictivo, un modelo de organización y gestión adecuado con el fin de prevenir los delitos de la misma naturaleza del que fue cometido, o bien para disminuir de manera significativa su riesgo de comisión, de acuerdo con lo que establece el artículo 31 *bis* 4 CP.

Igualmente, la adopción de medidas eficaces orientadas a la prevención e investigación de los ilícitos que en el futuro pudieran cometerse en el seno de la persona jurídica, es prevista como circunstancia atenuante de la responsabilidad penal en el artículo 31 *quater* 1 d) CP.

Así pues, los programas de *compliance* no solo ostentan virtualidad para exonerar de responsabilidad penal a aquellas entidades que hayan procedido a su implantación de manera efectiva, sino que asimismo cumplen una función preventiva en el sentido de constituir instrumentos a través de los cuales impedir o evitar en la medida de lo posible la comisión de ilícitos en el seno de aquellas[14]. De este modo, a través de la implantación de estos programas, se persigue crear una "cultura organizacional" dentro de la entidad, es decir, una cultura basada en el cumplimiento de la legalidad[15]. En este sentido, la denominada por tanto "cultura de *compliance*" supone no solo el cumplimiento de las normas jurídicas por parte de sus destinatarios, sino la adopción de un comportamiento alejado de cualquier conducta fraudulenta, engañosa, insolidaria u oportunista en la medida en que dichos programas incorporan o se alinean también con elementos referidos a la ética empresarial, la responsabilidad social corporativa y el buen gobierno, es decir, valores que permiten a las empresas y organizaciones ser reconocidas de este modo y marcar diferencia con aquellas otras que no los siguen[16].

En este orden de cosas y como hemos referenciado, uno de los elementos básicos que componen los programas de *compliance* y en los que descansa su estructura de modelo preventivo estriba en el canal de denuncias, *ex. art.* 31 *bis* 5.4.º CP, al exigir el deber de informar en cuanto a la existencia de posibles riesgos e incumplimientos al organismo que tenga encomendada la función de vigilancia y observancia del programa. Una obligación que requiere, de un lado, que la entidad disponga de mecanismos de carácter interno a través de los cuales recibir las denuncias, y de otro, que los miembros de la misma recurran al empleo de dichos instrumentos en aquellos supuestos en que adviertan el incumplimiento de las normas, principios o protocolos que se contemplen en el programa de *compliance*[17].

No obstante lo anterior, sí conviene tener presente a la luz del tenor literal del anterior precepto que *(i)* no se especifica el mecanismo concreto por medio del cual se debe dar cabida a la obligación de informar ni qué características tiene que cumplir; *(ii)* la obligación no concierne al hecho de denunciar, al que sí alude la Ley de Enjuiciamiento Criminal en su artículo 259, sino al hecho de "informar"; *(iii)* no se prevé ninguna disposición en cuanto al modo en el que deben

---

14 DEL MORAL GARCÍA (2021: 59).

15 NEIRA PENA (2016: 481).

16 SÁNCHEZ-MACÍAS & RODRÍGUEZ-LÓPEZ (2022: 28 y 30).

17 NEIRA PENA & RODRÍGUEZ-GARCÍA (2022: 451).

gestionarse los datos e informaciones recibidas; *(iv)* ni tampoco si una gestión deficiente o indebida tiene alguna repercusión en la eficacia eximente que el Código Penal atribuye al programa de *compliance*; *(v)* o si debe procederse al inicio de una investigación interna dentro de la entidad con posterioridad a la actuación de información. De este modo, si bien es cierto que, atendiendo a estas consideraciones derivadas de la literalidad del precepto examinado, la única obligación exigible se limita al deber de informar sobre posibles riesgos e incumplimientos al órgano encargado de la vigilancia del modelo, cabe entender que, en la línea de lo que se ha señalado en relación con las características de los programas de *compliance* respecto de la creación de una "cultura organizacional" que involucre a todo el personal de la entidad, el apartado cuarto del artículo 31 *bis* 5 CP puede interpretarse en el sentido de que *(i)* sería conveniente acreditar una adecuada implementación y funcionamiento del canal de denuncia, determinando quién tiene acceso al mismo, garantizando la protección de la persona que informa, especificando el procedimiento que se sigue tras la actuación de comunicación, y facilitando su accesibilidad; *(ii)* debería procederse al examen y valoración de la información que ha sido proporcionada; y, en su caso, *(iii)* iniciarse el desarrollo de una investigación interna dentro de la entidad cuando ello se considere necesario, o bien imponer la sanción disciplinaria que corresponda[18].

---

[18] LEÓN ALAPONT (2023: 221-222). Sobre la obligación de informar, que no de denunciar, véase el artículo 528.6 del Anteproyecto de Ley de Enjuiciamiento Criminal de 2020 que, junto a la disposición general contenida en el artículo 526 en cuanto al deber que tiene cualquier persona que haya presenciado la comisión de un delito público de denunciarlo de manera inmediata ante la Policía o el Ministerio Fiscal, establece que "[c]uando la noticia de la comisión de un delito cometido en el seno de una entidad del sector público o privado la hubiese dado un funcionario o empleado a través de un procedimiento de denuncia interna, la comunicación del hecho delictivo a las autoridades podrá realizarla el responsable del canal de denuncia sin revelar la identidad del alertador, salvo que fuese especialmente requerido para hacerlo". Texto disponible en *https://www.mjusticia.gob.es/es/AreaTematica/ActividadLegislativa/Documents/210126%20ANTEPROYECTO%20LECRIM%202020%20INFORMACION%20PUBLICA%20%281%29.pdf*. Así pues, este último precepto del Anteproyecto se alinea con el artículo 9 j) de la Ley 2/2023, de 20 de febrero, al contemplar la "remisión de la información al Ministerio Fiscal con carácter inmediato cuando los hechos pudieran ser indiciariamente constitutivos de delito". Es por ello por lo que el artículo 4.1 del mismo texto normativo dispone que el canal de denuncia

En este sentido se sitúa la regulación que efectúa la Ley 2/2023, de 20 de febrero, al disponer en su artículo 5 que el sistema interno de información deberá *(i)* posibilitar que cualquier persona a la que se refiere su ámbito personal de aplicación pueda comunicar información sobre las infracciones a las que alude el texto normativo; *(ii)* garantizar la confidencialidad del informante y de cualquier tercero que se mencione en la comunicación, así como de las actuaciones que se lleven a cabo, y la protección de datos; *(iii)* posibilitar que las comunicaciones puedan presentarse por escrito, verbalmente, o a través de ambas vías; *(iv)* proceder a la integración de todos los canales internos de denuncia que pudieran crearse en el seno de la organización; *(v)* garantizar el tratamiento efectivo de la comunicación en orden a que la propia entidad sea el primer sujeto en tener conocimiento de la infracción; *(vi)* ser independiente y estar diferenciado de los canales de denuncia de otras entidades; *(vii)* contar con una persona física que será el "responsable del sistema" designada por el órgano de administración o de gobierno de cada entidad; *(viii)* disponer de una política en la que se contengan los principios generales que rijan el canal interno de denuncia y la protección de la persona informante; *(ix)* establecer un procedimiento de gestión de las informaciones que se comuniquen a través del sistema; y, finalmente, *(x)* fijar las garantías a través de las cuales se dispense la protección de los informantes dentro de la propia entidad[19].

Así pues, de todo ello se desprende que la implementación de canales internos de denuncia dentro de una entidad como elemento integrante de un programa de cumplimiento normativo sirve tanto como un instrumento de detección temprana de ilícitos, impidiendo su consumación, o que se prolonguen en el tiempo, y favoreciendo por tanto

---

o sistema interno de información constituye un "cauce preferente" para informar acerca de las acciones y omisiones que entran dentro de su ámbito de aplicación en aquellos supuestos en que la infracción pueda ser tratada de modo efectivo y la persona informante estime que no existe riesgo de represalia, de ahí que el empleo del término "preferente" excluya que se trate de un cauce obligatorio, por lo que, siguiendo a RAGUÉS I VALLÈS (2023: 4 y 6), en el caso de que no se hiciera uso de dicho mecanismo, ello no supone que no tendrá consecuencias negativas para la persona que decida denunciar. En esta materia se pronuncia también LIÑÁN LAFUENTE (2023: 5).

19 En esta materia, ver CARRASCO MONTORO (2023: 8).

su investigación y, en su caso, su sanción, como un mecanismo de disuasión en cuanto a la comisión de delitos por parte de los miembros de la entidad, y de democratización del control al involucrar a todo el personal de la organización en la consecución de esa "cultura de la legalidad o del cumplimiento"[20].

En este orden de cosas, adviértase cómo uno de los elementos a los que alude el artículo 5 de la Ley 2/2023, de 20 de febrero, y al que hace referencia de manera constante el Preámbulo de este texto normativo, como así lo hemos destacado al comienzo del presente epígrafe, es el relativo a la protección de la persona informante, siendo no solo la denominación elegida para el título de la regulación, sino que constituye su principal finalidad. Así, el artículo 1 fija la "protección adecuada frente a las represalias que puedan sufrir las personas físicas que informen sobre alguna de las acciones u omisiones a que se refiere el artículo 2" como objetivo fundamental, al que se le añaden el fortalecimiento de la cultura de la información y de las estructuras de integridad de las entidades, así como la promoción de esta cultura de la información como instrumento a través del cual poder prevenir e identificar amenazas al interés público[21].

De este modo, las personas informantes a las que desde la Ley se les brinda protección son aquellas personas físicas que trabajen tanto en el sector público como privado, que obtengan información acerca de infracciones en un contexto laboral o profesional, con las matizaciones que establece en este sentido el artículo 3, y que informen acerca de acciones u omisiones constitutivas de infracciones del Derecho de la Unión Europea en los casos en que *(i)* les resulten de aplicación los actos que se enumeran en el anexo de la Directiva (UE) 2019/1937 y que versan sobre contratación pública; servicios, productos y mercados financieros, y prevención del blanqueo de capitales y financiación del terrorismo; seguridad de los productos; seguridad del transporte; protección del medio ambiente; protección frente a las radiaciones y seguridad nuclear; seguridad de los alimentos, sanidad y bienestar animal; salud pública; protección de los consumidores; y

---

20 NEIRA PENA & RODRÍGUEZ-GARCÍA (2022: 452).

21 Sobre esta cuestión, ver OUBIÑA BARBOLLA (2023: 2) y CARRASCO MONTORO (2023: 2-3).

protección de la privacidad y de los datos personales; *(ii)* afecten a los intereses financieros de la Unión Europea, de acuerdo con el artículo 325 del Tratado de Funcionamiento de la Unión Europea (TFUE); y *(iii)* tengan repercusión en el mercado interior. Asimismo, la protección brindada también alcanza a las personas físicas que informen sobre acciones u omisiones constitutivas de ilícito penal o infracción administrativa grave o muy grave, comprendiéndose todas aquellas que supongan un perjuicio económico para la Hacienda Pública y la Seguridad Social[22].

Así, las anteriores infracciones pueden comunicarse a través de tres mecanismos o canales de información, a saber, el canal interno, el canal externo a través de una autoridad pública especializada —este último, atribuido en el caso español, a la Autoridad Independiente de Protección del Informante— y el canal público, entendiendo respecto del mismo la puesta a disposición del público de la información sobre tales infracciones, los cuales se encuentran previstos en la Directiva (UE) 2019/1937 que los estructura de manera priorizada, pero sin ánimo de exclusión o incompatibilidad entre ellos, lo que reproduce la Ley 2/2023, de 20 de febrero, de modo que se antepone la denuncia interna frente al canal externo, y este último frente al canal de revelación pública, tal como señala el artículo 4 que, como sabemos, establece el sistema interno de información como vía preferente de comunicación siempre y cuando la persona informante considere que no existe riesgo de represalia, así como que la infracción pueda recibir un tratamiento efectivo. En este sentido, el canal interno se configura como obligatorio en el sector privado para *(i)* aquellas personas físicas o jurídicas que cuenten con cincuenta o más trabajadores; *(ii)* las personas jurídicas a las que resulten de aplicación los actos de la Unión Europea en las materias de servicios, productos y mercados financieros, prevención del blanqueo de capitales o de la financiación del terrorismo, seguridad del transporte y protección del me-

---

22 Sobre el ámbito de aplicación de la Ley 2/2023, de 20 de febrero, véase SÁEZ HIDALGO (2023: 2-6), JUEZ-RUBIO (2023: 4-9) y RAGUÉS I VALLÈS (2023: 2-4). Véase, en este sentido, el artículo 2 de la Directiva (UE) 2019/1937 del Parlamento Europeo y del Consejo, de 23 de octubre de 2019, *relativa a la protección de las personas que informen sobre infracciones del Derecho de la Unión* ("DOUE" L n.º 305/17, de 26 de noviembre de 2019).

dio ambiente; y *(iii)* los partidos políticos, sindicatos, organizaciones empresariales y fundaciones en los casos en que reciban o gestionen fondos públicos. En el ámbito del sector público, por el contrario, el legislador español extiende la obligación marcada por la Directiva a todas las personas jurídico-públicas con independencia del número de trabajadores contratados[23].

Llegados a este punto, debe advertirse a continuación que, no obstante, a pesar de que, como señalamos en párrafos previos al inicio del presente epígrafe, en el sentido en el que lo expone el Preámbulo de la Ley 2/2023, de 20 de febrero, la colaboración ciudadana a través de la puesta en conocimiento de determinadas infracciones e irregularidades ha posibilitado la investigación, el enjuiciamiento y la sanción de conductas penales en el marco de prácticas de corrupción, ello ha supuesto en no pocas ocasiones consecuencias perjudiciales para las personas que valientemente se han atrevido a informar de dichas actuaciones, de ahí la necesidad de que el ordenamiento jurídico dispense una protección adecuada a los ciudadanos en tales supuestos, concienciando además a la sociedad acerca de una práctica de tolerancia cero en cuanto a los incumplimientos e infracciones normativas[24]. De hecho, así lo ha manifestado expresamente la Fiscalía General del Estado en la Circular 1/2016 al establecer que "la existencia de unos canales de denuncia de incumplimientos internos o de actividades ilícitas de la empresa es uno de los elementos clave de los modelos de prevención. Ahora bien, para que la obligación impuesta pueda ser exigida a los empleados resulta imprescindible que la entidad cuente con una regulación protectora específica del denunciante (whistleblower), que permita informar sobre incumplimientos varios, facilitando la confidencialidad mediante sistemas que la garanticen en las comunicaciones (llamadas telefónicas, correos electrónicos...) sin riesgo a sufrir represalias"[25].

---

23 En este sentido, véase OUBIÑA BARBOLLA (2023: 4-6). Ver los artículos 10, 13, 16 y 27 de la Ley 2/2023, de 20 de febrero.

24 Véase de nuevo el apartado I del Preámbulo de la Ley 2/2023, de 20 de febrero.

25 Sobre esta cuestión, ver NEIRA PENA & RODRÍGUEZ-GARCÍA (2022: 451-452) y LEÓN ALAPONT (2023: 223). Véase el apartado 5.3 de la Circular 1/2016, de 22 de enero, *sobre la responsabilidad penal de las personas jurídicas conforme a la reforma del Código Penal efectuada por Ley Orgánica 1/2015* (FIS-C-2016-00001).

En este sentido, a lo largo del articulado de la Ley 2/2023, de 20 de febrero, se contienen diversas medidas de protección dirigidas a las personas informantes, comenzando en primer lugar con la protección de datos personales cuyo tratamiento se regirá, según lo dispuesto en el artículo 29, por *(i)* el Reglamento (UE) 2016/679 del Parlamento Europeo y del Consejo, de 27 de abril de 2016, relativo a la protección de las personas físicas en lo que respecta al tratamiento de datos personales y a la libre circulación de estos datos y por el que se deroga la Directiva 95/46/CE; *(ii)* la Ley Orgánica 3/2018, de 5 de diciembre, de Protección de Datos Personales y garantía de los derechos digitales; *(iii)* la Ley Orgánica 7/2021, de 26 de mayo, de protección de datos personales tratados para fines de prevención, detección, investigación y enjuiciamiento de infracciones penales y de ejecución de sanciones penales; y *(iv)* las disposiciones previstas en la propia Ley 2/2023, de 20 de febrero[26].

De este modo, en relación con el tratamiento efectuado de los datos personales en el canal interno de denuncia ("sistema interno de información"), dispone el artículo 32 que el acceso a los datos personales estará limitado en exclusiva al *(i)* responsable del canal y a quien tenga atribuida su gestión de manera directa; *(ii)* al responsable de recursos humanos; *(iii)* al responsable de los servicios jurídicos de la organización; *(iv)* a los encargados del tratamiento que se designen de forma eventual; y *(v)* al delegado de protección de datos.

Así pues, se reconoce en el artículo 33 el derecho de la persona informante a la no revelación de su identidad a terceros, de modo que, con independencia de que se trate del sistema interno, o del canal externo o de revelación pública, no se permite la obtención de datos que posibiliten la identificación de la persona informante, debiendo disponer de medidas de carácter técnico y de organización que resulten adecuadas en orden a la preservación de la identidad y la garantía de confidencialidad, a excepción, no obstante, de la comunicación que se lleve a cabo respecto de la Autoridad Judicial, el Ministerio Fiscal o la autoridad administrativa que sea competente en el supuesto de una investigación penal, disciplinaria o sancionadora.

---

26 Sobre la protección de datos personales en el marco de los canales internos de denuncia, véase LOUSADA AROCHENA (2019: 4-6).

En cuanto a las medidas de protección en sentido estricto, su dispensa se supedita a la concurrencia de dos circunstancias, a saber, la existencia de motivos razonables para creer que la información comunicada es veraz aun en el supuesto de que no se aporten pruebas de carácter concluyente, siempre que se trate de una materia a la que le sea aplicable la regulación contenida en la Ley 2/2023, de 20 de febrero, y que la comunicación o revelación de la información ha respetado las disposiciones de este texto normativo, de conformidad con lo dispuesto en el artículo 35[27].

De este modo, se contiene en primer lugar en el artículo 36 una prohibición de represalias entendiendo por tales "cualesquiera actos u omisiones que estén prohibidos por la ley, o que, de forma directa o indirecta, supongan un trato desfavorable que sitúe a las personas que las sufren en desventaja particular con respecto a otra en el contexto laboral o profesional, solo por su condición de informantes, o por haber realizado una revelación pública", incluyéndose la suspensión del contrato de trabajo, despido o extinción de la relación laboral o estatutaria; daños, pérdidas económicas, coacciones, acoso, intimidación u ostracismo; evaluación negativa en cuanto al desempeño laboral o profesional; inclusión en listas negras; denegación de permisos y formación; y discriminación.

En segundo lugar, el artículo 37 establece distintas medidas de apoyo a las que pueden acceder las personas informantes, entre ellas, información y asesoramiento acerca de los procedimientos y recursos disponibles, protección frente a represalias y derechos reconocidos; asistencia efectiva por las autoridades competentes; asistencia jurídica en procesos penales y procesos civiles de naturaleza transfronteriza; apoyo financiero y psicológico; y, finalmente, asistencia jurídica gratuita en los términos de la Ley 1/1996, de 10 de enero, de asistencia jurídica gratuita.

En último lugar, el artículo 38 se refiere a las medidas de protección frente a represalias estableciendo que las personas informantes no incurrirán en responsabilidad de ninguna clase como consecuencia de la comunicación o revelación pública efectuada ni tampoco se

[27] En materia de medidas de protección, ver ampliamente RAGUÉS I VALLÈS (2023: pp. 10-12) y CARRASCO MONTORO (2023: 9-11).

entenderá que hayan infringido alguna restricción, siempre y cuando existan motivos razonables para creer que la actuación de comunicación era necesaria para dar a conocer una acción u omisión en los términos de la Ley 2/2023, de 20 de febrero, con excepción de la responsabilidad penal, de ahí que se señale que la persona informante no incurrirá en responsabilidad en cuanto al acceso de la información que es comunicada o revelada siempre y cuando ello no sea constitutivo de delito. Sobre esta cuestión, se especifica además que, en el marco de un procedimiento ante un órgano jurisdiccional u otra autoridad con motivo de la generación de perjuicios a la persona informante tras haber comunicado o revelado determinada información, se presumirá que el perjuicio constituye una represalia por dicha actuación, correspondiendo por tanto a la persona que haya adoptado la medida perjudicial acreditar que la misma se fundamentó justificadamente en motivos distintos a los de la comunicación o revelación de la información.

Por otro lado, se prevén también en el artículo 40 supuestos de exención y atenuación de la sanción administrativa correspondiente en el caso de la persona informante que hubiera asimismo participado en la comisión de la misma infracción de esta naturaleza sobre la que procede a comunicar en un momento anterior a la notificación de la incoación de la investigación o del procedimiento sancionador y siempre que se cumplan las siguientes condiciones: *(i)* haber cesado en la comisión de la infracción cuando se comunica o revela la información; *(ii)* haber identificado al resto de participantes; *(iii)* haber colaborado durante todo el procedimiento de investigación; *(iv)* haber aportado información veraz y medios de prueba relevantes; y, por último, *(v)* haber reparado el daño causado imputable.

El conjunto de medidas de protección inmediatamente examinado de manera previa da cuenta de su especial trascendencia en aras de promover esa colaboración ciudadana a la que alude el Preámbulo de la Ley 2/2023, de 20 de febrero y, en este sentido, son constantes las referencias a lo largo de todo su articulado a la garantía de confidencialidad respecto de las comunicaciones efectuadas, en especial, de los datos relativos a las personas afectadas y terceros que sean mencionados en la información que se comunique y, desde luego, la identidad de la persona informante. De ahí que se permita incluso la comunicación anónima en la línea con el deber general establecido por el legislador europeo en la Directiva 2019/1937 de disponer de instrumentos de denuncia anónima aun cuando esta última regulación deja decidir a los Estados miembros si procede exigir o no a las entidades y autoridades aceptar esta clase de denuncias, por lo que en nuestro caso el legislador español decidió también contemplar el anonimato junto a la confidencialidad, configurándose esta última como la protección general, tal como parece deducirse del artículo 7.3[28].

Al hilo de la reflexión contenida en el párrafo inmediatamente anterior en cuanto a la relevancia que tiene el hecho de ofrecer un sistema de protección a aquellas personas que informen sobre infracciones en los términos expuestos, blindándoles por tanto frente a toda clase de represalias y medidas perjudiciales, cabe preguntarse a continuación a través de qué modo pudiera implementarse dicho sistema y, en definitiva, alcanzar la consecución del fin que se propone el legislador español en la Ley 2/2023, de 20 de febrero, que recordemos que es, en última instancia, promover la denominada "cultura de la información" y de las estructuras de integridad de la entidades como instrumento a través del cual prevenir e identificar amenazas al interés público. Dicho con otras palabras, contribuir a crear un espacio donde la incorporación de elementos como la ética, la transparencia, el buen gobierno y la moral permitan garantizar la protección de las personas que informen sobre infracciones e irregularidades en orden a no sufrir ningún tipo de represalias por ello[29].

Ello en la línea, por tanto, de la finalidad que se halla intrínseca a la implantación de los programas de *compliance* en el sentido de contribuir no solo a la autorregulación de las empresas sino también y, en especial, a su actuación ética, constituyendo de este modo un instrumento a través del cual las entidades pueden dar cumplimiento a sus obligaciones normativas y prevenir la comisión de ilícitos en su seno, a la vez que crear en conjunto una cultura de legalidad con la que incorporar elementos de ética, integridad y transparencia en el seno de las organizaciones[30].

---

28 En este sentido, véase OUBIÑA BARBOLLA (2023: 6-7) y, más ampliamente, MAGRO SERVET (2023: 11-14). Ver el *Considerando* (34) y el artículo 6.2 de la Directiva 2019/1937.

29 OUBIÑA BARBOLLA (2023: 2 y 4).

30 RODRÍGUEZ-GARCÍA (2023b: 2).

III. APORTACIONES DE LA JUSTICIA RESTAURATIVA A LOS CANALES INTERNOS DE DENUNCIA

En este sentido, retomando lo apuntado en la introducción del presente trabajo y cumpliendo con el cometido propuesto, plantearemos examinar las posibles aportaciones que la corriente de la justicia restaurativa, a través del instrumento de mediación penal, puede proporcionar a los canales internos de denuncia. Y ello porque, en ese mismo contexto de crisis que desde hace décadas viene sufriendo la justicia penal en el que ha tenido cabida la introducción de los programas de *compliance*, tal como expusimos de manera inicial, la corriente de la justicia restaurativa constituye un cambio de paradigma del modelo actual fuertemente marcado por un acento retributivo y fundamentado principalmente en el principio de legalidad y en el ejercicio exclusivo por el Estado del *ius puniendi*, representando una de las tendencias más actuales en materia de justicia penal entre cuyas principales prácticas se encuentra la mediación penal y cuyo propósito estriba en promover la "humanización" del Derecho penal en lo que se refiere de manera especial a las víctimas del delito, contribuyendo a su reparación[31].

Así las cosas, la aparición de la justicia restaurativa debemos situarla en un contexto de evolución y transformación del sistema penal que, junto a la consolidación durante el siglo XX de los postulados acerca de la función preventiva del Derecho penal ante la falta de respuesta del modelo penal retributivo a las exigencias sociales, se van incorporando ciertas prácticas restaurativas. De esta forma, las deficiencias propias de este modelo retributivo, a saber, la ineficacia preventiva de las penas, el olvido de la víctima, y un proceso penal formalista y lento, evidenciaban la imposibilidad de dar respuesta a todos los tipos de criminalidad, lo que supuso concebir el Derecho penal como un instrumento de prevención general, de reparación y de rehabilitación o resocialización, y no únicamente de castigo; sin embargo, no siempre es posible lograr el cumplimiento de estas tres funciones a través del proceso penal, de ahí la necesidad de recurrir a otros medios constitutivos de prácticas restaurativas que poco a

---

31 En materia de justicia restaurativa y mediación penal, véase CARRIZO GONZÁLEZ-CASTELL (2018: 183).

poco se han ido incorporando a los ordenamientos jurídicos, todo lo cual debe conectarse igualmente con la paulatina introducción en el modelo procesal penal de diversas manifestaciones del principio de oportunidad, fomentando los acuerdos y conformidades así como una simplificación y reducción de los trámites, pero también posibilitando la entrada a otro tipo de justicia penal, la justicia restaurativa[32].

De este modo, la justicia restaurativa se articula principalmente en torno a tres pilares: el protagonismo activo de las partes en la resolución del conflicto, la reparación integral del daño causado por el hecho delictivo más allá de una simple reparación económica, y el fomento del diálogo para conseguir un acuerdo entre las partes de cara a alcanzar una solución adecuada, que procederemos a examinar a continuación[33].

En cuanto al protagonismo activo de las partes, ha de decirse que una de las principales características que definen la justicia restaurativa y que han propiciado su aparición es el reconocimiento del papel protagonista que ostenta la víctima del delito en la solución del conflicto penal, y ello porque durante siglos ha sido la *gran olvidada* del sistema procesal penal, asumiendo el Estado la competencia para reaccionar ante la comisión de un hecho delictivo y ejerciendo el rol principal en la tutela penal en tanto en cuanto se consideraba que el delito había sido cometido contra el Estado y la sociedad, por lo que las víctimas no podían intervenir en la reacción al mismo, eliminando de este modo cualquier posibilidad de venganza. De esta forma, se produce una expropiación del conflicto a la víctima, quedando neutralizada y exponiéndose a lo que se ha denominado "victimización secundaria" por cuanto el sistema procesal penal no ofrece una respuesta adecuada a la protección de sus intereses y necesidades. Así pues, la justicia restaurativa se basa en el *redescubrimiento* de la víctima, favoreciendo su participación en el proceso penal y devolviéndole el papel protagonista que realmente tiene en la solución del conflicto[34].

---

32 Sobre la evolución del sistema penal y el despliegue de la justicia restaurativa, véase BARONA VILAR (2019: 57-60).

33 En este sentido lo exponen tanto MONTESINOS GARCÍA (2017: 25-26) como ALONSO SALGADO (2018: 63).

34 Véanse BARONA VILAR (2019: 64-65) y FLORES PRADA (2015: 11-18).

En este sentido, a nivel internacional existen diversos instrumentos normativos que tienen como objetivo reconocer los derechos de las víctimas, y en especial, el de su participación en el proceso penal. Así pues, podemos mencionar distintas iniciativas emanadas de organismos internaciones como Naciones Unidas, entre las que destaca, verbigracia, la "Declaración sobre los principios fundamentales de justicia para las víctimas de delitos y el abuso de poder", aprobada por la Asamblea General en la Resolución 40/34, de 29 de noviembre de 1985, en la que se hace referencia a la mediación como uno de los instrumentos de participación de la víctima en el proceso penal. Además, debemos tener en cuenta igualmente la normativa promulgada desde las instituciones de la Unión Europea como la Decisión Marco 2001/220/JAI del Consejo, de 15 de marzo de 2001, relativa al estatuto de la víctima en el proceso penal, y posteriormente, la Directiva 2012/29/UE del Parlamento Europeo y del Consejo, de 25 de octubre de 2012, por la que se establecen normas mínimas sobre los derechos, el apoyo y la protección de las víctimas de delitos, y por la que se sustituye la anterior Decisión Marco[35].

No obstante, estos instrumentos normativos internacionales que abordaban el protagonismo y revalorización de la víctima en el proceso penal tardaron en verse reflejados en nuestro ordenamiento jurídico, pues no será hasta el año 2015 cuando a través de la Ley 4/2015, de 27 de abril, del Estatuto de la víctima del delito, se prevea la posibilidad de acudir a prácticas de justicia restaurativa, aunque es necesario destacar que previamente se pusieron en marcha mecanismos dirigidos a la asistencia de las víctimas como la creación de las oficinas de asistencia y la promulgación de leyes de carácter específico que perseguían la reparación de determinados colectivos de víctimas especialmente vulnerables, a saber, las víctimas de terrorismo, de delitos violentos y contra la libertad sexual, y de violencia de género; sin embargo, en ninguno de estos supuestos se contiene regulación alguna de la mediación, limitándose únicamente a la reparación, y a la asistencia y protección, y llegándose a prohibir en los supuestos de violencia de género y, más recientemente, en el ámbito de la violencia sexual con motivo de la aprobación de la Ley Orgánica 10/2022, de 6

---

[35] PÉREZ RIVAS (2017: 22 y 29-33) y HERNÁNDEZ GÓMEZ (2018: 232-233).

de septiembre, de garantía integral de la libertad sexual, más conocida como la ley del "solo sí es sí". Así pues, el único ámbito en el que se permite dicha práctica restaurativa es el relativo al sistema de justicia de menores, regulación que se lleva a cabo mediante la Ley Orgánica 5/2000, de 12 de enero, reguladora de la responsabilidad penal de los menores[36].

La justicia restaurativa, empero, también reconoce el papel esencial que juega el victimario o infractor en el proceso de reparación de la víctima en el sentido de que es capaz de alcanzar acuerdos y colaborar en el proceso reparador, y todo ello porque desde este nuevo modelo de justicia penal se pone el foco de atención no solo en el castigo del delincuente, sino en el reconocimiento voluntario de la autoría del hecho delictivo cometido —respetando siempre las garantías procesales previstas—, en su responsabilidad y en su compromiso frente a la víctima de reparación del daño causado, al mismo tiempo que favorece su reinserción social[37].

En segundo lugar, en lo que se refiere a la reparación del daño, ha de señalarse cómo otro de los pilares fundamentales sobre los que se asienta la justicia restaurativa es lograr una reparación del daño causado por el hecho delictivo que comúnmente es calificada de "integral", es decir, no se persigue una simple reparación de carácter económico o material, sino más bien moral o, si se prefiere, emocional, que realmente suponga un resarcimiento o restitución para la víctima por los perjuicios derivados del delito[38].

Finalmente, la última característica común a cualquier práctica restaurativa es la creación de un espacio de diálogo que posibilite lograr un acuerdo entre víctima e infractor con la finalidad de solucionar el conflicto penal de una forma adecuada y satisfactoria, y todo ello a partir de la participación de las partes en la resolución de la controversia, de tal modo y manera que la técnica del diálogo permita al victimario asumir y responsabilizarse del daño causado por la

---

36 COLÁS TURÉGANO (2017: 111-112 y 116-117) y RODRÍGUEZ TIRADO (2017: 312).

37 RÍOS MARTÍN (2016: 107 y 109-110).

38 Véanse, sobre esta cuestión, CARRIZO GONZÁLEZ-CASTELL (2017: 253), MONTESINOS GARCÍA (2017: 28-29), SOLETO MUÑOZ (2019: 495-499) y HERNÁNDEZ GÓMEZ (2018: 240).

comisión del delito, pero también favorezca la exteriorización de las emociones y sentimientos por parte de la víctima coadyuvando, por ende, a su recuperación[39].

En este orden de cosas, una de las principales fórmulas a través de las cuales se manifiesta la justicia restaurativa es la relativa a la mediación penal, siendo el máximo exponente y el instrumento más reconocido y que con mayor arraigo cuenta en el marco de este modelo de justicia, al menos en nuestro caso así como en países europeos de nuestro entorno, ya que al margen de esta fórmula, existen igualmente otras prácticas restaurativas de sobra conocidas en los países del *Common Law*, tales como las conferencias y los círculos de sentencias[40].

Así pues, centrando nuestra atención en la mediación penal, esta práctica se define como un procedimiento mediante el que víctima e infractor participan activamente de forma voluntaria en la resolución de un conflicto de naturaleza penal con intervención de un tercero ajeno imparcial cuya función consistirá en auxiliar y orientar a las partes implicadas con la finalidad de alcanzar un acuerdo por sí mismas que ponga fin a la controversia y poder solucionar el conflicto. De acuerdo con la definición, la mediación penal se caracteriza, por tanto, por *(i)* constituir un procedimiento y no un proceso en tanto en cuanto no nos encontramos ante el ejercicio de la función jurisdiccional; *(ii)* donde la singularidad radica en la participación activa de los sujetos implicados —víctima e infractor— en la solución del conflicto penal puesto que se trata de un método autocompositivo; *(iii)* cuya finalidad principal es poner fin al mismo; *(iv)* mediante la intervención de un tercero ajeno imparcial que actuará inter partes ayudando y orientando a los sujetos involucrados a través de técnicas basadas en el diálogo con el objetivo de que puedan alcanzar un acuerdo por ellos mismos y resolver el conflicto sin llegar en ningún caso a imponer la solución al mismo[41].

---

39 ALONSO SALGADO (2018: 63-64) y MONTESINOS GARCÍA (2017: 29).

40 JIMENO BULNES (2019: 98 y 108-109), MONTESINOS GARCÍA (2017: 32-33) y CERVELLÓ DONDERIS (2016: 54-55).

41 BARONA VILAR (2011: 257 y 262-265) y RODRÍGUEZ-GARCÍA (2017: 285-287).

Tras este excurso acerca de la justicia restaurativa y de la mediación penal, podemos subrayar a continuación algunos elementos que entendemos que son susceptibles de trasladarse al ámbito que nos ocupa como son los canales internos de denuncia, permitiendo de este modo efectuar una relectura de la filosofía que inspira su implantación en el marco de los programas de cumplimiento normativo dentro de las empresas.

Pensemos, en primer lugar, en que los canales de denuncia constituyen un mecanismo de vigilancia y supervisión mediante el cual se posibilita la detección de infracciones y prácticas irregulares o corruptas en el seno de las entidades con el objetivo de proceder a su investigación —las conocidas como "investigaciones internas empresariales"— y su sanción a través del sistema disciplinario de la organización, o bien a través de la puesta en conocimiento de la información a las autoridades públicas. En este sentido, tanto las investigaciones internas como el propio proceso penal siguen la dinámica de un procedimiento de naturaleza adversarial al que se opone la corriente de la justicia restaurativa en atención a sus fundamentos previamente referenciados. Así, en el marco de conflictos entre una entidad u organización y la persona informante, o bien entre esta última y otros miembros de la empresa, aquella naturaleza adversarial podría sustituirse por una dinámica de carácter cooperativo en la que se promoviera el protagonismo de las partes implicadas con su participación en un encuentro dialogado de cara a la consecución de un acuerdo que supusiera la satisfacción mutua de intereses y la solución del conflicto generado, por ejemplo, en supuestos de acoso o discriminación. La introducción de los elementos de disculpa, perdón y compromiso en la implantación de futuras medidas de mejora pudieran representar un signo de efectividad y utilidad mayor que el que parece desplegar una sanción como el despido[42].

Por otro lado, el elemento de protagonismo y participación activa que es inherente a la naturaleza de la justicia restaurativa puede verse también reflejado en el papel que cumplen los canales internos de denuncia en cuanto a la democratización del control[43], a la que

42 Véase NIETO MARTÍN (2023: 163-164). En materia de investigaciones internas empresariales, se pronuncian RODRÍGUEZ-GARCÍA (2023a: 201-223) y CARRILLO DEL TESO (2020: 472-475).

43 NEIRA PENA & RODRÍGUEZ-GARCÍA (2022: 452).

anteriormente se ha hecho referencia, en la medida en que con ello se involucra a todo el personal de la organización en la consecución de la conocida "cultura de la legalidad".

En segundo lugar, la reparación integral del daño causado por la comisión del hecho delictivo que se defiende desde la justicia restaurativa parece erigirse en una fórmula adecuada en orden a reparar a la persona informante por los daños y perjuicios que pudiera sufrir por parte de la entidad con motivo de la información que ha proporcionado al canal de denuncia. Una reparación integral que encaja en el espectro de mecanismos con los que promover la restauración de daños inmateriales y de relaciones quebradas entre el informante y la entidad, y que puede satisfacer las necesidades de aquella persona en tanto en cuanto no necesariamente tienen que corresponderse con el deseo de castigo o la compensación a través de una indemnización económica[44].

Por último, la justicia restaurativa también puede conducir a un replanteamiento del sistema disciplinario vinculado al canal interno de denuncia como elementos integrantes de los programas de *compliance* en el sentido de propiciar un cambio en su funcionamiento en tanto en cuanto sigue una dinámica similar a la actuación que ejerce el Estado a través del *ius puniendi*. La introducción de una perspectiva restaurativa supondría eliminar la exigencia de imponer necesariamente en todo caso una sanción que puede llegar a ser el despido de uno de los trabajadores y respecto de la que la empresa puede no estar realmente interesada en que se produzca este resultado[45].

Como ejemplo del planteamiento que acabamos de proponer en los párrafos anteriores puede observarse la regulación de la Ley Orgánica 10/2022, de 6 de septiembre, de garantía integral de la libertad sexual, en la medida en que en el marco de la prevención y sensibilización en el ámbito laboral, el legislador ha impuesto la obligación a las empresas de favorecer condiciones de trabajo que impidan la comisión de ilícitos y otras conductas que atenten contra la libertad sexual y la integridad moral en el trabajo, en especial, en lo que se refiere al acoso sexual y el acoso por razón de sexo, incluidos los

44 NIETO MARTÍN (2023: 164).

45 *Ídem*.

que pudieran cometerse en el entorno digital. Con ello, se establece el deber para las entidades de articular procedimientos específicos para la prevención de esta clase de delitos y para posibilitar la gestión de denuncias y reclamaciones que pudieran ser formuladas por parte de las víctimas de tales ilícitos, conectando por tanto con la Ley 2/2023, de 20 de febrero. Asimismo, se permite a las empresas la adopción de medidas objeto de previa negociación con los representantes de los trabajadores en materia de códigos de buenas prácticas, campañas informativas, protocolos de actuación y acciones formativas, beneficiándose toda la plantilla en su conjunto con independencia del tipo de contrato laboral que se haya suscrito. En este sentido, es un deber de las empresas promover la sensibilización y formación entre todo el personal en aras de lograr una protección integral contra las conductas de violencia sexual, e incluir en la valoración de riesgos de cada uno de los puestos de trabajo este tipo de violencia entre los riesgos laborales concurrentes[46].

En este sentido, los protocolos de actuación anteriormente mencionados constituyen un instrumento de carácter reactivo para hacer frente al acoso sexual y acoso por razón de sexo que se asienta sobre los principios de reparación y sanción, a la vez que incorpora un aspecto de prevención en aras de luchar contra la discriminación y la violencia ejercida sobre la mujer. De este modo, una de las funciones más destacadas que se atribuyen a los protocolos es su función como canal de denuncia de este tipo de conductas en el ámbito laboral, estructurándose sobre tres ejes fundamentales: *(i)* una declaración de principios en la que se contenga la definición de lo que debe entenderse por acoso sexual y acoso por razón de sexo, la identificación de las conductas que son susceptibles de constituir tales supuestos, y las personas que integran su ámbito de aplicación; *(ii)* el procedimiento a través del cual dar cauce a las denuncias y reclamaciones presentadas mediante el canal interno; y *(iii)* el sistema disciplinario[47].

Así pues, sobre el segundo de los ejes referenciados, es decir, el procedimiento de actuación a seguir en relación con el canal interno

---

46 Véase el artículo 12 de la Ley Orgánica 10/2022, de 6 de septiembre, *de garantía integral de la libertad sexual* (*BOE* n.º 215, de 07/09/2022).

47 Sobre esta cuestión, se pronuncia SIERRA HERNÁIZ (2023: 251-252). Véase también INSTITUTO DE LAS MUJERES (2021: 17).

de denuncia, deberá regirse en atención a los siguientes principios: "a) prevención y sensibilización del acoso sexual y/o por razón de sexo. Información y accesibilidad de los procedimientos y medidas; b) confidencialidad y respeto a la intimidad y dignidad de las personas afectadas; c) respeto al principio de presunción de inocencia de la supuesta persona acosadora; d) prohibición de represalias de la supuesta víctima o personas que apoyen la denuncia o denuncien supuestos de acoso sexual y/o por razón de sexo; e) diligencia, celeridad, seguridad, coordinación y colaboración en el procedimiento; f) garantía de los derechos laborales y de protección social de las víctimas; g) investigación exhaustiva de los hechos, confidencial y basada en los principios de contradicción y oralidad, que se resolverá tras oír a las personas afectadas y garantizando la imparcialidad de cualquier actuación; h) garantía de actuación adoptando las medidas necesarias, incluidas en su caso, las de carácter disciplinario, contra la persona o personas cuyas conductas de acoso resulten probadas; i) resarcimiento a la persona acosada y protección de su salud psicológica y física; j) enfoque de género y derechos humanos en todo el procedimiento"[48].

Con ello, uno de los principales objetivos que se persigue es adoptar un procedimiento de denuncia confidencial que sea fácil, ágil y accesible mediante el que las víctimas de acoso puedan denunciar la conducta sufrida, y como consecuencia, posibilitar la investigación interna en orden a determinar la existencia de una situación de acoso en el seno de la empresa, y la sanción del infractor, pero también el resarcimiento y apoyo de la víctima. De esta forma, se promueve una cultura preventiva de este tipo de conductas en las organizaciones, contribuyendo a adoptar un comportamiento de tolerancia cero[49].

Así las cosas, la reflexión acerca de las posibles aportaciones que la justicia restaurativa puede proporcionar en el marco de los canales de denuncia puede verse de mejor forma en el ámbito de la violencia sexual en la medida en que la Ley Orgánica 10/2022, de 6 de septiembre, presta especial atención a un aspecto que constituye uno de los ejes fundamentales de aquella corriente como es el elemento de la

---

48 INSTITUTO DE LAS MUJERES (2021: 17).
49 *Ibídem* (2021: 15-16).

reparación de la víctima de este tipo de delitos. De este modo, es el artículo 52 el que reconoce el derecho de las víctimas de violencias sexuales "a la reparación, lo que comprende la indemnización a la que se refiere el artículo siguiente, las medidas necesarias para su completa recuperación física, psíquica y social, las acciones de reparación simbólica y las garantías de no repetición"[50].

Adviértase, por tanto, que la reparación que se prevé en la Ley no solo contempla la indemnización económica por daños y perjuicios en relación con la responsabilidad civil derivada del delito, sino que comprende otros elementos que permiten hablar de una reparación que podemos calificar de "integral", y así se contempla al consagrar como uno de los fines que se persiguen "garantizar la reparación integral de las víctimas de las violencias sexuales, incluida su recuperación, su empoderamiento y la restitución económica y moral de las mismas", *ex* art. 1.3 e). Siendo además el empoderamiento uno de los principios rectores en orden a promover la autonomía de las víctimas e impedir la victimización secundaria a través precisamente de la adopción de un enfoque victimocéntrico, tal como se establece en el artículo 2.g).

La introducción de este elemento de reparación, unido a la obligación de las entidades de articular procedimientos específicos para la prevención de esta clase de delitos y para posibilitar la gestión de denuncias y reclamaciones que pudieran ser formuladas por parte de las víctimas de tales ilícitos, es lo que nos conduce a plantear la incorporación de una perspectiva restaurativa en el ámbito de los programas de cumplimiento normativo, y más específicamente, en lo que se refiere a los canales internos de denuncia.

Sin embargo, ello choca frontalmente con otra de las novedades que introduce la Ley y es la prohibición de mediación y conciliación en todos los supuestos de violencia sexual, modificando así el art. 3.1 de la Ley 4/2015, de 27 de abril, del Estatuto de la víctima del delito. Siendo una prohibición que se suma a la existente ya con anterioridad sobre mediación en materia de violencia de género. Ello no solo contrasta con los fines de la Ley, sino además con el espíritu que inspira el Estatuto de la Víctima del Delito en cuanto a la devolución del papel

---

50 En esta materia puede consultarse el trabajo de AGUADO-CORREA (2023: 6-8 y 10-11).

protagonista a esta última en el marco del proceso penal y su reparación integral por los daños causados con motivo de la comisión del hecho delictivo[51].

Y ello porque precisamente uno de los fundamentos y pilares básicos de la mediación penal, en particular, pero en general de cualquier práctica de justicia restaurativa, es el protagonismo y participación activa de la víctima en la solución del conflicto penal generado, y con ello, la reparación integral del daño causado por el hecho delictivo con la que no solo aludimos a una reparación material, es decir, una indemnización económica, sino a una reparación de otra naturaleza, una reparación moral, emocional si se prefiere, que atienda a las necesidades e intereses reales de la víctima que en muchas ocasiones lo que demandan es que sean escuchadas, que se las dé una explicación de por qué la comisión del delito y por qué ellas, sentirse en definitiva validadas, algo que en nuestra opinión promueve en gran medida su empoderamiento al que expresamente se refiere la Ley y que conecta con los Objetivos de Desarrollo Sostenible (ODS) de la Agenda 2030, en especial el ODS-5, pero también el ODS-16.

Sin embargo, debemos también advertir que no existe ningún cuerpo normativo en nuestro ordenamiento jurídico que contenga una regulación de este aspecto por cuanto se trata de una práctica que no está regulada de forma sistemática en el orden penal, siendo así que la propia Ley de Enjuiciamiento Criminal no contempla ninguna referencia a la mediación como método de resolución de los conflictos penales, sino que las únicas alusiones existentes se encuentran previstas en otros textos legales. En este sentido, una de las menciones expresas contenidas en nuestra legislación acerca de la mediación penal y favorable a la misma es la relativa a su aplicación en el ámbito de la justicia penal de menores, ya que el otro supuesto en el que se alude a la mediación es el que hace referencia, por un lado, a la violencia

---

51 De esta opinión, en nuestro caso totalmente compartida, se muestra CARRIZO GONZÁLEZ-CASTELL (2022: 151-152). Sobre la prohibición de mediación penal en materia de violencia de género, puede consultarse nuestro trabajo TIERNO BARRIOS (2022). Así lo dispone el apartado uno de la Disposición final duodécima de la Ley Orgánica 10/2022, de 6 de septiembre, de garantía integral de la libertad sexual, modificando la Ley 4/2015, de 27 de abril, *del Estatuto de la víctima del delito* ("BOE" n.º 101, de 28/04/2015).

de género, y por otro, a la violencia sexual como acabamos de comprobar, pero en estos casos de forma negativa, prohibiendo de forma tajante y eliminando la posibilidad de recurrir a este tipo de práctica restaurativa en tales ámbitos[52].

IV. ANÁLISIS DE LA REGULACIÓN PORTUGUESA EN MATERIA DE MEDIACIÓN PENAL Y *COMPLIANCE*

Así las cosas, dada la ausencia de una legislación específica en materia de mediación penal en nuestro país, consideramos que puede resultar de sumo interés en este sentido examinar la regulación que se contiene en el ordenamiento jurídico portugués en los dos ámbitos en los que se halla enfocado nuestro trabajo en la medida en que este último sí que dispone de una ley reguladora de la mediación penal, así como de manera muy reciente, también acerca de los programas de *compliance*, lo que nos permitirá a continuación dar cumplimiento al propósito general de la investigación como es analizar las posibles aportaciones que la corriente de la justicia restaurativa, a través del instrumento de mediación penal, puede proporcionar a los canales internos de denuncia como uno de los principales elementos que conforman los programas de cumplimiento normativo, reflexionando para ello si aquel medio de resolución de conflictos puede contribuir a mejorar su implementación, así como favorecer la consecución de los objetivos que propone la Ley 2/2023, de 20 de febrero.

De este modo, comenzando por la cuestión relativa a la mediación penal, conviene detenerse en la Ley n.° 21/2007, de 12 de junio, reguladora de la mediación penal en Portugal, enmarcada dentro de la Ley Marco n.° 17/2006, de 23 de mayo, de Política Criminal, y de la Ley n.° 51/2007, de 31 de agosto, por la que se aprueba los objetivos, prioridades y orientaciones de política criminal para el bienio 2007-2009, dando así cumplimiento al plazo de transposición de la Decisión Marco 2001/220/JAI del Consejo, de 15 de marzo de 2001, relativa al estatuto de la víctima en el proceso penal, y que en nuestro caso fue incumplido a todas luces, no siendo hasta la aprobación de

52 RODRÍGUEZ-GARCÍA (2017: 280-281 y 294).

la Directiva 2012/29/UE del Parlamento Europeo y del Consejo, de 25 de octubre de 2012, por la que se establecen normas mínimas sobre los derechos, el apoyo y la protección de las víctimas de delitos, y por la que se sustituye la Decisión marco 2001/220/JAI del Consejo, cuando se promulgue la Ley 4/2015, de 27 de abril, del Estatuto de la víctima del delito[53].

Así, la mediación penal es definida por el artículo 4 de la Ley n.º 21/2007, de 12 de junio, como "un proceso informal y flexible, dirigido por un tercero imparcial, el mediador, que acerca al acusado y al ofendido y les apoya para tratar de encontrar activamente un acuerdo que permita la reparación del daño causado por el delito y contribuya a restablecer la paz social" (mi traducción). Interesante cuestión resulta detenerse en su ámbito de aplicación por cuanto se dispone que únicamente podrá llevarse a cabo el procedimiento en aquellos procesos penales en los que la incoación dependa de denuncia o de acusación particular, y de forma específica en los casos de denuncia, solo en supuestos de delitos contra las personas o contra el patrimonio. No obstante, se establecen algunas excepciones importantes en el artículo 2, a saber, *(i)* cuando el delito contenga una pena de prisión superior a 5 años; *(ii)* cuando se trate de un delito contra la libertad sexual o la autodeterminación; *(iii)* cuando estemos ante un delito de malversación, corrupción o tráfico de influencias; *(iv)* que el infractor sea menor de 16 años; o *(v)* que se proceda según el procedimiento sumario o sumarísimo[54].

Estas últimas excepciones referenciadas representan, por tanto, una limitación a nuestro planteamiento en la medida en que se impide el desarrollo del procedimiento de mediación tanto en el ámbito de los delitos de corrupción como en materia de violencia sexual, alineándose de este modo con la nueva disposición del Estatuto de la Víctima del Delito en España como consecuencia de la aprobación de la Ley Orgánica 10/2022, de 6 de septiembre, que como sabemos prohíbe prácticas de mediación penal en este tipo de delitos, pero también con el último Anteproyecto de Ley de Enjuiciamiento

---

53 En esta materia, véase el estudio de CARRIZO GONZÁLEZ-CASTELL (2010: 411-413).

54 BAHAMONDE DELGADO & MIRANDA (2020: 81-82).

Criminal de 2020 que, en el artículo 175.3 restringe la posibilidad de decretar el archivo de la causa por razones de oportunidad en los delitos de violencia de género y en aquellos relacionados con la corrupción[55].

A pesar de ello, defendiendo que la justicia restaurativa y, en concreto, la mediación penal puede realizar importantes contribuciones como mecanismo de resolución de conflictos a partir de la información proporcionada acerca de una infracción o irregularidad a través de los canales internos de denuncia, como efectivamente se ha señalado en el epígrafe anterior, consideramos de gran utilidad seguir analizando la regulación portuguesa en esta materia.

Así, se establece en el artículo 3 que, en cualquier momento de la investigación penal, el Ministerio Público puede instar de oficio la remisión del asunto a mediación si existen pruebas de la comisión del ilícito y entiende que ello puede contribuir a satisfacer las necesidades de prevención que se observan en el supuesto concreto. Iniciativa de remisión que también se atribuye a las partes, víctima e infractor, en cuyo caso el Ministerio Público procederá a la designación de un mediador aun cuando no se cumplan los dos requisitos anteriores. De esta forma, previa notificación a las partes, el mediador se pondrá en contacto con la víctima y el infractor para recabar su consentimiento libre e informado para participar en el procedimiento de mediación, debiendo informarles acerca de sus derechos y deberes, así como de la naturaleza, finalidad y reglas de aplicación del procedimiento, comprobando que se cumplen los principios básicos que deben regir esta práctica como son los de voluntariedad e igualdad. En caso contrario, así como en el supuesto de que el mediador no obtuviera el consentimiento de las partes, deberá informar de ello al Ministerio Público, dando continuación al proceso penal correspondiente[56].

Ello se corresponde con los requisitos que exige el artículo 15 de la Ley 4/2015, de 27 de abril, al disponer que las víctimas podrán acceder a servicios de justicia restaurativa siempre que "(i) el infractor

---

55 Al igual que en España, adviértase cómo el legislador portugués tampoco posibilita el recurso a mediación en el ámbito de la violencia de género. Sobre esta cuestión, puede consultarse el trabajo de CRUZ SANTOS (2010).

56 Sobre la iniciativa para remitir una causa a mediación, se pronuncia CARRIZO GONZÁLEZ-CASTELL (2010: 416-417).

haya reconocido los hechos esenciales de los que deriva su responsabilidad; (ii) la víctima haya prestado su consentimiento, después de haber recibido información exhaustiva e imparcial sobre su contenido, sus posibles resultados y los procedimientos existentes para hacer efectivo su cumplimiento; (iii) el infractor haya prestado su consentimiento; (iv) el procedimiento de mediación no entrañe un riesgo para la seguridad de la víctima, ni exista el peligro de que su desarrollo pueda causar nuevos perjuicios materiales o morales para la víctima; y (v) no esté prohibida por la ley para el delito cometido"[57].

En cuanto al procedimiento y siguiendo las disposiciones contenidas en el artículo 5, si tras la finalización del procedimiento de mediación no se logra la obtención de un acuerdo entre las partes o si no terminase en el plazo de tres meses desde la remisión del asunto a mediación, el mediador informará de ello al Ministerio Público y se seguirá con la tramitación del proceso penal, previéndose no obstante la solicitud de prórroga por parte del mediador hasta un máximo de dos meses. En el caso de que se lograse la consecución de un acuerdo, se plasmará su contenido en un documento que tendrá que ser firmado por las partes y remitido por el mediador al Ministerio Público, en cuyo caso, la firma del acuerdo supone la retirada de la denuncia por la víctima y la no oposición por el infractor. En el supuesto de que el acuerdo fuese incumplido, se prevé la posibilidad para la víctima de renovar la denuncia en el plazo de un mes, reabriéndose el proceso penal. El cumplimiento del acuerdo será en todo caso comprobado por parte del Ministerio Público que, en caso afirmativo, deberá aprobar la retirada de la denuncia en el plazo de cinco días. En lo que se refiere al acuerdo, dispone el artículo 6.2 que no podrá incluir penas privativas de libertad, obligaciones que supongan una ofensa para la dignidad del acusado, o cuyo cumplimiento sea superior a seis meses[58].

---

57 Sobre el Estatuto de la Víctima en Portugal, véase BAHAMONDE DELGADO & MIRANDA (2020: 87-88), quienes encuentran en la escasa participación que tiene la víctima en el proceso penal portugués la aprobación de la Ley n.º 130/15, de 4 de septiembre, *por la que se establece el Estatuto de la Víctima*, en tanto en cuanto aquella no puede generalmente expresar sus sentimientos sobre el conflicto generado ni participar de manera activa en la investigación o en el proceso, lo que subraya la especial relevancia que cobra la mediación penal en este sentido.

58 RIBOLI (2019: 287).

Una vez examinada la regulación existente en materia de mediación penal en Portugal, resta por analizar a continuación la legislación acerca de los programas de *compliance* en orden a plantear si sería posible crear una especia de sinergia entre ambos ámbitos aun cuando contamos con importantes limitaciones respecto de la aplicación de aquella práctica restaurativa, en particular, en lo que concierne a los delitos contra la libertad sexual y aquellos relacionados con la corrupción, tal y como se ha señalado con anterioridad.

Siguiendo este propósito, antes de la aprobación de la Ley n.º 94/2021, de 21 de diciembre, por la que se aprueban las medidas previstas en la Estrategia Nacional de Lucha contra la Corrupción, modificando el Código Penal, el Código de Procedimiento Penal y las leyes conexas, no existía en el ordenamiento jurídico portugués regulación alguna sobre los efectos sustantivos y procesales en cuanto a la adopción de programas de cumplimiento normativo y tampoco en relación con el estatuto procesal de las personas jurídicas contra las que se seguía un proceso penal[59]. Ello se ha entendido que se debía al modelo de imputación del hecho delictivo a la persona jurídica ("personas colectivas y entidades equiparadas") que existe en el Derecho portugués, cual es el modelo de heterorresponsabilidad, y a la ausencia de normas procesales concretas aplicables a los supuestos en que una persona jurídica es acusada en un proceso penal, como se ha señalado previamente, lo que supuso que en este país no existiera una concepción acerca de los programas de *compliance* como un instrumento de política criminal[60].

Así las cosas, hasta el año 2007, la legislación penal portuguesa únicamente contemplaba en el Código Penal la responsabilidad penal de las personas físicas ("personas singulares"), previéndose a partir de aquella fecha para determinados delitos en los supuestos de personas jurídicas ("personas colectivas y entidades equiparadas") que fueron enumerados en el número 2 del artículo 11 del Código Penal, así como en materias reguladas por la legislación especial como tráfico y consumo de estupefacientes y sustancias psicotrópicas, corrupción en el comercio internacional y en el sector privado, y reproducción asistida,

59 MENEZES SANHUDO & BALLESTEROS SÁNCHEZ (2023: 11 y 14).
60 ANTUNES (2022: 750-752).

manteniéndose además en otras materias que ya tenían contemplada dicha responsabilidad como infracciones tributarias, salud pública u organizaciones terroristas. Sin embargo, como en muchas otras ocasiones sucede en la legislación española, la previsión de la responsabilidad penal de las personas jurídicas en el Código Penal no fue acompañada de la correspondiente reforma legislativa en las normas procesales, particularmente en lo que se refiere al Código de Proceso Penal. Y ello se debe porque, como se ha señalado con anterioridad, hasta el año 2021 no existía una regulación acerca de los programas de *compliance*, unido al criterio de imputación de la responsabilidad penal de las personas jurídicas que ha sido objeto de interpretación y aplicación por la jurisprudencia portuguesa, el cual se ha basado en una fórmula de heterorresponsabilidad respecto del hecho delictivo cometido por la persona física de una forma automática y objetiva, llegando a confundirse la posición procesal de la persona física y de la persona jurídica[61].

En este orden, con ocasión de la elaboración de la Estrategia Nacional Anticorrupción de 2020 por parte del ejecutivo portugués, en la cual se enmarcó con posterioridad la aprobación de la Ley n.º 94/2021, de 21 de diciembre, se procedió a la atribución de efectos jurídicos a los programas de *compliance* en lo que concierne a la determinación de la pena en un sentido amplio, es decir, sin perjuicio del modelo de imputación del ilícito a la persona jurídica que se encuentra establecido en el artículo 11 del Código Penal y que, como sabemos, se trata de un modelo de heterorresponsabilidad, lo que significa que el hecho de disponer de un programa de cumplimiento normativo no va a suponer para la entidad la exclusión del hecho delictivo como así sucede en aquellos sistemas en que el modelo de imputación se halla basado en la autorresponsabilidad en la medida en que la exclusión en este caso se fundamentaría en la ausencia de culpabilidad promovida por la adecuada adopción e implantación de un programa de *compliance*, tal y como se prevé en la legislación penal española anteriormente examinada en epígrafes previos[62].

---

61 En este sentido se pronuncia ANTUNES (2021: 701-703). Véase también LOUREIRO (2020: 893-894) y DAS NEVES TEIXEIRA CARIMBO (2021: 44-47).

62 MENEZES SANHUDO & BALLESTEROS SÁNCHEZ (2023: 14-15). Sobre la Estrategia Nacional Anticorrupción de 2020, se pronuncia MENEZES SANHU-

De este modo, en lo que se refiere, por tanto, al ámbito de la determinación de la pena, la Ley n.º 94/2021, de 21 de diciembre, introdujo ciertas reglas acerca de los efectos sustantivos de los programas de *compliance* en el artículo 90, a saber, *(i)* atenuación especial de la pena atendiendo al hecho de que la persona jurídica haya procedido a la adopción y aplicación, en un momento anterior a la comisión del delito, de un programa de cumplimiento normativo que resulte adecuado en aras de prevenir ilícitos de la misma naturaleza; *(ii)* imposición de una pena accesoria junto a la pena principal en los casos en que resulte adecuado y necesario para la realización de los fines de la pena, especialmente debido a que la persona jurídica no haya implantado un programa de *compliance*; *(iii)* sustitución de la pena de multa por una pena alternativa que sea adecuada y suficiente para cumplir los fines de la sanción, atendiendo a la adopción de un programa de cumplimiento normativo por parte de la persona jurídica; *(iv)* la determinación de los días de la pena de multa podrá tener en cuenta el hecho de que la persona jurídica haya implantado, después de la comisión del delito y antes del juicio, un programa de *compliance* que incluya medidas de control y vigilancia adecuadas para prevenir la comisión de delitos de la misma naturaleza o que permitan reducir de forma significativa el riesgo de comisión; *(v)* posibilidad de imposición de una pena sustitutiva de vigilancia judicial por un periodo entre uno y cinco años en los supuestos en que la cuantía de la multa no sea superior a 600 euros con el objetivo de que supervise la actividad que dio lugar a la sanción y vigile el cumplimiento efectivo del programa; *(vi)* revocación de la pena de vigilancia judicial e imposición de la pena de multa en los casos en que se haya cometido un hecho delictivo después de la condena, revelando que los fines de la medida de vigilancia judicial no pudieron alcanzarse, o bien que la persona jurídica no haya procedido a la adopción o aplicación del programa de *compliance*; y *(vii)* la posibilidad de que el órgano jurisdiccional imponga a la persona jurídica la adopción y ejecución de un programa de cumplimiento normativo que incluya medidas de vigilancia y control que sean adecuadas para prevenir ilícitos de la misma naturaleza o reducir el riesgo de que se cometan[63].

DO (2022: 7-8).

63 *Idem*. Véase también LAMAS LEITE (2022: 45-50) y PAIS (2022: 321-328).

No obstante, ante la falta de una definición acerca de qué debe entenderse por un programa de *compliance* adecuado y la probabilidad, por otro lado, de que las entidades procedan a su implantación atendiendo únicamente a los efectos que han sido reseñados con anterioridad, es decir, sin que supongan la creación de una verdadera "cultura organizacional" —tratándose, en definitiva, de programas ineficaces—, debe destacarse el Decreto-Ley n.º 109-E/2021, de 9 de diciembre, que establece el Régimen General de Prevención de la Corrupción, y que igualmente se aprueba al amparo de la Estrategia Nacional de Corrupción, en la medida en que enumera los elementos de los cuales deberá disponer un programa de cumplimiento normativo adecuado, integrando un plan de prevención de riesgos penales de corrupción, un código de conducta, un programa de formación, así como un canal interno de denuncias —remitiendo, en este último caso, a la legislación de transposición de la Directiva (UE) 2019/1937, es decir, a la Ley n.º 93/2021, de 20 de diciembre, que establece el régimen general de protección de los denunciantes— con el objetivo de prevenir, identificar y sancionar aquellas actuaciones y delitos de corrupción que se lleven a cabo por medio o en contra de la entidad, *ex art.* 5[64].

En este orden de cosas, teniendo en cuenta la reciente regulación portuguesa en materia de *compliance* que aúnan la Ley n.º 94/2021, de 21 de diciembre, y la Ley n.º 93/2021, de 20 de diciembre, junto con el Decreto-Ley n.º 109-E/2021, de 9 de diciembre, podría darse espacio a la propuesta de integrar prácticas restaurativas como la mediación en este ámbito, en los términos en que ello se ha reflexionado en epígrafes previos, aprovechando la regulación favorable que efectúa la Ley n.º 21/2007, de 12 de junio, sobre este procedimiento; sin embargo la exclusión en delitos contra la libertad sexual y relacionados con la corrupción, suponen una limitación legal expresa en la materialización de nuestro planteamiento.

---

64 COROADO (2022: 4).

V. CONCLUSIONES

En un contexto en el que como consecuencia de la crisis que desde hace décadas afecta de forma especialmente grave a la Administración de Justicia y, en concreto, en lo que se refiere al ámbito de la justicia penal, el examen de aquellas propuestas que se dirigen a aumentar los niveles de eficiencia como son de modo destacado los programas de *compliance* y los medios alternativos de resolución de conflictos deviene una tarea de especial trascendencia en aras de poder promover u optimizar su máximo despliegue dentro del sistema de justicia penal a la vez que se respetan las garantías constitucionalmente previstas en este sentido.

Así las cosas, centrando nuestro trabajo, de un lado, en los canales internos de denuncia como uno de los elementos que conforman los programas de *compliance*, y la mediación penal, de otro, como una de las principales prácticas que integran la corriente de la justicia restaurativa, hemos llevado a cabo un análisis de ambos bloques materiales con el fin de hallar una sinergia que permita alcanzar el anterior propósito de incrementar los niveles de eficacia de la justicia penal sin olvidar las garantías reconocidas.

Ello nos ha permitido identificar algunos de los aspectos con los que aquella corriente, a través de mecanismos como la mediación penal, puede llegar a proporcionar al funcionamiento y dinámica de los canales internos de denuncia, favoreciendo de este modo su implementación y contribuyendo a ver cumplidos los objetivos que de manera particular propone la Ley 2/2023, de 20 de febrero. Entre ellos, especialmente, se han destacados los elementos de participación activa, reparación del daño y satisfacción de necesidades como aquellos que de mayor forma tienen encaje y pueden incidir en la reflexión de cómo se conciben y estructuran dichos instrumentos de denuncia, destacándose la violencia sexual como uno de los ámbitos donde este planteamiento cobra mayor fuerza a raíz de la regulación fijada por la conocida Ley del "solo sí es sí".

Sin embargo, la prohibición expresa de mediación en esta materia y, en definitiva, la ausencia de una regulación específica sobre esta práctica en nuestro ordenamiento jurídico ha conducido a fijar la mirada en la legislación que Portugal, como posible modelo de referencia, tiene aprobada en esta materia, así como también respecto de los programas de cumplimiento normativo. Previsión legal que, de partida y al contrario de lo que sucede en España debido a la ausencia de regulación acerca de esta práctica restaurativa, abriría la puerta de entrada al planteamiento que en este trabajo hemos efectuado en relación con las aportaciones que creemos que la justicia restaurativa podría aportar a la implementación de los canales internos de denuncia, quedando, no obstante, limitada esta última reflexión dadas las restricciones que el legislador portugués tiene previstas en materia de mediación penal, afectando especialmente a los delitos de violencia sexual y aquellos relacionados con la corrupción, lo que no obsta para que la sinergia que en este trabajo presentamos pueda formularse como una propuesta de *lege ferenda* que esperemos que pueda inspirar al legislador no solo en una pronta y futura regulación de la mediación penal en nuestro país, sino en próximas reformas de cara a la mejora de la implementación de los canales internos de denuncia, así como un modelo de práctica orientado a lograr esa "cultura de la información" a la que alude la reciente Ley 2/2023, de 20 de febrero y, en definitiva, crear una auténtica "cultura organizacional" basada en el cumplimiento de la legalidad en el marco de los programas de *compliance*.

VI. BIBLIOGRAFÍA

AGUADO-CORREA, T. (2023): "El derecho a la reparación a las víctimas de violencias sexuales y violencia de género tras la Ley Orgánica de Garantía Integral de la Libertad Sexual: un punto de inflexión". *Revista Penal*, 52 (5-22).

ALONSO SALGADO, C. (2018): *La mediación en el proceso penal*. Valencia: Tirant lo Blanch.

ANTUNES, M. J. (2021): "Personas jurídicas, *compliance* y proceso penal portugués". En: RODRÍGUEZ-GARCÍA, N. & F. RODRÍGUEZ-LÓPEZ (eds.): *Compliance y responsabilidad de las personas jurídicas*. Valencia: Tirant lo Blanch (701-722).

ANTUNES, M. J. (2022): "Portugal". En: RODRÍGUEZ-GARCÍA, N. (dir.): *Tratado Angloiberoamericano sobre compliance penal*. Valencia: Tirant lo Blanch (733-759).

BAHAMONDE DELGADO, R. & D. H. S. MIRANDA (2020): "Mediação penal e a valorização da vítima: uma análise comparada entre as legislações portuguesa e brasileira sobre a mediação antes do exercício da ação penal". *Galileu: Revista de Direito e Economia*, XXI(1) (70-110).

BARONA VILAR, S. (2011): *Mediación penal. Fundamento, fines y régimen jurídico*. Valencia: Tirant lo Blanch.

BARONA VILAR, S. (2019): "Mirada restaurativa de la justicia penal en España, una bocanada de aire en la sociedad global líquida del miedo y de la securitización". En: SOLETO MUÑOZ, H. & A. CARRASCOSA MIGUEL (dirs.): *Justicia restaurativa: una justicia para las víctimas*. Valencia: Tirant lo Blanch (55-94).

CAMPOS SÁENZ DE SANTA MARÍA, V. (2023): "La Ley 2/2023, de 20 de febrero, reguladora de la protección de las personas que informen sobre infracciones normativas y de lucha contra la corrupción y su próximo impacto en el sector público". *Actualidad Administrativa*, 4 (1-6).

CARRASCO MONTORO, J. (2023): "La materialización positiva del whistleblowing en España: la Ley 2/2023, de 20 de febrero, reguladora de la protección de las personas que informen sobre infracciones normativas y de lucha contra la corrupción". *Diario LA LEY*, 10296 (1-21).

CARRILLO DEL TESO, A. E. (2020): "El 'fundido a negro' de la prueba en la persecución de la delincuencia económica". En: RODRÍGUEZ-GARCÍA, N., CARRIZO GONZÁLEZ-CASTELL, A. & F. RODRÍGUEZ-LÓPEZ (eds.): *Corrupción: Compliance, Represión y Recuperación de Activos*, Valencia: Tirant lo Blanch (449-493).

CARRIZO GONZÁLEZ-CASTELL, A. (2010): "La mediación penal en Portugal: ¿un modelo a seguir en España?" En: ARMENTA DEU, T. & S. OROMÍ I VALL-LLOVERA (coords.): *La víctima menor de edad: un estudio comparando Europa/América*. A Coruña: Colex (411-418).

CARRIZO GONZÁLEZ-CASTELL, A. (2017): "Reparación de la víctima y mediación penal". En: MARTÍN DIZ, F. (dir.): *Mediación en la Administración de Justicia: implantación y desarrollo*. Santiago de Compostela: Andavira (251-270).

CARRIZO GONZÁLEZ-CASTELL, A. (2018): "Justicia Restaurativa y Mediación Penal en España". En: SORMANI BARBUGIANI, L. H. (coord.): *Mediação e Arbitragem no Âmbito Público e Privado: Perspectivas e Limitações*. Río de Janeiro: Lumen Juris (183-200).

CARRIZO GONZÁLEZ-CASTELL, A. (2022): "El acceso a los servicios de justicia restaurativa tras la aprobación de la Ley Orgánica de Garantía Integral de la Libertad Sexual y su incidencia en el proceso de menores". En: SERRANO HOYO, G. & N. RODRÍGUEZ-GARCÍA (dirs.): *Justicia restaurativa y medios adecuados de solución de conflictos*. Madrid: Dykinson (151-167).

CERVELLÓ DONDERIS, V. (2016): "La mediación en el sistema penal español". En: CERVELLÓ DONDERIS, V. (dir.): *Cuestiones prácticas para la aplicación de la mediación penal*. Valencia: Tirant lo Blanch (69-108).

COLÁS TURÉGANO, M. A. (2017): "Mediación juvenil: el equilibrio entre la reparación a la víctima y el interés superior del menor". En: MONTESINOS GARCÍA, A. (ed.): *Tratado de Mediación. Tomo II. Mediación Penal*. Valencia: Tirant lo Blanch (109-134).

COROADO, S. (2022): "The new anticorruption law in Portugal: from a failed past into an uncertain future". *LA LEY Compliance Penal*, 9 (1-11).

CRUZ SANTOS, C. (2010): "Violência doméstica e mediação penal: una convivencia possível?". *Revistal JULGAR*, 12 (67-79).

DAS NEVES TEIXEIRA CARIMBO, T. S. (2021): "A autorregulação (compliance) e o Direito Penal". *Galileu: Revista de Direito e Economia*, XXII(2) (41-51).

DEL MORAL GARCÍA, A. (2021): "Responsabilidad penal de personas jurídicas y presunción de inocencia". En: RODRÍGUEZ-GARCÍA, N. & F. RODRÍGUEZ-LÓPEZ (eds.): *Compliance y responsabilidad de las personas jurídicas*. Valencia: Tirant lo Blanch (31-72).

FLORES PRADA, I. (2015): "Algunas reflexiones sobre la justicia restaurativa en el sistema español de justicia penal". *Revista Internacional de Estudios de Derecho Procesal y Arbitraje*, 2 (1-45).

HERNÁNDEZ GÓMEZ, I. (2018): "Justicia restaurativa, mediación penal y principio de oportunidad". En: ROCA MARTÍNEZ, J. M. (dir.): *El acceso a la Justicia*. Valencia: Tirant lo Blanch (229-267).

INSTITUTO DE LAS MUJERES (2021): *Protocolo para la prevención y actuación frente al acoso sexual y acoso por razón de sexo en el ámbito laboral. Manual de referencia*. Madrid: Instituto de las Mujeres.

JIMENO BULNES, M. (2019): "Sobre la mediación, justicia restaurativa y otras justicias". En: SOLETO MUÑOZ, H. & A. CARRASCOSA MIGUEL (dirs.): *Justicia restaurativa: una justicia para las víctimas*. Valencia: Tirant lo Blanch (95-148).

JUEZ-RUBIO, E. (2023): "La Directiva *Whistleblowing*. La protección de las personas que informen sobre infracciones del Derecho de la Unión". *LA LEY Penal*, 164 (1-17).

LAMAS LEITE, A. (2022): "Considerações sobre a Lei n.º 94/2021, de 22 de Dezembro e algumas propostas de revisão do Código Penal". En: LAMAS LEITE, A. (coord.): *Contributos para uma (urgente) reforma da Justiça*. Braga: Nova Causa (35-111).

LEÓN ALAPONT, J. (2023): *Canales de denuncia e investigaciones internas en el marco del Compliance Penal Corporativo*. Valencia: Tirant lo Blanch.

LIÑÁN LAFUENTE, A. (2023): "La Ley 2/2023, de protección del informante, vs. el derecho a la no auto incriminación de la persona jurídica". *LA LEY Penal*, 162 (1-15).

LOUREIRO, F. N. (2020): "A insustentável ausência de normas processuais penais para pessoas coletivas". En: LOBO MOUTINHO, J., SALINAS, H., VAZ DE SEQUEIRA, E. & P. GARCIA MARQUES (eds.): *Homenagem ao Professor Doutor Germano Marques da Silva, Vol. II*, Lisboa: Universidade Católica Editora (893-923).

LOUSADA AROCHENA, J. F. (2019): "Sistemas de denuncias internas *(Whistleblowing)* y derechos fundamentales en el trabajo". *Trabajo y Derecho*, 52 (1-16).

MAGRO SERVET, V. (2023): "Denuncia anónima, el confidente, el canal de denuncias y la Ley 2/2023 de 20 de febrero de protección del 'alertador' ante la corrupción". *Diario LA LEY*, 10239 (1-14).

MENEZES SANHUDO, J. & J. BALLESTEROS SÁNCHEZ (2023): "Responsabilidad penal de las personas jurídicas y *criminal compliance* en Portugal". *LA LEY Compliance Penal*, 14 (1-33).

MENEZES SANHUDO, J. (2022): "A relevância substantiva dos programas de cumprimento normativo após a Lei n.º 94/2021, de 21 de dezembro: análise crítica". *Revista Portuguesa de Ciência Criminal*, 32 (7-60).

MONTESINOS GARCÍA, A. (2017): "Una breve aproximación a la justicia restaurativa". En: MONTESINOS GARCÍA, A. (ed.): *Tratado de Mediación. Tomo II. Mediación Penal*. Valencia: Tirant lo Blanch (21-52).

NEIRA PENA, A. M. & N. RODRÍGUEZ-GARCÍA (2022): "España". En: RODRÍGUEZ-GARCÍA, N. (dir.): *Tratado Angloiberoamericano sobre compliance penal*. Valencia: Tirant lo Blanch (433-468).

NEIRA PENA, A. M. (2016): "La efectividad de los *criminal compliance programs* como objeto de prueba en el proceso penal". *Política Criminal: Revista Electrónica Semestral de Políticas Públicas en Materias Penales*, 11(22) (467-520).

NIETO MARTÍN, A. (2023): "Una pieza más en la Justicia restaurativa empresarial: Programas de cumplimiento restaurativos". *Revista de Victimología*, 15 (147-170).

OUBIÑA BARBOLLA, S. (2023): "Luces y sombras en la puesta en marcha de los canales de información de la Ley 2/2023: cuando el tiempo importa". *Diario LA LEY*, n.º 10334 (1-13).

PAIS, A. (2022): "Punição da pessoa colectiva e programas de compliance. As alterações ao Código Penal introduzidas pela Lei n.o 94/2021, de 22 de Dezembro". *Revista Portuguesa de Ciência Criminal*, 32 (317-329).

PÉREZ RIVAS, N. (2017): "Evolución histórica del estatuto jurídico de la víctima: especial referencia al derecho español". *Revista General de Derecho Procesal*, 41 (1-43).

RAGUÉS i VALLÈS, R. (2023): "La Ley 2/2023 de protección de informantes: una primera valoración crítica". *LA LEY Compliance Penal*, 13 (1-18).

RIBOLI, E. B. (2019): "Um 'tribunal orientado para a vítima': o minimalismo de Nils Christie e as suas contribuições à justiça restaurativa". *Revista Brasileira de Direito Processual Penal*, 5(1) (253-298).

RÍOS MARTÍN, J. C. (2016): "Justicia restaurativa y mediación penal". *ICADE: Revista Cuatrimestral de las Facultades de Derecho y Ciencias Económicas y Empresariales*, 98 (103-126).

RODRÍGUEZ TIRADO, A. M. (2017): "Los sistemas de justicia restaurativa y la mediación penal. Efectos en el sistema procesal penal español". En: RODRÍGUEZ TIRADO, A. M. (coord.): *Cuestiones actuales de Derecho Procesal. Reformas procesales. Mediación y arbitraje*. Valencia: Tirant lo Blanch (311-352).

RODRÍGUEZ-GARCÍA, N. (2015): "La conformidad de las personas jurídicas en el proceso penal español". *LA LEY Penal*, 113 (1-33).

RODRÍGUEZ-GARCÍA, N. (2017): "Presente y futuro de la mediación penal". En RODRÍGUEZ TIRADO, A. M. (coord.): *Cuestiones actuales de Derecho Procesal. Reformas procesales. Mediación y arbitraje*. Valencia: Tirant lo Blanch (269-310).

RODRÍGUEZ-GARCÍA, N. (2020): "Hacia la maximización del principio de oportunidad en los procesos penales por hechos de corrupción". En: CALAZA LÓPEZ, S. & J. C. MUINELO COBO (dirs.): *Postmodernidad y proceso europeo: la oportunidad como principio informador del proceso judicial.* Madrid: Dykinson (397-415).

RODRÍGUEZ-GARCÍA, N. (2023a): "Las investigaciones internas como elemento esencial de los '*criminal compliance programs*': *haciendo de la necesidad virtud*". *Revista Penal*, 52 (201-223).

RODRÍGUEZ-GARCÍA, N. (2023b): "El sistema penal español en tiempos de *compliance*: ¿de dónde venimos? ¿a dónde vamos?". *LA LEY Penal*, 160 (1-16).

SÁEZ HIDALGO, I. (2023): "El ámbito objetivo de aplicación de la Ley 2/2023: ¿Qué comunicaciones pueden amparar el derecho a protección frente a las represalias?". *Diario LA LEY*, 10274 (1-13).

SÁNCHEZ-MACÍAS, J. I. & F. RODRÍGUEZ-LÓPEZ (2022): "Estudio preliminar". En: RODRÍGUEZ-GARCÍA, N. (dir.): *Tratado angloiberoamericano sobre compliance penal.* Valencia: Tirant lo Blanch (27-58).

SIERRA HERNÁIZ, E. (2023): "Los protocolos por acoso sexual y por razón de sexo como modelo de canal de denuncia en la empresa". *Revista Penal*, 52 (245-259).

SOLETO MUÑOZ, H. (2019): "Justicia restaurativa para la mejor reparación a la víctima". En: SOLETO MUÑOZ, H. & A. CARRASCOSA MIGUEL (dirs.): *Justicia restaurativa: una justicia para las víctimas.* Valencia: Tirant lo Blanch (491-520).

TIERNO BARRIOS, S. (2022): "El estado de la mediación penal en violencia de género en España: el debate de una prohibición". *Revista General de Derecho Procesal*, 56 (1-32).

TIERNO BARRIOS, S. (2024): "Aspectos procesales sobre el papel de la acción popular y los programas de '*compliance*' en el marco de las litigaciones climáticas". En: CABEZAS VICENTE, M. (coord.): *Justicia ambiental y climática: visiones interdisciplinares desde los derechos humanos.* Salamanca: Ediciones Universidad de Salamanca (345-356).

PARTE IV: ENFOQUES DE DERECHO COMPARADO

LA PROTECCIÓN DEL *WHISTLEBLOWER* EN ITALIA TRAS EL DECRETO LEGISLATIVO N. 24 DE 10 DE MARZO DE 2023

Ana E. Carrillo del Teso[1]

Profesora Permanente Laboral de Derecho Procesal

Universidad de Salamanca

I. INTRODUCCIÓN

Hablar de *whistleblowing* —es decir, el acto por el que un miembro de una organización revela conductas ilícitas, ilegítimas o inmorales dentro de la misma a personas o entidades que tienen la capacidad de actuar al respecto[2]— en cualquier país de la Unión Europea[3] actualmente supone hablar de la trasposición de la Directiva (UE) 2019/1937 relativa a la protección de las personas que informen sobre infracciones del Derecho de la Unión[4]. Esta Directiva, según su art. 26.1, debía haber sido

---

1 Coordinadora Adjunta del Programa de Doctorado en Estado de Derecho y Gobernanza Global de la Universidad de Salamanca y Secretaria del Centro de Investigación para la Gobernanza Global CIGG-USAL. Miembro del GIR USAL "Justicia, sistema penal y criminología" y del "Observatorio Iberoamericano de Justicia Penal". Mail: ana_cdt@usal.es. Código Orcid:0000-0002-1245-2499. Researcher ID: A-8757-2017. Esta publicación es resultado de la estancia de investigación realizada en el *Dipartimento di Scienze Giuridiche* de la *Università di Bologna* como parte del proyecto de I+D+i PID2022-138775NB-I00, financiado/a por MCIN/AEI/10.13039/501100011033/ y por FEDER Una manera de hacer Europa, "Cumplimiento normativo y protección penal de la Administración Pública", así como del proyecto PIC2-2023-03 USAL "Externalización de la investigación en el ámbito empresarial y efectos en el proceso penal". Quiero expresar mi agradecimiento al Prof. Dr. Daniele Vicoli por su acogida en la Universidad de Bolonia y a la Prof.ª Dr.ª Silvia Renzetti por toda la información que me brindó acerca del tema.

2 NEAR y MICELLI (1985: 2) y CAPUTO (2019: 202).

3 Sobre la estrategia a nivel europeo, *vid.* RODRÍGUEZ-GARCÍA (2024).

4 DOUE L 305 de 26 de noviembre de 2019 (17-55).

traspuesta a más tardar el 17 de diciembre de 2021, pero numerosos países no cumplieron este mandato a tiempo[5], entre ellos España, que finalmente lo hizo con la Ley 2/2023, de 20 de febrero, reguladora de la protección de las personas que informen sobre infracciones normativas y de lucha contra la corrupción[6]. Prácticamente al mismo tiempo aprobó su respectiva norma de trasposición Italia, el decreto legislativo n. 24 de 10 de marzo de 2023[7] (en adelante, D. lgs. 24/2023).

Esta grave demora no pasó desapercibida para las autoridades europeas: en febrero de 2023 la Comisión Europea decidió llevar a ambos países, junto a otros seis Estados miembros, ante el Tribunal de Justicia por no haber incorporado y notificado las medidas nacionales de transposición de la Directiva a su ordenamiento jurídico[8]. En el caso de Italia, no obstante, la figura del *whistleblower*[9] ya existía desde hace tiempo: tras su aparición en el sector público destinado a atajar el rampante fenómeno de la corrupción (ley n. 190 de 2012[10]), se extendió al sector privado años después (ley n. 179 de 2017[11]).

---

5 Como puso de manifiesto Transparencia Internacional, cuando se cumplió el plazo sólo cinco Estados miembros habían adoptado la legislación pertinente y un año después, en diciembre de 2022, sólo ocho más habían hecho lo propio, con lo que sólo 13 de los 27 Estados miembros habían transpuesto la Directiva. En ese momento otros trece países habían publicado proyectos de ley que aún tardarían en aprobarse, y Hungría ni siquiera había iniciado el proceso. *Vid. https://www.transparency.org/en/blog/eu-countries-continue-to-fail-whistleblowers?utm_source=linkedin&utm_medium=social&utm_campaign=whistleblowing.*

6 BOE n.º 44, de 21 de febrero de 2023.

7 *Decreto legislativo* 10 marzo 2023, n. 24. *Attuazione della direttiva (UE) 2019/1937 del Parlamento europeo e del Consiglio, del 23 ottobre 2019, riguardante la protezione delle persone che segnalano violazioni del diritto dell'Unione e recante disposizioni riguardanti la protezione delle persone che segnalano violazioni delle disposizioni normative nazionali. (GU n.63 del 15-03-2023).*

8 Nota de prensa de 15 de febrero de 2023: *https://ec.europa.eu/commission/presscorner/detail/en/ip_23_703.*

9 No cuentan con una terminología propia para esta figura, sino que utilizan en general el mismo término angloamericano *whistleblower. Vid.* MARCIAS (2016: 174) y CAPUTO (2019: 201-202).

10 *Legge 6 novembre 2012, n. 190. Disposizioni per la prevenzione e la repressione della corruzione e dell'illegalità nella pubblica amministrazione. (GU n.265 del 13-11-2012).*

11 *Legge 30 novembre 2017, n. 179. Disposizioni per la tutela degli autori di segnalazioni di reati o irregolarità di cui siano venuti a conoscenza nell'ambito di un rapporto di lavoro pubblico o privato. (GU n.291 del 14-12-2017).*

En el presente trabajo haremos, por tanto, un breve recorrido por las diferentes etapas en la regulación del *whistleblowing* en Italia, para posteriormente analizar el D. lgs. 24/2023, incidiendo en las mejoras operadas por la norma y las que quedan por hacer, atendiendo especialmente a las directrices de la ANAC (*Autorità Nazionale Anticorruzione*) y a los informes de Transparencia Internacional. Por último, estudiaremos varios aspectos relevantes del *whistleblower* en relación con el proceso penal italiano: los límites a su actuación y su posible responsabilidad penal y el uso de la denuncia o declaración anónima para fundamentar decisiones judiciales.

II. ANTECEDENTES: LOS REGÍMENES DE *WHISTLEBLOWING* ANTERIORES A 2023

1. *La regulación de la ley 190 de 2012*

Con carácter previo a las leyes de 2012 y 2017 había cierta protección de carácter difuso y esencialmente jurisprudencial para los empleados que se inclinaban por presentar una denuncia contra su empleador o que querían denunciar irregularidades en el lugar de trabajo[12]. Pero es la ley 190 de 2012, conocida como "ley anticorrupción" o "ley Severino", la que establece por primera vez el concepto de protección al *whistleblower* en el sector público italiano dentro del objetivo central de la ley de fomentar la transparencia en la Administración Pública[13]. Tiene sentido que fuera precisamente en una ley anticorrupción donde se regulara por primera vez ya que el modelo de *whistleblowing* se asocia tendencialmente a la elaboración de estrategias para combatir la corrupción y, en general, las *malpractices* y *wrongdoings*[14].

---

12 CORSO (2020: 73). De hecho, el D. lgs. de 9 de abril de 2008 n. 81 establecía en el art. 20.2.e) la obligación del trabajador de denunciar riesgos o peligros para la protección de la salud y la seguridad en el lugar de trabajo [CORSO (2020: 41 y ss.)].

13 CORSO (2020: 132-133).

14 MARCIAS (2016: 175). Como dice el autor, especialmente las conductas corruptas, por su propia naturaleza, encuentran cobijo a la sombra de la *omertà* y terreno fértil en entornos en los que existe cualquier tipo de vínculo de solidaridad, entre personas "internas" o "externas" a ellos; no en vano se estima que estos actos son uno de los principales componentes de la "cifra oscura" de la criminalidad.

Esta ley introdujo el art. 54 *bis* en el decreto legislativo n. 165 de 2001[15], dedicado a la protección a los empleados públicos que denuncian conductas ilícitas. Por lo tanto, únicamente el empleado público podía disfrutar de la protección prevista en caso de denuncia de irregularidades, mientras que el empleado privado no tenía ninguna posibilidad de protección frente a represalias en el lugar de trabajo si realizaba una denuncia[16]. Esta es una de las grandes críticas a esta primera aproximación italiana a la protección del *whistleblower*, no incluir desde el inicio al sector privado generando un vacío por ausencia de regulación, algo de lo que fueron conscientes los propios legisladores a la luz de los proyectos de ley que surgen inmediatamente después de la aprobación de esta ley[17].

También se criticó esta normativa por ser excesivamente sintética, no abordando por completo la complejidad de la protección al denunciante[18]. Algunas de las voces más críticas sostenían que en un examen detenido, no se establecía nada respecto a la utilidad real y concreta de la institución, especialmente por la falta de incentivos para la denuncia[19].

Esta norma, antes de 2017, preveía el derecho del empleado público a denunciar ante la autoridad judicial, ante el Tribunal de Cuentas, o ante la ANAC (tras la reforma de 2014[20]), o a denunciar ante su superior jerárquico, conductas ilícitas de las que hubiera tenido conocimiento por razón de su relación laboral o estatutaria. Tras la denuncia o el informe, el empleado no podía ser despedido, ni sometido a una medida discriminatoria, directa o indirecta, que afectara a las condiciones de trabajo por cualquier motivo relacionado, directa o

15 *Decreto legislativo 30 marzo 2001, n. 165. Norme generali sull'ordinamento del lavoro alle dipendenze delle amministrazioni pubbliche.* (GU n.106 del 09-05-2001 - Suppl. Ordinario n. 112).

16 CAPUTO (2019:203).

17 CORSO (2020: 145).

18 CORSO (2020: 136).

19 GARGANO (2016: 34).

20 *Decreto-legge 24 giugno 2014, n. 90. Misure urgenti per la semplificazione e la trasparenza amministrativa e per l'efficienza degli uffici giudiziari. Convertito con modificazioni dalla L. 11 agosto 2014, n. 114 (in S.O. n. 70, relativo alla G.U. 18/8/2014, n. 190).*

indirectamente, con el informe[21]. Esta elección del legislador italiano, que no establecía ninguna prelación entre los posibles destinatarios de la denuncia, fue criticada por contraste con uno de los modelos legislativos más relevantes en materia de *whistleblowing*: la *Public Interest Disclosure Act* (PIDA) inglesa de 1998, que resultó especialmente eficaz precisamente por su "régimen de tres niveles", es decir, el establecimiento de una jerarquía de tres niveles entre estos destinatarios[22].

2. *La regulación de la ley 179 de 2017*

Como ponía de manifiesto la doctrina en aquella época, era patente la "ausencia en el ordenamiento jurídico italiano de un marco jurídico orgánicamente dedicado a la regulación del *whistleblowing*, cuya causa y efecto son la resistencia cultural, desgraciadamente innegable, que lleva a mirar con recelo un fenómeno demasiado a menudo asociado a conceptos negativos como delación o fisgoneo, la escasa relevancia en el ámbito del Derecho del Trabajo y el circunscrito interés mostrado por la doctrina"[23]. En ese tiempo hubo algunas normas sectoriales[24], como en el sector bancario[25] y financiero[26], dos propuestas de ley para ampliar la protección al sector privado[27] e incluso ejemplos de empresas relevantes que adoptaron políticas internas para la protección de los denunciantes, anticipándose a la legislación posterior[28].

Por fin con la ley 179/2017 se pone fin a esa situación de vació legal al extender la protección del *whistleblower* al sector privado y ampliar también la protección en el sector público[29], modificando

---

21 PASCUCCI (2019: 578).

22 CAPUTO (2019: 204).

23 RICCIO (2017: 140-141).

24 Al respecto, CORSO (2020: 151-157).

25 El *decreto legislativo 12 maggio 2015 n. 72* añade el art. 52 *bis* en el *D. lgs. 1° settembre 1993 n. 385, Testo unico delle leggi in materia bancaria e creditizia.*

26 El mismo D. lgs. 72/2015 incluye el art. 8 *bis* en *el D. lgs. 24 marzo 1998 n. 58, Testo unico in materia di intermediazione finanziaria.*

27 *Proposte di legge n. 3365/2015 e n. 3433/2015*, v. CORSO (2020: 157-162).

28 CORSO (2020: 143-144) habla de los ejemplos del Grupo E.ON y el Grupo Atlantia.

29 SITZIA & RIZZATO (2018: 411-414).

el art. 54 *bis* del D.lgs. 165/2001[30] y el D. lgs. 231 de 2001[31] sobre responsabilidad administrativa de las empresas por delitos. La ley 179/2017 impuso la obligación a las empresas de implementar canales internos para la denuncia y garantizar su confidencialidad, al mismo tiempo que se establecen sanciones por represalias contra los denunciantes.

No es en absoluto irrelevante que la protección para *whistleblowers* en el sector privado se incluyera en el D. lgs. 231/2001 ya que de esta manera estaba intrínsecamente ligada a la existencia de un "modelo de organización y gestión", que no es obligatorio, de manera que esta nueva disposición finalmente no resultaba aplicable a todos los sujetos del sector privado sino a aquellos más diligentes que contaran con este modelo. La protección del entonces nuevo art. 6 D. lgs. 231/2001 estaba limitada a denuncias de "conductas ilícitas, relevantes a los efectos del presente decreto" o "violaciones del modelo de organización y gestión de la entidad"[32]. La norma requiere que las denuncias sean fundadas y se basen en elementos de hecho precisos y concordantes. Asimismo, se introducen canales de denuncia que garantizan la confidencialidad del denunciante, incluso telemáticamente.

Se amplía la protección contra represalias (un empleado que denuncie un delito no podrá ser sancionado, degradado, despedido, trasladado ni sometido a ninguna otra medida organizativa que tenga un efecto adverso directo o indirecto en las condiciones de trabajo como consecuencia de la denuncia), y la posibilidad de sanciones por parte de la ANAC. Además, el legislador incorporó otra importante novedad[33]: la inversión de la carga de la prueba, con la que la empresa

---

30 Conforme al apto. 2 del artículo, por empleado público se entiende el empleado de las administraciones públicas, el empleado de una entidad económica pública o el empleado de una entidad de derecho privado sujeta a control público. También se aplica a los empleados y colaboradores de las empresas que suministran bienes o servicios y realizan obras para la administración pública.

31 *Decreto legislativo 8 giugno 2001, n. 231. Disciplina della responsabilità amministrativa delle persone giuridiche, delle società e delle associazioni anche prive di personalità giuridica, a norma dell'articolo 11 della legge 29 settembre 2000, n. 300 (GU n.140 del 19-06-2001).*

32 PIZZUTTI (2020: 178-179).

33 CAPUTO (2019: 212).

o administración pública debe demostrar, en su caso, que las medidas tomadas contra un informante no se han debido a la propia denuncia.

Por otro lado, se protege la revelación de información cubierta por secreto profesional o empresarial si es necesario para la denuncia, siempre que no excediera los canales ni los límites establecidos en la norma (art. 3.1 l. 179/2017): "la persecución del interés por la integridad de las administraciones públicas y privadas, así como la prevención y represión de la malversación de fondos, constituye justa causa para la divulgación de información amparada por la obligación de secreto", incluido el incumplimiento del deber de lealtad al empresario con arreglo al artículo 2105 del Código Civil italiano. La norma establece, por tanto, que la denuncia de irregularidades no debe ser vista como una violación de la cláusula de fidelidad del trabajador hacia su empleador. El encubrimiento, aunque sólo sea por silencio, de conductas ilícitas ocurridas dentro de la empresa no forma parte del deber de lealtad y la denuncia dentro o fuera de la empresa no es sancionable por parte del empresario como incumplimiento del deber o como abuso de confianza[34]. Para que esta "justa causa" sea efectiva deben cumplirse las condiciones indicadas, se considera violación del secreto la divulgación comunicada de "manera que exceda de los fines de la eliminación del delito y, en particular la divulgación fuera del canal de comunicación específicamente establecido a tal efecto"[35].

En cuanto a la protección de la identidad del denunciante, está garantizada en el proceso disciplinario, aunque está limitada en el proceso penal: conforme al art. 54 *bis* 3, "en los procedimientos penales, la identidad del informador está cubierta por el secreto en la forma y medida previstas en el artículo 329 del Código de Proceso Penal (c.p.p.)", disposición que establece la norma general del secreto hasta la conclusión de la investigación preliminar[36].

En general, las críticas al régimen italiano del whistleblowing se centraban en la escasez de las disposiciones, así como la falta de armonización con otras medidas anticorrupción y la ausencia de incen-

---

34 CORSO (2020: 167).

35 PIZZUTTI (2020: 183).

36 CAPUTO (2019: 210-211). La Corte de Casación en la sentencia n. 9047 de la sección penal VI de 31 de enero de 2018 aplicó este principio.

tivos claros para la denuncia. También se apuntaba a la falta de regulación de las denuncias anónimas y de un proceso claro para gestionar las denuncias entre los distintos órganos internos a los organismos público[37]. Otros autores, sin embargo, estimaban que lo que se necesita no es tanto la creación de nuevas leyes como un cambio en las percepciones erróneas sobre la corrupción, que es un elemento que tiene un efecto restrictivo sobre la decisión de un individuo de alzarse y hablar, dado que la denuncia requiere una fibra moral específica y una inclinación psicológica particular[38].

III. EL DECRETO LEGISLATIVO 24 DE 10 MARZO 2023

Como dijimos al inicio de este trabajo, mediante este decreto legislativo Italia cumplió la obligación de trasponer la Directiva (UE) 2019/1937 y, de paso, derogó las disposiciones de 2012 y 2017 a las que nos acabamos de referir para codificar en un único cuerpo legislativo las normas relativas a la protección de los denunciantes de irregularidades tanto en el sector público como en el privado. Las disposiciones del decreto son aplicables desde el 15 de julio de 2023, excepto para las empresas con una media de 249 trabajadores o menos, a las que se les aplica desde el 17 de diciembre de 2023.

1. *Ámbito de aplicación*

En el ámbito de aplicación objetivo, según el art. 1.1, el D. lgs. 24/2023 protege a las personas que informan sobre violaciones de la normativa nacional o de la Unión Europea que perjudican el interés público o la integridad de la administración pública o entidades privadas, siempre que tengan conocimiento de ellas en un contexto laboral público o privado. Se excluyen en el art. 1.2 las reclamaciones personales de los trabajadores relacionadas con sus relaciones laborales directas o con sus superiores jerárquicos, las violaciones ya reguladas por la normativa de la UE o nacional (especificadas en un anexo a la

---

37 CAPUTO (2019: 213-214). En sentido similar, *vid.* PASCUCCI (2019: 603 y ss.).
38 CASTALDO y COPPOLA (2021: 149).

norma[39]) y las violaciones en materia de seguridad nacional. Por otro lado, el decreto no afecta a las normas sobre información clasificada, secreto profesional de abogados y médicos, y la confidencialidad de las deliberaciones judiciales (art. 1.4).

Tampoco afecta a las disposiciones sobre procedimiento penal, las relativas a la autonomía e independencia del poder judicial, las disposiciones sobre funciones y atribuciones del Consejo Superior del Poder Judicial, incluidos los procedimientos correspondientes, en todo lo relativo a la situación jurídica de los miembros del poder judicial[40], así como en materia de defensa nacional y de orden y seguridad públicos; ni las disposiciones relativas al ejercicio del derecho de los trabajadores a consultar a sus representantes o sindicatos, a la protección frente a conductas o actos ilícitos cometidos en el curso de dichas consultas, a la autonomía de los interlocutores sociales y su derecho a celebrar convenios colectivos, y a la represión de conductas antisindicales (art. 1.5).

Se entiende por violación las conductas, actos u omisiones que perjudican el interés público o la integridad de la administración o entidades privadas. Incluyen ilícitos administrativos, contables, civiles o penales, así como conductas ilícitas según el D. lgs. 231/2001. También incluye infracciones en sectores regulados de la UE como contratación pública, servicios financieros, seguridad de productos, transporte, medio ambiente, salud pública, protección de datos y otros.

---

39 El anexo enumera la legislación específica de la UE y de Italia que está cubierta por el decreto. Esto incluye, entre otros: contratación pública; servicios, productos y mercados financieros; seguridad y conformidad de los productos; seguridad del transporte; protección del medio ambiente; protección radiológica y seguridad nuclear; seguridad de alimentos y piensos; salud y bienestar animal; salud pública; protección del consumidor; protección de datos personales; seguridad de redes y sistemas informáticos.

40 A juicio de Transparencia Internacional, esta excepción no está prevista en la Directiva y puede suponer una violación de la misma al privar a los magistrados y personal de la Administración de Justicia de protección, ya que no cuentan con una norma sectorial sobre *whistleblowing*. TRANSPARENCY INTERNATIONAL ITALIA (2023: 9). Transparencia Internacional Italia hizo llegar a la Comisión Europea una carta analizando las violaciones de la Directiva *whistleblowing* en la transposición italiana *[https://transparency.it/images/whistleblowing/2024_Letter_Transparency_International_Italy_to_European_Commission.pdf]*.

En referencia al sector público, el D. lgs. 24/2023 incluye en la noción de "entidades del sector público", las administraciones públicas a las que se refiere el art. 1.2 del decreto legislativo n. 165 de 30 de marzo de 2001[41], las autoridades administrativas independientes encargadas de la garantía, supervisión o regulación, los organismos económicos públicos, los organismos de derecho público a los que se refiere el art. 3.1.d) del decreto legislativo n. 50, de 18 de abril de 2016[42], las empresas concesionarias de servicios públicos, las empresas bajo control público y las empresas internas, tal como se definen, respectivamente, en el art. 2.1.m) y o), respectivamente, del decreto legislativo n. 175, de 19 de agosto de 2016 aunque coticen en bolsa. La inclusión de estas sociedades cotizadas ha sido objeto de crítica[43] por un problema de incoherencia legislativa[44], ya que la legislación excluye expresamente –con limitadas excepciones– a esas sociedades de la normativa pública en materia de anticorrupción y transparencia. Llegado el caso, se daría la paradoja de que la información sobre violaciones en una empresa pública cotizada debería recibirla una persona, el responsable de prevención de la corrupción y transparencia,

---

41 *Decreto legislativo 30 marzo 2001, n. 165, Norme generali sull'ordinamento del lavoro alle dipendenze delle amministrazioni pubbliche.* Art. 1.2.: Por administraciones públicas se entienden todas las administraciones del Estado, incluidos los institutos y escuelas de todo tipo y nivel y los centros docentes, las empresas y administraciones del Estado con régimen autónomo, las Regiones, las Provincias, los Municipios, las Comunidades de Montaña, y sus consorcios y mancomunidades, las instituciones universitarias, los institutos públicos autonómicos de la vivienda las Cámaras de Comercio, Industria, Artesanía y Agricultura y sus asociaciones, todos los organismos públicos no económicos nacionales, regionales y locales, las administraciones, empresas y organismos del Servicio Nacional de Salud la Agencia para la Representación Negociadora de las Administraciones Públicas (ARAN) y las Agencias gubernamentales.

42 Artículo derogado poco después por el *decreto legislativo de 31 marzo 2023, n. 36. Codice dei contratti pubblici in attuazione dell'articolo 1 della legge 21 giugno 2022, n. 78, recante delega al Governo in materia di contratti pubblici.*

43 CARACCIOLO (2023).

44 *Decreto legislativo 19 agosto 2016, n. 175, Testo unico in materia di società a partecipazione publica.* El art. 2.1.m) se refiere a las empresas bajo control público, en las que una o varias autoridades públicas ejercen poderes de control; y el art. 2.1.o) se refiere a las "sociedades *in house*", sobre las que una administración ejerce un control análogo o varias administraciones ejercen conjuntamente un control análogo, con participación de capital privado.

previsto en la ley 190 de 2012, que no es no aplicable a las sociedades cotizadas en virtud del artículo 2, letra p), del D. lgs. 175/2016.

En referencia al sector privado, el D. lgs. 24/2023 afecta a las empresas con modelo de organización, gestión y control (independientemente del número de empleados), a las empresas que hayan empleado a más de 50 trabajadores, de media, en el último año, y a las empresas que, independientemente del número de empleados, desarrollen su actividad en ámbitos específicos, en referencia a las denuncias de infracciones relacionadas con el Derecho de la UE (art. 2.1.q).

Las personas protegidas, a tenor del art. 3, incluye a empleados de la administración pública, trabajadores del sector privado, autónomos, colaboradores, proveedores, consultores, voluntarios, becarios y accionistas. También se protege a las personas que denuncian violaciones durante procesos de selección, periodos de prueba y después de la finalización del contrato si obtuvieron la información durante el mismo; así como a los facilitadores (una persona física que asista a un denunciante en el proceso de denuncia, que actúe en el mismo contexto laboral y cuya asistencia deba mantenerse confidencial), las personas vinculadas por lazos afectivos con el denunciante, y compañeros de trabajo.

Hay dos puntos muy críticos en cuanto al ámbito de protección de la normativa italiana. Por un lado, a pesar de que esta norma por fin unifica la protección de los informantes en el sector público y en el sector privado, el ámbito de protección difiere entre ambos: mientras que el ámbito de aplicación para el sector público es bastante amplio, el del sector privado se limita sobre todo a informar de las infracciones de la legislación de la UE en los ámbitos de la Directiva 2019/1937[45]. Así, a tenor del art. 3.1, en el caso de las entidades del sector público, las disposiciones del decreto se aplican a las personas[46] que realicen informes internos o externos, divulgaciones públicas o remisiones a las autoridades judiciales o contables de información sobre todas las posibles infracciones definidas como violación.

45 TRANSPARENCY INTERNATIONAL (2023: 19).

46 En los puntos 3 y 4 del mismo artículo se definen todas las situaciones laborales o estatutarias amparadas por el D. lgs. 24/2023.

Sin embargo, en el caso del sector privado (art. 3.2) hay que diferenciar los tres supuestos definidos en el art. 2.1.q del decreto: en el caso de las empresas que hayan empleado a una media de al menos cincuenta trabajadores con contrato indefinido o de duración determinada durante el último año, o las que entran en el ámbito de aplicación de las normas de la UE incluidas en el anexo, se protegerá a las personas que realicen cualquiera de los tipos de denuncia previstos pero solo para las infracciones comprendidas en el ámbito de aplicación de las normas de la UE y nacionales definidas en el anexo, o las normas nacionales que traspongan la normativa europea definida en la Directiva (UE) 2019/1937; actos y omisiones contra los intereses financieros de la UE en el sentido del art. 325 TFUE; actos y omisiones que afecten al mercado interno en el sentido del art. 26.2 TFUE y actos o conductas que frustren el objeto o la finalidad de las disposiciones anteriores.

En el tercer supuesto del sector privado, las empresas en el ámbito de aplicación del D. lgs 231/2001 que adopten modelos de organización y gestión y que no entren en los otros supuestos, solo se protege a la persona que denuncie internamente (se excluyen el resto de las posibilidades de denuncia) y solo en el caso de conductas ilícitas relevantes conforme al citado D. lgs. 231/2001 o infracciones de los modelos de organización y gestión previstos en el mismo, es decir, se mantiene el régimen de protección que tenían con la ley 179/2017.

De hecho, según las directrices oficiales obligatorias de la ANAC para la denuncia externa, una persona que desee denunciar una infracción —que por lo demás entre dentro del ámbito de la ley— que afecte a una empresa privada que no tiene la obligación legal de establecer un sistema interno de denuncia (es decir, la mayoría de las empresas con menos de 50 empleados) "no se considera denunciante" y no puede denunciar externamente[47]. Además de la imposibilidad de denunciar externamente –y, por extensión, un límite adicional a las divulgaciones públicas–, esto plantea dudas en cuanto a la protección

---

47 ANAC, *Delibera n. 311 del 12 luglio 2023 - Linee guida in materia di protezione delle persone che segnalano violazioni del diritto dell'Unione e protezione delle persone che segnalano violazioni delle disposizioni normative nazionali. Procedure per la presentazione e gestione delle segnalazioni esterne, (Pubblicata nella Gazzetta Ufficiale Serie Generale n.172 del 25 luglio 2023).* p. 43.

de dichos denunciantes, y claramente no cumple el requisito mínimo de la directiva[48].

2. *Los canales de denuncia*

Según el art. 4 D. lgs. 24/2023, las entidades del sector público y las entidades del sector privado, previa consulta a los representantes u organizaciones sindicales, activarán sus propios canales de denuncia, que garanticen, también mediante el uso de herramientas de encriptación, la confidencialidad de la identidad del informante, del implicado y de la persona mencionada en la denuncia, así como del contenido de la información y de la documentación relacionada. Los modelos de organización y gestión del D. lgs. 231/2001 prevén los canales internos de información a los que se refiere este decreto.

Conforme al apto. 2, la gestión del canal de denuncia se confía a una persona o a una oficina interna autónoma y con personal específicamente formado, o se confía a una persona externa, también autónoma y con personal específicamente formado. Las alertas se efectúan por escrito, incluso por medios informáticos, o verbalmente. Las alertas internas en forma oral se efectúan a través de líneas telefónicas o sistemas de mensajería vocal o, a petición de la persona que efectúa la alerta, mediante una reunión presencial fijada en un plazo razonable.

Los municipios que no sean capitales de provincia podrán compartir el canal interno de información y su gestión. Las entidades del sector privado que hayan empleado, en el último año, una media no superior a doscientos cuarenta y nueve trabajadores, con contrato indefinido o de duración determinada, también podrán compartir el canal interno.

Para Transparencia Internacional esta previsión causa cierta perplejidad ya que los canales compartidos también podrían darse entre entidades y organizaciones sin ninguna relación entre sí, lo que podría confundir a los posibles informadores. Por otro lado, la tramitación de informes internos por personas que no pertenecen a la entidad u organización de referencia, sino que la encomiendan a una persona externa, queda fuera de la noción de denuncia interna y dejarían de

---

[48] TRANSPARENCY INTERNATIONAL (2023: 19).

cumplirse ciertos presupuestos del canal: que el destinatario de la información conozca la entidad y disponga de facultades para llevar a cabo una investigación oportuna y eficaz[49].

Las entidades del sector público obligadas a prever la figura del responsable de prevención de la corrupción y transparencia de la ley 190/2012 le encomendarán la gestión del canal interno de denuncias, incluso en los casos de canales compartidos.

Por último, el art. 4.6 señala que el informe o denuncia interna presentada a una persona distinta de las indicadas previamente se remitirá, en el plazo de siete días desde su recepción, a la persona competente, notificando simultáneamente la transmisión a la persona informante. Esta opción del legislador, la remisión inmediata, parece menos adecuada que la indicación al informante del canal idóneo teniendo en cuenta aspectos como la libre elección del destinatario por parte del informador, que puede tener motivos concretos para no hacer la denuncia ante la otra persona como desconfianza o conflicto de intereses[50].

En cuanto a la gestión de denuncias internas, conforme al art. 5, la persona u oficina interna o entidad externa encargada de la gestión del canal interno de denuncias realizará las siguientes actividades:

(a) remitir al denunciante un acuse de recibo de la denuncia en el plazo de siete días a partir de la fecha de recepción;

(b) mantener el contacto con la persona denunciante, pudiendo solicitarle información complementaria si fuera necesario;

(c) realizar un seguimiento diligente de los informes recibidos;

(d) proporcionar información sobre el informe en un plazo de tres meses a partir de la fecha del acuse de recibo o, en su defecto, en un plazo de tres meses a partir de la expiración del plazo de siete días desde la presentación del informe

(e) facilitar información clara sobre el cauce, los procedimientos y los requisitos previos para realizar informes internos, así como sobre el cauce, los procedimientos y los requisitos previos para realizar informes externos. Esta información deberá exponerse y hacerse

---

49 TRANSPARENCY INTERNATIONAL ITALIA (2023: 17).

50 TRANSPARENCY INTERNATIONAL ITALIA (2023: 17).

fácilmente visible en los lugares de trabajo, así como accesible a las personas que, aunque no asistan a los lugares de trabajo, tengan una relación jurídica amparada por el decreto. Si disponen de su propio sitio web, las entidades del sector público y del sector privado publicarán también esta información en una sección específica de su web.

Uno de los aspectos más criticados de la norma es el establecimiento de condiciones para la denuncia externa, lo que supondría un incumplimiento de la Directiva 2019/1937[51], que prevé que el informe pueda elegir entre canales internos y externos, además de suponer un retroceso respecto a la ley 179/2017 (aunque también puede suponer una forma del legislador italiano de incentivar las denuncias internas)[52]. De acuerdo con el art. 6 del D. lgs. 24/2023 para que el informante pueda realizar una denuncia externa se tiene que dar una de las siguientes circunstancias en el momento de presentarla:

(a) No hay canal de denuncia interno obligatorio en su contexto laboral o el canal no está activo o no cumple con las normas.

(b) La persona informante ya denunció internamente y no hubo seguimiento.

(c) La persona informante tiene motivos razonables para creer que una denuncia interna no tendrá un seguimiento eficaz o podría dar lugar a un riesgo de represalias.

(d) La persona informante tiene motivos razonables para creer que la infracción puede constituir un peligro inminente o evidente para el interés público.

La mayor preocupación para Transparencia Internacional es cómo van a interpretar los tribunales estas condiciones: si un tribunal decide que la situación de un denunciante no cumple las condiciones, el denunciante quedará desprotegido, expuesto a represalias y procedimientos judiciales. Esta incertidumbre podría disuadir a los denunciantes que no deseen denunciar internamente de informar a las autoridades[53]. Por otro lado, se echa en falta la regulación de las modalidades de seguimiento de la denuncia o información, ya que no

---

51 TRANSPARENCY INTERNATIONAL (2023: 19).

52 TRANSPARENCY INTERNATIONAL ITALIA (2023: 19).

53 TRANSPARENCY INTERNATIONAL (2023: 6).

se dice nada sobre la investigación que eventualmente se ha de llevar a cabo para esclarecer los hechos objeto de denuncia[54].

3. *El canal de denuncia externa: el papel de la ANAC*

Una de las ventajas del modelo italiano a la hora de trasponer la Directiva 2019/1937 es que la encargada del canal externo es la ANAC, la autoridad nacional anticorrupción, que tiene un bagaje de más de una década, ya que se creó mediante la mencionada ley 190/2012 o ley anticorrupción[55]. Desde 2014, cuando se incluyó a la ANAC como posible sujeto destinatario de la denuncia ha tenido un relevante papel en el sistema de *whistleblowing* italiano, en cuyo marco publicó las primeras "Directrices sobre la protección de los empleados públicos que denuncian irregularidades" en el ámbito de sus competencias normativas[56], derivadas de la función más general de proporcionar orientación sobre medidas de prevención de la corrupción[57]. Antes de que elaborara el D. lgs 24/2023 era previsible que sería la ANAC la designada como autoridad administrativa independiente al reunir la preparación técnica necesaria[58].

El art. 7 del D. lgs 24/2023 encomienda a la ANAC activar un canal de denuncia externo que garantice, también mediante el uso de herramientas de cifrado, la confidencialidad de la identidad de la persona que realiza la denuncia, de la persona implicada y de la persona mencionada en la denuncia, así como del contenido de la denuncia y de la documentación pertinente. La misma confidencialidad se garantiza también cuando la denuncia se efectúa por canales distintos de

---

54 En este sentido, véase CONSORTE (2024: 37).

55 VALLI (2023: 107 y ss.).

56 ANAC, *Determinazione n. 6 del 28 aprile 2015, Linee guida in materia di tutela del dipendente pubblico che segnala illeciti (c.d. whistleblowing).*

57 Al respecto MARCIAS (2016: 194 y ss.); COSCU (459 y ss.).

58 FOFFANI (2022: 154). La propia ANAC hizo una labor de adaptación a la Directiva 2019/1937 en 2021 en las *Linee guida in materia di tutela degli autori di segnalazioni di reati o irregolarità di cui siano venuti a conoscenza in ragione di un rapporto di lavoro, ai sensi dell'art. 54-bis, del d.lgs. 165/2001 (c.d. whistleblowing) (adottate dall'Autorità con Delibera n. 469 del 9 giugno 2021 – modificate con il Comunicato del Presidente dell'Autorità del 21 luglio 2021 Errata corrige).*

los indicados o llega a una persona distinta de la encargada de tramitar las denuncias, a la que en todo caso se transmite sin demora. Los informes externos se realizarán por escrito a través de la plataforma informática o verbalmente a través de líneas telefónicas o sistemas de mensajería de voz o, a petición de la persona denunciante, mediante una reunión presencial fijada en un plazo razonable. El informe externo dirigido a una persona distinta de la ANAC se transmitirá a ésta, en el plazo de siete días a partir de la fecha de su recepción, con notificación simultánea de la transmisión a la persona denunciante.

Además, según el art. 8, la ANAC designará personal específicamente formado para gestionar el canal de denuncia externo y llevará a cabo las siguientes actividades:

(a) Facilitar a toda persona interesada información sobre la utilización del canal de denuncia externo y del canal de denuncia interno, así como sobre las medidas de protección contempladas en el capítulo III.

(b) Notificar a la persona denunciante la recepción del informe externo en un plazo de siete días a partir de la fecha de su recepción, salvo que la persona denunciante solicite expresamente lo contrario o salvo que la ANAC considere que dicha notificación menoscabaría la protección de la confidencialidad de la identidad de la persona denunciante.

(c) Mantener interlocuciones con el denunciante y solicitarle ampliaciones, si fuera necesario.

(d) Realizar un seguimiento diligente de las denuncias recibidas.

(e) Realizar la investigación preliminar necesaria para el seguimiento de la denuncia, también mediante audiencias y obtención de documentos.

(f) Dar una valoración a la persona denunciante en el plazo de tres meses o, si existen razones justificadas y fundamentadas, de seis meses a partir de la fecha de recepción del informe externo o, en su defecto, a partir de la expiración del plazo de siete días desde su recepción.

(g) Informar a la persona denunciante del resultado final, que también podrá consistir en el archivo o la transmisión a las autoridades competentes o en una recomendación o sanción administrativa.

La ANAC dispone asimismo que las denuncias relativas a infracciones que no sean de su competencia se remitan a la autoridad administrativa o judicial competente, incluidas las instituciones, órganos u organismos de la Unión Europea, y al mismo tiempo notifica la remisión al denunciante. La autoridad administrativa competente llevará a cabo las actividades mencionadas antes y garantizará también la confidencialidad que prevé la ANAC.

Según el apto 3, la ANAC transmite anualmente a la Comisión Europea información sobre el número de denunciar externas recibidas; el número y los tipos de procedimientos incoados a raíz de las denuncias externas recibidas y su resultado; y, si se comprueba, la pérdida financiera como resultado de las infracciones denunciadas, así como los importes recuperados gracias a los procedimientos incoados.

En caso de afluencia significativa de denuncias externas, la ANAC podrá dar prioridad a la tramitación de las denuncias sobre infracciones relativas a una vulneración grave del interés público o a la vulneración de principios del Derecho constitucional o de la Unión Europea. Además, la ANAC podrá abstenerse de dar curso a las denuncias de infracciones leves y proceder a su desestimación.

Conforme al art. 9, la ANAC publica en su sitio web, en una sección específica, fácilmente identificable y accesible, la siguiente información

(a) Una descripción de las medidas de protección contempladas en el Capítulo III.

(b) Sus datos de contacto, tales como, en particular, el número de teléfono, indicando si se graban o no las conversaciones telefónicas, la dirección postal y la dirección de correo electrónico, tanto ordinario como certificado.

(c) Instrucciones sobre la utilización del canal de denuncias externo y de los canales de denuncias internos.

(d) Una descripción del régimen de confidencialidad aplicable a los informes externos y a los informes internos previstos en el presente Decreto conforme a las normas de protección de datos.

(e) Las modalidades mediante las cuales puede solicitar al sujeto obligado que proporcione información complementaria, los plazos para responder a una denuncia externo y los tipos de retroalimentación y seguimiento que la ANAC puede darle.

(f) La lista de las entidades del Tercer Sector que hayan suscrito acuerdos con la ANAC para la protección de los informantes.

Una de las obligaciones de la ANAC, establecida en el art. 10, es adoptar unas directrices sobre los procedimientos de denuncia externa en un plazo de tres meses, tras consultar con el garante para la protección de datos personales, a diferencia de la ley 179/2017 que le encargaba la elaboración de directrices para los canales de denuncia internos[59]. Este documento aprobado el 12 de julio de 2023[60] se trata de un auténtico reglamento de aplicación del D. lgs 24/2023 en el que se desarrolla en detalle su articulado[61].

Una de las grandes virtudes del D. lgs. 24/2023 es la previsión del art. 11 que, por un lado, prevé un incremento de la personal en la ANAC para la gestión de los canales de denuncia, aumentando la plantilla hasta veintidós personas, y por otro prevé el desarrollo de una plataforma informática necesaria para el tratamiento de datos[62]. Para hacer frente a ambas previsiones, se autoriza una partida presupuestaria[63]. Esta previsión choca con las habituales reformas a coste cero, de hecho, el mismo art. 25, que cierra el D. lgs., establece que su aplicación no dará lugar a nuevas o mayores cargas para la hacienda pública (a excepción del art. 11) y que las administraciones afectadas llevarán a cabo las tareas previstas en el marco de los recursos

59 TRANSPARENCY INTERNATIONAL ITALIA (2023: 24).

60 ANAC, Delibera n. 311 del 12 luglio 2023 - Linee guida..., *op. cit.*

61 Tanto la versión integral como la resumida, así como los anexos se pueden consultar en *https://www.anticorruzione.it/-/del.311.2023.linee.guida.whistleblowing*. El 19 de marzo de 2024 publicó un *Monitoraggio sulle criticità nell'applicazione della disciplina whistleblowing* (d. lgs. n. 24/2023), disponible en *https://www.anticorruzione.it/-/monitoraggio-sulle-criticit%C3%A0-nell-applicazione-della-disciplina-whistleblowing-18-marzo-2024*.

62 TRANSPARENCY INTERNATIONAL (2023: 19).

63 Para los gastos de personal: 1.147.004 euros para el año 2023, 2.177.662 euros para el año 2024, 2.300.718 euros para el año 2025, 2.398.788 euros para el año 2026, 2.526.719 euros para el año 2027, 2.629.043 euros para el año 2028, 2.790 224 para el año 2029, 2.967.127 euros para el año 2030, 3.147.128 euros para el año 2031 y 3.308.866 euros anuales a partir del año 2032. Para el desarrollo de la plataforma informática y la gestión de las nuevas competencias: 250 000 euros para el año 2023, 250.000 euros para el año 2024, 250.000 euros para el año 2025, 250.000 euros para el año 2026, y 80.000 euros anuales a partir del año 2027.

humanos, instrumentales y financieros disponibles en virtud de la legislación vigente. De hecho, uno de los problemas de esta previsión es que la ANAC anunció que sólo hará un seguimiento de las denuncias relacionadas con corrupción, y que las demás denuncias se remitirán a distintas autoridades, a las que no se dotará de recursos adicionales[64].

4. *La obligación de confidencialidad*

El art. 12 regula con profusión la obligación de confidencialidad respecto a las informaciones realizadas, así como de los informantes, principio cardinal del *whistleblowing*[65]. En primer lugar, los informes no podrán utilizarse más allá de lo necesario para su adecuado seguimiento. Además, la identidad de la persona informante y cualquier otra información que revele directa o indirectamente dicha identidad no podrán ser comunicadas, sin el consentimiento expreso de la persona informante, a personas distintas de las encargadas de la recepción o el seguimiento de las denuncias y expresamente autorizadas para tratar dichos datos de conformidad con la normativa de protección de datos.

Como señalan las Directrices ANAC[66], el D. lgs. 24/2023 especifica hasta qué punto debe garantizarse la confidencialidad en los procesos penales; en los procedimientos ante el Tribunal de Cuentas y en los procedimientos disciplinarios, de forma análoga a la legislación anterior:

(a) En el proceso penal, la identidad del denunciante está cubierta por el secreto según lo previsto en el art. 329 c.p.p. Esta disposición establece la obligación de secreto sobre los actos realizados en la investigación preliminar "hasta que el acusado pueda tener conocimiento de ellos y, en cualquier caso, no más allá del cierre de la investigación preliminar" (cuya notificación pertinente está prevista en el art. 415-bis del Código de Proceso Penal).

(b) En los procesos ante el Tribunal de Cuentas, la obligación de secreto está prevista hasta el cierre de la fase de investigación preliminar. Posteriormente, la identidad del denunciante podrá ser revelada por la autoridad judicial para su utilización en el propio procedimiento.

---

64 TRANSPARENCY INTERNATIONAL (2023: 19).

65 TRANSPARENCY INTERNATIONAL ITALIA (2023:27).

66 ANAC, Delibera n. 311 del 12 luglio 2023 - Linee guida..., *op. cit.*, p. 52.

(c) En los procedimientos disciplinarios incoados por la Administración contra el presunto autor de la conducta denunciada, no podrá revelarse la identidad del denunciante, cuando la imputación de la falta disciplinaria se base en investigaciones distintas y complementarias respecto de la denuncia, aunque sean consecuencia de esta. Cuando la identidad del denunciante sea esencial para la defensa de la persona acusada de la infracción disciplinaria, sólo podrá revelarse con el consentimiento expreso del denunciante.

El denunciante será informado por escrito de las razones de la divulgación de datos confidenciales, en los casos mencionados antes, así como en los procedimientos de denuncia internos y externos regulados en el decreto, cuando la divulgación de la identidad del denunciante y de la denuncia sea también indispensable para la defensa del interesado.

Las entidades de los sectores público y privado, la ANAC, así como las autoridades administrativas a las que la ANAC transmita las denuncias externas que sean de su competencia, protegerán la identidad de las personas implicadas y de las personas a las que se refiera el informe hasta la conclusión del procedimiento incoado como consecuencia del informe, respetando las mismas garantías previstas a favor de la persona denunciante.

Sin perjuicio de lo dispuesto previamente, en los procedimientos de denuncia internos y externos, el interesado podrá ser oído o, a petición suya, será oído también mediante un procedimiento en papel a través de la obtención de observaciones y documentos escritos.

Para la ANAC, de la obligación de confidencialidad se derivan una serie de corolarios[67]:

(a) La primera consecuencia importante es que la denuncia y la documentación anexa quedan fuera del derecho de acceso a los actos administrativos. El D. lgs. 24/2023 prevé expresamente la exclusión de la denuncia y de la documentación anexa al mismo del acceso cívico generalizado previsto por la normativa italiana.

(b) En segundo lugar, el cumplimiento de la obligación de confidencialidad exige que las administraciones y organismos implicados

---

[67] ANAC, Delibera n. 311 del 12 luglio 2023 - Linee guida..., *op. cit.*, p. 53-54.

en la gestión de las denuncias garanticen dicha confidencialidad durante todas las fases del procedimiento, incluida la posible remisión de la denuncia a otras autoridades competentes. Esto es aplicable en el marco de la gestión de denuncias externas por parte de la ANAC, incluidos los supuestos en los que la propia ANAC, al recibir informes que no son de su competencia, deba remitirlos a la autoridad administrativa competente; o en el marco de la gestión de las denuncias externas por parte de las administraciones u organismos.

(c) En el plano operativo, el otro corolario importante es la previsión —tanto en el canal interno de denuncia como en el canal externo— de procedimientos adecuados para la tramitación de las denuncias, incluso mediante sistemas informatizados de gestión, que permitan proteger y mantener la confidencialidad de la identidad del denunciante, del contenido de la denuncia y de la documentación pertinente, incluso mediante el uso de herramientas de encriptación.

(d) También debe garantizarse la confidencialidad cuando la denuncia se realice por medios distintos de los establecidos por las entidades de los sectores público y privado y por la propia ANAC de acuerdo con el decreto, o llegue a personal distinto de los autorizados y competentes para tramitarla, a quienes debe transmitirse la denuncia sin demora.

5. *Las posibilidades de divulgación pública*

Existe la posibilidad de que el informante realice una divulgación pública, es decir, que la información sobre las infracciones se haga pública a través de la prensa o los medios de comunicación electrónicos o por cualquier otro medio de difusión capaz de llegar a un gran número de personas[68]. Conforme al art. 15 se beneficiará de la protección prevista en el decreto si, en el momento de dicha comunicación, se cumple una de las siguientes condiciones:

(a) La persona que efectúa la denuncia ha presentado previamente una denuncia interna y externa o una denuncia externa directamente, en las condiciones y en la forma previstas en los arts. 4 y 7, y no se ha

---

68 ANAC, Delibera n. 311 del 12 luglio 2023 - Linee guida..., *op. cit.*, p. 43.

recibido respuesta en los plazos previstos en los arts. 5 y 8 sobre las medidas previstas o adoptadas para el seguimiento de las denuncias.

(b) El informante tiene motivos fundados para creer que la infracción puede constituir un peligro inminente o manifiesto para el interés público.

(c) El denunciante tiene motivos razonables para creer que la denuncia externa puede entrañar un riesgo de represalias o no ser objeto de un seguimiento eficaz debido a las circunstancias específicas del caso, como cuando las pruebas pueden ser ocultadas o destruidas, o cuando existe el temor fundado de que el destinatario de la denuncia pueda estar en connivencia con el autor de la infracción o implicado en ella.

Se aclara asimismo que las normas sobre el secreto profesional de los periodistas con referencia a la fuente de la noticia no se verán afectadas. Como aclara la ANAC[69], la persona que hace una revelación pública, tal y como se describe en el decreto, debe considerarse distinta de la persona que constituye la fuente de información para los periodistas. El fundamento de esta disposición reside en el hecho de que, en tales casos, la persona que proporciona la información constituye una fuente para el periodismo de investigación y queda fuera del ámbito de los fines perseguidos por el decreto.

También aclara que, en la divulgación pública, cuando la persona revela voluntariamente su identidad, no entra en juego la protección de la confidencialidad, sin perjuicio de todas las demás formas de protección previstas por el decreto. Cuando, por el contrario, la divulgación se realiza utilizando, por ejemplo, un seudónimo o apodo, que no permite identificar al divulgador, la ANAC tratará la divulgación de la misma manera que una denuncia anónima y se encargará de registrarla, a efectos de preservación, para garantizar que el divulgador, si posteriormente se revela su identidad, goce de las protecciones previstas en caso de represalias[70].

En cuanto a la protección del whistleblower que opta por la divulgación pública hay que tener en cuenta también los criterios establecidos por el TEDH en la sentencia del caso Halet v. Luxemburgo

---

69 ANAC, Delibera n. 311 del 12 luglio 2023 - Linee guida..., *op. cit.*, p. 44.

70 ANAC, Delibera n. 311 del 12 luglio 2023 - Linee guida..., *op. cit.*, p. 45.

de 2023[71]. El Tribunal sostiene que la divulgación pública sólo debe contemplarse como último recurso, cuando sea manifiestamente imposible hacer otra cosa. Sin embargo, este orden de prioridad no es absoluto, determinadas circunstancias pueden justificar el recurso directo a la "denuncia externa", cuando el canal interno de denuncia no sea fiable o eficaz, cuando el denunciante podía verse expuesto a represalias o cuando la información que deseaba revelar pertenecía a la esencia misma de la actividad del empleador en cuestión. Remitiéndose a la Recomendación CM/Rec(2014)7 del Comité de Ministros del Consejo de Europa sobre la protección de los denunciantes de irregularidades, el Tribunal señaló que el criterio relativo al canal de denuncia debía apreciarse a la luz de las circunstancias de cada caso, en particular para determinar el canal más adecuado.

6. *Las medidas de protección*

En relación con las medidas de protección al *whistleblower*, razón de ser de la Directiva 2019/1937 y del D. lgs. 24/2023, como paso previo el art. 16. del decreto en su primer apartado establece las condiciones para la recibir tal protección: en primer lugar, la persona denunciante debe tener motivos fundados para creer que la información es verdadera y relevante al ámbito del decreto y, en segundo lugar, debe seguir los procedimientos de denuncia establecidos. Además de estas condiciones, el apartado 2 aclara que los motivos que han llevado a la persona a denunciar, en la forma que sea, son irrelevantes a la hora de recibir protección, y el apartado 3 regula un motivo de exclusión de la protección del informante: haber sido condenado por el delito de difamación o de calumnia o ser responsable civil por esos hechos, extremo sobre el que volveremos más adelante.

En el art. 16.4, por otro lado, se incluye una previsión sobre las informaciones, denuncias o divulgaciones públicas anónimas: las disposiciones del artículo se aplican también en estos casos si la persona que presenta la denuncia ha sido posteriormente identificada y objeto de represalias, así como en los casos de denuncias presentadas an-

---

71 TEDH, Halet v. Luxemburgo [GC], n. 21884/18, 14 de febrero de 2023. Al respecto *vid.* CORSARO (2023) y OLIVEIRA TEIXEIRA DOS SANTOS (2024).

te las instituciones, órganos y organismos competentes de la Unión Europea. Esta novedad respecto a la regulación anterior despertaba algunas dudas interpretativas sobre si las denuncias anónimas están permitidas, si deben tratarse como cualquier otra con las debidas obligaciones de confidencialidad hacia el denunciante anónimo, o si esto se refiere sólo a los derechos del denunciante anónimo y no a lo que puede y debe hacerse con su denuncia[72]. Sin embargo, la ANAC aclaró que equiparan las denuncias anónimas a las denuncias ordinarias siempre y cuando sean fundadas y se tramitan de acuerdo con su reglamento. Las entidades del sector público y del sector privado consideran las denuncias anónimas recibidas a través de los canales internos como denuncias ordinarias, en cuyo caso deben ser tramitadas. En estos casos, por tanto, las denuncias anónimas se tramitarán de acuerdo con los criterios establecidos para las denuncias ordinarias en los respectivos reglamentos[73].

El art. 17 establece la prohibición de cualquier represalia contra las personas que denuncian, incluyendo la presunción *iuris tantum* de que cualquier acto de los considerados como represalia en el artículo contra el informante derivan de la denuncia del informante, salvo prueba en contrario, sea tanto en el marco de un proceso judicial o administrativo o un litigio extrajudicial como en el marco de una demanda resarcitoria de daños presentada por el demandante. Esta inversión de la carga de la prueba hacia quien impone la medida al informante ya estaba presente en la ley 179/2017. Se enumera un listado extenso, pero no cerrado, de acciones que constituyen represalias, que incluyen por ejemplo el despido, la reducción de salario, el cambio de funciones, el trato discriminatorio o desfavorable, etc.

Sobre las medidas de apoyo, el art. 18 se refiere al listado, publicado por la ANAC, de entidades del Tercer Sector que ofrecen apoyo a las personas denunciantes. Estas medidas de apoyo consisten en información, asistencia y asesoramiento gratuitos sobre cómo denunciar y sobre la protección contra represalias que ofrece la legislación nacional y de la UE, sobre los derechos de la persona afectada y sobre las condiciones de acceso a la asistencia jurídica. La autoridad judicial o

---

72 TRANSPARENCY INTERNATIONAL ITALIA (2023: 33).

73 ANAC, Delibera n. 311 del 12 luglio 2023 - Linee guida..., *op. cit.*, p. 32.

la autoridad administrativa a la que el denunciante haya denunciado para obtener protección frente a represalias podrá solicitar a la ANAC información y documentos relativos a las denuncias presentadas. Aunque no era obligatorio en la Directiva 2019/1937, el decreto no prevé el apoyo psicológico a los informantes[74].

En cuanto a la protección frente a represalias, regulada en el art. 19, las personas afectadas pueden comunicarlas a la ANAC, que a su vez informa al Departamento de Función Pública (para el sector público) o a la Inspección Nacional del Trabajo (para el sector privado). Para la adquisición de elementos indispensables para la comprobación de la represalia, la ANAC podrá contar con la colaboración de la Inspección de la Función Pública y de la Inspección Nacional del Trabajo, dentro de los límites de sus respectivas competencias, sin perjuicio de la competencia exclusiva de la ANAC en cuanto a la valoración de los elementos adquiridos y la posible aplicación de sanciones administrativas. Los actos de represalias son nulos y los trabajadores despedidos por una denuncia deben ser readmitidos, aunque en este sentido se ha dicho que hubiera sido deseable permitir la posibilidad de encontrar puestos de trabajo compatibles con los de los discriminados en otras entidades o unidades de la institución[75]. La autoridad judicial que conozca del asunto adoptará todas las medidas necesarias, incluidas las provisionales, para garantizar la protección.

En el art. 21 se establecen sanciones pecuniarias para quienes cometan represalias o impidan una denuncia, o violen la confidencialidad. Las empresas privadas también deben establecer un sistema disciplinario para sancionar a aquellos que cometan las conductas ilícitas. Estas sanciones son el punto débil tanto del presente decreto como del sistema de 2017, ya que la experiencia ha demostrado que las sanciones han sido escasas y acompañadas de un sistema judicial que no ha ofrecido ningún pronunciamiento a favor de los denunciantes discriminados, lo que ha comprometido todo el funcionamiento del sistema[76]. Como cláusula de cierre, el art. 22 establece que las renuncias o transacciones que menoscaben los derechos y protecciones

---

74 TRANSPARENCY INTERNATIONAL ITALIA (2023: 36).
75 TRANSPARENCY INTERNATIONAL ITALIA (2023: 38).
76 TRANSPARENCY INTERNATIONAL ITALIA (2023: 41).

de este decreto no son válidas, salvo si se hacen conforme al artículo 2113 del código civil italiano.

IV. EL *WHISTLEBLOWER* EN EL PROCESO PENAL: LÍMITES A SU RESPONSABILIDAD Y USO DE LA DENUNCIA ANÓNIMA

Una vez vista la regulación relativa a los *whistleblowers* en Italia, queremos referirnos a su repercusión en el proceso penal, conforme a la doctrina recaída en las secciones penales de la Corte de Casación italiana. Por un lado, la sentencia n. 35792 del 21 de mayo de 2018 de la Sección penal V (Caso Coco), define los límites de la conducta legítima del *whistleblower*. La Corte, inspirándose en la jurisprudencia sobre el agente provocador, excluye la aplicación de la eximente del cumplimiento del deber cuando el denunciante comete un delito para verificar la conducta que quiere denunciar. La jurisprudencia italiana en ese momento limitó la exención de responsabilidad penal del agente provocador a aquellos que se limitan a observar, controlar y contener acciones ilícitas, sin participar causalmente en la comisión del delito. El whistleblowing no permite la "participación directa y activa, con relevancia causal, en la conducta ilícita de otros que se denuncie confidencialmente[77].

Ahora bien, este pronunciamiento de 2018 hay que ponerlo en relación con dos disposiciones posteriores. El artículo 1.1.r) de la ley 3 de 9 de enero de 2019[78] introdujo en el capítulo dedicado a los delitos cometidos por funcionarios públicos contra la Administración Pública una causa especial de no punibilidad codificada en el art. 323-ter del código penal italiano (c.p.)[79]. Esta causa se establece ante una autoincriminación realizada en un plazo cronológico preciso y acompañada de una colaboración eficaz con la autoridad judicial, cuando se dan las siguientes condiciones:

---

77 NOCERA (2018).

78 *Legge 9 gennaio 2019, n. 3. Misure per il contrasto dei reati contro la pubblica amministrazione, nonchè in materia di prescrizione del reato e in materia di trasparenza dei partiti e movimenti politici. (GU n.13 del 16-01-2019).*

79 Sobre la misma véase CANTONE & MILONE (2019).

(a) Que se haya cometido un delito de los enumerados en la lista del art. 323-ter c.p.

(b) Que, en relación con tales delitos, el autor del hecho lo denuncie voluntariamente y proporcione indicios útiles y concretos para asegurar la prueba del delito e identificar a las demás personas responsables.

(c) Que el denunciante revele la comisión del delito antes de que se tenga conocimiento de que se está llevando a cabo una investigación en relación con el mismo y, en cualquier caso, dentro de los cuatro meses siguientes a la comisión del delito.

La no punibilidad del denunciante estará condicionada a la entrega de la dádiva recibida o, en caso de imposibilidad, de una suma de dinero de valor equivalente, o a la indicación de elementos útiles y concretos para identificar al beneficiario real, en el mismo plazo previsto en el primer párrafo.

En todo caso, la causa de no punibilidad no se aplica si la denuncia es concertada de antemano con respecto a la comisión del delito denunciado; tampoco se aplica a favor del agente encubierto que haya actuado infringiendo las disposiciones del art. 9 de la ley n. 146, de 16 de marzo de 2006[80].

Así las cosas, un funcionario[81] que ha participado activamente en la comisión de uno de los delitos del listado podría verse exento de responsabilidad penal por denunciarlo a tiempo, una colaboración premial[82] con la justicia que algunos autores consideraron la entrada

---

80 *Legge 16 marzo 2006, n. 146. Ratifica ed esecuzione della Convenzione e dei Protocolli delle Nazioni Unite contro il crimine organizzato transnazionale, adottati dall'Assemblea generale il 15 novembre 2000 ed il 31 maggio 2001. (GU n.85 del 11-04-2006 - Suppl. Ordinario n. 91).*

81 Lo que lo diferencia de la medida premial del art. 426 del Código Penal español que exime de pena por el delito de cohecho el particular que, habiendo accedido ocasionalmente a la solicitud de dádiva u otra retribución realizada por autoridad o funcionario público, denunciare el hecho a la autoridad que tenga el deber de proceder a su averiguación antes de la apertura del procedimiento, siempre que no haya transcurrido más de dos meses desde la fecha de los hechos. VIGANÓ (2014: 22) lo proponía como modelo a seguir en futuras reformas de los delitos de corrupción.

82 Contrario a estas medidas, CINGARI (2012), que apuesta por el *whistleblowing* ya que "por un lado, el instrumento de recompensa en un contexto como el co-

del *whistleblower* en el código penal[83], aunque parece una figura más similar a la de los *pentiti*, ya que no dejan de ser funcionarios arrepentidos que colaboran con la justicia a cambio de un gran beneficio: la exención de responsabilidad penal.

Cuestión aparte es si podrían recibir la protección del D. lgs. 24/2023, aunque a tenor del art. 16 parece que sí, siempre que se cumplan las condiciones para la protección que vimos *supra*, ya que las razones que llevan a la persona a denunciar o revelar públicamente son irrelevantes, y solo se excluye si el informante es responsable penal o civil por difamación o calumnias, pero nada se dice de la participación del informante en la conducta de la que informa.

El art. 20, por su parte, establece una serie de límites a la responsabilidad de los informadores: en general, no será punible la entidad o persona que revele o difunda información sobre infracciones amparada por el secreto profesional, distinto del contemplado en el art. 1.3 (información clasificada, secreto profesional forense y médico, secreto de las deliberaciones de los órganos jurisdiccionales), o relativa a la protección de los derechos de autor o a la protección de datos de carácter personal, o que revele o difunda información sobre infracciones que atente contra la reputación de la persona implicada o denunciada

---

rruptivo se presta a ser instrumentalizado como chantaje, especialmente de funcionarios públicos con cargos políticos. Por otro lado, las medidas de recompensa en contextos corruptivos pueden incluso resultar criminógenas, engendrando en el corruptor privado la idea de que, si se descubre el pacto corrupto, siempre existe una «vía de escape» de la sanción".

83 DI NICOLA (2023): "se introduce el *whistleblowing*, es decir, la denuncia de actividades ilícitas por quienes han tenido conocimiento de ellas, que constituye la vertiente de un fenómeno más amplio y específicamente conocido dentro de las actividades desarrolladas por las administraciones públicas o empresas privadas, de poner en conocimiento de las autoridades un delito cometido en estos ámbitos, en los que el denunciante desarrolla su actividad. En este sentido, la memoria explicativa del nuevo marco normativo aclara cómo la introducción de la causa de no punibilidad supone una importante novedad que, en consonancia con la estructura básica de la ley y, aunque en un ámbito distinto, en línea con la razón de ser de la denuncia de irregularidades, entra en sinergia con las demás medidas adoptadas (incluso mediante el uso de técnicas especiales de investigación) para una investigación y represión más eficaces de los fenómenos corruptos, creando las condiciones para una prevención más eficaz y constituyendo un contraimpulso disuasorio a la celebración de acuerdos de infracción".

cuando, en el momento de la revelación o difusión, hubiera motivos razonables para creer que la revelación o difusión de la misma información era necesaria para revelar la infracción y la información se haya hecho conforme al art. 16. En estos casos, está excluida también cualquier otra responsabilidad de naturaleza civil o administrativa. Por otro lado, conforme al apartado 3, salvo que el hecho constituya un delito, el ente o la persona informante no incurre en ninguna responsabilidad, tampoco de naturaleza civil o administrativa, por la adquisición de la información sobre la infracción o por el acceso a ella. En cualquier caso, no se excluye la responsabilidad penal y cualquier otra responsabilidad, incluida la civil o administrativa, por conductas, actos u omisiones que no estén relacionados con la información de la infracción o que no sean estrictamente necesarios para revelar la infracción.

Otro aspecto relevante es la implicación de las denuncias de los *whistleblowers* a la hora de justificar determinadas medidas judiciales, tema del que tratan dos sentencias de la Sección penal VI de la Corte de Casación de 31 de enero de 2018. En el ámbito de las medidas cautelares personales, la sentencia n. 9047 establece que la información procedente del *whistleblower* tiene la naturaleza de una declaración acusatoria de una persona cuya identidad es conocida pero confidencial. En materia de medidas cautelares personales, la denuncia procedente del *whistleblower* no constituye un mero indicio de investigación, sino que tiene la naturaleza de una declaración acusatoria procedente de una persona cuya identidad, aunque confidencial, es conocida; el contenido de dicha declaración, por tanto, puede integrar los indicios graves de culpabilidad requeridos para la aplicación de la medida, junto con las pruebas complementarias que se adquieran.

Por otro lado, sobre la admisibilidad de las denuncias anónimas a fines de interceptación de las comunicaciones, en la sentencia n. 9047 la Corte sostiene que a efectos de valorar los indicios graves de delito a la hora de autorizar las interceptaciones, se puede utilizar la denuncia procedente del *whistleblower* ya que la identidad del denunciante es conocida, aunque amparada por la confidencialidad para proteger al empleado público que denuncia una conducta ilícita, por lo que no es de aplicación la prohibición de utilizar fuentes anónimas[84] establecida en el art. 333.3 c.p.p. (en su razonamiento, la Corte precisó que, en virtud del art. 54-bis D. lgs. 165/2001, modificado por la ley 179/2017, en el proceso penal la identidad del denunciante está cubierta por el secreto de conformidad con el art. 329 c.p.p.).

Lo que no nos encontramos en la norma italiana son dos previsiones que han causado polémica en la trasposición de la Directiva 2019/1937 en España[85]: por un lado, la obligación de remisión de la información al Ministerio Fiscal con carácter inmediato cuando los hechos pudieran ser indiciariamente constitutivos de delito a la hora de gestionar la denuncia (art. 9.j Ley 2/2023), o la obligación de llevar un libro-registro de denuncias e investigaciones interna (art. 26,1 Ley 2/2023), que podrá ser requerido por la autoridad judicial (como documento de llevanza obligatoria y, por tanto, no amparado por el derecho a la no autoincriminación[86]). Por el contrario, en el D. lgs. 24/2023, acerca de la conservación de la documentación inherente a las informaciones (art. 14.1), se establece que las informaciones, internas y externas, y la documentación relacionada se conservan durante el tiempo necesario para tramitar el informe y, en cualquier caso, no más de cinco años a partir de la fecha de comunicación del resultado final del procedimiento de denuncia, en cumplimiento de las obligaciones de confidencialidad.

V. BIBLIOGRAFÍA

CANTONE, R. & A. MILONE (2019): "Prime riflessioni sulla nuova causa di non punibilità di cui all'art. 323-ter c.p.". *Diritto Penale Contemporaneo*, 6 (5-22).

CAPUTO, A. (2019): "Il contrasto alla corruzione nella recente legislazione sul *whistleblowing* tra analisi normativa e prassi applicativa". En: GIANONCELLI, S., PEIRA, G., VERONESE, B., DAGASSO, P. F., PRANDI, P., RIGANTI, F., VERNERO, P., PARENA, B. & M. F. ARTUSI: *Impresa e Rischio: Profili Giuridici Del Risk Management*. Torino: Giappichelli.

CARACCIOLO, D. (2023): "Whistleblowing: cosa cambia?". *ius.giuffrefl.it*.

84 Sobre la cuestión de las fuentes anónimas en el proceso penal, *vid.* MIRAGLIA (2018); LONATI (2019).

85 Al respecto, *vid.* LIÑAN LAFUENTE (2023).

86 Al respecto, *vid.* MAGRO SERVET (2023).

CASTALDO, A. R. & F. COPPOLA (2021): "The Ethical 'Dilemma' of Whistleblowers in the Italian Legal Environment". *Rivista Trimestrale Diritto Penale Contemporaneo*, 3 (139-152).

CINGARI, F. (2012): "La corruzione pubblica: trasformazioni fenomenologiche ed esigenze di reforma". *Rivista Trimestrale Diritto Penale Contemporaneo*, 1 (79-98).

CONSORTE, F. (2024): "La lucha contra la ilegalidad en el marco de la colaboración público-privada en Italia, con especial mención a la prevención de la corrupción a través de la organización empresarial y del whistleblowing". *Estudios Penales y Criminológicos*, 45 (1-56).

CORSARO, G. E. (2023): "Il whistleblower come guardiano dei valori democratici: la sentenza Halet della Corte europea". *Diritti Umani e Diritto Internazionale*, 17/3 (745-764).

CORSO, S. M. (2020): *Segnalazione di illeciti e organizzazioni di lavoro. Pubblico e privato nella disciplina del whistleblowing*. Torino: Giappichelli.

COSCU, G. (2023): "ANAC e il whistleblowing". En: DONINI, V. M. (dir.): *Whistleblowing e cultura dell'integrità: riflessioni di istituzioni e società civile per una nuova narrazione*. Roma: Scuola Nazionale dell'Amministrazione (459-504).

DI NICOLA, V. (2023): "Art. 323 ter- Causa di non punibilità". En: BELTRANI, S. (dir.): *Codice Penale*. Milano: Giuffrè.

FOFFANI, L. (2022): "El *whistleblowing*: un nuevo instrumento en la lucha contra la corrupción. La experiencia italiana en el marco del derecho europeo". En: GÓMEZ MARTÍN, V., BOLEA BARDON, C., GALLEGO SOLER, J.I., HORTAL IBARRA, J. C. & U. JOSHI JUBERT (dirs.): *Un modelo integral de Derecho penal. Libro homenaje a la profesora Mirentxu Corcoy Bidasolo*. Madrid: BOE (145-157).

GARGANO, G. (2016): "La 'cultura del *whistleblower*' quale strumento di emersione dei profili decisionali della pubblica amministrazione". *Federalismi.it*, 1 (1-45).

LONATI, S. (2019). "Un invito a compiere una scelta di civiltà: la Corte europea dei diritti dell'uomo rinunci all'uso della testimonianza anonima come prova decisiva su cui fondare una sentenza di condanna". *Revista Brasileira de Direito Processual Penal*, 5/1 (341-388).

MARCIAS, A. (2026): "La disciplina del whistleblowing". En: NICOTRA, I. A., GIUFFRÉ, F. & M L. CHIMENTI: *L'Autorità Nazionale Anticorruzione*. Torino: G. Giappichelli.

MIRAGLIA, M. (2018): "La testimonianza anonima: questioni interne, internazionali e sovranazionali". En: MIRAGLIA, M. *et al.*: *Strumenti Di Contrasto Alla Criminalità Organizzata: Profili Interni, Comparati e Sovranazionali*. Torino: Giappichelli (25-57).

NEAR, J. P. & M. P. MICELI (1985): "*Organizational dissence. The Case of whistleblowing*". *Journal of Business Ethics*, 4.

NOCERA, A. (2018): "Whistleblowing. Primi orientamenti giurisprudenziali e prospettive di tutela europea". *ius.giuffrefl.it*.

OLIVEIRA TEIXEIRA DOS SANTOS, M. (2024): "La protección de la revelación pública en el marco de la Ley 2/2023, de 20 de febrero: un análisis procesal desde el caso Halet v. Luxemburgo". *Revista General de Derecho Procesal*, 64 (1-46).

PASCUCCI, F. (2019): "Il whistleblowing". *Diritti Lavori Mercati*, 3 (575-605).

RICCIO, A. (2017): "La tutela del *whistleblower* in Italia". *Giornale di Diritto del Lavoro e di Relazioni Industriali*, 39/1 (139-166).

RODRÍGUEZ-GARCÍA, N. (2024): "El fomento europeo de los alertantes e informantes en plena expansión de una justicia penal colaborativa". *LA LEY Compliance Penal*, 16.

SITZIA, A. & S. RIZZATO (2018): "Il lanceur d'alerte, alias whistleblower, tra lotta alla corruzione, trasparenza e parresia". *Amministrare*, 3 (399-430).

TRANSPARENCY INTERNATIONAL (2023): *How well do EU countries protect whistleblowers? Assessing the transposition of the EU Whistleblower Protection Directive*. Berlin: Transparency International.

TRANSPARENCY INTERNATIONAL ITALIA (2023): *Decreto Legislativo 24/2023 - Trasposizione Direttiva Europea 1937/2019. Un primo commento di Transparency International Italia*. Milano: Transparency International Italia.

VALLI, L. (2023): "Comunicare con il whistleblower. Il ruolo dell'ANAC". En: DONINI, V. M. (dir.): *Whistleblowing e cultura dell'integrità: riflessioni di istituzioni e società civile per una nuova narrazione*. Roma: Scuola Nazionale dell'Amministrazione (107-136).

VIGANÒ, F. (2014): "I delitti di corruzione nell'ordinamento italiano: qualche considerazione sulle riforme già fatte, e su quel che resta da fare". *Rivista Trimestrale Diritto Penale Contemporaneo*, 3-4 (4-24).

EL RÉGIMEN GENERAL PORTUGUÉS DE PROTECCIÓN DE LOS DENUNCIANTES DE IRREGULARIDADES EN PORTUGAL: ALGUNAS DIFERENCIAS CON LA DIRECTIVA (UE) 2019/1937

Pedro Miguel Freitas[1]

Profesor de la Facultad de Derecho
Universidad Católica Portuguesa

I. INTRODUCCIÓN

En 2019 la Unión Europea introdujo un conjunto de normas para proteger a las personas que denuncien infracciones del Derecho de la Unión Europea. Estas normas, que se encuentran en la Directiva (UE) 2019/1937 ("Directiva"), tienen por objetivo consagrar un nivel mínimo de protección común a los Estados miembros, lo que no impide la disposición de normas nacionales más favorables; sin embargo, queda sin justificación la reducción del nivel de protección que ya exista en algún país cuando sea superior a los estándares fijados en la Directiva[2].

La idea que subyace a la Directiva es que, dado el escaso número de denuncias de infracciones del Derecho de la Unión, deben crearse las condiciones para que los denunciantes no se nieguen a "informar

---

1 Doctor en Derecho. Profesor del "Programa de Doctorado en Estado de Derecho y Gobernanza Global" de la Universidad de Salamanca. Este trabajo ha sido elaborado en el marco del proyecto de investigación "La prueba penal ante la nueva realidad tecnológica en un contexto europeo" PRUPENTEC-UE (Ref. PID2023-148071NB-I00), financiado por MICIU/UE/10.13039/501100011033 y por FEDER, UE.

2 Considerando 104 de la Directiva.

sobre sus preocupaciones o sospechas por temor a represalias"[3], fomentando así una cultura de transparencia y responsabilidad que refuerce la aplicación del Derecho y las políticas de la Unión Europea[4]. Estas condiciones están esencialmente relacionadas con la provisión de medidas de protección contra las represalias o medidas de apoyo a los denunciantes; pero van más allá, como la cuestión de cómo y cuándo un denunciante puede comunicar informaciones sobre infracciones del derecho comunitario.

Con la fecha límite para la transposición de la Directiva fijada en el 17 de diciembre de 2021[5], el Estado portugués consagró el régimen jurídico de protección de los denunciantes mediante la Ley 93/2021 de 20 de diciembre ("Ley"). Esencialmente, esta norma reproduce lo dispuesto en la Directiva; sin embargo, en algunos aspectos importantes existen discrepancias, que vamos a exponer en detalle a continuación y que, al final, al menos algunas de ellas, pueden constituir incumplimientos de la obligación de transposición producida por la Unión Europea.

II. ÁMBITO DE APLICACIÓN MATERIAL

Comenzamos nuestro análisis con el ámbito de aplicación material de las normas de protección de los denunciantes.

Por razones fáciles de comprender, el ámbito de aplicación material de la Directiva se refiere al Derecho de la Unión Europea, es decir, las normas de la Unión en diversos ámbitos sectoriales están protegidos por la Directiva, como puede verse en el artículo 2.1. Este artículo delimita el ámbito de aplicación material de la Directiva a la protección de los denunciantes de infracciones del Derecho de la Unión, *(i)* sea de los actos legislativos europeos enumerados en el ane-

---

3 Considerando 1 de la Directiva.

4 RODRÍGUEZ-GARCÍA (2024).

5 Véase el apartado 1 del artículo 26 de la Directiva. Según el apartado 2 del mismo artículo, esta fecha se prorroga dos años para la entrada en vigor de normas nacionales que obliguen a las personas jurídicas del sector privado con 50 a 249 empleados a establecer canales internos de denuncia de irregularidades en virtud del apartado 3 del artículo 8.

xo de la Directiva[6], relativos a los ámbitos de la contratación pública, *(ii)* sea de las infracciones de los intereses financieros de la Unión o de las relativas al mercado interior. Sin embargo, no lo hace de forma exhaustiva, permitiendo a los Estados miembros ampliarlo en su legislación nacional[7].

El legislador portugués hizo uso de la prerrogativa concedida por la Directiva y consideró infracciones a los efectos de la Ley los ámbitos y actos contemplados en el artículo 2, apartado 1, de la Directiva, así como, de forma innovadora, la delincuencia violenta, especialmente violenta y altamente organizada, y los delitos previstos en el artículo 1, apartado 1, de la Ley 5/2002, de 11 de enero[8].

---

6 Se refiere a los ámbitos de la contratación pública, servicios, productos y mercados financieros, y prevención del blanqueo de capitales y la financiación del terrorismo, seguridad de los productos y conformidad, seguridad del transporte, protección del medio ambiente, protección frente a las radiaciones y seguridad nuclear, seguridad de los alimentos y los piensos, sanidad animal y bienestar de los animales, salud pública, protección de los consumidores, y protección de la privacidad y de los datos personales, y seguridad de las redes y los sistemas de información. Véase también la letra a) del apartado 1 del artículo 2 de la Directiva.

7 Artículo 2, apartado 2, de la Directiva.

8 El apartado 1 del artículo 1 de la Ley n.º 5/2002, de 11 de enero, establece un sistema de recogida de pruebas, violación del secreto profesional y confiscación de bienes a favor del Estado aplicable a los siguientes delitos: tráfico de drogas, en los términos de los artículos 21 a 23 y 28 del Decreto-Ley n.º 15/93, de 22 de enero; delitos de terrorismo, delitos relacionados con un grupo terrorista, delitos relacionados con actividades terroristas y financiación del terrorismo; tráfico de armas; tráfico de influencias; recepción u ofrecimiento de una ventaja indebida; corrupción activa y pasiva, incluida la practicada en los sectores público y privado y en el comercio internacional, así como en la actividad deportiva; malversación; participación económica en negocios; blanqueo de capitales; asociación delictiva; coerción deportiva, apuestas deportivas fraudulentas y apuestas antideportivas; pornografía infantil y proxenetismo de menores; falsificación, utilización y adquisición de tarjetas u otros dispositivos de pago falsificados y sus actos preparatorios, adquisición de tarjetas u otros dispositivos de pago obtenidos mediante delitos informáticos, daños a programas u otros datos informáticos y sabotaje informático, de conformidad con los artículos 3-A, 3-B, 3-C, 3-D, 3-E, 4 y 5 de la Ley no. 109/2009, de 15 de septiembre, así como el acceso ilegítimo a un sistema informático, si ha producido alguno de los resultados previstos en las letras a) y b) del apartado 5 del artículo 6 de dicha ley, se realiza con la utilización de un ordenador. También incluye el acceso ilegítimo a un sistema informático, si ha producido uno de los resultados previstos en las letras a) y b)

Lo que es delincuencia violenta, especialmente violenta y altamente organizada es algo que no queda aclarado ni por una norma definitoria de la propia ley ni por remisión a otro instrumento jurídico nacional. No obstante, el significado debe buscarse mediante la interpretación sistemática de las letras j), l) y m) del artículo 1 del Código de Procedimiento Penal (CPP). Entre los términos que allí se explican a los efectos del CPP se encuentran la delincuencia violenta ("la conducta dirigida intencionalmente contra la vida, la integridad física, la libertad personal, la libertad y autodeterminación sexual o la autoridad pública y sancionada con pena privativa de libertad cuyo máximo sea igual o superior a cinco años"), la delincuencia especialmente violenta ("las conductas previstas en el apartado anterior [delincuencia violenta] sancionadas con la pena máxima de prisión igual o superior a ocho años") y la delincuencia altamente organizada ("conductas que incluyen delitos de asociación ilícita, tráfico de órganos humanos, tráfico de personas, tráfico de armas, tráfico de estupefacientes o sustancias psicotrópicas, corrupción, tráfico de influencias, participación económica en negocios o blanqueo de capitales").

El planteamiento legislativo portugués al ámbito de aplicación material se puede calificar de *descuidado*. La repetida referencia a los mismos tipos legales de delito podría evitarse fácilmente con una lista exhaustiva que declarase los delitos incluidos en el ámbito material de la Ley. Por ejemplo, el tráfico de influencias se considera delincuencia altamente organizada, en los términos del artículo 1.m) del CPP, y al mismo tiempo uno de los delitos para los que se establece un régimen especial de obtención de pruebas, violación del secreto profesional y pérdida de patrimonio a favor del Estado, en los términos del artículo 1.1.d) de la Ley 5/2002, de 11 de enero. Aunque en el ejemplo expuesto no existe mayor problema, una pequeña disimilitud, como el hecho de que sólo una de las leyes señale el tipo legal de la infracción con un límite cuantitativo de la sanción aplicable, algo que no existe en otra norma, es suficiente para plantear la cuestión de cuál de ellas

del apartado 5 del artículo 6 de dicha ley, se lleva a cabo utilizando uno de los instrumentos contemplados en el apartado 2 del artículo 6, o forma parte de una de las conductas descritas en el mismo; la trata de personas; la falsificación de moneda y valores equivalentes a moneda; el proxenetismo; el contrabando; y el tráfico y la manipulación de vehículos robados.

es relevante a los efectos del artículo 2.1.d) de la Ley. En estos casos, es evidente que la solución debe ser enfatizar la interpretación que beneficie al denunciante, optando por la vía interpretativa que más amplíe el ámbito de aplicación material del régimen de protección del denunciante. Pero las dudas sobre los contornos exactos de este régimen jurídico pueden generar desconfianza e incertidumbre entre los potenciales denunciantes, hasta el punto de que no estén dispuestos a denunciar los delitos.

III. EL REQUISITO DE LA BUENA FE

Otro punto problemático de la Ley es la redacción de las condiciones de protección del denunciante, establecidas en el artículo 6, en particular los apartados 1 y 3. La fuente de esta norma es también el artículo 6, pero de la Directiva.

En este artículo el legislador europeo establece dos condiciones acumulativas para que los denunciantes puedan beneficiarse de la protección: *(i)* deben haber tenido motivos razonables para creer que la información sobre los delitos era veraz en el momento de la denuncia y que entraba en el ámbito de aplicación de la Directiva y, también, *(ii)* deben haberla denunciado interna o externamente, o haberla revelado públicamente, de conformidad con lo dispuesto en los artículos 7, 10 y 15 de la Directiva, respectivamente. Sin embargo, el legislador portugués, al explicar las condiciones de protección, ha utilizado términos que no son totalmente equivalentes a los de la Directiva, en particular cuando exige que el denunciante actúe de buena fe y tenga motivos serios para creer que la información es veraz en el momento de la denuncia o revelación pública.

La exigencia de buena fe plantea algunas dudas. Este concepto indeterminado[9] parece invocarse en su dimensión subjetiva, es decir, en un plano de valoración ética del estado subjetivo del denunciante. Al no tratarse de una referencia objetiva de comportamiento a observar por los ciudadanos y de naturaleza heterónoma, como sería el caso de la buena fe objetiva, de lo que se trata aquí es de medir la actitud in-

---

9 MENEZES CORDEIRO (1997: 888) lo caracteriza como un "concepto indeterminado, dotado de un alto grado de abstracción".

terna del denunciante y si ha actuado de buena fe. Pero ¿cuál es el significado concreto de la buena fe y cuál es su objeto? ¿Es la motivación de la denuncia o la convicción de que la información comunicada es verdadera? ¿No debería beneficiarse de protección un denunciante que actúa de buena fe, independientemente de la contribución que pueda aportar la información que comunica?

El significado específico de la buena fe, o más bien su objeto, en el contexto de la denuncia de infracciones, no es una cuestión especialmente nueva. Por ejemplo, podemos constatar como el artículo 33 de la Convención de las Naciones Unidas contra la Corrupción establece que los Estados deben incorporar a su derecho interno normas que protejan a los denunciantes de un trato injustificado, siempre que transmitan información a las autoridades competentes sobre delitos como soborno, malversación o peculado, tráfico de influencias, abuso de funciones, enriquecimiento ilícito, blanqueo del producto del delito, u obstrucción de la justicia, y lo hagan de buena fe y basándose en sospechas razonables.

El uso de la expresión buena fe como condición para gozar de protección contra el trato injustificado ha generado importantes dudas.

La Oficina de las Naciones Unidas contra la Droga y en Delito (ONUDD) afirma que la protección contra el trato injustificado debe garantizarse incluso cuando la información facilitada no revele pruebas de un delito penal[10]. Lo que realmente importa, para la ONUDD, es si el denunciante tenía motivos razonables para creer que la información era prueba de un delito, valorando a la luz de un juicio de pronóstico póstumo —*ex ante* y no *ex* post— sí, a la luz de las circunstancias específicas del caso y de los conocimientos que poseía el denunciante, esta creencia era razonable para una persona en su posición. Así, debe juzgarse si a la luz de las reglas de la experiencia común y de los conocimientos especiales que poseía el denunciante era razonable suponer la verosimilitud de lo denunciado, pero en aquel momento del pasado en que se presentó la denuncia. Si el juicio es positivo y no puede probarse el delito, el denunciante no se ve perjudicado por un error inocente o involuntario por su parte; sin embargo, en el caso contrario, concluye la ONUDD, un denunciante

---

[10] ONUDD (2015: 24 y siguientes).

que comunique intencionadamente hechos que sabe que no son veraces puede ser considerado responsable de los daños que haya causado.

La ONUDD omite una explicación clara del concepto de buena fe, y reconoce que su polisemia es la razón por la que otros organismos han optado por no incluirlo al redactar instrumentos jurídicos en el mismo ámbito. Así ocurrió, por ejemplo, con la Recomendación CM/Rec(2014)7 del Consejo de Europa, de 30 de abril de 2014, sobre la protección de los denunciantes de irregularidades. Fue una opción adoptada por el Consejo de Europa para evitar que "el motivo del denunciante para realizar la denuncia o revelación o su buena fe al hacerlo sean relevantes para la cuestión de si el denunciante debe ser protegido o no"[11].

El riesgo reside en la posible confusión entre buena fe y motivación, y la posible exclusión del régimen jurídico de protección de los denunciantes porque la motivación personal de la denuncia sea éticamente reprobable; *v. gr.*, la denuncia motivada por el resentimiento o la búsqueda de una ventaja pecuniaria.

Como señala acertadamente la ONUDD, el riesgo "podría minimizarse si se estableciera que buena fe significa 'honestamente' o 'de buena fe' con respecto a la información, asociándola así a la información y no a la motivación personal del declarante"[12].

Desde un punto de vista gramatical, el apartado 1 del artículo 6 de la Ley tenderá a interpretarse en el sentido de que exige que el de-

---

11 CONSEJO DE EUROPA (2014: 39). También es pertinente el principio 22 del apéndice de la Recomendación CM/REC(2017/4), según el cual "[l]a protección no debe perderse únicamente por el hecho de que la persona que hizo la comunicación o divulgación se equivocó sobre su contenido o de que la supuesta amenaza para el interés público no se materializó, siempre que tuviera motivos razonables para creer en su exactitud". En 2010, la Asamblea Parlamentaria del Consejo de Europa, en la Resolución 1729 (2010), había defendido que la legislación debería "proteger de cualquier forma de represalia (despido improcedente, acoso o cualquier otro trato punitivo o discriminatorio) a todos aquellos que, de buena fe, hagan uso de los canales internos de denuncia de irregularidades existentes", explicando que se considerará que un denunciante "ha actuado de buena fe, siempre que haya tenido motivos razonables para creer que la información revelada era cierta, aunque posteriormente resulte que no era así, y siempre que no haya perseguido objetivos ilícitos o contrarios a la ética".

12 ONUDD (2015: 25).

nunciante actúe con un determinado estado de ánimo, caracterizado por motivaciones éticamente loables. El inconveniente de esta interpretación de la buena fe, sin embargo, es que podría disuadir a los potenciales denunciantes de seguir adelante con la denuncia, porque habría más preocupación por conocer el motivo personal de la denuncia que el reporte en sí mismo considerado[13]. Además, el sistema penal portugués acepta soluciones jurídicas que devalúan la actitud interna del agente en favor de la persecución de objetivos político-criminales más relevantes.

El sistema de derecho premial es un claro ejemplo de ello. La aplicabilidad de la dispensa de pena en los supuestos de recepción u ofrecimiento indebido de un beneficio (artículo 372 del Código Penal) o de corrupción (artículos 373 o 374 del Código Penal)[14] está supeditada a que la denuncia se formule antes de la incoación del proceso penal y al cumplimiento de las condiciones específicamente vinculadas a cada uno de los tipos legales delictivos de que se trate, si bien no se exige el escrutinio de la actitud interna del agente para valorar la bondad de su colaboración con la justicia. Lo mismo ocurre cuando, iniciado el proceso penal y durante la investigación, el autor decide colaborar en el descubrimiento de la verdad material. En este caso, tal y como establece el apartado 2 del artículo 374-B, se tratará de comprobar si la ayuda del agente ha sido decisiva para descubrir la verdad, es decir, para identificar y detener a otros autores del delito y, por tanto, merece recibir una "recompensa".

Y es que nos estamos refiriendo a "ámbitos delictivos de difícil investigación, no sólo por su complejidad, opacidad y la magnitud de los intereses en juego, sino también por tratarse de organizaciones criminales, uno de cuyos puntales es la existencia de una ley del silencio cuyos códigos sólo pueden ser quebrantados con la colaboración de

---

13 ONUDD (2015: 25). Otro argumento esgrimido por la ONUDD para evitar una superposición material entre la buena fe y el motivo es que así se evitarían situaciones "en las que los individuos se convierten en detectives aficionados en lugar de denunciar los hechos tal y como los ven. De lo contrario, el denunciante podría temer que una denuncia "prematura" pudiera interpretarse como mala fe" (p. 25).

14 Artículo 374-B del Código Penal.

quienes están dentro"[15], a juicio del legislador, las ventajas políticas y penales de conceder un beneficio por colaboración decisiva en el esclarecimiento de la verdad superan a sus inconvenientes, como el de no sancionar al colaborador, aunque el motivo de la colaboración sea éticamente reprobable.

Un paralelo similar puede encontrarse en los elementos subjetivos de los tipos de justificación, en particular la legítima defensa. En la doctrina portuguesa es relativamente común decir que "el conocimiento por el agente de los elementos del tipo justificativo debe constituir el requisito subjetivo mínimo indispensable para la exclusión de la antijuridicidad, el mínimo común denominador de todas y cada una de las causas justificativas"[16], y no se requiere ninguna otra motivación en la legítima defensa, porque "esto haría depender la existencia de la justificación de la manifestación de una actitud interior por parte del defensor que llevaría a una peligrosa connotación de la legítima defensa con concepciones morales cercanas a un derecho penal del agente"[17]. La necesidad de defender el orden jurídico y proteger los bienes jurídicos amenazados justifica la legítima defensa, aunque el agresor no tenga buena intención ni motivación. Incluso sin *animus defendendi* (movido por la intención de mera defensa), el agresor no deja de actuar en los términos de la legítima defensa, siempre que se cumplan los elementos objetivos y subjetivos de este tipo de justificación.

Básicamente, lo que está en juego cuando se discute el significado del concepto de buena fe es una elección entre una perspectiva ética y otra pragmática[18].

La primera perspectiva hace hincapié en la razón por la que el denunciante denuncia un delito. Simplemente les motiva el deber cívico de actuar contra comportamientos que perjudican intereses o valores de mayor importancia. Por eso, sentimientos como la venganza o el deseo de causar daño son absolutamente incompatibles con esta forma de ver el régimen de protección de los denunciantes. Ade-

---

15 SANTOS CABRAL (2020: 17).

16 FIGUEIREDO DIAS (2019: 459).

17 FIGUEIREDO DIAS (2019: 509).

18 *Cfr.* GOMES (2016: 238 y ss.).

más, como nos dice Gomes, las exigencias éticas de la actuación del denunciante pueden justificar la preferencia por los canales internos de denuncia, permitiendo al presunto infractor corregir su comportamiento[19], sin que éste sea expuesto públicamente, con todo el daño reputacional que ello conlleva. Además, el denunciante tiene un especial deber de diligencia a la hora de decidir si procede con la denuncia, utilizando "un lenguaje adecuado, pero también (...) averiguar si sus afirmaciones son veraces"[20].

La comprensión de la naturaleza y el significado de la denuncia desde una perspectiva pragmática puede entrar en contradicción con la perspectiva ética si tenemos en cuenta la motivación del denunciante. Con el objetivo primordial de perseguir el interés público de detectar y reprimir los delitos, en particular los penales, la perspectiva pragmática se basa en una lógica funcionalmente determinada, en la que el rigor ético del comportamiento del denunciante no reviste especial importancia. De hecho, el motivo personal del denunciante no es relevante y se enfatiza la importancia de verificar la utilidad y veracidad de la información denunciada.

En cuanto a los canales de denuncia, se tenderá a dar preferencia a los canales de denuncia externos, al menos cuando exista el riesgo de destrucción de pruebas u ocultación de comportamientos.

En nuestra opinión, la interpretación teleológica más adecuada del artículo 6.1 de la Ley es la que atribuye irrelevancia a la motivación del denunciante y, en su lugar, relaciona la exigencia de buena fe con la representación de la calidad de la información comunicada[21]. Es decir, una tendencia hacia una interpretación pragmática en la que para que se verifique el requisito de la buena fe basta comprobar que el denunciante ha representado la veracidad de la información facilitada y de las alegaciones contenidas en ella o derivadas de la misma[22].

---

19 GOMES (2016: 238).

20 Así, GOMES (2016: 238).

21 ALFAR RODRIGUES (2024: 45) opina que si la "denuncia se hace con buena razón pero de mala fe, el denunciante debe ser protegido", y que su motivación es irrelevante a efectos de determinar su protección.

22 Sobre la tensión entre la Directiva y la jurisprudencia del TEDH en este ámbito, GOMES (2021: 154).

Esta es la interpretación, creemos, más acorde con el espíritu de la Directiva[23].

IV. DE LOS MOTIVOS RAZONABLES A LOS MOTIVOS GRAVES

Hemos señalado que el legislador europeo establece dos condiciones acumulativas para que los denunciantes puedan beneficiarse de la protección. La primera de estas condiciones, establecida en la letra a) del apartado 1 del artículo 6 de la Directiva, es que el denunciante tuviera motivos razonables para creer que la información sobre los delitos era veraz en el momento de la denuncia y que entraba en el ámbito de aplicación de la Directiva. A esto se añade la condición de denuncia interna o externa o revelación pública.

Si centramos nuestra atención en el análisis de la expresión "motivos razonables", debemos señalar en primer lugar que no se trata precisamente de una norma innovadora, por tratarse de un supuesto de protección que también puede encontrarse en el artículo 33 de la Convención de las Naciones Unidas contra la Corrupción y en el principio 22 del apéndice de la Recomendación CM/REC(2017/4).

El legislador europeo, en el considerando 32 de la Directiva, señala que los denunciantes deben "tener motivos razonables para creer, a la luz de las circunstancias y de la información de que dispongan en el momento de la denuncia, que los hechos que denuncian son ciertos", y su protección no termina si "comunic[an] información inexacta sobre infracciones por error cometido de buena fe". Sin embargo, el criterio de razonabilidad se extiende también al ejercicio de enmarcar la información en el ámbito material de la Directiva. Así, cuando la letra a) del apartado 1 del artículo 6 de la Directiva establece que los denunciantes gozan de protección si tenían "motivos razonables para pensar que la información sobre infracciones denunciadas es veraz en el momento de la denuncia y que la citada información entra den-

---

23 Véase el considerando 32 de la Directiva. Cabe señalar, no obstante, que DUARTE GONÇALVES (2023: 138 y 151) considera afortunada la transposición realizada por el legislador portugués, que sustituye el concepto amplio e indeterminado de "motivos razonables" por los de "buena fe" y "motivos serios".

tro del ámbito de aplicación de la presente Directiva", la expresión "motivos razonables" se refiere a dos objetos de juicio distintos pero igualmente importantes: la veracidad de la información y su relación con el ámbito de aplicación material de la Directiva.

De entrada, está claro que si el denunciante comunica información que sabe que es falsa, no debe beneficiarse de la protección[24]. Sin embargo, la solución a los casos en los que el denunciante "podría confirmar la veracidad de la información, pero creyendo, quizá con cierta negligencia, que era cierta, opta por hacer la comunicación"[25], es dudosa.

Pero también existe una clara disonancia entre las palabras elegidas por el legislador europeo y la Ley de transposición portuguesa en lo que respecta a las condiciones de protección. En esta la protección del denunciante depende de que actúe sobre la base de motivos serios para creer que la información es verdadera, así como de su buena fe, como ya se ha subrayado anteriormente. Se plantea entonces la cuestión de si el contenido de la expresión "motivos serios" es materialmente idéntico, o si se queda corto o va más allá, de la expresión utilizada por el legislador europeo: "motivos razonables".

Una parte de la doctrina portuguesa considera que ambos términos no coinciden. El objetivo del legislador portugués era garantizar que la denuncia sólo se presente cuando haya suficiente razonabilidad y seriedad, y que el denunciante no siga adelante con la denuncia "a la ligera"[26]. Para otro sector de la doctrina, ambas expresiones coinciden, o, mejor dicho, exige la coincidencia entre "motivos razonables" y "motivos serios", so pena de incumplimiento de la Directiva[27].

---

24 El considerando 32 de la Directiva establece que el requisito de "motivos razonables" es una "salvaguardia esencial frente a denuncias malintencionadas, frívolas o abusivas, para garantizar que quienes, en el momento de denunciar, comuniquen deliberada y conscientemente información incorrecta o engañosa no gocen de protección". También es relevante el artículo 23 de la Directiva, que obliga a los Estados miembros a establecer sanciones para los denunciantes que comuniquen o revelan públicamente información falsa a sabiendas.

25 GOMES (2021: 167).

26 DUARTE GONÇALVES (2023: 139).

27 GOMES (2021: 168).

Creemos que el legislador portugués ha querido desalentar la comunicación de informaciones cuya veracidad no sea muy probable o, cuando menos, no sea especialmente sólida o fundada. Por ejemplo, los rumores o habladurías sin fundamento, mencionados en el considerando 43 de la Directiva, no superarían obviamente la prueba de los "motivos serios". Sin embargo, existe una diferencia considerable entre la falta total de fundamento y la certeza de que la información es veraz. Fijar el listón demasiado alto desanimará a los posibles denunciantes, con las consiguientes pérdidas para el interés público, mientras que fijar el listón demasiado bajo también será negativo, especialmente para los afectados por las denuncias, pero también para la comunidad en general. La razonabilidad de los motivos ofrece un equilibrio que nos parece adecuado y, además, coherente desde un punto de vista intrasistemático, ya que los artículos 7.2.c), 7.3.a) y 15.1 de la Ley utilizan exactamente el mismo criterio de "motivos razonables".

V. POSIBLE JERARQUÍA ENTRE LOS CANALES DE DENUNCIA

Al establecer la obligación de crear canales de denuncia internos (artículo 8) y externos (artículo 12), la Directiva ofrece a los denunciantes los medios para que puedan, por escrito o verbalmente[28], dar a conocer la existencia de infracciones.

De los dos tipos de denuncia, es la denuncia interna, entendida como "la comunicación verbal o escrita de información sobre infracciones dentro de una entidad jurídica del sector privado o público"[29], la que la Directiva favorece, y ello por dos razones: Primeramente, hay una alusión a la eficiencia y eficacia en la investigación y resolución de problemas. Suponiendo que existan canales internos de denuncia y que se haga un seguimiento adecuado de las denuncias, las entidades estarán en mejores condiciones para investigar internamente la existencia de la infracción y evaluar la responsabilidad. Así pues, en este contexto de cultura (*v. gr.* empresarial) ética y responsable, en el

[28] Véanse el apartado 2 del artículo 9 y el apartado 2 del artículo 12 de la Directiva.

[29] Véase el apartado 4 del artículo 5 de la Directiva.

que el denunciante no es visto como una figura desleal merecedora de represalias, sino más bien como un agente catalizador de la probidad y la excelencia, el legislador europeo considera que debe darse preferencia a los canales internos de denuncia. Por lo tanto, debe animarse a los denunciantes a utilizar estos canales de denuncia en primera instancia[30]. Otra razón para preferir los canales de denuncia internos es que los denunciantes se sienten más cómodos denunciando internamente[31], una constatación que, según el legislador europeo, está respaldada empíricamente: será la mejor manera de hacer llegar la información a las personas que pueden contribuir a la eliminación rápida y eficaz de los riesgos para el interés público[32].

En esta lógica de cosas, la denuncia externa es un instrumento no preferente para comunicar información sobre infracciones, pero no está subordinado a la denuncia interna. La "comunicación verbal o por escrito de información sobre infracciones ante las autoridades competentes"[33], es decir, la denuncia externa es una alternativa real a la denuncia externa, que debe estar a disposición del denunciante. El denunciante debe poder elegir uno de los canales de denuncia, según las circunstancias específicas del caso[34]. Así es como debe interpretarse el apartado 2 del artículo 7 de la Directiva al establecer que los Estados miembros "promoverán la comunicación a través de canales de denuncia interna antes que la comunicación a través de canales de denuncia externa, siempre que se pueda tratar la infracción internamente de manera efectiva y siempre que el denunciante considere que no hay riesgo de represalias"[35].

Queda acreditado, pues, que la Directiva no prioriza de forma rígida los canales de denuncia ni autoriza a los Estados miembros a permitir que sólo se utilicen los canales de denuncia externos cuando no existan canales de denuncia internos, sean ineficaces o exista riesgo de represalias; de lo contrario, el artículo 10 de la Directiva no sería aplicable. Según este artículo 10, el denunciante puede presentar de-

30 Considerando 47 de la Directiva.
31 Considerando 33 de la Directiva.
32 Considerando 33 de la Directiva.
33 Apartado 5 del artículo 5 de la Directiva.
34 Considerando 33 de la Directiva.
35 Apartado 2 del artículo 7 de la Directiva.

nuncias a través de canales de denuncia externos, independientemente de si lo ha hecho internamente: "los denunciantes comunicarán información sobre infracciones por los canales [de denuncia externos], tras haberla comunicado en primer lugar a través de los canales de denuncia interna, o bien comunicándola directamente a través de los canales de denuncia externa"[36].

Además de los canales de denuncia internos y externos, la Directiva presta atención a la revelación pública de la información. Según el artículo 15, el denunciante puede, en casos específicos, optar por la revelación pública y seguir beneficiándose de la protección. Nos referimos esencialmente a dos situaciones: *(i)* si el denunciante ha presentado una denuncia interna o externa y ésta no ha resultado eficaz, en el sentido de que no se han tomado las medidas apropiadas en los plazos establecidos en el artículo 9, apartado 1, letra f), o en el artículo 11, apartado 2, letra d), de la Directiva, se abre la puerta a la revelación pública, posibilidad que está disponible inmediatamente, incluso en ausencia de una denuncia previa interna o externa, cuando el denunciante tenga motivos razonables para creer que "la infracción puede constituir un peligro inminente o manifiesto para el interés público, como, por ejemplo, cuando se da una situación de emergencia o existe un riesgo de daños irreversibles" (artículo 15(1)(b)(i) de la Directiva). b), i) de la Directiva); o *(ii)* en el caso de una denuncia externa, "existe un riesgo de represalias o hay pocas probabilidades de que se dé un tratamiento efectivo a la infracción debido a las circunstancias particulares del caso, como que puedan ocultarse o destruirse las pruebas o que una autoridad esté en connivencia con el autor de la infracción o implicada en la infracción" (artículo 15, apartado 1, letra b), ii) de la Directiva).

Con el planteamiento del legislador europeo sobre la relación entre los canales de denuncia internos y externos y la revelación pública como telón de fondo, pasamos ahora a analizar la transposición portuguesa de la Directiva en este ámbito.

El artículo 7 de la Ley comienza afirmando, en su apartado 1, que las denuncias se presentan a través de los canales de denuncia internos

---

[36] También es posible proceder directamente a la revelación pública de la infracción [artículo 15, apartado 1, letra b)].

o externos o mediante revelación pública, siguiendo de cerca la Directiva; y explica a continuación el orden de precedencia entre ellos.

En virtud de lo dispuesto en el apartado 2 de este artículo, el denunciante sólo podrá utilizar canales de denuncia externos en cinco casos: *(i)* la inexistencia de un canal interno de denuncia; *(ii)* la no disponibilidad de un canal interno de denuncia para personas distintas de los empleados, cuando el denunciante no sea empleado de la entidad en cuestión; *(iii)* la existencia de indicios racionales de que la infracción no puede ser efectivamente conocida o resuelta internamente o de que existe riesgo de represalias; *(iv)* la no comunicación de las medidas adoptadas en el plazo legalmente previsto tras una denuncia interna; y *(v)* cuando hay delito o infracción administrativa sancionable con multa superior a 50.000 euros.

A su vez, la revelación pública de una infracción es admisible cuando el denunciante: "[t]enga motivos fundados para creer que la infracción puede constituir un peligro inminente o manifiesto para el interés público, que la infracción no puede ser efectivamente conocida o resuelta por las autoridades competentes, teniendo en cuenta las circunstancias concretas del caso, o que existe riesgo de represalias incluso en caso de denuncia externa"; o tenga presentado una "una denuncia interna y de una denuncia externa, o directamente de una denuncia externa en los términos previstos en esta ley, sin que se hayan adoptado las medidas oportunas en los plazos previstos en los artículos 11 y 15"[37].

Es evidente que, más que ir más allá de lo establecido en la Directiva, "pisando terreno arenoso al parecer promover la denuncia externa en detrimento de la interna"[38], no estamos ante un simple fomento de la denuncia interna o una mera invitación a su uso preferente[39]. El incumplimiento de estas reglas de precedencia conlleva la desprotección del denunciante, salvo que éste pueda demostrar que desconocía sin culpa las reglas de precedencia establecidas en el apartado 2 del artículo 7[40].

---

37 Véanse las letras a) y b) del apartado 3 del artículo 7, respectivamente.

38 DUARTE GONÇALVES (2023: 140).

39 Palabra utilizada por DUARTE GONÇALVES (2023: 140) para caracterizar la opción legislativa portuguesa en cuanto a la precedencia entre los canales de denuncia interna y externa.

40 Vemos con estupor que el legislador portugués admite claramente que hace caso omiso de las normas establecidas en la Directiva al prever, en el apartado 3 del

Creemos que existe una falta de conformidad con la Directiva[41], en particular con el artículo 10, pero también con el propio artículo 7, que, como hemos señalado, sólo insta a los Estados miembros a "promover" las denuncias internas[42/43]. Al dar prioridad a los canales de denuncia y castigar su incumplimiento con la retirada de la protección, el Estado portugués ha introducido una solución claramente perjudicial para el denunciante, que ahora goza de menos derechos que los establecidos por la Directiva[44], y para el interés público.

Además de esta disconformidad, también existe cierta incongruencia entre la Ley y la Directiva cuando el artículo 7, apartado 2, letra e)[45] de la Ley autoriza la denuncia externa directa de delitos o infracciones administrativas sancionados con una multa superior a 50.000

---

artículo 6, que el denunciante "que presente una denuncia externa sin observar las normas de precedencia establecidas en las letras a) a e) del apartado 2 del artículo 7 se beneficiará de la protección conferida por la presente ley si, en el momento de la presentación, ignoraba sin culpa dichas normas".

41 En la misma línea, ALFAR RODRIGUES (2024: 51) y GOMES (2021: 178).

42 También es pertinente el considerando 45 de la Directiva, según el cual: "[l]a protección frente a represalias como medio de salvaguardar la libertad de expresión y la libertad y el pluralismo de los medios de comunicación debe otorgarse tanto a las personas que comunican información sobre actos u omisiones en una organización («denuncia interna») o a una autoridad externa («denuncia externa») como a las personas que ponen dicha información a disposición del público, por ejemplo, directamente a través de plataformas web o de redes sociales, o a medios de comunicación, cargos electos, organizaciones de la sociedad civil, sindicatos u organizaciones profesionales y empresariales".

43 No desconocemos que la propuesta de Directiva (COM/2018/218 final/2) aprobada por la Comisión Europea optaba por un modelo de tres pasos en el artículo 13, en el que la regla sería el recurso a la denuncia interna y sucesivamente a la denuncia externa y a la revelación pública. Sin embargo, el texto final de la Directiva matizó este modelo hasta tal punto que prácticamente se convirtió en un modelo de tres vías, o al menos en un modelo de dos vías (denuncia interna o externa) al que se añade el paso/vía de la revelación pública —que es a la vez otra vía alternativa (artículo 15(1)(b)(i)) y un último paso o recurso (artículo 15(1)(a) y (b)(ii)). De interés es GOMES (2021: 177 y 178) que, además de analizar el modelo de tres pasos, señala la tensión (o incluso posible contradicción) entre algunos de los considerandos, el artículo 7 y el artículo 10 de la Directiva, acabando por defender, en línea con la doctrina alemana dominante, la ruptura del modelo de prioridad de la denuncia interna.

44 Esto pone en tela de juicio la garantía de un trato más favorable establecida en el artículo 25 de la Directiva.

45 Como bien señala DUARTE GONÇALVES (2023: 140 y 141).

euros. Al autorizar la denuncia directa externa para estas situaciones, la ley portuguesa parece indicar que la denuncia interna está especialmente orientada a las infracciones menos graves, lo que no está totalmente en consonancia con el espíritu de la Directiva. A pesar de ello, no es del todo incomprensible que, en el caso de infracciones más graves, la investigación sea emprendida inmediatamente por órganos externos a la organización en la que tuvo lugar la infracción[46].

VI. MEDIDAS DE PROTECCIÓN CONTRA LAS REPRESALIAS

Un aspecto central de la Directiva es la consagración de un principio que prohíbe las represalias contra los denunciantes. Las represalias se definen como "todo acto u omisión, directo o indirecto, que se produzca en un contexto profesional, motivado por una denuncia interna o externa o por una revelación pública, que cause o pueda causar un perjuicio injustificado al denunciante" (artículo 5, apartado 11), y constituyen uno de los principales elementos disuasorios de la denuncia de infracciones.

El temor legítimo de los potenciales denunciantes a las posibles consecuencias negativas derivadas del acto de denunciar es precisamente una de las razones por las que resulta difícil descubrir y prevenir las infracciones[47]. Por esta razón, "es cada vez mayor el reconocimiento, a escala tanto de la Unión como internacional, de la importancia de prestar una protección equilibrada y efectiva a los denunciantes"[48].

Los empleados que denuncian una violación real o potencial en la organización en la que trabajan se exponen a un riesgo derivado del hecho de que se encuentran en una posición de vulnerabilidad económica frente a su empleador. Como se indica en el considerando 36 de la Directiva, "[l]as personas necesitan protección jurídica específica cuando obtienen la información que comunican con motivo de

---

46 GOMES (2021: 178) considera positiva esta posibilidad de denuncia externa.

47 Esto va de la mano, por ejemplo, con la incredulidad de que la denuncia conduzca a resultados prácticos. Véase el considerando 63 de la Directiva y GOMES (2021: 184).

48 Considerando 1 de la Directiva.

sus actividades laborales y, por tanto, corren el riesgo de represalias laborales, por ejemplo, por incumplir la obligación de confidencialidad o de lealtad. La razón subyacente para prestarles protección es su posición de vulnerabilidad económica frente a la persona de la que dependen de facto a efectos laborales. Cuando no existe tal desequilibrio de poder relacionado con el trabajo, por ejemplo, en el caso de demandantes ordinarios o testigos, no es necesaria la protección frente a represalias".

Ello explica que, en primera instancia, las medidas de protección contra actos de represalia se dirijan al denunciante-trabajador, con independencia del tipo de relación laboral concreta, incluyendo las relaciones laborales atípicas, por ejemplo, cuando existe la intermediación de una empresa de trabajo temporal[49]. Sin embargo, en las relaciones de marcada asimetría y desigualdad en las que una de las partes es económicamente dependiente o se encuentra en situación de vulnerabilidad económica frente a la otra parte, por ejemplo, prestadores de servicios, contratistas, subcontratistas y proveedores[50],

---

49 El considerando 38 de la Directiva aclara que la protección debe "debe aplicarse a la persona que tenga la condición de 'trabajador' en el sentido del artículo 45, apartado 1, del TFUE, tal como ha sido interpretado por el Tribunal de Justicia, es decir, a la persona que lleva a cabo, durante un cierto tiempo, en favor de otra y bajo su dirección, determinadas prestaciones a cambio de una retribución. Por lo tanto, la protección debe concederse también a los trabajadores que se encuentran en relaciones laborales atípicas, incluidos los trabajadores a tiempo parcial y los trabajadores con contratos de duración determinada, así como a las personas con un contrato de trabajo o una relación laboral con una empresa de trabajo temporal, relaciones laborales precarias en las que las formas habituales de protección frente a un trato injusto resultan a menudo difíciles de aplicar." Véase el artículo 4, apartado 1, letra a), de la Directiva.

50 Según el considerando 39 de la Directiva, "[l]a protección debe extenderse también a otras categorías de personas físicas que, sin ser 'trabajadores' en el sentido del artículo 45, apartado 1, del TFUE, puedan desempeñar un papel clave a la hora de denunciar infracciones del Derecho de la Unión y que puedan encontrarse en una situación de vulnerabilidad económica en el contexto de sus actividades laborales. Por ejemplo, en lo que respecta a la seguridad de los productos, los proveedores están mucho más cerca de la fuente de información sobre posibles prácticas abusivas e ilícitas de fabricación, importación o distribución de productos inseguros; y respecto de la ejecución de los fondos de la Unión, los consultores que prestan sus servicios se encuentran en una posición privilegiada para llamar la atención sobre las infracciones que presencien. Dichas categorías de personas, que incluyen a los trabajadores que prestan servicios por cuenta pro-

también es admisible la aplicación del régimen de protección. Y la misma solución se aplica cuando la relación contractual aún no ha comenzado o ya ha finalizado[51], o incluso cuando, a pesar de la posible falta de dependencia económica, esté justificado proteger a los denunciantes contra actos u omisiones que puedan poner en peligro su reputación o sus perspectivas profesionales[52]. El artículo 4, apartado 4, de la Directiva amplía también las medidas de protección a los facilitadores, a terceros que estén vinculados a los denunciantes y que puedan ser objeto de represalias en un contexto profesional —por ejemplo, compañeros de trabajo o familiares de los denunciantes— y a las personas jurídicas propiedad de los denunciantes, para las que trabaje o con las que mantenga cualquier otro tipo de relación en un contexto laboral[53].

---

pia, los profesionales autónomos, los contratistas, subcontratistas y proveedores, suelen ser objeto de represalias, que pueden adoptar la forma, por ejemplo, de finalización anticipada o anulación de un contrato de servicios, una licencia o un permiso, de pérdidas de negocios o de ingresos, coacciones, intimidaciones o acoso, inclusión en listas negras o boicot a empresas o daño a su reputación". Véanse las letras b), c) y d) del apartado 1 del artículo 4 de la Directiva.

51 El considerando 39 confirma que "[d]ebe concederse también protección a las personas cuya relación laboral haya terminado y a los aspirantes a un empleo o a personas que buscan prestar servicios en una organización que obtengan información sobre infracciones durante el proceso de contratación u otra fase de negociación precontractual y puedan sufrir represalias, por ejemplo, en forma de referencias de trabajo negativas, inclusión en listas negras o boicot a su actividad empresarial". Véanse también los apartados 2 y 3 del artículo 4 de la Directiva.

52 Como deja claro el considerando 40: "[u]na protección eficiente de los denunciantes también implica la protección de otras categorías de personas que, aunque no dependan económicamente de sus actividades laborales, pueden, no obstante, sufrir represalias por denunciar infracciones. Las represalias contra voluntarios y trabajadores en prácticas que perciben o no una remuneración pueden consistir en prescindir de sus servicios, en dar referencias de trabajo negativas o en dañar de algún modo su reputación o sus perspectivas profesionales".

53 Así, "[d]ebe facilitarse protección frente a medidas de represalia tomadas no solo directamente contra el propio denunciante, sino también aquellas que puedan tomarse indirectamente, incluso contra facilitadores, compañeros de trabajo o familiares del denunciante que también mantengan una relación laboral con el empresario, o los clientes o destinatarios de los servicios del denunciante. Sin perjuicio de la protección de la que gozan los representantes sindicales o los representantes de los trabajadores en su condición de tales en virtud de otras normas de la Unión y nacionales, deben gozar de la protección prevista en la presente Directiva tanto si denuncian infracciones en su calidad de trabajadores

Las personas mencionadas en el párrafo anterior constituyen el ámbito de aplicación personal de la Directiva y deben ser protegidas contra cualquier forma de represalia, ya sea consumada, intentada o simplemente amenazada, como el despido o la degradación o denegación de ascensos, por citar algunos ejemplos[54]. La aplicación de medidas de protección contra los actos de represalia se basa en la verificación de un nexo causal entre la presentación de la denuncia y la acción u omisión en perjuicio del denunciante, ya que, de lo contrario, el comportamiento no puede calificarse de represalia[55]. Para proteger al denunciante, la Directiva hace recaer en la persona que adoptó la medida perjudicial la carga de demostrar que no fue una represalia, sino que se basó en motivos legítimos.

---

como si han prestado asesoramiento y apoyo al denunciante. Las represalias indirectas incluyen asimismo acciones tomadas contra la entidad jurídica de la que el denunciante sea propietario, para la que trabaje o con la que esté relacionado de otra forma en un contexto laboral, como la denegación de prestación de servicios, la inclusión en listas negras o el boicot a su actividad empresarial" (considerando 41).

54 El artículo 19 de la Directiva contiene una lista no exhaustiva de ejemplos de actos de represalia: "a) suspensión, despido, destitución o medidas equivalentes; b) degradación o denegación de ascensos; c) cambio de puesto de trabajo, cambio de ubicación del lugar de trabajo, reducción salarial o cambio del horario de trabajo; d) denegación de formación; e) evaluación o referencias negativas con respecto a sus resultados laborales; f) imposición de cualquier medida disciplinaria, amonestación u otra sanción, incluidas las sanciones pecuniarias; g) coacciones, intimidaciones, acoso u ostracismo; h) discriminación, o trato desfavorable o injusto; i) no conversión de un contrato de trabajo temporal en uno indefinido, en caso de que el trabajador tuviera expectativas legítimas de que se le ofrecería un trabajo indefinido; j) no renovación o terminación anticipada de un contrato de trabajo temporal; k) daños, incluidos a su reputación, en especial en los medios sociales, o pérdidas económicas, incluidas la pérdida de negocio y de ingresos; l) inclusión en listas negras sobre la base de un acuerdo sectorial, informal o formal, que pueda implicar que en el futuro la persona no vaya a encontrar empleo en dicho sector; m) terminación anticipada o anulación de contratos de bienes o servicios; n) anulación de una licencia o permiso; o) referencias médicas o psiquiátricas".

55 En este sentido, el considerando 44 ("[d]ebe existir una estrecha relación entre la denuncia y el trato desfavorable sufrido, directa o indirectamente, por el denunciante, para que dicho trato desfavorable sea considerado una represalia y, por consiguiente, el denunciante pueda gozar de protección jurídica al respecto").

Los mecanismos de protección contra los actos de represalia son múltiples. En el sentido más amplio del término, la protección comienza por impedir que se produzcan estos actos de represalia[56], lo que se consigue, al menos en parte, sancionando a los responsables de la comisión de estos actos, ya sea penalmente o de otro modo, tal como se establece en el artículo 23, apartado 1, letra a), de la Directiva. Desde un punto de vista estricto, las medidas de protección contra los actos de represalia se establecen en los apartados 2 a 8 del artículo 21 de la Directiva, e incluyen la exención de responsabilidad de los denunciantes por violar las restricciones a la divulgación de información o por violar los derechos de autor, la violación de la confidencialidad, la violación de las normas de protección de datos, la divulgación de secretos comerciales, la presunción de que las medidas perjudiciales adoptadas contra el denunciante están motivadas por un impulso de represalia, y la garantía de vías de recurso e indemnización por los daños sufridos.

A este respecto, la ley portuguesa no está completamente exenta de críticas. Como aspecto positivo, el apartado 2 del artículo 21 de la Ley sigue de cerca la noción de acto de represalia de la Directiva[57], considerando actos de represalia cualquier "acción u omisión que, directa o indirectamente, ocurrida en un contexto profesional y motivada por una denuncia interna o externa o una revelación pública, cause o pueda causar al denunciante, de forma injustificada, un perjuicio pecuniario o no pecuniario". Se trata de un concepto amplio de represalia[58], que está prohibida incluso cuando se amenaza o se intenta[59]. Sin embargo, en este mismo artículo el legislador continúa con una transposición incompleta de la Directiva al materializar el entendimiento de que la presunción del carácter de represalia de las medidas perjudiciales para el denunciante sólo es aplicable cuando estas medidas corresponden a uno de estos actos: cambios en las condiciones de trabajo, como las funciones, el horario, el lugar de trabajo o la remuneración, no promoción del trabajador o incumplimiento de deberes laborales; suspensión de un contrato de trabajo; evaluación

---

56 Véase el considerando 102 de la Directiva.

57 Apartado 11 del artículo 5 de la Directiva.

58 GOMES (2021: 190).

59 Apartado 3 del artículo 21 de la Ley.

negativa del rendimiento o referencia negativa a efectos profesionales; no conversión de un contrato de trabajo de duración determinada en un contrato de duración indefinida, cuando el trabajador tenía expectativas legítimas de dicha conversión; la no renovación de un contrato de trabajo de duración determinada; el despido; la inclusión en una lista, basada en un acuerdo sectorial, que puede dar lugar a que el demandante no pueda encontrar empleo en el sector o la industria en cuestión en el futuro; la rescisión de un contrato de suministro o de servicios; la revocación de un acto o la rescisión de un contrato administrativo, tal como se definen en los términos del Código de Procedimiento Administrativo; y la aplicación de una sanción disciplinaria.

Por lo tanto, en la opción del legislador portugués, la presunción de que "el perjuicio se produjo como represalia por denunciar o hacer una revelación pública" (artículo 21, apartado 5, de la Directiva) sólo es aplicable cuando se trata de las conductas correspondientes a las letras a), (sólo parcialmente) b), c), e), f), i) (sólo parcialmente), j), l) y m)[60] del artículo 19 de la Directiva[61].

Esta opción es doblemente errónea, porque no sólo no ofrece una lista de ejemplos comparable a la de la Directiva que ayude al intérprete en la tarea de dilucidar el significado de un acto de represalia, sino que restringe la aplicabilidad de una importante medida de protección, como es la inversión de la carga de la prueba, a una lista cerrada de conductas, en contra de lo que exige la Directiva[62] y dejando fuera otras como la denegación de ascensos[63], la denegación de formación[64], la coacción, la intimidación, el acoso o el ostracismo[65],

---

60 Aunque sea discutible si la denegación o no renovación de un contrato de suministro de bienes o servicios está contemplada en el apartado 6 del artículo 21 de la Ley. *Cfr.* GOMES (2021: 191, n. 113).

61 A lo que añade la conducta de revocar un acto o resolver un contrato administrativo, en los términos definidos en el Código de Procedimiento Administrativo (artículo 21, apartado 6, letra i).

62 Véase el apartado 5 del artículo 21 de la Directiva.

63 Artículo 19, letra b), de la Directiva.

64 Artículo 19.d) de la Directiva. Aunque estamos de acuerdo en que garantizar la formación profesional de los trabajadores es un deber laboral del empresario, la referencia del artículo 21, apartado 6, letra a), de la Ley al incumplimiento de los deberes laborales se refiere a los cambios en las condiciones de trabajo y no abarca lo que pretende el artículo 19, letra d), de la Directiva.

65 Artículo 19, letra g), de la Directiva.

la discriminación, o trato desfavorable o injusto[66], la terminación anticipada de un contrato de trabajo temporal[67], daños, incluidos a su reputación, en especial en los medios sociales, o pérdidas económicas, incluidas la pérdida de negocio y de ingresos[68], la anulación de una licencia o permiso[69] y las referencias médicas o psiquiátricas[70].

Desde un punto de vista crítico, esta presunción legal *juris tantum*, que como hemos visto tiene un ámbito de aplicación limitado, es temporal. Su aplicación se restringe a los actos realizados hasta dos años después de la denuncia o revelación pública[71], transcurridos los cuales corresponde al denunciante probar que la medida perjudicial corresponde a una represalia, aunque tardía (¡!), por la denuncia o revelación pública. Es justo decir, con GOMES, que "como demostró el caso del TEDH Guja contra Moldavia no. 2, no. 1985/10, de 27 de febrero de 2018, aunque en relación con un *denunciante* político, la venganza se sirve mejor fría —en ese caso, por ejemplo, la represalia tuvo lugar diez años después de la revelación pública—"[72].

Sabiendo que existirá una tendencia a un retraso procesal asociado a la investigación de algunos de los delitos incluidos en el ámbito material de la Ley, a saber, la delincuencia altamente organizada y la delincuencia económica y financiera[73], no es extraño que la fase de investigación se cierre al cabo de dos años (o mucho después), y por eso "[e]s lamentable, por tanto, que la ley prevea un plazo de sólo dos años para esta protección, dejando al denunciante a su merced transcurrido este plazo, y con la pesada carga de probar —a menudo bastante difícil— que la acción u omisión cometida contra él es represalia"[74].

66 Artículo 19, letra h), de la Directiva.

67 Artículo 19, letra j), de la Directiva.

68 Artículo 19, letra k), de la Directiva.

69 Artículo 19, letra n), de la Directiva

70 Artículo 19, letra o, de la Directiva.

71 Apartados 6 y 7 del artículo 21 de la Ley.

72 GOMES (2021: 191).

73 Véase la letra d) del apartado 1 del artículo 2 de la Ley.

74 DUARTE GONÇALVES (2023: 146). La autora agrega que "[s]i, por un lado, creemos que las empresas no pueden permanecer eternamente rehenes de una presunción legal, por otro, creemos que es imperativo que se considere la protección (aunque de acuerdo con criterios estrictos a ser definidos) por lo menos

Las medidas para proteger —y apoyar— a los denunciantes son esenciales si no se quiere disuadirles de presentar denuncias. El riesgo de verse expuesto a largos calvarios judiciales[75], ya sean civiles o penales, es elevado, especialmente cuando existe una asimetría de recursos entre las partes, y puede ocurrir que el litigio judicial en sí mismo sea utilizado como arma o forma de represalia por organizaciones o individuos que han sido acusados y que tienen capacidad financiera para emprender este tipo de táctica. Se podría argumentar que los denunciantes deberían poder disfrutar de asistencia jurídica gratuita en virtud de la legislación nacional[76], pero el apartado 1 del artículo 22 de la legislación portuguesa sobre esta cuestión se limita a remitir al régimen general de protección jurídica[77]. Mismo si el reconocimiento de su condición de denunciantes de irregularidades debe permitirle el acceso a la protección jurídica, en particular a la asistencia jurídica gratuita[78], se plantea una serie de cuestiones a las que la ley no da respuesta. Como señala DUARTE GONÇALVES, "queda por aclarar, ya que la ley no dice nada al respecto, el período durante el cual el denunciante se beneficia de la asistencia jurídica, si tenemos en cuenta

---

hasta que concluya la investigación, momento en el cual, invariablemente, el acusado tendrá una mayor percepción del proceso y de los hechos en su contra, por lo que será en esta etapa que el denunciante ciertamente necesitará una protección más robusta, especialmente si el denunciante es también un testigo" (p. 146).

75 GOMES (2021: 192).

76 Artículo 20, apartado 1, letra c), de la Directiva y artículo 22, apartado 1, de la Ley.

77 Artículo 22.1 de la Ley, que remite a la Ley 34/2004, de 29 de julio (Régimen de acceso a la Justicia y a los Tribunales).

78 La protección jurídica se desglosa en asesoramiento jurídico y asistencia jurídica gratuita (artículo 6.1 de la Ley 34/2004). La primera —el asesoramiento jurídico— corresponde a la "aclaración técnica sobre la ley aplicable a cuestiones o casos concretos en los que se pongan de manifiesto intereses legítimos de la persona o derechos personales lesionados o amenazados de lesión" y a las "actuaciones extrajudiciales que se deriven directamente del asesoramiento jurídico prestado o que resulten imprescindibles para el esclarecimiento de la cuestión planteada" (artículo 14 de la Ley 34/2004). La asistencia jurídica gratuita, por su parte, puede consistir en la exención de las tasas judiciales y otros gastos procesales, la designación y pago de un representante legal, el pago de un abogado de oficio, el pago escalonado de las tasas judiciales y otros gastos procesales, la designación y pago escalonado de un representante legal, el pago escalonado de un abogado de oficio y la asignación de un agente de ejecución.

que el artículo 21 de la ley prevé (...) el plazo de hasta dos años para que los actos u omisiones realizados contra el denunciante puedan ser considerados actos de represalia"[79], en la que se pregunta a continuación si "[e]l denunciante gozará de asistencia jurídica gratuita durante los dos años siguientes a la denuncia, o hasta la conclusión del proceso penal incoado como consecuencia de la denuncia presentada" y si "[e]sta protección tendrá lugar en cualquier procedimiento incoado por o contra el denunciante, incluso después del mencionado plazo de dos años previsto en el artículo 21 de la ley". Se trata de preguntas válidas y pertinentes, pero metodológicamente presuponen que el principal criterio para conceder asistencia jurídica gratuita no es relevante en el caso de los denunciantes[80]. Nos referimos a demostrar una situación de insuficiencia económica[81].

El sistema de acceso a la justicia y a los tribunales, que regula la naturaleza, las condiciones y los efectos de la protección jurídica, tiene por objeto "garantizar que a nadie se le impida o dificulte, por su condición social o cultural, o por insuficiencia de medios económicos, el conocimiento, ejercicio o defensa de sus derechos"[82]. En esta medida, el acceso a la protección jurídica depende, por regla general, de la existencia de una situación de insuficiencia económica, que el potencial beneficiario debe probar[83]. Ahora bien, cuando el artículo 22.1 de la Ley establece como medida de apoyo el derecho del denunciante a gozar de protección jurídica, "en términos generales", se remite, sin restricción alguna, a las reglas contenidas en el régimen de acceso a la justicia y a los tribunales, donde se prevé la mencionada prueba de la insuficiencia económica.

La cuestión es si el uso de la expresión "en términos generales" significa que el sistema de acceso a la justicia y a los tribunales se aplica en su totalidad, o si la intención del legislador era garantizar al

---

79 DUARTE GONÇALVES (2023: 148).

80 Artículo 7 y siguientes de la Ley 34/2004, de 29 de julio.

81 DUARTE GONÇALVES (2023: 148).

82 Apartado 1 del artículo 1 de la Ley 34/2004.

83 Artículo 7 y siguientes de la Ley 34/2004. Sin embargo, en el caso de las víctimas de violencia doméstica y las víctimas de delitos contra la libertad sexual y la autodeterminación, se produce una inversión de la carga de la prueba, presumiéndose, mientras no se demuestre lo contrario, que se encuentran en situación de insuficiencia económica (artículo 8-C, no. 1, de la Ley no.34/2004).

demandante las diferentes formas de protección jurídica previstas en ese sistema, sin la prueba de la insuficiencia económica.

Esta es una cuestión que la doctrina portuguesa no aborda, sino que sólo se posiciona implícitamente sobre ella[84]. En nuestra opinión, la necesidad sentida por el legislador de incluir una norma que determine que los denunciantes tienen derecho a la protección jurídica pesa a favor de la interpretación según la cual el requisito de la insuficiencia económica no se aplica a los denunciantes. Si no fuera así, es decir, si este requisito fuera también aplicable a los denunciantes, aparentemente el artículo 22.1 de la Ley no tendría razón de ser, ya que el sistema de acceso a la justicia y a los tribunales se aplicaría en su integridad, con independencia de que la persona fuera un denunciante. La insuficiencia económica sería condición necesaria y suficiente para gozar de protección jurídica en términos generales, y sería completamente irrelevante que la persona fuera un denunciante.

Sin embargo, dos argumentos muy sólidos contradicen, quizás decisivamente, esta interpretación:

(a) El artículo 22.1 de la Ley, tal y como hemos señalado, hace una remisión general y no inaplica ninguno de los artículos que forman parte del sistema de acceso a la justicia y a los tribunales, incluidos los que se refieren al requisito de insuficiencia económica.

(b) La propia Directiva parece favorecer esta opinión, al obligar a los Estados miembros a garantizar que los denunciantes tengan acceso a la asistencia jurídica gratuita[85], por lo que la Directiva utiliza como referencia el marco jurídico que se encuentra en la Directiva 2016/1919, en la Directiva 2008/52/CE y en la legislación nacional. Sin embargo, aunque en la Directiva 2016/1919 los criterios mediadores para la concesión de la asistencia jurídica gratuita son los medios económicos y/o lo mérito[86], la Directiva hace especial hincapié en

---

84 Hacer depender la tutela judicial del demandante de la prueba de la insuficiencia económica, GOMES (2021: 192). En sentido contrario, DUARTE GONÇALVES (2023: 147 y 148).

85 Artículo 20, apartado 1, letra c), de la Directiva.

86 La asistencia jurídica gratuita, descrita como "la financiación por un Estado miembro de la asistencia de un letrado, que permita el ejercicio del derecho a la asistencia de letrado", debe prestarse, según la Directiva 2016/1919, a los sospechosos e inculpados que no dispongan de medios económicos suficientes para pagar la

la concesión de la asistencia jurídica gratuita a los denunciantes que no dispongan de recursos económicos suficientes. El considerando 99 de la Directiva señala incluso que "[l]os honorarios de abogados pueden suponer un coste significativo para los denunciantes que tengan que defenderse de medidas de represalia adoptadas contra ellos a través de procesos judiciales. Aunque puedan recuperar estos costes al final del procedimiento, es posible que no puedan pagarlos al inicio del mismo, especialmente si están desempleados y en la lista negra"[87].

VII. CONCLUSIÓN

La Directiva supuso un sólido esfuerzo para fomentar una cultura de transparencia y responsabilidad. Para alcanzar estos objetivos de transparencia y responsabilidad, el denunciante desempeña un papel sumamente importante, dando a conocer, mediante la figura de la denuncia o la revelación pública, comportamientos que constituyen

asistencia jurídica, cuando el interés de la justicia así lo exija. Véanse los artículos 3 y 4, apartado 1, de la Directiva 2016/1919. El criterio de los medios económicos puede ser alternativo o acumulativo al criterio de lo mérito. En un Estado miembro, el análisis de "todos los factores pertinentes y objetivos, como los ingresos, el patrimonio y la situación familiar del interesado, así como el coste de la asistencia de un letrado y el nivel de vida de dicho Estado miembro", según el cual el sospechoso o acusado no dispone de recursos económicos suficientes, puede ser suficiente para conceder la asistencia jurídica gratuita (artículo 4, apartado 3, de la Directiva 2016/1919). También puede existir, alternativa o acumulativamente, la necesidad de evaluar la gravedad de la infracción penal, la complejidad del caso y la severidad de la pena en cuestión para determinar si los intereses de la justicia exigen la concesión de la asistencia jurídica gratuita (artículo 4, apartado 4, de la Directiva 2016/1919), lo que corresponde al criterio del mérito. Para ayudar al intérprete, el legislador europeo establece que se considera que se cumple el criterio de mérito "cuando se ponga a un sospechoso o acusado a disposición del órgano jurisdiccional competente para decidir sobre su detención en cualquier fase del proceso dentro del ámbito de aplicación de la presente Directiva" y "durante la detención" (artículo 4, apartado 4, de la Directiva 2016/1919).

87 El considerando 99 de la Directiva añade que "[e]n determinados casos, una asistencia para los procesos judiciales penales, especialmente cuando el denunciante cumple las condiciones establecidas en la Directiva (UE) 2016/1919 del Parlamento Europeo y del Consejo y, de manera más general, una ayuda a quienes tienen serias dificultades económicas puede ser esencial para poder hacer efectivos sus derechos a protección".

violaciones del Derecho de la UE. Se trata de una intervención fundamental para sacar de la sombra prácticas que perjudican directa o indirectamente a todos los miembros de la comunidad, de la que el denunciante no obtiene ningún beneficio o recompensa económica[88], contribuyendo a la protección del interés público[89].

En este contexto, es esencial establecer un sistema eficaz de protección de los denunciantes contra las represalias que sea, como mínimo, uniforme en los Estados miembros, y que puede y debe, cuando sea posible y en la medida en que no vulnere el núcleo esencial de los derechos reconocidos a las personas objeto de la denuncia, intensificarse en el acto de transposición de las normas europeas.

La Ley portuguesa de transposición de la Directiva cumple esencialmente las obligaciones impuestas por la Directiva, adoptando una postura algo tibia en algunos aspectos[90], expansiva en otros[91] y deficiente

---

88 Esto no es inaudito en el Derecho de la Unión Europea. Tomemos, por ejemplo, el artículo 32, apartado 4, del Reglamento (UE) no 596/2014 del Parlamento Europeo y del Consejo, de 16 de abril de 2014, sobre el abuso de mercado (Reglamento sobre abuso de mercado), que permite a los Estados miembros "prever, de acuerdo con la normativa nacional aplicable, la concesión de incentivos económicos a las personas que ofrezcan información relevante sobre posibles infracciones del presente Reglamento, siempre que esas personas no estén sometidas a otras obligaciones legales o contractuales previas de facilitar tal información, que esta sea nueva y que dé lugar a la imposición de una sanción administrativa o penal, o a la adopción de otra medida administrativa por infracción del presente Reglamento". Con una solución similar, el artículo 41, apartado 3, del Reglamento (UE) 2017/1129 del Parlamento Europeo y del Consejo, de 14 de junio de 2017, sobre el folleto que debe publicarse en caso de oferta pública o admisión a cotización de valores en un mercado regulado, que establece que "[l]os Estados miembros podrán disponer que se concedan incentivos financieros a las personas que ofrezcan información pertinente sobre infracciones reales o potenciales del presente Reglamento, de conformidad con su legislación nacional, siempre que tales personas no estén ya obligadas, en virtud de otras disposiciones legales o contractuales preexistentes, a facilitar dicha información, y siempre que esta sea nueva y que dé lugar a la imposición de una sanción administrativa o penal, o a la adopción de una medida administrativa de otro tipo, por infracción del presente Reglamento".

89 RODRÍGUEZ-GARCÍA (2023).

90 Por ejemplo, se ha quedado corta a la hora de prestar apoyo psicológico a los denunciantes en el curso de los procedimientos judiciales. Véase el artículo 20, apartado 2, de la Directiva.

91 Obsérvese la ampliación del ámbito material del régimen de protección de los denunciantes. Véase el artículo 2 de la Ley.

en otros. Teniendo en cuenta que el acto nacional de transposición debe ajustarse a lo definido en la Directiva, pues de lo contrario se tratará de un caso de no transposición, o de transposición incorrecta o incompleta, nuestro objetivo era contribuir, dentro de las limitaciones de espacio de un texto de esta naturaleza, a la evaluación de la compatibilidad de la ley portuguesa con las exigencias de la Directiva. A pesar de todos los méritos de la ley, que no son pocos, la conclusión a la que se llega es que el legislador portugués aún tiene mucho que mejorar en el régimen de protección de los denunciantes para que pueda cumplir sus objetivos.

VIII. BIBLIOGRAFÍA

ALFAR RODRIGUES, A. (2024): *O regime de proteção dos denunciantes (whistleblowers) - Uma análise comparada e jurisprudencial* (2.ª ed.). Coimbra: Almedina.

CONSEJO DE EUROPA (2014): *Protection of whistleblowers (Recommendation CM/Rec(2014)7, adopted by the Committee of Ministers of the Council of Europe on 30 April 2014, and explanatory memorandum).* Strasbourg: Council of Europe.

DUARTE GONÇALVES, F. (2023): "A insuficiência da matriz de proteção dos denunciantes prevista na diretiva e no diploma que a transpõe - breves reflexões". En: PITTA SIMÕES, P. (ed.): *Proteção de denunciantes e canais de denúncia,* whistleblowing. Coimbra: Almedina (135-154).

FIGUEIREDO DIAS, J. (2019): *Direito Penal. Parte Geral, Tomo I* (3.ª ed). Coimbra: Gestlegal.

GOMES, J. (2016): "The Protection of the Whistleblower from the Perspective of a Country Without Specific Legislation". En: THÜSING, G. & G. FORST (eds.): *Whistleblowing - A Comparative Study*. Dordrecht: Springer (235-242).

GOMES, J. (2021): "Algumas observações sobre a Diretiva (UE) 2019/1937 e a Lei n.º 93/2021". *Prontuário Direito do Trabalho*, II (151-193).

MENEZES CORDEIRO, A. (1997): "A boa fé nos finais do século XX". *Revista da Ordem dos Advogados*, 57 (887-912).

ONUDD (2015): *Resource Guide on Good Practices in the Protection of Reporting Persons.* New York: Oficina de las Naciones Unidas contra la Droga y en Delito.

RODRÍGUEZ-GARCÍA, N. (2023): "El sistema penal español en tiempos de *compliance*: ¿de dónde venimos? ¿a dónde vamos?". *LA LEY Penal: Revista de Derecho Penal, Procesal y Penitenciario*, 160 (1-19).

RODRÍGUEZ-GARCÍA, N. (2024): "El fomento europeo de los alertantes e informantes en plena expansión de una justicia penal colaborativa". *LA LEY Compliance Penal*, 16 (1-24).

SANTOS CABRAL, J. (2020): "O direito premial e o seu contexto". *Julgar* (1-22).

LOS DENUNCIANTES EN EL SISTEMA PENAL PORTUGÚES: MARCO LEGAL Y RETOS EN SU PROTECCIÓN

Nicolás Rodríguez-García[1]

Catedrático de Derecho Procesal
Universidad de Salamanca

I. BASES GENERALES DEL ESTUDIO

Atrás han quedado los años en los cuales los países, en el ejercicio máximo de los principios de igualdad soberana e integridad territorial, por un lado confiaban en el sistema penal —casi prioritariamente— y, por otro, en la actuación de sus propias autoridades administrativas y jurisdiccionales —casi en exclusividad—, para combatir eficientemente[2] a las que se ha dado en llamar "nuevas formas de

---

1 Director e investigador del "Centro de Investigación para la Gobernanza Global", del "GIR-USAL Justicia, sistema penal y criminología" y del "Observatorio Iberoamericano de Justicia Penal", todos ellos de la Universidad de Salamanca. Este trabajo se ha desarrollado en el marco de los proyectos de investigación *PID2022-138775NB-100*, financiado/a por MCIN/ AEI/10.13039/501100011033/ y por FEDER Una manera de hacer Europa, "Cumplimiento normativo y protección penal de la Administración Pública", *RED2022-134265-T* "Cultura de la legalidad y lucha contra la corrupción", financiado por el Ministerio de Ciencia e Innovación y *PID2022-138775NB-100* "WiS-H - A Whistleblowing Habitat in Southern Europe", financiado por la Comisión Europea - Unión Europea (Convocatoria CERV-2023-CHAR-LITI. # 101143143). Este trabajo actualiza los contenidos expuestos en el trabajo publicado en el n.º 10 de 2024 de la *Revista de la Asociación de Profesores de Derecho Procesal de las Universidades Españolas*. ORCID ID 0000-0003-0045-796X y RESEARCHER ID A-8577-2017. Contacto: nicolas@usal.es y @nicolasUSAL.

2 Echándose en manos, incluso en el campo penal, de las pretendidas *bonanzas* de la inteligencia artificial, como entre muchos estudian BARONA VILAR (2022: 75 y ss.), GIMENO BEVIÁ (2023), GÓMEZ COLOMER (2023) y MIRANDA RODRIGUES (2023: 211 y ss.). Lo que no empece a que haya cada vez más cuestionamientos y planteamientos reflexivos sobre su futuro y extensión, como el que efectúa INNERARITY (2023).

criminalidad", esto es, esas que se han expandido y transformado debido a la imparable interdependencia y conectividad entre los países en las relaciones que entre ellos se tejen desde el punto de vista social, económico, jurídico y tecnológico, con la consiguiente generación de *riesgos*[3] cuya percepción y gestión se han convertido en elementos esenciales de la agenda política de los países y de las instituciones y organismos supranacionales e internacionales[4].

Las consecuencias de estos "delitos de la globalización", para los cuales no han estado preparados para darles una adecuada respuesta desde el Estado de Derecho ninguno de los sistemas penales modernos[5], ni tan siquiera los de los países más avanzados[6], y su imparable crecimiento en términos cuantitativos —de ahí la preocupación concentrada por la implementación de políticas de recuperación de activos— y cualitativos —por su lesividad ampliada e impacto social a todos los niveles—, ha provocado que desde esos mismos organismos supranacionales e internacionales se haya trabajado intensamente en una triple dirección, más allá de aquellas tradicionales conceptuadas desde una óptica más retributiva, las cuales se han mostrado altamente ineficientes —y en ocasiones injustas[7]—:

(a) generar bases comunes de aquellas estrategias contrastadas y más eficaces para la persecución de los delitos, las cuales tienen que ser desarrolladas por cada uno de los países de manera atemperada en función de su propio contexto social, político, económico, jurídico e institucional;

(b) desarrollar herramientas innovadoras de prevención, tanto especial como general[8]; y

(c) concienciar a la sociedad en su conjunto que sin una propensión generalizada a la colaboración activa de los ciudadanos que interaccionan desde diferentes roles en el sistema de justicia penal a través de instituciones jurídicas de base comunicacional, dialogada y nego-

---

7 PORTILLA CONTRERAS (2004), DAMIÁN MORENO (2006), MUÑOZ CONDE (2009), MERKEL (2022) y RODRÍGUEZ-GARCÍA (2025).

8 MOYA VALDIVIESO (2022: 110 y ss.), quien desde este planteamiento estudia el "principio de precaución".

cial, será mucho más difícil alcanzar soluciones más justas, eficientes y acordes con los derechos humanos[9].

En este punto, a nadie extraña si señalamos que hoy en día el ámbito material más propicio en el que convergen estos lineamientos es el relativo a la "corrupción"[10], y más en situaciones extremas como las creadas por la crisis financiera del decenio pasado, la pandemia de la covid-19 o la guerra de Ucrania[11], en las cuales los ciudadanos están más sensibilizados por el destino que se les da a los fondos públicos —nacionales y comunitarios—, esto es, son menos tolerantes frente a ella[12]. Un término que tiene que ser entendido como una cuestión existencial[13], que afecta a una pluralidad de víctimas —tanto

---

9 RODRÍGUEZ-GARCÍA (2022) y DE ALMEIDA MENDONÇA (2025).

10 Y ello porque, como señala MAIA (2022: 21 y ss.), el fraude y la corrupción son un problema de gestión del Estado que afecta a la credibilidad y simbolismo que representa. En términos generales, véase DAMIÃO DA CUNHA (2011), OCDE (2017), FRIDRICZEWSKI & RODRÍGUEZ-GARCÍA (2023) y WORLD BANK (2024: 26 y ss.); y con relación a Portugal DE FARIA COSTA, GODINHO & AIRES DE SOUSA (2014). Además, hay que indicar que tal y como se evidencia en TRANSPARENCY INTERNATIONAL (2021: 18 y ss.), en la Unión Europea se ha cuantificado en 18 millones de personas las que en el último año para utilizar un servicio público pagaron un soborno, entregaron un regalo o hicieron un favor para recibir los servicios que necesitaban (sanidad pública, prestaciones sociales, educación, Policía, etc.); concretamente la media europea es del 7%, y el dato de Portugal el 3%. Sin embargo, mucho más amplificadas y extendidas están las prácticas de pedir favores y de recurrir a conexiones personales de familiares, amigos, compañeros de trabajo... para *baipasear* las normas y los procedimientos para poder hacer uso de esos servicios públicos: 106 millones de personas en el último año a nivel región; en esencia, recibir un trato *preferencial* —individual o grupal— para cuya consecución no es infrecuente que resulten damnificados otros grupos más numerosos al quedar sesgada la distribución de los servicios gubernamentales en favor de quienes están mejor *conectados* en la sociedad. En este caso, la media europea es del 33%, siendo el dato portugués significativamente más elevado: el 48%.

11 WORLD BANK (2022: 201 y ss.).

12 GOUVÊA MACIEL (2021).

13 VV.AA. (2024: 10). No en vano, en el Preámbulo de la Convención de las Naciones Unidas contra la Corrupción de 2003 —en adelante CNUC— se exhorta a los países a tener presentes "[...] los principios de debida gestión de los asuntos y los bienes públicos, equidad, responsabilidad e igualdad ante la ley, así como la necesidad de salvaguardar la integridad y fomentar una cultura de rechazo a la corrupción". Con este planteamiento véase BIERSTAKER (2009) y RODRÍGUEZ-GARCÍA & PAHUL ROBREDO (2022: 29 y ss.). Y también CLARK &

concretas como inespecíficas[14]—, que peligrosamente en muchos países y regiones del mundo se ha convertido en un problema estructural y sistémico[15], que va más allá de los *simples* delitos con los que se asocia[16] y con los que se relaciona[17], y en el que junto a la aplicación de la ley afloran las necesidades de apostar por planteamientos preventivos[18], de raigambre ética, así como por generar sociedades pacíficas, inclusivas y sostenibles en las que se fomenten la integridad y la gobernanza de las organizaciones[19] en la preservación de sus

---

SKOUSEN (2023), quienes empíricamente analizan los conflictos existenciales entre las empresas y las sociedades en las que actúan, y entre las empresas y su personal, por cuando a las primeras se las compromete en la causa de generalizar una cultura de la probidad y cumplimiento normativo en sus activos personales en sus trabajadores, directivos y accionistas, los cuales en muchas ocasiones están llamados a traicionar a la organización en defensa de esa misma causa.

14 LÓPEZ ZUBIRÍA DÍAZ (2017: 347 y ss.), BAHAMONDE DELGADO & MIRANDA (2020), MUÑOZ OLIVEIRA & CAMACHO BELTRÁN (2023: 41 y ss.) y MEGÍAS, GOUVÊA MACIEL, DE SOUSA & JIMÉNEZ SÁNCHEZ (2024: 8 y ss.). Con este planteamiento, el WORLD ECONOMIC FORUM (2024: 68 y ss.) resalta cómo, por un lado, la actividad económica ilícita es uno de los *riesgos* menos valorados en los países, y, por otro, un amplio conjunto de actores no estatales capitalizará los sistemas debilitados, consolidando el 'círculo vicioso' entre conflicto, fragilidad, corrupción, delincuencia y seguridad.

15 TRANSPARENCY INTERNATIONAL (2023), que ranquea 180 países del mundo en función de los niveles percibidos de corrupción en el sector público, según expertos y empresarios, suspendiendo en esta valoración dos tercios de los países analizados y siendo la media que obtienen 4'3 puntos; 6'6 puntos en el caso de los países europeos, teniendo una puntuación de 6'2 Portugal. Unos datos, mantenidos en el tiempo e incluso tendencialmente inferiores, situación agravada por la pandemia sanitaria pasada, que ponen de manifiesto la inocuidad de los esfuerzos en prevenir y reprimir la corrupción, en unos escenarios nacionales, supranacionales y mundiales cada vez más violentos. Además, véase EUROPOL (2023: 9 y ss.), FELDMANN & LUNA (2023: 5 y ss.), NIETO MARTÍN (2023: 152 y ss.), LUCIANI (2024) y POHLMANN (2024).

16 Y, dentro de ellos, con una amplia comprensión del fenómeno delictivo que va mucho más allá de la ideación tradicional concentrada en el soborno y la malversación de fondos públicos. Véase HALD (2013); y particularmente por su relación con el delito de enriquecimiento ilícito QUINTAS PÉREZ (2024).

17 Como, por ejemplo, el crimen organizado y el blanqueo de capitales. Véase EUROPOL (2024: 39 y ss.).

18 BACIGALUPO SAGGESE (2020).

19 VILLORIA MENDIETA & JIMÉNEZ SÁNCHEZ (2019: 760 y ss.). Y también, para un estudio en profundidad y comparado de esta materia y enfoque, OCDE (2024), en donde se destaca como los marcos anticorrupción y de integridad es-

bienes internos[20], objetivos para cuya consecución se es cada vez más dependiente de la tecnología[21], también en la persecución de algunas formas de criminalidad[22].

Es planteamiento situacional debe también poner énfasis en la relación que se da entre tres elementos en los ámbitos legal y organizacional[23]: *(i)* los *compliance programs* —en algunos casos también *criminal*—, que a partir de su marco de cumplimiento normativo y ético fomentan la denuncia de irregularidades —y también de ilegalidades e ilicitudes— por parte de *(ii)* unos *whistleblowers*, que tienen que ser debidamente protegidos frente a posibles *malos tratos* injustificados y desproporcionados, lo que en última instancia ayuda a evitar y, en su caso, enjuiciar, *(iii)* la responsabilidad —no solo penal— de las personas jurídicas.

Así lo indicamos porque todos ellos conforman un todo, en el que se retroalimentan en su existencia, configuración y operatividad, de forma tal que hay que ser conscientes de que el abordaje individual de cada uno de ellos sólo nos aporta una impresión parcial, que tiene que ser colmada con el conocimiento en profundidad de los demás si es que queremos tener una comprensión holística del funcionamiento de estas nuevas herramientas[24] e, incluso, compararlas con las existentes en otros países[25] siguiendo directrices planteadas en la comunidad

---

tán mejorando, pero es necesario renovar los esfuerzos para fortalecerlos a nivel mundial priorizando su implementación, mejorando la recopilación de datos y teniendo en cuenta los —nuevos— riesgos emergentes, todo ello si se toma en cuenta que fortalecer la integridad y combatir la corrupción es esencial para salvaguardar la confianza de los ciudadanos en la gobernabilidad democrática, hacer que las economías sean más productivas al proporcionar un entorno empresarial propicio para la innovación, la competencia y la inversión, y garantizar que los recursos del sector público se asignen de manera efectiva en un momento de importantes presiones fiscales. Tal y como se destaca en este informe, Portugal es uno de los doce países de la Organización que recopilan datos sobre si las organizaciones públicas siguen las recomendaciones de las auditorías internas —lo hacen en un 56%—; sin embargo, no es uno de los países que hace un seguimiento de los puestos que ocupan los altos funcionarios al dejar su cargo público, lo que les expone potencialmente a conflictos de intereses.

24 Con este planteamiento véase RODRÍGUEZ-GARCÍA (2021).

25 TRANSPARENCY INTERNATIONAL NEDERLAND (2019): *Mapping the EU on Legal Whistleblower Protection Assessment before the Implementation of the EU Whistleblowing Directive*. Amsterdam: TI-NL.

internacional[26], de cuyo estudio pretendemos sacar lecciones aprendidas que ayuden a mejorar el marco normativo nacional y las actuaciones de asistencia y cooperación jurídica y judicial internacional.

Desde hace decenios, en la estrategia diseñada y desplegada en todas las regiones del mundo a partir de los instrumentos jurídicos internacionales dedicados al combate de delitos graves, complejos y transfronterizos —como el narcotráfico, el terrorismo, la corrupción, el blanqueo de capitales o el crimen organizado—[27] se ha venido prestando atención a la necesidad institucional de proteger a las personas que con sus denuncias han venido coadyuvando en la persecución de esos hechos criminales[28], dando continuidad a las políticas que se han venido siguiendo con relación a víctimas, peritos y testigos[29]; todas ellas, eso sí, ayunas de eficacia.

A nuestro juicio, esta ampliación del espectro subjetivo de la tutela estatal a colectivos de personas en riesgo se ha hecho de manera timorata, desigual y fraccionada. Basta con constatar que claramente éstas son previsiones de *soft law*[30], no como las atinentes a las otras personas[31], y que en el mejor de los casos se limitan a fijar como presupuesto de la protección el que el actuante lo haga de "buena fe"[32] y

26 VANDEKERCKHOVE & LEWIS (2011).

27 STIEGEL & DE SCHAMP (2023: 345 y ss.).

28 ABAZI (2020: 641). Y ello con independencia de que las denuncias se presenten ante organismos gubernamentales de denuncia (policía, fiscalía y tribunales) o en otros organismos e instancias, como estudian LOYENS & VANDEKERCKHOVE (2018).

29 FREITAS (2021: 572 y ss.).

30 FAJARDO DEL CASTILLO (2024).

31 Así, si tomamos como referencia la CNUC, con relación a la protección de los denunciantes el artículo 33 establece una doble previsión potestativa ([c]ada Estado Parte considerará la posibilidad de incorporar en su ordenamiento jurídico interno…"), mientras que con relación a los peritos, testigos y víctimas los Estados son compelidos desde el artículo 32.1 a actuar de manera eficaz contra eventuales actos de represalia o intimidación ("[c]ada Estado Parte adoptará medidas apropiadas, de conformidad con su ordenamiento interno y dentro de sus posibilidades…"). Para tratar de salvar esta diferencia en favor del primer precepto, y pese a señalar de manera directa que el mismo no es "vinculante", en NACIONES UNIDAS (2010: 112) se indica que tiene que ser complementado por el segundo artículo reseñado, por mucho que existan claras diferencias entre los testigos y las personas que denuncian.

32 Aunque de manera primaria esta "buena fe" se hace equivaler a desinterés objetivo y subjetivo en relación a los hechos y sujetos implicados en los mismos, no es

al amparo de "motivos razonables" para comprender que los hechos denunciados son verdaderos y están comprendidos en el ámbito aplicativo de la normatividad, sin especificar, por ejemplo, posibles mecanismos y medidas de protección[33] o, incluso, los derechos procesales que le asisten a las personas a las que se les atribuyen los hechos —ejecutados o temidos— de represalia, tales como el derecho de defensa o la garantía del proceso debido[34].

Con este escenario fáctico y normativo, ya Naciones Unidas apuntó algunas de las cuestiones esenciales que tendrían que ser resueltas en la legislación nacional en esta materia[35], con el objetivo de que las personas que tienen conocimiento de posibles hechos criminales no se vean desalentados en su propensión a colaborar, lo que de manera directa e inmediata provocaría el debilitamiento de los objetivos de la estrategia de la comunidad internacional en esta materia[36], que como en otras está liderada —jurídicamente y *de facto*— por Estados Unidos[37]: *(i)* a qué personas y en qué esferas, actividades, sectores y

---

menos cierto que en muchos casos, como indica BACHMAIER WINTER (2019: 5), el interés general que justifica el reporte del alertante puede estar conectado con intereses propios.

33 Si es verdad que en NACIONES UNIDAS (2010: 132) se ejemplifican medidas de protección de los denunciantes: la protección de la carrera profesional, el apoyo psicológico, el reconocimiento institucional de la denuncia, el traslado dentro de la misma organización y la reubicación en otra institución. No obstante, este relajamiento institucional en anudar la incentivación de denunciantes con verbalizar y hacer reales los compromisos de protección a lo mejor encuentra explicación en las evidencia mostradas por MECHTENBERG, MUEHLHEUSSER & ROIDER (2020) en el sentido de que cuando se presentan denuncias y su autor reclama la necesidad de otorgarle esquemas de protección efectivos los fiscales se muestran más reacios a admitirlas a trámites y darles impulso procesal por las dificultades y costos que ello tiene.

34 Con relación a la percepción que se tiene del Poder Judicial y de las garantías procesales que están constitucionalizadas en favor de los ciudadanos véase ALBERT (2024: 29 y ss.).

35 NACIONES UNIDAS (2010: 132).

36 NACIONES UNIDAS (2012: 127).

37 Véase FORTUNY CENDRA (2020) y KARPACHEVA & HOCK (2024). En este punto, consignar como el 7 de marzo de 2024 la Fiscal General Adjunta de Estados Unidos Lisa Mónaco ha anunciado que el Departamento de Justicia (DOJ) va a aprobar un nuevo programa de denunciantes para recompensarles por sus reportes con relación tanto a empresas públicas como privadas; particularmente, aquellas que tengan que ver con los hechos contemplados en la "FCPA" —Ley

entidades se aplica el término; *(ii)* quiénes están habilitados para efectuar denuncias; *(iii)* ante quién deben presentarse; *(iv)* de qué forma y con qué información; *(v)* en qué consiste un "trato injustificado"; *(vi)* qué tipo de protección ha de ofrecerse a la fuente de información; y *(vii)* qué garantías se preverían en caso de acusaciones infundadas o aviesas.

Afortunadamente, aún existen muchos ciudadanos que, a pesar del temor a las represalias y las deficiencias en los sistemas de justicia penal para perseguir conductas criminales, mantienen un comportamiento proactivo[38]: creen que colaborar activamente con las autoridades, tanto del sector público como privado, contribuye al bienestar económico y social, así como a la prosperidad de la sociedad en su conjunto. Y para maximizar la cantidad y la calidad de las colaboraciones, aún a riesgo de que muchas de ellas queden en *tierra de nadie*[39], es absolutamente necesario, dentro del marco legal y operativo, que en las organizaciones exista un clima donde los empleados sientan un fuerte sentido de pertinencia y seguridad[40], lo que se puede concretar, entre otras cuestiones, en la vigencia y el alcance del derecho de información de los denunciantes, no sólo durante y después de la presentación de su reporte, sino también con carácter previo a los efectos de que dentro de la cultura organizacional imperante sea informado, de manera eficaz, de la relevancia jurídica de la conducta de referencia y su calificación legal, de los sujetos implicados, de la importancia de denunciar para preservar el interés público, del esquema de protección que se establece en su favor y su compatibilidad

---

de Prácticas Corruptas en el Extranjero— y en la "FEPA" —Ley de Prevención de la Extorsión en el Extranjero—, por lo que se les dará especial valor a las autorrevelaciones voluntarias en aplicación de lo que en ocasiones hemos llamado *doctrina del palo y la zanahoria*.

38 TRANSPARENCY INTERNATIONAL (2021: 31 y ss.), que en el ámbito europeo presenta números esperanzadores: el 64% de las personas cree que los ciudadanos de a pie pueden marcar la diferencia en la lucha contra la corrupción, sentimiento que en el caso de Portugal es superior al 80%. Ello no obsta para que en esta tarea autoimpuesta haya dudas, miedos y temores a represalias: así lo piensa el 58% en Portugal. Véase además AMNISTÍA INTERNACIONAL (2022).

39 Véase TOMO, DE NITO, CANONICO, MANGIA & CONSIGLIO (2020), que estudian la importancia de saber *qué* hay que denunciar.

40 MUNRO & GOLDWASSER (2024).

con la legislación laboral aplicable al caso, del derecho que le asiste a recibir información puntual y detallada sobre el estado, resultados y tramitación de sus denuncias, de las obligaciones indirectas que asume desde que colabora —ampliar la información o buscar una nueva, testificar...—, de las potenciales reparaciones o indemnizaciones a las que tiene derecho —y, por qué no, recompensas económicas[41]—, de la posibilidad de llevar a cabo denuncias anónimas, etc. En suma, un elenco de cuestiones complejo, amplio y cambiante, que además se encuentra tamizado por la cultura del contexto social, económico e institucional en el que se tienen que concretar[42].

Por tanto, en este escenario la transparencia y el buen hacer de los operadores competentes actúan de contrapunto positivo a la confidencialidad de la investigación y de las personas implicadas. Incluso, en línea de principios, hay que extender un manto protector sobre el denunciante, que es una persona con rostro[43], siempre y cuando no se demuestre que ha actuado con "mala fe"[44] —e incluso con "temeridad"—, con relación a un posible reporte incompleto o inexacto, a su canalización ante una autoridad incompetente, a la posible transgresión de las leyes de la confidencialidad de su organización, a la insuficiencia de motivación en su proceder, etc.[45]. Un término, denunciante, en el que hay que considerar como comprendidos también a los periodistas que publiquen denuncias[46], puesto que no en vano

---

41 GIMENO BEVIÁ (2018), TEICHMANN (2019), GARCÍA-MORENO (2021) y POTIPIROON (2024). Y en sentido contrario, cuando menos para Portugal, véase MARQUES DA SILVA (2020: 22), lo que le permite afirmar que si la colaboración con la justicia no debe ser premiada también el denunciante no puede ser perjudicado.

42 BUSHNELL (2020).

43 VIEGAS (2022: 87 y ss.).

44 NACIONES UNIDAS (2010: 114) así lo enfatiza, dejando claro que sobre el denunciante no recae la carga de probar que su actuación se basa en las reglas de la buena fe; una decisión distinta sería un acicate negativo para retraer las actitudes colaboradoras de los ciudadanos. Con relación a las posibles motivaciones de los denunciantes véanse NICHOLLS *et al.* (2021).

45 Actuaciones irresponsables o indebidas que, como indica PÉREZ TRIVIÑO (2018: 296), pueden terminar derivando para el denunciante que se le exijan responsabilidades de distinta naturaleza, incluida la penal.

46 Esta es una materia sobre la que viene prestando una especial atención la Unión Europea, tratando de dar respuesta a las expectativas de los ciudadanos europeos, quienes entre otras muchas cuestiones reclaman, tal y como marca la

el nuevo marco jurídico internacional recoge como tercer estadio de protección la difusión pública de las denuncias.

Partiendo de la base de la aplicación de la *competencia no exclusiva*[47], en la Unión Europea se ha ido produciendo un crecimiento acelerado del "Derecho Penal europeo"[48], que vaya más allá de la fijación y aplicación de sanciones —proporcionales, eficaces y disuasorias—, buscando alcanzar las cotas hasta hace poco reservadas a otros campos jurídicos como el laboral, el medioambiental, el consumo, la competencia o la propiedad intelectual. Por ello, se ha dicho que con el cambio de siglo al Derecho Penal —y Procesal penal— le han quedado pequeños los zapatos que le había puesto la normativa

---

UNIÓN EUROPEA (2022: 70 y ss.), *(i)* que se introduzca una legislación que aborde las amenazas a la independencia de los medios de comunicación y hacer cumplir las normas de competencia de la UE en el sector de los medios de comunicación, con el fin de evitar los grandes monopolios de los medios de comunicación, así como para garantizar el pluralismo de los medios de comunicación y la independencia de las injerencias políticas, corporativas o extranjeras indebidas; *(ii)* que se contrarreste la desinformación a través de la legislación y las directrices para las plataformas en línea y las empresas de medios sociales; y *(iii)* que se defienda y apoye a los medios de comunicación libres, pluralistas e independientes y garantizar la protección de los periodistas.

En secuencia de lo señalado, hace pocas semanas el Parlamento Europeo ha aprobado la Resolución legislativa, de 13 de marzo de 2024, sobre la propuesta de Reglamento del Parlamento Europeo y del Consejo *por el que se establece un marco común para los servicios de medios de comunicación en el mercado interior (Ley Europea de Libertad de los Medios de Comunicación) y se modifica la Directiva 2010/13/UE [COM(2022)0457 – C9-0309/2022 – 2022/0277(COD)]*.

Y, más recientemente, se ha publicado la Directiva (UE) 2024/1069 del Parlamento Europeo y del Consejo, de 11 de abril de 2024, *relativa a la protección de las personas que se implican en la participación pública frente a pretensiones manifiestamente infundadas o acciones judiciales abusivas ("demandas estratégicas contra la participación pública")* —en adelante D. 2024/1969—.

47 LUPPI & BELLINGERI (2023: 282).

48 Véase la Comunicación de la Comisión al Parlamento Europeo, al Consejo, al Comité Económico y Social Europeo y al Comité de las Regiones *Hacia una política de Derecho penal de la UE: garantizar la aplicación efectiva de las políticas de la UE mediante el Derecho penal /* COM/2011/0573 final */*, en la que entre otras muchas cuestiones se señala que "[e]l Derecho penal puede desempeñar un importante papel para garantizar la aplicación de las políticas de la Unión Europea. Estas políticas dependen de la aplicación efectiva por los Estados miembros. La Unión por sí sola no puede garantizar que sus normas [...] tengan el efecto deseado para los ciudadanos".

comunitaria[49], la cual, además, no puede quedar limitada a aquellos casos en los cuales los hechos criminales tienen únicamente carácter transfronterizo, lo que conlleva que también tenga que alcanzar a los asuntos nacionales —internos— en la búsqueda activa de la tutela europea de los principios del perjuicio y del interés jurídico[50], aún en un espacio geográfico con instituciones y sistemas legales patrios ampliamente heterogéneos.

Buen ejemplo de ello tenemos con los instrumentos jurídicos generados —en su mayor parte aprobados— en los últimos meses en muchas materias claves en la construcción de un espacio judicial-penal europeo: *(i)* la lucha contra la violencia contra las mujeres y la violencia doméstica[51], *(ii)* la protección del medio ambiente mediante el Derecho penal[52], *(iii)* el combate a la corrupción[53], *(iv)* la utilización del sistema financiero para el blanqueo de capitales o la financiación del terrorismo[54], *(v)* la prevención y lucha contra la trata de seres

---

49 ALBRECHT & BRAUM (2002: 293).

50 WIECZOREK (2021: 378 y ss.).

51 Directiva (UE) 2024/1385 del Parlamento Europeo y del Consejo, de 14 de mayo de 2024, *sobre la lucha contra la violencia contra las mujeres y la violencia doméstica.*

52 Directiva (UE) 2024/1203 del Parlamento Europeo y del Consejo, de 11 de abril de 2024, *relativa a la protección del medio ambiente mediante el Derecho penal y por la que se sustituyen las Directivas 2008/99/CE y 2009/123/CE.*

53 Propuesta de Directiva del Parlamento Europeo y del Consejo *sobre la lucha contra la corrupción, por la que se sustituyen la Decisión Marco 2003/568/JAI del Consejo y el Convenio relativo a la lucha contra los actos de corrupción en los que estén implicados funcionarios de las Comunidades Europeas o de los Estados miembros de la Unión Europea, y por la que se modifica la Directiva (UE) 2017/1371 del Parlamento Europeo y del Consejo.* La intelección de la misma no puede hacerse sin estudiar el documento EUROPEAN COMMISSION (2023c).

54 En esta materia son tres los nuevos instrumentos jurídicos: *(i)* el Reglamento (UE) 2024/1624 del Parlamento Europeo y del Consejo, de 31 de mayo de 2024, *relativo a la prevención de la utilización del sistema financiero para el blanqueo de capitales o la financiación del terrorismoTexto pertinente a efectos del EEE*; *(ii)* el Reglamento (UE) 2024/1620 del Parlamento Europeo y del Consejo, de 31 de mayo de 2024, *por el que se crea la Autoridad de Lucha contra el Blanqueo de Capitales y la Financiación del Terrorismo y se modifican los Reglamentos (UE) n.° 1093/2010, (UE) n.° 1094/2010 y (UE) n.° 1095/2010*; y *(iii)* la Directiva (UE) 2024/1640 del Parlamento Europeo y del Consejo, de 31 de mayo de 2024, *relativa a los mecanismos que deben establecer los Estados miembros a efectos de la prevención de la utilización del sistema financiero para el blanqueo*

humanos[55], *(vi)* la diligencia debida de las empresas en materia de sostenibilidad[56] y *(vii)* la recuperación y decomiso de activos[57].

Con anterioridad, sentando muchas de las bases que han permitido estos avances específicos un lustro después, vio la luz la Directiva en materia de protección de aquellas personas que informen sobre infracciones del Derecho de la Unión[58]. Una norma altamente demandada —al menos socialmente— como parte de la estrategia de la comunidad europea —e internacional— para prevenir actos de fraude y corrupción —y otros muchos hechos criminales complejos y graves, y en ocasiones transnacionales—[59], así como para facilitar su persecución, tomando como refrentes los resultados alcanzados en materias

---

de capitales o la financiación del terrorismo, por la que se modifica la Directiva (UE) 2019/1937 y se modifica y deroga la Directiva (UE) 2015/849.

55 Directiva (UE) 2024/1712 del Parlamento Europeo y del Consejo, de 13 de junio de 2024, *por la que se modifica la Directiva 2011/36/UE relativa a la prevención y lucha contra la trata de seres humanos y a la protección de las víctimas.*

56 Directiva (UE) 2024/1760 del Parlamento Europeo y del Consejo, de 13 de junio de 2024, *sobre diligencia debida de las empresas en materia de sostenibilidad y por la que se modifican la Directiva (UE) 2019/1937 y el Reglamento (UE) 2023/2859.*

57 Directiva (UE) 2024/1260 del Parlamento Europeo y del Consejo, de 24 de abril de 2024, *sobre recuperación y decomiso de activos.*

58 Directiva (UE) 2019/1937 del Parlamento Europeo y del Consejo, de 23 de octubre de 2019, *relativa a la protección de las personas que informen sobre infracciones del Derecho de la Unión.*

Hasta la fecha esta Directiva ha sido modificada en cuatro ocasiones por los siguientes instrumentos normativos: *(i)* Reglamento (UE) 2020/1503 del Parlamento Europeo y del Consejo, de 7 de octubre de 2020, *relativo a los proveedores europeos de servicios de financiación participativa para empresas, y por el que se modifican el Reglamento (UE) 2017/1129 y la Directiva (UE) 2019/1937*; *(ii)* Reglamento (UE) 2022/1925 del Parlamento Europeo y del Consejo, de 14 de septiembre de 2022, *sobre mercados disputables y equitativos en el sector digital y por el que se modifican las Directivas (UE) 2019/1937 y (UE) 2020/1828*; *(iii)* Reglamento (UE) 2024/573 del Parlamento Europeo y del Consejo, de 7 de febrero de 2024, *sobre los gases fluorados de efecto invernadero, por el que se modifica la Directiva (UE) 2019/1937, y se deroga el Reglamento (UE) n.º 517/2014*; y *(iv)* la D. 2024/1640.

59 En esa misma línea de trabajo la propuesta de Directiva sobre la lucha contra la corrupción de 2023, tal y como enfatizan CLEMENTUCCI & MIEKINA (2023: 277), sienta las bases para que por medio de campañas de sensibilización y programas de investigación y educación para revertir los incentivos que generan los casos de corrupción se pueda construir un sistema de integridad eficaz.

sectoriales como el medio ambiente, la seguridad del transporte y los servicios financieros. Y ello por entender que su crecimiento continuo y exponencial suponen un riesgo fundamental para la pervivencia del proyecto de integración europeo, que pivota sobre el euro y los intereses financieros comunitarios, por lo que devienen en objetos fundamentales a ser salvaguardados[60] en interés de las administraciones, las empresas y los ciudadanos.

Se ha creado un marco común de protección de los que estén en condiciones de actuar como *whistleblowers*, garantizando —al menos sobre el papel— que puedan hacerlo venciendo a las represalias de las que puedan ser objeto[61], y complementariamente mereciendo una especial atención la protección de datos como política esencial de la Unión[62].

La exposición de los datos actuales con relación a la problemática que concurre con las denuncias con relación a hechos de fraude y corrupción, los cuales se espera que sean revertidos por una aplicación eficiente y efectiva de la Directiva, y al mantenerse —e incluso agravarse con el paso de los años—, nos puede dar una idea del campo de trabajo en el que de manera decidida se propuso actuar el legislador europeo[63]. Dentro de los datos más relevantes, indicando en primer término los europeos y a continuación los portugueses, apuntamos los siguientes:

(a) el 85% [70%] de las personas que han sufrido un caso de corrupción no lo han denunciado;

(b) el 54% [51%] no sabía dónde debía denunciar los hechos;

(c) las razones por las cuales no se denuncian esos caso no por conocidas no dejan de ser impactantes: el 47% [37%] por las dificultades de acreditar mínimamente los hechos denunciables, el 30% [42%] por las dudas que se le plantean respecto a la tramitación de la denuncia y a la posible exigencia de responsabilidades a los denunciados, el 28% [43%] por entender que los denunciantes no son objeto de protección adecuada frente a posibles represalias, el 23%

---

60 ZOLI (2023: 279 y ss.).

61 RODRÍGUEZ-GARCÍA (2024a: 6 y ss.).

62 TASSINARI (2024).

63 EUROPEAN UNION (2023b: 70 y ss.).

[18%] porque no sabe dónde denunciar, el 21% [11%] porque no se quiere traicionar a otra persona, el 20% [14%] debido a que saben que hay otras personas que son conocedoras de los mismos hechos y no han actuado frente a ellos, el 19% [19%] retraídos por entender que denunciando se le van a generar problemas con la Policía y con otras autoridades, y el 18% [26%] porque al final coligen que no vale la pena reportar los hechos; y

(d) en caso de que se quiera presentar una denuncia por un caso de corrupción, en quien más se confía es en la Policía (61% [60%]), seguido de los Tribunales y el Ministerio Público (24% [16%]), los medios de comunicación y los periodistas (17% [19%]), el Defensor del Pueblo (15% [9%]), una agencia especializada en el tratamiento de los casos de corrupción (13% [26%]), en asociaciones y organizaciones no gubernamentales (8% [4%]), en los sindicatos (7% [2%]), en los representantes políticos nacionales y locales (4% [1%]) o en las instituciones de la Unión Europea (4% [3%]).

II. FUNDAMENTOS LEGISLATIVOS

En Portugal, la trasposición de la Directiva europea de *whistleblowers* por medio de la Ley 93/2021 sobre el establecimiento del régimen general de protección de los denunciantes de infracciones[64], ha venido a colmar el marco jurídico previo, tímido y disperso[65], deficitario[66] y evolucionado en las tres últimas décadas[67], en las que partiendo

64 Lei n.º 93/2021, de 20 de dezembro. *Estabelece o regime geral de proteção de denunciantes de infrações, transpondo a Diretiva (UE) 2019/1937 do Parlamento Europeu e do Conselho, de 23 de outubro de 2019, relativa à proteção das pessoas que denunciam violações do direito da União* (*Diário da República* n.º 244/2021, Série I) —en adelante L. 93/2021—.

65 FREITAS (2021: 577).

66 Así es calificado por TEIXEIRA ALVES (2021: 266), a consecuencia de que no se prevén ampliaciones de la protección a denunciantes que no sean funcionarios o trabajadores, la garantía de confidencialidad, la obligación de retorno informativo en tiempo al denunciante, la institucionalización formal de canales de denuncia diligentes, libres y creíbles, y garantías de no represalias, incluidas las amenazas.

67 TRANSPARÊNCIA E INTEGRIDADE (2013 y 2020), RAMOS (2018: 4 y ss.) y BRANDÃO (2020: 105 y ss.).

de los aprendizajes tenidos en el ámbito privado[68] se han ido produciendo avances parciales en materias particulares, pero apreciándose un progresivo intento de complementariedad mantenida entre todas las herramientas jurídicas y la filosofía que detrás de ellas late: ética, integridad, gestión de riesgos y promoción de la calidad en la gestión pública[69]. Todo ello con especial atención a la incidencia que tienen en materia de enfrentamiento integral al problema de la corrupción, fundamentalmente por parte de un Poder Judicial, que dista bastante de gozar de una gran legitimidad anclada fundamentalmente en la percepción de su independencia[70].

Pocos días antes de la promulgación de la Ley, se aprobó[71] la creación del Mecanismo Nacional Anticorrupción (MENAC) como autoridad administrativa independiente que tiene que actuar conforme a las garantías de independencia e imparcialidad y en conexión interinstitucional con otras autoridades nacionales (Policía Judicial, Ministerio Público, Dirección General de Política de Justicia, Tribunal de Cuentas) y con las equivalentes de otros Estados, fundamentalmente con aquellas que sean competentes en casos de corrupción y delitos conexos, así como con las que se puedan determinar por las organizaciones internacionales dedicadas a estas materias, y también

---

68 MAIA (2012).

69 VILLORIA MENDIETA (2021), MAIA (2021: 336 y ss.), FONSECA & DE PITTA SIMÕES (2022) y GUIMARÃES (2023).

70 Son de todo punto esclarecedores los datos presentados por la Comisión Europea con relación a como los ciudadanos, en este caso los portugueses, perciben la independencia de su sistema judicial nacional: el 63% considera que los jueces y magistrados disponen de un estatuto y una posición en la que se garantiza suficientemente su independencia —siendo la media europea el 77%—, y no reciben interferencias o presiones de sectores influyentes como los económicos y financieros (70%), gobernantes y políticos (69%) [EUROPEAN COMMISSION (2024a: 3 y ss.)], valoración que el sector privado empresarial realiza de forma más negativa [EUROPEAN COMMISSION (2024b: 10 y ss.)], lo que lleva al 42% de la población encuestada a considerar que el sistema judicial portugués es "bastante malo" o "muy malo" [EUROPEAN COMMISSION (2023b: 3 y ss.)].

71 Por el Decreto-Lei n.º 109-E/2021, de 9 de dezembro. *Cria o Mecanismo Nacional Anticorrupção e estabelece o regime geral de prevenção da corrupção* (*Diário da República* n.º 237/2021, 1.º suplemento, Série I) —en adelante DL. 109-E/2021—. Con relación al mismo véase GARCÍA MARQUES (2021: 596 y ss.), MENEZES LEITÃO (2021), SANTOS CABRAL (2021), COROADO & ROLO (2021) y COROADO (2022).

con asociaciones de la sociedad civil y con otras entidades de Derecho público o privado[72].

Al MENAC se le atribuyen numerosas competencias, preventivas y de facilitación del control de la corrupción[73] —entendida en sentido amplio, *per se* y por su conexión con otros delitos conexos[74]—, lo que en pocos meses lo ha convertido en el motor anticorrupción portugués sobre el que pivotan todas las estrategias, políticas y acciones del Estado, también pensando en la recuperación —nacional e internacional— de los activos detraídos ilegítimamente[75], lo que da lugar a una mayor lógica economicista en los principios, esquemas y actores del sistema penal[76].

El Mecanismo tiene efecto directo en el sector privado y en la población, entre las que destacamos[77]:

(a) desarrollar, conjuntamente con los miembros del Gobierno responsables de las áreas de administración pública, enseñanza superior y educación, la adopción de programas e iniciativas destinadas a crear una cultura de integridad y transparencia, que abarque todas las áreas de la gestión pública y todos los niveles educativos;

(b) apoyar a los organismos públicos en la adopción y aplicación de programas de cumplimiento normativo;

(c) recabar y organizar información sobre la prevención y persecución de la corrupción activa o pasiva, la percepción y ofrecimiento

---

72 Art. 7.1 DL. 109-E/2021.

73 Para ampliar este enfoque preventivo de la Estrategia Nacional Anticorrupción véase FERREIRA LEITE (2021) y JACOB MORAIS (2021). Y ALFAR RODRIGUES (2024: 27 y ss.) que presenta los —malos— datos que se daban en las investigaciones de la corrupción en Portugal, así como el tránsito legislativo de las reformas de referencia en esta materia.

74 En sentido estricto, y a los efectos del régimen general portugués anticorrupción, el término "corrupción" —y las infracciones conexas— se circunscriben a los tipos penales de recepción y ofrecimiento indebidos de ventaja, malversación, participación económica en negocio, concusión, abuso de poder, prevaricación, tráfico de influencias, blanqueo de capitales o fraude en la obtención o desvío de subvención, ayuda o crédito, previstos en el Código Penal portugués. Véase GARCIA MARQUES (2021: 584) y MONIZ & CARDADOR (2021).

75 FONTES & DA CRUZ (2021: 59 y ss.) y DESTERRO FERREIRA, LOPES CARDOSO & CONDE CORREIA (2021).

76 LUZ DOS SANTOS (2022b: 73 y ss.).

77 *Cfr.* art. 2.3 DL. 109-E/2021.

indebidos de una ventaja, el tráfico de influencias, el fraude en la obtención o desvío de una subvención, ayuda o crédito, la malversación de caudales públicos, la mala administración, la malversación, la participación económica en una empresa, el abuso de poder, el incumplimiento del deber de secreto y el blanqueo de las ventajas derivadas de estos delitos, así como la adquisición de bienes inmuebles o valores mobiliarios como consecuencia de la obtención o utilización ilícitas de información privilegiada en el ejercicio de funciones en la Administración Pública o en el sector público empresarial;

(d) elaborar y difundir periódicamente información sobre la corrupción y los delitos conexos y desarrollar campañas para prevenirlos;

(e) crear bancos de información y operar una plataforma de comunicación que facilite el intercambio de información sobre estrategias y mejores prácticas para la prevención, detección y persecución de la corrupción y delitos conexos entre los organismos públicos con responsabilidades en la prevención y persecución de la corrupción y delitos conexos;

(f) asistir al Gobierno, por petición suya o a iniciativa propia, en la definición y aplicación de políticas relativas a la prevención, detección y represión de la corrupción y delitos conexos;

(g) supervisar, en colaboración con las Inspecciones Generales u órganos similares competentes y las Inspecciones autonómicas, la calidad, eficacia y actualización de los instrumentos de cumplimiento normativo adoptados por la Administración Pública y el sector público empresarial para prevenir la corrupción y los delitos relacionados con la misma; y

(h) desarrollar, fomentar o patrocinar, por sí misma o en colaboración con otras organizaciones, estudios, encuestas, publicaciones, actividades de formación y otras iniciativas similares.

Además de regular el MENAC, se aprovechó el mismo instrumento jurídico para regular el régimen general de prevención de la corrupción, aplicable, entre otras[78], a las personas jurídicas que tengan su domicilio social en Portugal y que empleen a 50 o más trabajadores, y también, con la misma exigencia de personal contratado, a las su-

---

[78] Art. 2.º DL. 109-E/2021.

cursales establecidas en territorio portugués, aunque sean de personas jurídicas que tengan su sede en el extranjero[79]. A ellas se les obliga a tener un programa de cumplimiento normativo —*compliance program*—, y un responsable del mismo —*Compliance Officer*—, que con el objetivo de prevenir, detectar y sancionar los actos de corrupción y delitos relacionados realizados contra o a través de la entidad, al menos, incluya:

(a) un plan de prevención de riesgos de corrupción y delitos relacionados[80];

(b) un código de conducta[81];

(c) un programa de formación[82]; y

(d) un canal de denuncias —interno, *solamente*—, estando obligadas las entidades a dar seguimiento a las que se presenten so pena de tener que hacer frente a responsabilidad por cometer infracciones administrativas[83].

Una estrategia preventiva que se complementó con la aprobación de unas esperadas normas procesales penales[84] que han servido para completar el sistema penal portugués, que en 2007 modificó su Código Penal para introducir la responsabilidad de las personas jurídicas.

Resulta de gran interés dejar constancia sucinta de algunos de los regímenes especiales de denuncia y mecanismos de *compliance*, los cuales han contribuido a allanar el camino del legislador portugués de finales de 2021[85] el cual, a su vez, los ha actualizado y acompasado al marco general expuesto previamente[86]:

---

79 DE PITA SIMÕES & FONSECA (2021).

80 Véase el art. 6.º DL. 109-E/2021.

81 Véase el art. 7.º DL. 109-E/2021.

82 Véase el art. 9.º DL. 109-E/2021.

83 Art. 8.º DL. 109-E/2021.

84 Lei n.º 94/2021, de 21 de dezembro. *Aprova medidas previstas na Estratégia Nacional Anticorrupção, alterando o Código Penal, o Código de Processo Penal e leis conexas* (*Diário da República* n.º 245/2021, Série I). Sobre la misma véase LATAS (2021), LAMA LEITE (2022) y LUZ DOS SANTOS (2022a y 2022b).

85 El cual, como indica acertadamente FREITAS (2021: 579 y ss.), disponía de varias opciones legislativas —cada una con sus pros y contras— una vez que en 2019 se aprobó la Directiva comunitaria de referencia.

86 Más en detalle con relación a algunos de ellos véase TRANSPARENCY INTERNATIONAL (2013: 6 y ss.), RAMOS (2018: 16 y ss.) y DÁ MESQUITA (2021: 633 y ss.).

(a) El Decreto Ley de Servicios Financieros de 1992[87] ha contemplado un sistema de comunicación de irregularidades conforme al cual las entidades de crédito están obligadas a implantar medios específicos, independientes, autónomos y adecuados para recibir, procesar y archivar las notificaciones de irregularidades graves relativas a su administración, organización contable y supervisión interna, así como de indicios graves de incumplimiento de los deberes establecidos legalmente, los cuales, además, tienen que garantizar la confidencialidad de las denuncias recibidas y la protección de los datos personales tanto del denunciante, como de la persona sospechosa de haber cometido el delito.

(b) El Decreto Ley de valores mobiliarios de 1999[88] que regulaba canales de denuncia en la actuación de los intermediarios financieros y las sociedades de inversión colectiva.

(c) En la Ley de protección de la competencia de 2012[89], la depuración de las responsabilidades por prácticas restrictivas de la misma (acuerdos, prácticas concertadas y decisiones de asociaciones de empresas, abusos de la posición dominante y de la dependencia económica), la aportación de informaciones por parte de las empresas investigadas puede afectar al desarrollo del procedimiento y a las consecuencias jurídicas que en el mismo se puedan fijar. Y ello porque se prevé que ante la Autoridad de la Competencia la empresa afectada presente un acuerdo de transacción en el que reconoce su responsabilidad por los hechos imputados y acepta la sanción que le corresponde, la cual, salvo que las aportaciones que presente sean calificadas de infundadas[90], puede ser condonada o reducida como consecuencia de su colaboración[91].

---

87 Decreto-Lei n.º 298/92, de 31 de dezembro. *Aprova o Regime Geral das Instituições de Crédito e Sociedades Financeiras* (*Diário da República* n.º 301/1992, Série I-A).

88 Decreto-Lei n.º 489/99, de 13 de novembro. *Aprova o novo Código dos Valores Mobiliários* (*Diário da República* n.º 265/1999, Série I-A).

89 Lei n.º 19/2012, de 8 de maio. *Aprova o novo regime jurídico da concorrência, revogando as Leis n.os 18/2003, de 11 de junho, e 39/2006, de 25 de agosto, e procede à segunda alteração à Lei n.º 2/99, de 13 de janeiro* (*Diário da República* n.º 89/2012, Série I).

90 Véase CÁMARA (2012), que precisamente sobre este punto ancló su posicionamiento dubitativo con relación al uso de los *whistleblowers* en Portugal.

91 Sobre esta materia véase BRAATEN & TSAI (2023), quienes demuestran empíricamente que es mucho más probable que las sanciones pecuniarias impuestas a los infractores corporativos sean más bajas cuando los acusados han llegado

(d) La Ley sobre combate del blanqueo de capitales y la financiación del terrorismo de 2017[92] establece detalladamente un régimen de denuncia de irregularidades en la materia en favor de cualquier persona que tenga conocimiento de ellas, quienes podrán hacer uso de canales específicos, independientes y anónimos que garanticen internamente, de forma adecuada, la recepción, tramitación y archivo de las denuncias que presenten[93]. Estas personas están protegidas por la normativa de protección de datos y con la garantía de confidencialidad, hasta el momento en que esta información sea necesaria para salvaguardar los derechos de defensa de los afectados por su denuncia, en el marco de las investigaciones a que dé lugar o de procedimientos judiciales posteriores. Además, las entidades obligadas por esta normativa quedan constreñidas a abstenerse de cualquier amenaza o acto hostil frente al colaborador y, en particular, de cualquier práctica laboral desfavorable o discriminatoria. Por último, incluye esta Ley una

---

a acuerdos negociados —de no enjuiciamiento, de enjuiciamiento diferido o de declaración de culpabilidad— con la Fiscalía. Una institución que, por otro lado, en los casos de corrupción se encuentra en una dificultosa tesitura institucional, como estudian ARLEN & KAHAN (2017), MACHADO DE SOUZA & RODRÍGUEZ-GARCÍA (2022), BRAATEN & TSAI (2024), MOTA PRADO, KERCHE & MARONA (2024) y OLIVEIRA TEIXEIRA DOS SANTOS (2024).

92 Lei n.º 83/2017, de 18 de agosto. *Estabelece medidas de combate ao branqueamento de capitais e ao financiamento do terrorismo, transpõe parcialmente as Diretivas 2015/849/UE, do Parlamento Europeu e do Conselho, de 20 de maio de 2015, e 2016/2258/UE, do Conselho, de 6 de dezembro de 2016, altera o Código Penal e o Código da Propriedade Industrial e revoga a Lei n.º 25/2008, de 5 de junho, e o Decreto-Lei n.º 125/2008, de 21 de julho* (*Diário da República* n.º 159/2021, Série I). También hay que considerar la Lei n.º 58/2020, de 31 de agosto. *Transpõe a Diretiva (UE) 2018/843 do Parlamento Europeu e do Conselho, de 30 de maio de 2018, que altera a Diretiva (UE) 2015/849 relativa à prevenção da utilização do sistema financeiro para efeitos de branqueamento de capitais ou de financiamento do terrorismo e a Diretiva (UE) 2018/1673 do Parlamento Europeu e do Conselho, de 23 de outubro de 2018, relativa ao combate ao branqueamento de capitais através do direito penal, alterando diversas leis* (*Diário da República* n.º 169/2020, Série I). Sobre ellas véase LUZ SOARES (2021: 252 y ss.).

93 En esta materia y con relación al catálogo de sujetos obligados se produce desde siempre un campo de tensión con relación a los abogados. Por ello no hay que olvidar que la D. 2019/1937, en su artículo 3.3, indica que la misma no afectará a la aplicación del Derecho de la Unión o nacional relativo a, entre otros, la protección del secreto profesional de los abogados.

clarificación sobre la responsabilidad que asume quien reporta informaciones y datos, sobre la base de la buena fe, que no por sabida deja de ser menos importante su recuerdo: las denuncias que se presenten no podrán servir por sí mismas de base para ningún procedimiento disciplinario, civil o penal contra el denunciante, a menos que sean deliberada y manifiestamente *infundadas*.

(e) El Código de Proceso Penal portugués de 1987[94], además de establecer que los funcionarios públicos están obligados a presentar denuncias con relación a los delitos de los que tengan conocimiento en el ejercicio de sus funciones y a causa de ellas, contempla un régimen de denuncias anónimas ante el Ministerio Público y la Policía, que solamente puede dar lugar a la iniciación de una investigación cuando proporcione pruebas de un delito penal o si es constitutiva de delito[95].

III. VIGENCIA, IMPLEMENTACIÓN Y EXTENSIÓN JURÍDICA

La entrada en vigor de la Ley portuguesa, que debe ser entendida estudiada como un *sistema* de procedimientos y personas actuantes[96], se ha producido en bloque, sin el escalamiento que permite la Directiva en función del número de empleados de las empresas[97]: el 18 de junio de 2022, una vez que han transcurrido 180 días desde la publi-

---

94 Decreto-Lei n.° 78/1987, de 17 de fevereiro. *Aprova o Código do Processo Penal. Revoga o Decreto-Lei n.° 16489, de 15 de Fevereiro de 1929* (*Diário da República* n.° 40/1987, Série I).

95 Sobre este punto véase PATRÍCIO (2022: 172 y ss.).

96 Así es calificado por DE PITA SIMÕES (2021: 42 y ss.), quien pone en dedo en la llaga con relación a la cuestión personal e institucional concurrente en esta materia, en la que van a tener participación, además de los letrados de la organización y sus representantes legales, auditores, oficiales de cumplimiento, responsables de protección de datos, encargados de tramitar denuncias, etc., los cuales deben estar debidamente coordinados y tener claras sus competencias, que ni son ni pueden ser la mismas, tal y como el mismo autor ya explicó en DE PITA SIMÕES (2017: 12 y ss.).

97 No obstante, el art. 8.°.3 L. 93/2021 permite que en el mismo rango de entre 50 y 249 trabajadores las entidades obligadas a tener un canal interno de denuncias y que no sean de Derecho público puedan compartir recursos a la hora de recibir denuncias y hacer un seguimiento de las mismas.

cación oficial[98]. Y también a las sucursales portuguesas de personas jurídicas que tengan su domicilio social en el extranjero.

En cuanto al ámbito material, en correspondencia con la amplísima rotulación de la Ley —"infracciones"—, la norma recoge acciones y omisiones que se produzcan con relación a:

(a) temáticas priorizadas por la Unión Europea (contratación pública; servicios, productos y mercados financieros; prevención del blanqueo de capitales y financiación del terrorismo; seguridad y conformidad de los productos; seguridad en el transporte; protección del medioambiente; protección contra las radiaciones y seguridad nuclear; seguridad de los alimentos y piensos, sanidad animal y bienestar de los animales; salud pública; protección de los consumidores; protección de la privacidad y los datos personales y seguridad de las redes y los sistemas de información), que en sus actuaciones toma en consideración los bienes públicos y los posibles daños que les pueden afectar[99];

(b) intereses financieros comunitarios;

(c) alteraciones de las reglas del mercado interno en términos comunitarios, incluyendo las normas sobre competencia y ayudas estatales, así como las relativas al impuesto de sociedades;

(d) la criminalidad violenta, especialmente cuando está organizada o cuando los hechos cometidos afecten al sistema económico-financiero; y

(e) la defensa y seguridad nacional, pero solamente cuando las acciones y omisiones sean contrarias a las normas europeas de contratación pública.

A la vista de ello, los ámbitos comprendidos por la Ley son todos los que están —incluso más que los listados que de manera dinámica[100]

---

98 Esta dilación portuguesa en la entrada en vigor de la legislación de la trasposición de la Directiva fue reprochada por la Comisión Europea. Véase *https://ec.europa.eu/commission/presscorner/detail/en/inf_22_601*.

99 ÖBERG (2024: 19 y ss.).

100 Esta idea es plasmada en la Consideración 19 de la D. 2019/1938: "[S]e debe entender la remisión a los actos de la Unión que figuran anexo como una referencia dinámica, de conformidad con el sistema normal para hacer referencia a los actos jurídicos de la Unión. De este modo, si un acto de la Unión que figura en el anexo ha sido modificado o se modifica, la remisión se hace al acto modificado; si un acto de la Unión que figura en el anexo ha sido sustituido o se sustituye, la remisión se hace al nuevo acto".

se prevén en la Directiva[101]—, aunque no están todos los que son, tal y como pasa con aspectos esenciales en las relaciones laborales[102].

Si nos referimos ahora al ámbito de aplicación subjetivo de la Ley, comentar en primer término que el legislador portugués llama a las cosas por su nombre: a la persona —física, que no jurídica[103]— que colabora activamente con la justicia portuguesa al amparo de la L. 93/2021, haciendo uso de uno de los "canales de denuncia" privados y públicos, se la llama "denunciante"[104], un término asentado en la cultura jurídica

---

101 Extensión que la misma permite en su art. 2.2.

102 TEIXEIRA ALVES (2021: 278).

103 En RODRÍGUEZ-GARCÍA (2024b: 220 y ss.) ya hemos señalado la insuficiencia de esta catalogación por excluir a las personas jurídicas, cuando es sabido que algunas de ellas como sindicatos, partidos políticos, organizaciones no gubernamentales o asociaciones sirven para trasladar a las autoridades competentes hechos —y sujetos— significativos en los campos de aplicación de la Directiva, ofreciendo con ello un plus de protección jurídica y psicológica a las personas físicas de las que parten los reportes de los hechos y las evidencias que lo sustentan. Nadie puede negar que estas personas jurídicas pueden sufrir daños, como los previstos en el art. 19.k D. 2019/1937: los afectantes a su reputación, en especial en los medios sociales, o pérdidas económicas, incluidas la pérdida de negocio e ingresos; o también la revocación de una licencia o permiso (art. 19.n D. 2019/1937). Con este planteamiento y con relación a las actuaciones en España de la Agencia Valenciana Antifraude, la Ley 3/2024, de 27 de junio, de la Generalitat Valenciana, *de modificación de la Ley 11/2016, de 28 de noviembre, de la Generalitat, de la Agencia de prevención y lucha contra el fraude y la corrupción de la Comunitat Valenciana* (*Diari Oficial de la Generalitat Valenciana* n.º 9880, de 28 de junio), en el art. 14.1.a) se amplía la definición de denunciante a todas aquellas que alertan, comunican o revelan informaciones, tanto sean personas físicas como personas jurídicas.

104 La misma D. 2019/1937, en el catálogo de definiciones del art. 5, usa el término "denunciante" que ya ha usado en el artículo precedente al marcar el ámbito de aplicación material de la Directiva y lo refiere a aquella "una persona física que comunica o revela públicamente información sobre infracciones obtenida en el contexto de sus actividades laborales". Véase en sentido contrario a la utilización del término "denunciante" COLVIN, GALIZZI & NAD (2021: 6) y DELGADO MARTÍN (2022: 4), entre otras cuestiones por vincular al denunciante estrictamente al proceso penal y no a actuaciones previas ante organizaciones privadas y públicas.
Recordamos aquí, desde un planteamiento axiológico, cómo FERNÁNDEZ AJENJO (2024: 192) nos recuerda que "quien comunica a las autoridades públicas hechos fraudulentos o irregulares es un buen ciudadano que está cumpliendo con un deber moral democrático (apoyar al imperio de la ley) y de justicia (permitir la sanción del infractor)". Véase además TAVARES DA SILVA (2023: 176 y ss.).

continental, también en la portuguesa[105], que escapa de una visión más pragmática y economicista como la angloamericana y, de paso, como no podría ser de otra forma en un texto normativo, de otros términos más sesgados —en lo negativo, como "chivato" o "delator"— o taimados —como "alertante" o "colaborador"— por el acervo popular[106].

En la sempiterna de quienes son los elegidos para engrosar el término "denunciante"[107], la Ley es ampliamente incluyente[108]: son denunciantes las personas —físicas— que denuncien o revelen públicamente un delito basándose en las informaciones obtenidas en el ejercicio de su actividad profesional[109], independientemente de la naturaleza de esta actividad y del sector en el que se desarrolle. E, inmediatamente, particulariza esta condición en: *(i)* los trabajadores del sector privado, social o público; *(ii)* los prestadores de servicios, contratistas, subcontratistas y proveedores, así como las personas que actúen bajo su supervisión y dirección; *(iii)* los titulares de participaciones y las personas que formen parte de los órganos de administración o de dirección o de supervisión de personas jurídicas, incluidos los miembros no ejecutivos; y *(iv)* los voluntarios y becarios, remunerados o no[110].

---

105 Así, en los artículos 241 y siguientes del Código de Proceso Penal la denuncia está regulada como una de las vías por las que el Ministerio Público puede tomar conocimiento de los hechos criminales.

106 GARCIA MARQUES (2021: 588 y ss.) y FONSECA DE ALMEIDA (2022).

107 Véase, por ejemplo, DYCK, MORSE & ZINGALES (2010).

108 Por el contrario, en el art. 7.º.4 L. 93/2021 se niega la condición de beneficiario de la protección legal por el reporte de información a la persona que se la transmita a un medio de comunicación o a un periodista en casos no previstos en el art. 7.º.3 L. 93/2021; pese a ello, se puede analizar si como periodista le son aplicables las reglas de secreto profesional y de protección de fuentes.

109 Según el art. 5.9 D. 2019/1937, el "contexto laboral" que sirve como presupuesto de la protección del denunciante se entiende que son "las actividades de trabajo presentes o pasadas en el sector público o privado a través de las cuales, con independencia de la naturaleza de dichas actividades, las personas pueden obtener información sobre infracciones y en el que estas personas podrían sufrir represalias si comunicasen dicha información". Siendo así por ello MARQUES DA SILVA (2020: 20) indica que la denuncia se convierte, por una parte, en un medio de prevención general del ilícito y, por otra, en un incentivo preventivo para que los profesionales no participen por acción o por omisión en la práctica de ilícitos por miedo a dañar su carrera profesional.

110 Y más: el marco de tutela también acoge, con las matizaciones oportunas (arts. 5.º.3 y 6.º.2, 3 y 4 L. 93/2021), a: *(a)* las personas que actúen sobre la base de los

A todas estas personas, con independencia de la vía que utilicen para denunciar —interna o externa—, y el medio —verbal o escrito[111]—, se les va a brindar un estatus de garantías —confidencialidad[112] y tratamiento de sus datos personales[113]— y de medidas de protección y de apoyo[114] frente a las represalias que pudieren sufrir por mor de su colaboración, las cuales son indisponibles[115]. Aquí, la Ley opta por recoger una descripción general de lo que entiende por "represalia" y dónde se puede producir[116], desgrana situaciones con-

---

hechos conocidos a consecuencia de haber mantenido una relación profesional que ya ha finalizado, o a partir de un proceso de contratación u otra fase de negociación precontractual de una relación profesional establecida o no establecida; *(b)* las personas que asistan al denunciante en el procedimiento de denuncia y cuya asistencia deba ser confidencial, incluidos los representantes sindicales o los representantes de los trabajadores; *(c)* los terceros vinculados al denunciante —compañeros de trabajo o familiares— y que puedan ser objeto de represalias en un contexto profesional; *(d)* las personas jurídicas o entidades similares que sean propiedad del denunciante o estén bajo su control, para las que trabaje el denunciante o con las que esté relacionado de otro modo en un contexto profesional; *(e)* el denunciante anónimo que posteriormente sea identificado, siempre que venga actuando de buena fe; y *(f)* el sujeto que presente una denuncia externa que aunque no haya cumplido las reglas marcadas legalmente en el momento de su presentación ello sea consecuencia de su desconocimiento irreprochable.

111 Con relación al uso de nuevas tecnologías en esta tarea véase DOS SANTOS MATÍAS (2023: 264 y ss.).

112 Art. 18.° L. 93/2021. Sobre las limitaciones y los desincentivos que esta regulación de mínimos puede significar para quienes vayan a denunciar, véase DUARTE GONÇALVES (2023: 144 y ss.).

113 Art. 19.° L. 93/2021.

114 Según el art. 22.° L. 93/2021, los denunciantes tienen derecho, en términos amplios, a ser protegidos jurídicamente, así como a poder beneficiarse de las medidas de protección de testigos en causas criminales.

115 Por ello el art. 26.° L. 93/2021 primero indica que los derechos y garantías previstos en la Ley ni pueden ser renunciados ni pueden sufrir limitaciones con base en un acuerdo, y además que son nulas las disposiciones contractuales que limiten u obsten la presentación o el seguimiento de denuncias o la divulgación pública de las infracciones contempladas en la Ley.

116 Son todas las acciones u omisiones que, directa o indirectamente, ocurren en un contexto profesional y motivado por una denuncia interna o externa o una revelación pública, y que causen o puedan causar al denunciante, de manera injustificada, un perjuicio pecuniario o no pecuniario, a decir del art. 21.°.2 L. 93/2021. Véase PATRÍCIO (2022: 169 y ss.), que particulariza y ejemplifica tanto las conductas posibles como las probables que pueden ser dirigidas frente a un alertador.

cretas —cometidas o intentadas[117]—, incluso futuras[118], pensando no sólo en las entidades y autoridades que tienen que admitir y tramitar las denuncias como en los —muchos— llamados a colaborar con la administración de justicia portuguesa[119]:

(a) cambios en las condiciones de trabajo (en las funciones, el horario, el lugar de trabajo o la remuneración, la falta de promoción del trabajador o el incumplimiento de los deberes laborales);

(b) la suspensión del contrato de trabajo;

(c) la evaluación negativa del rendimiento o referencia negativa a efectos de empleo;

(d) la no conversión de un contrato de trabajo de duración determinada en un contrato indefinido, siempre que el trabajador tuviera expectativas legítimas de dicha conversión;

(e) la no renovación de un contrato de trabajo de duración determinada;

(f) el despido;

(g) la inclusión en una lista, sobre la base de un acuerdo sectorial, que podría conducir a la imposibilidad al demandante de encontrar empleo en el futuro en el sector o industria de que se trate;

(h) rescisión de un contrato de suministro o de servicios; y

(i) revocación de un acto o resolución de un contrato administrativo.

Es destacable en este punto, cómo de manera rotunda —¿y desincentivadora[120]?— el sistema portugués de protección de denunciantes

---

117 Art. 19.º.3 L. 93/2021.

118 Y ello porque el art. 21.º.7 L. 93/2021, dentro de la regulación de las represalias, presume que es *abusiva* la sanción disciplinaria que se pueda aplicar a un denunciante hasta dos años después de la denuncia o revelación pública. Una limitación temporal *corta* que se suma a otros desincentivos que se dan en la legislación portuguesa, por mucho que la presunción pudiera ser revertida por la actividad alegatoria del denunciante.

119 Art. 19.º.6 L. 93/2021.

120 Así lo entendemos por cuanto la Directiva es mucho más laxa, que no discrecional ni arbitraria, cuando, por ejemplo, al definir en el art. 5.2 la "información sobre infracciones", reúne la "información, incluidas las *sospechas razonables*, sobre infracciones *reales o potenciales*, que se hayan *producido* o que *muy probablemente puedan producirse* en la organización en la que trabaje o haya tra-

se ancla en la presunción de que el denunciante actúa de "buena fe", entendida como que la persona física que colabora considera de manera fundada que la información que transmite por cualquiera de las vías previstas legalmente en el momento de hacerlo, es *veraz*[121], sin que puedan entrar en juego al analizar la protección o no del denunciante los motivos que le llevan a hacerlo[122].

Un denunciante, además, que es blindado en sus actuaciones de denuncia, estrictamente consideradas y no más allá[123], siempre y cuando cumpla las indicaciones y procedimientos contenidos en la Ley y con sus informaciones y aportaciones no cometa ningún delito. Así, expresamente se dispone[124]:

(a) que la denuncia o revelación pública de una infracción, realizada de acuerdo con los requisitos impuestos por esta ley, no constituye en sí misma un motivo de responsabilidad disciplinaria, civil o penal del denunciante;

(b) que el denunciante que comunique o revele públicamente un delito no será responsable de la violación de las restricciones a la comunicación o divulgación de la información contenida en la denuncia o divulgación pública; y

(c) que el denunciante que informe o revele públicamente un delito no es responsable de la obtención o acceso a la información que mo-

---

bajado el denunciante o en otra organización con la que el denunciante esté o haya estado en contacto con motivo de su trabajo, y sobre intentos de ocultar tales infracciones". Y, de manera mucho más clara, en su Considerando 32 se indica que "los denunciantes deben tener *motivos razonables* para creer, a la luz de las circunstancias y de la información de que dispongan en el momento de la denuncia, que los hechos que denuncian son ciertos. [...] [E]l requisito garantiza que la protección no se pierda cuando el denunciante comunique *información inexacta* sobre infracciones por error cometido de buena fe". En ambos casos la cursiva es nuestra.

121 Art. 6.º.1 L. 93/2021.

122 Véase de nuevo el mismo Considerando 32 de la D. 2019/1937.

123 Por ello, el art. 24.º.4 L. 93/2021 no exonera de responsabilidad a los denunciantes que, por sus actos u omisiones ajenos a la denuncia o revelación pública, o que no sean necesarios para la denuncia o revelación pública de un delito en los términos de la Ley.

124 Art. 24.º.1 a 3 L. 93/2021.

tiva la denuncia o revelación pública, salvo en los casos en que la obtención o el acceso a la información constituya una infracción penal.

Nada de lo señalado hasta ahora debe conducir a pensar que la posición jurídica de las personas implicadas en las infracciones denunciadas son ignoradas legalmente y opacadas en la socialización de la Ley, puesto que de forma manifiesta, se dispone primero que el régimen legal de protección del informante se entiende sin perjuicio de los derechos o garantías procesales reconocidos, con carácter general, a las personas que en la denuncia o en la divulgación pública sean identificadas como autoras del delito o asociadas al mismo, entre ellas, la presunción de inocencia y las garantías de defensa del proceso penal[125], también que las disposiciones de la norma sobre la confidencialidad también les son aplicables, y que las instituciones implicadas en este sistema portugués de protección de informantes tienen que aportar públicamente, de manera completa y clara, información sobre estos derechos y la manera de poderlos defender[126].

IV. RÉGIMEN JURÍDICO PARTICULAR

La Ley portuguesa regula, priorizada y rígidamente[127], los mismos medios de denuncia y divulgación pública contenidos en la Directiva de referencia, los cuales están revestidos de las correspondientes garantías[128].

---

125 En defensa de estas, llamando la atención sobre el proceso penal de la nueva era, que es la era de la postmodernidad y también de la posverdad, véase MARQUES DA SILVA (2020: 20).

126 Véase el art. 25.º.4 L. 93/2021.

127 Y ello porque no se acoge en la legislación portuguesa la *alternatividad* entre las vías de denuncia con relación a cómo están previstas en los artículos 7 y siguientes de la D. 2019/1937. Así, por ejemplo, mientras que en Portugal el uso de los canales internos es obligatorio en muchas situaciones, salvo su insuficiencia, en el artículo 10 de la D. 2019/1937 se deja al denunciante libertad en la utilización de los canales internos o externos.

128 En el art. 9.º.4 L. 93/2021 se establece, por ejemplo, que quienes gestionan los canales de denuncia —internos— deben tener garantizada, en el ejercicio de sus funciones, independencia, imparcialidad, confidencialidad, protección de datos, secreto y ausencia de conflictos de intereses.

Primeramente, indica cuándo se pueden utilizar los canales de denuncia externa —si no existe la posibilidad de la vía interna o si habiéndola presenta limitaciones[129]— o la divulgación pública de la infracción —tanto cuando han fallado las dos vías anteriores como si concurren situaciones de urgencia y gravedad—.

El canal interno, de obligatoria creación para muchas entidades[130], debe ajustarse a un diseño y mecanismos de gestión seguros, que garanticen la confidencialidad de la identidad del denunciante o terceros citados en el reporte. Los informes producidos, con amplitud de variedades formales[131], deben ser almacenados de forma segura y con protección de datos[132], de modo que garanticen su confidencialidad.

La entidad receptora debe proporcionar al denunciante un acuse de recibo de la denuncia presentada. Dispone a su vez, la necesidad de contar con una persona o departamento imparcial encargada del seguimiento del trámite y de la comunicación regular con el denunciante, incluyendo los procedimientos para acceder a las autoridades

---

129 Según el art. 7.º.2 L. 93/2021, esta insuficiencia del canal interno de denuncia se da en cuatro casos: *(i)* cuando este tipo de canal únicamente acepte denuncias de los empleados y esa persona no lo sea; *(ii)* cuando el denunciante tenga motivos razonables para creer que la infracción no puede conocerse o resolverse eficazmente de forma interna, o que incluso existe riesgo de represalias; *(iii)* si la persona presentó primeramente una denuncia interna sin haber recibido información en tiempo sobre el estado de su tramitación y las resoluciones adoptadas sobre ella; o *(iv)* si la infracción constituya un delito penal o una infracción administrativa sancionable con una multa superior a 50.000 euros.

130 Las enumeradas en los distintos apartados del art. 8.º L. 93/2021 conforme a criterios de naturaleza jurídica, tamaño —por número de empleados—, relevancia institucional —Presidencia, Parlamento, Ministerios, Tribunal Constitucional, etc.—, ubicación o actividad desarrollada, siguiendo a pies juntillas las indicaciones marcadas en la Directiva, pese a la estructura administrativa y poblacional portuguesa que hace que un porcentaje relevante de los municipios queden exonerados de aplicar *individualmente* la Ley. Y tampoco a hacerlo de manera *coaligada*, tal y como se posibilita en el art. 8.9 D. 2019/1937

131 Según el art. 10.º L. 93/2021, los canales internos de denuncia permiten presentar denuncias por escrito o verbalmente —teléfono, mensaje de voz o en el desarrollo de una entrevista personal— a los empleados, de forma anónima o con identificación del denunciante, pudiéndose valer de medios de autenticación electrónica.

132 Sobre esta cuestión analizada en profundidad para Portugal véase DE PITA SIMÕES (2021: 46 y ss.).

externas competentes. Un denunciante legitimado, en cualquier momento, deberá contar con las vías y medios para pedir[133] explicaciones fundamentadas a los tramitadores de su denuncia sobre el alcance y consecuencias que de la misma se han generado[134].

La norma establece, con el carácter secundario indicado, el canal externo como vía de denuncia ante aquellas autoridades que, según sus atribuciones y competencias, deban o puedan tener conocimiento del objeto específico de la denuncia, las cuales están sujetas a un vasto conjunto de obligaciones informativas[135] en favor de quien vaya a hacer uso de sus servicios y, en general, de la ciudadanía.

Estamos ante una previsión que se desarrolla con un listado ejemplificativo, en unos casos concreto —Ministerio Público, Policía Judicial o Banco de Portugal— y en otros, los más, necesitado de individualización: autoridades administrativas independientes, institutos públicos, inspecciones generales y organismos similares, entidades locales y asociaciones públicas.

Con este amplio elenco de destinatarios, que tienen que ser independientes y autónomos de los demás canales de comunicación[136], cuya adecuación tiene que ser determinada caso a caso, y tratando de favorecer desde un comienzo la eficacia de las denuncias que se presenten, la Ley portuguesa obliga a que cada una de esas entidades analice de oficio su propia competencia en cada denuncia presentada, remitiéndola a la autoridad que corresponda en el caso de que estime que ella misma es incompetente[137].

A continuación, tratando de no dejar ningún resquicio a la tramitación eficaz de una denuncia, se describen dos situaciones específicas con el correspondiente tratamiento procedimental:

---

133 Aquí también la norma portuguesa se separa del dictado de la D. 2019/1937, que en su artículo 11.2.e) pide a los países que sean sus autoridades competentes las que, de oficio, no rogadamente, comuniquen al denunciante el resultado final de toda investigación desencadenada por la denuncia.

134 Véase, especialmente, el art. 11.º.2 L. 93/2021.

135 Véase el art. 16.º L. 93/2021. Con carácter comparado, con los aprendizajes que ello representa, consúltese SKUPIEŃ (2025).

136 Véase el art. 13.º.1 L. 93/2021, quien exige además a estos canales externos que garanticen la exhaustividad, integridad y confidencialidad del informe y que impidan el acceso al mismo de personas no autorizadas.

137 Art. 12.º.2 L. 93/2021.

(a) en los casos en los que no exista autoridad competente para tramitar la denuncia, o en los casos en que ésta se dirija a una autoridad competente, deberá dirigirse al Mecanismo Nacional Anticorrupción y, si ésta es la autoridad afectada, al Ministerio Público, que le dará seguimiento, concretamente abriendo una investigación siempre que los hechos descritos en la denuncia sean constitutivos de una infracción penal; y

(b) cuando el informante crea que los hechos a denunciar son constitutivos de delito o infracción administrativa, la denuncia se presentará siempre a través de los canales externos de la Policía Judicial o del Ministerio Fiscal, en la primera situación, y de las autoridades administrativas o autoridades policiales y de control, en la segunda.

Las denuncias presentadas de esta manera tendrán que ser archivadas y, por tanto, no procederá su seguimiento[138], cuando de manera motivada la autoridad competente considere que *(i)* la infracción denunciada es leve, insignificante o manifiestamente irrelevante; *(ii)* la denuncia está repetida con relación a otra anterior[139] y no contiene nuevos elementos de hecho o de derecho que justifiquen una actuación diferente de la adoptada con respecto a la primera denuncia; y *(iii)* la denuncia es anónima[140] y de ella no se pueden extraer indicios de delito[141].

En continuidad a lo señalado de los canales interno y externo de aportación de información sobre infracciones, para el legislador portugués la vía de divulgación pública queda contemplada de forma residual, como mecanismo de cierre del sistema, para dos casos puntua-

---

138 El cual se llevará a cabo, cuando proceda, según lo prescrito en el art. 15.º L. 93/2021.

139 Relacionado con ello, debemos indicar que el art. 15.º L. 93/2021 regula la obligación de registrar y conservar las denuncias que tienen las entidades obligadas y las autoridades competentes responsables de recibir y tramitar las denuncias.

140 GUIMARÃES (2021: 620 y ss.), PATRÍCIO (2022: 176 y ss.) e INÁCIO (2023: 143 y ss.). Y también consúltese FREITAS (2021: 581), partidario de una gestión generosa y proactiva de las denuncias anónimas.

141 Art. 14.º.4 L. 93/2021. En este punto recordar cómo el art. 6.2 D. 2019/1937 aclara que la Directiva no afecta a la facultad de los Estados miebros de decidir si se exige o no a las entidades jurídicas de los sectores privado o público o a las autoridades competentes aceptar y seguir las denuncias anónimas de infracciones.

les[142]: *(i)* cuando el denunciante tenga motivos razonables para creer que el delito a denunciar puede constituir un peligro inminente o manifiesto para el interés público, que el delito no puede ser eficazmente averiguado o tratado por las autoridades competentes, teniendo en cuenta las circunstancias específicas del caso, o que existe un riesgo de represalias incluso en caso de denuncia externa; o *(ii)* cuando el denunciante haya presentado una denuncia interna y una denuncia externa, o una denuncia externa directamente, en los términos previstos en la Ley, sin que se hayan tomado las medidas adecuadas en los plazos previstos en la misma[143].

En cuanto al régimen sancionatorio, la Ley agrupa las conductas reprochables en dos categorías[144], a las que anuda la imposición de importantes multas[145] por el órgano competente[146], que pueden ser menguadas en casos de tentativa[147] o negligencia[148]:

(a) se califican como "muy graves" la adopción de represalias, el impedir presentar denuncias o con relación a las presentadas hacer su seguimiento, el aporte de información falsa y la violación del deber de confidencialidad; y

---

142 Véase el art. 7.°.3 L. 93/2021. Con relación a la misma véase además CORRÊA D'ALMEIDA & LOUREIRO (2023: 72 y ss.).

143 Véase los arts. 11.°.3, para las denuncias internas, y 15.°.3 L. 93/2021, para las denuncias externas.

144 Nada impide que pudieran ser tres, como se hace en otros países —*v. gr.* España, donde la categoría más atenuada de sanciones son las "leves"—, si bien lo realmente importante es que se cumpla el mandato, reiterado de otros instrumentos jurídicos y ámbitos materiales, del art. 23 D. 2019/1937: que las sanciones que establezcan los países sean *efectivas*, *proporcionadas* y *disuasorias*.

145 Véase las multas recogidas en el arts. 27.°.2 L. 93/2021 para las faltas muy graves, donde la cuantía máxima a imponer es de 250.00€; y el art. 27.°.4 para las correspondientes faltas graves, donde la sanción mínima es de 1.000€. Otro punto más en el que la legislación portuguesa es menos incentivadora para los potenciales denunciantes, que ven cuál puede ser la ratio coste/beneficio de los infractores que además llevan a cabo, o cuando menos planean represalias.

146 Que es, en la mayor parte de los casos, el Mecanismo Nacional Anticorrupción, según el art. 29.° L. 93/2021, al que de esta forma se le dota de una competencia residual.

147 Véase el art. 27.°.5 L. 93/2021.

148 Véase el art. 27.°.6 L. 93/2021.

(b) son faltas "graves" una gran variedad de hechos atentatorios contra muchas de las previsiones de la Ley[149], como lo son el no disponer de canales externos o internos de denuncia, el que estos últimos no ofrezcan las garantías marcadas en la norma de estudio (exhaustividad, integridad o confidencialidad de la identidad o el anonimato de los denunciantes o la identidad de terceros mencionados en la denuncia), recibir o dar curso a una denuncia con vulneración de los requisitos de independencia, imparcialidad y ausencia de conflictos de intereses, o el no comunicar o hacerlo de manera incompleta o inexacta al denunciante los procedimientos para presentar denuncias externas ante las autoridades competentes.

V. VALORACIONES DE CIERRE Y PROYECCIONES

La afirmación hobbesiana de que quien tiene la información tiene el poder hemos puesto de relieve que aplica en cualquier campo del saber y, particularmente, en el jurídico, en el sentido de combinar adecuadamente las estrategias reactivas y preventivas de actos irregulares, ilegales e ilícitos, en los sectores público y privado. Por eso, la diseminación y potenciación vertical —de *hard law*— de la cultura del *whistleblowing* en favor de las autoridades de las organizaciones, quienes están obligados a capilarizarla en su ámbito es, a día de hoy, un presupuesto irrenunciable para su adecuada gestión y funcionamiento, que les permite corregir más eficazmente cualquier conducta desviada y, cada vez más importantemente, detectarlas en un estadio temprano, siendo seguidas de las correspondientes investigaciones internas[150], lo que todo ello da lugar a una tutela anticipada de los derechos e intereses implicados.

Esta deriva institucional y jurídica, dispersa y heterogénea[151], se ha querido que tenga un relanzamiento esencial, por un lado, con la extensión de los aprendizajes obtenidos de experiencias habidas

---

149 Véase el art. 27.º.3 L. 93/2021.

150 Y es aquí donde alcanza una importancia decisiva los *forensic readiness* para anticiparse a la perpetración de hechos que puedan generar responsabilidades a las organizaciones. Véase GROBLER & LOUWRENS (2007), VALJAREVIC & VENTER (2015) y KEBANDE, KARIE, CHOO & ALAWADI (2021).

151 Así se reconoce en el Considerando 4 de la D. 2019/1937.

en materias como la defensa de la competencia, la lucha contra el blanqueo de capitales o la protección del medio ambiente, y, por otro, por su normativización general y sistemática, nutrida también de los mejores avances jurisprudenciales y de los resultados alcanzados en organismos internacionales y otros ordenamientos jurídicos, así como de operadores jurídicos de la sociedad civil[152]. Claro, y sin olvidar la importancia de la responsabilidad social de las empresas, así como la conducta ética tanto grupal como individual[153].

Para dinamizar las actuaciones de los países en la trasposición de la normativa comunitaria y concentrar los reclamos ciudadanos en pro del cambio se ha elegido el tópico corrupción como el principal campo de trabajo en esta materia, frente al cual la Unión Europea ha proclamado la política de "tolerancia cero"[154], en cuya consecución

---

152 Véase, por ejemplo, la "Declaración de Valencia" de 19 de abril de 2024 de la "Red de Autoridades Europeas de Integridad y Denuncia de Irregularidades" (NEIWA), en la cual se hace un llamamiento a gobiernos, legisladores y demás responsables de la trasposición de la D. 2019/1937 concretado en estas ideas: *(i)* defender la denuncia de irregularidades como el ejercicio del derecho humano a la libertad de expresión e información y como mecanismo de lucha contra la corrupción; aspectos ambos que se encuentran en el fundamento de nuestras democracias; *(ii)* condenar cualquier forma de supresión o limitación de la independencia y eficiencia de las autoridades de integridad y denuncia de infracciones, o de entidades similares; *(iii)* fortalecer su capacidad mediante la asignación de recursos suficientes y el reconocimiento de las competencias necesarias para el adecuado ejercicio de sus funciones; *(iv)* valorar, de acuerdo con la legislación de cada Estado, la oportunidad de permitir la presentación de denuncias anónimas, ya que el anonimato es una de las mejores formas de protección de los denunciantes; *(v)* proporcionar apoyo psicológico a los denunciantes y acompañarles en las diferentes fases del proceso de denuncia; *(vi)* prestar apoyo financiero a los denunciantes, en particular en lo que respecta a la indemnización por los daños y perjuicios que se les hayan causado y por los gastos legales; y *(vii)* fomentar el trabajo y la coordinación de todos los actores en el ámbito de la integridad y la denuncia de infracciones (policía, fiscalías, poder judicial, otros órganos, etc.), incluida la sociedad civil, ya que su contribución es esencial para el establecimiento de una cultura de integridad, transparencia y rendición de cuentas, que conduzca como fin último al fortalecimiento de nuestras democracias. Con este planteamiento véase QUAYLE (2021).

153 Sobre este elemento esencial concomitante a la protección de denunciantes (laboral, penal, disciplinaria…) como es la gobernanza empresarial y sus actuaciones en clave de buen gobierno véase KUN-BUCZKO (2023), PITTA (2023), ADETUNJI (2024) y MILCZAREK (2024: 209 y ss.).

154 EUROPEAN COMMISSION (2023c: 13).

las actuaciones oficiales de las instituciones llamadas a combatir los hechos criminales son insuficientes[155]. Ahora bien, entendido de manera avanzada a como se ha venido haciendo desde comienzos de siglo con la Convención de Mérida de Naciones Unidas: hoy en día el problema de la corrupción es un problema de seguridad[156], que puede llegar a socavar profundamente los pilares del Estado de Derecho, lo que genera la necesidad de cartografiar, evaluar y predecir los riesgos de corrupción a partir no del voluntarismo de unos pocos "héroes sociales"[157], a los cuales, además, se les ha tenido desprotegidos y abandonados a su suerte[158], sino con claras, coherentes y contundentes políticas-país, equilibradas[159], que eleven la conciencia crítica frente a los casos de corrupción y sus ramificaciones, que estén alejadas de las puntuales y evanescentes diatribas partidistas, que crecen fundamentalmente en los periodos electorales para luego caer en el olvido hasta los siguientes.

Como hemos tratado de demostrar, a diferencia de otros muchos países comunitarios Portugal se ha conducido de manera ejemplar en los tiempos marcados por la Directiva[160] y en sus valores —liber-

---

155 DE PITA SIMÕES & GASPAR (2022: 193 y ss.).

156 MUNGIU-PIPPIDI (2023: 303).

157 Por ello, entre otras consideraciones, FREITAS (2021: 582) entiende que la decisión de denunciar es un acto de coraje y de ciudadanía.

158 Con relación a algunas externalidades negativas derivadas de sus actuaciones véase MACLENNAN (2024). Por eso NACIONES UNIDAS (2016: 14) indica que "[l]os denunciantes no son 'traidores', sino personas valientes que prefieren actuar contra los abusos de los que se enteran en lugar de optar por la vía fácil y quedarse calladas. Ello supone enfrentarse a actitudes culturales muy arraigadas que se remontan a circunstancias sociales y políticas como una dictadura o dominación extranjera en que lo normal era desconfiar de los 'informantes' al servicio de las autoridades despreciadas".

159 En el sentido que tan dignos de tutela pueden ser los temores por sufrir represalias por los potenciales alertantes como los miedos de los responsables de las organizaciones a sufrir daños irreparables por la revelación abusiva de información sensible, cuestión que es analizada por YEOH (2014: 465 y ss.).

160 Solamente Dinamarca, Suecia y Portugal implementaron la D. 2019/1937 en plazo, por lo que la Unión Europea abrió un procedimiento de infracción contra los otros 24 países incumplidores. Al inicio de 2023, ocho países (Alemania, Chequia, España, Estonia, Hungría, Italia, Luxemburgo y Polonia) seguían en la misma situación, por lo que la Comisión Europea presentó una demanda ante el Tribunal de Justicia de la Unión. La evolución del proceso de

tad de expresión y conciencia, participación social y colaboración en la tutela del bien común—, con una mezcla de sobriedad —no ha considerado necesario un preámbulo a la ley[161]—, generosidad —con los ámbitos subjetivo y objetivo— y continuidad —con el MENAC—, tratando de concienciar y responsabilizar a la sociedad civil portuguesa frente a los casos de corrupción pasados y presentes, frente a los cuales ha estado altamente sensibilizada[162], que han provocado escándalos políticos e institucionales que han terminado con dimisiones y sobrevenidos procesos electorales nacionales e insulares —Madeira—, lo que, como siempre, termina con pérdida de confianza en las instituciones y generando desafección política y hacia la democracia[163]. Por tanto, este *law y books* tiene que ser acompañado de un *law in action* equilibrado y cauteloso[164], pero nunca desincentivador, a partir de la disposición de suficientes y especializados recursos humanos y técnicos para prevenir, investigar y perseguir hechos graves, complejos y transfronterizos como, cuando menos, el fraude y la corrupción[165].

---

trasposición puede seguirse en *https://whistleblowingmonitor.eu/*, en *https://www.polimeter.org/en/euwhistleblowing* y en el "Informe sobre la Directiva Whistleblowing: Transposición de la Ley en los países europeos" *[https://www.integrityline.com/es/experiencia/white-paper/informe-directiva-whistleblowing-ue/]*.

161 Entendemos que Portugal ha hecho suyos los Considerandos de la D. 2019/1937 y no ha antecedido el cuerpo legal con un preámbulo o exposición de motivos o que fuera redundante o que fuera una fuente de complicaciones en su intelección, tal y como ha sucedido con la española Ley 2/2023, de 20 de febrero, *reguladora de la protección de las personas que informen sobre infracciones normativas y de lucha contra la corrupción* (*Boletín Oficial del Estado* n.º 44, de 21 de febrero).

162 RAMOS (2018: 2 y ss.).

163 MEGÍAS, GOUVÊA MACIEL, DE SOUSA & JIMÉNEZ SÁNCHEZ (2024: 3).

164 Porque, como señala MARQUES DA SILVA (2020: 22), es imperativo que el tratamiento de las denuncias exija muchas cautelas para que la búsqueda de la justicia no sea causa de injusticias. En este sentido, CASANOVAS (2023: 4 y ss.) indica que la buena gestión de las denuncias internas tiene que estar presidida por los principios de confianza, imparcialidad y protección.

165 Una falencia en el caso de Portugal que se pone de manifiesto en EUROPEAN COMMISSION (2023a: 12 y ss.).

VI. BIBLIOGRAFÍA

ABAZI, V. (2020): "The European Union Whistleblower Directive: A 'Game Changer' for Whistleblowing Protection?". *Industrial Law Journal*, 49(4) (640-656).

ADAM, I. & M. FAZEKAS (2021): "Are emerging technologies helping win the fight against corruption? A review of the state of evidence". *Information Economics and Policy*, 57 (1-14).

ADETUNJI, A. J. (2024): "Whistleblowing: interrogating the complexities of law, governance, and freedom of expression in developing nations". *Journal of Money Laundering Control*, 27(2) (262-274).

AIRES DE SOUSA, S. (2019): "A colaboração processual dos entes colectivos: legalidade, oportunidad ou 'troca de favores'?". *Revista do Ministério Público*, 158 (9-36).

ALBERT, R., BARAK-CORREN, N., BRINKS, D. M., CHILTON, A., DIXON, R., ELKINS, Z., GINSBURG, T., HIRSCHL, R., LANDAU, D., MORAN, A., TEW, Y. & M. VERSTEEG (2024): "Which Constitutional Provisions are most Important?". *European Journal of Empirical Legal Studies*, 1(1) (19-48).

ALBRECHT, P. A. & S. BRAUM (2002): "Deficiencies in the Development of European Criminal Law". *European Law Journal*, 5(3) (293-310).

ALDEA GAMARRA, A. (2024): "Implicaciones en el contexto del *compliance* derivadas de la Directiva *whistleblowing* y su transposición al ordenamiento jurídico español a través de la Ley 2/2023, de 20 de febrero, reguladora de la protección de las personas que informen sobre infracciones normativas y de lucha contra la corrupción". *Revista de Estudios Europeos*, 83 (92-113).

ALFAR RODRIGUES, A. (2024): *O régime de proteção dos denunciantes* (whistleblowers). *Uma análise comparada e jurisprudencial* (2.ª ed.). Coimbra: Almedina.

ALVES ANTUNES, M. (2022): *Querem-se denunciantes* whistleblowers *de boa-fé com fundamento sério para crer na veracidade das informações. Crítica às condições de proteção de denunciantes de infrações.* Coimbra: Universidade de Coimbra.

AMNISTÍA INTERNACIONAL (2022): *Los Estados deben poner fin a las represalias contra personas defensoras de los derechos humanos que combaten la corrupción.*

ANTUNES, M. J. (2020): *Processo penal e pessoa coletiva arguida.* Coimbra: Almedina.

ANTUNES, M. J. (2021): "Personas jurídicas, *compliance* y proceso penal portugués". En: RODRÍGUEZ-GARCÍA, N. & F. RODRÍGUEZ-LÓPEZ (edits.): *Compliance y responsabilidad de las personas jurídicas.* Valencia: Tirant lo Blanch (701-722).

ANTUNES, M. J. (2022): "Portugal". En: RODRÍGUEZ-GARCÍA, N. (dir.): *Tratado Angloiberoamericano sobre* compliance *penal.* Valencia: Tirant lo Blanch (733-759).

ARLEN, J. & M. KAHAN (2017): "Corporate governance regulation through nonprosecution". *University of Chicago Law Review*, 84(1) (323-387).

BACHMAIER WINTER, L. (2019): "*Whistleblowing* europeo y *compliance*: La Directiva EU de 2019 relativa a la protección de personas que reporten infracciones del Derecho de la Unión". *Diario LA LEY*, n.º 9539.

BACIGALUPO SAGGESE, S. (2020): "Política criminal en la prevención de la corrupción y delitos económicos transnacionales". En: DE VICENTE REMESAL, J., DÍAZ Y GARCÍA CONLLEDO, M., PAREDES CASTAÑÓN, J. M., OLAIZOLA NOGALES, I., TRAPERO BARREALES, M. A., ROSO CAÑADILLAS, R., LOMBANA VILLALBA, J. A. (dirs.): *Libro homenaje al Profesor Diego Manuel Luzón Peña con motivo de su 70.º aniversario (vol. 1)*. Madrid: Reus (17-27).

BAHAMONDE DELGADO, R. & D. H. S. MIRANDA (2020): "Mediação penal e a valorização da vítima: uma análise comparada entre as legislações portuguesa e brasileira sobre a mediação antes do exercício da ação penal". *Galileu: Revista de Direito e Economia*, XXI(1) (70-110).

BARONA VILAR, S. (2019): "Justicia penal desde la globalización y la postmodernidad hasta la neomodernidad". *Revista Boliviana de Derecho*, 27 (20-53).

BARONA VILAR, S. (2022): "La digitalización y la algoritmización, claves del nuevo paradigma de justicia eficiente y sostenible". En: COLOMER HERNÁNDEZ, I. (dir.): *Uso de la información y de los datos personales en los procesos: los cambios en la era digital*. Pamplona: Aranzadi (75-115).

BIERSTAKER, J. LL. (2009): "Differences in attitudes about fraud and corruption across cultures Theory, examples and recommendations". *Cross Cultural Management*, 16(3) (241-250).

BRAATEN, C. N. & L. C. TSAI (2023): "Corporate antitrust prosecutions: Prosecutorial decision making in the assessment of total monetary penalties". *Crime, Law and Social Change*, 82 (69-93).

BRAATEN, C.N. & L. Ch-F. TSAI (2024): "Corporate antitrust prosecutions: Prosecutorial decision making in the assessment of total monetary penalties". *Crime, Law and Social Change*, 82 (69-93).

BRANDÃO, N. (2020): "O *whistleblowing* no ordenamento jurídico português". *Revista do Ministério Público*, 161 (99-113).

BUSATO, P. C. (2018): "*Criminal compliance*: relevância e riscos". En: MENDES MARTINS DA AGRA, C. & F. J. DOS SANTOS PINTO TORRÃO (coords.): *Criminalidade organizada e económica: perspetivas jurídica, política e criminológica*. Lisboa: Universidade Lusiada Editora (87-112).

BUSHNELL, A. M. (2020): "Reframing the whistleblower in research: Truth-tellers as whistleblowers in changing cultural contexts". *Sociology Compass*, 14(8).

CÁMARA, P. (2012): "O controverso 'whistleblowing'". *Jornal de Negócios*, 6 de marzo.

CASANOVAS YSLA, A. (2023): "El estándar ISO 37002:2021 y la Ley 2/2023 de protección al informante". *Revista Electrónica de Responsabilidad Penal de Personas Jurídicas y Compliance*, 1(1) (1-22).

CLARK, D. R. & B. R. SKOUSEN (2023): "Whistleblowing in entrepreneurial ventures". *Journal of Business Venturing Insights*, 19(1).

CLEMENTUCCI, F. & A. MIEKINA (2023): "The Commision Proposal for a Directive on Combating Corruption". *EUCRIM: The European Criminal Law Associations' Fórum*, 3 (276-279).

COLVIN, N., GALIZZI, B. & V. NAD (2021): *Cómo proteger mejor a los alertadores: Guía práctica para transponer la Directiva europea*. Canberra: Blueprint for Free Speech.

COROADO, S. & N. ROLO (2021): "Por uma Estratégia Nacional Anticorrupção". En: PINTO DE ALBUQUERQUE, P., CARDOSO, R. & S. MOURA (orgs.): *Corrupção em Portugal. Avaliação legislativa e propostas de reforma*. Lisboa: Universidade Católica Editora (64-76).

COROADO, S. (2022): "The new anticorruption law in Portugal: from a failed past into an uncertain future". *LA LEY Compliance Penal*, 9 (1-11).

CORRÊA D'ALMEIDA, A. & L. M. LOUREIRO (2023): "Factores sociais e Histórico-Institucionais da decisão de denunciar e o método jornalístico como incentivo à denúncia pública". En: DE PITTA SIMÕES, P. (coord.): *Proteção de Denunciantes e Canais de Denúncias. Whistleblowing*. Coimbra: Almedina (57-82).

DA COSTA ANDRADE, T. (2023): "*Criminal Compliance* e Colaboração com a Investigação: a Marcha Triunfal do Processo Penal Americano e o Estado como Vercingétorix?". En: MACHETE, P., DE ALMEIDA RIBEIRO, G. & M. CANOTILHO (orgs.): *Estudos em Homenagem ao Conselheiro Presidente Manuel da Costa Andrade*. Volume II. Coimbra: Almedina (489-528).

DÁ MESQUITA, P. (2021): "Reforma procedimental como condição de proteção de denunciantes e outras pessoas que prestam informações nas investigações preliminares de eventual corrupção". En: PINTO DE ALBUQUERQUE, P., CARDOSO, R. & S. MOURA (orgs.): *Corrupção em Portugal. Avaliação legislativa e propostas de reforma*. Lisboa: Universidade Católica Editora (629-640).

DA SILVA FIGUEIREDO, E. A. (2021): *Uma abordagem da corrupção à luz dos direitos humanos? Desafios e (im)possibilidades*. Lisboa: Conselho de Prevenção da Corrupção.

DAMIÁN MORENO, J. (2006): "¿Un Derecho procesal de enemigos?". En: CANCIO MELIÁ, M. & C. GÓMEZ-JARA DÍEZ (coords.): *Derecho penal del enemigo: el discurso penal de la exclusión (vol. 1)*. Madrid: Edisofer (457-472).

DAMIÃO DA CUNHA, J. M. (2011): *A Reforma Legislativa em Matéria de Corrupção. Uma análise crítica das Leis n.º 32/2010, de 2 de Setembro, e 41/2010, de 3 de Setembro*. Coimbra: Coimbra Editora.

DAS NEVES TEIXEIRA CARIMBO, T. S. (2021): "A autorregulação *(compliance)* e o Direito Penal". *Galileu: Revista de Direito e Economia*, XXII(2) (41-51).

DEL ALMEIDA MENDONÇA, A. (2025): "Justicia negociada y consensual en Brasil: origen y evolución". En: PILLADO GONZÁLEZ, E. y FERNÁNDEZ FUSTES, M. D. (coords.): *Derecho procesal y ciudadanía: retos socioeconómicos y politización de la justicia*. Barcelona: Atelier.

DE ANDRADE, N. & S. FORTE DOS SANTOS (2024): "Dimensión jurídica de la corrupción en el contexto del derecho corporativo (con especial referencia a los ordenamientos jurídicos portugués y español)". *Ars Iuris Salmanticensis*, 12 (131-183).

DE FARIA COSTA, J., GODINHO, I. & S. AIRES DE SOUSA (2014): *Os crimes de fraude e a corrupção no espaço europeu*. Coimbra: Coimbra Editora.

DE PITA SIMÕES, P. & G. GASPAR (2022): "A (des)ocultação de informações e o *whistleblowing*". En: O whistleblowing *em Portugal. Proteção do denunciante nas organizações*. Coimbra: Almedina (185-216).

DE PITA SIMÕES, P. & L. FONSECA (2021): "O *whistleblowing* como uma estratégia de *compliance*: O caso de uma multinacional francesa a operar em Portugal". En: DE LACERDA COSTA PINTO, F., LLEDÓ BENITO, I. & F. PEREIRA COUTINHO (dirs.): *Compliance y lucha contra la corrupción en España, Portugal e Iberoamérica*. Madrid: Dykinson (369-386).

DE PITA SIMÕES, P. (2017): *Os limites da auditoria interna. O perfil do auditor e o* Whistleblowing. Lisboa: Instituto Politécnico de Lisboa.

DE PITA SIMÕES, P. (2021): "O responsável pelo tratamento de dados (pessoais) gerados pelo *Whistleblowing*". *Anuário da Proteção de Dados* (37-65).

DELGADO MARTÍN, J. (2022): "Reflexiones sobre el papel de los alertadores *(whistleblowers)* en el proceso penal". *Diario LA LEY*, 9992 (1-12).

DESTERRO FERREIRA, M. R., LOPES CARDOSO, E. & J. CONDE CORREIA (coords.) (2021): *Cooperação Internacional para efeitos de recuperação de ativos*. Coimbra: Almedina.

DOS SANTOS MATIAS, T. (2023): "A comunicação de irregularidades *(whistleblowing)* e as novas tecnologías: o adventop das denúncias automatizadas". En: DE PITTA SIMÕES, P. (coord.): *Proteção de denunciantes e canais de denúncias. Whistleblowing*. Coimbra: Almedina (257-298).

DUARTE GONÇALVES, F. (2023): "A insuficiência da matriz de proteção dos denunciantes prevista na diretiva e no diploma que a transpôs - breves reflexões". En: DE PITTA SIMÕES, P. (coord.): *Proteção de Denunciantes e Canais de Denúncias. Whistleblowing*. Coimbra: Almedina (135-154).

DYCK, A., MORSE, A. & L. ZINGALES (2010): "Who blows the whistle on corporate fraud?". *Journal of Finance*, 65(6) (2213-2253).

ENCINAR POZO, M. A. (2021): "Protección del informante. Impacto de la Directiva (UE) 2019/1937". *Cuadernos Digitales de Formación*, 16 (1-41).

EUROPEAN COMMISSION (2023a): *Commission Staff Working Document. 2023 Rule of Law Report. Country Chapter on the Rule of Law Situation in Portugal. Accompanying the Document Communication from the Commission to the European Parliament, the Council, the European Economic and Social Committee and the Committee of the Regions. 2023 Rule of Law Report. The Rule of Law Situation in the European Union.* Luxembourg: Publications Office of the European Union.

EUROPEAN COMMISSION (2023b): *Communication from the Commission to the European Parliament, the Council, the European Central Bank, the European Economic and Social Committee and the Committee of the Regions - The 2023 EU Justice Scoreboard.* Luxembourg: Publications Office of the European Union.

EUROPEAN COMMISSION (2023c): *Joint Communication to the European Parliament, the Council and the European Economic and Social Committee on the fight against corruption. Luxembourg: Publications Office of the European Union.*

EUROPEAN COMMISSION (2024a): *Perceived independence of the national justice systems in the EU among the general public.* Brussels: Report, Publications Office of the European Union.

EUROPEAN COMMISSION (2024b): *Perceived independence of the national justice systems in the EU among companies.* Brussels: Report, Publications Office of the European Union.

EUROPEAN UNION (2023a): *Atitudes dos cidadãos relativamente à corrupção na UE em 2023. Portugal.* Brussels: Report, Publications Office of the European Union.

EUROPEAN UNION (2023b): *Special Eurobarometer 534: Citizens' attitudes towards corruption in the EU in 2023.* Brussels: Report, Publications Office of the European Union.

EUROPOL (2023): *The Other Side of the Coin. An Analysis of Financial and Economic Crime.* Luxembourg: European Union Agency for Law Enforcement Cooperation.

EUROPOL (2024): *Decoding the EU'S Most Threatening Criminal Networks.* Luxembourg: European Union Agency for Law Enforcement Cooperation.

FAJARDO DEL CASTILLO, T. (2024): *El* soft law *en el Derecho Internacional y Europeo. Su capacidad para dar respuesta a los desafíos normativos actuales.* Valencia: Tirant lo Blanch.

FELDMANN, A. E. & J. P. LUNA (2023): *Criminal Politics and Botched Development in Contemporary Latin America.* Cambridge: Cambridge University Press.

FERNÁNDEZ AJENJO, J. A. (2024): "Buenas prácticas de protección del denunciante desde la perspectiva del derecho administrativo global". *Anuario Iberoamericano del Buen Gobierno y Calidad Democrática*, 1 (189-200).

FERREIRA CAÓ VINAGRE, V. (2023): Compliance *criminal e comportamental na prevenção da corrupção. O Régime Geral da Prevenção da Corrupção em Portugal.* Porto: Universidade Católica Portuguesa.

FERREIRA LEITE, I. (2021): "O Regime Geral de Prevenção da Corrupção na Estratégia Nacional Anticorrupção (2020-2024)". En: PINTO DE ALBUQUERQUE, P., CARDOSO, R. & S. MOURA (orgs.): *Corrupção em Portugal. Avaliação legislativa e propostas de reforma*. Lisboa: Universidade Católica Editora (79-96).

FLORES SCHÜTT, J. (2024): *Desperdício do Compliance Penal no Brasil*. São Paulo: Tirant lo Blanch.

FONSECA DE ALMEIDA, J. (2022): "Os denunciantes sob a perspectiva moral e ética - O estigma de Judas". En: O whistleblowing *em Portugal. Proteção do denunciante nas organizações*. Coimbra: Almedina (31-48).

FONSECA, L. & P. DE PITA SIMÕES (2022): "A implementação de uma linha (canal) de alerta ético". En: O whistleblowing *em Portugal. Proteção do denunciante nas organizações*. Coimbra: Almedina (217-238).

FONTES, J. & N. DA CRUZ (2021): *Da descoberta e da recuperação dos proveitos ilegítimos. Contributo para a sustentabilidade dos Estados e das democracias*. Coimbra: Almedina.

FORTUNY CENDRA, M. (2020): "La nueva guía del DOJ para evaluar la eficacia de un programa de cumplimiento: un horizonte de legitimidad más allá del *paper compliance*". *LA LEY Compliance Penal*, 2 (1-19).

FREITAS, P. M. (2021): "O regime jurídico da proteção do denunciante". En: PINTO DE ALBUQUERQUE, P., CARDOSO, R. & S. MOURA (orgs.): *Corrupção em Portugal. Avaliação legislativa e propostas de reforma*. Lisboa: Universidade Católica Editora (572-582).

FRIDRICZEWSKI, V. & N. RODRÍGUEZ-GARCÍA (2023): *En busca de estrategias 360 anticorrupción*. Valencia: Tirant lo Blanch.

GARCIA MARQUES, P. M. (2021): "O denunciante - entre a justa protecção e aquilo que '*consome a res publica (res publica exedere)*'". En: PINTO DE ALBUQUERQUE, P., CARDOSO, R. & S. MOURA (orgs.): *Corrupção em Portugal. Avaliação legislativa e propostas de reforma*. Lisboa: Universidade Católica Editora (583-618).

GARCÍA-MORENO, B. (2021): "Las recompensas económicas al alertador ('whistleblower'). ¿Límite infranqueable o justa contraprestación?". En: DE VICENTE MARTÍNEZ, R., GÓMEZ INIESTA, D. J., MARTÍN LÓPEZ, M. T., MUÑOZ DE MORALES ROMERO, M. & A. NIETO MARTÍN (coords.): *Libro Homenaje al profesor Luis Arroyo Zapatero. Un Derecho penal humanista. Vol. I*. Madrid: Boletín Oficial Estado (249-260).

GIMENO BEVIÁ, J. (2018): "De Falciani a Birkenfeld: la evolución del delator en un cazarrecompensas. Aspectos procesales e incidencia frente a las personas jurídicas *(whistleblower vs bounty hunter)*". *Diario LA LEY*, 9139.

GIMENO BEVIÁ, J. (2023): "Instrumentos actuales de policía y justicia predictiva en el proceso penal español: análisis crítico y reflexiones de *lege ferenda* ante aplicaciones futuras". *Estudios Penales y Criminológicos*, 44 (1-20).

GODINHO, I. (2021): "Uniformização do regime de responsabilidade penal das pessoas colectivas e programas de cumprimento normativo". En: PINTO DE

ALBUQUERQUE, P., CARDOSO, R. & S. MOURA (orgs.): *Corrupção em Portugal. Avaliação legislativa e propostas de reforma.* Lisboa: Universidade Católica Editora (167-177).

GÓMEZ COLOMER, J. L. (2023): *El Juez Robot. La independencia judicial en peligro.* Valencia: Tirant lo Blanch.

GOUVÊA MACIEL, G. (2021): "What We (Don't) Know so Far about Tolerance Towards Corruption in European Democracies: Measurement Approaches, Determinants, and Types". *Social Indicators Research*, 157(3) (1131-1153).

GROBLER, C. P. & C. P. LOUWRENS (2007): "Digital Forensic Readiness as a Component of Information Security Best Practice". En: VENTER, H., ELOFF, M., LABUSCHAGNE, L., ELOFF, J. & R. VON SOLMS (edits.): *New Approaches for Security, Privacy and Trust in Complex Environments.* Boston: Springer (13-24).

GUIMARÃES, A. P. (2021): "Remetidos à denúncia anónima no crime de corrupção". En: PINTO DE ALBUQUERQUE, P., CARDOSO, R. & S. MOURA (orgs.): *Corrupção em Portugal. Avaliação legislativa e propostas de reforma.* Lisboa: Universidade Católica Editora (618-628).

GUIMARÃES, A. P. (2023): "Transparência e corrupção - a óbvia e inultrapassável fronteira". En: DE PITTA SIMÕES, P. (coord.): *Proteção de Denunciantes e Canais de Denúncias. Whistleblowing.* Coimbra: Almedina (19-32).

HALD R., L. (2013): "Los delitos de corrupción: entre la realidad y el mito". *Nova Criminis: Visiones Criminológicas de la Justicia Penal*, 6 (161-218).

INÁCIO, A. (2023): "Do pre-inquérito aos canais de denúncia - A valoração da denúncia anónima no combate à corrupção". En: MAIA, A. J. & F. PONTES (coords.): *Canais de denúncia nas organizações. Perspectivas pragmáticas.* Coimbra: Almedina (137-148).

INNERARITY, D. (2023): "Predicting the past: a philosophical critique of predictive analytics". *Revista de Internet, Derecho y Política*, 39 (1-12).

JACOB MORAIS, P. (2021): "Estratégia Nacional de Combate à Corrupção. Breves notas sobre o Regime Geral e o Mecanismo de Prevenção da Corrupção". En: PINTO DE ALBUQUERQUE, P., CARDOSO, R. & S. MOURA (orgs.): *Corrupção em Portugal. Avaliação legislativa e propostas de reforma.* Lisboa: Universidade Católica Editora (97-108).

KARPACHEVA, E. & B. HOCK (2024): "Foreign whistleblowing: the impact of US extraterritorial enforcement on anti-corruption laws in Europe". *Journal of Financial Crime*, 31(1) (1-13).

KEBANDE, V. R., KARIE, N. M., CHOO, K. K. R. & S. ALAWADI (2021): "Digital forensic readiness intelligence crime repository". *Security Privacy* (1-11).

KUN-BUCZKO, M. (2023): "Whistleblowing Procedures as Part of the Compliance System and Culture of the Organization". *Studies in Logic, Grammar and Rhetoric*, 68(1) (541-554).

LAMAS LEITE, A. (2020): "Fundamentos político-criminais da responsabilidade penal das pessoas colectivas em Direito Criminal clássico, penas de substituição aplicáveis e *compliance* - breves notas". *Revista do Ministério Público*, 161 (203-234).

LAMAS LEITE, A. (2022): "Considerações sobre a Lei n.º 94/2021, de 22 de Dezembro e algumas propostas de revisão do Código Penal". En: LAMAS LEITE, A. (coord.): *Contributos para uma (urgente) reforma da Justiça*. Braga: Nova Causa (35-111).

LASCURAÍN SÁNCHEZ, J. A. (2021): "Análisis de riesgos penales: cuatro inquietudes". *LA LEY Compliance Penal*, 7 (1-14).

LATAS, A. (2021): "A reconfiguração da fase de instrução no Código de Processo Penal e a Estratégia Nacional Anticorrupção". En: PINTO DE ALBUQUERQUE, P., CARDOSO, R. & S. MOURA (orgs.): *Corrupção em Portugal. Avaliação legislativa e propostas de reforma*. Lisboa: Universidade Católica Editora (643-652).

LÓPEZ DE ZUBIRÍA DÍAZ, S. (2017): "Problemas criminológicos en el tratamiento de la corrupción. El desdibujamiento del perfil de las víctimas". En: JIMÉNEZ GARCÍA, F. & J. ROPERO CARRASCO (dirs.): *Blanqueo de capitales y corrupción: interacciones para su erradicación desde el derecho internacional y los sistemas nacionales*. Pamplona: Thomson Reuters Aranzadi (345-360).

LOUREIRO, F. N. (2020): "A insustentável ausência de normas processuais penais para pessoas coletivas". En: LOBO MOUTINHO, J., SALINAS, H., VAZ DE SEQUEIRA, E. & P. GARCIA MARQUES (eds.): *Homenagem ao Professor Doutor Germano Marques da Silva (Vol. II)*, Lisboa: Universidade Católica Editora (893-923).

LOYENS, K. & W. VANDEKERCKHOVE (2018): "Whistleblowing from an International Perspective: A Comparative Analysis of Institutional Arrangements". *Administrative Sciences*, 8(3) (2-16).

LUCIANI, D. S. (2024): *Corrupción: un atentado contra la democracia y los derechos humanos*. Pamplona: Aranzadi.

LUPPI, F. & M. BELLINGERI (2023): "Combating Corruption in EU Legislation. An Analysis of Some Aspects of the Commission Proposal for the EU Anti-corruption Directive". *EUCRIM: The European Criminal Law Associations' Fórum*, 3 (282-286).

LUZ DOS SANTOS, H. (2022a): *A responsabilidade penal dos entes colectivos na esfera do compliance. E depois da Lei n.º 94/2021, de 21 de dezembro?* Braga: NovaCausa, Edições Jurídicas.

LUZ DOS SANTOS, H. (2022b): *Processo penal na era* compliance. Lisboa: AAFDL Editora.

LUZ SOARES, M. J. (2021): "*Compliance* na prevenção do branqueamiento de capitais e do financiamento ao terrorismo – O modelo português". En: DE LACERDA COSTA PINTO, F., LLEDÓ BENITO, I. & F. PEREIRA COUTINHO (dirs.): *Compliance y lucha contra la corrupción en España, Portugal e Iberoamérica*. Madrid: Dykinson (251-272).

MACHADO DE SOUZA, R. & N. RODRÍGUEZ-GARCÍA (2022): *Justicia negociada y personas jurídicas: la 'modernización' de los sistemas penales en clave norteamericana*. Valencia: Tirant lo Blanch.

MACLENNAN, N. (2024): "The mental health effects of whistleblowing: reflections on working with whistleblowers". *Mental Health and Social Inclusion*, 28(6) (1357-1369).

MAIA, A. J. (2021): "Ética, integridade e riscos de fraude e corrupção na governação pública - Estratégias e metodologias de controlo". En: DE LACERDA COSTA PINTO, F., LLEDÓ BENITO, I. & F. PEREIRA COUTINHO (dirs.): *Compliance y lucha contra la corrupción en España, Portugal e Iberoamérica*. Madrid: Dykinson (335-354).

MAIA, A. J. (2022): "Promover a ética nas organizações - A importância dos canais de denúncia". En: O whistleblowing *em Portugal. Proteção do denunciante nas organizações*. Coimbra: Almedina (13-30).

MAIA, P. (2012): "Corporate governance em Portugal". En: ULHOA COELHO, F. & M. DE F. RIBEIRO (edits.): *Questões de Direito Societário em Portugal e no Brasil*. Coimbra: Almedina (43-86).

MAIA, P. (2021): "Intelligent compliance". En: ANTUNES, M. J. & S. AIRES DE SOUSA (edits.): *Artificial intelligence in the economic sector: prevention and responsibility*. Coimbra: Universidade de Coimbra (1-50).

MARQUES DA SILVA, G. (2020): "Sobre a proteção dos denunciantes". *Boletim da Ordem dos Advogados* (20-22).

MARQUES DA SILVA, G. (2021): "Processo contra pessoas coletivas". En: PINTO DE ALBUQUERQUE, P., CARDOSO, R. & S. MOURA (orgs.): *Corrupção em Portugal. Avaliação legislativa e propostas de reforma*. Lisboa: Universidade Católica Editora (465-476).

MATTONI, A. (2024): "The challenges of anti-corruption technologies from the grassroots". En: MATTONI, A. (edit.): *Digital Media and Grassroots Anti-Corruption: Contexts, Platforms and Data of Anti-Corruption Technologies Worldwide*. Cheltenham: Edward Elgar Publishing Limited (250-269).

MECHTENBERG, L., MUEHLHEUSSER, G. & A. ROIDER (2020): "Whistleblower protection: Theory and experimental evidence". *European Economic Review*, 126 (1-30).

MEGÍAS, A., GOUVÊA MACIEL, G., DE SOUSA, L. & F. JIMÉNEZ SÁNCHEZ (2024): *Percepciones comparadas de la corrupción en España y Portugal*. Murcia: Universidad de Murcia.

MENDES DE SOUSA OLIVEIRA, C. P. (2023): *Programas de cumprimento normativo no actual quadro legal das medidas anticorrupção (valoração judicial e interess das investigações internas para o processo penal)*. Coimbra: Universidade de Coimbra.

MENEZES LEITÃO, L. (2021): "A Estratégia Nacional de Combate à Corrupção". En: PINTO DE ALBUQUERQUE, P., CARDOSO, R. & S. MOURA (orgs.): *Corrupção em Portugal. Avaliação legislativa e propostas de reforma*. Lisboa: Universidade Católica Editora (26-35).

MENEZES SANHUDO, J. & J. BALLESTEROS SÁNCHEZ (2023): "Responsabilidad penal de las personas jurídicas y criminal compliance en Portugal". *LA LEY Compliance Penal*, (14) (1-22).

MENEZES SANHUDO, J. (2022): "A relevância substantiva dos programas de cumprimento normativo após a Lei n.º 94/2021, de 21 de dezembro". *Revista Portuguesa de Ciência Criminal*, 32(1) (7-60).

MERKEL, L. (2022): "El Derecho procesal-penal del enemigo: una mirada general". *Justicia: Revista de Derecho Procesal*, 1 (191-242).

MILCZAREK, E. (2024): „Whistleblower Protection in EU Law: Bridging Transparency, Accountability, and Corporate Social Responsibility". En: PUCELJ, M. & R. BOHINC (edits.): *Bridging Human Rights and Corporate Social Responsibility: Pathways to a Sustainable Global Society*. Pensilvania: IGI Global (207-226).

MIRANDA RODRIGUES, A. (2021): „*Public compliance* e prevenção da corrupção". *Revista Científica do CPJM*, 1(3) (41-64).

MIRANDA RODRIGUES, A. (2021): „The Last Cocktail. Economic and Financial Crime, Corporate Criminal Responsibility, Compliance and Artificial Intelligence". En: ANTUNES, M. J. & S. AIRES DE SOUSA (edits.): *Artificial intelligence in the economic sector: prevention and responsibility*. Coimbra: Universidade de Coimbra (119-134).

MIRANDA RODRIGUES, A. (2023): "Algoritmización de la prueba y la decisión judicial en el proceso penal: ¿utopía o distopía?". En: ARANGÜENA FANEGO, C., HOYOS SANCHO, M. DE & E. PILLADO GONZÁLEZ (dirs.): *El proceso penal ante una nueva realidad tecnológica europea*. Pamplona: Reuters-Thompson-Aranzadi (207-230).

MONAR, J. (2021): „Reflections on the place of criminal law in the European construction". *European Law Journal*, 27(4-6) (356-367).

MONIZ, H. & C. CARDADOR (2021): "Corrupção ou corrupções?". En: PINTO DE ALBUQUERQUE, P., CARDOSO, R. & S. MOURA (orgs.): *Corrupção em Portugal. Avaliação legislativa e propostas de reforma*. Lisboa: Universidade Católica Editora (293-302).

MOTA PRADO, M., KERCHE, F. & M. MARONA (2024): „Corruption and Separation of Powers: Where do Prosecutors Fit?". *Hague Journal on the Rule of Law* (1-27).

MOYA VALDIVIESO, J. G. (2022): "La prevención penal anticipativa. Un paradigma complejo del nuevo Derecho Penal". *Iuris Dictio*, 30 (109-119).

MUNGIU-PIPPIDI, A. (2023): „Seven Arguments in Favour of Rethinking Corruption". *EUCRIM: The European Criminal Law Associations' Fórum*, 3 (300-304).

MUNRO, D. & R. GOLDWASSER (2024): „Guardians of Trust: Exploring Internal Whistleblowing Dynamics in Nonprofit Finance and Accounting". *Business Management Research and Applications: A Cross-Disciplinary Journal*, 3 (2).

MUÑOZ CONDE, F. (2009): „De las prohibiciones probatorias al Derecho Procesal penal del enemigo“. *Revista Penal*, 23 (73-114).

MUÑOZ OLIVEIRA, L. & E. CAMACHO BELTRÁN (2023): *Pantomima de la igualdad. Ciudadanía corrupta y discriminación*. Ciudad de México: Universidad Nacional Autónoma de México.

NACIONES UNIDAS (2010): *Guía Técnica de la Convención de las Naciones Unidas contra la Corrupción*. Viena: Oficina de las Naciones Unidas contra la Droga y el Delito.

NACIONES UNIDAS (2012): *Guía Legislativa para la aplicación de la Convención de las Naciones Unidas contra la Corrupción (2.ª ed. revisada)*. Viena: Oficina de las Naciones Unidas contra la Droga y el Delito.

NAVEX (2024): *State of Risk & Compliance Report*. London: Navex.

NICHOLLS, A. R., FAIRS, L. R. W., TONER, J., JONES, L., MANTIS, C., BARKOUKIS, V., PERRY, J. L., MICLE, A.V., THEODOROU, N. C., SHAKHVERDIEVA, S., STOICESCU, M., VESIC, M. V., DIKIC, N., ANDJELKOVIC, M., GRIMAU, E. G., AMIGO, J. A. & A. SCHOMÖLLER (2021): "Snitches Get Stitches and End Up in Ditches: A Systematic Review of the Factors Associated with Whistleblowing Intentions". *Frontiers in Psychology*, 12 (1-20).

NIETO MARTÍN, A. (2023): "Responsabilidad penal de la persona jurídica y programas de cumplimiento: de la gestión de la legalidad a la legitimidad". En: SALIGER, F. H., RUIZ LÓPEZ, C. E., PASTOR MUÑOZ, N. & I. COCA VILA (edits.): *Responsabilidad penal de personas jurídicas. Tomo I. Volumen II. Sistema de sanciones*. Bogotá: Tirant lo Blanch (151-192).

NOVERSA LOUREIRO, F. (2021): "Programas de Cumprimento Normativo no Sector Público". En: PINTO DE ALBUQUERQUE, P., CARDOSO, R. & S. MOURA (orgs.): *Corrupção em Portugal. Avaliação legislativa e propostas de reforma*. Lisboa: Universidade Católica Editora (130-140).

ÖBERG, J. (2024): *The normative foundations for EU Criminal Justice. Powers, limits and justifications*. Oxford: Hart Publishing.

OCDE (2017): *The detection of foreign bribery*. Paris: OCDE.

OCDE (2024): *Anti-Corruption and Integrity Outlook 2024*. Paris: OCDE.

OLIVEIRA TEIXEIRA DOS SANTOS, M. (2024): *Colaboración con la justicia en el sistema penal español. Principio de oportunidad, justicia premial y negociada*. Valencia: Tirant lo Blanch.

PALMA, M. F., SILVA DIAS, A. & P. DE SOUSA MENDES (coords.): *Novos estudos sobre* law enforcement, compliance *e direito penal*. Coimbra: Almedina, 2020.

PATRÍCIO, R. (2022): "*Whistleblowing* e algumas 'pontes' para o Direito Penal e o processo penal". En: O whistleblowing *em Portugal. Proteção do denunciante nas organizações*. Coimbra: Almedina (167-184).

PÉREZ TRIVIÑO, J. L. (2018): "Whistleblowing". *Eunomía. Revista en Cultura de la Legalidad*, 14 (285-298).

PITTA, V. M. (2023): "Canais de denúncia - Um camino para a proteção de negócio e reforço ético". En: MAIA, A. J. & F. PONTES (coords.): *Canais de denúncia nas organizações. Perspectivas pragmáticas.* Coimbra: Almedina (111-136).

POHLMANN, M. (2024): „Systemic Corruption. How to Analyze and Measure It". En: TROMBINI, M. E., VALARINI, E. A., ELÍAS DE OLIVEIRA, V. & M. POHLMANN (edits.): *The Fight against Systemic Corruption. Lessons from Brazil (2013–2022).* Wiesbaden: Springer (9-40).

PORTILLA CONTRERAS, G. (2004): "Fundamentos teóricos del Derecho Penal y Procesal Penal del enemigo". *Jueces para la Democracia*, 49 (43-50).

POTIPIROON, W. (2024): "Reward Expectancy and External Whistleblowing: Testing the Moderating Roles of Public Service Motivation, Seriousness of Wrongdoing, and Whistleblower Protection". *Public Personnel Management*, 53(2) (309-345).

PRICEWATERHOUSECOOPERS (2024): *PwC's Global Economic Crime Survey 2024.* Kansas City: PwC.

QUAYLE, A. (2021): "Whistleblowing and accounting for the public interest: a call for new directions". *Accounting, Auditing & Accountability Journal*, 34 (7) (1555-1580).

QUINTAS PÉREZ, M. (2024): "El delito de enriquecimiento ilícito en Portugal. Desobediencia cualificada y ocultación intencional". *Revista Penal*, 54 (197-215).

QUINTELA DE BRITO, T. (2021): "Processo contra pessoas colectivas: algumas propostas de adaptação (urgente) do Código de Processo Penal português". En: PINTO DE ALBUQUERQUE, P., CARDOSO, R. & S. MOURA (orgs.): *Corrupção em Portugal. Avaliação legislativa e propostas de reforma.* Lisboa: Universidade Católica Editora (477-514).

QUINTELA DE BRITO, T. (2023): Plaidoyer *por uma autêntica responsabilidade penal de entes colectivos.* Lisboa: AAFDL Editora.

RAMOS, J. (2018): *Proteção de Denunciantes em Portugal: Estado da Arte.* Lisboa: Transparência e Integridade, Transparency International Portugal.

RODRÍGUEZ-GARCÍA, N. & M. G. PAHUL ROBREDO (2022): "Paz, Justicia e Instituciones sólidas: el ODS-16 y su proyección latinoamericana". *Revista Criminalia. Asociación Mexicana de Ciencias Penales*, 2 (25-54).

RODRÍGUEZ-GARCÍA, N. (2021) (dir.): *Tratado angloiberoamericano sobre* compliance *penal.* Valencia: Tirant lo Blanch.

RODRÍGUEZ-GARCÍA, N. (2022): "Influjo de la justicia colaborativa en los sistemas penales modernos". En: SERRANO HOYO, G. & N. RODRÍGUEZ-GARCÍA (dirs.): *Justicia restaurativa y medios adecuados de solución de conflictos.* Madrid: Dykinson (17-31).

RODRÍGUEZ-GARCÍA, N. (2023): "El sistema penal español en tiempos de *compliance*: ¿de dónde venimos? ¿a dónde vamos?". *LA LEY Penal: Revista de Derecho Penal, Procesal y Penitenciario*, 160 (1-19).

RODRÍGUEZ-GARCÍA, N. (2024a): "El fomento europeo de los alertantes e informantes en plena expansión de una justicia penal colaborativa". *LA LEY Compliance Penal*, 16 (1-30).

RODRÍGUEZ-GARCÍA, N. (2024b): "Glosa sobre la trasposición *a la española* de la legislación europea sobre protección de los *whistleblowers*". En: RODRÍGUEZ-GARCÍA, N., CARRILLO DEL TESO, A. & G. D. M. CERINA (edits.): *Delincuencia corporativa:* Compliance, *canales de denuncia y persecución penal*. Valencia: Tirant lo Blanch (215-244).

RODRÍGUEZ-GARCÍA, N. (2025): "Desafíos estratégicos en la lucha penal contra los delitos económicos: reflexiones y aprendizajes". En: PILLADO GONZÁLEZ, E. y FERNÁNDEZ FUSTES, M. D. (coords.): *Derecho procesal y ciudadanía: retos socioeconómicos y politización de la justicia*. Barcelona: Atelier.

SALGUEIRO, A. C. (2024): *Pessoa Coletiva e Processo Penal. Da Titularidade de Direitos Fundamentais à Pertinência de Um Processo Penal da Pessoa Coletiva*. Coimbra: Almedina.

SANTOS CABRAL, J. (2021): "Combate à corrupção. Da estratégia presente à reforma futura". En: PINTO DE ALBUQUERQUE, P., CARDOSO, R. & S. MOURA (orgs.): *Corrupção em Portugal. Avaliação legislativa e propostas de reforma*. Lisboa: Universidade Católica Editora (36-63).

SCANDELARI, G. B. (2022): Compliance *e prevenção corporativa de ilícitos: inovações e aprimoramentos para programas de integridade*. São Paulo: Almedina.

SILVA SÁNCHEZ, J. M. (2023): "Lo real y lo ficticio en la responsabilidad 'penal' de las personas jurídicas". *Revista Electrónica de Responsabilidad Penal de Personas Jurídicas y Compliance*, 1(1) (1-23).

SKUPIEŃ, D. (2025): "The Role of the Central Whistleblowing Authority in External Reporting: Comparative Remarks". *International Journal of Comparative Labour Law and Industrial Relations*, 41(1), 73-88.

SOARES CRESTANE, D. & M. C. HENNIG LEAL (2024): *Discriminação algorítmica e discriminação estrutural. Standards protetivos da Corte Interamericana de Direitos Humanos e do Supremo Tribunal Federal*. São Paulo: Tirant lo Blanch.

STIEGEL, U., & DE SCHAMP, K. (2023): "The Impact of the European Commission's Rule of Law Report in Monitoring the Prevention and Fight against Corruption". *EUCRIM: The European Criminal Law Associations' Fórum*, 4 (345-349).

TASSINARI, F. (2024): "Issues of consistency and complementarity in eu privacy law: the europol's big data challenge". *Revista General de Derecho Europeo*, 63 (1-37).

TAVARES DA SILVA, M. (2023): "A proteção de denunciantes - Breves reflexões à luz do sistema de controlo interno do plano de recuperação e resiliência". En: MAIA, A. J. & F. PONTES (coords.): *Canais de denúncia nas organizações. Perspectivas pragmáticas*. Coimbra: Almedina (173-204).

TEICHMANN, F. B. J. (2019): "Incentive systems in anti-bribery whistleblowing". *Journal of Financial Crime*, 26(2) (519-525).

TEIXEIRA ALVES, L. (2021): "*Whistleblowing*: la tutela del trabajador denunciante en Portugal". *Anuario Coruñés de Derecho Comparado del Trabajo*, XIII (259-287).

TOMO, A., DE NITO, E., CANONICO, P., MANGIA, G. & S. CONSIGLIO (2020): "Stories of grey zone between corruption and whistleblowing: insights from the Italian public administration". *Meditari Accountancy Research*, 28(6) (1037-1058).

TRANSPARÊNCIA E INTEGRIDADE (2013): *Uma alternativa ao silêncio: A proteção de denunciantes em Portugal*. Lisboa: Transparência e Integridade/ Transparency International Portugal.

TRANSPARÊNCIA E INTEGRIDADE (2020): *Contributos para uma Estratégia Nacional de Combate à Corrupção 20.24. Resposta à Consulta Pública*. Lisboa: Transparência e Integridade/Transparency International Portugal.

TRANSPARENCY INTERNATIONAL (2018): *A Best Practice Guide for Whistleblowing Legislation*. Berlin: Transparency International.

TRANSPARENCY INTERNATIONAL (2020): *Assessing whistleblowing legislation. Methodology and guidelines for assessment against the EU Directive and best practice*. Berlin: Transparency International.

TRANSPARENCY INTERNATIONAL (2021): *Global Corruption Barometer. European Union 2021. Citizens' Views and Experiences of Corruption*. Berlin: Transparency International.

TRANSPARENCY INTERNATIONAL (2023): *Corruption Perceptions Index 2022*. Berlin: Transparency International.

TRANSPARENCY INTERNATIONAL NEDERLAND (2019): *Mapping the EU on Legal Whistleblower Protection Assessment before the Implementation of the EU Whistleblowing Directive*. Amsterdam: TI-NL.

UNIÓN EUROPEA (2022): *Conferencia sobre el Futuro de Europa. Informe sobre el resultado final*.

VALJAREVIC, A. & H. S. VENTER (2015): "A Comprehensive and Harmonized Digital Forensic Investigation Process Model". *Journal of Forensic Sciences*, 60(6) (1467-1483).

VANDEKERCKHOVE, W. & D. LEWIS (2011): "The Content of Whistleblowing Procedures: A Critical Review of Recent Official Guidelines". *Journal of Business Ethics*, 108 (2) (253-264).

VIEGAS, M. (2022): "Do Luxleaks à Diretiva Europeoa sobre proteção dos lançadores de alerta". En: *O* whistleblowing *em Portugal. Proteção do denunciante nas organizações*. Coimbra: Almedina (83-102).

VILLORIA MENDIETA, M. & F. JIMÉNEZ SÁNCHEZ (2019): "La calidad institucional de España: corrupción, transparencia e integridad". En: MONTABES PEREIRA, J. & A. MARTÍNEZ RODRÍGUEZ (coords.): *Gobierno y política en España*. Valencia: Tirant lo Blanch (759-786).

VILLORIA MENDIETA, M. (2011): "Integridad". *Eunomía: Revista en Cultura de la Legalidad*, 1 (107-113).
VILLORIA MENDIETA, M. (2021): "Un análisis de la Directiva (UE) 2019/1937 desde la ética pública y los retos de la implementación". *Revista Española de la Transparencia*, 12 (15-24).
VV.AA. (2023): *Global Risks Report 2023*. Geneva: World Economic Forum.
VV.AA. (2024): *2023 Annual Report*. Basel: Basel Institute on Governance.
WIECZOREK, I. (2021): „The emerging role of the EU as a primary normative actor in the EU Area of Criminal Justice". *European Law Journal*, 27(4-6) (378-407).
WORLD BANK (2022): *Ukraine: rapid damage and needs assessment*. Washington: The World Bank.
WORLD BANK (2024): *Enterprise Surveys Indicator Descriptions*. Washington: The World Bank.
WORLD ECONOMIC FORUM (2024): *The Global Risks Report 2024 (19th ed.)*. Geneva: World Economic Forum.
WORLD JUSTICE PROJECT (2024): *Rule of Law Index 2024*. Washington D. C.: WJP.
YEOH, P. (2014): "Whistleblowing: motivations, corporate self-regulation, and the law". *International Journal of Law and Management*, 56(6) (459-474).
ZOLI, I. (2023): "The amendment of the PIF Directive by the new proposal for a directive on combating corruption". *EUCRIM: The European Criminal Law Associations' Fórum*, 3 (279-281).

LA PROTECCIÓN DEL DENUNCIANTE EN CHILE: REVISIÓN CRÍTICA A SU MARCO JURÍDICO

Andrea Monserrat Olguín Rocco[1]

Personal Investigador en Formación Predoctoral
Área de Derecho Procesal
Universidad de Salamanca

I. INTRODUCCIÓN

La corrupción constituye una de las problemáticas más graves y destructivas en las sociedades contemporáneas, rompe con la confianza de la población hacia las instituciones, promueve la desigualdad y obstaculiza el desarrollo económico de las naciones. Bajo este contexto, los denunciantes de corrupción, también denominados con el término inglés *"whistleblower"*[2], juegan un papel fundamental al destapar prácticas corruptas o ilegales tanto en el sector público como privado y las denuncias que ellos realizan no sólo contribuye a la mejora en el ejercicio del poder público, sino que, además, fomentan la rendición de cuentas, ya que permite la revelación de información crítica para la vida pública y con ello, la divulgación de malas conductas al interior de las organizaciones, establece un marco de protección a los denunciantes frente a sanciones y/o amenazas poten-

---

1 Investigadora del "Centro de Investigación para la Gobernanza Global", del "GIR-USAL Justicia, sistema penal y criminología" y del "Observatorio Iberoamericano de Justicia Penal", todos ellos de la Universidad de Salamanca. Este trabajo se ha elaborado en el marco del Proyecto de Investigación "Cumplimiento normativo y protección penal de la Administración Pública" (PID2022-138775NB-I00) del Ministerio de Ciencia e Innovación del Gobierno de España.

2 Podemos definir al *whistleblower* como aquel agente que, en el marco de una entidad privada o una administración pública, realiza una denuncia mediante los canales o vías establecidas para transmitir información. Las denuncias pueden ser ante un organismo interno de control, o bien ante los órganos judiciales correspondientes. *Cfr.* FERNÁNDEZ GONZÁLEZ (2019: 165).

ciales y también funciona como herramienta de mejora de la gestión interna de las organizaciones, estableciendo mecanismos de alerta y gestión de actos irregulares[3]. No obstante, todos los efectos positivos de la denuncia, la exposición a represalias es una dura realidad con la que se enfrentan estos denunciantes, quienes, al dar a conocer estas irregularidades en la administración, a menudo sufren consecuencias adversas tanto para para sí como para su círculo más cercano, como despidos, acoso o incluso amenazas físicas hacia ellos y sus familias. La protección de estos denunciantes, por tanto, es una cuestión clave para garantizar la efectividad de las políticas anticorrupción. Así, diversas legislaciones han demostrado que estos individuos desempeñan un papel fundamental en la lucha contra este flagelo, ya que, en numerosos casos, han sido clave para desvelar graves escándalos de corrupción y a pesar de enfrentar múltiples obstáculos y riesgos, estos individuos han persistido en sus denuncias, logrando sacar a la luz situaciones de abuso de poder y mala gestión que de otro modo habrían quedado ocultos o en las sombras.

En términos generales, la protección del denunciante de corrupción hace referencia "al conjunto de acciones institucionales orientadas a garantizar los derechos de los denunciantes que podrían verse amenazados o disminuidos por represalias causadas a raíz de su revelación"[4].

A nivel global, la protección de los denunciantes ha cobrado relevancia, y numerosos organismos internacionales como la Organización de las Naciones Unidas (ONU) y la Organización para la Cooperación y el Desarrollo Económico (OCDE), han destacado la importancia de desarrollar marcos legales tendientes a garantizar los derechos y la seguridad de quienes se atreven a denunciar actos de corrupción. En este sentido, son varios los países que han adoptado dentro de su legislación, leyes específicas para proteger a los denunciantes, con el objetivo de promover una cultura de transparencia, responsabilidad y rendición de cuentas. Estas legislaciones varían en alcance y efectividad, lo que genera un panorama diverso en cuanto a los mecanismos de protección al revisar la experiencia comparada.

---

3 TIRADO TEODORO & AGUIRRE ARIAS (2021: 14).

4 CHEVERRÍA & SILVESTRE (2013: 16).

En el caso de Chile, desde hace más de una década la protección del denunciante de corrupción ha sido un tema de creciente interés. A pesar de que el país venía dando pasos importantes hacia la creación de mecanismos legales para dar protección y seguridad a quienes se atreven a denunciar, la efectividad de estas leyes ha sido bastante cuestionada.

La Ley N.º 20.205, promulgada en el año 2007, resulta ser el primer gran hito en la legislación chilena respecto a estas materias, ya que después de una larga espera legislativa se logró promulgar una ley que establece un marco jurídico para proteger a los denunciantes de actos de corrupción en el ámbito público, garantizando su anonimato y protegiendo sus derechos laborales, sin embargo y a pesar de este significativo avance legislativo, las preocupaciones sobre la aplicación real de estas protecciones junto a la cultura de impunidad frente a los actos corruptos que podían observarse en el país motivaron un trabajo arduo y de largo aliento en aras de alcanzar una normativa más robusta que se hiciera cargo de esta temática y que cumpliera con los estándares internacionales que diversas organizaciones demandaban. Así, la discusión sobre la implementación de una legislación específica para la protección de denunciantes cobró mayor relevancia a partir de 2016, año en el que se presentó por primera vez un proyecto de ley orientado a garantizar la protección de los denunciantes, especialmente en el marco de la lucha contra la corrupción y otras prácticas irregulares o ilícitas en el sector público y privado.

En 2018, el gobierno del presidente Sebastián Piñera Echeñique retomó la iniciativa e ingresó un nuevo proyecto al Congreso Nacional con el objetivo de establecer un marco legal que protegiera a quienes denunciaban actos de corrupción y otros delitos.

El debate legislativo fue muy largo y pasó por varias modificaciones antes de llegar a su promulgación, pues entre otros aspectos se abordaron temáticas que no estaban contempladas en normativas anteriores y que por tanto fueron objeto de mucha discusión tanto en la Cámara de Diputados como en la de Senadores. Entre los aspectos más relevantes a tratar, estaban la ampliación del ámbito de la denuncia, la consagración de garantías para quienes denuncian, la creación de un canal de denuncias único para todo el sector público y la imposición de sanciones para aquellos que vulneren los derechos establecidos en la propia ley[5]. Esta etapa culminó en agosto de 2023 con la promulgación de la Ley N.° 21.592 realizada por el presidente Gabriel Boric Font, que *establece un estatuto de protección en favor del denunciante*[6].

Como hemos podido observar, la protección de los denunciantes de corrupción es un tema fundamental a nivel mundial, cuestión a la que no es ajena Chile. En el país se han logrado avances significativos en la creación de marcos legales que promueven la transparencia y la lucha contra la corrupción, presentándose a la vanguardia de otras naciones latinoamericanas, sin embargo es necesario señalar que aún persisten grandes desafíos en cuanto a la implementación efectiva de estos mecanismos, ya que la protección real de los denunciantes no solo depende de leyes sólidas, sino también de un cambio cultural en el que la denuncia de la corrupción sea vista como un acto valiente y positivo, y no como un riesgo.

II. PANORAMA NORMATIVO PREVIO A LA PUBLICACIÓN DE LA LEY N.° 21.592

En Chile, la implementación de un marco normativo orientado a la protección del denunciante fue postergado durante varios años pese a la creciente necesidad de garantizar mecanismos adecuados para su resguardo. Sin embargo, es importante señalar que antes de la promulgación de la Ley N.° 21.592 en 2023, ya existían diversas disposiciones normativas dispersas en distintos cuerpos legales que abordaban en alguna medida esta figura. Estas regulaciones carecían de un enfoque sistemático y estaban mayormente circunscritas al ámbito del derecho penal, lo que evidenciaba la ausencia de una legislación integral que asegurara una protección efectiva y homogénea para los denunciantes en distintos contextos.

Los primeros antecedentes de un marco normativo de protección del denunciante que podemos hallar en nuestra legislación se encuentran recogidos en el Código Penal Chileno, artículo 11, circunstancia

---

5 VV.AA. (2023).

6 Véase *https://www.bcn.cl/leychile/navegar?idNorma=1195215*.

octava, que establece: "Son circunstancias atenuantes: 8.° Si pudiendo eludir la acción de la justicia por medio de la fuga u ocultándose, se ha denunciado y confesado el delito". También en el Código Procesal Penal, en el artículo 175 letra b: "Denuncia obligatoria. Estarán obligados a denunciar: Los fiscales y los demás empleados públicos, los delitos de que tomaren conocimiento en el ejercicio de sus funciones y, especialmente, en su caso, los que notaren en la conducta ministerial de sus subalternos"; en el artículo 109 letra a: "Derechos de la víctima. La víctima podrá intervenir en el procedimiento penal conforme a lo establecido en este Código, y tendrá, entre otros, los siguientes derechos: a) Solicitar medidas de protección frente a probables hostigamientos, amenazas o atentados en contra suya o de su familia"; en el artículo 308: "Protección a los testigos. El tribunal, en casos graves y calificados, o para evitar toda consecuencia negativa que puedan sufrir los testigos con ocasión de su interacción en un juicio oral, podrá, por solicitud de cualquiera de las partes o del propio testigo, disponer medidas especiales destinadas a proteger la seguridad de este último, las que podrán consistir, entre otras, en autorizarlo para deponer vía sistema de vídeo conferencia, separado del resto de la sala de audiencias mediante algún sistema de obstrucción visual, o por otros mecanismos que impidan el contacto directo del testigo con los intervinientes o el público. Dichas medidas durarán el tiempo razonable que el tribunal dispusiere y podrán ser renovadas cuantas veces fuere necesario (...)"; en el artículo 109 letra a) del Código Procesal Penal: "Derechos de la víctima. La víctima podrá intervenir en el procedimiento penal conforme a lo establecido en este Código, y tendrá, entre otros, los siguientes derechos: a) Solicitar medidas de protección frente a probables hostigamientos, amenazas o atentados en contra suya o de su familia (...)".

Todas estas normas tienen un punto en común y es que protegen al denunciante de delitos, más no al denunciante de irregularidades o faltas administrativa a la probidad en la administración pública.

Así también hallamos alguna referencia a la protección del denunciante, esta vez orientada al funcionario público, en la Ley N.° 18.834 del año 1989 sobre Estatuto Administrativo el que regula las relaciones entre el Estado y el personal en calidad de planta y contrata de sus distintas reparticiones públicas. Esta Ley establece que dentro de las obligaciones funcionarias está el deber de denunciar "[...] los crímenes o simples delitos y a la autoridad competente los hechos de carácter irregular de que tome conocimiento en el ejercicio de su cargo" (artículo 55 k). Junto a esto, el artículo 84 de la misma Ley establece los criterios sobre los cuales operará la denuncia, esto es: las garantías otorgadas al denunciante y el tipo de protección que tendrán los funcionarios que denuncian, además se prescribe el derecho a defensa y el derecho a exigir la persecución de la responsabilidad civil y criminal de quienes atenten contra su vida o integridad corporal o bien, los injurien o calumnien.

Otro ejemplo que podemos observar respecto a la materia se encuentra en el Decreto con Fuerza de Ley N.º 29 del año 2005, ley que introdujo varias reformas al Estatuto Administrativo, específicamente en su artículo 61 letra k), que prescribe: "Serán obligaciones de cada funcionario: (...) k) Denunciar, con la debida prontitud, ante el Ministerio Público, las policías, o ante cualquier tribunal con competencia criminal, los hechos de los que tome conocimiento en el ejercicio de sus funciones, y que revistan caracteres de delito".

Por otra parte, podemos encontrar algunos proyectos de ley impulsados por el Poder Legislativo y Ejecutivo entre los años 2006 y 2020.

En el año 2006 la presidenta Michelle Bachelet Jeria, a través de un Mensaje Presidencial, dio a conocer ante el país el impulso de un proyecto de ley que protegería al funcionario público que denuncia irregularidades y sanciona las faltas al principio de probidad. En el mensaje se sostiene que la probidad administrativa es un principio fundamental que debe inspirar la actuación de todos los órganos del Estado, se destaca la promulgación de la Ley N.º 19.653 del año 1999 sobre probidad administrativa y su relevancia para el proyecto y se indica que la probidad administrativa de acuerdo con nuestra legislación consiste en observar una conducta funcionaria intachable y un desempeño honesto y leal de la función o cargo, con preeminencia del interés general sobre el particular[7]. Las autoridades de la época conscientes de que en la sociedad actual este principio es fácilmente vulnerado convocaron a una Comisión de Expertos que tenía por misión analizar la legislación vigente en el país y la legislación comparada

7 VV.AA. (2007).

para plasmar una serie de propuestas que contribuyeran a fortalecer este principio. Esta Comisión estuvo compuesta por siete destacadas personalidades del área del derecho y las políticas públicas quienes elaboraron un informe sobre medidas para favorecer la probidad y eficiencia de la gestión pública, indicando que para resguardar y hacer efectivo el cumplimiento correcto del principio de la probidad administrativa es menester contar con todos los medios eficaces para denunciar todo tipo de hechos irregulares de que se tenga conocimiento sin temor a venganzas ni represalias por parte de quien denuncia, asimismo se sostuvo que nuestra legislación exigía la obligación de denuncia del funcionario público que toma conocimiento en el ejercicio de su cargo de crímenes o simples delitos como de irregularidades dentro de la administración; sin embargo no se establecen derechos correlativos a esta obligación provocándose un vacío legal en la materia que debe ser subsanado a través de la dictación de una normativa que proteja al funcionario que denuncia de buena fe y que sancione a aquel que lo hace de manera fútil o de mala fe.

En las primeras discusiones sobre el proyecto de ley se llegó a la convicción que en nuestra legislación el deber de denuncia se encuentra cubierto a través de distintas normas como el artículo 62 letra k) del D.F.L N.º 29 del año 2005 del Ministerio de Hacienda; el artículo 58 letra k) de la Ley 18.834 del año 1989 sobre Estatuto Administrativo; el artículo 175 del Código Procesal Penal; el artículo 11 N.º 8 y 9 del Código Penal; el artículo 308 del Código Procesal Penal; y el artículo 109 letra a) del mismo cuerpo normativo. Sin embargo, lo que no existe en la legislación es la protección al denunciante que lo hace de buena fe dentro de la administración pública, es decir, un sistema de garantías y sanciones del denunciante.

A través del proyecto se pretendía fortalecer el principio de probidad administrativa tomando algunas medidas como; ampliar el deber de denuncia de crímenes y simples delitos a irregularidades y faltas a la probidad administrativa, estableciendo ciertas garantías de los denunciantes a saber; la imposibilidad de ser objeto de las medidas disciplinarias de suspensión de su empleo o destitución del cargo durante un cierto período; derecho a no ser trasladados de localidad o de la función que desempeñen sin su autorización por escrito; derecho a no ser objeto de precalificación anual si el denunciado fuese su superior jerárquico, salvo solicitud expresa del denunciante, además se incorporan ciertos requisitos a la denuncia que deberán ser estrictamente cumplidos para el ejercicio de los derechos y garantías de los funcionarios y finalmente se prescriben sanciones, en especial, la destitución a aquellos funcionarios públicos y municipales que efectúen denuncias de irregularidades o faltas a la probidad administrativa, sin fundamento y respecto de las cuales se constatare su falsedad o el ánimo deliberado de perjudicar al denunciado.

Después de una larga discusión parlamentaria, el proyecto fue aprobado, promulgado y publicado en el año 2007 convirtiéndose en la Ley N.º 20.205 que protege al funcionario que denuncia irregularidades y faltas al principio de probidad, su contenido específico se desarrolla en tan sólo tres artículos que corresponden a modificaciones de otros cuerpos normativos, motivo por el cual la ley resultó ser muy restringida y podemos afirmar que no constituye un cuerpo legal independiente con una regulación sistemática sobre la materia, ya que sólo se encargó de introducir modificaciones al Estatuto Administrativo y a la Ley Orgánica de Bases Generales de la Administración del Estado.

Pasados once años de la publicación de la Ley N.º 20.205 en el año 2018 durante el gobierno del presidente Sebastián Piñera Echeñique es que encontramos dos importantes proyectos de ley referentes a esta materia. El primero de ellos es producto de una iniciativa legislativa para ampliar el deber de denuncia contenido en el artículo 175 del Código Procesal Penal y el segundo se desarrolla en el marco de la denominada "Agenda antiabuso por un trato digno y justo"[8], que fue un programa de gobierno que, a través de un grupo de proyectos de ley, pretendía combatir con mayor severidad las colusiones y abusos en los mercados y mejorar la protección de los consumidores y trabajadores. En este sentido, uno de los proyectos más relevantes fue aquel que pretendía establecer un Estatuto de Protección para el denunciante moderno y acorde a los estándares promovidos por la legislación comparada.

Como es posible apreciar, lo expuesto anteriormente representa los antecedentes más directos de la promulgación de la Ley N.º 21.592. Este largo proceso permitió sentar las bases de la normativa

---

[8] En *https://prensa.presidencia.cl/comunicado.aspx?id=135208.*

actual sobre la protección del denunciante, con especial énfasis en los proyectos de ley presentados durante el año 2018.

III. EL CAMINO HACIA LA LEY 21.592

Es necesario iniciar este punto comentando que la discusión de lo que en el futuro sería la Ley N.° 21.592 se inicia por una moción parlamentaria de los diputados Leonardo Soto Ferrada, Raúl Saldívar Auger, Renzo Trisotti Martínez, Marcela Hernando Pérez, Karin Luck Urban, Andrea Parra Sauterel, Joanna Pérez Olea, Bernardo Berger Fett, Manuel Monsalve Benavides y René Saffirio Espinoza, en sesión ordinaria de fecha 11 de diciembre de 2019. El objeto principal de ésta fue modificar la Ley 18.834 sobre el Estatuto Administrativo "para promover la denuncia por parte de los funcionarios públicos, de los delitos y otros hechos irregulares de los que tengan conocimiento"[9].

Para esta finalidad se solicitó trabajar en conjunto y teniendo a la vista cinco ejes o puntos programáticos:

(1) La creación de un fuero reforzado, que incluya las demandas judiciales, ya que hoy solo hay fuero para procedimientos disciplinario, esto es, sumarios e investigaciones sumarias.

(2) Permitir al denunciante que solicite el traslado de su lugar de funciones, puesto que en la actualidad sólo se puede solicitar "no ser trasladado".

(3) Contemplar la posibilidad de pedir la separación provisional del trabajo, esto se traduce en que la persona no acuda a trabajar en aquellos casos graves en que el denunciante haya sufrido amenazas y presiones.

(4) Focalizar el trabajo en las denuncias contra los superiores jerárquicos o de actitudes de superiores jerárquicos de los denunciantes.

(5) Crear un incentivo para denuncias: si los hechos contrarios a la probidad administrativa han implicado sustracción o apropiación indebida de dineros públicos[10].

---

9 VV.AA. (2023: 3).

10 VV.AA. (2023: 5).

Desafortunadamente el proyecto de ley se mantuvo sin discusión alguna en la Cámara de Diputados durante todo el periodo legislativo. En el año 2020, específicamente el 13 de marzo durante Sesión Ordinaria del Congreso de Diputados, el Ejecutivo haciéndose cargo de esta materia que se había mantenido sin discusión hasta entonces, envía un mensaje a la Cámara de Diputados con el que inicia un proyecto de ley que establece un nuevo estatuto de protección en favor del denunciante.

El texto del proyecto menciona cómo el principio de probidad consagrado en nuestra legislación a través de la ley N.° 20.050 conforma uno de los pilares fundamentales de la institucionalidad del país, que la probidad se define como la conducta intachable y honesta que deben tener los funcionarios públicos, siempre priorizando el interés general sobre el particular, indicando además que en las últimas dos décadas, Chile ha implementado varias modificaciones legislativas para reforzar este principio, como la Ley N.° 20.285 sobre acceso a la información pública, la Ley N.° 20.730, sobre regulación del lobby y la Ley N.° 20.880 sobre probidad en la función pública y que todas estas leyes forman parte de un sistema de integridad pública que busca aumentar la transparencia y reducir la corrupción, apoyando la legitimidad y la solidez de la democracia y las instituciones del país.

Asimismo, se destaca el principio de servicialidad según el cual la actuación honesta de los funcionarios del Estado construye un régimen en que las autoridades trabajan en beneficio exclusivo de los ciudadanos y no para sí mismos ni para grupos que persiguen intereses particulares, se establece que las democracias con autoridades honestas logran mayor legitimidad y reconocimiento social, a diferencia de aquellas afectadas por la corrupción y por tanto, un Estado probo e íntegro fomenta la participación ciudadana, ya que su régimen de gobierno se presenta como legítimo ante la opinión pública. Así, se advierte que para alcanzar esto el Estado debe tomar conocimiento inmediato de todas aquellas prácticas que conculquen gravemente la probidad administrativa y otorgar protección a los denunciantes de prácticas corruptas, en este sentido la Ley N.° 20.205, vigente desde el año 2007, garantiza derechos a los funcionarios que reporten irregularidades, fortaleciendo la probidad en la función pública, sin embargo esta normativa si bien, se reconoce como un avance importante para el país, presenta limitaciones, como su ámbito de aplicación restringido a empleados sujetos a ciertos estatutos (Estatuto Administrativo y Estatuto para Funcionarios Municipales), excluyendo a aquellos bajo otros regímenes o contratados de forma distinta. Además, la Ley no establece un canal adecuado para facilitar las denuncias, lo que dificulta el conocimiento inmediato de actos que afectan la función pública.

También se critica la insuficiencia de las medidas de protección para garantizar la estabilidad y seguridad laboral de los denunciantes y es por ello por lo que se sugiere la necesidad de perfeccionar los mecanismos existentes en la ley para que no solo los funcionarios públicos, sino también cualquier persona que desempeñe funciones en la administración pública, puedan realizar denuncias de infracciones o malas prácticas, independientemente de su estatus laboral. Se propone la creación de procedimientos rápidos y efectivos para las denuncias y medidas de protección adecuadas, que fomenten la denuncia, especialmente por parte de los trabajadores del sistema público y la implementación de mecanismos dentro de la Administración del Estado para prevenir, detectar y sancionar faltas contra la probidad, indicando que estos mecanismos son esenciales para asegurar el cumplimiento adecuado y ético de la función pública, estableciendo medidas que desalienten comportamientos que vayan en contra del interés general.

Junto a lo anterior, se señala que la ausencia de mecanismos que resguardan al denunciante y su familia de hostigamientos, amenazas u otros actos vengativos es uno de los principales obstáculos que inhibe a las personas de presentar denuncias, ya que el sistema actual (previo a la Ley N.º 21.592) solo permite que el Ministerio Público ofrezca medidas de protección a víctimas y testigos, pero no a los denunciantes que no participen posteriormente en el proceso penal. Esto reduce la efectividad del Ministerio Público para descubrir y perseguir delitos de manera oportuna, lo que contribuye al aumento de fenómenos criminológicos como la llamada cifra negra de delitos y que para evitar esto, nuestro sistema procesal penal debe otorgar las salvaguardas necesarias a aquellos que se atreven a denunciar.

En materia correspondiente a protección de denunciantes nuestro país ha recibido diversas recomendaciones realizadas por organismos internacionales tendientes a la implementación de un sistema robusto de protección para denunciantes de actos de corrupción. Necesario resulta mencionar las sugerencias efectuadas por la Organización para la Cooperación y el Desarrollo Económico (OCDE) y el Comité de Expertos del Mecanismo de Seguimiento de la Implementación de la Convención Interamericana contra la Corrupción.

En primer lugar, la OCDE, en su cuarta fase de evaluación de 2018[11], sugirió que Chile adopte un marco regulatorio para proteger a los empleados del sector privado y público que denuncien sospechas de cohecho, evitando represalias como acciones discriminatorias o disciplinarias. Además, recomendó fortalecer la obligación de los funcionarios públicos de denunciar sospechas de corrupción y sancionar a quienes no cumplan con esta obligación.

Por otro lado, el Comité de Expertos del Mecanismo de Seguimiento, en su evaluación de 2022[12], recomendó a Chile adoptar una regulación integral para la protección de los denunciantes de corrupción, tanto en el sector público como entre ciudadanos particulares, con especial énfasis en la protección de su identidad, respetando los principios constitucionales y legales del país, de esta forma, ambos organismos insisten en la necesidad urgente de establecer un sistema de protección eficaz para los denunciantes de corrupción en Chile, con medidas claras que aseguren su integridad e incentiven la denuncia de actos ilícitos. Así, en el marco de la Agenda Antiabusos por un Trato Digno y Justo presentada por el Gobierno de Sebastián Piñera, cuyo objetivo fue garantizar un trato justo a todos los ciudadanos, combatir con eficacia todo tipo de abusos y proteger la dignidad de todos los ciudadanos, es que se presenta a discusión la Ley N.º 21.592.

El fundamento final de la iniciativa presentada se puede resumir en tres pilares básicos, que son; inhibir, detectar y sancionar hechos constitutivos de delito o de faltas administrativas o infracciones disciplinarias, perpetrados al interior de la Administración del Estado facilitando la denuncia a través de la creación de una plataforma digital para tales efectos. Además, el texto aborda la importancia de fomentar la "denuncia responsable" mediante la identificación del denunciante, a quien se le debe garantizar la posibilidad de mantener su identidad en reserva como

11 OECD (2018).
12 COMITÉ DE EXPERTOS DEL MESICIC (2022).

medida de protección fundamental. Asimismo, se establecen mecanismos preventivos y correctivos para proteger a los denunciantes contra represalias, asegurando su estabilidad laboral e integridad física y mental.

El proyecto subraya la necesidad de reforzar la vocación de servicio público, promoviendo principios y valores éticos en la función pública y combatiendo actos que afectan la confianza ciudadana en las instituciones, el Estado de Derecho y la democracia, además se plantea la incorporación de normas procesales penales que protejan tanto los derechos del denunciante como la confidencialidad en las investigaciones, incluyendo la creación de tipos penales específicos destinados a preservar la denuncia responsable, cuestión que resultaría inédita para nuestro país.

Ahora bien, en cuanto al contenido del proyecto original de esta ley debemos destacar la creación de un nuevo canal de denuncias de la Contraloría General de la República, mecanismo de denuncia administrativa que convivirá con las reglas y mecanismos de denuncia tradicionales previstos en nuestra legislación y que el personal de la administración del Estado podrá elegir según el caso a su criterio, la reserva de la identidad del denunciante, de la denuncia y de los antecedentes acompañados a esta denuncia, cuya finalidad es prevenir los actos de represalia u hostigamiento en contra del denunciante y sus familiares y/o cercanos, el reforzamiento de las medidas de protección en favor del denunciante y establecimiento de medidas correctivas, el establecimiento de un deber de denuncia aplicable a todo el personal de la Administración del Estado, sanciones para el funcionario público que ejerce acciones de hostigamiento en contra del denunciante o testigo y se incluyó una modificación en el Código Penal, sustituyendo el artículo 211 agregando un artículo 211 bis y 211 ter y agregando un artículo 246 bis[13].

IV. CONTENIDO DE LA LEY N.º 21.592

Existen estándares mínimos con los que se debe cumplir para que una ley que proteja al denunciante sea efectiva y que resultará común en variadas legislaciones. Como señala SANCLEMENTE-ARCI-

13 VV.AA. (2023: 15 y ss.).

NIEGAS, "[d]iferentes entidades como Transparencia Internacional, Amnistía Internacional, la Unión Europea o la Cámara de Comercio Internacional han producido cuerpos normativos completos en los que se regula de manera detallada los procedimientos a seguir con miras a garantizar la protección y el apoyo a los denunciantes"[14], detallando los elementos comunes encontrados en el conocido trabajo de VANDEKERCKHOVE y LEWIS de 2012[15], en el que se incluyen: la definición de quién puede denunciar, la especificación de qué actividades deben ser denunciadas, la determinación de la instancia a la que debe presentarse la denuncia, las opciones de forma para realizar la denuncia, el establecimiento de la denuncia como un derecho o deber, protección y apoyo al denunciante, la prohibición de represalias contra los denunciantes, la creación de un sistema de seguimiento efectivo de las denuncias, entre otras, que como podremos ver serán reflejadas también en la normativa chilena.

La Ley 21.592 está compuesta por un total de veintidós artículos, de los cuales dieciocho abordan el contenido sustantivo de la Ley, mientras que los artículos restantes corresponden a modificaciones introducidas en otros cuerpos normativos. Adicionalmente, la Ley contempla un apartado de disposiciones transitorias compuesto por cuatro artículos.

Para realizar un breve análisis del contenido de la ley, en este caso, destacaremos cinco aspectos centrales: el acceso a la protección como un derecho, la creación de un canal de denuncias, el contenido de la denuncia, las medidas de protección propuestas y las normas adecuatorias de otros cuerpos normativos.

1. *Acceso a la protección como un derecho*

Esto se encuentra recogido en el artículo 2 de la Ley, en el que se establece: "Acceso a la protección por parte del denunciante. El acceso a la protección es un derecho de todo denunciante, que garantiza su integridad personal y la de sus bienes, así como la conservación de sus condiciones de vida y de trabajo, que eventualmente podrían ser

---

14 SANCLEMENTE-ARCINIEGAS (2020: 9).
15 VANDEKERCKHOVE & LEWIS (2012: 107).

amenazadas como consecuencia de su denuncia o de su participación en los procedimientos propios de las investigaciones respectivas".

Al establecer el acceso a la protección como un derecho, la ley entrega, además, garantías tanto de integridad como de conservación, esto es integridad personal, de bienes y conservación de la vida y del trabajo.

El acceso a la protección es el derecho de todo denunciante, reconocido en el marco legal vigente, que tiene como objetivo salvaguardar la integridad personal del individuo, así como la de sus bienes materiales. Este derecho no solo se limita a la protección frente a daños físicos o materiales inmediatos, sino que también abarca la preservación de las condiciones de vida y laborales del denunciante, ya que, en muchos casos, estas condiciones pueden verse amenazadas como consecuencia directa de la denuncia, o bien frente a procedimientos investigativos que podrían derivar en represalias o actos de hostigamiento por parte de aquellos implicados en los hechos denunciados. Por tanto, podemos establecer que la legislación no solo protege al denunciante de riesgos inmediatos, sino que también contempla medidas que aseguren la estabilidad y el bienestar del individuo a largo plazo, garantizando que no se vean afectadas sus oportunidades laborales ni su calidad de vida por el ejercicio de su derecho/deber de denunciar. Estas medidas incluyen, entre otras, la reserva de identidad y la implementación de mecanismos de protección física y psicológica, los cuales permiten minimizar las consecuencias adversas derivadas de la participación en el proceso de denuncia.

De acuerdo con el diccionario panhispánico del español jurídico[16] se puede definir integridad personal como aquel "derecho que protege la inviolabilidad de toda persona frente a los ataques a su cuerpo o espíritu, así como frente a cualesquiera intervenciones en esos bienes que carezcan de su consentimiento." Este derecho reconocido como fundamental[17], ha sido consagrado en el derecho internacional a través de la adopción del Estatuto del Tribunal Militar de Núremberg en el año 1945, la Declaración Universal de Derechos Humanos de 1948 y los Convenios de Ginebra de 1949 sobre conflictos armados, en

---

16 En *https://dpej.rae.es/lema/derecho-a-la-integridad-personal.*

17 MEDINA QUIROGA (2005).

particular el Protocolo II. Avanzados los tiempos, desde la década los 60 en adelante se generan otros tratados internacionales sobre derechos humanos que regulan esta materia, como el Pacto Internacional de Derechos Civiles y Políticos de 1966, la Convención Americana sobre Derechos Humanos de 1969, la Convención contra la Tortura y otros Tratos Crueles Inhumanos o Degradantes de las Naciones Unidas del año 1987; y en el ámbito americano la Convención Interamericana para Prevenir y Sancionar la Tortura de ese mismo año. Estos instrumentos contribuyeron significativamente a la consolidación y expansión del reconocimiento de este derecho en el ámbito jurídico internacional que ha tenido sus repercusiones a nivel nacional.

En Chile, el derecho a la integridad personal se encuentra protegido a nivel constitucional en el artículo 19 n.° 1 de la Constitución de la República que consagra el derecho a la vida y a la integridad física y psíquica de las personas, prohibiendo expresamente la tortura, los tratos crueles, inhumanos o degradantes. Junto a ello, el Código Penal recoge, tipifica y sanciona delitos que atentan contra la integridad personal, como son las lesiones y la tortura (arts. 395 y siguientes y artículo 148 y siguientes, producto de una modificación introducida por la Ley N.° 20.968 del año 2016).

Asimismo, la jurisprudencia chilena, a través de los tribunales ordinarios, el Tribunal Constitucional y la Corte Suprema, ha desarrollado una interpretación de este derecho en casos relacionados con violaciones de derechos humanos durante la dictadura militar y en otros contextos más contemporáneo. Relevante es mencionar a este respecto lo señalado por el Tribunal Constitucional: "La integridad psíquica es una dimensión de la persona humana que, junto con la integridad física, la integran en plenitud. Ninguna de las dos puede ser descuidada, puesto que ambas componen al individuo en su relación con el entorno social más próximo"[18]. Así, también se ha enfatizado en la dimensión psíquica de la integridad personal, debido a que "afectar la integridad psíquica de una persona conlleva importantes secuelas somáticas que dejan huellas indelebles en ella. Por tanto, en

---

18 Sentencia ROL 2867 del Tribunal Constitucional de Chile, Santiago, 12 de abril de 2016, p. 33.

su protección, renace la idea de dignidad humana, la cual se opone a todo intento o práctica vulneratoria de la integridad de la persona"[19].

En lo que respecta a los instrumentos internacionales en la materia, es fundamental señalar que Chile ha suscrito y ratificado una serie de tratados internacionales que aseguran la protección de la integridad personal. Uno de los más relevantes es la Convención Americana sobre Derechos Humanos, conocida también como el Pacto de San José de Costa Rica, que fue suscrita por Chile en 1969 y ratificada en 1990. En su artículo 5, numeral 1, esta convención establece el derecho de toda persona a que se respete su integridad física, psíquica y moral, lo cual constituye una base fundamental para la protección de los derechos humanos en el ámbito regional. Asimismo, es relevante mencionar la Convención contra la Tortura y otros Tratos o Penas Crueles, Inhumanos o Degradantes, adoptada por las Naciones Unidas en 1984, la cual fue suscrita por Chile en ese mismo año y ratificada en 1989. Este tratado internacional establece normas claras para la prevención y sanción de la tortura y otros tratos crueles, reflejando el compromiso de Chile con el respeto de los derechos humanos en su más amplia acepción.

Respecto a la integridad de los bienes es menester señalar que, en el ordenamiento jurídico chileno, el concepto de propiedad ha sido definido históricamente por el Código Civil, que instituye las bases de su regulación. En particular, el artículo 582, inciso primero, establece que "el dominio (que también se denomina propiedad) es el derecho real que recae sobre una cosa corporal, lo que otorga a su titular la facultad de gozar y disponer de ella de manera arbitraria, siempre y cuando no se contravengan disposiciones legales ni se vulneren derechos ajenos". De este modo, la propiedad se concibe como un derecho que otorga amplias facultades sobre los bienes, pero también impone ciertos límites. A su vez, el artículo 583 agrega que "sobre las cosas incorporales también existe una modalidad de propiedad", ampliando así el alcance de este derecho a bienes inmateriales, como pueden ser los derechos de autor o la propiedad intelectual, que igualmente son objeto de dominio y disposición. Esta concepción refleja el enfoque tradicional y estructuralista del derecho civil chileno respecto a la

---

19 CEA EGAÑA (2004: 102).

propiedad, reconociendo su carácter fundamental en la organización del sistema jurídico y económico.

Por otra parte, el derecho a la vida es un derecho fundamental consagrado en diversos instrumentos internacionales, como el artículo 3 de la Declaración Universal de los Derechos Humanos, que establece que "todo individuo tiene derecho a la vida, a la libertad y a la seguridad de su persona". En el contexto de los denunciantes de corrupción, este derecho se puede ver vulnerado cuando los individuos sufren amenazas, distintos tipos de violencia o intimidación como resultado de su denuncia.

En muchos países, los denunciantes de corrupción están expuestos a riesgos físicos, ya que los implicados en prácticas corruptas muy a menudo recurren a métodos coercitivos para evitar que la información se devele. Es por este motivo necesario y atingente en toda legislación establecer mecanismos legales que aseguren la protección física de los denunciantes, como programas de protección de testigos o garantías de seguridad personal.

El derecho al trabajo, también consagrado en la Declaración Universal de los Derechos Humanos en su artículo 23, establece que "toda persona tiene derecho al trabajo, a la libre elección de su empleo, a condiciones justas y favorables de trabajo". La protección del denunciante en el ámbito laboral es crucial, ya que la denuncia de corrupción a menudo puede resultar en represalias en el lugar de trabajo, como despidos injustificados, traslados del lugar de trabajo sin fundamento, acoso laboral o bien estigmatización profesional.

A nivel internacional, el sistema de protección de los denunciantes de corrupción ha sido fortalecido con la adopción de la Convención de las Naciones Unidas contra la Corrupción (2003), que en su artículo 33 establece la obligación de los Estados parte de tomar medidas para proteger a los denunciantes de actos de corrupción. De acuerdo con la Convención, los países deben garantizar que las personas que denuncian corrupción estén protegidas de represalias, tanto en su vida personal como en sus condiciones laborales. Junto a ello, el Comité de Protección de los Derechos Humanos de la ONU ha reiterado la importancia de garantizar la seguridad de los denunciantes y su derecho a no ser discriminados en el ámbito laboral. La protección efectiva de los denunciantes es vista como un elemento clave en la lucha contra la corrupción a nivel global, ya que permite una mayor transparencia y rendición de cuentas.

En Chile el derecho a la vida es un derecho fundamental consagrado en el artículo 19 de la Constitución Política de la República, que establece "la constitución asegura a todas las personas el derecho a la vida y a la integridad física y psíquica". Este derecho se ve particularmente amenazado en el caso de los denunciantes de corrupción, quienes pueden ser víctimas de amenazas, violencia o represalias por parte de aquellos implicados en los actos corruptos que denuncian. En este sentido, la Ley N.º 20.205 establece el Programa de Protección de Testigos, que ha sido utilizado para proteger la seguridad de los denunciantes de corrupción que se enfrentan a riesgos inminentes en su integridad personal. Sin embargo, la aplicación de este programa y la eficacia de las medidas de protección continúan siendo un desafío en términos de alcance y recursos.

El derecho al trabajo es otro pilar fundamental dentro de la normativa chilena, consagrado también en el artículo 19 de la Constitución, que asegura el derecho de todas las personas a acceder a un empleo digno. Sin embargo, la denuncia de actos de corrupción en el ámbito laboral puede dar lugar a represalias, como despidos injustificados, acoso laboral o degradación profesional. Chile ha implementado algunas medidas legales para proteger a los denunciantes de represalias en el ámbito laboral. La Ley N.º 20.393, promulgada en 2009, establece un marco normativo para la responsabilidad penal de las personas jurídicas, y la Ley N.º 21.121 (2019) refuerza la protección a los denunciantes en los casos de corrupción, específicamente en el ámbito privado y público. Esta legislación prohíbe represalias, como el despido o el acoso, contra aquellos que informen sobre delitos como el soborno, la malversación de fondos públicos o la financiación ilegal de campañas políticas.

2. *Creación de un canal de denuncias*

Los canales de denuncias han emergido como una herramienta crucial en el ámbito público y privado para la identificación y erradicación de conductas ilícitas o inmorales dentro de las organizaciones. Según la Organización para la Cooperación y el Desarrollo Económico (OCDE), estos canales facilitan la denuncia de actividades ilegales, como la corrupción, el fraude o la violación de principios éticos, por parte de los empleados o bien, de los propios ciudadanos, garantizando la confidencialidad y la protección contra posibles represalias[20]. Su relevancia radica en la capacidad de fomentar una cultura de integridad y responsabilidad dentro de las entidades, así como en la mejora de la transparencia en la gestión pública y privada.

De esta manera la implementación de canales de denuncias efectivos contribuye significativamente a la promoción de la rendición de cuentas y una cultura de transparencia. Un estudio realizado por la organización Transparencia Internacional revela que un alto porcentaje de las entidades que adoptan canales de denuncias activos experimentan una reducción significativa en los casos de fraude interno, así como una mejora en la satisfacción de los empleados[21]. En este contexto, la existencia de estos mecanismos no solo sirve como un medio para identificar irregularidades, sino que también refuerza la confianza de los empleados y ciudadanos en las instituciones.

La creación de un canal de denuncias se encuentra recogido en el artículo 3 de la Ley N.º 21.592, en el que se indica: "Canal de Denuncias. Créase un Canal de Denuncias, administrado por la Contraloría, mediante una plataforma electrónica, a efectos de que toda persona pueda denunciar hechos constitutivos de infracciones disciplinarias o de faltas administrativas, incluyendo, entre otros, hechos constitutivos de corrupción, o que afecten, o puedan afectar, bienes o recursos públicos, en los que tuviere participación personal de la Administración del Estado o un organismo de la Administración de Estado.

La denuncia deberá presentarse y gestionarse de conformidad a lo dispuesto en los artículos siguientes.

Mediante un reglamento expedido por el Ministerio Secretaría General de la Presidencia, y suscrito también por el ministro de hacienda, se regularán los aspectos técnicos, de operatividad y de cualquier otra especie necesarios para la adecuada implementación y funcionamiento del Canal, el que deberá contar con altos estándares de seguridad para impedir filtraciones. El sistema administrado por la Contraloría para tales efectos deberá asegurar el registro, gestión y seguimiento de

20 OCDE (2020).
21 TRANSPARENCIA INTERNACIONAL (2019).

todas las denuncias, incluso de aquellas que no reúnan los requisitos establecidos en el artículo 4”.

El canal de denuncias será administrado por la Contraloría General de la República[22] mediante una plataforma electrónica que procurará velar por mantener todos los resguardos necesarios para garantizar su efectividad y evitar cualquier tipo de filtración, la regulación de los aspectos técnicos para su adecuada implementación y funcionamiento son materia del Decreto N.° 5 del año 2024. A través del canal se podrán denunciar: hechos constitutivos de infracciones disciplinarias, faltas administrativas, hechos constitutivos de corrupción y hechos que afecten o puedan afectar bienes o recursos públicos.

En cuanto a la gestión de denuncias que se presenten a través de este canal, la propia ley indica que la Contraloría General de la República podrá ordenar a la autoridad que detente la potestad idónea iniciar los procedimientos que correspondan, o bien dar inicio al procedimiento disciplinario directamente en asuntos de relevancia pública[23] de acuerdo con lo establecido en la Ley N.° 10.336 sobre organización y atribuciones de la Contraloría, en este caso la propia Contraloría deberá proponer a la autoridad que detenta la potestad

---

22 La Contraloría General de la República de Chile (CGR) es un órgano superior de fiscalización de la Administración del Estado, encargado de controlar la legalidad de los actos administrativos y resguardar el correcto uso de los fondos públicos. Está determinada por su propia Ley Orgánica constitucional (N.° 10.336) y es una institución autónoma respecto del Poder Ejecutivo y demás órganos de la Administración del Estado. Su labor fiscalizadora es de carácter jurídico, contable y financiero, y tiene el objetivo de verificar que las instituciones públicas actúen dentro de la ley y en el ámbito de sus atribuciones, utilizando de manera eficiente y eficaz los recursos públicos. La función de la Contraloría es que la actividad de la Administración del Estado se ajuste al ordenamiento jurídico, la Constitución, las leyes y los tratados internacionales. Así, tiene un rol protagónico en la prevención de la corrupción, promoviendo acciones capacitación permanente a las instituciones e iniciativas colaborativas a nivel internacional. También supervisa que el patrimonio público se administre correctamente y se respete el ordenamiento vigente, fiscalizando el ingreso e inversión de los fondos públicos, además de examinar y revisar las cuentas de los funcionarios que tienen a su cargo estos recursos (extraído de sitio web oficial *www.contraloria.cl*).

23 Se entenderá un asunto de relevancia pública si de los hechos investigados concurren actos de corrupción o que afecten bienes y recursos públicos, según tiene establecido el art. 5 Ley N.° 21.592.

disciplinaria las sanciones que se estimen procedentes o la absolución de los funcionarios.

Además del nuevo canal de denuncias administrado por la Contraloría General de la República, se mantendrán de conformidad a las Leyes N.° 19.880, 19.799 y 21.180, otros canales de denuncia por medios electrónicos que serán administrados por los diversos organismos de la Administración del Estado y que coexistirán con los mecanismos y procedimientos establecidos en esta normativa. Los aspectos técnicos, de operatividad y de cualquier otra especie de este canal de denuncias deberán ser regulados a través de un reglamento del Ministerio Secretaría General de la Presidencia suscrito por el Ministerio de Hacienda.

A través del Decreto N.° 5 del Ministerio Secretaría General de la Presidencia, publicado el 23 de septiembre de 2024 se crea el Reglamento que regula los aspectos técnicos, operativos y otros necesarios para la adecuada implementación y funcionamiento del canal de denuncias administrado por la Contraloría General de la República, según lo dispuesto en la Ley N.° 21.592, que establece un estatuto de protección en favor del denunciante. El Reglamento establece que la Contraloría deberá asegurar el registro, gestión y seguimiento de todas las denuncias, incluso de aquellas que no reúnan los requisitos establecidos en el artículo 4 de la ley. Además, indica que el canal de denuncias deberá cumplir con los requisitos descritos por la Ley N.°19.880[24] sobre neutralidad tecnológica, actualización, equivalencia funcional, fidelidad, interoperabilidad y cooperación y que deberá observar el principio de coordinación, propendiendo a la unidad de acción, evitando la duplicación o interferencia de funciones[25].

Respecto al acceso al canal de denuncias se indica que la Contraloría deberá adoptar todas las medidas adecuadas para asegurar la comprensión y uso del canal por todas las personas en condiciones de seguridad y comodidad, de la forma más autónoma y natural posible y que cualquier denunciante deberá tener acceso completo y oportuno al canal.

---

24 Art. 16 bis Ley N.° 19.880, que establece bases de los procedimientos administrativos que rigen los actos de los órganos de la administración del Estado.

25 Art. 5 inciso 2.° del Decreto con fuerza de Ley N.° 1-19.653 del año 2000.

Junto a lo anterior el canal de denuncias deberá cumplir con diversos requisitos para garantizar la seguridad, confidencialidad y trazabilidad del proceso. Entre ellos, se incluye la asignación de usuarios diferenciados con distintos perfiles de acceso para proteger la identidad del denunciante cuando corresponda y siempre se deberá acceder mediante autenticación con Clave Única. El sistema incorporará un formulario de denuncia para la recopilación de información y garantizará la protección de los antecedentes frente a terceros no autorizados. Cada una de las denuncias generará un expediente digital en el que se almacenará toda la información relacionada, incluyendo documentos anexos y registros administrativos. Además, se implementará un mecanismo de seguimiento mediante un código único de identificación.

El canal deberá permitir la carga segura de archivos, especialmente contenido multimedia, asegurando su usabilidad y protección. Se garantizará el respaldo permanente de las bases de datos para la conservación del expediente digital. Con todo, se establecerán medidas de ciberseguridad, incluyendo identificación, protección, reporte y recuperación de riesgos e incidentes, con el fin de prevenir accesos no autorizados o filtraciones.

3. *Contenido de la denuncia*

El artículo 4 de la Ley N.º 21.592 detalla cinco puntos a modo de requisitos que deberá contener toda denuncia para que sea validada, a saber: identificación del denunciante, indicación de una forma de notificación por medio electrónico, individualización del denunciado y posibles testigos y la manifestación de reserva de identidad si el denunciante así lo requiriere, la que se hará junto a la solicitud de medida de protección, en este último aspecto es importante mencionar que el denunciante podrá manifestar la reserva de identidad, el contenido de la denuncia y antecedentes de respaldo, y estos serán reservados desde su ingreso al canal y que se aplicará la misma reserva respecto de la individualización del denunciante.

Las denuncias presentadas a través del canal deberán contener información específica para su adecuada tramitación. En primer lugar, el denunciante deberá identificarse e indicar si solicita la reserva de su identidad. Además, deberá proporcionar un medio electrónico para recibir notificaciones, pudiendo señalar una dirección de correo electrónico, sin perjuicio de la utilización del Domicilio Digital Único (DDU) cuando la normativa sea aplicable.

El documento que será el soporte de la denuncia deberá incluir una descripción detallada de los hechos, así como la identificación de los presuntos responsables, indicando nombre e institución a la que perteneciere si esta información estuviera disponible. Asimismo, se deberá señalar a posibles testigos o personas con conocimiento de los hechos.

En caso de considerarlo necesario, el denunciante podrá solicitar la aplicación de medidas de protección previstas en el artículo 10 del reglamento, siempre que no haya solicitado la reserva de su identidad. Adicionalmente, se podrán adjuntar otros antecedentes que respalden la denuncia.

Sin perjuicio de lo anterior, es preciso señalar que de acuerdo con el Reglamento aquellas denuncias que no reúnan los requisitos necesarios para que ésta sea validad igualmente pasarán al registro, gestión y seguimiento del canal que dispone la Contraloría General de la República.

4. *Medidas de Protección*

En este aspecto la ley contempla en su artículo 9 cinco medidas preventivas de protección y que resultan esenciales en favor del personal de la Administración del Estado que consisten en: no ser objeto de medidas disciplinarias, de suspensión del empleo o de destitución, o del término anticipado de su designación o contrato, con la excepción de la ocurrencia de caso fortuito o fuerza mayor, además de cualquier otra medida disciplinaria distinta de las anteriores, no ser trasladado de localidad, dependencia o de la función que desempeñe sin su autorización por escrito, junto a esto, se contempla que no podrá menoscabarse el trabajador en sus condiciones laborales, ni en nivel ni cargo, no podrá ser objeto de precalificación anual si el denunciado es el superior jerárquico y otras medidas contempladas en estatutos especiales de protección al denunciante.

La Contraloría General de la República será el órgano encargado de conceder las medidas preventivas solicitadas, las que se mantendrán mientras subsista el riesgo de represalias e incluso podrán subsistir con posterioridad al término del procedimiento por el hecho denunciado si resulta necesario. (artículo 10). De acuerdo con la ley, la tramitación de las medidas se hará a través de una resolución que concede la medida, la que deberá ser notificada al solicitante y al organismo de la Administración en el que el denunciante se desempeñe a través de los mecanismos que para ello ha establecido el Estatuto Administrativo. La Contraloría de oficio o a petición de parte podrá modificar las medidas decretadas o disponer su cesación, así mismo el organismo que ha sido informado previamente y que debe implementar la medida podrá en cualquier momento, poner en conocimiento de ésta los antecedentes que estime necesarios para que estos sean tenidos en cuenta en el momento de evaluar la modificación o cesación de la medida. La resolución que determine la modificación o cesación de la medida será susceptible de impugnación por el solicitante, en los términos y plazos que establece el Estatuto Administrativo (poner términos y plazos de E.A.) sin perjuicio de la interposición de los recursos judiciales que correspondan al caso. Junto a lo anterior, tanto el incumplimiento como la inobservancia de deberes por parte de los funcionarios públicos respecto a la ejecución de medidas de protección de los denunciantes generarán responsabilidades administrativas, civiles o penales, según sea el caso.

De acuerdo con el artículo 9 del Reglamento a través del canal de denuncias se permitirá al denunciante solicitar las medidas preventivas de protección que estime necesarias, ya sea al momento de presentar la denuncia o en una etapa posterior y para ello, se requerirá de su autenticación a través de Clave Única.

5. *Disposiciones adecuatorias*

La ley de protección al denunciante, a través de los artículos 18 al 22, introduce una serie de modificaciones a otros cuerpos normativos nacionales que es importante detallar.

En primer lugar, se modifican los artículos 61, 90 A, 121 y 125 de la Ley N.° 18.834 sobre el Estatuto Administrativo, y se añade el artículo 90 C".

Artículo 61, se sustituye la letra k) y l): "Artículo 61.- Serán obligaciones de cada funcionario (...): k) Denunciar, con la debida prontitud, ante el Ministerio Público, las policías, o ante cualquier tribunal con competencia criminal, los hechos de los que tome conocimiento en el ejercicio de sus funciones, y que revistan caracteres de delito. l) Denunciar, con la debida prontitud, ante la autoridad competente los hechos de que tome conocimiento en el ejercicio de sus funciones y que revistan el carácter de faltas administrativas o infracciones disciplinarias, especialmente aquellas que contravengan el principio de probidad administrativa".

Artículo 90 A, se reemplaza su encabezado incorporando las referencias a las letras k) y l) resultado de la modificación del artículo 61; además, se agrega un párrafo nuevo al literal A, se reemplaza el literal b y se incorpora un literal d): "Artículo 90 A.- Los funcionarios que ejerzan las acciones a que se refieren las letras k) y l) del artículo 61 tendrán los siguientes derechos: a) No podrán ser objeto de las medidas disciplinarias de suspensión del empleo o de destitución, desde la fecha en que la autoridad reciba la denuncia y hasta la fecha en que se resuelva en definitiva no tenerla por presentada o, en su caso, hasta noventa días después de haber terminado la investigación sumaria o sumario, incoados a partir de la citada denuncia. Tratándose de las personas contratadas a honorarios, regirá lo dispuesto en el inciso final del artículo 11; sin embargo, no podrá ponerse término anticipado a su contrato por el hecho de haber denunciado fundadamente, y con prueba suficiente que acredite sus afirmaciones, respecto a la existencia de algún acto o irregularidad de los previstos en las letras k) y l) del artículo 61; que hubiese presenciado o de las que hubiese tomado conocimiento en el ejercicio de sus funciones; caso en el cual la vigencia del contrato se sujetará al plazo acordado en su contratación. b) No ser trasladados de localidad o de la función que desempeñen, sin su autorización por escrito, durante el lapso a que se refiere la letra precedente. Asimismo, los funcionarios tendrán derecho a solicitar su traslado de la localidad o de la función que desempeñen, especialmente cuando la denuncia se haya realizado en contra de un superior jerárquico. La resolución que deniega esta solicitud deberá fundarse exclusivamente en la imposibilidad material del servicio para organizar sus funciones de forma distinta. Esta decisión deberá ser adoptada por el jefe superior del servicio, y si éste se encuentra implicado en los hechos objeto de la denuncia, por la persona no inhabilitada que le subrogue".

Se agrega el artículo 90 C: "Artículo 90 C.- No serán aplicables los artículos 90 A y 90 B respecto del funcionario que realice su denuncia a través del Canal de Denuncias de la Contraloría General de la República establecido en la ley que establece un nuevo estatuto de protección en favor del denunciante. En dicho caso, serán aplicables las disposiciones contenidas en los títulos II, III y IV de dicha ley"[26].

Se agrega al artículo 121 los incisos tercero, cuarto, quinto, sexto y séptimo: "Se considerará circunstancia atenuante la cooperación eficaz que conduzca al esclarecimiento de los hechos denunciados o permita la identificación de sus responsables, o sirva para prevenir o impedir la perpetración de nuevos hechos (nuevo inciso 3.º). En estos casos, el fiscal, en el dictamen, vista o informe que emita en el contexto del respectivo procedimiento disciplinario, deberá expresar en qué términos la cooperación prestada ha sido eficaz a los fines señalados en el inciso precedente (nuevo inciso 4.º). La circunstancia atenuante prevista en este artículo no se aplicará en los siguientes casos: 1. Cuando solo resultare procedente la medida disciplinaria de destitución, de conformidad a lo establecido en el artículo 125. 2. Tratándose de autoridades que desempeñen un cargo de elección popular o de exclusiva confianza de éstos o de la autoridad facultada para efectuar su nombramiento y respecto de cargos de Alta Dirección Pública (nuevo inciso 5.º). En caso de que la cooperación prestada por el denunciante en razón de su participación en los hechos materia de la denuncia resultare eficaz para los fines señalados en el inciso primero, la inhabilitación para ingresar a la Administración del Estado que se imponga como consecuencia del procedimiento disciplinario relativo a los hechos denunciados, durará tres años. Dicha circunstancia deberá ser calificada por la autoridad encargada de aplicar la medida disciplinaria y deberá constar en el acto administrativo que se dicte para tales efectos. Lo señalado en el inciso anterior no tendrá aplicación en caso de auto denuncia de hechos en los que no hubiesen tenido participación terceras personas y tratándose de los sujetos a que refiere el numeral 2 del inciso quinto (nuevo inciso 6.º)".

---

26 Los capítulos II, III y IV de la Ley hacen referencia a las denuncias efectuadas a través del canal de denuncias de la Contraloría General de la República, la reserva de la denuncia y el deber de denuncia y las medidas de protección en favor del personal de la administración del Estado por lo tanto queda fuera el Estatuto Administrativo.

En el artículo 125 se sustituye el literal d): "d) Presentar denuncias falsas de infracciones disciplinarias, faltas administrativas o delitos, a sabiendas o con el ánimo deliberado de perjudicar al o a los sujetos denunciados".

Se incorpora un nuevo literal e): "e) Ejecutar acciones de hostigamiento en contra de cualquier persona que efectúe una denuncia de acuerdo a lo previsto en la ley, o declare como testigo en una investigación administrativa o ante la justicia, afectando su indemnidad o estabilidad en el empleo, su vida o integridad, su libertad o su patrimonio, o que produzca la misma afectación respecto de un miembro de su familia".

En segundo lugar, se introducen modificaciones a la Ley N.° 18.883 sobre Estatuto Administrativo para Funcionarios Municipales, en sus artículos 58, 88 A, 120 y 123, además se agrega el artículo 88 C.

Artículo 58: Se sustituye el literal k) y se incorpora un nuevo literal l): "k) Denunciar, con la debida prontitud, ante el Ministerio Público, las policías, o ante cualquier tribunal con competencia criminal, los hechos de los que tome conocimiento en el ejercicio de sus funciones y que revistan caracteres de delito; l) Denunciar, con la debida prontitud, ante la autoridad competente los hechos de que tome conocimiento en el ejercicio de sus funciones y que revistan el carácter de faltas administrativas o infracciones disciplinarias, especialmente aquellas que contravengan el principio de probidad administrativa (...)".

Artículo 88 A: sobre derechos de los funcionarios: "Tratándose de las personas contratadas a honorarios, regirá lo dispuesto en el inciso final del artículo 4; sin embargo, no podrá ponerse término anticipado a su contrato por el hecho de haber denunciado fundadamente, y con prueba suficiente que acredite sus afirmaciones, respecto a la existencia de algún acto o irregularidad de las previstas en las letras k) y l) del artículo 58; que hubiese presenciado o de las que hubiese tomado conocimiento en el ejercicio de sus funciones; caso en el cual la vigencia del contrato se sujetará al plazo acordado en su contratación. b) No ser trasladados de localidad o de la función que desempeñen sin su autorización por escrito, durante el lapso a que se refiere la letra precedente. Asimismo, los funcionarios tendrán derecho a solicitar su traslado de la localidad o de la función que desempeñen, especialmente cuando la denuncia se haya realizado en contra de un superior jerárquico. La resolución que deniega esta solicitud deberá fundarse exclusivamente en la imposibilidad material del servicio para organizar sus funciones de forma distinta. Esta decisión deberá ser adoptada por el jefe superior del servicio, y si éste se encuentra implicado en los hechos objeto de la denuncia, por la persona no inhabilitada que le subrogue. d) En aquellos casos en que los hechos denunciados hayan implicado un detrimento del patrimonio fiscal, la funcionaria o el funcionario público denunciante tendrá derecho a que se le otorgue una anotación de mérito en el factor que corresponda, que mejore su calificación en el año o período en que se haya acreditado ese detrimento; siempre y cuando haya aportado antecedentes precisos, fundados, comprobables y suficientes para la investigación administrativa o persecución penal".

Artículo 88 C: "No serán aplicables los artículos 88 A y 88 B respecto del funcionario que realice su denuncia a través del Canal de Denuncias de la Contraloría General de la República establecido en la ley que establece un estatuto de protección en favor del denunciante. En dicho caso, serán aplicables las disposiciones contenidas en los títulos II, III y IV de dicha ley".

Artículo 120: se introducen los incisos tercero, cuarto, quinto, sexto y séptimo: "Se considerará circunstancia atenuante la cooperación eficaz que conduzca al esclarecimiento de los hechos denunciados o permita la identificación de sus responsables, o sirva para prevenir o impedir la perpetración de nuevos hechos.

En estos casos, el fiscal, en el dictamen, vista o informe que emita en el contexto del respectivo procedimiento disciplinario, deberá expresar en qué términos la cooperación prestada ha sido eficaz a los fines señalados en el inciso precedente.

La circunstancia atenuante prevista en este artículo no se aplicará en los siguientes casos: 1. Cuando solo resultare procedente la medida disciplinaria de destitución, de conformidad a lo establecido en el artículo 123. 2. Tratándose de autoridades que desempeñen un cargo de elección popular o de exclusiva confianza de éstos o de la autoridad facultada para efectuar su nombramiento y respecto de cargos de Alta Dirección Pública. En caso de que la cooperación prestada por el denunciante en razón de su participación en los hechos materia de la denuncia, resultare eficaz para los fines señalados en el inciso primero, la inhabilitación para ingresar a la Administración del Estado que se imponga como consecuencia del procedimiento disciplinario relativo a los hechos denunciados, durará tres años. Dicha circunstancia deberá ser calificada por la autoridad encargada de aplicar la medida disciplinaria y deberá constar en el acto administrativo que se dicte para tales efectos. Lo señalado en el inciso anterior no tendrá aplicación en caso de auto denuncia de hechos en los que no hubiesen tenido participación terceras personas, ni tratándose de los sujetos a que refiere el numeral 2 del inciso quinto".

Artículo 123: se sustituye el literal e) y se incorpora un nuevo literal f): “"e) Presentar denuncias falsas de infracciones disciplinarias, faltas administrativas o delitos, a sabiendas o con el ánimo deliberado de perjudicar al o a los sujetos denunciados. f) Ejecutar acciones de hostigamiento en contra de cualquier persona que efectúe una denuncia de acuerdo a lo previsto en la ley o declare como testigo en una investigación administrativa o ante la justicia, afectando su indemnidad o estabilidad en el empleo, su vida o integridad, su libertad o su patrimonio, o que produzca la misma afectación respecto de un miembro de su familia".

También se introducen modificaciones al Código Procesal Penal en sus artículos 174 y 178.

Artículo 174: se agregan los incisos tercero, cuarto y quinto: “Con todo, si el denunciante, al tiempo de presentar la denuncia, manifiesta la intención de reservar su identidad, se le deberá garantizar el secreto de ella. El Ministerio Público deberá instruir y proveer protocolos y mecanismos necesarios a fin de brindar el adecuado secreto y reserva de que trata este inciso. Sin perjuicio de lo anterior, el imputado podrá solicitar al tribunal que ponga término a la reserva cuando con motivo de esta circunstancia se afecten sus derechos de defensa. Con todo, si el denunciante interviene de cualquier forma en el procedimiento penal, se aplicarán, desde ese instante, las normas de este Código, y sólo se mantendrá la reserva en cuanto al hecho de haber realizado la denuncia, y resultarán aplicables las normas de protección previstas en los artículos 109, letra a), y 308".

Artículo 178: “Sin perjuicio de lo dispuesto en el inciso anterior, el Ministerio Público podrá disponer medidas de protección en favor del denunciante cuando la entidad o la naturaleza de los hechos, o la calidad de la persona denunciada, indiquen que existe un riesgo plausible de ser él o su familia víctima de hostigamientos, amenazas u otros atentados con motivo de la denuncia".

Además de todo lo señalado se introducen modificaciones al Código Penal, en sus artículos 211, agregando los artículos 211 bis, ter y se agrega el artículo 246 bis.

Artículo 211: "El que maliciosamente presentare una denuncia por la cual se impute falsamente a otra persona un hecho determinado constitutivo de delito, infracción administrativa o infracción disciplinaria será sancionado: 1. Con la pena de presidio menor en su grado medio y multa de once a veinte unidades tributarias mensuales si el hecho imputado fuere constitutivo de crimen. 2. Con la pena de presidio menor en sus grados mínimo a medio y multa de seis a diez unidades tributarias mensuales si el hecho imputado fuere constitutivo de simple delito o de infracción administrativa. 3. Con la pena de presidio menor en su grado mínimo y multa de una a cinco unidades tributarias mensuales si el hecho imputado fuere constitutivo de falta o fuere de aquellos que diere lugar a una infracción disciplinaria. Para los efectos del inciso anterior, se entenderá también que denuncia el que presenta querella o formula acusación particular en un proceso penal".

Artículo 211 bis: "Para efectos de lo dispuesto en el artículo precedente se entenderá que constituyen infracción administrativa los hechos por los que la administración o los tribunales que no ejercen jurisdicción en lo penal pueden imponer multas u otras sanciones privativas o restrictivas de derechos patrimoniales o civiles, e infracción disciplinaria los hechos por los que se imponen sanciones por la contravención de las normas que regulan el correcto ejercicio de los cargos y funciones públicos."

Artículo 211 ter: "La retractación oportuna de quien hubiere incurrido en alguna de las conductas previstas en el artículo 211 constituirá una atenuante muy calificada en los términos del artículo 68 bis. Para estos efectos, la retractación es oportuna: 1. Tratándose de un hecho constitutivo de crimen, simple delito o falta, antes de que se adopte una medida judicial que afecte los derechos de una persona y antes del término del procedimiento. 2. Tratándose de una infracción administrativa o de un proceso que pudiere dar lugar a una infracción disciplinaria, antes de que se formulen cargos contra la persona afectada. En todo caso, la retractación oportuna eximirá de responsabilidad penal en casos calificados, cuando su importancia para el esclarecimiento de los hechos y la gravedad de los potenciales efectos de su omisión así lo justifiquen".

Finalmente se introduce una modificación al artículo 485 del Código del Trabajo. Se intercala la expresión "por la interposición de denuncia o" entre las frases "represalias ejercidas en contra de trabajadores y "por el ejercicio".

"Artículo 485.- El procedimiento contenido en este Párrafo se aplicará respecto de las cuestiones suscitadas en la relación laboral por aplicación de las normas laborales, que afecten los derechos fundamentales de los trabajadores, entendiéndose por éstos los consagrados en la Constitución Política de la República en su artículo 19, números 1.°, inciso primero, siempre que su vulneración sea consecuencia directa de actos ocurridos en la relación laboral, 4.°, 5.°, en lo relativo a la inviolabilidad de toda forma de comunicación privada, 6.°, inciso primero, 12.°, inciso primero, y 16.°, en lo relativo a la libertad de trabajo, al derecho a su libre elección y a lo establecido en su inciso cuarto, cuando aquellos derechos resulten lesionados en el ejercicio de las facultades del empleador. También se aplicará este procedimiento para conocer de los actos discriminatorios a que se refiere el artículo 2° de este Código, con excepción de los contemplados en su inciso sexto. Se entenderá que los derechos y garantías a que se refieren los incisos anteriores resultan lesionados cuando el ejercicio de las facultades que la ley le reconoce al empleador limita el pleno ejercicio de aquéllas sin justificación suficiente, en forma arbitraria o desproporcionada, o sin respeto a su contenido esencial. En igual sentido se entenderán las represalias ejercidas en contra de trabajadores por la interposición de denuncias o por el ejercicio de acciones judiciales, por su participación en ellas como testigo o haber sido ofrecidos en tal calidad, o bien como consecuencia de la labor fiscalizadora de la Dirección del Trabajo. Interpuesta la acción de protección a que se refiere el artículo 20 de la Constitución Política, en los casos que proceda, no se podrá efectuar una denuncia de conformidad a las normas de este Párrafo, que se refiera a los mismos hechos".

V. CONCLUSIONES

El creciente interés por fomentar una cultura de transparencia y lucha contra la corrupción en el ámbito público como en el privado, ha motivado a los Estados a desarrollar de manera continua normativas que busquen alcanzar elevados estándares en estas áreas. En este contexto, figuras como la del denunciante han adquirido una relevancia particular, pasando de ser percibidos como simples delatores o soplones a convertirse en sujetos de interés que deben ser protegidos, dado que se considera que el acto de denuncia genera un beneficio social de incalculable valor. Así, la protección del denunciante se ha convertido en un tema crucial para las legislaciones, ya que su adecuado abordaje puede ser determinante para el éxito o fracaso de sus políticas anticorrupción.

En Chile, desde hace más de una década, se ha trabajado en la creación de un sistema robusto de protección para los denunciantes, cuyo objetivo es proporcionar garantías suficientes para que estos sujetos no sean víctimas de represalias a nivel laboral, físico o psicológico, que desincentiven la acción de denunciar. El camino hacia la consolidación de un marco legal adecuado en esta materia ha sido extenso, culminando en el año 2023 con la promulgación de la Ley N.° 21.592, que establece un estatuto de protección en favor del denunciante, sin embargo, es necesario reconocer que, antes de la promulgación de esta ley, existía en el país una normativa dispersa en diversos cuerpos legales, que abordaban el tema de los denunciantes de manera fragmentada y, en su mayoría, centrada en el ámbito penal.

Como hemos podido observar, la Ley N.° 21.592 introduce una serie de disposiciones que abordan aspectos previamente ignorados en la legislación nacional en cuanto a la protección de los denunciantes y que debían ser atendidos. Así, esta norma representa un hito crucial para el país, ya que establece las bases para la creación de un sistema integral de protección al denunciante que se espera sea robusto y efectivo. Aspectos como el derecho a la protección y lo que ello conlleva, la ampliación del deber de denuncia, la creación de un canal unificado de denuncias para toda la administración pública, así como el establecimiento de medidas preventivas, entre otros, reflejan un avance significativo en la materia y dan respuesta a un objetivo legislativo ampliamente demandado tanto por organismos internacionales como por diversos sectores de la sociedad chilena poniéndonos a la vanguardia sobre estos temas en nuestra región.

Ahora bien, se deberá estar atento a la implementación de la ley que siempre resulta ser compleja, principalmente en lo que respecta al establecimiento de las medidas de control y sanciones efectivas, puesto que, en el campo legislativo, bien es sabido que el éxito de la ley depende de un proceso de implementación planificado, que permita superar los retos estructurales, operativos y culturales que puedan surgir en el camino de su aplicación. Además, será crucial realizar evaluaciones periódicas para medir el impacto jurídico de la ley en la sociedad, lo que permitirá identificar posibles modificaciones que sean necesarias para optimizar su efectividad en el futuro.

VI. BIBLIOGRAFÍA

CEA EGAÑA, J. L. (2004): *Derecho constitucional chileno (Tomo I)*. Santiago: Universidad Católica de Chile.

CHEVARRÍA, F. & M. SILVESTRE (2013): *Sistemas de denuncias y de protección de denunciantes de corrupción en América Latina y Europa*. Madrid: EUROsociAL.

COMITÉ DE EXPERTOS DEL MESICIC (2017): *Informe final de la vigésima octava reunión del Comité de Expertos del MESICIC*. Washington: Organización de Estados Americanos.

COMITÉ DE EXPERTOS DEL MESICIC (2022): *Sexta ronda de análisis: Proyecto de agenda - Visita in situ de manera virtual a la República de Chile (del 18 al 21 de abril de 2022)*. Washington: Organización de Estados Americanos.

FERNÁNDEZ GONZÁLEZ, M. C. (2019): "El Whistleblower en España: un análisis criminológico en la eficacia de proteger o premiar al alertador". En: CAPDEFERRO VILLAGRASA, O. (coord.): Compliance *urbanístico: fundamentos teóricos, estudio de casos y desarrollo de herramientas anticorrupción*. Pamplona: Thomson-Reuters Aranzadi (163-183).

MEDINA QUIROGA, C. (2005): *La Convención Americana: Teoría y jurisprudencia. Vida, integridad personal, libertad personal, debido proceso y recurso judicial*. Santiago: Universidad de Chile.

OCDE (2020): *Principios sobre la gestión de denuncias de irregularidades en el ámbito empresarial*. París: Organización para la Cooperación y el Desarrollo Económico.

OECD (2018): *Phase 4 report on implementing the OECD anti-bribery convention in Chile*. Paris: Organisation for Economic Co-operation and Development.

SANCLEMENTE-ARCINIEGA, J. (2020): "La protección jurídica de los denunciantes de actos de corrupción". *Derecho & Justicia*, 17(2), 1-22.

TIRADO TEODORO, H. & F. M. AGUIRRE ARIAS (2021): "El aporte de las denuncias al combate a la corrupción: Una revisión de la literatura y un análisis del caso mexicano". *Íntegrus: Revista de la Secretaría Ejecutiva del Sistema Estatal Anticorrupción de Aguascalientes*, 2, 1-20.

TRANSPARENCIA INTERNACIONAL (2019): Informe global sobre el impacto de los canales de denuncias en las organizaciones. Berlín: Transparencia Internacional.

VANDEKERCKHOVE, W. & D. LEWIS (2012): "The content of whistleblowing procedures: A critical review of recent official guidelines". *Journal of Business Ethics*, 18(2), 253-264.

VV.AA. (2007): *Historia de la Ley N.º 20.205 protege al funcionario que denuncia irregularidades y faltas al principio de probidad*. Santiago: Biblioteca del Congreso Nacional de Chile.

VV.AA. (2023): *Historia de la Ley N.º 21.592: Establece un estatuto de protección en favor del denunciante*. Santiago: Biblioteca del Congreso Nacional de Chile.

MODELO FORMATIVO ANTICORRUPCIÓN: REFLEXIONES DE UNA PROPUESTA DE TRANSPARENCIA PARA LA SOCIEDAD CIVIL EN CHILE

Paulina N. Olivares-Moreno[1]
Investigadora
Centro de Investigación para la Gobernanza Global
Universidad de Salamanca

I. INTRODUCCIÓN

En el año 2023 estalló en Chile un nuevo caso de corrupción; esta vez, la fórmula incluía funcionarios de gobierno involucrados con organizaciones sin fines de lucro, específicamente fundaciones, en torno a una serie de transferencias otorgadas vía asignación directa. El llamado "Caso Convenios" —que ha abierto más de 100 aristas y que involucraría alrededor de 89 millones de euros[2] en la investigación del Ministerio Público— ha vuelto a remecer la opinión pública, dando un nuevo golpe que obliga a revisar controles y mecanismos de asignación, pero también a reflexionar sobre el alcance actual de la corrupción en el país.

En el último Índice de Percepción de Corrupción de 2024, publicado recientemente por Transparencia Internacional[3], Chile vuelve a descender en su rendimiento obteniendo 63 puntos y una baja en el

---

1 Doctoranda en el "Programa de Doctorado en Estado de Derecho y Gobernanza Global" de la Universidad de Salamanca. Este trabajo se ha desarrollado en el marco del Proyecto de Investigación "Cumplimiento normativo y protección penal de la Administración Pública" (PID2022-138775NB-I00) del Ministerio de Ciencia e Innovación del Gobierno de España. ORCID: 0000-0003-2294-6457.

2 La Tercera, 14 de junio de 2024 [*https://www.latercera.com/la-tercera-sabado/noticia/un-ano-del-caso-convenios-mas-de-100-aristas-y-89-mil-millones-bajo-la-lupa-de-fiscalia/OWOI4Q4TARGHFEZ4ASRMBWCZII/#*].

3 TRANSPARENCIA INTERNACIONAL (2025).

ranking. Si bien, el país continúa sosteniendo una puntuación por sobre el promedio de la región, se hace necesario considerar que los resultados se han sostenido en el tiempo sin presentar mejoras que den cuenta de un salto o avance significativo en la lucha anticorrupción.

De acuerdo con BARROS[4] el caso que dio origen a la investigación se desarrolla en el año 2022, momento en el que la "Secretaría Regional Ministerial de Vivienda y Urbanismo de Antofagasta celebró, vía asignación directa, tres convenios de transferencia de recursos con la Fundación Democracia Viva bajo el Programa de Asentamientos Precarios, por un monto total de $426 millones". En el caso en cuestión han salido a relucir por un lado los vínculos políticos y familiares entre las partes[5], y por otro lado el hecho de que los convenios fueron realizados sin concurso previo, sin solicitudes de garantías por medio o hitos asociados a los pagos realizados, y con evidentes cuotas de arbitrariedad en la decisión de con quién y cómo se realizaban tanto el convenio como las transferencias.

De acuerdo con PRIEGO[6] los Estados que cuentan con sociedad civil "crítica y organizada" gozan de menos corrupción, a favor del desarrollo, la igualdad y la paz social. Sin embargo, y dados los acontecimientos recién presentados, cabe preguntarse qué ocurre cuando son organizaciones de la sociedad civil las que incurren en prácticas corruptas o son utilizadas por el poder político para participar de proyectos públicos sin cumplir con las condiciones o experiencia necesarias para la implementación de estos, y se convierten más bien en pantallas o testaferros para ocultar otros fines, como el financiamiento de campañas o partidos.

A través del presente capítulo reflexionaremos sobre la importancia de involucrar a la ciudadanía en general y a las organizaciones de la sociedad civil (OSC) en particular en la lucha contra la corrupción, preguntándonos qué tan efectiva resulta la formación en temas anti-

---

4 BARROS *et. al.* (2023).

5 El jefe de Servicio de la Secretaría Regional Ministerial es militante de Revolución Democrática (Partido de la coalición de Gobierno) y ex jefe de gabinete de la diputada por Antofagasta Catalina Pérez) y firma convenio con Daniel Andrade, Presidente de la Fundación Democracia Viva quien militaba en el mismo partido político y además era pareja de la Diputada Catalina Pérez.

6 PRIEGO (2014).

corrupción y si esta puede hacer una diferencia en las personas en lo referido al conocimiento específico de contenidos y normativa asociada al tema, así como también en la valoración que las estas realizan de las herramientas de prevención actualmente disponibles. Para esto presentaremos el Modelo de Formación Anticorrupción dirigido a sociedad civil, implementado en versión piloto durante los años 2020 y 2021 por el Consejo para la Transparencia chileno y revisaremos los principales resultados que arrojó la ejecución de sus ciclos formativos, para finalizar con las dificultades que puede enfrentar el diseño y ejecución de un modelo de esta naturaleza.

II. LA FORMACIÓN ANTICORRUPCIÓN DE LA SOCIEDAD CIVIL

1. *La sociedad civil y el buen gobierno*

En Chile, de acuerdo con el Mapa de las Organizaciones de la Sociedad Civil[7] existen 403.159 en el país y "desde el año 1990 en adelante se observa un crecimiento exponencial que se ha mantenido hasta la actualidad. El fenómeno inicial observado desde 1990 podría estar relacionado con la vuelta a la democracia en Chile, pero sí resulta llamativo notar que esta tendencia exponencial no ha cambiado y, muy por el contrario, se ha reforzado. Este demuestra ser un fenómeno interesante de estudio en sí mismo, puesto que pone atención sobre el rol que tienen estas organizaciones dentro de la sociedad chilena, o cómo las políticas públicas y normas incentivan la creación exponencial de las OSC en nuestro país"[8].

En Chile, las OSC se dedican a diversas actividades, entre las que podemos encontrar: desarrollo social y vivienda, cultura y recreación, educación e investigación, asociaciones gremiales, asociaciones de profesionales, sindicatos, servicios sociales, medio ambiente, entre otros. Cabe preguntarse, entonces, por qué podría ser relevante con-

---

7 Centro de Políticas Públicas de la Universidad Católica de Chile: "Mapa de las organizaciones de la sociedad civil 2023" *[https://politicaspublicas.uc.cl/publicacion/mapa-de-las-organizaciones-de-la-sociedad-civil-2023/]*.

8 *Ibid.* (2024:18)

centrar esfuerzos en involucrar a la sociedad civil en la lucha anticorrupción, donde —a primera vista— puede parecer que este tipo de temas poco o nada podrían interesarles.

Es más, la falta de confianza hacia las instituciones provocada por la corrupción podría eventualmente "favorecer la búsqueda de formas de participación no controladas por estas"[9] sin embargo, "este no es el escenario ideal, puesto que, aunque el ciudadano comprometido tratará de encontrar los cauces adecuados sobre los que canalizar su incidencia política, la política exige de cierta confianza interpersonal y, por descontado, hacia las instituciones"[10]. Así, la sociedad civil no solo necesita de la existencia de gobiernos en cuanto interlocutor, sino que necesita gobiernos en los cuales la ciudadanía confíe, y que sean —en alguna medida— garantía para la existencia misma de estas organizaciones. De esta manera, plantea CASTELLANOS elementos como la transparencia, la rendición de cuentas y el buen gobierno son fundamentales para fomentar la participación: "Esa conjunción de publicidad en los actos y acción fiscalizadora de los ciudadanos es lo que retroalimenta a los elementos de transparencia y rendición de cuentas. Y genera, a su vez, incentivos para participar activamente en los asuntos públicos"[11].

Entonces, y a la luz de los acontecimientos anteriormente descritos en el "Caso Convenios", ¿qué ocurre cuando es la propia sociedad civil la que se corrompe? Podríamos pensar, que dado el rol que cumplen estas organizaciones de articulación frente a otras personas o comunidades que muchas veces se encuentran desinformadas, marginadas sin acceso a canales de información, formación o incluso al pleno ejercicio de derechos sociales, económicos o culturales, podría ser una motivación suficiente para mantener los cauces de estas organizaciones dentro del margen de la legalidad. Sin embargo, la propia participación puede volverse corrupta cuando esta se utiliza para buscar acceso[12], e incluso, de acuerdo con WARREN pueden percibir el acceso al gobierno como una forma de mejorar su posición en re-

---

9 CASTELLANOS (2020:166).

10 *Ibid.*

11 *Ibid.* (2020:189)

12 WARREN (2005: 110).

lación con otros grupos, y la corrupción se convierte en una vía más dentro de las múltiples opciones disponibles.

Esto se ve acrecentado en Estados en desarrollo, cuyas estructuras tienden a ser más débiles y a responder con mayor dificultad a las necesidades de la ciudadanía, como plantea RODRIGUEZ-DRINCOURT[13] "hay una dificultad en los Estados menos desarrollados, por la insuficiencia de recursos, para gestar una administración eficiente y capaz que además dé servicios esenciales en una democracia avanzada. Sin un nivel de desarrollo suficiente es más difícil que una sociedad civil pueda alcanzar consecuentemente la madurez democrática". Así, la corrupción tiene más posibilidades ante sistemas con controles débiles, o como plantean ALONSO y GARCIMARTIN "en sociedades con valores poco proclives a distinguir entre las esferas pública y privada"[14].

Cómo hacer entonces para involucrar de forma adecuada a la sociedad civil en la lucha contra la corrupción, no solo a través de controles de sus gestiones —cuya existencia nos parece no solo necesaria sino fundamental— sino que para se mantenga el incentivo de ser parte de las dinámicas que favorecen la transparencia, el acceso a la información y la rendición de cuentas.

Desde esta perspectiva, nos resulta útil presentar las estrategias contra la corrupción como un aliado a la gestión y consecución de metas organizacionales, como una posibilidad para ampliar los niveles de legitimidad y sostenibilidad de estas[15]. Así, por ejemplo, la transparencia ofrece una gran posibilidad en cuanto el derecho de acceso a la información no solo permite gestiones de fiscalización continua hacia la función pública, sino que además se presenta como un derecho llave[16], que abre puertas hacia información relevante y útil para llevar a cabo los intereses propios de las organizaciones sociales.

Desde esta mirada, y a través de herramientas específicas, la reivindicación de derechos de distinta índole puede acercarse y permitir que OSC cuyas labores no están directamente relacionadas con la

---

13 RODRIGUEZ-DRINCOURT (2017: 110).
14 ALONSO y GARCIMARTIN (2011:45).
15 CHAVEZ (2019).
16 CONSEJO PARA LA TRANSPARENCIA (2017).

probidad, la transparencia o la prevención de la corrupción puedan involucrarse en estos temas. De acuerdo con WARREN[17] "no es necesario que los grupos de la sociedad civil tengan por misión combatir la corrupción, para funcionar en su contra. Todo lo que la sociedad civil necesita es tener un número suficiente de grupos que logran mejor sus objetivos por caminos democráticos de lo que lo harían por otras vías". Así, presentar las estrategias anticorrupción, como una posibilidad de aportar a las propias gestiones, en cuanto democratizadoras de procesos y eliminadoras de barreras de acceso, puede brindar la oportunidad de generar aliados que pueden ver en estas el cauce oportuno para enfrentar su acción frente al Estado.

2. *Formación anticorrupción dirigida a la sociedad civil*

Nos planteamos entonces como una oportunidad real el hecho de traspasar conocimiento sobre este tipo de herramientas y estrategias anticorrupción a través de procesos formativos que puedan resultar significativos, en lo que se refiere al nivel de aprendizaje, para quienes participen en ellos; fortalecer los procesos de rendición de cuentas y transparencia al interior de las organizaciones será tan relevante como presionar la rendición de cuentas de autoridades y organismos públicos. Así, de acuerdo con FOX, un incentivo para que las OSC implementen este tipo de mecanismos estaría dado por "la distancia entre los altos estándares que ellas mismas establecen, y sus prácticas". Es decir, si las metas y las prácticas de una organización distan mucho entre sí se pierde credibilidad, cuestión fundamental para la sobrevivencia de este tipo de organismos, a saber: "la mayoría de las ONG requieren credibilidad para sobrevivir: la necesitan con los medios de comunicación, para tener voz pública; también con los colaboradores de base para obtener legitimidad; necesitan credibilidad con las elites para influir sobre las políticas, al igual que con los financieros para obtener apoyo material básico para la supervivencia de la institución".

Proponemos entonces, una estrategia formativa con dos frentes: por un lado el uso de estrategias anticorrupción para disminuir la

---

17 WARREN (2005: 134).

distancia en las OSC y el Estado y potenciar a través de esto la creación y/o fortalecimiento de un vínculo sano dado por prácticas que no generan riesgos ni para la administración pública ni para las organizaciones; así como por otro, una formación que a la vez sea capaz de internalizar en las OSC la importancia y necesidad de contar con instrumentos que favorezcan la transparencia de sus gestiones.

BORNIA[18] se pregunta, con justa razón: "¿debemos hacer cursos para ser "buena persona"? ¿no sería más apropiado que durante nuestro trayecto vital y en todas las etapas de nuestra vida hayamos vivido y nos hayamos nutrido de los valores que deberían estar vigentes en la sociedad?". De acuerdo con la autora, nos parece que un escenario ideal sería aquel en el que aprehendemos valores sin necesidad de ingresar a un aula para hacerlo, sino que más bien como sociedades pudiéramos ser capaces de favorecer naturalmente una construcción moral permanente, en todo ámbito y lugar, trascendiendo edades y quehaceres.

Como plantea CORTINA[19] "construir una sociedad civil con vigor ético exige, como elemento indispensable, que aquellos valores en los que esa sociedad cree, es decir, aquellos que cree deberían realizarse, se transmitan a las generaciones más jóvenes a través de la escuela, la familia, el grupo de edad o los medios de comunicación". Sin embargo, parece que cada vez nos cuesta más traspasar valores, generando una incomprensión generacional que dificulta la construcción conjunta de la sociedad, comprometiendo el desarrollo de esta y de un futuro comprometido con los Objetivos de Desarrollo Sostenible[20].

Sin duda alguna los procesos de formación ciudadana en etapas tempranas, principalmente en edad escolar son fundamentales no solo para la constitución del mismo individuo, sino que también nos resultan cruciales para los procesos de fortalecimiento democrático. Así, como plantea SALAZAR-JIMÉNEZ "La Formación Ciudadana puede contribuir, decisivamente o no, al desarrollo de capacidades intelectuales y morales que son fundamento de la capacidad de acción ciudadana de la sociedad. Es decir, de reflexión y acción sobre sí

18 BORNIA (2021: 79).
19 CORTINA (1997: 17).
20 MAYOR, MOLINA y GOMEZ (2019).

misma: sus problemas más apremiantes, sus fines, y los significados que la cohesionan"[21], diferentes autores dan cuenta del esfuerzo que se realiza en aulas de diferentes lugares del mundo por fortalecer una actitud democrática[22].

En Chile, la Ley 20.285 sobre Acceso a la Información Pública, no incorpora el traspaso de contenidos relacionados al derecho de acceso a la información a través de la educación formal, ni tampoco le asigna un rol específico en esta tarea al Ministerio de Educación. Sin embargo, la Ley 20.911 que creó el Plan de Formación Ciudadana, en su artículo único, señala entre sus objetivos, en la letra h) "Fomentar una cultura de la transparencia y la probidad" facilitando con esto la incorporación de los contenidos sobre acceso a la información en el currículo de asignaturas escolares y promoviendo el desarrollo de una cultura basada en la transparencia y la probidad.

Sin embargo, nos preguntamos si acaso la reproducción de temáticas de integridad en la escuela es suficiente para la ardua tarea de la profundización democrática. Aun estando de acuerdo en lo importante que resulta para la ciudadanía recibir formación en las diferentes etapas de la vida, especialmente durante la juventud, en edad escolar, lo que nos preguntamos y a la vez proponemos es un esquema de formación continua, es decir, que no por ser adultos, supongamos que el ciclo formativo ha terminado, ya que no solo es la normativa la que varía permanentemente, sino que también lo hacen las exigencias y estándares que la misma sociedad va imponiendo.

Considerando que aquellos que trabajan o forman parte de una OSC o de organizaciones sin fines de lucro, cumplen roles frente a otras personas, fomentar o favorecer espacios de formación democrática en general y anticorrupción en particular, tiene que ver con mucho más que enseñar la normativa vigente, sino que se trata de reflexionar en conjunto sobre la importancia para la sociedad de que estas herramientas existan, así como también valorar la posibilidad de integrar dichos mecanismos en las propias organizaciones, mejorando con esto los procesos de rendición de cuentas de cara a *stakeholders*[23], voluntarios u otros.

---

21 SALAZAR-JIMÉNEZ (2019: 114).
22 ESCAMEZ (2003), TOURIÑAN (2003) y SALAZAR-JIMÉNEZ (2019).
23 CABA, GÁLVEZ y LÓPEZ (2009).

De acuerdo con ORELLANA[24], en Chile se ha optado por una "estrategia legislativa" para luchar contra la corrupción. Cuestión que ha sido transversal a los diferentes gobiernos en los últimos treinta años, la respuesta se ha caracterizado por reaccionar más que adelantarse y prevenir riesgos que una vez convertidos en malas prácticas o en delitos de corrupción, solo han hecho que el problema vaya en aumento.

Así, a través de la siguiente propuesta, buscamos evaluar cuán efectiva resulta la implementación de espacios de formación ciudadana en OSC para favorecer la lucha contra la corrupción desde la prevención. Más allá del ofrecimiento práctico que puede encontrarse en que herramientas específicas anticorrupción puedan servir a la gestión de las organizaciones, lo que se busca es fortalecer principios, favorecer la discusión y desde ahí integrar conocimientos y procedimientos que permitirían mejoras en la prevención y prácticas del tercer sector.

III. DISEÑO METODOLÓGICO DEL MODELO FORMATIVO ANTICORRUPCIÓN

1. *Antecedentes generales*

El Modelo Formativo Anticorrupción, en adelante MFA, fue diseñado a la luz de la normativa vigente indicada anteriormente y pensando en la oportunidad que representa para el sistema democrático chileno profundizar en la formación de ciudadanía, entendiendo que la entrega de herramientas específicas podría resultar significativa para las personas que eventualmente participaran en la fase de implementación. Así, el diseño propuso definir estrategias y contenidos para que las y los participantes pudieran aumentar sus conocimientos sobre qué es la Corrupción como fenómeno y cuáles son los alcances de esta, pudiendo identificarla en primer lugar, para luego avanzar hacia mecanismos puntuales disponibles en las agencias anticorrupción del país, como canales de denuncia u otros elementos que colaboran en la prevención de corrupción.

De esta forma —y bajo el alero de la actualmente extinta Unidad de Vinculación Ciudadana del Consejo para la Transparencia chile-

24 ORELLANA (2007: 270).

no— se propuso avanzar en el diseño de un Programa de Formación focalizado en sociedad civil que fue finalmente ejecutado durante los años 2020 y 2021. Este esfuerzo de ejecución buscó favorecer principalmente a organizaciones de la sociedad civil cuyos miembros fuesen "actores multiplicadores" para favorecer un posterior traspaso de estos contenidos a las comunidades con las que estas OSC trabajan, así como también imprimir en las acciones que desarrollan un sello de integridad, empoderamientos y participación en lo que a control social y prevención de la corrupción se refiere.

El MFA contó con tres macro etapas: diseño, implementación y retroalimentación, que describimos a continuación:

(a) Fase Diseño: en esta etapa se esbozaron los elementos principales de la estructura y funcionamiento del instrumento formativo, definiendo las cuestiones principales y vinculándolo a la vez con los objetivos estratégicos del órgano garante. Esta etapa se desarrolló de forma conjunta a las organizaciones de la sociedad civil, de manera tal de abordar contenidos que les permitieran fortalecer también sus acciones organizacionales y adecuando el material abordado a las temáticas que convocan a cada organización. Entre las cuestiones que se definieron en esta etapa se encontrar: objetivos, público a quien estaría dirigido, metodología, matriz de aprendizaje con la metodología, contenidos, objetivos de aprendizaje, indicadores de aprendizaje, recursos didácticos, entre otros.

(b) Fase Implementación: esta etapa contempló la ejecución del MFA, aplicando la estrategia formativa —definida en la primera fase— a grupos de organizaciones de la sociedad civil que participaron de estas instancias formativas. Antes de comenzar los ciclos formativos, cada grupo se sometió a una evaluación *ex-ante* y *ex-post* con el fin de poder obtener resultados concretos sobre los avances en aprendizajes y también en valoraciones de elementos vinculados a la cultura de la transparencia e integridad.

(c) Fase Retroalimentación: en esta etapa se analizaron los resultados obtenidos de las mediciones aplicadas, con el fin de retroalimentar el modelo y mejorar elementos del diseño y ejecución. Cabe mencionar, que esta etapa será abordada en una próxima publicación.

Esquema I: Fases de implementación del MFA

Fuente: Elaboración propia.

2. Elementos objetivos del MFA

(a) Objetivo General: Profundizar en la formación de actores y líderes sociales, entregándoles herramientas significativas sobre la cultura de transparencia, que permitan la replicabilidad a nivel ciudadano, incorporando en sus organizaciones prácticas que favorezcan la internalización de la rendición de cuentas y el control social hacia órganos públicos.

(b) Público Objetivo: La estrategia principal para desplegar este programa y cumplir su objetivo, consistió en el desarrollo de Ciclos Formativos dirigidos a actores con potencial multiplicador y se determinó en forma conjunta con las OSC con las que se articuló la implementación del programa.

Así, las organizaciones de la sociedad civil que tuvieran la posibilidad de articular trabajo con otras múltiples comunidades, que tuvieran presencia en diferentes regiones del país[25] y/o que tuvieran llegada a un gran número de personas se fueron convirtiendo en el foco principal de la formación otorgada ya que permitían proyectar este efecto buscado. Entre este tipo de público encontramos: dirigentes sociales, profesionales de organizaciones no gubernamentales (ONG), directivos de ONG, entre otros.

Si bien este modelo ha sido desarrollado para la sociedad civil, podría ser adaptable para diferentes tipos de público entre los que encontramos: docentes, funcionarios públicos, funcionarios municipales, ciudadanos sin participación en ONG, entre otros.

3. *Elementos sustantivos del MFA*

Se diseñó un modelo que tuviera capacidad de adaptación y pudiera considerar las diferentes realidades y necesidades de las entidades que participarían de estas instancias formativas. Así, el que se ve a continuación es un esquema formativo ad-hoc que planteó cinco ejes formativos que adquieren relevancia dependiendo de los énfasis que se desee dar en cada implementación.

En torno a estos cinco pilares temáticos se diseñó la Matriz de Aprendizaje (Ver Anexo 1) en donde a cada eje se le denominó "Unidad de Aprendizaje" y a cada unidad se vinculó un objetivo de aprendizaje con temas claves que permiten aterrizar de forma concreta cada elemento (Ver Anexo 1). A continuación, abordaremos brevemente cada eje temático.

Con ocasión del desarrollo de este modelo entenderemos los siguientes conceptos como se definen a continuación. Cabe mencionar que no pretendemos hacer un uso extensivo de los conceptos más allá de los límites propios de este diseño formativo.

(a) Unidades de Aprendizaje: como ya mencionamos, son los ejes temáticos. Los principales temas que articulan y dan forma a toda la estructura de aprendizaje diseñada para este modelo.

(b) Objetivos de Aprendizaje: aquello que se espera que las personas que participen del MFA aprendan. Metas o contenidos mínimos que las y los participantes deberían asimilar para generar una diferencia entre el antes y después del proceso formativo.

(c) Metodología: son las estrategias que se utilizarán durante la ejecución del MFA para que las y los participantes alcancen sus objetivos de aprendizaje. Se han clasificado en: expositiva, expositiva-participativa, taller aplicado, expositiva-taller aplicado.

(d) Ámbito de aprendizaje: son las habilidades que se esperan las personas que participan alcancen a desarrollar. Se han clasificado en destrezas de conocimiento, actitudinal y procedimental.

(e) Contenidos sugeridos: son los conocimientos específicos que se abordaran durante el proceso de aprendizaje. Los subtemas que dan cuerpo a las Unidades de aprendizaje.

(f) Indicadores de aprendizaje: son los niveles de logro que esperan alcanzarse a través de la experiencia formativa y permiten cuantificar

el aprendizaje, lo convierten en medible para verificar avances o retrocesos en las personas participantes del MFA.

(g) Recursos didácticos: son los materiales utilizados durante la aplicación de metodologías. Estos son puestos a disposición de las y los participantes con el fin de facilitar el proceso formativo y la obtención de metas de aprendizaje.

IV. UNIDADES DE APRENDIZAJE EN EL MFA

1. Aspectos generales de la definición temática

La definición de ejes temáticos en la fase del diseño genera inevitablemente un proceso de reflexión sobre lo que quiere y debe abordarse en una instancia como esta. Con todo, la definición no tuvo que ver sólo con cuestiones teóricas en este caso, sino que también con que el MFA sería ejecutado por un organismo de carácter público, autónomo —en general— y como agencia anticorrupción en particular. No debemos perder de vista que lo que se busca con este modelo es implementar una estrategia concreta que colabore en la prevención de la corrupción y ayude en la profundización de una cultura de la transparencia y la integridad, por lo que en cierta medida los ejes temáticos emanan de forma casi natural. Sin embargo, es importante resaltar instrumentos y compromisos previos en que el Estado de Chile se ha hecho partícipe y que también enmarcas las diferentes decisiones y temáticas que se abordan. Ejemplo de esto es la Declaración de Gobierno Abierto[26] que indica: "Como integrantes de la Alianza para el Gobierno Abierto, comprometidos con los principios consagrados en la Declaración Universal de los Derechos Humanos, la Convención de las Naciones Unidas contra la Corrupción y otros instrumentos internacionales relacionados con los derechos humanos y el buen gobierno". En este documento, los Estados miembros se comprometen a: Aumentar la disponibilidad de información sobre las actividades gubernamentales, apoyar la participación ciudadana, aplicar los más altos estándares de integridad profesional en todos nuestros gobier-

---

26 OPEN GOVERNMENT PARTNERSHIP. "Declaración de Gobierno Abierto" [*https://www.opengovpartnership.org/declaracion-de-gobierno-abierto/*].

nos, aumentar el acceso a las nuevas tecnologías para la apertura y la rendición de cuentas. Es decir, lo que VILLORIA E IZQUIERDO[27] calificarían como un buen gobierno, a saber: "Aquel que promueve instituciones formales (normas y reglamentos) e informales (lógicas de lo apropiado en cada organización pública) que fomentan la transparencia, la rendición de cuentas, la efectividad, la coherencia y la participación".

Por otro lado, como ya hemos mencionado anteriormente, se está discutiendo una nueva Ley 2.0 de Transparencia y Acceso a la Información Pública, que pretende ampliar hacia sujetos privados algunas obligaciones de transparencia, como la Transparencia Activa, que de aprobarse, modificaría en la Ley 20.285 el actual artículo 2, inciso tercero, modificando desde: "También se aplicarán las disposiciones que esta ley expresamente señale a las empresas públicas creadas por ley y a las empresas del Estado y sociedades en que éste tenga participación accionaria superior al 50% o mayoría en el directorio" por "También se aplicarán las disposiciones de esta ley que expresamente se señalen a las empresas públicas creadas por ley y a las empresas del Estado y sociedades en que éste tenga participación accionaria superior al 50% o mayoría en el directorio, a las corporaciones, fundaciones, asociaciones y empresas municipales, así como a las personas jurídicas sin fines de lucro que reciban transferencias de fondos públicos en los términos que se indica, las que se regirán por lo dispuesto en los artículos décimo, duodécimo y décimo tercero de la ley N° 20.285 respectivamente"[28], cuestión que favoreció la elección de los ejes que mencionamos a continuación.

2. *Democracia*

De acuerdo con VILLORIA E IZQUIERDO[29] "La corrupción afecta negativamente el funcionamiento del Estado de Derecho pues daña la seguridad jurídica, la imparcialidad e independencia judicial,

27 VILLORIA E IZQUIERDO (2018: 344).

28 Boletín 12100-07 "Modifica la ley N.° 20.285, Sobre Acceso a la Información Pública". Con fecha de ingreso 12 septiembre de 2018 *[https://tramitacion.senado.cl/appsenado/templates/tramitacion/index.php?boletin_ini=12100-07]*.

29 VILLORIA E IZQUIERDO (2018:284).

la eficacia de la policía y el imperio de la ley". Como mencionamos anteriormente, naciones Unidas ha sido categórica señalando que "Socava la democracia y el Estado de Derecho, da pie a violaciones de los derechos humanos, distorsiona los mercados, menoscaba la calidad de vida y permite el florecimiento de la delincuencia organizada, el terrorismo y otras amenazas a la seguridad humana".

Ante este escenario, en donde la corrupción pone en riesgo no solo algunos elementos, sino que se ve afectado el sistema por completo, resulta crucial comenzar la formación abordando la relevancia de vivir en democracia y lo que esto implica, identificando principios y características esenciales para la vida democrática.

Tabla I: Objetivo de la Unidad de Aprendizaje Democracia

Objetivo de Aprendizaje: Analizar atributos y principios de la democracia con enfoque de derechos humanos y reconocer la toma de decisiones democráticas, así como las implicancias y responsabilidades tanto del Estado como de la ciudadanía frente a los desafíos en el Chile actual.
Temas claves: Sociedad, ciudadanía, importancia de profundizar y perfeccionar el sistema democrático en Chile.

Fuente: Elaboración propia

3. *Participación*

Entendemos participación como "todas las actividades que los ciudadanos realizan voluntariamente —ya sea a modo individual o a través de sus colectivos y asociaciones— con la intención de influir directa o indirectamente en las políticas públicas y en las decisiones de los distintos niveles del sistema político y administrativo"[30].

Por otro lado, como señalan FLORES y MARTÍN[31] "una comunidad política democrática se conserva y se reproduce si toda la ciudadanía se integra en esa cultura y muestra una disposición política manifiesta hacia el cuidado de su sistema ético y moral. Por esta razón debe existir una formación política específica y común para toda la ciudadanía, para poner a su alcance las reglas de participación de un sistema político unificado".

Cuestión fundamental del MFA radica precisamente en que la propuesta se diseñó para la sociedad civil, por lo que resulta importante vincular la participación con las temáticas anticorrupción, así como también con la preservación democrática. Además, incorporar la temática permite adecuar los contenidos a los temas que abordas las OSC y relevar las preocupaciones de estas en torno a la defensa de derechos que habitualmente realizan.

Tabla II: Objetivo de la Unidad de Aprendizaje Participación

Objetivo de Aprendizaje: Indagar en la participación ciudadana en Chile, reflexionando en torno a problemas y conflictos que impliquen armonizar estrategias y soluciones ciudadanas en un marco de equidad y sustentabilidad para enfrentar los actuales desafíos democráticos.
Temas claves: La Participación y vínculo de la ciudadanía con el Estado para legitimación democrática y para el fortalecimiento de la gestión interna de programas y organizaciones.

Fuente: Elaboración propia

4. *Rendición de cuentas*

De acuerdo con O'DONNELL[32] "[l]a desconfianza del poder, especialmente del poder que puede movilizar una coerción abrumadora en su apoyo, es tan vieja como la sociedad humana. Vimos que ya en sus orígenes la democracia y el republicanismo compartieron esta desconfianza, e inventaron varios controles institucionales. Estos controles están basados en la idea de dividir, y en la medida de lo posible balancear, varias agencias ubicadas en el ápice de ese "algo" (...) que puede emitir decisiones colectivamente vinculantes y respaldarlas con la supremacía de la coerción". En el MFA la rendición de cuentas se aborda con dos ópticas: por un lado, el límite al poder y la capacidad que tiene la sociedad civil de exigir cuentas y responsabilidades a los administradores del poder, y por otro la capacidad que pueden desarrollar las OSC de desarrollar mecanismos internos de rendición de cuentas, favoreciendo la gestión organizacional y la integridad de esta de cara a los usuarios, voluntarios y donantes que la sostienen. Al mismo tiempo, de cara a la normativa que eventualmente entrará en vigor en el mediano plazo, también se consideró positivo que pudieran ir integrando conocimientos y estrategias de rendición de cuentas.

Tabla III: Objetivo de la Unidad de Aprendizaje Rendición de Cuentas

Objetivo de Aprendizaje: Identificar la rendición de cuentas como límite al poder y elemento fundamental de las democracias actuales, distinguiendo responsabilidades tanto en el sector público como privado.
Temas claves: La Rendición de Cuentas como elemento relevante en la confianza y legitimación frente a la toma de decisiones del sector público: presupuestos, compras, subsidios, etc.

Fuente: Elaboración propia

5. *Corrupción*

El foco del MFA está puesto en la corrupción, o más bien, en la anticorrupción, por lo que se planteó la incorporación de esta Unidad de Aprendizaje entendiendo que no se puede desarrollar un modelo anticorrupción sin intentar al menos que el fenómeno sea identificado y comprendido en cuanto niveles de afectación que genera para la democracia, los sistemas públicos y privados, y especialmente para la pérdida de derechos sociales, económicos, culturales u otros.

Junto con esto, se releva que las y los participantes tengan la oportunidad de conocer los elementos que forman parte de la estrategia anticorrupción a nivel nacional, como las normativas vigentes, las instituciones que se vinculan con estos temas —cuáles son, dónde están, qué rol cumplen— así como también las herramientas existentes para denunciar irregularidades, entre otros, de manera tal de aumentar el ámbito de acción ciudadana y disminuir la frustración que se genera cuando esta no conoce qué mecanismo activar o qué instrumentos administrativos utilizar.

Tabla IV: Objetivo de la Unidad de Aprendizaje Corrupción

Objetivo de Aprendizaje: Reflexionar sobre la existencia permanente de Corrupción como amenaza a la democracia y sobre la importancia de la implementación colaborativa de la Agenda de Integridad con diferentes sectores (Estado, Empresas, Sociedad Civil) internalizando mecanismos de prevención existentes.
Temas claves: Corrupción como amenaza al sistema democrático, prevención de corrupción como estrategia para la recuperación de la confianza.

Fuente: Elaboración propia

6. *Transparencia y acceso a la información pública*

Como mencionamos anteriormente, la normativa de transparencia en Chile avanzará en el mediano plazo hacia nuevas responsabilidades para la sociedad civil, por lo que resulta fundamental que conozcan la herramienta y de qué se tratan estos cambios normativos. Como señala PEREIRO[33] “En consonancia con esta nueva realidad que se ha abierto en la que los sujetos privados también intervienen en el ejercicio de funciones públicas, el control de legalidad y eficacia no puede quedar circunscrito a la actividad de los sujetos públicos, sino que debe alcanzar también la actividad de interés público que realizan los sujetos privados. Esto conlleva una trascendental consecuencia de fondo: la necesidad de replantear los límites del alcance del Derecho administrativo para que se ocupe también de la regulación de actividades ejercidas por sujetos privados. De no hacerse así, se estaría permitiendo que los sujetos privados pudiesen emplear inadecuadamente el dinero público que reciben a través de ayudas públicas y subvenciones, o que ejerciesen un uso abusivo o arbitrario de las facultades que les han sido concedidas por los poderes públicos (...) la aplicación de normas que establecen mecanismos de transparencia pública constituye una de las vías más apropiadas para frenar la inadecuada realización de funciones públicas por sujetos privados”.

Por otro lado, para que la actual normativa funcione también se necesita que la ciudadanía conozca dónde y cómo solicitar información a un servicio público, así como conocer cuáles son los plazos establecidos para hacerlo, o qué mecanismos de protección puede activar en caso de no obtener respuesta, entre tantos otros elementos.

Tabla V: Objetivo de la Unidad de Aprendizaje Transparencia y acceso a la información pública

Objetivo de Aprendizaje: Comprender el Derecho de Acceso a la Información Pública como herramienta para la obtención de información, fiscalización y apoyo para la solución de problemas públicos desde una perspectiva ciudadana.
Temas claves: La transparencia y el acceso a la información como herramienta para el avance hacia la inclusión y la integridad.

Fuente: Elaboración propia

V. ORGANIZACIONES DE LA SOCIEDAD CIVIL CON LAS QUE SE IMPLEMENTÓ

La participación de las OSC en las primeras ejecuciones del MFA fue relativamente diversa y se concretó a través de dos ONG cuya gestión interna ya considera temas de transparencia lo que hizo que se interesaran por participar de un modelo de esta naturaleza que les permitiera traspasar contenidos y herramientas alineados con sus políticas organizacionales internas y dos Universidades cuyos estudiantes o egresados tenían el potencial multiplicador que se buscaba con el diseño del modelo acá presentado.

La presente tabla muestra una breve descripción del perfil de las organizaciones que participaron en la fase de aplicación del modelo formativo, cuyos nombres han sido resguardados para no comprometer a estas con los resultados que se obtuvieron en las evaluaciones realizadas.

Tabla VI: Perfil de organizaciones de la sociedad civil que participaron del MFA

ORGANIZACIÓN DE LA SOCIEDAD CIVIL	DESCRIPCIÓN GENÉRICA	PÚBLICO DE LA OSC CON EL QUE SE TRABAJO EN LA IMPLEMENTACIÓN
Organización de la Sociedad Civil 1 (OSC 1)	Organización cuyo trabajo está centrado en la pobreza, intentando ampliar las oportunidades de las personas beneficiarios de sus servicios para que tengan una vida mejor. Convoca y vincula a la comunidad en su responsabilidad con los excluidos de la sociedad. La organización ha implementado estrategias de transparencia en su gestión y promueve una cultura de respeto, justicia y solidaridad en el trabajo que realiza.	La organización convocó a sus profesionales a participar de la instancia formativa, siendo estos de diferentes regiones a lo largo de todo el país. Entre los perfiles de profesionales que participaron nos encontramos con: cargos de coordinación de programas u operación de estos, profesionales a cargo del despliegue territorial, en terreno, profesionales que coordinan voluntarios y/o mantienen contacto permanente con usuarios (beneficiarios) de la organización.

Organización de la Sociedad Civil 2 (OSC 2)	Organización cuyo trabajo busca colaborar con otras organizaciones de la sociedad civil para favorecer el ejercicio de derechos de las personas en situación de vulnerabilidad. Convoca y articula con otras organizaciones de la sociedad civil intentando incidir en la transformación de una sociedad justa y sostenible.	La organización participó en dos ejecuciones, convocando a los profesionales de las organizaciones de la sociedad civil que son parte de su red y con la que articulan trabajo colaborativo a lo largo de todo Chile. Entre los perfiles de profesionales que participaron nos encontramos con: directores de organizaciones, coordinadores de proyectos, profesionales desplegados territorialmente.
Universidad 1	Universidad de región, de carácter público, que forma personas en distintos niveles de la educación superior. Declara su compromiso con el progreso y bienestar del país y la región, en permanente diálogo e interacción con el entorno social, cultural y económico, tanto a nivel nacional como internacional.	La organización convocó a participar de estas instancias formativas a sus estudiantes de pregrado de la carrera Administración Pública en particular y de la facultad de Ciencias Jurídicas en general.
Universidad 2	Universidad de región, de carácter privado, Declara su compromiso con la educación de calidad. Forma en pregrado y también a profesionales. Busca aportar al desarrollo de la sociedad con una vocación inclusiva y vinculada con la región y con el país.	La organización participó en dos oportunidades con diferentes perfiles: Egresados y estudiantes de la carrera de Trabajo Social de la propia universidad, quienes trabajan, participan o colaboran con organizaciones de la sociedad civil y/o comunidades sociales. Dirigentes sociales que encabezan el trabajo comunitario en el que esta Universidad realiza sus intervenciones, en conjunto a dirigentes sociales de los consejos de salud comunales y regionales.

Fuente: Elaboración propia.

VI. CIFRAS DE PARTICIPACIÓN

El MFA fue implementado a través de siete ejecuciones piloto con una inscripción total de 213 personas y una participación promedio de 21 personas por ejecución, cifras que si bien son acotadas, permiten realizar una aproximación a los resultados de las intervenciones a través de las evaluaciones *ex-ante* y *ex-post* mencionadas anteriormente, que se realizaron con el fin de identificar si efectivamente las personas que participaron —y que cumplieron con los mínimos de asistencia requeridos— presentaban incrementos en los resultados de la evaluación una vez concluida la instancia formativa.

Cabe mencionar que, dado que las ejecuciones piloto fueron puestas en marcha durante los años 2020 y 2021, estas debieron ser adaptadas a las condiciones de la crisis sanitaria de carácter global ocasionada por el COVID-19, por lo que los talleres fueron impartidos de forma virtual, al igual que las evaluaciones.

Tabla VII: Cifras de participación en ejecuciones piloto

AÑO	N.° EJECUCIÓN	OSC	INSCRITOS	ASISTENCIA PROMEDIO	ASISTENTES EVALUADOS
2020	1	Organización de la Sociedad Civil 1 (1era ejecución)	29	17,8	14
	2	Organización de la Sociedad Civil 2 (1era ejecución)	25	19	16
2021	3	Organización de la Sociedad Civil 2 (2da ejecución)	25	18	17
	4	Universidad 1	41	38	32
	5	Universidad 2 (Ejecución con egresados de trabajo social)	47	27	23
	6	Universidad 2 (Ejecución con dirigentes sociales)	31	24	17
	7	Organización de la Sociedad Civil 1 (2da ejecución)	15	8	7

Fuente: Elaboración propia

VII. ANÁLISIS DE RESULTADOS DE LAS INTERVENCIONES

1. *Caracterización y principales hallazgos en los resultados de aprendizaje y valoración por intervención*

A continuación, realizaremos una revisión con los principales antecedentes y resultados de cada intervención realizada. En todas las intervenciones la recolección de información realizada en los test *ex ante* y *ex post* se realizó en formato online, auto-aplicado, y el tipo de estudio realizado por la Dirección de Estudios del Consejo para la Transparencia fue de carácter longitudinal.

Las pruebas aplicadas integraron tres tipos de preguntas. Dos tipos de selección múltiple, que apuntaban a los objetivos de aprendizaje señalados en la matriz y con esto también a los ámbitos de aprendizaje integrados, particularmente al ámbito de conocimiento y de habilidad procedimental. Un tercer tipo de preguntas, aplicadas con escala de Likert, con escala de 1 a 7, apuntó a descubrir el nivel de valoración que tenían los participantes con relación a las herramientas de prevención de corrupción enseñadas durante las sesiones, antes y después de dichas intervenciones.

Cabe señalar, que las evaluaciones fueron diseñadas por el Programa de Formación de la Unidad de Vinculación Ciudadana y sometidas a las exigencias estadísticas de correlación por la Dirección de Estudios del Consejo para la Transparencia. De la misma manera, los resultados de las evaluaciones *ex ante* y *ex post* fueron sometidas a prueba T de diferencia de medias en muestras relacionadas. El nivel de significancia utilizado con las muestras es de 0,05, con un 95% de confianza.

Así, la formulación de hipótesis[34] utilizada fue la siguiente: "H0: No existen diferencias significativas entre ambas mediciones"; "H1:

---

34 "La Ho (hipótesis nula) representa la afirmación de que no existe asociación entre las dos variables estudiadas y la Ha (hipótesis alternativa) afirma que hay algún grado de relación o asociación entre las dos variables. Dicha decisión puede ser afirmada con una seguridad que se decide previamente a través del nivel de significación. El mecanismo de los diferentes tests empieza cuando se mira la magnitud de la diferencia de medias que hay entre los grupos que tienen que

Existe una diferencia significativa entre ambas mediciones". A continuación, revisaremos los principales resultados de cada intervención.

2. *Intervención Piloto N.º 1*

2.1. Caracterización

La primera intervención tuvo un total de cinco sesiones realizadas entre los días 03 y 31 de julio de 2020, con 29 inscritos, la asistencia promedio fue de 17,8 personas, distribuidas por fecha de la siguiente manera:

- Sesión 1 03/07/2020 22 asistentes
- Sesión 2 10/07/2020 21 asistentes
- Sesión 3 17/07/2020 14 asistentes
- Sesión 4 24/07/2020 16 asistentes
- Sesión 5 31/07/2020 16 asistentes

El test *ex ante* se aplicó durante los días 02 y 03 de julio (previo al comienzo de la primera sesión), y el test *ex post* se aplicó durante los días 13 y 25 de agosto, es decir transcurridas seis semanas desde el inicio de la primera evaluación, y dos semanas desde concluida la intervención formativa.

En esta intervención, la participación por género en la prueba *ex ante* es de un 64% de personas que se declaran con género femenino, y un 36% de personas que se declaran con género masculino. Mientras que en la prueba *ex post* 69% de personas que se declaran con género femenino, y un 31% de personas que se declaran con género masculino. Es decir, participaron más mujeres en la segunda evaluación que antes de comenzar.

---

compararse (...) Cuando rechazamos la Ho (hipótesis nula) y aceptamos la Ha (hipótesis alternativa) como probablemente cierta, afirmando que hay una asociación ($p<0.05$), o que hay diferencia, estamos diciendo, en otras palabras, que es muy poco probable que el azar fuese responsable de dicha asociación. Asimismo, si la p es > de 0.05 aceptamos la Ho (hipótesis nula) y decimos que el azar puede ser la explicación de dicho hallazgo afirmando que ambas variables no están asociadas o correlacionadas" [RUBIO y BERLANGA (2012: 84)].

En cuanto a los perfiles profesionales de los participantes, en la prueba *ex ante* participaron directores ejecutivos de OSC (21%), directores de área (14%), coordinadores de programas o proyectos (29%), profesionales en terreno (7%), mientras que un grupo importante se declara en otras funciones o cargos (29%), esto debido a la variedad de organizaciones participantes ya que las y los inscritos pertenecían a 14 diferentes OSC del país.

Las cifras de perfiles profesionales de los participantes en la prueba ex post se mantienen en niveles similares a excepción del grupo de directores ejecutivos cuya participación disminuye al 15%, esto debido a que para cumplimentar el curso y rendir la prueba ex post era necesario cumplimentar al menos 3 sesiones de las 5 realizadas. Otros perfiles participantes de la evaluación se sostuvieron: directores de área (15%), coordinadores de programas o proyectos (31%), profesionales en terreno (8%), otros perfiles (31%).

La participación regional en esta primera versión es baja, donde solo es posible encontrar un 7% de personas pertenecientes a la región de Valparaíso y un 7% de participantes que provienen de la región de La Araucanía, mientras que el 86% restante pertenece a la región Metropolitana.

2.2. Principales hallazgos

En el ámbito de conocimiento y herramientas procedimentales el promedio del test *ex ante* fue de 3,57 mientras que el promedio del test *ex post* fue de 4,96, asumiendo que es estadísticamente significativa dado que (p-valor= 0,01 < 0,05), por lo tanto, se concluye que la intervención contribuyó a que los participantes aumentaran sus conocimientos en las temáticas abordadas.

De las catorce preguntas realizadas, nueve de ellas (64%) no superan el 50% de respuestas correctas, es decir la mayoría de las preguntas recibieron respuestas erróneas por parte de los participantes, especialmente en las que atienden cuestiones procedimentales, destacándose las preguntas del ámbito de conocimiento, que reciben una cantidad mayor de aciertos.

Esto cambia al observar los resultados de la prueba *ex post* en donde solo tres preguntas de las catorce realizadas no superan el 50%

de respuestas correctas. Es decir, una mayor cantidad de participantes respondió una mayor cantidad de preguntas de forma correcta.

Así, por ejemplo, en preguntas como: "Los plazos estipulados en la normativa para que un organismo público responda una solicitud de acceso a la información, son (...)" vemos como en la evaluación *ex ante* solo un 36% de participantes acierta la respuesta, pasando a un 71% de respuesta correctas en la evaluación *ex post*, o "Para solicitar una audiencia con un sujeto pasivo, de acuerdo con la ley de Lobby, se debe (...)" con solo un 21% de aciertos en la *ex ante,* recibe también un 71% de respuestas correctas, entre otras.

En esta intervención de directivos y profesionales de organizaciones de la sociedad civil, en la realización de la prueba *ex ante*, solo cinco preguntas alcanzan niveles por sobre el 50% de respuestas correctas, como por ejemplo: "El Derecho de Acceso a la Información se entiende como (...)" que alcanza un 86% de respuestas correctas, logrando subir 93% de respuestas correctas en la prueba *ex post* o "La rendición de cuentas, en un sistema democrático, es un mecanismo cuya finalidad busca (...)" que obtiene un 71% de respuestas correctas en la ex ante, mientras que en la *ex post* también logra superar sus niveles de acierto alcanzando un 86% de respuestas correctas. Así, de las catorce preguntas realizadas, trece aumentan su nivel de aciertos y una se mantiene.

No se evidenció una diferencia entre el aumento de conocimiento entre hombres y mujeres. A pesar de que el conocimiento base del género masculino fue mayor, la distancia de conocimiento entre ambos grupos creció en porcentajes iguales (21%). En cambio, sí se evidenciaron diferencias en el aumento de conocimiento por el tipo de cargo: los directores ejecutivos junto con los profesionales en terreno fueron los grupos que más aumentaron su conocimiento, seguido por los coordinadores de proyectos y los directores de área.

En relación con la evaluación de valoración, los participantes aumentaron en un 4% su valoración respecto a la Ley de Transparencia, un 28% su valoración respecto a la Ley de Lobby, un 16% su valoración respecto a las denuncias ciudadanas en la Contraloría General de la República y un 21% su valoración respecto a las denuncias ciudadanas efectuadas en el Ministerio Público.

3. *Intervención Piloto N.º 2*

3.1. Caracterización

La segunda intervención tuvo un total de tres sesiones realizadas entre los días 02 de septiembre y 07 de octubre de 2020, con 25 inscritos, la asistencia promedio fue de 19 personas, distribuidas por fecha de la siguiente manera:

- Sesión 1 02/09/2020 19 asistentes
- Sesión 2 23/09/2020 21 asistentes
- Sesión 3 07/10/2020 17 asistentes

El test *ex ante* se aplicó durante los días 01 y 02 de septiembre (previo al comienzo de la primera sesión), y el test *ex post* se aplicó entre los días 16 y 30 de octubre, es decir transcurridas seis semanas y media desde el inicio de la primera evaluación, y diez días desde concluida la intervención formativa.

En esta intervención, la participación por género en la prueba *ex ante* es de un 74% de personas que se declaran con género femenino, y un 26% de personas que se declaran con género masculino, cifras que se mantienen en la aplicación de la prueba *ex post,* con un 74% de personas que se declaran con género femenino, y un 26% de personas que se declaran con género masculino. Es decir, en ambas ocasiones participaron más mujeres, casi triplicando la participación masculina.

En cuanto a los perfiles profesionales de los participantes, en la prueba *ex ante* no participaron directores ejecutivos de OSC (0%), mientras que sí lo hicieron directores de área (20%), coordinadores de programas o proyectos (27%), profesionales en terreno (33%), mientras que un grupo se declara en otras funciones o cargos (20%).

Las cifras de perfiles profesionales de los participantes en la prueba *ex post* se mantienen en niveles similares a excepción del grupo de directores ejecutivos cuya participación aumenta al 7% y el grupo de otras funciones o cargos que disminuye al 13%. Otros perfiles participantes de la evaluación se sostuvieron: directores de área (20%), coordinadores de programas o proyectos (27%), profesionales en terreno (33%).

La participación regional en esta segunda versión varía un poco más respecto a la primera, siendo posible encontrar un 7% de personas pertenecientes a la región de Arica y Parinacota, un 7% de personas de la región de Antofagasta, 7% de la región de Coquimbo, 7% de la región de O'Higgins, 7% de la región de Los Lagos, mientras que el 65% restante pertenece a la región Metropolitana.

3.2. Principales hallazgos

En cuanto al ámbito de conocimiento y herramientas procedimentales el promedio del test *ex ante* fue de 4,0 mientras que el promedio del test *ex post* fue de 5,5 asumiendo que es estadísticamente significativa dado que (p-valor= 0,001 < 0,05), por lo tanto, se concluye que la intervención contribuyó a que los participantes aumentaran sus conocimientos en las temáticas abordadas.

En esta intervención se realizaron menos sesiones, por lo tanto, los contenidos fueron adaptados no solo a la priorización dada por las organizaciones participantes, sino que también al tiempo disponible. En consecuencia, las pruebas *ex ante* y *ex post* contaron con una cantidad menor de preguntas que las realizadas en la primera intervención.

De las nueve preguntas realizadas, cuatro de ellas (44%) no superan el 50% de respuestas correctas, es decir en esta ocasión, la mayoría de las preguntas recibieron respuestas correctas por parte de los participantes, especialmente en las que atienden cuestiones del ámbito de conocimiento, que reciben una cantidad mayor de aciertos.

Sin embargo, la situación mejora considerablemente al observar los resultados de la prueba *ex post* en donde solo una pregunta de las nueve realizadas no supera el 50% de respuestas correctas. Es decir, nuevamente nos encontramos ante la situación de que —realizada la intervención formativa— una mayor cantidad de participantes respondió una mayor cantidad de preguntas de forma correcta.

Así, por ejemplo, en preguntas como: "La Ley de Transparencia otorga a la ciudadanía dos herramientas claves para acceder a información pública. Estas son (...)" vemos como en la evaluación *ex ante* solo un 35% de participantes acierta la respuesta, pasando a un 94% de respuesta correctas en la evaluación *ex post*, o "Los plazos estipulados en la normativa para que un organismo público responsa una solicitud de acceso a la información son (...)" con solo un 25% de aciertos en la *ex ante,* recibe un 94% de respuestas correctas, entre otras. Así, vemos que la instancia formativa aumentó considerablemente el conocimiento procedimental de las herramientas dadas a conocer.

En esta oportunidad, sí se evidenció una diferencia entre el aumento de conocimiento entre hombres y mujeres. A pesar de que el conocimiento base del género masculino fue mayor, la distancia de conocimiento entre ambos grupos creció en porcentajes diferentes. En el caso del género masculino creció un 18% entre la evaluación *ex ante* y la *ex post*, mientras que en el caso del género femenino creció un 27%. También se evidenciaron diferencias en el aumento de conocimiento por el tipo de cargo siendo los coordinadores de área o proyectos los que más aumentaron sus conocimientos (30%), mientras que el grupo que se clasificó en la categoría "otros" fue el que menos aprendizaje presentó (11%).

En relación con la evaluación de valoración, los participantes aumentaron en un 8,6% su valoración respecto a la Ley de Transparencia. Las demás herramientas anticorrupción no fueron medidas en esta intervención.

4. *Intervención Piloto N.º 3*

4.1. Caracterización

La tercera intervención tuvo un total de tres sesiones realizadas entre los días 28 de abril y 12 de mayo de 2021, con 25 inscritos, la asistencia promedio fue de 18,3 personas, distribuidas por fecha de la siguiente manera:

- Sesión 1 28/04/2021 19 asistentes
- Sesión 2 05/05/2021 21 asistentes
- Sesión 3 12/05/2021 15 asistentes

El test *ex ante* se aplicó entre los días 22 y 28 de abril (previo al comienzo de la primera sesión), y el test *ex post* se aplicó entre los días 26 de mayo y 03 de junio, es decir transcurridas cuatro semanas desde el inicio de la primera evaluación, y catorce días desde concluida la intervención formativa.

En esta intervención, la participación por género en la prueba *ex ante* es de un 70% de personas que se declaran con género femenino, y un 30% de personas que se declaran con género masculino, cifras que se mantienen idénticas en la aplicación de la prueba *ex post*. En ambas ocasiones participaron más mujeres.

En cuanto a los perfiles profesionales de los participantes, en la prueba *ex ante* directores de área (6%), coordinadores de programas o proyectos (12%), mientras que los grupos mayoritarios fueron profesionales en terreno (41%), mientras que un grupo se declara en otras funciones o cargos (41%). Las cifras de perfiles profesionales de los participantes en la prueba *ex post* se mantienen en perfiles y porcentajes idénticos.

La participación regional en esta tercera versión (la primera del año 2021) es la más variada de todas las intervenciones, siendo posible encontrar personas de 8 regiones diferentes: un 6% de personas pertenecientes a la región de Tarapacá, un 6% de la región de Atacama, un 18% de la región de Valparaíso, también un 18% de la región de O'Higgins, 12% de la región del Biobío, 12% de Aysén y 22% de la región Metropolitana.

4.2. Principales hallazgos

En esta intervención, a pesar de que se articula la participación en las sesiones con la misma OSC de la intervención N.° 2, los resultados varían levemente. En el ámbito de conocimiento y herramientas procedimentales el promedio del test *ex ante* fue de 4,4 mientras que el promedio del test *ex post* fue de 5,3. De todas formas, se asume que es estadísticamente significativa dado que (p-valor= 0,026 < 0,05), por lo tanto, se concluye que la intervención en esta ocasión también contribuyó a que los participantes aumentaran sus conocimientos en las temáticas abordadas.

En esta intervención se realizaron tres sesiones, por lo tanto —al igual que en la intervención N° 2— los contenidos fueron adaptados no solo a la priorización dada por las organizaciones participantes, sino que también al tiempo disponible. En consecuencia, las pruebas *ex ante* y *ex post* contaron con una cantidad menor de preguntas que las realizadas en la primera intervención.

De las doce preguntas realizadas, cinco de ellas (41,6%) no superan el 50% de respuestas correctas, es decir en esta ocasión, la mayoría de las preguntas recibieron respuestas correctas por parte de los participantes. Llama la atención que la pregunta con menor cantidad de aciertos alcanza solo un 18% de respuestas correctas en la evaluación *ex ante*, mientras que se encuentra una pregunta que alcanza ya en la *ex ante* un 100% de respuestas correctas.

Al igual que en las primeras intervenciones, en esta ocasión, los resultados también mejoran considerablemente al observar los resultados de la prueba *ex post*. En esta ocasión disminuye a solo dos preguntas de las doce realizadas con menos del 50% de respuestas correctas. Es decir, nuevamente nos encontramos ante la situación de que, realizada la intervención formativa, una mayor cantidad de participantes respondió una mayor cantidad de preguntas de forma correcta.

Asimismo, cabe mencionar, que la pregunta "La Ley de Transparencia establece requisitos obligatorios para realizar una solicitud de acceso a la información a algún organismo público, entre los que nos encontramos (...)" que fue la que obtuvo menor porcentaje de respuestas correctas en la *ex ante* aumenta de 18% a 47% de respuestas correctas en la evaluación *ex post*.

En la misma línea, la pregunta que en la *ex ante* alcanza menor cantidad de respuestas correctas está vinculada a la rendición de cuentas y presenta un avance de 29% en la ex ante a 41% en la *ex post*. Es decir, incluso en las preguntas que gozan de menos aciertos se ve el incremento de conocimiento por parte de los participantes.

Se evidencia una diferencia entre el aumento de conocimiento entre hombres y mujeres. A pesar de que el conocimiento base del género masculino nuevamente vuelve a ser mayor, la distancia de conocimiento entre ambos grupos creció en porcentajes diferentes. En el caso del género masculino creció un 5% entre la evaluación *ex ante* y la *ex post*, mientras que en el caso del género femenino creció un 15%. También se evidenciaron diferencias en el aumento de conocimiento por el tipo de cargo siendo el grupo que se clasificó en la categoría "otros" (entre los que se encuentran por ejemplo, analista profesional de soporte, asistentes de párvulos, monitores, jefes de formación, entre otros) el que mayor nivel de aprendizaje presentó

(26%), mientras que llama considerablemente la atención que el perfil director de área disminuye su nivel de aprendizaje (-8%), sin embargo cabe agregar que este grupo estuvo compuesto en dicha oportunidad por una persona.

En relación con la evaluación de valoración, los participantes aumentaron en un 3% su valoración respecto a la Ley de Transparencia, en donde las mujeres presentan un aumento mayor de 5,3%, mientras que los hombres mantuvieron el mismo nivel de valoración. Las demás herramientas anticorrupción no fueron medidas en esta intervención. En este sentido, se evidencia que cuando los niveles de valoración que presentan las personas previo a la intervención formativa ya son altos, es difícil conseguir que aumenten aún más, sin embargo, en esta ocasión esto también se logra.

5. *Intervención Piloto N.º 4*

5.1. Caracterización

La cuarta intervención tuvo un total de cinco sesiones realizadas entre los días 01 y 29 de junio de 2021, con 41 inscritos, la asistencia promedio fue de 38 personas, distribuidas por fecha de la siguiente manera:

- Sesión 1 01/06/2021 39 asistentes
- Sesión 2 08/06/2021 38 asistentes
- Sesión 3 15/06/2021 37 asistentes
- Sesión 4 22/06/2021 39 asistentes
- Sesión 5 29/06/2021 37 asistentes

La prueba *ex ante* se aplicó entre los días 27 de mayo y 01 de junio (previo al comienzo de la primera sesión), y la prueba *ex post* se aplicó entre los días 14 y 30 de julio, es decir transcurridas seis semanas desde el inicio de la primera evaluación, y quince días desde concluida la intervención formativa.

En esta intervención, la participación por género en la prueba *ex ante* es de un 72% de personas que se declaran con género femenino, y un 28% de personas que se declaran con género masculino, cifras que se mantienen idénticas en la aplicación de la prueba *ex post*. En ambas ocasiones participaron más mujeres.

En este caso, al tratarse de estudiantes, recogió información sobre los voluntariados realizados por las y los participantes, en donde en la prueba *ex ante* un 40% declara participar de voluntariados vinculados a pobreza, un 20% a educación, un 20% a medio ambiente y un 20% a otros tipos como educación cívica, migración. En la prueba *ex post* disminuye la cantidad de participantes y varían los porcentajes donde un 22% declara vincularse a voluntariados relacionados con temáticas de pobreza, un 33% a educación, un 33% a medio ambiente y un 12% a otros tipos como educación cívica, migración

En esta intervención la participación regional está representada con un 3% de personas de la región de O'Higgins, un 3% de la región de Ñuble y un 94% de la región de Maule.

5.2. Principales hallazgos

Como hemos visto, las sesiones formativas fueron dirigidas a estudiantes universitarios de la carrera de Administración Pública, por lo que se trató de un grupo de personas más bien jóvenes y que debido a los estudios que se encontraban cursando mantenían cierto grado de conocimiento previo a cuestiones relacionadas con lo público y con el Estado.

Esto se evidencia, ya que en el ámbito de conocimiento y herramientas procedimentales el promedio del test *ex ante* alcanza un promedio de 5,5 por sobre las primeras tres intervenciones anteriormente realizadas. El promedio del test *ex post* fue de 6,0. Una vez más, en esta muestra se asume que es estadísticamente significativa dado que (p-valor= 0,01 < 0,05), por lo tanto se concluye que la intervención en esta ocasión, aun cuando los participantes parecían tener un nivel previo más alto, se contribuyó a que estos aumentaran sus conocimientos en materias específicas anticorrupción.

En esta oportunidad se realizaron cinco sesiones y las pruebas *ex ante* y *ex post* contaron con diecisiete preguntas, una cantidad mayor de preguntas que en todas las demás intervenciones realizadas. De estas, solo tres de ellas (17,6%) no superan el 50% de respuestas correctas, es decir en esta ocasión, la gran mayoría de las preguntas recibieron respuestas correctas por parte de los participantes, habiendo incluso dos preguntas que alcanzan en la *ex ante* un 100% de respuestas correctas, una vinculada a la democracia como forma de gobierno y la otra vinculada a los procedimientos de acceso a la información.

Aun cuando los resultados ya eran buenos, igualmente mejoran observándose en los resultados de la prueba *ex post* al 100% de las preguntas con resultados de asertividad por sobre 50%. En efecto, la pregunta con menor nivel de respuestas correctas asociadas alcanza el 66%. Es decir, que realizada la intervención formativa una mayor cantidad de participantes respondió una mayor cantidad de preguntas de forma correcta. El nivel de aciertos en la prueba *ex ante*, en general, es menor en temáticas asociadas a la rendición de cuentas, así como a los procedimientos para solicitar audiencias por Ley de Lobby. Sin embargo, en la prueba *ex post* el conocimiento procedimental aumenta considerablemente.

En esta intervención, no se evidencia una diferencia entre el aumento de conocimiento entre hombres y mujeres. Al igual que en las primeras tres intervenciones, el conocimiento base del género masculino es mayor, pero la distancia de conocimiento entre ambos grupos creció en porcentajes iguales (7%).

En relación con la evaluación de valoración, los participantes aumentaron en un 3% su valoración respecto a la Ley de Transparencia. Aumentaron un 39% la valoración respecto a la Ley de Lobby como herramienta anticorrupción. Por otro lado, mantuvieron su valoración sobre las herramientas vinculadas a las denuncias ciudadanas en la Contraloría General de la República.

6. *Intervención Piloto N.° 5*

6.1. Caracterización

La quinta intervención tuvo un total de tres sesiones realizadas entre los días 05 y 19 de agosto de 2021, con 47 inscritos, la asistencia promedio fue de 27 personas, distribuidas por fecha de la siguiente manera:

- Sesión 1 05/08/2021 29 asistentes
- Sesión 2 12/08/2021 28 asistentes
- Sesión 3 19/08/2021 25 asistentes

El test *ex ante* se aplicó entre los días 02 y 05 de agosto de 2021 (previo al comienzo de la primera sesión), y el test *ex post* se aplicó entre los días 02 y 10 de septiembre de 2021, es decir transcurridas cuatro semanas desde el inicio de la primera evaluación, y quince días desde concluida la intervención formativa.

En esta intervención, la participación por género en la prueba *ex ante* es de un 70% de personas que se declaran con género femenino, y un 30% de personas que se declaran con género masculino, relación que se mantiene idénticas en la aplicación de la prueba *ex post.* En ambas ocasiones participaron más mujeres.

En este caso, al tratarse de egresados de pregrado, se recogió información sobre los voluntariados realizados por las y los participantes, en donde en la prueba *ex ante* un 12,5% declara participar de voluntariados vinculados a pobreza, un 25% a educación, un 25% a salud, un 15,5% a medio ambiente y un 25% a otros tipos como entregas de información o ayuda a postulaciones de beneficios. En la prueba *ex post* disminuye la cantidad de participantes y varían los porcentajes donde un 22% declara vincularse a voluntariados relacionados con temáticas de pobreza, un 7% a educación, un 14% a salud, un 14% a vivienda, un 14% a medio ambiente, un 7% a deportes, y un 22% a otros tipos.

En esta intervención la participación regional está representada con un 4% de personas de la región de Atacama y un 96% de personas de la región de Valparaíso.

6.2. Principales hallazgos

Aquí se observa que el ámbito de conocimiento y herramientas procedimentales obtuvo un promedio de 4,2 en la evaluación *ex ante,* mientras que el promedio del test *ex post* fue de 5,8. Una vez más, se asume que la diferencia entre ambas muestras es estadísticamente significativa dado que (p-valor= 0,01 < 0,05), por lo tanto se concluye que la intervención en esta ocasión dirigida a egresados de la carrera de trabajo social, también contribuyó a que los participantes aumentaran sus conocimientos en la materia.

En esta intervención se realizaron tres sesiones y las pruebas *ex ante* y *ex post* contaron con una cantidad de once preguntas.

De las once preguntas realizadas, cuatro de ellas (36,3%) no superan el 50% de respuestas correctas. De igual forma, se observa que en la evaluación *ex post* todas las preguntas se ubican sobre el 50% de respuestas correctas, donde la que tiene menor nivel de asertividad alcanza un 52% de aciertos, vinculada a la Ley de Lobby: "Para solicitar una audiencia con un sujeto pasivo, de acuerdo con la Ley de Lobby, se debe (...)".

Al igual que en las primeras intervenciones, en esta ocasión, los resultados también mejoran considerablemente al observar los resultados de la prueba *ex post*. En esta ocasión disminuye a solo dos preguntas de las doce realizadas con menos del 50% de respuestas correctas. Es decir, nuevamente nos encontramos ante la situación de que, realizada la intervención formativa, una mayor cantidad de participantes respondió una mayor cantidad de preguntas de forma correcta.

Asimismo, cabe mencionar, que preguntas procedimentales como "La Ley de Transparencia establece requisitos obligatorios para realizar una solicitud de acceso a la información a algún organismo público, entre los que nos encontramos (...)" avanza desde un 39% en la evaluación *ex ante* a un 87% de respuestas correctas en la evaluación *ex post*. En la misma línea, la pregunta "Los plazos establecidos en la normativa para que un organismo público responda una solicitud de acceso a la información son (...)" que en la evaluación ex ante alcanza el último lugar con 22% de asertividad, luego alcanza un 74% de respuestas correctas.

Nuevamente se evidencia una diferencia en el aumento de conocimiento entre hombres y mujeres. Al igual que se ha visto en todas las intervenciones anteriores, el conocimiento base del género masculino es mayor, pero la distancia de conocimiento entre ambos grupos creció en porcentajes diferentes. El aprendizaje del género masculino creció un 18% entre la evaluación *ex ante* y la *ex post*, mientras que en el caso del género femenino creció un 24%.

En esta intervención solo se midió la valoración de dos herramientas anticorrupción, de esta forma destacan los resultados en torno a la valoración de herramientas anticorrupción, específicamente con la de Ley de Lobby, cuya valoración aumenta en promedio un 103%. Respecto a la Ley de Transparencia, las mujeres presentan un aumento mayor de 37%, mientras que los hombres aumentan un 2% el nivel de valoración, es decir la herramienta es valorada un 26% más en la evaluación *ex post*, en relación con la evaluación *ex ante*.

7. *Intervención Piloto N.º 6*

7.1. Caracterización

La sexta intervención tuvo un total de tres sesiones realizadas entre los días 28 de septiembre y 05 de octubre de 2021, con 32 inscritos, la asistencia promedio fue de 24 personas, distribuidas por fecha de la siguiente manera:

- Sesión 1 28/09/2021 24 asistentes
- Sesión 2 30/09/2021 26 asistentes
- Sesión 3 05/10/2021 23 asistentes

El test *ex ante* se aplicó entre los días 22 y 28 de septiembre de 2021 (previo al comienzo de la primera sesión), y el test *ex post* se aplicó entre los días 19 y 29 de octubre de 2021, es decir transcurridas cuatro semanas desde el inicio de la primera evaluación, y catorce días desde concluida la intervención formativa.

En esta intervención, la participación por género en la prueba *ex ante* es de un 76% de personas que se declaran con género femenino, un 18% de personas que se declaran con género masculino y un 6% de personas que se declaran con otro género. Esta relación porcentual se mantiene en la aplicación de la prueba *ex post*. En ambas ocasiones participaron más mujeres.

En este caso, al tratarse de dirigentes sociales, se recogió información sobre el rango etario de las y los participantes, donde un 6% declaró tener entre 15 a 29 años, un 29% declaró encontrarse en el rango 30 a 59 años y un 65% declaró tener 60 o más años, lo que se mantiene en ambas evaluaciones. Es decir, la mayoría de las personas participantes se encontraron en el rango tercera edad.

En esta intervención la participación regional está representada con un 100% de personas de la región de Valparaíso.

7.2. Principales hallazgos

En esta sexta intervención que tuvo como público a dirigentes sociales, el ámbito de conocimiento y herramientas procedimentales obtuvo un promedio de 4,7 en la prueba *ex ante* y de 5,7 en la prueba *ex post*. En esta oportunidad, también la diferencia entre ambas muestras es estadísticamente significativa dado que (p-valor= 0,00 < 0,05), por lo tanto, se concluye que la intervención contribuyó a que las personas que participaron aumentaran sus conocimientos anticorrupción.

En esta intervención se realizaron tres sesiones y las evaluaciones contaron con una cantidad de once preguntas.

De las once preguntas realizadas, tres de ellas (27,2%) no superan el 50% de respuestas correctas, mientras que en la evaluación *ex post* una pregunta queda sin alcanzar al menos el 50% de respuestas correctas, siendo esta pregunta relacionada con la Ley de Lobby "Para solicitar una audiencia con un sujeto pasivo, de acuerdo con la Ley de Lobby, se debe (...)" y obteniendo un nivel de asertividad de 47%.

Se observa que las preguntas aplicadas en esta evaluación abordan en su mayoría contenidos y procedimientos asociados a la Ley de Transparencia, cuestión relacionada con la flexibilidad de adaptación de los contenidos dependiendo del público objetivo de cada intervención. De todas formas, como se ha visto hasta ahora, en todas las intervenciones los resultados mejoran al observar los resultados de la prueba *ex post*, cuestión que también ocurre con esta intervención.

Así, preguntas de conocimiento como "El Consejo para la Transparencia es (...)" pasa de 65% en la evaluación *ex ante* a 88% en la evaluación *ex post*, o la pregunta "El derecho de acceso a la información se entiende como (...)" avanza desde 76% a 94% de respuestas correctas. Asimismo, se evidencia que las preguntas procedimentales como "¿Cuánto tiempo tiene un servicio público para responder una solicitud de acceso a la información realizada por un ciudadano o ciudadana a través de la Ley de Transparencia (...)" que en la evaluación *ex ante* alcanza un 65% de asertividad, luego alcanza un 88% de respuestas correctas.

En esta ocasión se evidencia una diferencia en lo observado respecto de las demás intervenciones, ya que el género femenino presenta un mayor conocimiento base previo a la intervención (71%) en comparación con el género masculino (58%) y el género otro (45%). Sin embargo, el nivel de aprendizaje fue idéntico en el caso de los géneros femenino y masculino, aumentando un 15% sus resultados, cuestión que no ocurrió con las personas del género "otro" que alcanzan un aumento del 10%.

Sobre los resultados de valoración de herramientas anticorrupción, se observa que las personas participantes aumenten un 9% su valoración respecto a la Ley de Lobby, mientras que aumentan un 4% su valoración sobre la Ley de Transparencia.

8. *Intervención Piloto N.º 7*

8.1. Caracterización

La séptima y última intervención tuvo un total de tres sesiones realizadas entre los días 16 y 23 de noviembre, con 15 inscritos, la asistencia promedio fue de 8 personas, distribuidas por fecha de la siguiente manera:

- Sesión 1 16/11/2021 9 asistentes
- Sesión 2 18/11/2021 8 asistentes
- Sesión 3 23/11/2021 8 asistentes

El test *ex ante* se aplicó durante los días 12 y 16 de noviembre (previo al comienzo de la primera sesión), y el test *ex post* se aplicó durante los días 07 y 17 de diciembre de 2021, es decir transcurridas tres semanas desde el inicio de la primera evaluación, y dos semanas desde concluida la intervención formativa.

En esta intervención, la participación por género en la prueba *ex ante* es de un 72% de personas que se declaran con género femenino, un 14% de personas que se declaran con género masculino y un 14% de personas que se declaran con otro género. Cifras que se mantienen idénticas en la aplicación de la prueba *ex post*. En ambas aplicaciones participaron más mujeres.

En cuanto a los perfiles profesionales de los participantes, en la prueba *ex ante* participaron directores ejecutivos de OSC (43%) y coordinadores de programas o proyectos (57%). En este caso las cifras de la evaluación *ex post* también se mantienen.

La participación regional en esta última versión es baja, donde solo es posible encontrar un 14% de personas pertenecientes a la región de Valparaíso, mientras que el 86% restante pertenece a la región Metropolitana.

8.2. Principales hallazgos

Esta es la última intervención realizada, con una cantidad menor de participantes, se realizaron tres sesiones, que sin embargo demuestran un gran aumento tanto en el ámbito de conocimiento como de herramientas procedimentales. Así, se observa que el promedio del test *ex ante* fue de 4,7 y el promedio del test *ex post* fue de 6,3, lo que la convierte en la intervención con mayor crecimiento en los niveles de aprendizaje. A su vez, se asume que la diferencia entre las muestras es estadísticamente significativa dado que (p-valor= 0,01 < 0,05), concluyendo que la intervención contribuyó de forma efectiva a que los participantes aumentaran sus conocimientos en las temáticas abordadas.

En esta oportunidad se realizaron quince preguntas en las evaluaciones, donde en el test *ex ante*, cuatro de ellas (26,6%) no superan el 50% de respuestas correctas. Se observan dos casos llamativos de preguntas que alcanzan un nivel de 0% es decir ningún participante las respondió de forma correcta. Estas fueron: "¿Puede la ciudadanía solicitar una audiencia con la Convención Constituyente, a través de la Ley de Lobby? (...)" y "¿Qué rol cumplió la sociedad civil en la creación de la Ley de Transparencia en Chile (...)?", luego ambas preguntas avanzan a un 71% de respuestas correctas en el test *ex post*.

Además, cabe mencionar que en la prueba *ex post* ninguna pregunta queda por debajo del 50% de respuestas correctas. Es decir, todas las preguntas obtuvieron una mayoría de respuestas correctas una vez finalizada la intervención, donde la que menos porcentaje de asertividad alcanza obtiene un 71% y donde 8 (53,3%) preguntas alcanzan un 100% de respuestas correctas. No solo una mayor cantidad de participantes respondió una mayor cantidad de preguntas de forma correcta, sino que la mayoría de las preguntas fueron respondidas de forma correcta.

En esta intervención, de acuerdo con los perfiles observados, participaron directores ejecutivos y profesionales de organizaciones de la sociedad civil (coordinadores de programas o proyectos), sin embargo, en los resultados no hay mención a diferencias significativas en los resultados atendiendo al cargo. Sí se mencionan las diferencias en cuanto a género, donde el género "otro" obtiene una base de conocimientos previos de 80% por sobre el género masculino que alcanza un 60% y el femenino que alcanza un 65%. Sin embargo, en cuanto al nivel de aprendizaje a razón de la intervención formativa, los géneros masculino y femenino alcanzan un 27% de aumento, mientras que el género otro se mantiene en el mismo nivel sin experimentar crecimiento. No se evidenció una diferencia entre el aumento de conocimiento entre hombres y mujeres.

En relación con la evaluación de valoración, los participantes aumentaron en un 28% su valoración respecto a la Ley de Transparencia y un 32% su valoración respecto a la Ley de Lobby, siendo estas las únicas herramientas evaluadas en esta dimensión.

VIII. OBSERVACIONES GENERALES

Habiendo analizado los resultados de cada una de las intervenciones, es importante destacar que todas las ejecuciones piloto presentan niveles de aprendizajes significativos, tal y como se observa en los Gráficos I y II. Esta cuestión es relevante en cuanto se trata de diferentes públicos y procedencias y considerando que la financiación de proyectos de esta naturaleza suele ser compleja.

En este sentido hay que destacar las diferencias entre un público y otro ya que dan cuenta de cierta tendencia en los resultados, lo que puede resultar interesante al momento de definir con a qué público puede resultar más útil participar de este tipo de intervenciones.

Así, vemos que las intervenciones N.° 1 y N.° 7, realizadas con la misma OSC articuladora y que permitió llegar a una red más amplia de OSC se encuentran en el grupo de mejores resultados obtenidos, en cuanto a umbral de aprendizaje.

En la misma línea vemos que el grupo que menos crece es el de la intervención N.° 4, estudiantes de Administración Pública, dado que ya poseían un nivel alto de conocimientos previos. Sin embargo, son el grupo que presenta una participación más contundente y estable al momento de asistir a las sesiones formativas.

De esta manera, más que calificar a un grupo por sobre otro en relación con los resultados obtenidos, nos parece que lo que cabe más bien es recomendar que quien desee implementar este tipo de programas debe tener claridad previa sobre qué busca al momento de poner en marcha la iniciativa. Si se busca cantidad, los grupos de jóvenes estudiantes pueden ser un buen foco para aumentar la participación y de paso trasladar el mensaje ético-normativo en torno a la construcción de una cultura de la transparencia y la integridad.

Pero si, en cambio, lo que se busca es generar impacto, aprendizaje y aumentar el uso de las herramientas anticorrupción disponibles, entonces los grupos de profesionales de OSC podría significar una buena oportunidad para replicar estos contenidos y procedimientos en diferentes organizaciones y acciones sociales.

Gráfico I: Resultados generales en evaluaciones ex ante y ex post de las intervenciones

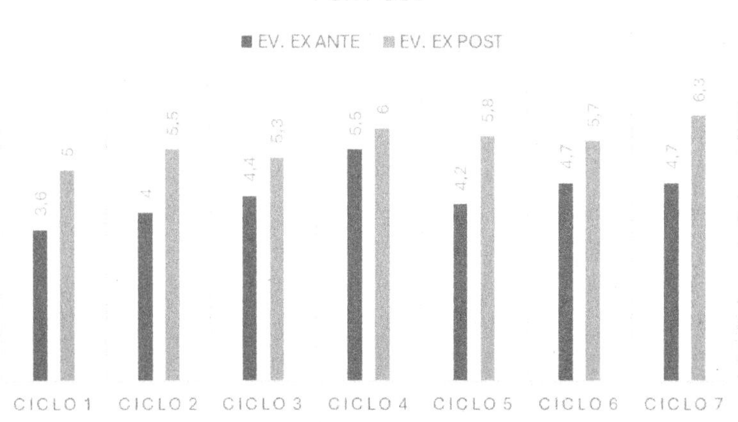

Fuente: Elaboración propia

Gráfico II: Umbrales de aprendizaje promedio de cada intervención

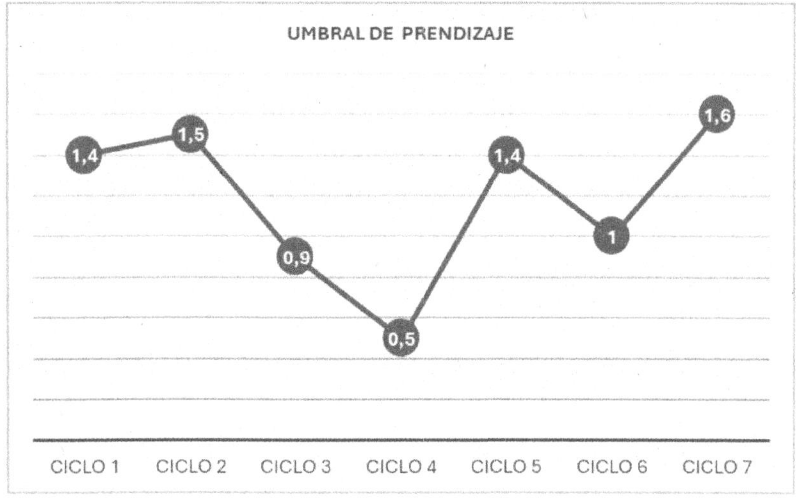

Fuente: Elaboración propia

IX. LIMITACIONES DEL ANÁLISIS

Aun cuando el diseño e implementación de un programa con estas características requiere un esfuerzo institucional importante, cabe mencionar algunas limitaciones metodológicas de la investigación, que invitan a la cautela con las observaciones de resultados y a —por cierto— proyectar mejoras en eventuales futuras intervenciones de esta o similar naturaleza.

(a) El levantamiento de datos realizado por el Consejo para la Transparencia no posee un grupo de control que permita comparar si personas que no hayan sido sometidas a la intervención formativa obtienen o no diferencias significativas entre la evaluación ex ante y la evaluación ex post.

(b) Es necesario aumentar el número de participantes para consolidar las cifras y dar cuenta de la real eficacia de la participación de la ciudadanía en estas instancias formativas.

(c) Se observan aspectos metodológicos que no pudieron ser implementados, debido a que la ejecución piloto se realizó en medio de

la crisis sanitaria global del COVID-19, especialmente aquellos que tienen un carácter presencial.

X. CONCLUSIONES

(a) Es fundamental que, en la actualidad, involucremos a las OSC en la lucha contra la corrupción si se quiere quebrar la inercia de los resultados de percepción, los cuales empeoran paulatinamente año tras año.

(b) El interés demostrado por la ciudadanía y por las organizaciones de la sociedad civil que participaron en la implementación del MFA demuestra que es posible abordar temas, en ocasiones complejos —como democracia, participación, corrupción, rendición de cuentas, transparencia y acceso a la información—, a pesar de que no formen parte de sus agendas de incidencia.

(c) Los elementos sustantivos del MFA revelan que es factible articular una estructura de aprendizaje formal con las temáticas anticorrupción, es decir, es posible adaptar los contenidos a las organizaciones de la sociedad civil y a los ciudadanos de a pie, haciéndolos parte de la problemática para avanzar con ellos en la búsqueda de estrategias y soluciones.

(d) La matriz de aprendizaje, así como la información propia del MFA, permiten suponer que el diseño es adaptable a diferentes públicos y realidades sociales, lo que —en nuestra opinión— facilita la comprensión de estos tópicos en destinatarios diversos y no necesariamente familiarizados con ellos.

(e) El alto nivel de participación femenina en las ejecuciones piloto del MFA permite reflexionar sobre cómo afecta la corrupción a las mujeres, al ser un público que, en la región, ostenta mayores niveles de vulnerabilidad y pobreza.

(f) Vincular anticorrupción y género permite la visualización de problemáticas que afectan a la mitad de la población mundial y que podrían incorporarse en la agenda de muchas OSC, convirtiendo el tema en un posible e interesante foco de trabajo para aplicaciones o líneas de acción futuras.

(g) Todas las intervenciones demuestran un aumento en el umbral de aprendizaje de los contenidos y herramientas procedimentales anticorrupción.

(h) Todas las intervenciones demuestran un aumento en la valoración de las herramientas anticorrupción por parte de los participantes.

(i) Un aumento en la diversidad de las y los participantes, en cuanto a organizaciones, edad o ubicación geográfica podría favorecer una consolidación de los resultados, si es que estos se sostienen en un aumento de los umbrales de aprendizaje.

(j) Existen dificultades al momento de diseñar este tipo de programas, principalmente en lo que a presupuestos se refiere. Las intervenciones de cara a la ciudadanía, en especial cuando no gozan de aplicación masiva, suelen sufrir recortes en tiempos de crisis, lo que disminuye el nivel de sostenibilidad de este tipo de instrumentos.

(k) Para articular de forma exitosa este tipo de intervenciones es necesario contar con alianzas sólidas que permitan ejecutar íntegramente las instancias formativas, con un número adecuado de participantes.

(l) Las intervenciones formativas requieren un tiempo de maduración con el que, en muchas ocasiones, los organismos públicos no cuentan: deben mostrar a las OSC la necesidad de formarse en estrategias anticorrupción, asimismo avanzar en la adecuación metodológica, realizar ejecuciones y mediciones. Las instituciones que estén dispuestas a desarrollar este tipo de iniciativas deben tener en consideración los tiempos oportunos de implementación para la obtención de resultados óptimos.

(m) Valoramos la disposición del órgano garante chileno para implementar una estrategia de la naturaleza descrita, ya que permite avanzar en la búsqueda de nuevos formatos de participación y de trabajo colaborativo entre el Estado y la sociedad civil. Este tipo de mecanismos deben sostenerse en el tiempo para solidificar la formación como parte del panorama nacional anticorrupción.

XI. REFERENCIAS BIBLIOGRÁFICAS

ALONSO, J. A, & C. GARCIMARTÍN (2011): "Causas y consecuencias de la corrupción: una revisión de la literatura". En: ALONSO, J. A. & C. MULAS-GRANADOS (dirs): *Corrupción, cohesión social y desarrollo. El caso de Iberoamérica*. Madrid: Fondo de Cultura Económica de España.

BORNIA, M. B. (2021): *El mito del ciudadano ingenuo*. Buenos Aires: Biblos.

CABA, M., GÁLVEZ, M. & M. LÓPEZ (2009): "La transparencia de las ONG: Rendición de cuentas obligatoria versus voluntaria a través de la Web". *Revista Contaduría Universidad de Antioquia*, 54 (117-143).

CASTELLANOS CLARAMUNT, J. (2020): *Participación ciudadana y buen gobierno democrático. Posibilidades y límites en la era digital.* Madrid: Marcial Pons.

CHAVEZ PASSANO, M. (2019): "Rendición de cuentas de las ONG: ¿A quién y por qué deben rendir cuentas?". *Revista Quipukamayoc, Universidad Nacional Mayor de San Marcos*, 27(54) (83-89).

CONSEJO PARA LA TRANSPARENCIA. (2017): *El derecho de acceso a la información pública como derecho llave para el acceso a otros derechos fundamentales. Experiencias levantadas a partir de reclamos ante el Consejo para la Transparencia (Cuaderno de trabajo N.° 10).* Santiago: Ediciones Consejo para la Transparencia.

CORTINA, A. (1997): *La ética de la sociedad civil* (3.ª ed.). Madrid: Grupo Anaya.

ESCAMEZ, J. (2003): "Pensar y hacer hoy educación moral". *Teoría de la Educación. Revista Interuniversitaria,* 15 (21-31).

FLORES-RODRÍGUEZ, C. & M. MARTIN-SÁNCHEZ (2022): *Educación y democracia contemporánea: ¿Por qué se cuestiona la democracia en tiempos de crisis?* Madrid: Dykinson.

FOX, J. (2006): "Sociedad civil y políticas de rendición de cuentas". *Revista Perfiles Latinoamericanos*, 13(27) (33-68).

MAYOR, J.M., MOLINA, J. & J. A. GÓMEZ (2019): "Promover el ejercicio de derechos a través de la Educación: el programa IRIS sobre Transparencia y los Presupuestos Participativos". *Revista Española de la Transparencia*, 9 (97-114).

O'DONNELL, G. (2004): "*Accountability* horizontal: la institucionalización legal de la desconfianza política". *Revista Española de Ciencia Política*, 11 (11-31).

ORELLANA, P. (2007): "Chile, un caso de corrupción oculta". *Revista de Sociología. Facultad de Ciencias Sociales. Universidad de Chile*, 21 (257-272).

PEREIRO CÁRCELES, M. (2023): *La aplicación de obligaciones de Transparencia Pública a los sujetos privados*. Cizur Menor: Aranzadi.

PRIEGO, A.: "Corrupción, transparencia y sociedad civil". *Revista Crítica*, 989 (34-37).

REHREN, A. (2008): "La evolución de la agenda de transparencia en los gobiernos de la concertación". *Revista Temas de la Agenda Pública. Centro de Políticas Públicas de la Pontificia Universidad Católica de Chile*, 3(18).

RUBIO, M. J. & V. BERLANGA (2012): "Cómo aplicar las pruebas paramétricas bivariadas t de Student y ANOVA en SPSS. Caso Práctico". *REIRE Universitat de Barcelona*, 5 (2) (83-100).

SALAZAR-JIMÉNEZ, R. (2019): "Evaluación de la implementación de materiales didácticos en Ciencias Sociales: propuestas para el desarrollo de la competencia social y ciudadana". *Revista Electrónica Interuniversitaria de Formación del Profesorado*, 22 (2) (11-122).

SANZ, I., ACEVEDO, P. & A. GUERRERO (2011): "Educación, cohesión social y corrupción". En: ALONSO, J. A. & C. MULAS-GRANADOS (dirs): "Corrupción, cohesión social y Desarrollo. El caso de Iberoamérica". Madrid: Fondo de Cultura Económica de España.

TOURIÑAN, J.M. (2003): "Sociedad civil y educación de la conciencia moral". *Teoría de la Educación. Revista Interuniversitaria,* 15 (213-234).

TRANSPARENCIA INTERNACIONAL (2025): *Corruption Perceptions Index 2024*. Berlin: TI.

VILLORIA, M. & A. IZQUIERDO (2018): *Ética Pública y Buen Gobierno: Regenerando la democracia y luchando contra la corrupción desde el servicio público*. Madrid: Tecnos.

WARREN, M. E. (2005): "La democracia contra la corrupción". *Revista Mexicana de Ciencias Políticas y Sociales*, 47 (193) (109-141).

XII. MATERIAL CONSULTADO DEL CONSEJO PARA LA TRANSPARENCIA

CONSEJO PARA LA TRANSPARENCIA (2020): *Diseño metodológico Programa de Formación. Ciclos Formativos para Sociedad Civil.* Unidad de Vinculación Ciudadana. Dirección de Vinculación.

CONSEJO PARA LA TRANSPARENCIA (2020): *Informes de resultados Ciclos Formativos 1 y 2*. Dirección de Estudios.

CONSEJO PARA LA TRANSPARENCIA (2021): *Informes de resultados Ciclos Formativos 3 a 7*. Dirección de Estudios.

XIII. REFERENCIAS DE INTERNET

BOLETÍN 12100-07: *Modifica la ley N.° 20.285, Sobre Acceso a la Información Pública*. Con fecha de ingreso 12 septiembre de 2018 *[https://tramitacion.senado.cl/appsenado/templates/tramitacion/index.php?boletin_ini=12100-07]*.

CENTRO DE POLÍTICAS PÚBLICAS DE LA UNIVERSIDAD CATÓLICA DE CHILE (2024): *Mapa de las organizaciones de la sociedad civil 2023* [https://politicaspublicas.uc.cl/publicacion/mapa-de-las-organizaciones-de-la-sociedad-civil-2023/].

LA TERCERA, 14 de junio de 2024 *[https://www.latercera.com/la-tercera-sabado/noticia/un-ano-del-caso-convenios-mas-de-100-aristas-y-89-mil-millones-bajo-la-lupa-de-fiscalia/OWOI4Q4TARGHFEZ4ASRMBWCZII/#]*.

OPEN GOVERNMENT PARTNERSHIP: *Declaración de Gobierno Abierto [https://www.opengovpartnership.org/declaracion-de-gobierno-abierto/]*.

La siguiente tabla muestra una síntesis de la matriz de aprendizaje que se desarrolló para el Modelo Formativo Anticorrupción, con los principales elementos considerados al momento de ejecutar las instancias formativas.

Anexo I: Matriz de aprendizaje

UNIDAD DE APRENDIZAJE	METODOLOGÍA	OBJETIVO DE APRENDIZAJE	ÁMBITO DE APRENDIZAJE	CONTENIDOS SUGERIDOS	INDICADORES DE APRENDIZAJE	RECURSOS DIDÁCTICOS
Democracia	Expositiva-participativa	Analizar atributos y principios de la democracia con enfoque de derechos humanos y reconocer la toma de decisiones democráticas, así como las implicancias y responsabilidades tanto del Estado como de la ciudadanía frente a los desafíos en el Chile actual.	Conocimiento	1. Sociedad, democracia y ciudadanía del siglo XXI (elementos conceptuales).	1. Identifican elementos conceptuales y dimensiones que determinan las democracias del siglo XXI.	- PPT. - Materiales de autores vinculados al tema (artículos u otros disponibles en acceso abierto). - Estudios y estadística significativa en torno al tema. - Material audiovisual. - Casos o noticias de prensa nacional e internacional.
			Conocimiento	2. Características y Principios de la Democracia.	2. Reconocen atributos y principios democráticos con enfoque de derechos humanos.	
			Conocimiento	3. Derechos Humanos como pilar democrático.	3. Conocen los principios, características y etapas en el desarrollo de los Derechos Humanos.	
			Actitudinal	4. Desafíos democráticos en el Chile posterior al 18O a la luz del Derecho de Acceso a la Información.	4. Reflexionan en torno a los desafíos democráticos actuales y las responsabilidades de la ciudadanía y del Estado frente a ellos.	

UNIDAD DE APRENDIZAJE	METODOLOGÍA	OBJETIVO DE APRENDIZAJE	ÁMBITO DE APRENDIZAJE	CONTENIDOS SUGERIDOS	INDICADORES DE APRENDIZAJE	RECURSOS DIDÁCTICOS
Participación	Expositiva-taller aplicado	Indagar en la participación ciudadana en Chile, reflexionando en torno a problemas y conflictos que impliquen armonizar estrategias y soluciones ciudadanas en un marco de equidad y sustentabilidad para enfrentar los actuales desafíos democráticos.	Conocimiento	1. Relación Estado – Ciudadano.	1. Examinan diversas formas de participación y su aporte al fortalecimiento del bien común, considerando fenómenos sociales actuales.	- PPT. - Materiales de autores vinculados al tema (artículos u otros disponibles en acceso abierto). - Estudios y estadística - Estudios y estadística significativa en torno al tema. - Material audiovisual. - Casos o noticias de prensa nacional e internacional.
			Conocimiento	2. Cifras en torno a la participación ciudadana en Chile.	2. Conocen datos y cifras en torno a la participación en Chile.	
			Actitudinal	3. Participación política de las mujeres en América Latina.	3. Reflexionan en torno al rol de la mujer en la participación ciudadana y política en Chile.	
			Actitudinal	4. Desafíos del Derecho de Acceso a la Información en la participación ciudadana.	4. Reflexionan en torno al rol de la Transparencia y el Acceso a la Información como herramienta de participación.	
			Habilidad (procedimental)	5. Desigualdad, dignidad y trato entre las personas.	5. Proponen formas de articulación territorial y de incidencia en la agenda pública, promoviendo la acción colectiva, inclusión y el mejoramiento de la vida comunitaria.	

UNIDAD DE APRENDIZAJE	METODOLOGÍA	OBJETIVO DE APRENDIZAJE	ÁMBITO DE APRENDIZAJE	CONTENIDOS SUGERIDOS	INDICADORES DE APRENDIZAJE	RECURSOS DIDÁCTICOS
Rendición de Cuentas	Expositiva-participativa	Identificar la rendición de cuentas como límite al poder y elemento fundamental de las democracias actuales, distinguiendo responsabilidades tanto en el sector público como privado.	Conocimiento	1. Rendición de Cuentas (elementos conceptuales).	1. Distinguen conceptos sobre los tipos de rendiciones de cuentas.	- PPT. - Materiales de autores vinculados al tema (artículos u otros disponibles en acceso abierto). - Estudios y estadística - Estudios y estadística significativa en torno al tema. - Material audiovisual. - Casos o noticias de prensa nacional e internacional.
			Conocimiento	2. Responsabilidad política, administrativa, civil y penal en la función pública.	2. Reconocen diferentes tipos de responsabilidades públicas y la importancia de su manifestación en contextos democráticos.	
			Conocimiento	3. Herramientas de rendición de cuentas en el ámbito privado.	3. Conocen nuevas herramientas de rendición de cuentas y prevención de corrupción en el ámbito privado.	
			Conocimiento	4. El rol de la sociedad civil en el origen de la Ley de Acceso a la Información Pública en Chile.	4. Formulan propuestas de acciones y/o decisiones organizacionales o comunitarias que permitan la rendición de cuenta en dichos espacios.	

UNIDAD DE APRENDIZAJE	METODOLOGÍA	OBJETIVO DE APRENDIZAJE	ÁMBITO DE APRENDIZAJE	CONTENIDOS SUGERIDOS	INDICADORES DE APRENDIZAJE	RECURSOS DIDÁCTICOS
Corrupción en Chile	Expositiva-participativa	Reflexionar sobre la existencia permanente de Corrupción como amenaza a la democracia y sobre la importancia de la implementación colaborativa de la Agenda de Integridad con diferentes sectores (Estado, Empresas, Sociedad Civil) internalizando mecanismos de prevención existentes.	Conocimiento	1. Definición y características de la corrupción como amenaza para la Democracia.	1. Identifican el concepto de corrupción y los riesgos que conlleva para las democracias actuales.	- PPT. - Materiales de autores vinculados al tema (artículos u otros disponibles en acceso abierto). - Estudios y estadística - Estudios y estadística significativa en torno al tema. - Material audiovisual. - Casos o noticias de prensa nacional e internacional.
			Actitudinal	2. La (des)confianza en Chile: revisión de estadísticas.	2. Reflexionan en torno a la crisis de confianza y legitimidad de las instituciones, autoridades y funcionarios públicos y el riesgo que conlleva para la democracia.	
			Habilidad (procedimental)	3. Agenda de Integridad en Chile.	3. Identifican la evolución normativa que ha experimentado Chile en los últimos años en torno a la Integridad Pública.	
			Habilidad (procedimental)	4. Herramientas en el ecosistema de Prevención de Corrupción.	4. Dialogan en torno a la oportunidad y forma en que las organizaciones sociales pueden (o no) convertirse en un espacio de prevención de corrupción.	
			Conocimiento	5. El rol del Consejo para la Transparencia como garante y promotor del DAI en la Prevención de la Corrupción.	5. Identifican al Consejo para la Transparencia como agencia anticorrupción y como garante y promotor del Derecho de Acceso a la Información Pública.	

UNIDAD DE APRENDIZAJE	METODOLOGÍA	OBJETIVO DE APRENDIZAJE	ÁMBITO DE APRENDIZAJE	CONTENIDOS SUGERIDOS	INDICADORES DE APRENDIZAJE	RECURSOS DIDÁCTICOS
Transparencia y Acceso a la Información Pública	Expositiva-taller aplicado	Comprender el Derecho de Acceso a la Información Pública como herramienta para la obtención de información, fiscalización y apoyo para la solución de problemas públicos desde una perspectiva ciudadana.	Conocimiento	1. La Ley de Transparencia y el Consejo para la Transparencia en Chile	1. Identifican Ley 20.285, conformación y principales funciones del Consejo para la Transparencia.	- PPT. - Materiales de autores vinculados al tema (artículos u otros disponibles en acceso abierto). - Estudios y estadística - Estudios y estadística significativa en torno al tema. - Material audiovisual. - Casos o noticias de prensa nacional e internacional. - Casos reales de solicitudes de acceso a la información.
			Conocimiento	2. Alcances de la normativa de Acceso a la Información Pública	2. Reconocen alcancen del Acceso a la Información Pública en Chile	
			Habilidad (procedimental)	3. Herramientas para el Acceso a la Información Pública	3. Conocen herramientas disponibles para ejercer el Derecho de Acceso a la Información en Chile.	
			Habilidad (procedimental)	4. Cómo realizar una Solicitud de Acceso a la Información	4. Aplican el Derecho de Acceso a la Información a la realidad de sus intervenciones u organizaciones sociales a través de un caso práctico.	
			Conocimiento	5. Denegación de información y reclamos	5. Identifican causales de denegación de información y cómo se puede reclamar en caso de obtener respuesta insatisfactoria.	